Reichstagswahlen und Parteien im Wahlkreis Kassel 4
(Eschwege - Schmalkalden - Witzenhausen)
im Kaiserreich

Eine historisch-analytische
Längsschnittstudie

von

Guido Gerstgarbe

Tectum Verlag
Marburg 2002

Die vorliegende Arbeit wurde von der Geschichtswissenschaftlichen Fakultät der Philipps-Universität Marburg als Dissertation angenommen. Die Gutachter waren Prof. Dr. Thomas Klein und Prof. Dr. Klaus Malettke. Die mündliche Prüfung fand am 11.06.2001 statt.

Die Deutsche Bibliothek - CIP-Einheitsaufnahme

Gerstgarbe, Guido:
Reichstagswahlen und Parteien im Wahlkreis Kassel 4 (Eschwege - Schmalkalden - Witzenhausen) im Kaiserreich. Eine historisch-analytische Längsschnittstudie.
/ von Guido Gerstgarbe
- Marburg : Tectum Verlag, 2002
Zugl: Marburg, Univ. Diss. 2001
ISBN 978-3-8288-8339-0

© Tectum Verlag

Tectum Verlag
Marburg 2002

Inhaltsverzeichnis

I. Einleitung 13
    1. Einführung in das Thema 13
    2. Bemerkungen zur historischen Wahlforschung 14
    3. Wahlgeschichtliche Theorien, Methoden und Konzepte 17
    4. Vorteile der Regionalstudie 18
    5. Ziel der Arbeit 19
    6. Die Quellen 21
    7. Der Forschungsstand 23

II. Reichstagswahlen allgemein 27
    1. Die Reichstagswahlen und ihre Bedeutung 27
    2. Der Wahlkampf. Ein Gradmesser der politischen Kultur 32

III. Die politischen, wirtschaftlichen, sozialen und
    kulturellen Voraussetzungen im Wahlkreis Kassel 4
    im Kaiserreich 39
    1. Von Kurhessen zum Deutschen Reich (1866-1871) 39
    2. Der Wahlkreis Kassel 4 (Eschwege-Schmalkaden-Witzenhausen) 41
    3. Die wirtschaftlichen Grundlagen der drei Kreise 42
        a. Der Kreis Eschwege 42
        b. Der Kreis Schmalkaden 49
        c. Der Kreis Witzenhausen 55
        d. Wertung der industriellen Entwicklung 62
    4. Die gesellschaftlichen Grundlagen und die Sozialmilieus 65
        a. Die bäuerliche Gesellschaft 65
        b. Das Bürgertum 69
        c. Die Arbeiter 72
    5. Die konfessionelle Gliederung 74
    6. Die Juden als Minderheit 75
    7. Die Presse 81

IV. **Das parteipolitische Spektrum im Wahlkreis 4 Kassel von der Gründung des Norddeutschen Bundes bis zum Ersten Weltkrieg – Ein Überblick über die Entwicklung und die Organisation der politischen Parteien** 87

   1. Die liberalen Parteien 87
      a. Die nationalliberale Partei 87
      b. Die Liberale Vereinigung... 91

   2. Die linksliberalen Parteien 92
      a. Die Deutsche Freisinnige Partei 92
      b. Die Freisinnige Volkspartei 93
      c. Die Fortschrittliche Volkspartei.. 95

   3. Die konservativen Parteien 96
      a. Die Altkonservativen und die Deutschkonservative Partei.............. 96
      b. Die Freikonservative Vereinigung und die Deutsche Reichspartei 98

   4. Die antisemitischen Parteien 99
      a. Die Deutschsoziale Partei 99
      b. Die Deutschsoziale Reformpartei 101

   5. Die Sozialdemokraten 103

V. **Die Jahre der nationalliberalen Vorherrschaft. Von der ersten Wahl zum Norddeutschen Reichstag 1867 bis zur Reichstagswahl 1878** 119

   1. Vorbetrachtungen 119

   2. Die Wahl zum konstituierenden Reichstag des Norddeutschen Bundes am 12.2.1867 120

   3. Die Wahl zur 1. Legislaturperiode des Reichstages des Norddeutschen Bundes am 31.8.1867 125

   4. Die Wahl zum Deutschen Reichstag am 3.3.1871 127

   5. Die Wahl zum Deutschen Reichstag am 10.1.1874 129

   6. Die Wahl zum Deutschen Reichstag am 10.1.1877 131

   7. Die Wahl zum deutschen Reichstag am 30.7.1878........................ 133
      a. Die vorzeitige Auflösung des Reichstages und die Lage im Reich und in der Region 133
      b. Die Nominierung der Kandidaten... 134
      c. Der Wahlkampf und die Wahlkampfveranstaltungen................ 137
      d. Der Ausgang der Wahl 141

   8. Zusammenfassung der Jahre 1867-1878...................................... 143

VI. Die Reichstagswahl 1881 147

1. Die Situation im Reich und die allgemeine Wahlbewegung 147

2. Die Nominierung der Kandidaten 148

3. Der Wahlkampf... 151

4. Der Ausgang der Wahl am 27. Oktober 1881 153
   - a. Das Gesamtergebnis 153
   - b. Kreis Eschwege 153
   - c. Kreis Schmalkalden 154
   - d. Kreis Witzenhausen 155

5. Zusammenfassung... 155

VII. Die Reichstagswahl 1884 159

1. Die allgemeine Wahlbewegung und die Situation im Reich 159

2. Die Nominierung der Kandidaten 160

3. Der Wahlkampf... 163

4. Der Ausgang der Wahl am 28. Oktober 1881. 166
   - a. Das Gesamtergebnis 166
   - b. Kreis Eschwege 167
   - c. Kreis Schmalkalden 168
   - d. Kreis Witzenhausen 170

5. Zusammenfassung... 171

VIII. Die Reichstagswahl 1887 173

1. Die allgemeine Wahlbewegung und die Lage im Reich 173

2. Die Nominierung der Kandidaten 174

3. Der Wahlkampf und die Wahlkampfveranstaltungen 176

4. Der Ausgang der Wahl.. 180
   - a. Das Gesamtergebnis 180
   - b. Kreis Eschwege 180
   - c. Kreis Schmalkalden 183
   - d. Kreis Witzenhausen 185

5. Zusammenfassung... 186

IX. Die Reichstagwahl 1890 189

1. Die Situation im Reich und die allgemeine Wahlbewegung 189

2. Die Nominierung der Kandidaten 189

3. Der Wahlkampf 191
    a. Beginn des Wahlkampfes 191
    b. Ungesetzliche Wahlkampfbehinderungen 195
    c. Die Wahlkampfveranstaltungen und die Wahlthemen 198

4. Die Wahl am 20. Februar und ihr Ausgang 202
    a. Das Gesamtergebnis 202
    b. Kreis Eschwege 203
    c. Kreis Schmalkalden 205
    d. Kreis Witzenhausen 206
    e. Zusammenfassung 208

5. Der Wahlkampf zur Stichwahl 209

6. Die Stichwahl und ihr Ausgang 212
    a. Das Gesamtergebnis 212
    b. Kreis Eschwege 212
    c. Kreis Schmalkalden 213
    d. Kreis Witzenhausen 214
    e. Zusammenfassung 215

X. Die Reichstagswahl 1893 217

1. Die Situation im Reich und die allgemeine Wahlbewegung 217

2. Die Nominierung der Kandidaten 219

3. Der Wahlkampf und die Wahlkampfveranstaltungen 222
    a. Die Wahlkampfveranstaltungen 222
    b. Antisemitische Hetze und freisinnige „Enthüllungen" 227
    c. DRP und SPD und ihr Verhältnis zum Antisemitismus 230

4. Die Wahl am 15. Juni 1893 und ihr Ausgang 231
    a. Das Gesamtergebnis 231
    b. Kreis Eschwege 232
    c. Kreis Schmalkalden 234
    d. Kreis Witzenhausen 237
    e. Zusammenfassung 239

5. Der Wahlkampf zur Stichwahl 239

6. Die Stichwahl und ihr Ausgang 244
    a. Das Gesamtergebnis 244
    b. Kreis Eschwege 244
    c. Kreis Schmalkalden 246
    d. Kreis Witzenhausen 247

7. Zusammenfassung 248

XI. Die Reichstagsersatzwahl 1895 251

1. Die Lage im Reich und der Grund für die Ersatzwahl 251
2. Die Nominierung der Kandidaten 252
3. Der Wahlkampf und die Wahlkampfveranstaltungen 255
4. Der Ausgang der Wahl 266
   - a. Das Gesamtergebnis 266
   - b. Kreis Eschwege 266
   - c. Kreis Schmalkalden 268
   - d. Kreis Witzenhausen 271
   - e. Zusammenfassung 273
5. Der Wahlkampf zur Stichwahl 274
6. Die Stichwahl und ihr Ausgang 278
   - a. Das Gesamtergebnis 278
   - b. Kreis Eschwege 278
   - c. Kreis Schmalkalden 279
   - d. Kreis Witzenhausen 280
   - e. Zusammenfassung 281

XII. Die Reichstagswahl 1898 283

1. Die Lage im Reich und die allgemeine Wahlbewegung 283
2. Die Nominierung der Kandidaten 283
3. Der Wahlkampf und die Wahlkampfveranstaltungen 284
4. Die Wahl am 16. Juni 1898 und ihr Ausgang 296
   - a. Das Gesamtergebnis 296
   - b. Kreis Eschwege 296
   - c. Kreis Schmalkalden 298
   - d. Kreis Witzenhausen 301
   - e. Zusammenfassung 303
5. Der Wahlkampf zur Stichwahl 304
6. Die Stichwahl und ihr Ausgang 306
   - a. Das Gesamtergebnis 306
   - a. Kreis Eschwege 307
   - c. Kreis Schmalkalden 308
   - d. Kreis Witzenhausen 309
   - e. Zusammenfassung 310

XIII. Die Reichstagswahl 1903 311

1. Die Lage im Reich und die allgemeine Wahlbewegung 311

2. Die Nominierung der Kandidaten 312

3. Der Wahlkampf und die Wahlkampfveranstaltungen 312

4. Die Wahl am 16. Juni 1903 und ihr Ausgang 321
   a. Das Gesamtergebnis 321
   b. Kreis Eschwege 321
   c. Kreis Schmalkalden 323
   d. Kreis Witzenhausen 325
   e. Zusammenfassung 327

5. Der Wahlkampf zur Stichwahl 328

6. Die Stichwahl und ihr Ausgang 329
   a. Das Gesamtergebnis 329
   b. Kreis Eschwege 330
   c. Kreis Schmalkalden 331
   d. Kreis Witzenhausen 332
   e. Zusammenfassung 333

XIV. Die Reichstagsersatzwahl 1904 335

1. Die Lage im Reich und der Grund für die Ersatzwahl 335

2. Die Nominierung der Kandidaten 335

3. Der Wahlkampf und die Wahlkampfveranstaltungen 337

5. Die Wahl am 15. Februar 1904 und ihr Ausgang 350
   a. Das Gesamtergebnis 350
   b. Kreis Eschwege 350
   c. Kreis Schmalkalden 352
   d. Kreis Witzenhausen 353
   e. Zusammenfassung 356

6. Der Wahlkampf zur Stichwahl 357

7. Die Stichwahl und ihr Ausgang 359
   a. Das Gesamtergebnis 359
   b. Kreis Eschwege 360
   c. Kreis Schmalkalden 360
   d. Kreis Witzenhausen 361
   e. Zusammenfassung 362

XV. Die Reichstagswahl 1907 365

1. Die Lage im Reich und die allgemeine Wahlbewegung 365

2. Die Nominierung der Kandidaten 366

3. Der Wahlkampf und die Wahlkampfveranstaltungen 367

4. Die Wahl am 25. Januar 1907 und ihr Ausgang 377
    a. Das Gesamtergebnis 377
    b. Kreis Eschwege 378
    c. Kreis Schmalkalden 380
    d. Kreis Witzenhausen 382
    e. Zusammenfassung 384

5. Der Wahlkampf zur Stichwahl 385

6. Die Stichwahl und ihr Ausgang 386
    a. Das Gesamtergebnis 386
    b. Kreis Eschwege 387
    c. Kreis Schmalkalden 387
    d. Kreis Witzenhausen 388
    e. Zusammenfassung 389

XVI. Die Reichstagswahl 1912 391

1. Die allgemeine Wahlbewegung und die Lage im Reich 391

2. Die Nominierung der Kandidaten 391

3. Der Wahlkampf und die Wahlkampfveranstaltungen 393

4. Die Wahl am 12. Januar 1912 und ihr Ausgang 405
    a. Das Gesamtergebnis 405
    b. Kreis Eschwege 405
    c. Kreis Herrschaft Schmalkalden 407
    d. Kreis Witzenhausen 409
    e. Zusammenfassung 411

5. Der Wahlkampf zur Stichwahl 412

6. Die Stichwahl und ihr Ausgang 415

XVII. Wahlen und Parteien im Kaiserreich. Eine Zusammenfassung 417

1. Einleitende Betrachtung 417

2. Die Entwicklung der Reichstagswahlen hinsichtlich ihrer Bedeutung 417
    a. Die erste Phase – Die Zeit der geringen Akzeptanz (1867-1877) 418
    b. Die zweite Phase – Die Mobilisierung der Wähler (1878-1887) 418

    c. Die dritte Phase – Die Differenzierung des Wählerwillens und der weitere Anstieg der Wahlbeteiligung (1887-1912) 420

3. Die Entwicklung der politischen Parteien und ihrer Resonanz bei den Wählern 422
    a. Die Nationalliberalen 422
    b. Die Linksliberalen 425
    c. Die Konservativen – Deutschkonservative und Reichspartei 427
    d. Die Antisemiten 429
    e. Die Sozialdemokraten 431

4. Die Entwicklung in den Orten anhand einiger Fallbeispiele/Der Zusammenhang zwischen Sozial- und Wirtschaftsstruktur und Wählerentscheidung 433
    a. Eschwege 433
    b. Wanfried 435
    c. Waldkappel 437
    d. Frieda und Schwebda – Zwei Eschweger Nachbardörfer 439
    e. Die Ringgau-Dörfer 440
    f. Schmalkalden 441
    g. Brotterode 443
    h. Barchfeld 444
    i. Steinbach-Hallenberg 446
    k. Dörfer im Steinbacher Grund 448
    l. Das Walddorf Herrenbreitungen 449
    m. Die Bergbau- und Metallarbeiterdörfer Trusen, Herges, Auwallenburg und Elmenthal. 450
    n. Witzenhausen 450
    o. Großalmerode 452
    p. Allendorf und Sooden 453
    q. Lichtenau 455
    r. Die Dörfer im Umfeld der Kreisstadt 456
    s. Harmuthsachsen 457

5. Der Einfluß von Wirtschafts- und Sozialstruktur auf die parteipolitische Orientierung und die wahlpolitischen Entscheidungen der Wähler auf der Wahlkreisebene 458

6. Wählerwanderungen und das Verhältnis der verschiedenen Wählergruppen zueinander 463

7. Region und Reich 465

8. Ausblick 468

XVIII. Quellen und Darstellungen ... 471
I. Archivmaterialien ... *471*

II. Gedruckte Quellen ... *476*

III. Darstellungen ... *477*

XIX. Anhang ... 503

I. Einleitung

1. Einführung in das Thema

Die vorliegende Arbeit behandelt sowohl die Entstehung und die Entwicklung der politischen Parteien als auch den Verlauf und die Ergebnisse der Reichstagswahlen in den drei ehemaligen Landkreisen Eschwege, Witzenhausen und Schmalkalden in den Jahren 1867-1912. Die Untersuchung umfaßt also einen Zeitraum von etwa 45 Jahren, der begrenzt ist durch zwei markante Ereignisse: zum einen durch die Wahl zum Konstituierenden Reichstag des Norddeutschen Bundes, zum anderen durch die letzte politische Willensäußerung im Kaiserreich auf Reichsebene.

Sicherlich hätte auch das Jahr 1871 den Beginn der Arbeit markieren können, da mit der Reichsgründung ein Staat ins Leben gerufen wurde, der, wenn auch auf der „kleindeutschen Lösung" basierend, den größten Teil der Deutschen in einem Staatswesen vereinte. Eine Mißachtung der Wahlen vor 1871 macht jedoch wenig Sinn, da die Reichsgründung für die Landkreise Eschwege, Witzenhausen und Schmalkalden eine weniger einschneidende Zäsur darstellte als die Annexion des Kurfürstentums Hessen-Kassel durch den preußischen Staat im Jahre 1866.

Die Auswahl der drei genannten Kreise ergab sich, neben einem besonderen Interesse für die Region, vornehmlich aus zwei Gründen. Zum einen bildeten die Landkreise Eschwege, Witzenhausen und Schmalkalden in der Zeit des Kaiserreiches eine wahltechnische Einheit, eine Tatsache, die eine zusammenfassende Behandlung allein schon rechtfertigt.

Wichtiger allerdings ist der zweite Grund. Eine historische Wahlforschung bleibt natürlich ohne eine grundlegende Analyse der sozialen und ökonomischen Strukturen der Region und deren Wechselwirkung mit der politischen Kultur oberflächlich. Auch die Behandlung eines Kreises, der sich durch weitgehende wirtschaftliche und soziale Geschlossenheit sowie eine fehlende Dynamik zum wirtschaftlichen und sozialen Wandel auszeichnet, bleibt nicht selten unbefriedigend, da häufig das Wahlverhalten der Bewohner statisch bleibt; eine Tatsache, die nicht nur für den Historiker, sondern auch für den Leser wenig spannend ist. Zu denken ist hier z.B. an einige Wahlkreise in Westfalen, Bayern und Hessen, wo fast ausschließlich über Jahre hinweg eine einzige Partei – in diesem Fall das Zentrum – dominierte.

Die ehemaligen Landkreise Eschwege, Witzenhausen und Schmalkalden bieten dagegen ein vielfältiges Spektrum, auf dessen Grundlage sich das Verhältnis zwischen wirtschaftlichen und sozialen Strukturen auf der einen und Wählerverhalten auf der anderen Seite ausgiebig untersuchen läßt. Das liegt zum einen in der unterschiedlichen Wirtschaftsstruktur der drei Kreise und in ihnen, zum anderen am ökonomischen Wandel, der sich in den über 40 Jahren des Untersuchungszeitraums vollzogen hat.

Bewußt wurden nur die Reichstagswahlen in das Feld der Betrachtung gerückt, da nur diesen, wenn auch, wie noch zu zeigen ist, mit Einschränkungen, das allgemeine gleiche Wahlrecht zugrunde lag. Die nach dem preußischen Dreiklassenwahlrecht vorgenommenen Landtagswahlen bzw. deren Ausgang werden allenfalls am Rande mitberücksichtigt.

2. Bemerkungen zur historischen Wahlforschung

Die wahlgeschichtliche Forschung hat in der Vergangenheit höchst unterschiedliche Fragestellungen, Konzepte und Lösungsversuche hervorgebracht, die, einander teilweise ergänzend, teilweise widersprechend, für den Verfasser einer regionalen Wahlgeschichte ebenso anregend und hilfreich sind wie für denjenigen Autor, der für größere politische Einheiten – Bundesländer oder Staaten – die Ursachen wahlpolitischer Entscheidungen zu ergründen sucht. Schon im Jahre 1930 wies Arthur Dix auf den ursächlichen Zusammenhang von wirtschaftlichen und sozialen Strukturveränderungen auf der einen Seite und dem Wandel des Wählerverhaltens auf der anderen hin[1]. Damit wurde ein Nexus aufgedeckt, der in der Folgezeit zwar unterschiedlich interpretiert, im Kern aber nicht mehr bestritten werden konnte.

Nach 1945 hat besonders die französische Forschung zahlreiche Arbeiten zur historischen Wahlanalyse und der damit eng verbundenen Entwicklung der politischen Parteien vorgelegt, die sich im Kern auf André Siegfrieds „Tableau politique" aus dem Jahre 1913 stützten, dessen Thesen und Methoden sie im Laufe der Jahre präzisierten

---

1   Dix, A., Die deutschen Reichstagswahlen 1871-1930 und die Wandlungen der Volksgliederung, Tübingen 1930, S.3.

und verfeinerten[2]. Die deutsche Wahl- und Parteienforschung, nach erfolgversprechenden Ansätzen durch die nationalsozialistische Diktatur in ihrer Entwicklung schwer erschüttert[3], hat zweifellos von diesen Ergebnissen profitiert. Standen zunächst aber überwiegend Regierungen, Parteien bzw. deren Programme sowie Politiker und Kandidaten im Vordergrund der Betrachtungen, so vollzog sich seit Mitte der sechziger Jahre insofern ein Richtungswechsel, als primär die Wähler in ihrem wirtschaftlichen, sozialen und konfessionellen Umfeld verstärkt in den Vordergrund traten. Seit den Arbeiten Gunnar von Schluckmanns[4] und Wolfgang Schultes[5] fanden zunehmend auch sozialwissenschaftliche Methoden Eingang in die historische Wahlforschung, die hauptsächlich auf der Mathematik und der Statistik fußten. Sowohl die teilweise zu beobachtende Mißachtung der traditionellen Deutungen, die die Ursache von Wählerentscheidungen überwiegend in der Rezeption der Parteiprogramme und dem Geschick der Kandidaten suchten, als auch die gewisse „Überheblichkeit der politischen und empirisch-sozialwissenschaftlichen Wahlforscher"[6] führte zunächst aber nicht zu einer sinnvollen Symbiose zwischen Geschichtswissenschaftlern und Empirikern, sondern leitete hingegen einen Methodenstreit ein, der heutzutage aber deutlich an Schärfe verloren hat. Ein fruchtbares Ergebnis dieser Debatte war u.a. die wichtige Erkenntnis, daß die historische Wahlforschung einem „Flickenteppich"[7] glich und trotz größter Bemühungen keinem

---

2 Conze, W., Wahlsoziologie und Parteiengeschichte, in: Büsch, O., Wölk, M., Wölk, W. (Hrsg.), Wählerbewegung in der deutschen Geschichte. Analysen und Berichte zu den Reichstagswahlen 1871-1933, Berlin 1978, S.111-118, hier: S.112ff.

3 Abendroth, W., Aufgaben und Methoden einer deutschen Wahlsoziologie, in: Büsch, Wölk, Wölk (Hrsg.), Wählerbewegung in der deutschen Geschichte, S.119-123, hier: S.119f.

4 Schluckmann, G.v., Die politische Willensbildung in der Großstadt Köln seit der Reichsgründung 1871. Eine Längsschnittstudie politischer Gemeindesoziologie, Köln 1965.

5 Schulte, W., Struktur und Entwicklung des Parteiensystems im Königreich Würtemberg. Versuche zu einer quantitativer Analyse der Wahlergebnisse, Diss. Mannheim 1970.

6 Steinbach, P., Stand und Methode der historischen Wahlforschung. Bemerkungen zur interdisziplinären Kooperation von moderner Wahlgeschichte und den politisch-historischen Sozialwissenschaften am Beispiel der Reichstagswahlen im deutschen Kaiserreich, in: Kaelble, H. u.a. (Hrsg.), Probleme der Modernisierung in Deutschland, Opladen 1978, S.171-234, hier: S.175.

7 Schmädecke, J., Wählerbewegung im Wilhelminischen Deutschland. Bd.1: Die Reichstagswahlen von 1890 bis 1912: Eine historisch-statistische Untersuchung, Berlin 1995, S.21.

einheitlichen Konzept zu unterwerfen war. Spätestens seit Mitte der siebziger Jahre kam es hinsichtlich der Methodik zu einer deutlichen Annäherung der Positionen, obwohl in wesentlichen Details weiterhin erhebliche Differenzen vorherrschten bzw. bis heute noch nicht ausgeräumt sind. So kritisierte noch 1991 Jürgen Falter, daß nur eine Minderheit der Wahlforscher mit der „richtigen" Methodik vertraut sei[8].

Die unterschiedlichen Ansätze fanden ihren Niederschlag im Entstehen mehrerer wahlgeschichtlicher „Schulen", wie der Bonner „Braubach-Schule", deren Anhänger die Rheinlandregion in ihren Blick genommen haben[9], oder der Berliner „Büsch-Schule", aus der auch die 1995 erschienene Arbeit Jürgen Schmädeckes[10] über die Wählerbewegung im Kaiserreich hervorgegangen ist. Versucht man den historischen Stellenwert wahlgeschichtlicher Studien sowohl allgemein als auch speziell für die Zeit des Deutschen Kaiserreiches aufzuzeigen, so muß allerdings ein eher nüchternes Urteil gefällt werden. Schon 1968 konstatierte Thomas Klein ironisch, daß bei dem damaligen „Forschungstempo" der Regionalhistoriker die flächendeckende Ergründung der Reichstagswahlen im Kaiserreich erst in 400 Jahren abgeschlossen sei[11]. Auch Karl Rohe beklagte 1982 das im Vergleich zu anderen Themenfeldern recht geringe Interesse an der historischen Wahlforschung und zog sogar den Schluß daraus, daß die Relevanz von Wahlen von vielen Forschern ernsthaft in Zweifel gezogen werde[12]. Auch Schmädecke stellte noch im Jahre 1995 fest, daß sich die Zahl neuerer Studien, die sich mit Wahlen und Wählerverhalten befassen, in den letzten Jahren in relativ engen Grenzen gehalten hat.[13] Hat Schmädecke selbst mit seiner Darstellung eine große Lücke geschlossen, und die Arbeit der „Büsch-

---

8   Falter, J.W., Hitlers Wähler, München 1991, S.55.
9   Vgl. Liebert, B., Politische Wahlen in Wiesbaden im Kaiserreich (1867-1918), Wiesbaden 1988, S.1f.
10 Schmädecke, Wählerbewegung im Wilhelminischen Deutschland.
11 Klein, Th., Reichstagswahlen und -abgeordnete der Provinz Sachen und Anhalts 1867-1918. Ein Überblick, in: Schlesinger, W. (Hrsg.), Festschrift für Friedrich von Zahn, Bd.I.: Zur Geschichte und Volkskunde Mitteldeutschlands, Köln/Graz 1968, S.65-141, hier S.65f.
12 Rohe, K., Wahlanalyse im historischen Kontext. Zu Kontinuität und Wandel von Wahlverhalten, in: HZ 234 (1982), S.337-357, hier: S.337.
13 Schmädecke, Wählerbewegung im Wilhelminischen Deutschland, S.19.

Schule" zu einem Abschluß gebracht[14], so läßt sich das Defizit an wahlgeschichtlichen Regionalstudien aber nicht wegleugnen. Das gilt auch für Hessen bzw. Nordhessen.

Angeregt durch W. Abendroth, der wichtige Richtlinien für eine regionale Wahlstudie aufgestellt hat und die Untersuchung von Kleinstrukturen zur unabdingbaren Grundlage einer genauen Analyse erklärte[15], sind in den 50- und 60er Jahren aber doch im Rahmen von Staatsexamens- bzw. Diplomprüfungen einige regionalgeschichtlich orientierte Untersuchungen entstanden[16], wobei überwiegend aber die Zeit nach 1945 behandelt wurde[17]. Jüngeren Datums sind die wahlhistorischen Längsschnittstudien Bernd Lieberts[18] und Heinrich Nuhns[19], die von Thomas Klein bzw. Georg Fülberth angeregt worden sind.

3. Wahlgeschichtliche Theorien, Methoden und Konzepte

Neben zahlreichen Einzeluntersuchungen sind auch viele wahltheoretische Studien erschienen, die interessante Erklärungsmuster erarbeitet haben. Einen wichtigen Ansatz zur Deutung des Wählerverhaltens bietet das Milieukonzept, das bisher in unterschiedlichen Varianten zur Lösung dieses Problems herangezogen worden ist. Z.B. für M.R. Lepsius lassen sich die Wahlergebnisse des Kaiserreiches

---

14 Steinbach, P., Vorwort zu Schmädecke, Wählerbewegung im Wilhelminischen Deutschland, S.XV-XXXIII, hier: S.XVI.

15 Abendroth, W., Aufgaben und Methoden einer historischen deutschen Wahlsoziologie, in: Vierteljahrshefte für Zeitgeschichte, 3/1957, S.300-306, hier: S.302.

16 z.B. Weber, K.E., Die politischen Parteien und die Wahlen zum Reichstag im Kreis Ziegenhain von 1890 bis 1912, o.J. ; Scheiderbauer, T., Die soziale Zusammensetzung der Wahlberechtigten und der Wahlbeteiligten in den Kreisen Fritzlar und Homberg bei den Reichstagswahlen 1890 und 1893, 1963 (Standort: Bibliothek des Fachbereiches Politikwissenschaft der Philipps-Universität Marburg).

17 z.B. Engelhard, Chr., Die Wahlen und die Entwicklung der politischen Parteien im Kreise Waldeck seit der Bundestagswahl 1953 (1961); Fritsche, Die Entwicklung der politischen Parteien und Wahlen in Stadt und Kreis Eschwege von 1945 bis 1956 (o.J.); Jessel, J., Die Entwicklung der politischen Parteien und der Wahlen im Kreis Alsfeld seit 1945 (1961); Nuhn, H., Die politischen Kräfte und das Wählerverhalten im Kreis Hersfeld ab 1945 (1962) (Standort: Bibliothek des Fachbereiches Politikwissenschaft der Philipps-Universität Marburg).

18 Liebert, Politische Wahlen in Wiesbaden im Kaiserreich.

19 Nuhn, H., Wahlen und Parteien im ehemaligen Landkreis Hersfeld. Eine historisch-analytische Längsschnittstudie, Darmstadt und Marburg 1990.

und der Weimarer Republik mit dem Vorhandensein von vier „sozialmoralischen Milieus" erklären, die sich durch verschiedene Strukturelemente wie wirtschaftliche Situation, konfessionelle Gebundenheit, aber auch regionale Tradition der Wähler definieren[20]. Obwohl dieses Modell vielfach kritisiert worden ist, da es angeblich zu statisch sei, ist der Erklärungsversuch von Lepsius zweifellos interessant und anregend[21]. Das gilt auch für die Thesen Otto Büschs, der zum einen den Übergang von der Stände- zur Industriegesellschaft und die damit verbundenen gesellschaftlichen Probleme für das Entstehen der politischen Lager im Kaiserreiches verantwortlich macht, zum anderen aber auch den „Widerspruch zwischen Sozialstruktur, der sich daraus ergebenden sozialökonomischen Interessenlage und dem Wahlverhalten"[22] konstatiert. Da auch Einzeluntersuchungen nicht selten dargelegt haben, daß sozio-ökonomische Erklärungsmuster in ihrer Ausschließlichkeit versagen können, sind in der wahlgeschichtlichen Forschung die Begriffe „harte" und „weiche" Sozialstrukturvariabeln eingeführt worden[23], die erst in ihrer Kombination geeignete Lösungen anbieten können. Unter „weichen" Strukturenvariabeln sind u.a. kulturelle Sinnbezüge gemeint, die in der Regel die „harten" – Klasse und Konfession – überformen. Auch wenn erstere in den meisten Fällen weitaus schwieriger aufzuzeigen sind als letztere, sind sie doch in allen Fällen wirksam[24]. Das Aufspüren „weicher" Variabeln – zu denen auch das Vorhandensein einflußreicher örtlicher Führungspersönlichkeiten gerechnet werden muß – findet naturgemäß eher seinen Niederschlag in Regionalstudien, während sich Untersuchungen, die sich größeren Einheiten widmen, zwangsläufig auf sozio-ökonomische Erklärungsmuster stützen müssen.

4. Vorteile und Nachteile der Regionalstudie

Die wahlgeschichtliche Regionalstudie bietet so gesehen also einen nicht zu übersehenden Vorteil vor einer Gesamtbetrachtung. Ande-

---

20 Rohe, K, Wahlen und Wählertraditionen in Deutschland, Frankfurt a.M. 1992, S. 9.
21 Ebd.
22 Büsch, O., Gedanken und Thesen zur Wählerbewegung in Deutschland, in: Ders., Wölk, Wölk (Hrsg.), Wählerbewegung in der deutschen Geschichte, S.125-167, hier: S.127.
23 Vgl. Rohe, Wahlen und Wählertraditionen in Deutschland, S.12.
24 Ebd., S.13.

rerseits birgt sie aber auch eine sichtbare Gefahr, die nicht unterschätzt werden darf. Wird das Wählerverhalten überwiegend mit regionalen Besonderheiten erklärt, nicht aber mit verallgemeinerbaren Faktoren gedeutet, so wird der Wert einer Regionalstudie hinsichtlich ihrer Verwertbarkeit für eine Gesamtbetrachtung zweifellos gemindert[25]. Andererseits kann aber auch eine zu verallgemeinernde Betrachtung regionaler Besonderheiten allzuschnell ihren Bezug zur Region verlieren.

5. Ziel der Arbeit

Ziel der Arbeit ist die Darstellung der Reichstagswahlen und der Entwicklung der Parteien in den drei ehemaligen Landkreisen Eschwege, Schmalkalden und Witzenhausen unter den verschiedensten Gesichtspunkten. Dabei stehen neben der Untersuchung der organisatorischen Grundlagen der Parteien vornehmlich die einzelnen Wahlen bzw. die zu ihnen gehörenden Wahlkämpfe im Vordergrund. Diente die politische Willensäußerung mittels Wahl zum einen der Entsendung geeigneter Volksvertreter, so war sie zum anderen auch gleichzeitig Stimmungsbarometer hinsichtlich der Repräsentation von Meinungen und Interessen der Wahlbevölkerung. Wahlgeschichte als historische Dokumentation ist also „für jedes Gemeinwesen ein zentraler Teil seiner politischen Geschichte überhaupt"[26]. Im folgenden sollen die wahlpolitischen Entscheidungen im Wahlkreis Kassel 4 beschrieben und gedeutet werden, wobei zunächst einmal folgende Fragen im Vordergrund stehen: Welche Parteien wurden gewählt und warum? Inwieweit wurde das Recht auf Wahl genutzt; wie entwickelte sich im Laufe der Jahre die Wahlbeteiligung? In welchem Verhältnis stand der Wandel der wirtschaftlichen und sozialen Verhältnisse zum Wandel der Parteienpräferenz? Waren die wahlpolitischen Entscheidungen einzelner Wähler sinnvoll und für sie selbst vorteilhaft, oder stellte das Wählervotum einen irrationalen Akt dar, der dem eigentlichen Interesse des Wählers zuwider lief?

Neben der Beantwortung derartiger Fragen ist es notwendig, die Wähler der Parteien zu identifizieren und ihren wirtschaftlichen, sozialen und ideologischen Hintergrund aufzuzeigen. Dabei soll ver-

---

25   Vgl. ebd., S.12.
26   Klein, Th., Die Hessen als Reichstagswähler. Tabellenwerk zur politischen Landesgeschichte 1867-1933, Bd.1: Provinz Hessen-Nassau und Waldeck-Pyrmont 1867-1918, Marburg 1989, S.1.

sucht werden, Wählergruppen bzw. „Wählermilieus" zu bestimmen und deren Beständigkeit bzw. Transformierung oder gar Zerstörung im Laufe der Jahre. Übereinstimmungen zwischen identifizierten Wählermilieus und dem tatsächlichen Wahlverhalten zugunsten einer „Milieupartei" sollen ebenso aufgezeigt werden wie ganz offensichtliche Widersprüche zwischen „Milieuorientierung" und Wahlentscheid. Daß es Widersprüche geben kann bzw. sogar geben muß, ist keinesfalls verwunderlich, denn der Begriff „Milieu" definiert ja lediglich eine gemeinsame Mentalität und Lebensweise verschiedener Individuen, nicht jedoch eine gemeinsame Denkweise[27]. Zudem muß bedacht werden, daß ein grundsätzlicher Unterschied besteht zwischen „sozialstrukturell determinierten Milieus, in die man hineingeboren wird, und Milieus, die man bis zu einem gewissen Grad frei wählen kann."[28]

Neben dem Versuch, Milieus auszumachen und diese in Zusammenhang mit wahlpolitischen Willensbekundungen zu bringen, sollen auch die politischen „Lager" analysiert werden. Anders als das „Milieu", das sich primär durch vielfältige Übereinstimmungen auszeichnet, lebt ein „Lager" „in seinem Zusammenhang ... stärker von der Abgrenzung gegen andere als von eigenen positiven Gemeinsamkeiten ... ."[29] Wie noch zu zeigen ist, konnten politische Lager besonders in Zeiten nationaler Erregung schnell entstehen, sich aber auch in „ruhigeren Zeiten" schnell wieder auflösen. Da politische Lager ihre Entstehung nicht ausschließlich Faktoren verdanken, die auf der Ebene grundsätzlicher politischer Überzeugung zu suchen sind, sondern auch im engen Zusammenhang stehen mit Faktoren emotionaler Natur, ist es notwendig, gerade diese aufzuspüren. Eine Schlägerei oder eine persönliche Verunglimpfung in einem Dorf im Zusammenhang mit einer Wahlversammlung spielt für die wahlpolitische Willensbekundung auf Reichs- oder auf Länderebene selbstverständlich keine Rolle. Auf der Ebene des Wahlkreises ist die Bedeutung derartiger Vorgänge allerdings schon höher zu bewerten; auf Ortsebene kann sie von vornehmlicher Wirksamkeit sein. Gerade deshalb sollen auch Ereignisse ihre Berücksichtigung finden, denen der primär an wirtschaftlichen und sozialen Erklärungsmustern orientierte Wahlforscher wenig Bedeutung beimißt. Wie ernst jedoch be-

---

27 Vgl. Rohe, Wahlen und Wählertraditionen in Deutschland, S.19.
28 Ebd., S.21.
29 Ebd.

stimmte Affären zu nehmen sind – man denke an Saalverweigerungen, Flugblattfälschungen, Beleidigungen usw. –, zeigt der Aufwand, der betrieben wurde, um derartige „Skandale" publik zu machen bzw. diese zu vertuschen. Anders als Arbeiten, die ausschließlich die Zusammenhänge zwischen sozialer und wirtschaftlicher Stellung der Wähler und deren politischer Willensbekundung suchen, soll deshalb hier auch der Wahlkampf in all seinen Facetten dargestellt werden.

Dabei soll aber keinesfalls nur eine ausschließich retrospektive Betrachtungsweise geboten werden, die verschiedene Ereignisse zusammenfaßt, um sie in ihrem Zusammenhang strukturell darzustellen. Vielmehr soll gerade der besondere Charakter jeder einzelnen Wahl und ihrer Begleitumstände in ihrem historischen Kontext herausgearbeitet werden, womit auch ein Beitrag zur Gesamtgeschichte der Region geleistet wird.

6. Die Quellen

Die vorliegende Arbeit kann sich auf ein reichhaltiges Quellenmaterial stützen, wobei für die Darstellung der sozio-ökonomischen Grundlagen des Wahlkreises sowohl die Statistiken des Deutschen Reiches als auch die Gemeindelexika für die Provinz Hessen-Nassau aus den Jahren 1873 und 1887 von Wert sind. Von dem archivalisch erschlossenen Material sind vornehmlich die Bestände des Marburger Staatsarchives (Best. 165; Best.180; Best.330) zu nennen, die in vielfältiger Hinsicht über die Geschichte der Parteien – besonders die der Sozialdemokratie – Auskunft geben. Nicht ganz so ergiebig, aber dennoch wichtig, sind die Bestände im Historischen Staatsarchiv Gotha und in den einzelnen Stadtarchiven. Zahlreiche Berichte, Verordnungen und Verfügungen gestatten einen aufschlußreichen Blick sowohl auf die Geschichte der Parteien und der Reichstagswahlen als auch auf die politische Kultur in den drei Kreisen Eschwege, Schmalkalden und Witzenhausen. Daß die meisten Quellen in gewisser Hinsicht alles andere als objektiv sind und primär eine eher konservative Sicht der Dinge bieten, versteht sich dabei von selbst. Das gilt sowohl für die Mitteilungen des Regierungspräsidenten an den Kaiser als auch für die Berichte der Landräte und die Hinweise der Polizeibehörden. Der Quellenwert wird durch die Parteilichkeit der Absender aber keineswegs geschmälert, lassen sich doch tendenziöse Passagen leicht identifizieren.

Mehr noch als die zum Thema sprechenden Archivmaterialien bieten die zahlreichen regionalen und überregionalen Zeitungen die Möglichkeit, die Geschichte der Parteien und der Reichstagswahlen zu erforschen und darzustellen. Zwar zeichnen sich auch diese Quellen nicht gerade durch eine objektive und unparteiische Berichterstattung aus. Die Vielzahl der Presseorgane unterschiedlichster politischer Ausrichtung gestattet es aber, die verschiedensten Komplexe aus den unterschiedlichsten Blickwinkeln zu betrachten, um dann ein, hoffentlich, möglichst genaues Bild von den Strukturen, Prozessen und Ereignissen zu zeichnen.

Von nicht zu unterschätzender Bedeutung ist auch die Flugblattsammlung der Universitätsbibliothek Marburg. Die zahlreichen Flugschriften, Plakate und Parteiprogramme sind vorzüglich geeignet, bei der Darstellung der Wahlen und der Wahlkämpfe Lücken zu schließen, die archivarische Quellen und Zeitungen gelegentlich noch offen lassen.

Im besonderen Maße kommt dieser Arbeit zugute, daß die Ergebnisse der Reichstagswahlen nicht mehr aus den unterschiedlichsten Quellen mühsam herausgearbeitet werden mußten. Seit 1989 liegt das von Thomas Klein herausgegebene und zusammen mit Friedhelm Krause bearbeitete Tabellenwerk zur politischen Landesgeschichte „Die Hessen als Reichstagswähler" vor, das als „unverzichtbares und kaum zu unterschätzendes Standartwerk"[30] die einzelnen Wahlresultate übersichtlich präsentiert und somit eine der Hauptgrundlagen dieser Arbeit darstellt.[31] Auch die von Klein herausgegebene, edierte und mit einem umfangreichen Register versehene Quellensammlung betreffend die Zeitungsberichte der Regierungspräsidenten an den Kaiser erwies sich als ausgesprochen nützlich.[32] Besonders bedauerlich erweist sich allerdings die Tatsache, daß die Stichwahlergebnisse in den Kreisen Eschwege und Witzenhausen ausgerechnet für das Jahr 1912 verlorengegangen sind. Damit lassen sich Wählerwanderungen ausgerechnet für den Zeitpunkt, der innerhalb des Untersuchungszeitraums der Gegenwart zeitlich am nächsten liegt, leider nicht mehr nachweisen.

---

30 Steinbach, P., Rezension der Arbeit von Thomas Klein, Die Hessen als Reichstagswähler, in: Hessisches Jahrbuch für Landesgeschichte, Bd. 48, 1998, S.346-349, hier: S.348.

31 Klein, Th.: Die Hessen als Reichstagswähler. Tabellenwerk zur politischen Landesgeschichte 1867-1933, Band 1: Provinz Hessen/Nassau und Waldeck/Pyrmomt 1867-1918, Marburg 1989.

32 Klein, Th. (Hrsg.), Die Zeitungsberichte des Regierungspräsidenten in Kassel an Seine Majestät 1867-1918 (Quellen und Forschungen zur hessischen Geschichte 95), Erster Teil: 1867-1890, Darmstadt, Marburg 1993.

7. Der Forschungsstand

Die Arbeiten Thomas Kleins sind es auch, die in partei- und wahlgeschichtlicher Hinsicht vornehmlich für die preußische Provinz Hessen-Nassau insgesamt wichtige Ergebnisse zu Tage gefördert haben[33]. Auch die drei Kreise Eschwege, Schmalkalden und Witzenhausen haben darin, allerdings in einem größeren Zusammenhang, eine vielfältige Beachtung erfahren[34]. Für die Zeit der Weimarer Republik hat Siegfried Weichlein[35] eine Studie über Sozialmilieus und politische Kultur in Hessen vorgelegt, wobei er auch die Entwicklungen im Kaiserreich einbezieht, wenngleich unter weitgehender Mißachtung des politischen Antisemitismus.[36]

Eine ausführliche Darstellung speziell der partei- und wahlgeschichtlichen Entwicklung des Wahlkreises Kassel 4 blieb bisher aber trotzdem ein Desiderat. Zwar wurden Einzelaspekte des Themas durchaus in den Blickpunkt mancher Regionalstudie gerückt, der Gesamtzusammenhang wahl- und parteigeschichtlicher Strukturen, Prozesse und Ereignisse wurde aber nur selten erfaßt. Auch bleiben die Erträge der Regionalforschung höchst unterschiedlich und inhomogen. Existieren für Eschwege, Schmalkalden und Hessisch-Lichtenau brauchbare und interessante Ortsgeschichten, die sich auch mit dem hier zu behandelnden Thema bzw. dem Zeitraum auseinandersetzen, so fehlen ähnliche Werke leider für die anderen Städte des Wahlkreises.

---

33 Klein, Th., Hessen, Nassau, Frankfurt unter dem preussischen Adler 1867-1933, in: Schultz, U. (Hrsg), Geschichte Hessens, Stuttgart 1983, S.204-216; Ders., Entwicklungslinien der politischen Kultur in Nordhessen bis 1918, in: Schiller, Th., v. Winter, Th. (Hrsg.), Politische Kultur in nördlichen Hessen, Marburg 1993, S.20-32; Ders., Parteien und Wahlen in der preußischen Provinz Hessen-Nassau 1867-1933, in: Berg-Schlosser, D., Fack, A., Noetzel, Th. (Hrsg), Parteien und Wahlen in Hessen 1946-1994, Marburg 1994, S.12-33; Ders., Zur Statistik der Reichstagswahlen 1867 bis 1918 im Gebiet des heutigen Bundeslandes Hessen, in: Hessisches Jahrbuch für Landesgeschichte Bd.46 (1996), S.261-266., Ders., Hessen im Spiegel der Wahlprüfungsverfahren des Deutschen Reichstages 1867-1918 (I), in: Hessisches Jahrbuch für Landesgeschichte Bd.47 (1997), S.205-251.

34 Z.B. Klein, Th., Provinz Hessen-Nassau und Fürstentum/Freistaat Waldeck-Pyrmont 1866-1945, in: Heinemeyer, W. (Hrsg.), Das Werden Hessens, Marburg 1986, S.565-695, hier: S.621.

35 Weichlein, S., Sozialmilieus und politische Kultur in der Weimarer Republik. Lebenswelt, Vereinskultur, Politik in Hessen (Kritische Studien zur Geschichtswissenschaft 115), Göttingen 1996.

36 Vgl. die Rezession von Th. Klein zu Weichleins Arbeit, in: Hessisches Jahrbuch für Landesgeschichte, Bd.47, 1997, S. 399-406, hier: S.400.

Unterschiedlich ist der Stellenwert – hinsichtlich der hier gewählten Thematik – der einzelnen Dorfgeschichten, die gegenwärtig vorliegen. Interessante Darstellungen wechseln nicht selten ab mit Arbeiten, die lediglich Anekdoten aneinanderreihen, dabei Unwesentliches in den Vordergrund schiebend, unangenehmere Kapitel der Heimatgeschichte verschweigen bzw. der politischen Entwicklung – damit zwangsläufig auch der Partei- und Wahlgeschichte – nur einen äußerst peripheren Stellenwert einräumen. Diese Feststellung beinhaltet mitnichten eine Kritik an den Autoren – haben die einzelnen Heimatforscher im Hinblick auf ein unterschiedliches Lesepublikum durchaus andere Vorstellungen und Zielsetzungen als die Vertreter der Historikerzunft.

Auch die Geschichte der Parteien im Wahlkreis Kassel 4 in der Zeit des Kaiserreiches ist ein unerforschtes Feld. Das gilt – von einzelnen Fallbeispielen abgesehen[37] – im besonderen Maße für National- und Linksliberale, Deutsch- und Freikonservative wie auch für die Antisemiten.

Hinsichtlich der Arbeiterbewegung und der Entwicklung der Sozialdemokratie sind dagegen für die ehemaligen Kreise Eschwege und Schmalkalden in der Vergangenheit einzelne Studien erschienen, von denen Partei- und Wahlhistoriker durchaus profitieren können. Allerdings sind, von Ausnahmen abgesehen, lediglich die Kreisstädte in den Blickpunkt des Interesses gerückt worden. Mit Eschwege befassen sich die Arbeiten von Konrad Homeister[38] und Herbert Fritsche[39], wobei die wahlpolitische Entwicklung hier nur von untergeordneter Bedeutung bleibt. Die Geschichte der Arbeiterbewegung in Witzenhausen hat Joachim Tappe nachgezeichnet[40], dessen Haupt-

---

37 Verwiesen sei hier auf Klein, Th., Der preußisch-deutsche Konservatismus und die Entstehung des politischen Antisemitismus in Hessen-Kassel (1866-1893). Ein Beitrag zur hessischen Parteiengeschichte. Auch wenn Klein primär die Region Oberhessen im Blickfeld hat, so verweist er doch auch stellenweise auf Entwicklungen im Wahlkreis Kassel 4.

38 Homeister, K., Die Arbeiterbewegung in Eschwege (1885 bis 1920). Ein Beitrag zur Stadt und Kreisgeschichte, Kassel 1987.

39 Fritsche, H., 100 Jahre SPD in Eschwege. Historische Beobachtungen zur Entwicklung der örtlichen Sozialdemokratie, Eschwege 1985.

40 Tappe, J., Die Geschichte der Arbeiterbewegung in Witzenhausen. Hrsg zum Anlaß des Bestehens des SPD-Ortsvereins Witzenhausen, Witzenhausen 1984.

verdienst aber weniger in der Analyse als vielmehr in der umfangreichen Dokumentation liegt.[41]

Den Eschweger Nachbarort Frieda betreffend, sind die Arbeiten von Jürgen Herwig von Bedeutung, die zum einen die unterschiedliche politische Entwicklung der beiden Nachbardörfer Frieda und Schwebda als Folge der Verschiedenheit der sozialen und wirtschaftlichen Strukturen aufzeigen[42], zum anderen die Geschichte der Friedaer SPD dokumentieren[43]. Für andere Orte der ehemaligen Landkreise Eschwege und Witzenhausen sind vergleichbare Studien leider eine Seltenheit.

Hinsichtlich der Thematik „Arbeiterbewegung" existiert für den Raum Nordhessen eine Gesamtdarstellung von Wilhelm Frenz und Heidrun Schmidt[44], die aber stark an der Oberfläche bleibt und zudem – von einem Rezensenten gar als „parteipolitische Werbeschrift"[45] bezeichnet – hinsichtlich des historischen Urteils allzu einseitig zugunsten der Sozialdemokratie argumentiert. Nur in wenigen Teilen brauchbar für die Region Eschwege-Witzenhausen erweist sich leider auch das zweifelsohne interessante Werk von Gerhard Beier[46] über die Arbeiterbewegung in Hessen. Es entsteht der fehlerhafte Eindruck, daß, wenn überhaupt, eine Arbeiterbewegung in der Region Eschwege-Witzenhausen dann nur am Rande der gesellschaftlichen Realität existiert habe. Bedeutende sozialdemokratische Führungspersönlichkeiten der Region werden kaum (z.B. wie Wilhelm Pfannkuch) oder überhaupt nicht (z.B. Wilhelm Hugo) erwähnt[47].

---

41 Vgl. die Rezension von Bräunche in der Zeitschrift des Vereins für hessische Geschichte und Landeskunde (1994/95), Bd.90, S.363-364.

42 Herwig, J., Frieda. Lebensbedingungen und Politikverständnis 1890-1933 (Schriftliche Hausarbeit zum Staatsexamen, vorgelegt an der Universität Hannover, Seminar für Wissenschaft von der Politik), 1981.

43 Herwig, J., 80 Jahre SPD-Ortsverein Frieda, hrsg. vom Vorstand des SPD-Ortsvereins Meinhard-Frieda, o.J.

44 Frenz, W., Schmidt, H., Wir schreiten Seit an Seit. Geschichte der Sozialdemokratie in Nordhessen, Marburg 1989.

45 Vgl. die Rezension von Volker Petri in der Zeitschrift des Vereins für hessische Geschichte und Landeskunde (1990), Bd.95, S.322-323.

46 Beier, G., Arbeiterbewegung in Hessen. Zur Geschichte der hessischen Arbeiterbewegung durch einhundertfünfzig Jahre (1834-1984), Frankfurt a.M. 1984.

47 Bei dem bei Beier auf S.455 erwähnten Wilhelm Hugo handelt es sich um eine andere Person.

Die politische Geschichte des ehemaligen Kreises Schmalkalden, vornehmlich die Entwicklung der Arbeiterbewegung betrachtend, dokumentieren zwei zu DDR-Zeiten entstandene Aufsätze, die, obwohl sie eine gewisse ideologische Einseitigkeit nicht verbergen können, zweifellos interessante Fakten bieten und die wesentlichen Entwicklungslinien treffend nachzeichnen. So findet zwar ein im Verlauf dieser Arbeit noch darzustellender hochinteressanter Vorgang – nämlich die entgegen der offiziellen Parteidiktion ergangene, eigenmächtige Wahlparole der Schmalkaldener Sozialdemokraten im Jahre 1893 – bei Ulrich Hess[48], der ein einheitliches Vorgehen der Sozialdemokratie konstruiert, keine Erwähnung. Ansonsten bietet der Autor aber einen knappen und fundierten Überblick über die politische Geschichte des Kreises Schmalkalden. Das gilt auch für Peter Handy, der, neben der Skizzierung der politischen Entwicklungen, auch interessante Aspekte der Lebenswelt der Arbeiter vornehmlich in der Kreisstadt darstellt. So verweist er auf die Differenzierung innerhalb der Arbeiterschaft[49] und zeichnet ein interessantes Bild sowohl von den sportlichen als auch von den kulturellen Aktivitäten der Arbeiter.[50]

---

48 Hess, U., Die politischen Verhältnisse in der Stadt und im Kreis Schmalkalden 1867-1914, in: Beiträge zur Geschichte Schmalkaldens, hrsg. von der Leitung des Museums Schloß Wilhelmsburg, Schmalkalden 1974, S.88-103, hier: S.98.

49 Handy, P., Zur Entwicklung der Arbeiterbewegung im Kreis Schmalkalden von ihren Anfängen bis 1914, in: „... und erkenne Deine Macht!". Aufsätze der Geschichte der Arbeiterbewegung in Südthüringen (Hrsg. von den staatlichen Museen Meiningens), Meiningen 1977, S.8-25, hier: S.11f.

50 Ebd., S.17f.

II. Reichstagswahlen allgemein

1. Die Reichstagswahlen und ihre Bedeutung

Die Zusammensetzung des Deutschen Reichstages im Kaiserreich beruhte nicht auf einem Verhältniswahl-, sondern auf einem Mehrheitswahlrecht. In den 397 Wahlkreisen[1] des Reiches wurde je ein Kandidat gewählt, der die absolute Stimmenmehrheit auf sich vereinen mußte. Gelang das nicht, so mußte die Entscheidung in einem erneuten Wahlgang fallen. Zu dieser Stichwahl waren dann jedoch nur zwei Kandidaten zugelassen, derjenige, der im ersten Wahlgang die relative Mehrheit hatte erringen können und derjenige, der die zweitmeisten Stimmen auf sich vereinen konnte. Für alle anderen Mandatsbewerber war die Wahl vorbei; für ihre Anhängerschaft ergab sich nun der Zwang zur Neuorientierung. In der Regel zeigte sich, daß die relativen Mehrheiten aus dem ersten Wahlgang in der Stichwahl bestätigt wurden. Nur in einem Drittel der Fälle siegte ein Kandidat, der am Tag der Hauptwahl hinter seinem Rivalen rangiert hatte[2]. Im Laufe der Jahre sollte die Zahl der Stichwahlen ständig ansteigen. Waren es 1871 nur 43, 1890 dagegen schon 148, so sollte die Zahl der Wahlkreise, in denen ein zweiter Wahlgang nötig war, im Jahre 1898 sogar auf 184 ansteigen[3].

Die Einrichtung der Wahlkreise erfolgte ursprünglich nach Gesichtspunkten, die auf den Grundsätzen einer größtmöglichsten Wahlgerechtigkeit fußten; d.h., die Wahlkreise wurden unter Berücksichtigung der jeweiligen regionalen Bevölkerungsdichte geschaffen. In Ballungsgebieten wurden kleinere Wahlkreise gebildet, in dünner besiedelten Landstrichen dagegen größere eingerichtet. So sollte gewährleistet werden, daß alle Abgeordneten ungefähr die gleiche Anzahl von Wahlberechtigten vertraten. Grundlage der Kreiseinteilung war dabei der Bevölkerungsstand von 1864[4]. Für die ersten Jahre des Kaiserreiches war damit eine weitgehende Wahlgerechtig-

---

1 Fenske, H., Deutsche Verfassungsgeschichte. Vom Norddeutschen Bund bis heute, Berlin ²1984, S.22.

2 Fenske, H., Strukturprobleme der deutschen Parteiengeschichte. Wahlrecht und Parteiensystem vom Vormärz bis heute, Frankfurt a.M. 1974, S.69.

3 Ebd.

4 Ritter, G.A., Die deutschen Parteien 1830-1940, Göttingen 1985, S.42f.

keit, die vom Prinzip der Gleichwertigkeit aller Stimmen ausging, garantiert.

Da jedoch versäumt wurde – entgegen den Bestimmungen des Wahlgesetzes von 1869[5] –, die Kreiseinteilung zu modifizieren und sie den jeweiligen demographischen Strukturveränderungen anzupassen, wurde die Gleichwertigkeit der einzelnen Stimmen schnell infrage gestellt. Die zunehmende Industrialisierung sowie die daraus resultierende Binnenwanderung führte auf der einen Seite zur Entstehung neuer Ballungszentren, auf der anderen Seite dagegen zur Ausbildung extrem dünn besiedelter Regionen.

Das starre Festhalten an der alten Kreiseinteilung, unter Mißachtung der ursprünglichen Absicht, hatte dabei durchaus System; erkannten doch Kaiser und Reichsregierung schnell, daß sich hier die Möglichkeit einer „legalen Wahlmanipulation" eröffnete. Da in ländlich-agrarischen Regionen in der Regel konservativ gewählt, dagegen in Ballungszentren eher „links" votiert wurde, begünstigte die Kreiseinteilung ein der Reichsleitung genehmes Wahlergebnis. So wurden im Laufe der Zeit, je mehr die Binnenwanderung anhielt, die Verhältnisse immer ungerechter. Die Wahlberechtigten eines Wahlkreis im Ruhrgebiet beispielsweise wurden ebenso nur durch einen Abgeordneten vertreten wie diejenigen eines Kreises in Ostpreußen, auch wenn sie an Kopfzahl um ein vielfaches stärker waren. Als besonders krasses Beispiel sollen hier die beiden Wahlkreise Teltow bei Berlin und Schaumburg/Lippe angeführt werden. Im Jahre 1912 gab es in Teltow mehr als dreißigmal (!)[6] so viele Wahlberechtigte wie in Schaumburg/Lippe, d.h, die Stimme eines Teltower Wähler war im Grunde genommen nur einen Bruchteil des Votums eines Schaumburg/Lippischen Wählers wert.

Sorgte schon das Ausbleiben einer Kreiseinteilungsreform allein für eine Verzerrung des Wählerwillens, so kamen noch weitere Momente hinzu. Wie schon erwähnt, errang nur der Sieger das Mandat und konnte seine Wähler im Reichstag vertreten. Alle anderen Stimmen verloren dagegen an Bedeutung. Das führte dazu, daß Parteien mit regionalen Schwerpunkten eindeutig einen Vorteil gegenüber denjenigen politischen Richtungen hatten, deren Anhängerschaft sich gleichmäßig im ganzen Reich verteilte. Rein theoretisch wäre es möglich gewesen, daß eine Partei, deren Anhängerschaft

---

5 Ritter, Deutsche Parteien, S.43.
6 Ritter, Deutsche Parteien, S.43.

49% aller Wahlberechtigten in Deutschland ausmachte, kein einziges Mandat errang.

Auch darf bezweifelt werden – sieht man einmal von der relativen Machtlosigkeit des Reichstages ganz ab –, daß der Wahlsieger eines Kreises tatsächlich ein geeigneter Interessensvertreter seiner Region war; nicht selten waren nämlich verschiedene Kreise mit völlig unterschiedlichen wirtschaftlichen und sozialen Strukturen zu einer wahltechnischen Einheit vereint worden. Für Parteien, deren potentielle Anhängerschaft in einem Wahlkreis relativ schwach war, lohnte es sich oft nicht, einen Kandidaten aufzustellen. Dieser Einwand zielt jedoch nicht gegen das Wahlrecht des Kaiserreiches im speziellen, sondern er richtet sich gegen das Mehrheitswahlrecht allgemein. So war es z.B. für die Zentrumspartei sinnlos, im Wahlkreis Kassel 4 einen Kandidaten aufzustellen, da es hier kaum Katholiken gab. Da Wahlergebnisse eine „Reaktion auf das Parteienangebot"[7] darstellen, ist klar, daß viele Wahlberechtigte ihre Wünsche und Hoffnungen durch keine der angetretenen Parteien vertreten fanden. Ihnen blieben nur zwei Möglichkeiten: Das Votum für einen Kandidaten, der – trotz vieler Gegensätze – wenigsten in einigen Punkten ihre Meinung repräsentierte, oder aber die Wahlenthaltung. Im Falle von Stichwahlen kam es auch vor, daß taktische Erwägungen vorrangig eine Rolle spielten. Wähler, deren Kandidat den ersten Urnengang nicht überstanden hatte, waren nun gezwungen, das „kleinere Übel" zu wählen oder sich des Votums zu enthalten. Das führte dazu, daß nicht selten ein Kandidat zum Abgeordneten gewählt wurde, der im ersten Wahlgang gerade ein Viertel der Wähler hinter sich gebracht hatte.

Nicht unüblich war es auch, daß im Falle von Stichwahlen – mit Blick auf die Gesamtsituation im Reich – zwischen den Parteien Wahlabsprachen getroffen wurden, deren Einhaltung dem ursprünglichen Willen der Wählermehrheit durchaus zuwiderlaufen konnte.

Von vornehmlicher Bedeutung war auch die Tatsache, daß es, nach heutigen Begriffen, im Kaiserreich – zumindest in den ersten Jahrzehnten – keine freie und geheime Wahl im modernen Sinne gab. Das hatte, sicherlich entgegen der Absicht des Gesetzgebers, vorwiegend wahltechnische Gründe, die sich zu einem guten Teil auf

---

7   Nuhn, H., Wahlen und Parteien im ehemaligen Landkreis Hersfeld. Eine historisch-analytische Längsschnittstudie , Darmstadt/Marburg 1990, S.5.

die fehlende demokratische Tradition und die mangelnde Erfahrung mit wahltechnischen Angelegenheiten zurückführen lassen. Die einzelnen Wahlkreise wurden in eine Vielzahl von Stimmbezirken aufgeteilt, wobei sie meist eine Gemeinde umfaßten. Größere Orte wurden allerdings oft in mehrere Stimmbezirke eingeteilt, kleinere dagegen häufig zu einem Bezirk zusammengefaßt.

Gewählt wurde mit Hilfe von Stimmzetteln. Auf diesen standen aber nicht die Namen aller Kandidaten, unter denen der Wahlberechtigte „per Kreuz" unter Ausschluß der Öffentlichkeit auswählen konnte. Die Herstellung der Stimmzettel lag zunächst nämlich nicht in den Händen der staatlichen bzw. regionalen Verwaltung, sondern ihre Anfertigung blieb den Parteien[8] oder den Wählern selbst überlassen. Die Abgabe der Stimmzettel, die aus weißem Papier sein mußten, erfolgte verdeckt und ohne individuelle Kennzeichnung. Die Wähler konnten sowohl einen bereits mit dem Namen eines Kandidaten bedruckten als auch einen selbst beschrifteten Stimmzettel in die Wahlurne werfen. Auch konnten Kandidatennamen durchgestrichen und durch andere ersetzt werden. Von vornehmlicher Bedeutung war die Tatsache, daß auch Personen gewählt werden konnten, die überhaupt nicht aufgestellt worden waren. Die Möglichkeit einer „individuellen Stimmabgabe zugunsten geschätzter Persönlichkeiten" war nicht unüblich und die Ursache für die oft beträchtliche Zahl der „zersplitterten Stimmen"[9].

Da es bis zum Jahre 1903 auch keine Wahlkabinen gab[10], wurde die Wahlentscheidung vielerorts im Kaiserreich zu einem öffentlichen Akt. Gerade in kleineren Gemeinden mit ausgeprägter sozialer Kontrolle erforderte eine Wahlentscheidung, die sich ganz offen gegen den Willen der Ortsmehrheit richtete, ein gehöriges Maß an Zivilcourage. Auch wirtschaftliche Abhängigkeiten, sei es vom Gutsherrn oder vom Fabrikbesitzer, erschwerten dem Wähler naturgemäß ein wirklich freies Votum. Hier wirkte begünstigend, daß – anders als heute – die Wahlen an Werktagen zwischen 8 und 18 Uhr, später

---

8   Fenske, H., Wahlrecht und Parteiensystem. Ein Beitrag zur deutschen Parteiengeschichte, Frankfurt a.M. 1972, S.106.

9   Ausführlich behandelt wird die Wahldurchführung bei Klein, Th., Die Hessen als Reichstagswähler. Datenwerk zur politischen Landesgeschichte 1867-1933, Bd.I: Provinz Hessen-Nassau und Waldeck-Pyrmont 1867-1918, Marburg 1989, S.2f.

10 Ritter, Deutsche Parteien, S.42.

zwischen 8 und 19 Uhr, stattfanden[11]; eine Tatsache, die Arbeitgebern als willkommenes Instrument dienen konnte, seine abhängig Beschäftigten, soweit ihre gegnerische Überzeugungen bekannt waren, von der Wahl fernzuhalten. Es ist offensichtlich, das viele der Wähler, sei es wegen des Arbeitsplatzes oder einfach nur um des dörflichen Friedens Willen, darauf verzichteten, ihre wahre politische Gesinnung kundzutun, dafür sich der Wahl enthielten oder gegen ihre tatsächlichen Interessen votierten. Die Wahlergebnisse in den ersten Jahren des Kaiserreiches in der hessischen Region belegen diesen Sachverhalt nachdrücklich. Sie machen eine tatsächliche oder eine durch die Schwächen des Wahlaktes manipulierte Einmütigkeit sichtbar; ein Umstand, der sich erst in der Ära Wilhelms II. langsam ändern sollte. Dieser Wandel, sicherlich auch eine Folge „einer neu entstandenen Meinungsvielfalt oder auch einer abnehmenden Binnenintegrierung"[12], war aber nicht zuletzt auch auf die Modernisierung des Wahlvorganges hin zu einer wirklich geheimen Abstimmung – wie sie sich z.b. durch die Einführung von Wahlkabinen dokumentiert – zurückzuführen. Allerdings beklagte noch im Jahre 1911 der Innenminister in einem Schreiben an den Regierungspräsidenten in Kassel, daß bei der vorangegangenen Wahl (1907) „gänzlich ungeeignete Gefässe, wie Suppenterrinen, Zigarrenkisten u.s.w. als Wahlurnen"[13] eingesetzt worden seien.

Allerdings muß – um ein Ergebnis der Arbeit vorwegzunehmen – konstatiert werden, daß es im Wahlkreis Eschwege-Schmalkalden-Witzenhausen im Untersuchungszeitraum keine Vorfälle gab, die auf offensichtliche Wahlmanipulationen seitens der Behörden oder des Staates hinweisen. Im Gegenteil: Beschwerden über einzelne Mißstände wurden ernst genommen und hatten eine sorgfältige Prüfung der Vorgänge zur Folge[14].

---

11   Klein, Th., Die Hessen als Reichstagswähler, S.3; Einer Bekanntmachung des Witzenhäuser Bürgermeisters zufolge begann die Wahlhandlung im Kreis Witzenhausen im Jahre 1904 erst um 10 Uhr, vgl. Stadtarchiv Witzenhausen Abt. XIII/Unterabtl. A., Nr.1216.

12   Klein, Th., Entwicklungslinien der politischen Kultur in Nordhessen bis 1918, in: Schiller, Th., Winter, Th. v. (Hrsg.), Politische Kultur im nördlichen Hessen, Marburg 1993, S.20-32, hier: S.26.

13   Für den Witzenhäuser Landrat bestimmte Abschrift des Dokumentes; Stadtarchiv Witzenhausen Abt. XIII/Unterabtl. A., Nr.1218.

14   Vgl. Klein, Th., Hessen im Spiegel der Wahlprüfungsverfahren des Deutschen Reichstags 1867-1918 (I), in Jahrbuch für Hessische Landesgeschichte, Bd.47, 1997, S.205-251.

Hinsichtlich des aktiven Wahlrechtes gab es, vergleicht man das Kaiserreich mit der Bundesrepublik Deutschland, beträchtliche Einschränkungen. Daß es solche geben mußte, und auch übrigens heute in allen modernen Demokratien gibt, ist selbstverständlich. Die Grundlage für die Ausübung des Wahlrechtes muß natürlich die Wahlmündigkeit der betreffenden Personen sein. Die Definition von Wahlmündigkeit war im Kaiserreich jedoch eine völlig andere als heute.

So durften Frauen generell nicht wählen, obwohl sie doch häufig am Erwerbsleben beteiligt waren. Auch Soldaten, soweit sie unter der Fahne standen, wurde das Recht der Wahl verwehrt, ebenso Personen, die in wirtschaftliche Schwierigkeiten geraten waren, also sowohl Bankrotteure als auch Fürsorgeempfänger[15].

Bemerkenswert war auch das Mindestwahlalter, das Personen die Wahlmündigkeit absprach, über die sie – nach heutigem Verständnis – durchaus verfügten. So waren nur Personen über 25 Jahre wahlberechtigt; d.h., es wurde jungen Männern das Recht auf den politischen Willensentscheid abgesprochen, obwohl sie, ähnlich wie die Wahlberechtigten, schon jahrelang im Berufsleben stehen konnten und häufig auch schon eine Familie hatten. Besonders betroffen von der Altersgrenze war die deutsche Arbeiterschaft, die sich seit Ende des 19. Jahrhunderts ständig verjüngte. Im Jahre 1907 waren 40% der männlichen Arbeiter unter 25 Jahre alt[16] und damit nicht wahlberechtigt.

2. Der Wahlkampf. Ein Gradmesser der politischen Kultur

Zumindest im hier behandelten Wahlkreis spielte der Wahlkampf als fester Bestandteil der wahlpolitischen Willensbekundung im ersten Jahrzehnt des Kaiserreiches keine wesentliche Rolle. Der von Theodor Fontane in seinen Romanen „Der Stechlin" und „Frau Jenny Treibel" geschilderte Typus des Reichstagskandidaten, der nicht eine einzige Wahlrede hält, ja es nicht einmal unbedingt für nötig erachtet, seinen Wahlkreis zu besuchen, findet in der wahlpolitischen Geschichte des Wahlkreises Kassel 4 in der 70er Jahren durchaus seine Entsprechung.

---

15 Ritter, Deutsche Parteien, S.33.
16 Ullrich, V., Die nervöse Großmacht 1871-1918. Aufstieg und Untergang des deutschen Kaiserreiches, Frankfurt a.M. 1997, S.298.

Zu Beginn der 80er Jahre trat in dieser Hinsicht aber ein bedeutsamer Wandel ein. Von nun an war für die Parteien die Gestaltung eines intensiven Wahlkampfes unerläßlich, sollte das Wahlergebnis letztendlich in ihrem Sinne ausfallen. Die Tage und Wochen vor der Wahl mußten genutzt werden, um die Wähler von der Richtigkeit der jeweiligen Parteiziele zu überzeugen. Daß die Eigenwerbung Hand in Hand mit Angriffen auf den politischen Gegner einherging, versteht sich von selbst.

Versucht man die Ereignisse vor der Wahl etwas näher zu bestimmen, so lassen sich in der Regel – sieht man von den frühen Wahlen einmal ab – drei Phasen unterscheiden, deren erste die Wahlvorbereitungen umfaßte. Diese begannen meist mit der Gründung von Komitees, führten dann zur Aufstellung der Kandidaten, um schließlich mit der Planung der wahltaktischen Vorgehensweise zu enden. In der zweiten Phase traten die Parteien und ihre Kandidaten dann an die Öffentlichkeit, stellten ihre Programme vor und versuchten in Zeitungsanzeigen und Flugblättern, die Wähler von der Richtigkeit ihrer Ziele zu überzeugen. Die dritte Phase schließlich zeichnete sich dann durch eine verstärkte Agitation aus, in der sich die politischen Gegner mit einer Intensität attackierten, die heutigen Wahlkämpfen, abgesehen vielleicht von wenigen Ausnahmen, völlig fremd geworden ist. Persönliche Angriffe und Beleidigungen waren in dieser „heißen Wahlkampfphase"[17] an der Tagesordnung; die „Härte, Hitzigkeit, Bösartigkeit" und die „herausgekehrte Biedermannsrechtschaffenheit"[18], die sich in den zahlreichen Flugblättern, Plakaten und Leserbriefen widerspiegeln, stellen der politischen Kultur der Zeit ein typisches Zeugnis aus.

Neben der politischen Presse und den Flugblattkampagnen stellten, von weitaus größerer Bedeutung als heute, die Wählerversammlungen ein Kernstück des Wahlkampfes dar. Gerade hier bot sich den Parteien und ihren Kandidaten – quasi Auge in Auge mit den potentiellen Wählern, aber nicht selten auch mit den politischen Gegnern – die Möglichkeit zur Darlegung ihrer politischen Anschauungen und Ziele. Diese Veranstaltungen stellten oft höchste Anforderungen an

---

17   Liebert, B., Politische Wahlen in Wiesbaden im Kaiserreich (1867-1918), Wiesbaden 1988, S.279.

18   Klein, Th., Parteien und Wahlen in der preußischen Provinz Hessen-Nassau 1867-1933, in: Berg-Schlosser, D., Fack, A., Noetzel, Th. (Hrsg.), Parteien und Wahlen in Hessen 1946-1994, Marburg 1994, S.12-33, hier: S.17.

den Redner, denn die mangelnde politische Kultur, die häufig auftretende Unfähigkeit zu Toleranz und Respekt, wie sie sich schon anhand der Flugblätter und Wahlplakate ablesen läßt, kam gerade in den Wählerversammlungen besonders zum Durchbruch. Hier stand der Redner nicht selten einem Publikum gegenüber, dessen Politisierungsgrad und dessen Bereitschaft zur Emotionalität nicht immer leicht einzuschätzen war. Da – wie erwähnt – nicht nur Anhänger, sondern auch, trotz gewisser Vorsichtsmaßnahmen (z.B. Ankündigungen, die den politisch Andersdenkenden den Besuch der Veranstaltung untersagten) auch politische Gegner auftraten, mußte der Redner über eine gewisse Schlagfertigkeit verfügen, die es ihm ermöglichte, eventuellen Zwischenrufen und spontanen Diskussionen wirksam zu begegnen. Eine gründlich vorbereitete Rede allein genügte also nicht; die Fähigkeit zur freien Rede, verbunden mit einem gewissen demagogischen Geschick war in der Regel wichtiger als tatsächliche Sachkenntnis. Ein falsches Wort zur falschen Zeit, eine ungeschickte Replik auf einen gelungenen Zwischenruf, konnte fatale Auswirkungen hinsichtlich der Gunst des Publikums haben. Manch schlauer Kopf mußte da eine schwere Schlappe einstecken, wo ein weniger sachlich, dafür aber geschickt argumentierender Demagoge Erfolg hatte.

Es war natürlich von Nutzen, wenn der Referent seine entsprechenden Vorbereitungen traf. Neben der Aufbietung eines genügend großen Mitarbeiterstabes, der ihn begleitete und gegebenenfalls lautstark unterstützte, war es notwendig, sich vorab mit der Mentalität und dem Sozialmilieu des zu erwartenden Publikums vertraut zu machen. Das führte meist dazu, daß der Redner, sofern er geschickt genug war, den Geschmack der Zuhörer zu treffen, sich nicht nur sprachlich und niviuemäßig den tatsächlichen und den potentiellen Anhängern anglich, sondern auch hinsichtlich seines Erscheinungsbildes entsprechende Vorkehrungen traf. So trat z.B. der Kandidat der Linksliberalen für Eschwege-Witzenhausen-Schmalkalden, Dr. Ohr, im Jahre 1912 auf dem Lande in „agrarischer Aufmachung" an, während er sich in den städtischen Regionen eher bürgerlich präsentierte[19]. Der optischen Anpassung der Kandidaten entsprach die sprachliche Aufbereitung des eigenen Programmes. Einem gebildeten Publikum gegenüber empfahl es sich natürlich, möglichst kompetent und niveauvoll zu argumentieren. Da, wo gröbere Umgangs-

---

19 Antisemitisches Flugblatt aus dem Jahre 1912, zitiert im Volksblatt für Hessen und Waldeck 10.1.1912, Nr.8 (Beilage).

formen herrschten, konnte es gelegentlich von Nutzen sein, auf eine sachliche Darlegung der eigenen Position zugunsten einer primitiven Demagogie zu verzichten. Daß manche Kandidaten häufig nicht nur von der Form her, sondern auch inhaltlich ihre Rede von Wahlkampfveranstaltung zu Wahlkampfveranstaltung dem tatsächlichen oder vermeintlichen Zuhörerwillen anpaßten und notfalls etwas ganz anderes behaupteten als anderen Ortes, schien wenig verwerflich, so lange nur der Zweck die Mittel heiligte. Vornehmlich die Antisemiten sollten diese Kunst im Wahlkreis Kassel 4 meisterhaft beherrschen: dort, wo sie auf fruchtbaren Boden fielen, judenfeindliche Hetz- und Haßtiraden, hier, wo ein primitiver Judenhaß als pöbelhaft galt, eher ein gemäßigter konservativ verbrämter Antisemitismus.

Aber auch den Kandidaten anderer Parteien war die Kunst der Verstellung und die Anpassung an die potentiellen Wähler nicht fremd. Die sozialdemokratische Agitation stellte sich auf dem Lande selbstverständlich anders dar als in der Stadt; die Rede eines linksliberalen Agitators vor Fabrikbesitzern und städtischen Honoratioren fiel naturgemäß anders aus als eine Ansprache vor Arbeitern oder Bauern. Diese Tatsache hatte vornehmlich zwei Gründe. Zum einen war die Interessenslage verschiedener sozialer Gruppen natürlich grundverschieden. Das zwang die politischen Agitatoren geradezu – wollten sie nicht auf bestimmte Wähler von vorn herein verzichten –, ihr Programm „publikumsgerecht" vorzustellen, d.h., gegebenenfalls gewisse Punkte einfach wegzulassen und zu verfälschen. Dazu kam zum anderen, daß dieses Vorhaben erleichtert wurde durch einen bestimmten Mangel der Wähler an politischer Bildung, der auf vielfältige Ursachen zurückzuführen war. Einmal verwehrte die Verfassung des Kaiserreiches den Parteien eine wirkliche Mitwirkung an der politischen Gestaltung Deutschlands. Die Abgeordneten wurden nie wirklich in die Pflicht genommen, ihre tatsächliche Leistung blieb den Wählern weitgehend verborgen. Offenkundliches Versagen im Reichstag, man denke hier nur an den Antisemiten Böckel, der den Wahlkreis Marburg-Kirchhain vertrat, blieb unbemerkt und mußte keineswegs zu einer Niederlage in der nächsten Wahl führen. Die fehlende Struktur der Parteien, zumindest in den ersten Jahren, trug zum mangelnden politischen Bewußtsein der Wähler ebenso bei wie das Wahlrecht. Denn genau genommen wurden ja keine Parteien, sondern einzelne Personen gewählt, die sich durchaus von den Grundprinzipien der Parteien unterscheiden konnten.

Auf den Punkt gebracht: das, was sich wirklich auf den Ebenen der höheren Politik abspielte, blieb den meisten Wahlberechtigten natürlich verborgen. Inwieweit sich die Probleme der Region tatsächlich auf Entscheidungen der Abgeordneten zurückführen ließen, mußte den meisten Wählern unbekannt bleiben. Sie waren deshalb – zumindest in ihrer Gesamtheit – in einem erheblich größeren Maße anfällig für Phrasen, Schlagwörter und Vereinfachungen als z.b. die Wähler in der gegenwärtigen Bundesrepublik. Deshalb verwundert es nicht, daß der Verlauf der Wahlkampfveranstaltungen oft üble Formen annahm, die von gegenseitigen Beschimpfungen und Verleumdungen bis hin – wenn auch in den seltesten Fällen – zu Gewalttätigkeiten reichten.

Versucht man die Wahlkampfveranstaltungen hinsichtlich ihrer Häufigkeit zu betrachten, so läßt sich sowohl für das gesamte deutsche Reich, die Provinz Hessen-Nassau als auch für den Wahlkreis Eschwege-Schmalkalden-Witzenhausen spätestens zu Beginn der 90er Jahre des 19. Jahrhunderts eine rapide Zunahme konstatieren, die eng mit dem zunehmenden politischen Erfolg der Sozialdemokraten und der Antisemiten zusammenhängt. Die Dynamik dieser politischen Richtungen, ihre Entwicklung zu neuen Massenparteien, verbunden mit dem rapiden Anstieg der Wahlbeteiligung, und ihre zunehmende Agitation, zwang auch die „alten" politischen Richtungen, Konservative sowie Liberale, zu einem forcierten Wahlkampf.

Hatte sich der Wahlkampf in der Ära Bismarck auf wenige Zeitungsanzeigen und eine Handvoll Wahlveranstaltungen in den Städten beschränkt, so kam es unter der Regierung Wilhelms II. zu einer geradezu inflationären Zunahme der politischen Propaganda. Eine Flut von Flugblättern ergoß sich über die Wähler des Wahlkreises. Fast jeder kleine Ort erlebte von nun an zumindest eine Wahlkampfveranstaltung; in den Städten fanden grundsätzlich mehrere statt. So war es nur zwangsläufig, daß die Kandidaten der Parteien den Anforderungen, den diese neue Situation an sie stellte, allein nicht mehr gewachsen waren. So waren neben ihnen bald zahlreiche andere Parteigenossen im Einsatz, die landein landaus für die ihre Partei agierten. Neben vielen eher durchschnittlichen Wahlrednern traten bald für die Parteien überregionale Persönlichkeiten an, von deren Popularität man zu profitieren gedachte. Sowohl die immer besser werdende verkehrstechnische Erschließung der Region zunächst durch die Eisenbahn, nach der Jahrhundertwende zunehmend auch durch das Automobil als auch die neue Nachrichtenübermittlung mit Hilfe des Telephons oder des Telegramms, ermöglichte den Parteien und ihren Wahlrednern eine möglichst effektive Nutzung der zur Verfügung stehenden Zeit; war die räumliche Mobilität der Agitatoren in den ersten Jahrzehnten noch recht begrenzt, so konnten nach der Jahrhundertwende die Parteipropagandisten mit Hilfe der Technik innerhalb kürzester Zeit von einem entlegenen Winkel zum anderen eilen.

III. Die politischen, wirtschaftlichen, sozialen und kulturellen Voraussetzungen im Wahlkreis Kassel 4 im Kaiserreich

1. Von Kurhessen zum Deutschen Reich (1866-1871)

Die Auseinandersetzungen von 1866 zwischen Österreich und Preußen waren für Kurhessen, und damit auch für die Landkreise Eschwege, Schmalkalden und Witzenhausen, von besonderer Bedeutung. Die Entscheidung des hessischen Kurfürsten Friedrich Wilhelm I., zugunsten Österreichs in den Krieg zu ziehen, sollte sich als schwerer politischer Fehler erweisen. Entgegen den allgemeinen Erwartungen im In- und Ausland gelang den preußischen Armeen ein schneller und überwältigender Sieg. Kurhessen mußte die Niederlage mit dem Verlust seiner Eigenstaatlichkeit bezahlen. Nach der Besetzung durch preußische Truppen wurde das Land zusammen mit dem ebenfalls besiegten Herzogtum Nassau und der okkupierten Stadt Frankfurt vom preußischen Staat per Beschluß des Abgeordnetenhauses annektiert (20.9.1866). Am 22. Februar 1867 wurden die beiden Regierungsbezirke Kassel und Wiesbaden gebildet, die dann, unter Führung eines Oberpräsidenten stehend, im Dezember 1868 zur preußischen „Provinz Hessen-Nassau" zusammengeschlossen wurden[1]. Den kulturellen Unterschieden zwischen Kurhessen und Nassauern wurde dadurch Rechnung getragen, daß die Provinz in zwei Regierungsbezirke unterteilt blieb, an deren Spitze je ein Regierungspräsident stand. Die alten Landkreise wurden ebenfalls nicht angetastet, sondern in ihrem räumlichen Zustand belassen. An ihrer Spitze stand weiterhin ein Landrat, der „als Organ der Staatsregierung die Geschäfte der allgemeinen Landesverwaltung führte"[2].

Die Integration in den preußischen Staat verlief in den folgenden Jahren, vom „Diktaturjahr"[3] und von wenigen Ausnahmen abgesehen, weitgehend reibungslos. Diese Tatsache beruhte zum einen auf

---

1   Demandt, K.E., Geschichte des Landes Hessens, Kassel ²1980, S.577.

2   Klein, Th., Provinz Hessen-Nassau und Fürstentum/Freistaat Waldeck-Pyrmont 1866-1945, in: Heinemeyer, W. (Hrsg.), Das Werden Hessens, Marburg 1986, S.565-695, hier: S.589.

3   Demandt, Geschichte des Landes Hessens, S.577, Klein, Th, Provinz Hessen-Nassau und Fürstentum Freistaat Pyrmont 1866-1945, in: Heinemeyer, W. (Hrsg.), Das Werden Hessens (Veröffentlichungen der Historischen Kommission für Hessen 50), Marburg 1986, S.565-695, hier: S.571.

der überwiegend positiven Einstellung der Bevölkerung zum preußischen Staat[4] bei gleichzeitiger Abneigung gegenüber den ehemaligen Herrscherhäusern in Kassel und Wiesbaden. Zum anderen gingen die preußischen Behörden bei der Integration bewußt behutsam vor. Neben der vollen Bewahrung der persönlichen Besitzstände und der religiösen Toleranz, wurde den Bewohnern des Landes bereits frühzeitig das Recht zur politischen Mitgestaltung durch Wahl zugestanden[5]. So waren Kurhessen und Nassauer bereits im Februar 1867 aufgerufen, über die Zusammensetzung des Konstituierenden Reichstages des Norddeutschen Bundes abzustimmen. Eine „schonende Personalpolitik gegenüber den bestehenden Verwaltungsapparaten"[6] und die Bestellung des fähigen Beamten Eduard von Moeller zum Oberpräsidenten[7] taten schließlich ihr übriges, um die Integration der Region in den preußischen Staat einen vollen Erfolg werden zu lassen. Partikularistische Tendenzen, soweit sie sich überhaupt zeigten, sollten deshalb in den folgenden Jahren kaum von Bedeutung sein[8]. Nichts kennzeichnet die gelungene Eingliederung der Region in den preußischen Staatsverband treffender als folgende zwei Mitteilungen. Meldete der Regierungspräsident am 10. Juni 1868 noch an den preußischen König: „Die öffentliche Stimmung ist noch immer eine gedrückte"[9], so klang die Nachricht aus Kassel nur ein Jahr später schon weitaus optimistischer. So konstatierte der Regierungspräsident am 14. Juni 1869 erfreut: „Die öffentliche Stimmung bessert sich."[10]

---

4   Klein, Th., Hessen, Nassau, Frankfurt unter dem preußischen Adler 1867-1933, in: Schulz, U. (Hrsg.), Die Geschichte Hessens, Stuttgart 1983, S.204-216, hier: S.205; Schoeps, H.-J., Der Weg ins deutsche Kaiserreich, Frankfurt a.M. 1980, S.164.

5   Klein, Th., Entwicklungslinien der politischen Kultur in Norhessen bis 1918, in: Schiller, Th., Winter, Th. v. (Hrsg.), Marburg 1993, S.20-32, hier: S.22.

6   Klein, Th., Parteien und Wahlen in der preußischen Provinz Hessen-Nassau 1867-1933, in: Berg-Schlosser, D., Fack, A., Noetzel, A. (Hrsg.), Parteien und Wahlen in Hessen 1946-1994, Marburg 1994, S.12-33, hier: S.13.

7   Klein, Hessen, Nassau, Frankfurt unter preußischem Adler, S.207.

8   Klein, Entwicklungslinien der politischen Kultur in Nordhessen bis 1918, S.22.

9   Klein, Th. (Hrsg.), Die Zeitungsberichte des Regierungspräsidenten in Kassel an Seine Majestät 1867-1918 (Quellen und Forschungen zur hessischen Geschichte 95), Erster Teil: 1867-1890, Darmstadt, Marburg 1993, S.3.

10 Ebd., S.15.

Der positive Ausgang des deutsch-französischen Krieges und die Gründung des Deutschen Reiches brachten erneut eine Änderung für Kurhessen und Nassauer mit sich. Seit 1871 waren sie nun Bürger des Deutschen Reiches. Auch diese Integration bereitete wenig Schwierigkeiten.

2. Der Wahlkreis Kassel 4 (Eschwege-Schmalkaden-Witzenhausen)

Für die Wahlen zum Deutschen Reichstag wurden mehrere Kreise zu einem Wahlkreis vereint, der einen nach dem Mehrheitswahlrecht gewählten Abgeordneten in das Parlament entsandte. Das preußische Wahlgesetz zum Konstituierenden Reichstag faßte die Kreise Eschwege, Schmalkalden und Witzenhausen zu einer wahltechnischen Einheit zusammen; ein Zustand, den das Reichswahlgesetz des Kaiserreiches übernehmen sollte[11]. Daß der Einteilung der Wahlkreise praktische Erwägungen zugrunde lagen, liegt auf der Hand. So wurden sowohl im ganzen Reich als auch in Hessen-Nassau fast ausschließlich Nachbarkreise – unter Berücksichtigung der Einwohnerzahl – zu einem Wahlkreis zusammengeschlossen. Man denke hier z.B. an die Wahlkreise Kassel 2 (Kassel-Melsungen), Kassel 3 (Fritzlar-Homberg-Ziegenhain) oder Kassel 6 (Hersfeld-Hünfeld-Rotenberg).

Der Wahlkreis 4 (Eschwege-Schmalkalden-Witzenhausen) stellte hier insofern eine Ausnahme dar, daß eine ganz besondere Begebenheit berücksichtigt werden mußte, deren Ursprung in einer besonderen historischen Entwicklung Kurhessens lag. Es wäre auch denkbar gewesen, die Exklave Kreis Herrschaft Schmalkalden zusammen mit einigen thüringischen Nachbarkreisen zu einer wahlpolitischen Einheit zusammenzufassen. Die Zugehörigkeit des Kreises zur preußischen Provinz Hessen-Nassau wurde aber nach der Reichsgründung auch in wahltechnischen Angelegenheiten nicht in Frage gestellt. So war der Wahlkreis Kassel 4 von Beginn an „zerrissen". Er umfaßte die wirtschaftlich ähnlich strukturierten Nachbarkreise Eschwege und Witzenhausen und die relativ weit entfernte, auch wirtschaftlich gänzlich unterschiedlich geprägte Exklave Schmalkalden, wobei der zum Kreis gehörige Ort Barchfeld mit sei-

---

11 Hess, U., Die politischen Verhältnisse in der Stadt und im Kreis Schmalkalden, in: Beiträge zur Geschichte Schmalkaldens, hrsg. von der Leitung des Museums Schloß Wilhelmsburg, o.J., S.89-103, hier: S.92.

ner Umgebung selbst eine eigene kleine Exklave bildete. Die vielfältige Parteienzersplitterung des Wahlkreises hat in dieser Konstellation zumindest eine Ursache.

Die „Einheit" der Kreise Eschwege, Witzenhausen und Schmalkalden, die natürlich nur eine wahltechnische war, sollte erst mit dem Ende des Kaiserreiches und dem neuen Wahlmodus der Weimarer Republik zerbrechen.

3. Die wirtschaftlichen Grundlagen der drei Kreise

a. Der Kreis Eschwege

Der Kreis Eschwege hatte im Kaiserreich ein weitgehend agrarisches Gepräge. Die Statistik des Deutschen Reiches aus dem Jahre 1897 zeigt, daß der Sektor Land- und Forstwirtschaft hinsichtlich der Beschäftigten deutlich vor den Sektoren Bergbau und Industrie bzw. Handel und Verkehr rangierte[12]. 1895 zählte der Kreis 7512 landwirtschaftliche Betriebe, 1907 immerhin noch 7501[13], wobei kleine und mittlere Betriebe überwogen. Die Erbsitten waren von Region zu Region verschieden; im Meißner-Vorland und im Ostkreis überwog die Realteilung, in den anderen Gebieten herrschte die Anerbensitte vor[14]. Folglich war auch die durchschnittliche Betriebsgröße im Meißner-Vorland kleiner als in den anderen Gebieten des Kreises[15]. Von vornehmlicher Bedeutung für den Ertrag der landwirtschaftlichen Arbeit war die natürliche Fruchtbarkeit des Bodens, die sich im Kreis Eschwege durchaus unterschiedlich darstellte. Von den Mittel- und Hochlagen waren im Ringgau-Gebiet und in der Schemmerngegend die landwirtschaftlichen Rahmenbedingungen besonders ungünstig, während sie sich im Meißner-Vorland etwas positiver gestalteten[16]. In den Tiefenlagen des Werra- und des Wohragebietes stellte sich die Lage dagegen erheblich besser dar. Neben der guten Bodenbe-

---

12   Statistik des Deutschen Reiches, Neue Folge, Bd.109, Berufsstatistik der kleineren Verwaltungsbezirke, Berlin 1897, S.308.

13   Schutzbar, W., Die Agrarverhältnisse im Kreise Eschwege unter besonderer Berücksichtigung der Betriebsgrößen, Mschr. Diss 1925, S.19.

14   Allmeroth, H., Die wirtschaftliche Entwicklung des Kreises Eschwege seit dem vorigen Jahrhundert, Frankfurt a.M. 1924, S.31.

15   Vgl. Schutzbar, Agrarverhältnisse, Karte im Anhang (Nr.1) über die Betriebsgrößen.

16   Schutzbar, Agrarverhältnisse, S.23f.

schaffenheit kam diesen Regionen auch eine günstigere Verkehrslage zugute[17].

Neben den bäuerlichen Einzelbetrieben existierten im Kreis auch 26 Gutsbezirke, die als „Stätten des technischen Fortschritts"[18] Vorbildsfunktionen hatten und in der Regel in wirtschaftlichen Krisenzeiten weniger anfällig waren[19]. Für viele Menschen ohne eigenen Besitz oder eigenes Auskommen boten sie darüber hinaus neue Erwerbsmöglichkeiten als landwirtschaftliche Hilfskräfte.

Gegen Ende des 19. Jahrhunderts geriet die Landwirtschaft im Deutschen Reich in eine Krise, von der auch der Kreis Eschwege betroffen wurde. Die Handelsverträge des Reichskanzlers Caprivi, die primär die Industrie begünstigten, hatten ein Sinken der Getreidepreise zur Folge, das die Einnahmen der landwirtschaftlichen Erzeuger erheblich drückte. Obwohl sich seit 1892 die Lage etwas entspannte und die Getreidepreise wieder anzogen[20], gerieten viele Bauern in existentielle Not. Die Aufnahme von Krediten, nicht selten bei privaten Geldverleihern und Wucherern, stürzte sie in eine immer größer werdende Abhängigkeit, an deren Ende nicht selten der Verlust des Hofes stand[21]. Da es sich bei vielen Geldgebern um Juden handelte, war eine Folge dieser Entwicklung ein tiefgreifender Antisemitismus, der sich nicht nur gegen den Wucher, sondern allgemein gegen die Juden als konfessionell-soziale Gruppe richtete. Nicht selten verband sich diese Judenfeindschaft mit einer tiefen Aversion gegen jeglichen technischen Fortschritt, in dem viele Bauern ebenfalls eine Wurzel ihres Elends erblickten. Dabei war es aber gerade das ländliche Beharrungsvermögen, das, gemeinsam mit der Unterstützung durch agrarische Interessenverbände, einen positiven Wandel der Agrarstruktur verhinderte. Denn in Wahrheit krankte die Landwirtschaft an „zu wenig, nicht an zuviel Modernisierung"[22].

---

17 Ebd.
18 Allmeroth, wirtschaftliche Entwicklung, S.26f.
19 Beck, H., Das Werra-Meißner-Gebiet im 19.Jahrhundert, in: Hildebrand, E. (Bearb.), Land an Werra und Meißner. Ein Heimatbuch, Eschwege 1983, S.51-62, hier: S.56.
20 Allmeroth, wirtschaftliche Entwicklung, S.50.
21 Ebd., S.62f.
22 Fischer, W., Vom Agrarstaat zur Industriegesellschaft, in: Langewiesche, D. (Hrsg.), PLOETZ. Das deutsche Kaiserreich. 1867/71 bis 1918. Bilanz einer Epoche, Würzburg 1984, S.64-72, hier: S.68.

Seit etwa 1890 entstanden als Hilfe zur Selbsthilfe in vielen Orten des Kreises ländliche Genossenschaften, deren Aufgabe es war, die Lage der Bauern zu verbessern[23]. Trotzdem war die Landwirtschaft im Kreis Eschwege im besonderen Maße von einer Auswanderung betroffen, da viele Arbeitskräfte, in der Hoffnung auf bessere Lebensbedingungen, in die Industriegebiete abwanderten. Bei Bedarf mußten diese Menschen durch Wanderarbeiter oder durch ausländische Hilfskräfte ersetzt werden.

Obwohl die agrarische Produktionsweise dem Kreis sein Gepräge gab, so wurde sie doch in der zweiten Hälfte des 19. Jahrhunderts durch die „industrielle Wertschöpfung"[24] übertroffen. Neben der landwirtschaftlichen Produktion spielten Handel, Gewerbe und Industrie eine immer größere Rolle, wenngleich sie weitgehend auf die Städte und einige größere Dörfer beschränkt blieben. Mit Eschwege, Wanfried und Waldkappel besaßen drei Orte das Stadtrecht, von denen die Kreisstadt mit Abstand der größte und bedeutendste war. Während Eschwege zu Beginn des 19. Jahrhunderts nur etwa 4000 Einwohner besaß[25], waren es im Jahre 1875 schon 7700[26], im Jahre 1895 9787[27], zu Beginn des 20.Jahrhunderts schließlich 11113 und im Jahre 1910 sogar 12500[28]. Dieser Bevölkerungsanstieg ging einher mit einer zunehmenden Industrialisierung der Stadt. Auch wenn sich dieser Prozeß verglichen mit anderen Industrieschwerpunkten in Deutschland und Hessen vergleichsweise bescheiden ausnimmt, so bleibt er doch bemerkenswert. Huck hat darauf hingewiesen, daß Eschwege seine Einwohnerzahl in etwa hundert Jahren nur verdreifacht hat, während z.B. einige Städte im Ruhrgebiet diese versechzig- oder gar versiebzigfachten und damit ältere Urteile, die enthu-

---

23   Allmeroth, wirtschaftliche Entwicklung, S.83ff.
24   Beck, Das Werra-Meißner-Gebiet im 19.Jahrhundert, S.56.
25   Huck, Th.S., Eschwege im Zeitalter der Industrialisierung, in: Kollmann, K. (Red.), Geschichte der Stadt Eschwege, Eschwege 1993, S.210-233, hier: S.210.
26   Fritsche, H., Eschwege. Eine niederhessische Landstadt in ihrer tausendjährigen Entwicklung, in: Hildebrand, E. (Bearb.), Land an Werra und Meißner, Eschwege 1983, S.251-256, hier:S. 254.
27   Klein, Th., Grundriß zur deutschen Verwaltungsgeschichte, 1815-1945, Reihe A Preußen, hrsg. von Walter Hubatsch, Bd.11: Hessen-Nassau, Marburg 1979, S.343.
28   Huck, Eschwege im Zeitalter der Industrialisierung, S.210; Der Verwaltungsbericht aus dem Jahre 1929 (S.3) geht hier von einer geringeren Zahl aus und spricht von 11841 Einwohnern.

siastisch von Eschwege als einem „hessischen Elberfeld"[29] sprachen, relativiert[30]. Auch der relativ verspätete Ausbau der Städtetechnik – Errichtung eines Gaswerkes, Modernisierung der Wasserversorgung etc.[31] – ist ebenso wie der relativ späte Anschluß der Stadt an das Bahnnetz (1876)[32] ein gewichtiger Hinweis darauf, mit dem Begriff „Industrialisierung" für Eschwege etwas vorsichtiger umzugehen. Im Bewußtsein der Zeitgenossen muß jedoch auch der relativ geringere Bevölkerungsanstieg und die vergleichsweise bescheidenere Industrialisierung bzw. Modernisierung einen starken Eindruck hinterlassen haben, war er doch sichtbares Zeichen für einen Wandel, der alte Strukturen aufweichte und neue schuf. Die politische Geschichte der Stadt Eschwege, eng verbunden mit dem Aufstieg der Sozialdemokratie auf der einen Seite und der Formierung einer „antisozialistischen Abwehrfront" auf der anderen seit dem Ende des 19. Jahrhunderts, ist ein sicheres Zeichen dafür.

Die zunehmende Technisierung brachte vornehmlich zwei Entwicklungen mit sich: Zum einen sank infolge von Zusammenlegungen die Zahl der Betriebe, zum anderen stieg gleichzeitig – allerdings von Gewerbezweig zu Gewerbezweig verschieden – die Zahl der Beschäftigten[33]. Von den in Eschwege bedeutsamen Gewerbezweigen sind hier besonders das Textilgewerbe, das Schuh- und Ledergewerbe und das Tabakgewerbe zu nennen.

In den 70er Jahren des 19. Jahrhunderts erfuhr infolge mangelnder Rohstoffqualität und verspäteter Modernisierung die Eschweger Leinenproduktion ihren Niedergang. Dagegen gelang es in dieser Zeit dem Woll- und Baumwollgewerbe, durch Übergang zum fabrikmäßigen Betrieb, seine Stellung im Wirtschaftsleben der Stadt zu behaupten[34]. Allerdings zeichnete sich besonders dieser Gewerbezweig durch einen verstärkten Zusammenlegungsprozeß aus. So konstatiert Allmeroth, daß im gesamten Kreis Eschwege die Zahl der

---

29 Bierwirth, H., Geschichte der Stadt Eschwege, Magdeburg 1932, S.S.50.
30 Huck, Eschwege im Zeitalter der Industrialisierung, S.210.
31 Ebd.S.212.
32 Hochhuth, L., Eschwege in seiner Entwicklung zur Stadt und als Stadt, Eschwege 1928, S.112.
33 Huck, Eschwege im Zeitalter der Industrialisierung, S.214.
34 Ebd., S.219.

Betriebe von 78 im Jahre 1881 auf 8 im Jahre 1900 zurückging[35]. Das Schuhgewerbe in Eschwege wurde weitgehend durch die Firmen Hochhut und Rost geprägt, neben denen jedoch noch eine große Zahl selbständiger Handwerksmeister produzierten[36]. Allerdings war auch in diesem Gewerbe die Zahl der Betriebe rückläufig. Gab es noch 1899 in Eschwege 61 selbständige Schuhmachermeister[37], so waren es derer im Jahre 1910 nur noch 51[38]. Die Lederherstellung der Stadt erlebte ihren Niedergang gegen Ende des Jahrhunderts. Die Zahl der Lederfabriken und Gerbereien sank infolge des starken Konkurrenzdruckes von 43 im Jahre 1885 auf 27 im Jahre 1897[39]. Viele ehemals selbständige Gerbermeister sanken zu Arbeitern herab, die ihr Geld in den Großbetrieben Döhle oder Brill verdienen mußten. Nach der Jahrhundertwende setzte sich dieser Prozeß fort. Bis zum Jahr 1910 schrumpfte die Zahl der Betriebe auf 10[40]. In der Tabakindustrie waren die Firmen Baum & Zeuch und Ackermann führend, neben denen aber ebenfalls zahlreiche mittlere und kleine Betriebe existierten[41]. Sie alle profitierten dabei vom Tabakanbau im Kreise Eschwege, der besonders in der direkten Umgebung der Kreisstadt gepflegt wurde[42]. Interessant ist, daß ein Großteil der Zigarrenproduktion nicht fabrikmäßig, sondern in Heimarbeit hergestellt wurde. Entgegen älteren Auffassungen weist Huck darauf hin, daß auch das Baugewerbe, die Herstellung von Nahrungs- und Genußmitteln und der Handel einen nicht zu unterschätzenden Stellenwert in Eschwege hatten[43].

Der Wandel in der Produktion hatte natürlich tiefgreifende Folgen für die Menschen. Viele selbständige Handwerker waren nicht mehr in

---

35 Allmeroth, wirtschaftliche Entwicklung, S.113f; vgl. Bericht über die Verwaltung und den Stand der Gemeinde-Angelegenheiten der Stadt Eschwege für das Jahr 1881/82, S.12, Stadtarchiv Eschwege.

36 Huck, Eschwege im Zeitalter der Industrialisierung, S.221.

37 Verzeichnis der selbständigen Gewerbetreibenden, in: Adreßbuch der Stadt Eschwege 1899.

38 Verzeichnis der selbständigen Gewerbetreibenden, in: Adreßbuch der Stadt Eschwege 1910.

39 Bintzer, K.-H., Die Eschweger Lohgerber. Leder aus Eschwege. Aus der Geschichte eines untergegangenen Handwerks, Eschwege 1992, S.88.

40 Ebd., S.90.

41 Huck, Eschwege im Zeitalter der Industrialisierung, S.227.

42 Stöhr, Chr., Die Landwirtschaft in Eschwege, in: Kollmann, K. (Red.), Geschichte der Stadt Eschwege, Eschwege 1993, S.234-243, hier: S.237.

43 Huck, Eschwege im Zeitalter der Industrialisierung, S.216f.

der Lage, mit den Fabriken zu konkurrieren. Oft folgte dem Verlust der Selbständigkeit der Übergang zum Fabrikarbeiter. Auch konnte der Bedarf an Arbeitskräften häufig nicht mehr mit dem städtischen Potential gedeckt werden. So zog Eschwege bald auch viele Arbeitssuchende von außerhalb an. Kamen die Neuankömmlinge aus weiter entfernten Gebieten, so suchten sie sich meist in Eschwege ein neues Heim; kamen sie aus der direkten Umgebung, behielten sie ihren alten Wohnsitz und nutzen die immer besser werdende Verkehrslage, um zur Arbeit zu kommen. So gab es bald rund um die Kreisstadt eine Anzahl von Dörfern, in denen vorwiegend Pendler lebten, deren neue Lebens- und Arbeitssituation einen langsamen Wandel der alten Dorfstruktur begünstigte. Ein besonderes Beispiel für ein typisches „Arbeiterdorf"[44] stellt Frieda dar, in dem aber schon in der ersten Hälfte des 19. Jahrhunderts Handwerker, Tagelöhner und kleine Gewerbetreibende gegenüber den Landwirten dominierten[45]. Andere Orte der Umgebung behielten dagegen ihren ländlichen Charakter. Hier gingen die Bewohner noch weitgehend agrarisch bestimmten Tätigkeiten nach, wie z.B. in Friedas Nachbardorf Schwebda[46]. Ein Eschweger Verwaltungsbericht aus dem Jahr 1881/82 gibt anschaulich Auskunft über das Lohngefälle zwischen den verschiedenen Gewerbezweigen. Verdienten Poliere mit einem Wochenlohn von 14 Mark am besten, so lag das Einkommen eines Schreinergesellen mit nur 10 M. deutlich darunter. Schuhmachergesellen mußten sich mit einer wöchentlichen Entlohnung von 7 M. zufriedengeben, während der Durchschnittslohn für einen Feldarbeiter sogar nur 3-6 M. betrug[47]. Ein Kilo Roggenbrot kostete am 1.4.1882 0,23 M[48].

Das Stadtbild von Eschwege selbst bekam durch den industriellen Wandel ein anderes Gesicht. 1876 wurde der Bahnhof dem Verkehr übergeben. In seiner Nähe, im Westen der Stadt, entstanden innerhalb weniger Jahre völlig neue Wohngebiete[49]. Eine streng räumliche

---

44 Herwig, J., Frieda. Lebensbedingungen und Politikverständnis 1890-1933 (Schriftliche Hausarbeit zum Staatsexamen, vorgelegt an der Universität Hannover, Seminar für Wissenschaft von der Politik, 1981), S.37ff.

45 Simon, W., Meinhard. Die Gemeinde am südlichen Eichsfeldrand, in: Hildebrand, E. (Bearb.), Land an Werra und Meißner. Ein Heimatbuch, Eschwege 1983, S.295-298, hier: S.296.

46 Herwig, Frieda, S.37ff.

47 Bericht über die Verwaltung und den Stand der Gemeinde-Angelegenheiten der Stadt Eschwege für das Jahr 1881/82, S.15.

48 Ebd.

49 Hochhuth, L., Eschwege in seiner Entwicklung, S.112f.

Abgrenzung der verschiedenen sozialen Schichten gab es nicht. Der Fabrikant konnte neben dem Arbeiter, der Akademiker neben dem Knecht wohnen. Die Auswertung des Adreßbuches von 1899 läßt aber doch wenigstens Tendenzen hinsichtlich der Wohn- und Gesellschaftsstruktur erkennen. Die „besseren Leute" lebten überwiegend in den Neubaugebieten im Westen der Stadt, wo viele Fabrikanten und Kaufleute ihren Wohnsitz fanden. Im alten Stadtkern wohnten dagegen häufiger Arbeiter, Fabrikarbeiter und Tagelöhner. Dabei gab es Straßen, in denen ganz bestimmte Berufsgruppen dominant waren. So wohnten z.B. in den Straßen Neustadt, Netergasse und Mittelgasse überwiegend Schuhmacher, Zigarrenmacher, Tuchmacher und Tagelöhner[50]. Hier entstand also aufgrund der sozialen Zusammensetzung ein Milieu, daß sich grundsätzlich von dem der Neubaugebiete unterschied. Die verschiedenartige Wohn- und Sozialstruktur, die auch noch in der Weimarer Republik seine Gültigkeit haben sollte[51], fand auch in den Ergebnissen der Reichstagswahlen ihren Niederschlag. Da die Stadt in mehrere Wahlbezirke eingeteilt wurde, lassen sich derartige Unterschiede hinsichtlich der Parteipräferenz leicht ablesen.

Neben Eschwege gab es im Kreis noch zwei weitere Orte mit Stadtrecht, die aber in ihrer Bedeutung weit hinter der Kreisstadt zurücktraten. Westlich von Eschwege, am Rande des Kreises, lag Wanfried, das im Jahre 1895 2206 Einwohner[52] zählte. Schon im Jahre 1815 hatte sich hier eine Zigarrenfabrik angesiedelt, die ihre Absatzgebiete vornehmlich in Sachsen und Thüringen fand[53]. 1861 wurde eine lithographische Anstalt gegründet, die neben den traditionellen Gewerben Handwerk und Landwirtschaft Arbeitsuchenden Beschäftigungsmöglichkeiten bot. Die schon seit 1862[54] angestrebte Inbetriebnahme der Eisenbahnlinie Eschwege-Treffurt im Jahre 1902 brachte nicht nur Wanfried, sondern auch den umliegenden Dörfern erhebliche wirtschaftliche Vorteile[55], wenngleich der Aufschwung

---

50   Adreßbuch der Stadt Eschwege 1899.

51   Vgl. Homeister, K., Die Arbeiterbewegung in Eschwege (1885 bis 1920). Ein Beitrag zur Stadt- und Kreisgeschichte, Kassel 1987; Homeister hat in seiner Arbeit (S.6.) das Eschweger Adressbuch von 1920 ausgewertet.

52   Klein, Grundriß zur deutschen Verwaltungsgeschichte, S.343.

53   Holzapfel, E., Kollmann, K., Wanfried – Stadt an der Grenze, in: Hildebrand, E. (Bearb.), Land an Werra und Meißner. Ein Heimatbuch, Eschwege 1983, S.323-328, hier: S.326.

54   Strauß, R., Chronik der Stadt Wanfried, Wanfried 1908, S.201.

55   Holzapfel, Kollmann, Wanfried – Stadt an der Grenze, S.326.

hinter den Erwartungen zurückblieb[56]. Um die Jahrhundertwende galt Wanfried als „Industriestädtchen"[57].

Waldkappel war die kleinste Stadt im Kreis und mit 1124 Einwohnern im Jahre 1895[58] kaum mehr als ein größeres Dorf. Einen tiefen Einschnitt in der Geschichte der Stadtentwicklung brachte der große Brand von 1854, der fast den gesamten Ort zerstörte[59]. In den folgenden Jahren wurde Waldkappel mit „modernem Grundriß und großzügiger Planung"[60] wieder aufgebaut. Mit dem Bau der Eisenbahnlinien Treysa-Leinefelde und Waldkappel-Kassel im Jahre 1879 erfolgte der Anschluß der Stadt an andere Regionen; ein Faktum, in dessen Folge die Stadt einen spürbaren wirtschaftlichen Aufschwung erlebte. Die neue günstigere Verkehrslage führte noch im Jahr des Bahnbaus zur Ansiedlung einer Zigarrenfabrik, die neben den vorherrschenden Wirtschaftszweigen – Handwerk und Landwirtschaft – vielen Arbeitsuchenden Beschäftigung bot[61]. Der „Aufschwung" muß allerdings nüchtern betrachtet werden; seit 1880 stagnierte die Bevölkerungszahl bzw. war gar rückläufig. Erst in den Zwanziger Jahren des 20. Jahrhunderts sollte die Einwohnerschaft von Waldkappel wieder anwachsen[62].

b. Der Kreis Schmalkaden

Im Gegensatz zu den thüringischen Nachbargebieten vollzog sich die industrielle Entwicklung im Kreis Schmalkalden mit einer gewissen Verzögerung. Die Ursachen hierfür lagen weniger in der preußischen bzw. deutschen Wirtschaftspolitik seit 1866/71, sondern bereits in der ständigen Vernachlässigung der als „Hessisch Sibirien"[63]

---

56 Hollstein, E., Geschichte der Stadt Wanfried, 1908, S.114f.
57 Beck, Das Werra-Meißner-Gebiet im 19. Jahrhundert, in: Hildebrand, E. (Bearb.), Land an Werra und Meißner. Ein Heimatbuch, Eschwege 1983, S.51-62, hier: S.61.
58 Klein, Grundriß der deutschen Verwaltungsgeschichte, S.343.
59 Kollmann, K., Huth, H., Waldkappel. „Die Stadt am Walde" und ihre Umgebung., in: Hildebrand, E. (Bearb.), Land an Werra und Meißner. Ein Heimatbuch, Eschwege 1983, S.317-322, hier: S.317.
60 Ebd.
61 Ebd.
62 Keyser, E. (Hrsg.), Hessisches Städtebuch, Stuttgart 1957, S.432.
63 Lohse, H., Geschichte der Stadt Schmalkalden, Manuskript o.J., vorhanden in der Bibliothek des Museums Schloß Wilhelmsburg in Schmalkalden, S.170.

abqualifizierten Exklave durch den Kurfürsten von Hessen-Kassel in den Jahren vor 1866.

Die Landwirtschaft spielte im Kreis Schmalkalden eine untergeordnete Rolle[64]. Haupterwerbsgrundlage bildete sie nur vereinzelt, wie z.B. in einigen Dörfern des Werratales in der Nähe der Stadt Barchfeld[65]. Im Unterschied zu den Kreisen Eschwege und Witzenhausen besaß der Kreis eine überwiegend handwerklich-industriell geprägte Wirtschaftsstruktur. Vorherrschend war die Kleineisenindustrie, die sich in mehrere Zweige gliederte. Von besonderer Bedeutung war ursprünglich die Nagelindustrie, die sich zunächst primär auf eine handwerksmäßige Herstellung stützte[66]. Selbständige Nagelschmiede existierten trotz Bestehens einiger Nagelfabriken lange weiter; ging die Produktion dann doch an die Industrie über, so behalfen sich Handwerker mit einer verstärkten Spezialisierung[67]. Viele von ihnen wandten sich auch dem neuen Produktionszweig der Eisenkurzwaren zu, die als „Schmalkalder Artikel" weit über die Region hinaus ihren Absatz fanden[68]. Von Bedeutung war auch die Herstellung von Schuhmacherwerkzeugen. Bis zum Ende des 19. Jahrhunderts blieb hier der Kleinbetrieb dominierend; die Produktion lag überwiegend in den Händen von Meistern mit 2-5 Gesellen[69]. Die Zangenindustrie kannte dagegen frühzeitig Großbetriebe, die das kleine Handwerk extrem unter Druck setzten[70]. Als weitere Produktionszweige sind die Frisiereisen-, die Spicknadel-, die Korkenzieher- und die Eßbesteckindustrie zu nennen. Da der Bedarf der näheren Umgebung an derartigen Erzeugnissen schnell gedeckt wurde, war die Industrie des Kreises überwiegend auf den Fernhandel angewiesen, wobei der Absatz meist in den Händen von Großverlegern lag.

---

64 Statistik des Deutschen Reiches, Neue Folge, Bd.109, Berufsstatistik der kleineren Verwaltungsbezirke, Berlin 1897, S.321.

65 Hess, U., Die politischen Verhältnisse in der Stadt und im Kreis Schmalkalden, in: Beiträge zur Geschichte Schmalkaldens, hrsg. von der Leitung des Museums Schloß Wilhelmsburg, o.J., S.88-103, hier: S.100.

66 Lautier, P., Die Kleineisenindustrie des Kreises Herrschaft Schmalkalden unter Berücksichtigung der wirtschaftlichen Entwicklung, Mschr. Diss., Frankfurt a.M. 1923, S.41.

67 Ebd., S.42.

68 Wahl, V., Geschichte von Steinbach-Hallenberg. Ein Gang durch die Geschichte von Steinbach-Hallenberg und Umgebung, Steinbach-Hallenberg 1990, S.68.

69 Lautier, Die Kleineisenindustrie, S.54.

70 Ebd., S.55.

Diese erteilten in der Regel auch die Aufträge und enthoben so die Produzenten weitgehend ihres Risikos[71].

Der wirtschaftliche Prozeß läßt sich exemplarisch am Beispiel der Stadt Steinbach-Hallenberg und ihrer Umgebung darstellen. Der Ort, der im Jahre 1895 3255 Einwohner[72] hatte, liegt im Steinbacher Grund, im Südosten des Kreises. Hier und in den umliegenden Dörfern Oberschönau, Unterschönau und Altersbach lag um die Mitte des 19. Jahrhunderts einer der Schwerpunkte in der Nagelindustrie[73]. Die zunehmende industrielle Produktionsweise und die daraus resultierenden Wettbewerbsvorteile für größere Betriebe zwangen aber die kleinen selbständigen Handwerker zunehmend zur Herstellung anderer Eisengegenstände, vorwiegend Eisenkurzwaren. Der Übergang an Preußen im Jahre 1866 und die Aufhebung der Gewerbeordnung sorgten allerdings auch in diesem Produktionszweig innerhalb weniger Jahre für einen bedeutenden Modernisierungsschub[74], so daß sich bald wieder die selbständigen kleinen Handwerker der Konkurrenz größerer Industriebetriebe ausgesetzt sahen. Im Gegensatz zu den Nagelschmieden, die gegen Ende des Jahrhunderts ihren Niedergang erlebten bzw. sich dem Schlosserhandwerk zuwandten, behauptete in der Kurzwarenbranche das Handwerk aber neben den Fabriken bis zum Ersten Weltkrieg zäh seinen Platz[75].

Der Anschluß an das Eisenbahnnetz in den Jahren 1891-93[76] bescherte der Stadt sowie der unmittelbaren Umgebung einen weiteren Aufschwung, der sich auch im Anstieg der Bevölkerungszahl ausdrückte. Bereits um die Jahrhundertwende war die Zahl der Einwoh-

---

71 Ebd., S.76ff; Ronninger, R., Die Lebensbedingungen der Schmalkalder Kleineisenindustrie, Diss., Coburg 1933, S.20. unterscheidet drei Gruppen von Produzenten, die in unterschiedlichem Maße vom Verleger abhängig waren: 1. diejenigen, die nur die Aufträge erhielten, 2. diejenigen, die zusätzlich auch das Rohmaterial geliefert bekamen und schließlich 3. diejenigen, denen auch die Werkzeuge zur Verfügung gestellt wurden. Die letzteren unterschieden sich, abgesehen davon, daß sie zuhause arbeiteten, kaum noch von Lohnarbeitern.

72 Klein, Grundriß der deutschen Verwaltungsgeschichte, S.375.

73 Im Jahre 1892 gründeten die Nagelschmiede der Orte Steinbach-Hallenberg, Unterschönau, Altersbach und Rotterode eine Genossenschaft; Historisches Staatsarchiv Gotha, Landratsamt Schmalkalden, Nr.653.

74 Wahl, Geschichte von Steinbach-Hallenberg, S.68.

75 Ebd.

76 Ebd., S.69

ner in Steinbach-Hallenberg auf über 4000 gestiegen[77]. Für das Jahr 1872 lassen sich hier 150 gewerbliche Betriebe mit etwa 700 Arbeitern nachweisen[78].

Zentrum des Wirtschaftslebens des Kreises war natürlich die Kreisstadt selbst, wo seit etwa 1890 die industrielle Produktion die handwerkliche Fertigung weitgehend verdrängt hatte[79]. Von den Kleineisenprodukten, die hier hergestellt wurden, sind neben Beißzangen, Striegel und Holzbohrern auch Löffel, Raspeln, Schraubenzieher und Spicknadeln zu nennen. Die Firma „Gebrüder Heller", die ihren Aufstieg in den 80er Jahren des 19. Jahrhunderts erlebte, spezialisierte sich auf die verschiedensten Arten von Bohrern und verschaffte sich, zusammen mit der 1871 gegründeten Firma Eduard Werner, fast ein Monopol in dieser Branche[80]. In der Nadel- und Ahlenherstellung waren die Firmen Burkhardt, Kaupert & Co und die Firma „Concordia" führend. Von Bedeutung war auch die Magnetfabrik Ludwig Braun, die mit der Herstellung von Spielzeugmagneten begann, dann aber zum bevorzugten Lieferanten technischer Betriebe aufstieg[81]. Neben diesen Firmen, die stellvertretend für eine Vielzahl anderer Betriebe genannt sein sollen, existierten zahlreiche Gewerbearten, die in ihrer Bedeutung aber nicht an die Kleineisenindustrie heranreichten. Der wirtschaftliche Aufschwung, den die Stadt nahm, wirkte sich auch auf die Bevölkerungszahl aus, die von etwa 6000 im Jahre 1870[82] auf 7321 im Jahre 1895[83] stieg. 1911 existierten etwa 100 Betriebe mit zirka 3000 Beschäftigten[84]. Kamen die benötigten Arbeiter in den ersten Jahren der Industrialisierung vornehmlich aus der Kreisstadt

---

77 Ebd.

78 Menz, E., Die Industrie Steinbach-Hallenbergs und ihre Geschichte, in: Kreis Herrschaft Schmalkalden, Schmalkalden o.J., S.16-17, hier: S.17.

79 Handy, P., Zur Entwicklung der Arbeiterbewegung im Kreis Schmalkalden von ihren Anfängen bis 1914, in: „... und ich erkenne Deine Macht!". Aufsätze zur Geschichte der Arbeiterbewegung in Südthüringen (Hrsg. von den staatlichen Museen Meiningen, Meeinungen 1977, S.8-25, hier: S.10.

80 Die Industrie des Kreises Herrschaft Schmalkalden (anonym), in: Kreis Herrschaft Schmalkalden, Schmalkalden o.J., S.19-32, hier: S.20.

81 Ebd.

82 Ebd., S.25.

83 Klein, Grundriß der deutschen Verwaltungsgeschichte, S.375.

84 Handy, P., Zur Entwicklung der Arbeiterbewegung im Kreis Schmalkalden von ihren Anfängen bis 1914, S.11.

selbst bzw. aus den Dörfern der direkten Umgebung, so erweiterte sich das Rekrutierungsgebiet zunehmend seit 1890[85].

Der dritte Ort mit Stadtrechten lag ganz im Norden des Kreises. In Brotterode, das im Jahre 1895 2828 Einwohner zählte, herrschte zunächst das Kleineisengewerbe vor, das Mitte des Jahrhunderts in voller Blüte stand, dann aber zu Beginn der 90er Jahre einen dramatischen Niedergang erlebte[86], da wirtschaftlich konkurrierende Orte schneller an das Eisenbahnnetz angeschlossen wurden[87]. Dann trat mit der Ansiedlung von Zigarrenfabriken ein neuer Gewerbzweig in Erscheinung, der vornehmlich seit 1892[88] eine der Haupterwerbsquellen für die dortigen Arbeiter bildete[89]. 1912 fanden 530 Zigarrenmacher in vier Betrieben ihr Auskommen[90]. 1913 produzierten nur noch drei große Unternehmen die begehrten Konsumartikel[91], in der Zeit nach dem Ersten Weltkrieg sollte sich die Anzahl der Betriebe aber wieder vergrößern. Im Jahre 1895 wurde die Stadt von einer verheerenden Feuersbrunst heimgesucht, die einen Großteil der Gebäude völlig zerstörte und 1500 Menschen über Nacht obdachlos machte[92]. Erst kurz vor der Jahrhundertwende war Brotterode weitgehend wiederaufgebaut; der wirtschaftliche Schaden für die Bewohner war zunächst unermeßlich. Allerdings hatte die Katastrophe auch eine positive Seite: Der Wiederaufbau erfolgte in einer städtetechnisch modernen Weise und leitete zusammen mit der günstigen geographischen Lage Brotterodes Entwicklung zum beliebten Hö-

---

85   Ebd.
86   Vgl. Klein, Die Zeitungsberichte des Regierungspräsidenten aus Kassel an Seine Majestät, S.494.
87   Locke, O., Aus Brotterodes Vergangenheit, Brotterode 1912, S.151.
88   Schmidt, G., Entwicklung der Arbeiterbewegung in Brotterode, in: Freies Wort. Ausgabe Schmalkalden 6.6.1989, Nr.131.
89   Brotterode als Höhenkurort (anonym), in: Kreis Herrschaft Schmalkalden, Schmalkalden o.J., S.17-18, hier: S.18.
90   Schmidt, Die Entwicklung der Arbeiterbewegung in Brotterode.
91   Vgl. Schreiben an den Schmalkalder Landrat betr. der Ansiedelung einer Filiale der Hamburger Firma Jürgensen u. Co.; Historisches Staatsarchiv Gotha. Landratsamt Schmalkalden Nr.703: Die Einführung der Zigarrenfabriken in Brotterode, Tabaksfabrikationsbetriebe im hiesigen Kreise, Bd.1, 1892-1913.
92   Locke, O., Aus Brotterodes Vergangenheit, S.147f., vgl. Bickel, W., Chronik und Urkundenbuch von Brotterode (Kreis Herrschaft Schmalkalden, Brotterode 1925, S.213f; 900 Jahre Brotterode in Thüringen (1039-1939), zusammengestellt von W. Bickel, 1939, S.14.

henkurort ein.[93]. Die positive Entwicklung der Stadt wurde begünstigt durch den langersehnten Anschluß an das Eisenbahnnetz im Jahre 1898[94]. Erhöhte sich bis zum Jahre 1900 die Bevölkerungszahl nur unwesentlich, so stieg sie doch schließlich von 2983 im Jahre 1905 auf 3316 im Jahre 1910[95].

Die vierte Stadt im Kreis, der in einer Exklave gelegene Ort Barchfeld, war vergleichsweise unbedeutend; die Haupterwerbsquelle der Einwohnerschaft bildete zunächst die Landwirtschaft[96]. Im Jahre 1895 zählte Barchfeld etwas über 2000 Einwohner[97] und war damit auch die kleinste Stadt des Kreises. Erst gegen Ende des 19. Jahrhunderts setzte, getragen durch die Firma Reum, die zunächst Portemonnaieschlößchen, dann Damentaschenbügel produzierte, eine bescheidene Industrialisierung ein[98], die dann aber Hand in Hand ging mit einem starken Bevölkerungszuwachs, wobei die Einwohnerzahl in den Jahren vor dem Ersten Weltkrieg auf fast 3000 stieg[99]. Agrarisch geprägt war zunächst auch das südlich von Barchfeld gelegene Dorf Herrenbreitungen. Da die örtliche Wirtschaftsstruktur nicht allen Bewohnern Beschäftigung bot, mußten zahlreiche Personen einer auswärtigen Tätigkeit nachgehen. Viele fanden Arbeit in den Industriebetrieben der thüringischen Nachbarorte Marienthal, Bad Liebenstein und Schweina, wobei von den Betroffenen ein strapaziöser Fußmarsch in Kauf genommen werden mußte. Eine Zäsur für den Ort bildete das Jahr 1897, in dem im – zum Herzogtum Sachsen-Meiningen gehörenden – Nachbardorf Frauenbreitungen eine Metallwarenfabrik gegründet wurde, die auch vielen Herrenbreitungenern eine Beschäftigungsmöglichkeit bot[100]. Die Zahl der Betriebsangehörigen der Firma stieg von 83 im Jahre 1898 auf 398

---

93 Brotterode als Höhenkurort, S.18; Brotterode. Höhenkurort, hrsg. von der Kurverwaltung, 1904, S.2f.

94 Locke, Aus Brotterodes Vergangenheit, S.158.

95 Ebd., S.154.

96 Frankenstein, K., Bevölkerung und Hausindustrie im Kreise Schmalkalden seit Anfang dieses Jahrhunderts. Ein Beitrag zur Socialstatistik und zur Wirthschaftsgeschichte Thüringens, Tübingen 1887, S.229.

97 Klein, Grundriß der deutschen Verwaltungsgeschichte, S.375.

98 Volkmar, K., Tausend Jahre Barchfeld (Werra), Barchfeld 1933, S.130.

99 Ders., S.135.

100 Merz, P., Entstehung und Entwicklung der Firma Metallwarenfabrik Scharfenberg u. Teubert G.m.b.H. Breitungen Werra, in: Breitunger Heimatbuch, Alten-, Frauen- und Herrenbreitungen in Wort und Bild. 933-1939, Breitungen/Werra 1933, S.166-171, hier S.167.

im Jahre 1905 und schließlich sogar auf 689 im Jahre 1913[101]. In den nördlich von Schmalkalden gelegenen Orten Laudenbach, Elmenthal, Herges und Trusen, die ursprünglich ausschließlich vom Bergbau geprägt waren, entstanden in den Jahren 1900, 1906 und 1912 Betriebe, die fabrikmäßig Lederwarenbeschläge anfertigten. Auch die Tabakherstellung gewann an Bedeutung[102]. Damit wurde ein Prozeß in Gang gesetzt, der die Bergarbeitergemeinden schließlich in Industrieorte umwandelte[103], in denen sich im Laufe der Jahre eine selbstbewußte Arbeiterschaft entwickelte.

Faßt man die Situation im Kreis Schmalkalden zusammen, so läßt sich folgendes konstatieren: Neben größeren Fabriken behaupteten sich – vor allem im Steinbacher Grund – zahlreiche selbständige Gewerbetreibende, die von ihrer politischen Orientierung lange Zeit zäh am Althergebrachten festhalten sollten. Im Laufe der Jahre sollten sich aber die Verhältnisse zueinander verschieben. Groß- und Mittelbetriebe nahmen zu, Kleinbetriebe beständig ab, eine Entwicklung, die zwangsläufig durch die zunehmende Modernisierung und den nicht aufzuhaltenden technischen Fortschritt begünstigt wurde. Auch nahm in diesem Zusammenhang vielerorts die Abhängigkeit der Handwerksmeister von den Verlegern ständig zu. Doch vollzog sich dieser Prozeß relativ langsam, die wahlpolitischen Konsequenzen, die die Betroffenen aus diesem ökonomischen Wandel zogen, kamen im Kreis Schmalkalden vergleichsweise spät zum Tragen. Dabei gewann die Region im gesamten Wahlkreis 4 Kassel immer mehr an Gewicht. Lebten hier 1885 noch 31114 Bewohner, so waren es im Jahre 1910 schon 44561. Da damit auch die Zahl der Wahlberechtigten rapide anstieg – viel schneller als in den beiden Kreisen Eschwege und Witzenhausen – gewann der Kreis Schmalkalden hinsichtlich des Ergebnisses der Reichstagswahlen zunehmend an Bedeutung[104].

c. Der Kreis Witzenhausen

Die Wirtschaftsstruktur des Kreises Witzenhausen war in einem hohen Maße agrarisch geprägt, vorherrschend waren landwirtschaftli-

---

101 Ebd., S.168.
102 Freundliche Auskunft des Vorsitzenden der Trusetaler SPD, Herrn Messerschmidt vom 27.6.1996.
103 Gerlach, H., Brotterode, Pappenheim, Trusetal, Steinbach bei Bad Liebenstein, Berlin, Leipzig ³1987, S.27.
104 Hess, Die politischen Verhältnisse, S.92f.

che Kleinbetriebe. So hatten im Jahre 1895 68,2 % der Betriebe weniger als 2 ha Land zur Verfügung[105].

Industrielle Produktion gab es überwiegend in den Städten und deren direkter Umgebung, wobei hier das größte Gewicht der Kreisstadt zukam. Die Jahrzehnte vor der Jahrhundertwende brachten Witzenhausen, begünstigt auch durch einen relativ frühen Bahnanschluß an die Strecke Kassel-Nordhausen-Thüringen (1870)[106], einen wesentlichen wirtschaftlichen Aufschwung, wobei die Tabakherstellung den bedeutendsten Gewerbezweig ausmachte. Der schnelle Übergang von der handwerklichen zur industriellen Fertigung wurde durch eine gewerbehygienische Verordnung aus dem Jahre 1893 beschleunigt, die die Heimarbeit der Zigarrenarbeiter erheblich behinderte und der fabrikmäßigen Produktion einen deutlichen Vorteil verschaffte. Der Niedergang kleinerer Betriebe zugunsten größerer war schließlich zwangsläufig. Im Jahre 1898 existierten in Witzenhausen sieben Zigarrenfirmen mit insgesamt 14 Fabriken, von den sechs in der Stadt selbst, die anderen in den umliegenden Dörfern Kleinalmerode, Ellingerode, Gertenbach, Unterrieden und Roßbach ihren Standort hatten[107]. Im gleichen Jahr sind für die Kreisstadt auch eine Papierfabrik, eine Glashütte, eine Dampfsägerei, eine Konservenfabrik, eine Zuckerfabrik und einige andere, weniger bedeutendere, Betriebe nachweisbar[108]. Bei den kleineren Gewerbebetrieben dominierten zahlenmäßig Schuhmacher, Schreiner und Schlosser[109]. Auskunft über den wirtschaftlichen Aufschwung gibt auch die Zunahme der Bevölkerung. Lebten 1895 noch 3270 Personen[110] in Witzenhausen, so hatte der Ort im Jahre 1910 schon 4063 Einwohner[111]. Tappe verweist aber darauf, daß die Arbeiterschaft in Witzenhausen wenig von diesem Aufschwung profitierte. Die Teuerungsrate betrug von 1903-1913 52,9% und war damit höher als in

---

105 Klein, R., Die landwirtschaftlichen Betriebsverhältnisse unter Berücksichtigung der natürlichen Grundlagen, Diss. Halle 1911, S.68.
106 Keyser, Hessisches Städtebuch, S.467.
107 Tappe, J., Die Geschichte der Arbeiterbewegung in Witzenhausen hrsg. zum Anlaß des 100-jährigen Bestehens des SPD-Ortsvereins, Witzenhausen 1984, S.102.
108 Ebd.
109 Ebd., S.62; Für das Jahr 1883 gibt Tappe 24 selbständige Schumacher, 15 Schreiner und 10 Schlosser an.
110 Klein, Grundriß zur deutschen Verwaltungsgeschichte, S.413.
111 Tappe, Geschichte der Arbeiterbewegung, S.107.

den meisten anderen Regionen. Die Lohnerhöhungen im gleichen Zeitabschnitt machten aber nur zwischen 40 und 50% aus[112]. Diese Entwicklung mußte verständlicherweise zur Unzufriedenheit von Teilen der Bevölkerung beitragen.

Erwähnenswert ist auch noch die Existenz einer Kolonialschule in Witzenhausen, die 1899 gegründet wurde und sich bald zu einer Stütze des reaktionär-konservativen Geistes entwickelte[113].

Die Bewohner der südlich des Kaufunger Waldes gelegenen Stadt Großalmerode konnten sich in der ersten Hälfte des 19. Jahrhunderts rühmen, in ihrem Stadtgebiet über eine der größten chemischen Fabriken Deutschlands zu verfügen, in der etwa 300 Arbeiter beschäftigt waren[114]. Äußerst ungünstig für den auf die Gewinnung von Soda, Alaun und Schwefelsäure spezialisierten Betrieb wirkte sich allerdings der verspätete Anschluß an das Bahnnetz aus, was Großalmerode als Wirtschaftsstandort erheblich schwächte. Als im Jahre 1878 endlich der Eisenbahnbetrieb aufgenommen wurde[115], war es bereits zu spät: Nur zwei Jahre später mußte die Fabrik ihre Tore schließen[116].

Weitere erwähnenswerte Betriebe sind zwei Schamottensteinfabriken, eine Ultramarinfabrik und eine Ziegelei, die sich zwar allesamt außerhalb des Ortes, aber noch innerhalb des Stadtgebietes befanden[117]. Der verspätete Bahnanschluß und die daraus resultierende Schwächung der Großalmeroder Wirtschaft läßt sich aussagekräftig anhand der Bevölkerungsentwicklung nachweisen; seit der Reichsgründung entwickelte sich die Einwohnerzahl zunächst stetig rückläufig. Sie sank von 2506 im Jahre 1871 auf 2477 im Jahre 1880, und schließlich auf 2475 im Jahre 1890[118]. Erst seit 1895 (2636 E.)[119] konnte die Stadt wieder einen Zuwachs verzeichnen. Ab der Jahrhundertwende beschleunigte sich dann das Bevölkerungswachstum

---

112 Ebd., S.108f.
113 Klein, Provinz Hessen-Nassau, S.621.
114 Krück, K., Großalmerode. Vom Zunftort der Waldgläser zur Stadt des Tons und der Kohle, in: Hildebrand, E. (Bearb.), Land an Werra und Meißner. Ein Heimatbuch, Eschwege 1983, S.277-283, hier: 280.
115 Keyser, Hessisches Städtebuch, S.203.
116 Krück, Großalmerode, S.280.
117 Angaben für das Jahr 1871, Keyser, Hessisches Städtebuch, S.203.
118 Ebd.
119 Klein, Grundriß zur deutschen Verwaltungsgeschichte, S.413.

der Stadt, vornehmlich wohl durch Zuwanderung: Im Zeitraum von zehn Jahren (1900-1910) stieg die Zahl der Bewohner von 3010 auf 3275[120]. Hand in Hand mit dem Bevölkerungsanstieg seit dem Beginn der 90er Jahre ging auch der wirtschaftliche Aufschwung der Stadt, der seinen Impuls durch die Gründung der „Vereinigten Großalmeroder Tonwerke" im Jahre 1887 erfuhr[121]. Dabei handelte es sich um einen Zusammenschluß mehrerer Firmen, die mit der Fertigung von Schmelz- und Granittiegeln beschäftigt waren.

Die Entwicklung der südwestlich von Witzenhausen gelegenen Stadt Allendorf ist auf das engste mit derjenigen der Nachbargemeinde Sooden verbunden. Obwohl beide Orte erst im Jahre 1929 unter dem Namen Bad Sooden-Allendorf vereinigt wurden[122], bestanden bereits in den Jahren zuvor, bedingt nicht zuletzt durch die räumliche Nähe, weitreichende Verbindungen, die es fast rechtfertigen, Allendorf und Sooden auch schon im Kaiserreich als eine Einheit anzusehen.

Über Jahrhunderte hinweg war in Sooden der Gewinn von Salz von herausragender Bedeutung gewesen, bis in der ersten Hälfte des 19. Jahrhunderts – bedingt durch billigere Produktion durch die Konkurrenz – ein langsamer Niedergang einsetzte, der nur durch die Garantie des Salzmonopols für Kurhessen abgebremst wurde. Als diese Begünstigung mit der Angliederung an den preußischen Staat im Jahre 1866 fiel, war das Schicksal der Salzgewinnung in der Region besiegelt[123]. Obwohl der Betrieb erst nach der Jahrhundertwende endgültig eingestellt werden sollte, war dieser Wirtschaftszweig von nun an nur noch von untergeordneter Bedeutung; Arbeitslosigkeit und wirtschaftliches Elend waren die unmittelbare Folge[124], die viele Menschen zum Verlassen ihres Heimatortes zwang[125]. Abhilfe schaffte schließlich die forcierte Hinwendung zu einer anderen Er-

---

120 Keyser, Hessisches Städtebuch, S.203.
121 Küther, W. (Bearb.), Historisches Ortslexikon des Kreises Witzenhausen, Marburg 1973, S.4.
122 Keyser, Hessisches Städtebuch, S.405.
123 Ebd.
124 Schütt, H., Bad Sooden-Allendorf. Vom Ort des Salzsiedens zum Soleheilbad, in: Hildebrand, E. (Bearb.), Land an Werra und Meißner. Ein Heimatbuch, Eschwege 1983, S.268-274, hier: S.271.
125 Vgl. die Angaben zur Bevölkerungsentwicklung, die besonders für Sooden einen gravierenden Bevölkerungsrückgang dokumentieren; Keyser, Hessisches Städtebuch, S.405.

werbsquelle. Der planmäßige Ausbau Soodens zu einem Kurort sollte die Weichen für einen wirtschaftlichen Neuanfang stellen, von dem auch die Stadt Allendorf, die den Nachbarort durch einen Kredit unterstützte[126], in einem nicht unerheblichen Maße profitieren sollte. Der Anfang wurde im Jahre 1879 mit der Einrichtung der „Heilanstalt für skrofulöse und anämische Kinder im Solbad Sooden bei Allendorf an der Werra"[127] gemacht; der endgültige Durchbruch hin zum Kurort gelang dann zwei Jahre später mit der Eröffnung eines neuen Badehauses, das zahlreiche Besucher aus nah und fern anlockte[128]. In den folgenden Jahren sollte sich die Zahl der Kurgäste, die Sooden und Allendorf besuchten, ständig erhöhen. Waren es im Jahre 1882 nur 605, so kamen im Jahre 1890 schon 1295 Erholungssuchende. Von 1900 bis 1910 verdoppelte sich die Zahl der Gäste sogar von 2211 auf 4483[129]. Innerhalb weniger Jahre war der wirtschaftsstrukturelle Umbau einer niedergehenden Region in einen florierenden Kurort vorzüglich gelungen; eine Entwicklung, die auch durch den Anschluß an das Eisenbahnnetz (1876)[130] begünstigt wurde. In Allendorf existierte übrigens eine Brauerei, die seit 1907 im Kreis Witzenhausen ohne Konkurrenz produzierte[131]. Der vergleichsweise geringe Anstieg der Bevölkerungszahlen seit dem wirtschaftlichen Neubeginn sowohl in Allendorf als auch in Sooden, macht aber deutlich, daß die neuentdeckte Erwerbsquelle lediglich den Alteingesessenen zugute kam. Für Zuwanderer boten sich in dieser Region, anders als z.B. in aufblühenden Gewerbe- und Industriegebieten, wohl weniger Verdienstmöglichkeiten. Die Einwohnerschaft von Allendorf stieg in den Jahren von 1895 bis 1911 lediglich von 2739 auf 2801; die Bevölkerung von Sooden erfuhr in der Zeit zwischen 1900 (712

---

126 Reccius, A., Geschichte der Stadt Allendorf in den Soden, Bad Sooden-Allendorf 1930, S.97.

127 Schütt, Bad Sooden-Allendorf, S.271.

128 Ebd., S.272.; vgl. Lückert, M., Bad Sooden-Allendorf wie es früher einmal war. Eine illustrierte Chronik unserer Heimatstadt (1844-1914), Eschwege 1979, S.100f.

129 Schütt, Bad Sooden-Allendorf, S.272; vgl. Weidner, D., Die Entwicklung des Bades Sooden-Allendorf, in: Schütt, H. (Red.), Aus der Geschichte der Stadt Bad Sooden-Allendorf 1218-1968, Bad Sooden-Allendorf 1968, S.18-22, hier: S.21.

130 Keyser, Hessisches Städtebuch, S.406.

131 Bericht des Kreisausschusses zu Witzenhausen über die Verwaltung und den Stand der Kreis-Kommunalangelegenheiten im Geschäftsjahre 1906/1907, Witzenhausen 1907, S.23.

E.) und 1911 (755 E.) ebenfalls nur einen unbedeutenden Zuwachs[132].

Die vierte Stadt im Kreis Witzenhausen war das im Süden gelegene Lichtenau (seit 1889 Hessisch Lichtenau[133]). Die Wirtschaftsstruktur dieses Ortes sollte in den Jahrzehnten des Kaiserreiches eine gravierende Veränderung erfahren, die in ihrem Ausmaß ausgesprochen bemerkenswert ist. Wie Heyner treffend bemerkt, war Lichtenau „nach 600 Jahren seiner Geschichte ... immer noch ein kleines Ackerbürgerstädtchen"[134], obwohl die Bedingungen für die Landwirtschaft auf der „rauhen Hochfläche[135]" nicht unbedingt günstig waren. So konstatierte Heinrich Bertelmann im Jahre 1918 in seinen „Wanderbildern" kritisch: „Es scheint, als habe die Natur hier oben das Dichten verlernt, um einmal unverblümt die nackte Wahrheit zu sagen"[136]. Nach dem Niedergang des Leinenwebereigewerbes in der ersten Hälfte des 19. Jahrhunderts[137], das auch durch die seit den 60er Jahren einsetzende Intensivierung des Braunkohleabbaus in der Umgebung nicht ersetzt werden konnte[138], bildete wieder die Landwirtschaft die Haupterwerbsquelle einer Bevölkerung, deren Zahl in den ersten Jahren nach der Reichsgründung, bedingt durch mangelnde Verdienstmöglichkeiten und fehlende Perspektiven, stetig rückläufig war. Neben verschiedenen kleinen Gewerbetreibenden – unter denen die Nagelschmiedemeister am zahlreichsten waren[139] –, trat im Jahre 1868 eine Filiale der Witzenhäuser Zigarrenfabrik Mangold und Schröder, die aber schon im Jahre 1884 ihre

---

132 Keyser, Hessisches Städtebuch, S.405.
133 Ebd., S.239.
134 Heyner, G., Hessisch Lichtenau von 1890-1918, in: 700 Jahre Hessisch Lichtenau (1289-1989). Beiträge zur Heimatkunde, hrsg. von der Stadt Hessisch Lichtenau, Hessisch Lichtenau 1983, S.117-134, hier: S.117.
135 Heller, C.F. (Hrsg.), Hessisch Lichtenau und Umgebung. Ein Blick in die Vergangenheit, Hessisch Lichtenau 1983, S.9.
136 Bertelmann, H., Hessische Höhenluft. Wanderbilder, Marburg 1918, S.48.
137 Heyner, G., Hessisch Lichtenau. Die Stadt zur lichten Aue, in: Hildebrand, E. (Bearb.), Land an Werra und Meißner. Ein Heimatbuch, Eschwege 1983, S.290-294, hier: S.292.
138 Christopher, A., Der hessische Braunkohlen Bergbau und seine Bahnen, Biebertal 1993, S.45; Frank, J., Das braune Gold. Bergbau im Lichtenauer Raum, in: 700 Jahre Hessisch Lichtenau 1289-1989. Beiträge zur Heimatkunde, hrsg. von der Stadt Hessisch Lichtenau, Hessisch Lichtenau 1983, S.111-116, hier: S.112.
139 Heyner, Hessisch Lichtenau von 1890-1918, S.117.

Pforten wieder schließen mußte[140]. An ihrer Stelle wurde eine Filiale der Hamburger Zigarrenfirma Louis Wolff eröffnet, deren wirtschaftlicher Ertrag für den Betreiber ausgesprochen lohnend war. Bei einer Jahresproduktion von ca. 5 Millionen Zigarren konnten zeitweilig über 100 Arbeiterinnen und Arbeiter beschäftigt werden. An der landwirtschaftlich geprägten Gesamtstruktur des Ortes konnte dieser Industriezweig aber ebenso wenig ändern wie die Existenz einer Dampfbrauerei, eines Dampfsägewerkes und einer Ziegelei[141]. Die Mehrzahl der Bevölkerung blieb stets einem „agrarisch geprägten Denken" verhaftet, daß seit den 90er Jahren des 19. Jahrhunderts dem aufkeimenden Antisemitismus und seiner politischen Artikulation – in Form der antisemitischen Parteien – einen besonders günstigen Nährboden bot.

Die Wende brachte das Jahr 1907, als die Kasseler Textilfirma Fröhlich und Wolff eine Filiale in Hessisch Lichtenau errichtete, die schon ein Jahr später den Betrieb aufnahm[142]. Der Bedarf an Arbeitskräften konnte weder durch die Stadt noch durch die Region gedeckt werden; die Folge war ein bedeutender Zuzug von Arbeitern aus anderen Landstrichen. Da der bisherige Wohnraum für all die Neuankömmlinge nicht ausreichte, begann die Firmenleitung mit Hilfe einer gemeinnützigen Baugenossenschaft mit der Errichtung zahlreicher Arbeiterwohnungen[143], die nicht nur das Stadtbild veränderten, sondern auch für die Entstehung eines „Industriearbeitermilieus" eine günstige Grundlage bot. Mit Entsetzen und Mißtrauen nahm manch konservativer Lichtenauer die Neuankömmlinge zur Kenntnis; so der Metropolitan Schuchardt, der kritisch notierte: „Die Leute, die zumeist aus sehr armen Verhältnissen stammen und aus aller Herren Länder zusammenströmen, sind zum großen Teil dem kirchlichen Leben ganz entfremdet und in ihrer Mehrzahl der Sozialdemokratie mit Leib und Seele verschrieben"[144]. Die Ansiedlung einer einzigen Filiale sorgte also innerhalb weniger Jahre für einen grundlegenden Wandel der Wirtschafts- und Sozialstruktur des Ortes; eine Veränderung, die sich auch nachdrücklich in der politischen Willensbekundung

---

140 Ebd., S.128.
141 Ebd., S.117.
142 Ebd., S.130; vgl. Bericht des Kreisausschusses zu Witzenhausen über die Verwaltung und den Stand der Kreis-Kommunal-Angelegenheiten im Geschäftsjahr 1907/1908, Witzenhausen 1908, Nr.21.
143 Heyner, Hessisch Lichtenau von 1890-1918, S.131.
144 Zitiert nach ebd.

niederschlagen sollte. Hatte die Stadt um die Jahrhundertwende noch knapp über 1400 Einwohner gehabt, so stieg deren Zahl durch Zuwanderung von Arbeiterfamilien auf über 1700 im Jahre 1910[145].

Dieser Bevölkerungszuwachs war allerdings untypisch für die Region. Versucht man, die Verhältnisse im gesamten Kreis Witzenhausen zusammenzufassen, so muß festgestellt werden, daß die Bevölkerungszunahme sich insgesamt recht bescheiden ausnahm[146]. Innerhalb von zwanzig Jahren (1885-1905) stieg die Zahl der Bewohner des Kreises lediglich von 29000 auf 31770[147]. Während der Kreis Schmalkalden im Wahlkreis Kassel 4 im Laufe der Jahre hinsichtlich des Gesamtergebnisses immer wichtiger wurde, nahm das Gewicht des Kreises Witzenhausen relativ gesehen immer mehr ab.

d. Wertung der industriellen Entwicklung

Eine „Industrielle Revolution" wie sie beispielsweise das rohstoffreiche Ruhrgebiet erlebte, hat in Hessen nicht stattgefunden. Vielmehr hat es sich um eine „Industrialisierung[148]" gehandelt, also um einen langsamen und allmählichen Prozeß, in dessen Verlauf sich die wirtschaftlichen Strukturen gewandelt haben. Das gilt in besonderer Weise für den nordhessischen Raum.

Vergleicht man die wirtschaftliche Struktur der drei Landkreise im Wahlkreis Kassel 4 und deren Entwicklung seit 1867, so fällt besonders die Unterschiedlichkeit der Kreise Eschwege und Witzenhausen auf der einen und des Kreises Schmalkalden auf der anderen Seite auf. Bereits die Ausgangssituation zur Zeit der Integration Kurhessens in den preußischen Staatsverband gestaltete sich unterschiedlich; die weitere Entwicklung sollte die wirtschaftsstrukturelle Verschiedenheit noch vorantreiben. Die Landwirtschaft im Kreis Schmalkaden war bereits zu Beginn des Untersuchungszeitraumes – 1867/71 – von untergeordneter Bedeutung gewesen, ihr Gewicht sollte im Laufe der Jahre ständig weiter abnehmen. Das Wirtschaftsleben des Kreises wurde eindeutig durch die Kleineisenherstellung dominiert, die zunächst noch weitgehend hausgewerblich

---

145 Keyser, Hessisches Städtebuch, S.240.
146 Bog, I., Die Industrialisierung Hessens, in: Schultz, U. (Hrsg.), Die Geschichte Hessens, Stuttgart 1983, S.190-203, hier: S.202.
147 Küther, W. (Bearb.), Historisches Ortslexikon des Kreises Witzenhausen, Marburg 1973, S.159.
148 Bog, Die Industrialisierung Hessens, S.115.

organisiert war, dann aber immer mehr durch die industrielle Fertigung bestimmt wurde[149]. Der prozentualen Steigerung des Anteils der Berufstätigen an diesem Sektor entsprach ein vergleichsweise rapider Anstieg der Gesamtbevölkerung; zwischen 1871 und 1910 stieg die Zahl der Einwohner des Kreises Schmalkalden von 28612 auf 44561[150]. Dieser Zuwachs von über 55% übertraf sogar die durchschnittlichen Vergleichswerte der thüringischen Nachbarkreise und verlieh der Region ein immer größeres Gewicht im Vergleich zu den Kreisen Eschwege und Witzenhausen. Denn obwohl der industrielle Fortschritt auch dort seine Früchte trug und den agrarischen Sektor bald in der Wertschöpfung übertraf, behielt die Landwirtschaft im heutigen Werra-Meißnerkreis ihren besonderen Stellenwert. Der Übergang zur industriellen Produktion fand weitgehend nur in einigen Orten statt, wo er teilweise völlig unterschiedliche Folgen zeitigte. Kennzeichnend für das gesamte Gebiet ist zum einen der Niedergang vieler alter Gewerbezweige. Zum anderen ist die Situation dadurch bestimmt, daß die neu entstandenen Produktionsbereiche diese in ihrer – zu anderen Regionen – relativen Bedeutung nicht ersetzen konnten. Der Tabak- und der Textilindustrie, die in Eschwege und in Witzenhausen am bedeutendsten waren, wurden schnell die Grenzen aufgezeigt, da die vergleichsweise ungünstige Verkehrslage und der Mangel an Kapital eine überregionale Expansion verhinderten[151]. Da weder nennenswerte Rohstoffe vorhanden waren, noch das Faktum einer besonderen zentralen Lage gegeben war[152], war, aus der Retrospektive betrachtet, die Entwicklung zum „Passivraum"[153] vorprogrammiert. Die Kreise Eschwege und Witzenhausen profitierten also relativ gesehen – wie übrigens die meisten ländlichen Regionen auch – nur in einem gewissen Maße von der Industrialisierung. Damit wurde ein Prozeß eingeleitet, dessen Problematik sogar bis in die Gegenwart hinein fortwirkt. Der im Verhältnis zum

---

149 Hess, Die politischen Verhältnisse, S.93.
150 Ebd., S.92.
151 Eiler, K., Hessen im Zeitalter der industriellen Revolution. Text- und Bilddokumente aus hessischen Archiven beschreiben Hessens Weg in die Industriegesellschaft während des 19. Jahrhunderts, Frankfurt a.M. 1984, S.92.
152 Huck, Eschwege im Zeitalter der Industrialisierung, S.210.
153 Ebd., S.227; vgl. ders., Zur wirtschaftlichen Entwicklung der Stadt Echwege und ihres Umfeldes im reichsweiten Vergleich während der Zeit der Industriellen Revolution in Deutschland. Ein regionalgeschichtlicher Beitrag zur Untersuchung der Entstehung von wirtschaftlichen Passivräumen, in: Zeitschrift des Vereivs für Hessische Geschichte und Landeskunde 98 (1983), S.125-159, hier: S.150.

Kreis Schmalkalden recht geringe Bevölkerungsanstieg zwischen Reichsgründung und Erstem Weltkrieg ist ein eindrucksvoller Beleg dafür. Interessant ist auch, daß zumindest im Kreis Eschwege der Gründerkrach von 1873 zunächst überhaupt keine negativen Folgen zeitigte bzw. erst mit einem erheblichen „time-lag" zum Tragen kam[154].

Absolut betrachtet, waren die Folgen der Industrialisierung natürlich trotzdem bemerkenswert. Auch wenn die Entwicklung im Vergleich zu den industriellen Hochburgen im Deutschen Reich und in Hessen – man denke hier nur an Kassel[155] – verspätet einsetzte und auch vergleichsweise gemächlich vonstatten ging, waren die von ihnen bewirkten Veränderungen für die Zeitgenossen – zumindest in den Kreisstädten Eschwege und Witzenhausen und derem Umfeld – gravierend. Das gilt sowohl für die Entwicklung des Verkehrswesens als auch für den Ausbau der modernen Städtetechnik. Da dieser Prozeß aber in den einzelnen Regionen der Kreise zu unterschiedlichen Zeitpunkten einsetzte, konnten nicht alle Städte sofort von den 'Segnungen der Technik' profitieren. Im Gegenteil: Manche Orte gehörten zunächst eindeutig zu den Verlierern der neuen Zeit, wie Großalmerode, dessen Wirtschaftsleben durch den verspäteten Bahnanschluß in eine schwere Krise geriet, oder Sooden und Allendorf, die negativ von der Aufhebung des Salzmonopols betroffen wurden. Auch Waldkappel, dessen Bevölkerungszahl im Zeitraum von 1880 bis zum Ersten Weltkrieg, trotz der Ansiedlung einiger neuer Betriebe, ständig zurückging, kann nicht vorbehaltlos zu den Gewinnern der Industrialisierung gezählt werden.

Zusammenfassend läßt sich konstatieren, daß dem weitgehend gewerblich-industriell geprägten Kreis Schmalkalden zwei Kreise gegenüberstanden, in denen zum einen der agrarische Sektor von vornehmlicher Bedeutung blieb, zum andern sich die Industrialisierung bzw. deren Verzögerung vielerorts unterschiedlich auswirkte. All das bot zum einen eine geeignete Grundlage für eine vielfältige Parteienzersplitterung, die der Wahlkreis 4 Kassel, wie noch zu zeigen ist,

---

154 Möker, U., Nordhessen im Zeitalter der industriellen Revolution, Köln/Wien 1977, S.169.

155 Vgl. Hahn, H.-W., Der hessische Wirtschaftsraum im 19. Jahrhundert, in: Heinemeyer, W. (Hrsg.), Das Werden Hessens, Marburg 1986, S.389-429, hier: S.417, der feststellt, daß von den knapp 33000 Personen die insgesamt 1882 in den Gewerbebetrieben der Kreise Kassel, Waldeck, Hersfeld, Eschwege und Witzenhausen beschäftigt waren, über ein Drittel allein in Kassel (Stadt) ihr Auskommen fanden.

seit Ende der 80er Jahre des 19. Jahrhunderts ja auch tatsächlich erleben sollte. Zum anderen trug der zunehmende Industrialisierungsprozeß zu einem – wenn auch gemächlichen – Wertewandel hinsichtlich der Parteipräferenz bei: Die Grundlage für die klassischen „Agrarparteien", Konservative und Antisemiten, mußte zwangsläufig immer schmaler werden; die Erfolgschancen für die „Arbeiterpartei" SPD mußten dagegen konstant steigen.

4. Die gesellschaftlichen Grundlagen und die Sozialmilieus

a. Die bäuerliche Gesellschaft

„Das Leben der Bauern und ihre Normen waren traditionell von ihrer Lebenslage bestimmt. Die wirkliche oder mögliche Not, die Sorge für den Lebensunterhalt, den eigenen und den der Familie, die Arbeit – das war das erste."[156] Diese Bemerkung über das Lebensverständnis des deutschen Bauern trifft auch auf die Situation der Landwirte im Wahlkreis Kassel 4 zu. Wie schon dargestellt, spielte die agrarische Produktion, von wenigen Regionen abgesehen, im Kreis Schmalkalden nur eine geringe Rolle. Dagegen war die Landwirtschaft in den Kreisen Eschwege und Witzenhausen, trotz der zunehmenden Industrialisierung vornehmlich in den Kreisstädten, von besonderer Bedeutung. Das Bild, das die Zeitgenossen vom nordhessischen Bauern zeichneten, war nicht immer positiv: Zäh und sparsam, zugleich „derb", „ungelenk" und „hartköpfig" erscheinen sie in der Schilderung des Arnold von Baumbach, der sich gegen Ende des 19. Jahrhunderts mit den ländlichen Verhältnissen in Kurhessen befaßte[157]. Nicht selten betrachtete der nordhessische Landmann seine Umgebung mit Mißtrauen; zäh am Althergebrachten festhaltend, sperrte er sich gegen Entwicklungen, die seine Lebenswelt scheinbar oder tatsächlich bedrohten. Oft wurden die Vorurteile personalisiert; der Gutsherr, der Stadtbürger, der Arbeiter, besonders der Jude, aber auch der andere Bauer konnten leicht als Vertreter einer feindlichen Umwelt Zielscheibe ländlicher Ressentiments werden. Umgekehrt schlugen aber auch der ländlichen Bevölkerung vielfältige Vorurteile und Aversionen entgegen. Vornehmlich manche Regionen, nicht selten dieje-

---

156 Nipperdey, Th., Deutsche Geschichte 1866-1918. Bd.1: Arbeitswelt und Bürgergeist, München ³1990, S.219.

157 Baumbach, A. v., Die bäuerlichen Verhältnisse im Regierungsbezirk Kassel, in: Schriften des Vereins für Socialpolitik 22 (1883), S.111-143, hier: S.113.

nigen mit schlechter Ertragslage und fehlendem Wohlstand, „erfreuten" sich eines schlechten Rufes. So hieß es z.B. in einem Spottgedicht über einige arme Dörfer im Ringgau-Gebiet (Kreis Eschwege):

„Wer durch Datterode kommt, ohne gebissen,
durch Röhrda, ohne geschmissen,
und durch Netra, ohne verhöhnt,
der wird in Rittmannshausen gekrönt."[158]

Das Leben der Bauern war hart; ihre wirtschaftliche Existenz war ständig gefährdet. Schlechte Ernten und Viehseuchen[159] konnten ebenso zum Ruin führen wie der Import ausländischen Getreides nach Deutschland oder allgemeine konjunkturelle Schwankungen. So heißt es z.B. in einem Brief der Catharina Elisabeth Faßhauer an ihre nach Amerika ausgewanderten Brüder im Jahre 1888: „Es sind schlechte Zeiten bei uns. Wer etwas zu verkaufen hat. Früchte oder Vieh sind bedeutend billig, der Centner Schweine beste Ware hat das höchste 47 Mark gekostet, kostet jetzt 42 bis 43 Mark, das Weizenmehl der Centner 11 Mark, Hafer a Centner 5 Mark 50 Pf..."[160] Schon 1882 meldete der Regierungspräsident in Kassel an den deutschen Kaiser, daß die Kartoffelernte im Kreis Schmalkalden gründlich mißraten sei. Weiter stellte er fest: „Da für die ärmere Bevölkerung die Kartoffel das Hauptnahrungsmittel bildet, so wird der Ausfall sehr schwer empfunden werden."[161]

Es verwundert nicht, daß zahlreiche Personen auf der Suche nach besseren Lebensbedingungen ihr Heimatdorf verließen und vornehmlich im Ruhrgebiet, in Kassel, aber auch im Ausland ihr Glück suchten. So sank z.B. die Bevölkerungszahl des Dorfes Bischhausen im Kreise Eschwege von 1115 im Jahre 1856 auf 1033 im Jahre 1878 und schließlich auf 932 im Jahre 1895[162]. Daß die durch den

---

158 Martini, L., Verkehrs- und Postwsen in Röhrda und um Röhrda herum, in: Kollmann, K. (Red.), Röhrda. Chronik eines Dorfes 1089-1989, Eschwege 1989, S.107-116, hier: S.109.

159 1897 brach z.B. im Kreis Eschwege in 17 Gemeinden die Maul- und Klauenseuche aus; vgl. Verwaltungsbericht des Kreis-Ausschusses der Gemeinde Eschwege 1897, S.28f.

160 Zitiert nach Kollmann, K., Das Dorf im 19. Jahrhundert, in: ders. (Red.), Geschichte des Dorfes Hilgershausen, Bad Sooden-Allendorf-Hilgershausen 1993, S.53-62, hier: S.61.

161 Klein, Die Zeitungsberichte des Regierungspräsidenten in Kassel an Seine Majestät 1867-1918, S.252.

162 Kollmann, K., Von 1845-1945, in: 1200 Jahre Bischhausen (786-1986). Ein hessisches Dorf und seine Geschichte, Ringgau-Datterode 1986, S.100-125, hier: S.100.

„krisenhaften Übergang von der Agrar- zur Industriegesellschaft"[163] begünstigte Migration nicht nur Familien auseinandergerissen hat, sondern auch die dörfliche Strukturen beeinträchtigte, liegt auf der Hand.

Von vornehmlicher Bedeutung für das dörfliche Gemeinwesen waren auch die sozialen Differenzierungen innerhalb der Bevölkerung. Eine Statistik über die Größenklassen der landwirtschaftlichen Betriebe aus dem Jahre 1885 zeigt, daß es hinsichtlich des Besitzes zwischen Groß- und Kleinbauern gewaltige Unterschiede gab. Neben der Masse der Betreiber von kleineren (2-5 ha), mittleren (5-20 ha) und großen Betrieben (20-100 ha) existierte in den Kreisen Eschwege und Witzenhausen eine nicht unbedeutende Zahl von Höfen, deren Besitzer über 100 ha ihr eigen nennen durften. Diesen Großbauern, deren Anteil an der Gesamtzahl der Betriebe immerhin fast 20 % betrug, standen auf der anderen Seite der Skala eine geringere Zahl von Kleinstbauern gegenüber, deren Grundbesitz kleiner als 2 ha war[164]. Etwas anders sah es im weniger agrarisch geprägten Kreis Schmalkalden aus, wo landwirtschaftlicher Großbesitz die Ausnahme blieb[165]. Auch wenn die Betriebsgröße nicht immer von ausschließlicher Bedeutung für den Wohlstand eines Bauern war, sondern auch der landwirtschaftliche Ertrag berücksichtigt werden muß, der ja vornehmlich von der Bodenbeschaffenheit und den klimatischen Verhältnissen abhing, wird doch deutlich, daß die Kluft innerhalb der bäuerlichen Gesellschaft enorm war. Gerade die „Kleinstbauern" waren am krisenanfälligsten; selbst wenn die Ernteerträge günstig waren, reichten sie oft nicht aus, den Hofbesitzer und seine Familie zu ernähren. Fast immer waren diese „Kleinstbauern" deshalb auf einen Nebenverdienst angewiesen, der sie entweder zur handwerklichen Tätigkeit veranlaßte, oder aber zur landwirtschaftlichen Arbeit auf einem fremden Hof zwang. Damit wurden sie zeitweilig zu landwirtschaftlichen Tagelöhnern und damit einer Gruppe gleichgestellt, die, zumindest was die Besitzverhältnisse anging, noch unter ihnen rangierte. Hierbei handelte es sich um ländliche Tagelöhner, die ohne jeglichen Besitz waren und deren Lage noch schlechter war. Es ist nicht falsch, bei dieser Gruppe von ländlichen

---

163 Rößler, H., Massenexodus: die neue Welt des 19. Jahrhunderts, in: Bade, K.J. (Hrsg), Deutsche im Ausland – Fremde in Deutschland. Migration in Geschichte und Gegenwart, München 1992, S.148-157, hier: S.148.

164 Nebel, ländliche Arbeiterverhältnisse, Anhang, S.IX.

165 Ebd.

Proletariern zu sprechen, deren Einkommen, – wenn überhaupt – nicht selten nur knapp über dem Existenzminimum lag[166]. Es ist nur zu verständlich, daß gerade die landwirtschaftlichen Tagelöhner, sowohl die völlig Besitzlosen als auch diejenigen, die nur über wenig bäuerliches Eigentum verfügten, danach strebten, ihrem schweren Los zu entfliehen und sich häufig der Industrie als Arbeitskräfte anboten. Ihre Schicht stellte meist das Gros der Auswanderer.

Das Verhältnis zwischen den verschiedenen bäuerlichen Besitzverhältnissen war in der Zeit des Kaiserreiches keineswegs statisch. Konjunkturelle Krisen, Mißernten und Viehseuchen, aber auch fehlendes unternehmerisches Geschick und mangelnder Durchblick ließen schnell das Vermögen schrumpfen – nicht selten wurde so der Inhaber eines mittleren Betriebes zum Kleinbauern, der Kleinstbauer zum besitzlosen Tagelöhner. Zinswucher und Güterschlächterei – betrieben von skrupellosen Spekulanten – beschleunigten häufig diesen Prozeß. Daß angesichts dieser Entwicklung tradierte Normen innerhalb einer dörflichen Gemeinschaft, die stark am Sozial- und Besitzstatus orientiert war, ins Wanken gerieten, verwundert nicht. Verzweiflung und Wut der Verlierer steigerten in einem nicht unerheblichen Maße die Politisierung des ländlichen Raumes. Die Suche nach tatsächlichen oder vermeintlichen Schuldigen für die Misere endete fast immer mit der vermeintlichen Entlarvung des Schuldigen. Da viele Geldverleiher und Spekulanten Angehörige der jüdischen Konfession waren, entlud sich vornehmlich auf sie der gesamte Zorn. So heißt es selbst in einem Gutachten des „Vereins für Socialpolitik": „Ohne Antisemit zu sein, kann man getrost behaupten, daß abgesehen von einzelnen, der christlichen Konfession angehörenden Wucherern ... die wucherische Ausbeutung vorwiegend durch Juden betrieben wird."[167] Der Antisemitismus und seine politische Vertretung traf also vornehmlich bei den „Verlierern" im ländlichen Raum auf Resonanz. Diejenigen Bauern, deren Wohlstand und Existenz weniger gefährdet war, hielten dagegen meistens an der gemäßigteren Variante der agrarischen Interessensvertetung, in Gestalt der konservativen Parteien, fest. Die Liberalen, die in den ersten Jahrzehnten des Kaiserreiches – allerdings bei niedriger Wahlbeteiligung und geringem Politisierungsgrad – in den ländlichen Regionen des

---

166 Vgl. ebd., S.46f.
167 Wucher im Regierungsbezirk Kassel (anonym), in: Schriften des Vereins für Socialpolitik XXXV (1887), S.219-225, hier: S.219; vgl. Böckel, O. (= Capistrano), Brennende Fragen Nr.21, Leipzig 1987.

Wahlkreises Kassel 4 auf Zustimmung stießen, sollten dagegen im Zeitalter der Massenwahlen als betont nicht agrarische Partei, ebenso wie die Sozialdemokratie, bei der ländlichen Bevölkerung stets wenig Zuspruch erfahren.

Neben der Veränderung der Sozialstruktur innerhalb der bäuerlichen Welt ist allerdings auch die gemächliche Transformierung der bäuerlichen Gesellschaft als ganzes zu beachten. Während manche Dörfer von einem derartigen Prozeß überhaupt nicht betroffen wurden, gerieten andere Orte dagegen in den Sog der „Industriestädte" und veränderten im Laufe der Zeit ihre Struktur. Betroffen waren hier vornehmlich diejenigen Dörfer, die im direkten Einzugsbereich eines Industriebezirkes lagen. Zum einen stellten sie einen günstigen Standort für eine neue Industrieansiedelung dar, zum anderen boten sie den Industriearbeitern günstige Wohnmöglichkeiten[168]. Daß der Wandel eines Bauerndorfes zum Arbeiter- und Handwerkerdorf auch einen Wandel hinsichtlich der Parteipräferenz nach sich ziehen konnte, ist nur zu verständlich.

b. Das Bürgertum

Auch innerhalb des Bürgertums spielte die soziale Differenzierung eine besondere Rolle. Mehrere Typen lassen sich innerhalb dieser gesellschaftlichen Formation unterscheiden: der alte und der neue Mittelstand, das Bildungs- und das Wirtschaftsbürgertum[169]. Die kontinuierliche Transformation einer primär agrarisch und handwerklich dominierten Gesellschaft hin zu einer modernen Industriegesellschaft war auch für die Kreise Eschwege, Witzenhausen und Schmalkalden von vornehmlicher Bedeutung. Auch wenn dieser Prozeß, in Relation gesehen zu den Zentren der Modernisierung innerhalb Deutschlands – zu denken ist an das Ruhrgebiet oder Berlin – relativ langsam und sicherlich weniger durchdringend verlief, war dieser Wandel für die Region sowohl tatsächlich als auch für die Zeitgenossen und ihre Lebensbedingungen fundamental. Nicht nur im Bereich des Handels, der Banken und der Versicherungen, sondern auch, und dort sicherlich vornehmlich, im Umfeld der industriellen Produktion, konstituierte sich eine neue Klasse, die in der Forschung als „neuer Mittelstand"[170] bezeichnet wird. Der fortschreitende Kumulationsprozeß

---

168 Vgl. Henning, F.-W., Landwirtschaft und ländliche Gesellschaft in Deutschland, Bd.2: 1750-1976, Paderborn 1978, S.160.
169 Nipperdey, Arbeitswelt und Bürgergeist, S.374ff.
170 Ebd., S.374ff.

respektive der damit verbundene zahlenmäßige Rückgang der kleineren, auf handwerklicher Produktion beruhenden Betriebe, und die Entstehung von größeren Unternehmen, führte zwangsläufig zur Bildung des „neuen Mittelstandes", der sich sowohl wirtschaftlich als auch sozial von dem sog. „alten Mittelstand" unterscheiden sollte. Wie schon erwähnt, verlor der selbständige Unternehmer, sowohl der kleine Handwerker als auch der Kaufmann, im Laufe der Jahre zugunsten der abhängig Beschäftigten zunehmend an Gewicht. Quasi als „Zwischenschicht" zwischen der Unternehmensleitung und den Arbeitern etablierte sich im Laufe der Zeit die Gruppe der Angestellten, deren Kennzeichen zwar die Unselbständigkeit war, die aber in der Regel – verglichen mit den Kleingewerbetreibenden und den Arbeitern – relativ gut entlohnt wurden. Daß diese Entwicklung verglichen mit den industriellen Ballungsgebieten nur verzögert ablaufen sollte, versteht sich von selbst. Ältere wirtschaftliche und soziale Strukturen behielten zumindest bis zum Ausbruch des Ersten Weltkrieges, und auch darüber hinaus, ihre grundlegende Bedeutung. Der Anteil der Sektoren Handel und Verkehr in der wahlpolitischen Einheit Kassel 4 stieg bis zur Jahrhundertwende in allen drei Einzelkreisen nur unwesentlich; im Jahre 1895 betrug er im Kreis Eschwege knapp über 10 %, mehr als in den Regionen Witzenhausen und Schmalkaden. Auch der Zuwachs der industriellen Produktion war, verglichen mit anderen Gebieten innerhalb des Deutschen Reiches, vergleichsweise bescheiden; wobei im Kreis Schmalkalden allerdings die unterschiedliche Ausgangslage zu beachten ist: schon zu Beginn der 80er Jahre des 19. Jahrhunderts müssen hier über 60 % der ortsanwesenden Bevölkerung dem industriellen Produktionsbereich zugeordnet werden[171]. Da es sich im Kreis Schmalkalden allerdings weniger um hochindustrialisierte Betriebe mit dem entsprechenden Angestelltengefüge handelte, sondern vielmehr um eine Produktion, die, wie schon erwähnt, in einem nicht unerheblichen Maße auf Hausindustrieen beruhte, darf auch hier die Existenz des „neuen Mittelstandes" nicht überschätzt werden. Der „alte Mittelstand", vertreten durch selbständige Handwerker und kleine Einzelhändler, blieb also in allen drei Kreisen zahlenmäßig dominierend. Da allerdings die parteipolitische Zersplitterung im Wahlkreis Kassel 4 aufgrund der besonderen sozial-ökonomischen Situation recht kompliziert und die Mehrheitsverhältnisse, zumindest seit Mitte der 80er Jahre des 19. Jahrhunderts, stets ausgesprochen knapp waren, konnte ein, wenn

---

171 Vgl. Nebel, Ländliche Arbeiterverhältnisse, Anhang, S. V.

auch nur geringfügiger Wandel der sozio-ökonomische Strukturen, hinsichtlich eines Ergebnisses in einem wahlpolitischen Prozeß von vornehmlicher Bedeutung sein.

Sowohl der „neue" als auch der „alte Mittelstand" traten in der sozialen und wirtschaftlichen Hierarchie deutlich zugunsten des „Wirtschaftsbürgertums" bzw. „Großbürgertums" zurück, das vornehmlich durch Fabrikbesitzer, Großkaufleute und Bankiers geprägt wurde. Zahlenmäßig blieb diese Gruppe gering.

Unabhängig von der Differenzierung zwischen „Wirtschaftsbürgertum, „alten" und „neuen Mittelstand" ist noch auf den Typus des „Bildungsbürgers" hinzuweisen, dessen Vertreter, die sich in der Regel durch ein Hochschulstudium auszeichneten, ein – meist unabhängig von der wirtschaftlichen Situation – ausgesprochen hohes Ansehen genossen. Beamte, Freiberufler aber auch gebildete Mittelständler prägte in einem besonderen Maße die städtische Kultur und Gesellschaft.

Ein besonderes Merkmal der bürgerlichen Lebenswelt war das auffällig rege Vereinsleben, das zwar auch der ländlichen Gesellschaft und der Arbeiterschaft zu eigen war, vornehmlich aber das Bürgertum prägte. Aus heutiger Sicht überrascht sowohl die Zahl als auch die Vielfältigkeit der Vereine. Das Adreßbuch der Stadt Schmalkalden und des Schmalkalder Industriebezirkes aus dem Jahre 1897 belegt die Existenz von über 40 Vereinen[172]. Vom „Kriegerverein", dem „Radfahrerverein" und dem „Verein zur Förderung der Bienenzucht", über den „Verein zur Hebung des Fremdenverkehrs", den „Turnerverein" und dem „Gartenbauverein" bis hin zu den politischen Gruppierungen „Freisinniger Verein" und „Nationalliberaler Wahlverein" gab es kaum einen Lebensbereich, der von der bürgerlichen Vereinswut verschont geblieben wäre. Ähnlich sah es in den anderen Städten und Dörfern des Wahlkreises Kassel 4 aus[173]. Viele dieser Vereine dienten tatsächlich dazu, den Freizeitbedürfnissen ihrer Mitglieder Genüge zu tun. Andere Zusammenschlüsse waren dagegen nachhaltig von einen politischen Charakter geprägt. Nicht nur die ausschließlich politischen Vereine, sondern auch Sänger-, Turner-

---

172 Adreßbuch der Stadt Schmalkalden und des Schmalkalder Industriebezirkes, Schmalkalden 1897, S.77ff.

173 Für Eschwege vgl. Fritsche, „In meinem Verein fühl` ich mich wohl". Vereine in Eschwege, in: Kollmann, K. (Red.), Geschichte der Stadt Eschwege, Eschwege 1993, S.412-431.

und besonders die Kriegervereine wurden, vornehmlich in Wahlzeiten, politisch aktiv.

Die bürgerliche Lebenswelt im Wahlkreis Kassel 4 war – wie in anderen Regionen auch – eng verknüpft mit den großen politischen Ereignissen der Zeit. Besonders das Bürgertum identifizierte sich – wenn auch in unterschiedlicher Akzentuierung – mit Kaiser und Reich. So belegt die Existenz von Kolonial- und Flottenvereinen[174], daß auch die imperiale Politik des Reiches ihren Widerhall in der Region gefunden hat.

c. Die Arbeiter

Die historisch jüngste gesellschaftliche Gruppe bildeten die Arbeiter, also die unselbständigen Lohnabhängigen, deren Klasse sich mit der industriellen Revolution konstituierte. Als „Klasse" mit ausgeprägtem „proletarischen Bewußtsein", die sich bewußt von bürgerlichen Lebensinhalten und Zielen distanzierte, darf die Arbeiterschaft in der Region Eschwege-Schmalkalden-Witzenhausen allerdings nur bedingt verstanden werden. Wie gesehen, setzte die industrielle Produktion vergleichsweise spät ein; manche Orte wurden zumindest in den ersten Jahren der Kaiserzeit durch verspätete Modernisierung zu den Verlierern der Entwicklung. Verglichen mit den Zentren der Modernisierung fielen viele Veränderungen bescheiden aus. Die Kreise Eschwege, Schmalkalden und Witzenhausen waren in mehrfacher Hinsicht „provinziell". Wie erwähnt, blieben zahlreiche Heimarbeiter der Schmalkalder Kleineisenindustrie, auch wenn sie faktisch schon zu Lohnarbeitern herabgesunken waren, kleinbürgerlichen Prinzipien noch lange Zeit verhaftet. Erst die zunehmende Verdrängung der Klein- und Mittelbetriebe zugunsten größerer Produktionsstätten sorgte hier für einen langsamen Wandel. Auch in den Kreisen Eschwege und Witzenhausen können die „Arbeiter" – das gilt im besonderen Maße für die Jahre vor 1890 – nicht als Einheit betrachtet werden. Hier war es die wirtschaftliche Struktur der Kreise, die der Formierung einer „Arbeiterklasse" entgegenstand. Außer den „echten" Fabrikarbeitern gab es ja auch diejenigen Lohnabhängigen, deren Lebenswelt völlig außerhalb der Fabrikhallen und der Mietwohnungen lag. Zahlreiche Kleinbauern, deren Betrieb allein den Lebensunterhalt nicht mehr zu sichern vermochte, aber auch viele landwirtschaftliche Tagelöhner verdienten sich in der indu-

---

174 Vgl. z.B. Eschweger Tageblatt 19.1.1907, Nr.16.

striellen Produktion lediglich ein Zubrot. Tagsüber fuhr man in die Stadt, abends bestellte man den Hof. Auch derjenige, der die Landwirtschaft völlig aufgegeben hatte, aber in seinem Dorf und seinem eigenem Haus wohnen blieb, darf nicht vorbehaltlos als Angehöriger einer „Arbeiterklasse" definiert werden. Nicht selten gab es sogar beträchtliche Spannungen zwischen städtischen und ländlichen Arbeitern, wobei gerade die letzteren schwer für die Arbeiterbewegung zu gewinnen waren[175]. So blieb vieles im Fluß, bäuerlich-agrarisch Strukturen blieben häufig auch da lange erhalten, wo die landwirtschaftliche Produktion längst an Bedeutung verloren hatte. So wie der Bauer hielten auch die Handwerker, die ihrer Selbständigkeit verlustig gegangen waren, zäh an alten Wertvorstellungen fest. Die Masse der unselbständigen Lohnabhängigen verteilte sich also tatsächlich auf mehrere unterschiedliche Sozialmilieus, die sich erst im Laufe der Jahrzehnte langsam angleichen sollten. Vor 1885 war, im Gegensatz zu anderen Regionen Deutschlands[176], ein Klassenbewußtsein der Arbeiter kaum oder gar nicht zu finden, weder in Eschwege[177], noch in Schmalkalden[178] oder Witzenhausen[179]. Nach der Aufhebung des Sozialistengesetzes begann jedoch der Aufstieg der Arbeiterbewegung, der untrennbar mit den Erfolgen und Mißerfolgen der Sozialdemokratie verbunden war[180]. Analog zur bürgerlichen Lebenswelt fand die Kultur der Arbeiterbewegung ihren Rückhalt in einer Vielzahl von Vereinen, die nicht selten zu Stützen der politischen Organisationen wurden. In Schmalkalden z.B. existierte seit den 90er Jahren des 19. Jahrhunderts der Arbeitergesangverein „Vorwärts", in Witzenhausen bestand ein Arbeitergesangsverein „Liederkranz"[181]. 1903 wurde in Schmalkalden ein Arbeiterturnverein gegründet, aus

---

175 Handy, P., Zur Entwicklung der Arbeiterbewegung im Kreis Schmalkalden von ihren Anfängen bis 1914, in: „... und erkenne Deine Macht. Aufsätze zur Geschichte der Arbeiterbewegung in Südthüringen, Meiningen 1977, S.8-25, hier: S.18

176 Grebing, H., Arbeiterbewegung. Sozialer Protest und kollektive Interesensvertretung bis 1914, München ²1987, S.47ff.

177 Homeister, K., Die Arbeiterbewegung in Eschwege (1885 bis 1920). Ein Beitrag zur Stadt- und Kreisgeschichte, Kassel 1987, S.17.

178 Hess, Die politischen Verhältnisse, S.96f.

179 Tappe, Geschichte der Arbeiterbewegung, S.52ff.

180 Vgl., Frenz, W., Schmidt, H, Wir schreiten Seit an Seit. Geschichte der Sozialdemokratie in Nordhessen, Marburg 1989, S.41ff.; Hohmeister, Die Arbeiterbewegung in Eschwege, S.23ff.

181 Tappe, Geschichte der Arbeiterbewegung, S.57.

dem später ein Arbeiter-Radfahrer-Verein hervorging[182]. Sportliche Wettkämpfe mit Vereinen anderer Regionen förderten einen kulturellen Austausch und begünstigten das Zusammengehörigkeitsgefühl der sozialdemokratischen Arbeiter. Eine besondere Rolle spielten auch Laientheaterveranstaltungen, die den Zuschauern politische Zusammenhänge satirisch transparent machten[183]. Vor allem der 1. Mai entwickelte sich im Laufe der Jahre zu einem Höhepunkt des sozialdemokratischen Kulturbetriebes. So konzipierten z.b. die Organisatoren der Feier des Jahres 1891 – die am Sonntag dem 3.5. stattfand – ein buntes Programm, das trotz behördlicher Schikanen auf große Resonanz stieß.[184]

Allerdings gelang es der SPD nicht, alle Arbeiter für ihre Anschauungen zu gewinnen. Quasi als Gegenbewegung zur Sozialdemokratie entstand Anfang der 90er Jahre des 19. Jahrhunderts in Schmalkalden der „Christliche Arbeiterverein", dessen Organisation sich bald über den gesamten Kreis Schmalkalden erstreckte und der vornehmlich in den Dörfern dem ungebremsten Aufstieg der sozialistischen Arbeiterbewegung entgegenwirkte[185].

5. Die konfessionelle Gliederung

Die konfessionelle Struktur im Wahlkreis Kassel 4 wurde eindeutig vom evangelischen Bekenntnis dominiert, dem die überwiegende Mehrheit der Bevölkerung angehörte. In Eschwege waren im Jahre 1871 91,2% evangelisch[186], in Witzenhausen 91%[187] und in Schmal-

---

182 Handy, Zur Entwicklung der Arbeiterbewegung im Kreis Schmalkalden von ihren Anfängen bis 1914, S.17.

183 Nach Lohse, H., Beiträge zur Geschichte der Schmalkalder Arbeiterbewegung, S.12, Manuskript o.J., fand z.B. im Jahre 1892 anläßlich eines Stiftungsfestes des Arbeiterwahlvereins ein Theaterstück mit dem Titel „Die Bismarkspende" statt.

184 Vgl. Schmalkalder Kreisblatt 2.5.1891, Nr.52 ff.

185 Handy, Zur Entwicklung der Arbeiterbewegung im Kreis Schmalkalden von ihren Anfängen bis 1914, S.19.

186 Die Gemeinden und Gutsbezirke der Provinz Hessen-Nassau und ihre Bevölkerung. Nach den Urmaterialien der allgemeinen Volkszählung vom 1. December 1871, Berlin 1873, S.5.

187 Ebd., S.23.

kalden sogar 96,6%[188] (davon etwa ein Fünftel reformiert[189]). Ähnlich gestalteten sich die Verhältnisse in den anderen Städten und Dörfern der Region. Die zweitgrößte Bekenntnisgruppe stellten die Juden dar, deren Situation im folgenden Abschnitt gesondert behandelt wird. Die Katholiken in den drei Kreisen Eschwege, Schmalkalden und Witzenhausen spielten eine sehr unbedeutende Rolle. In Eschwege waren beispielsweise nur 1,2% der Bewohner katholischen Glaubens[190], in Schmalkalden gar nur 0,5%[191]. Erst im Jahre 1905 wurde in Eschwege eine katholische Kirche errichtet[192]. Eine bedeutendere Zahl von Bürgern katholischer Konfession (9,4%) konnte nur die Stadt Wanfried im Kreise Eschwege aufweisen[193], die allerdings eine einmalige Ausnahme darstellte. Für den wahlpolitischen Entscheidungsprozeß war die Existenz der Katholiken ohne jegliche Bedeutung. Anders als in anderen Regionen der preußischen Provinz Hessen-Nassau kam ein politischer Katholizismus – repräsentiert durch die Zentrumspartei – im Wahlkreis Kassel 4 nie zum Tragen. Zahlenmäßig ohne Bedeutung waren auch diejenigen Personen, die nach der allgemeinen Volkszählung von 1871 als „sonstige Christen"[194] definiert wurden. In Eschwege gehörten zum Beispiel gegen Ende der 60er Jahre des 19. Jahrhunderts 14 Personen der theosophischen Sekte und 5 Personen den Baptisten an[195].

6. Die Juden als Minderheit

Ein besonderer Gradmesser der politischen Kultur einer Gesellschaft ist stets der Umgang mit Minderheiten. Von vornehmlicher Bedeu-

---

188 Ebd., S.61.

189 Vgl. Hochhuth, C.W.H., Statistik der evangelischen Kirche im Regierungsbezirk Cassel. Provinz Hessen-Nassau. Königreich Preußen, Kassel 1872, S.853.

190 Die Gemeinden und die Gutsbezirke der Provinz Hessen-Nassau und ihre Bevölkerung. Nach den Urmaterialien der allgemeinen Volkszählung vom 1. December 1871, S.5.

191 Ebd, S.61

192 Verwaltungsbericht des Kreis-Ausschusses des Kreises Eschwege für das Jahr 1905, S.16f.

193 Die Gemeinden und die Gutsbezirke der Provinz Hessen-Nassau und ihre Bevölkerung. Nach den Urmaterialien der allgemeinen Volkszählung vom 1. December 1871, S.5.

194 Ebd.

195 Hochhuth, Statistik der evangelischen Kirche im Regierungsbezirk Cassel, S.289.

tung für das politische Klima im Wahlkreis Kassel 4 war, wie auch andererorts, das Vorhandensein von Bürgern jüdischer Konfession[196]. Im Vergleich zu anderen Regionen war der Anteil der Juden in Hessen relativ hoch, wo diese überwiegend in den Städten lebten. Allerdings gab es auch in den ländlichen Bereichen zahlreiche jüdische Gemeinden[197]. Vermutlich schon seit der Römerzeit in Deutschland anwesend, waren die Juden im Laufe der Jahrhunderte stets bevorzugte Opfer von Ausschreitungen und Pogromen gewesen; besonders in Krisenzeiten – man denke an die Pest oder an das Zeitalter der Kreuzzüge – waren sie in die Sündenbockrolle gedrängt worden. Erst das Zeitalter der Aufklärung brachte schließlich die Wende und leitete einen Prozeß ein, der, besonders nach den preußischen Reformen, schließlich in eine weitgehenden Emanzipation der Juden mündete[198]. Die Wirtschaftskrise nach dem Gründerkrach der Jahre nach 1873 leitete in dieser Hinsicht aber wieder einen Rückschritt ein, der sich in einem deutlichen „Schwund der Liberalität"[199] artikulieren sollte. Viele von der Krise betroffene Kleinbürger und Bauern, aber auch Großbürger und Intellektuelle, fanden bei der Suche nach den Ursachen wieder in den Juden die vermeintlichen Schuldigen[200]. Der Berliner Antisemitismusstreit, die verhängnisvollen Worte des Historikers Heinrich v. Treitschke („die Juden sind unser Unglück"[201]) und die nachfolgende Flut von Streitschriften seiner Anhänger und Gegner sind ebenso eindrucksvolle Zeugnisse eines neuen Zeitgeistes wie die antijüdischen Angriffe der konservativen „Kreuzzeitung" und der katholischen „Germania"[202]. Dabei galt den

---

196 Ausführliche statistische Angaben zu den hessischen Juden finden sich bei Schmelz, U.E., Die jüdische Bevölkerung Hessens. Von der Mitte des 19. Jahrhunderts bis 1933, Tübingen 1996. Schmelz stützt sich vornehmlich auf die 1992 in Hebräisch erschienene Arbeit von Henry Wassermann über Hessen-Nassau.

197 Suchy, B., Zwischen Geborgenheit und Gefährdung. Jüdisches Leben in hessischen Kleinstädten und Dörfern, in: Schulz, U. (Hrsg.), Die Geschichte Hessens, Stuttgart 1983, S.115-159, hier: S.145.

198 Knauß, E., Der politische Antisemitismus im Kaiserreich unter besonderer Berücksichtigung des mittelhessischen Raumes, in: Mitteilungen des oberhessischen Geschichtsvereins, NF Bd. 53/54 (1969), S.43-68, hier: S.44.

199 Berding, H., Moderner Antisemitismus in Deutschland, Frankfurt a.M. 1988, S.85.

200 Knauß, Der politische Antisemitismus, S.45.

201 Treitschke, H.v., Unsere Aussichten, nach Boehlich, W., Der Berliner Antisemitismusstreit, Frankfurt a.M. ²1965, S.9-14, hier: S.13.

202 Boehlich, W., Nachwort, in: Ders. (Hrsg.), Der Berliner Antisemitismusstreit, Frankfurt a.M. ²1965, hier: S.239-266, S.259f.

Judenfeinden nicht nur die jüdische Religion als unverkennbares Zeichen einer vermeintlichen Andersartigkeit der Juden. Gerade die Berufs- und Sozialstruktur der jüdischen Bürger, die sich deutlich von derjenigen ihrer „christlichen" Mitbürger unterschied[203], bot einen willkommenen Anlaß zur Kritik. Der Anteil der Juden sowohl in der Landwirtschaft als auch in der Industriearbeiterschaft war nämlich ausgesprochen gering. Da sie sich, bedingt durch die historische Entwicklung, seit jeher dem harten Wirtschaftskampf stellen mußten, und zugleich von den meisten Berufszweigen ausgeschlossen waren, hatte zwangsläufig eine Spezialisierung auf geldwirtschaftliche Geschäfte stattgefunden, in denen die Juden nicht selten anderen Gruppen, die die „Spielregeln der freien Marktwirtschaft" weniger gut beherrschten, überlegen waren[204]. So waren Juden überwiegend in den Sektoren Handel, Gewerbe und Kreditwesen tätig, in denen sie ausgesprochen erfolgreich waren. Das galt auch für den Regierungsbezirk Kassel, in dem neben dem Geld- und Kreditwesen besonders der Viehhandel in ihren Händen lag[205]. Viele kleine Bauern kamen mit dem kapitalistischen Wirtschaftssystem weniger gut zurecht und waren den teilweise jüdischen Händlern und Kreditgebern in „Sachen Geschäftssinn" oft deutlich unterlegen. Viele Landwirte verschuldeten sich hoffnungslos; die Folge war nicht selten der Verlust von Haus und Hof. So machten auch im Regierungsbezirk Kassel die Schlagwörter „Wucher" und „Ausbeutung" die Runde. Es bleibt jedoch in aller Deutlichkeit festzuhalten, daß die Berichte seitens der antisemitischen Propaganda über „Güterschlächtereien" nicht selten maßlos übertrieben oder gar erfunden waren[206].

Obwohl der jüdische Bevölkerungsanteil in der Provinz Hessen-Nassau verglichen mit dem Reichsdurchschnitt relativ hoch war, so

---

203 Mai, G., Sozialgeschichtliche Bedingungen von Judentum und Antisemitismus im Kaiserreich, in: Klein, Th., Losemann, V., Mai, G. (Hrsg.), Judentum und Antisemitismus von der Antike bis zur Gegenwart, Düsseldorf 1984, S.113-136, hier: S.117f.

204 Mack, R., Otto Böckel und die Antisemitische Bauernbewegung in Hessen 1887-1894, in: 900 Jahre Geschichte der Juden in Hessen. Beiträge zum politischen, wirtschaftlichen und kulturellen Leben (Schriften der Kommission für die Geschichte der Juden in Hessen VI), Wiesbaden 1983, S.377-410, hier: S.379.

205 Wucher im Regierungsbezirk Kassel, S.219-225.

206 Klein, Th., Preußische Provinz Hessen-Nassau 1866-1944/45, in: Handbuch der hessischen Geschichte, 4. Bd.: Hessen im Deutschen Bund und im neuen Deutschen Reich (1806) bis 1945. 2. Teilband: Die hessischen Staaten bis 1945, I. Lieferung (Sonderdruck), Marburg 1998, S. 213-419 (mit Anlagen), hier: S.287.

war er – bei nüchterner Betrachtung – absolut gesehen eher unwesentlich (1880 unter drei Prozent[207]). Das galt auch für den Wahlkreis Kassel 4. Die überwiegende Mehrzahl der dortigen Bewohner hatte wenig oder überhaupt keinen Kontakt mit der jüdischen Minderheit; Vorurteile und Aversionen fußten hier eher auf Gerüchten als auf persönlichen Erfahrungen.

Die Gründe für ein jüdisches „Sonderleben", das sich in einem „geschlossenen Gruppencharakter"[208] ausdrückte, sind sowohl in der geringen Anpassungsbereitschaft der Juden, zumindest in religiösen Angelegenheiten, als auch in der Intoleranz und der Ablehnungsbereitschaft der „christlichen Umwelt" zu suchen. Neben den Synagogen, den Mittelpunkten des religiösen Lebens, gab es vielerorts auch jüdische Schulen.

Eine der ältesten jüdischen Gemeinden befand sich in Eschwege[209]. 1871 lebten hier 509[210], 1885 549 [211] und 1894 487 Juden[212], die einen Bevölkerungsanteil von etwa 5-6% stellten. Seit 1839 gab es hier eine eigene jüdische Volksschule, deren Schülerzahl aber ständig zurückging. Die Eschweger Juden waren besonders im Textilhandel tätig; so existierten im Ort viele jüdische Gerbereien, Webereien und Kaufhäuser[213]. Das Eschweger Adreßbuch aus dem Jahre 1894 führt unter der Rubrik „Banquiers" ausschließlich jüdische Namen auf, und zwar: Kahn, Katzenstein (2X) und Plaut[214]. Auch im

---

207 Mack, Otto Böckel, S.378, Klein, Preußische Provinz Hessen-Nassau, S.284f.

208 Ebd., S.379.

209 Arnsberg, P., Die jüdischen Gemeinden in Hessen. Anfang, Untergang, Neubeginn (hrsg. vom Landsverband jüdischer Gemeinden in Hessen), Frankfurt a.M. 1971, Bd.1, S.167.

210 Die Gemeinden und Gutsbezirke der Provinz Hessen-Nassau und ihre Bevölkerung. Nach den Urmaterialien der allgemeinen Volkszählung vom 1.Dezember 1871, S.5

211 Gemeindelexikon für das Königreich Preußen. Auf Grund der Materialien der Volkszählung vom 1.Dezember 1885 und anderer amtlicher Quellen bearbeitet vom königlich statistischen Bureau, Provinz Hessen-Nassau, Berlin 1987, S.5.

212 Gemeindelexikon für das Königreich Preußen. Auf Grund der Materialien der Volkszählung vom 2.Dezember 1895 und anderer amtlicher Quellen bearbeitet vom königlichen statistischen Bureau, XI Provinz Hessen-Nassau, Berlin 1897, S.5.

213 Arnsberg, Die jüdischen Gemeinden, Bd.1., S.167.

214 Adreßbuch der Stadt Eschwege 1894, S.68; zur Zuordnung des Namen Plaut vgl. Arnsberg, Die jüdischen Gemeinden, Bd.1., S.169.

Eschweger Vereinsleben spielten Bürger jüdischer Konfession eine nicht unbedeutende Rolle[215].

In anderen Orten des Kreises Eschwege lebten ebenfalls Juden, so in Wanfried (3,8%), Bischhausen (4,5%), Datterode (4,4%), Frankershausen (8,2%), Herleshausen (8,5%), Abterode (19,2%), Nesselröden (13,2%) und Reichensachsen (6%)[216]. Auch in Netra, im Ringgaugebiet, waren Juden anwesend (ca. 10%). Besonders ihnen wurde vorgeworfen, die Notlage der Bauern auszunutzen und diese durch Wucher und Pfändungen zu ruinieren[217]. Überhaupt war das Leben der Juden gerade in den Ringgau-Dörfern durch ein Nebeneinander von Integration und Ausgrenzung bestimmt. Als im Jahre 1905 Joseph Löbenstein, ein Veteran des Krieges gegen Dänemark 1848/49, zu Grabe getragen wurde, erfolgte dieser Akt unter großer Anteilnahme der Bevölkerung und unter Beteiligung des Krieger- und Militärvereins des Ortes, ein „eindrucksvolles Beispiel für die Integration ins Dorfleben, zumindest in jenen Jahren"[218]. Nur ein Jahr zuvor hatten die Bewohner des Ortes anläßlich der Reichstagswahl mehrheitlich für einen Kandidaten der Antisemiten votiert[219].

Im Kreis Witzenhausen lebten weniger Juden als im Kreis Eschwege. In der Kreisstadt betrug ihr Anteil 1885 4,6%[220] und 1895 3,8%[221]. Viele Juden waren im Handel tätig, andere fanden ihr Auskommen im Tuchmacher-, Schuhmacher-, Baumwollweber- und Schneiderhandwerk[222]. In Allendorf und Großalmerode war der jüdische Bevölkerungsanteil dagegen völlig unbedeutend. In Lichtenau

---

215 Zimmer, A.M., Juden in Eschwege, Eschwege 1993, S.56.
216 Gemeindelexikon 1897, S.5ff.
217 Allmeroth, wirtschaftliche Entwicklung, S.62f; Böckel, O. (= Capistrano), Die Güterschlächterei in Hessen (= Brennende Fragen Nr.212, Leipzig ^{3}1887), S.4ff.
218 Kollmann, K., Juden in Datterode, in: 850 Jahre Datterode, hrsg. vom Festausschuß Datterode (Red. K. Kollmann), Ringgau-Datterode 1991, S.114-117, hier: S.116.
219 Vgl. Klein, Th, Die Hessen als Reichstagswähler. Tabellenwerk zur politischen Landesgeschichte 1867-1933, Bd.1: Provinz Hessen-Nassau und Waldeck-Pyrmont 1867-1918, Marburg 1989, S.252.
220 Gemeindelexikon 1887, S.28f.
221 Gemeindelexikon 1897, S.30f.
222 Arnsberg, Die jüdischen Gemeinden, Bd.2, S.411.

gab es in den Jahren 1871 und 1895 keinen einzigen Juden[223]. Eine größere Anzahl Bürger jüdischen Glaubens lebte dagegen in Harmuthsachsen (1873: 23,7%[224]; 1895: 17,5%)[225]. Hier lagen alle Ladengeschäfte in ihren Händen[226]; fast alle Juden besaßen eigene Häuser. Seit 1867 existierte neben der Synagoge (1833 eingeweiht) hier eine jüdische Elementarschule, die bis 1925 bestand. Um die Jahrhundertwende wanderte allerdings ein Großteil der jüdischen Bevölkerung, meist die jüngeren Leute, nach Südafrika aus[227].

Auch im Kreis Schmalkalden lebten vergleichsweise wenig Juden. In der Kreisstadt betrug ihr Anteil an der Gesamtbevölkerung im Jahre 1885 gerade einmal 1,6%[228]. In den anderen Orten des Kreises lebten überhaupt keine Juden, von einer bedeutsamen Ausnahme abgesehen. In Barchfeld, das im Nordwesten des Kreises lag – in einer kleinen Exklave, in der im Gegensatz zu den anderen Regionen des Kreises noch die Landwirtschaft von Bedeutung war – betrug der Anteil der Bürger jüdischer Konfession 1885 10%[229]. Im Laufe der Jahre, besonders gegen Ende des Jahrhunderts, sollte sich dieser aber ständig verringern. Lebten im Jahre 1888 noch 200 Bürger mosaischen Glaubens in Barchfeld, so waren es zehn Jahre später nur noch 149. Im Jahre 1913 sank die Zahl der Juden gar auf 128; eine Entwicklung, die in der Weimarer Republik ihre Fortsetzung finden sollte[230]. Aus dem Jahre 1881 existiert ein Dokument, in dem die jüdische Gemeinde Schmalkaldens die polizeiliche Behörde um Schutz wegen zu erwartender Ausschreitungen bat[231]. Das macht deutlich, daß antijüdische Aversionen, zumindest vereinzelt, auch im

---

223 Die Gemeinden und Gutsbezirke 1873, S.22f, Gemeindelexikon 1897, S.30f; für 1885 werden dagegen im Gemeindelexikon von 1887, S.28f. drei Bürger jüdischen Glaubens aufgeführt.
224 Klein, Th., Preußische Provinz Hessen-Nassau, S.285.
225 Gemeindelexikon 1897, S.30f.
226 Arnsberg, Die jüdischen Gemeinden, Bd. 1, S.336.
227 Ebd.
228 Gemeindelexikon 1887, S.78f.
229 Ebd., S.80f.
230 Herrmann, J., Zur Tausendjahrfeier Barchfeld (Werra). Ein vollständiger Ueberblick der Geschichte der israelitischen Gemeinde, 1933, S.29.
231 Von der Israeliten-Gemeinde angerufener Schutz gegen die in hiesiger Stadt zu befürchtender Judenhetze (1881), Stadtarchiv Schmalkalden, CII/3, Nr.53.

Kreis Schmalkalden lange vor dem ersten Auftreten eines antisemitischen Agitators vorhanden waren.

7. Die Presse

Ein maßgeblicher Träger der politischen Kultur in den Kreisen Eschwege, Schmalkalden und Witzenhausen war – ebenso wie in der gesamten Provinz Hessen-Nassau – die Presse. Obwohl die Zeitungsdichte im Regierungsbezirk Kassel erheblich geringer war als im Regierungsbezirk Wiesbaden[232], darf auch hier von einer reichen Presselandschaft gesprochen werden. Im Zeitraum von 1866 bis 1920 erschienen im Regierungsbezirk Kassel immerhin 149 Zeitungen und 77 Zeitschriften[233]. Auch im Wahlkreis Kassel 4 gab es mehrere Zeitungen, die meistens nicht nur Informationen verbreiteten, sondern auch klare politische Positionen vertraten.

Als Nachfolgezeitung des „Wochenblattes für den Landraths-Bezirk Eschwege" erschien ab 1873 das „Eschweger Kreisblatt". Die Zeitung kam bereits seit 1884 täglich heraus. Von 1889 an führte sie den Namen „Eschweger Tageblatt und Kreisblatt"[234], seit 1902 hieß sie „Eschweger Tageblatt"[235]. Ihr Verbreitungsgebiet war nicht nur der Kreis Eschwege. Auch in den Nachbarkreisen wurde das Blatt, das sich betont als Heimatblatt gab – Regionalmeldungen nahmen auf der Titelseite stets den größten Raum ein – gern gelesen. Politisch stand die Zeitung sowohl dem nationalliberalen als auch dem konservativen Lager nahe; was die „große Politik" anging, vertrat das Blatt mit einem durchaus „gouvernementalen Charakter" stets kaiser- und regierungstreue Ansichten.

Seinen politischen Gegenpol bildete die „Fulda-Werra-Zeitung (Eschweger Zeitung und Allgemeiner Anzeiger)", die seit 1883 erschien[236].

---

232 Vgl. Klein, Parteien und Wahlen, S.16; Cnyrim, G., Die politische Tagespresse von Hessen-Nassau und Hessen, Worms 1934 (Diss. Heidelberg 1933), S.59.

233 Döhn, L., Die Presseentwicklung im nordhessischen Raum als Spiegel der politischen Kultur, in: Schiller, Th., v.Winter, Th. (Hrsg.), Politische Kultur im nördlichen Hessen, Marburg 1993, S.54-83, hier: S.164.

234 Kollmann, K., Forbert, St., Wiegand, Th., Zeitungen in Eschwege, in: Kollmann, K. (Red.), Geschichte der Stadt Eschwege, Eschwege 1993, S.432-436, hier: S.434.

235 Löffler, S., Die Presse des Regierungsbezirks Kassel von 1866 bis 1919, Mschr. Diss. München 1954, S.80f.

236 Ebd., S.82.

Dieses Blatt vertrat eine entschieden linksliberale Position und machte sich so zur Interessensvertretung der Deutschfreisinnigen Partei bzw. der Freisinnigen Volkspartei. Besonders in Wahlzeiten bedienten sich die Redakteure des Blattes einer scharfen und nicht selten aggressiven Sprache. Die Kommentare und Beiträge waren häufig ausgesprochen tendenziös und polemisch. Als Vorbild diente hier der „Thüringer Hausfreund" aus Schmalkalden, der nicht nur häufig zitiert, sondern dem oft auch ganze Beiträge entnommen wurden.

Weniger bedeutend im Kreis Eschwege war die von 1911-1914 in Wanfried erscheinende Zeitung „Der Werra Bote"[237].

Im Kreis Schmalkalden war das „Schmalkalder Tageblatt" von Bedeutung, das seit 1888 erschien und entschieden konservative Positionen vertrat[238]. 1876 gegründet und seit 1887 dreimal wöchentlich herausgegeben, existierte daneben bis zum Jahre 1917 das „Schmalkalder Kreisblatt". 1891 wurde die Zeitung von den Sozialdemokraten erworben. Einer der Redakteure war der spätere Reichstagskandidat Wilhelm Hugo. Die sozialdemokratische Ära des Blattes währte allerdings nur wenige Jahre; finanzielle Gründe führten dazu, daß die SPD die Kontrolle über das „Schmalkalder Kreisblatt" schon 1897 wieder verlor[239].

Das linksliberale Spektrum im Kreis Schmalkalden wurde durch den schon erwähnten „Thüringer Hausfreund" abgedeckt. Diese Zeitung wurde 1878 von dem Verleger und Drucker Feodor Wilisch gegründet. 1890 wurde dem steigenden Informationsbedürfnis der Leser Rechnung getragen: Von nun an erschien das Blatt täglich[240]. In einem noch stärkeren Grade als die „Fulda-Werra-Zeitung" vertrat der „Thüringer Hausfreund" linksliberale Ideen und freisinniges Gedankengut und übernahm damit fast schon die Stellung eines regionalen Parteiblattes der Deutschfreisinnigen Partei bzw. der Freisinnigen Volkspartei. Wilisch selbst kandidierte übrigens in den Jahren 1890 und 1893 für den deutschen Reichstag, wobei er sich in den Wahlkämpfen seines „Hausblattes" ausgiebig bediente.

---

237 Ebd., S.83.
238 Ebd., S.150.
239 Hess, Die politischen Verhältnisse, S.97.
240 Löffler, Die Presse, S.150.

Auch in Brotterode und in Steinbach-Hallenberg existierten seit 1902 bzw. seit 1907 Zeitungen[241]. Sie erlangten jedoch nicht annähernd die Bedeutung der Blätter aus der Kreisstadt.

In Witzenhausen erschien seit 1867 das „Witzenhäuser Kreisblatt", eine Zeitung, die stets auf konservativem Boden stand[242]. Besonders in den letzten Jahren vor dem Ersten Weltkrieg trat das Organ immer entschiedener gegen politische Gegner auf, vornehmlich gegen die Sozialdemokraten, aber auch gegen den Linksliberalismus.

Eine linksliberale Zeitung existierte in Witzenhausen nicht; die freisinnige Anhängerschaft mußte hier auf den „Thüringer Hausfreund" aus Schmalkalden und die „Fulda-Werra-Zeitung" aus Eschwege zurückgreifen. Auch in den drei anderen Städten des Kreises wurden Zeitungen herausgegeben, die an Bedeutung aber klar hinter dem „Witzenhäuser Kreisblatt" zurückblieben. In Allendorf erschien seit 1877 der „Werra-Bote" (nicht zu verwechseln mit der gleichnamigen Zeitung aus Wanfried)[243], in Großalmerode seit 1898 die „Großalmeroder Zeitung"[244] und in Hessisch-Lichtenau seit 1909 der „Allgemeine Anzeiger"[245].

Neben den Lokalzeitungen wurden im Wahlkreis Kassel 4 auch überregionale Zeitungen gelesen. Nur geringe Verbreitung fand zunächst das in Zürich, später in London erscheinende Blatt „Der Sozialdemokrat", dessen Bezug zur Zeit des Sozialistengesetzes strengstens verboten war[246]. In Eschwege lassen sich für das I. Quartal 1887 18 Abonnenten nachweisen[247], wobei aber berücksichtigt werden muß, daß die Zahl der Leser um ein Vielfaches höher war[248].

Das bedeutendste Blatt für die sozialdemokratische Leserschaft war das seit 1891 erscheinende „Volksblatt für Hessen und Waldeck"[249].

---

241 Ebd., S.150.
242 Ebd., S.150f.
243 Ebd., S.151.
244 Ebd, S.153.
245 Ebd., S.154.
246 Vgl. Homeister, Die Arbeiterbewegung in Eschwege, S.19.
247 Ebd.
248 Fricke, D., Die deutsche Arbeiterbewegung 1869-1914. Ein Handbuch über ihre Organisation, Berlin 1976, S.394.
249 Löffler, Die Presse, S.63.

Erster Lokalredakteur dieser Zeitung war Heinrich Huhn[250], der in den Jahren 1893 und 1895 für die SPD im Wahlkreis Eschwege-Schmalkalden-Witzenhausen kandidieren sollte. Die finanzielle Basis des „Volksblattes" war zunächst ausgesprochen schwach, erst seit 1906 verbesserten sich die Verhältnisse[251]. Die Zeitung vertrat entschieden klassenkämpferische Positionen, sie war ein Kampfblatt der Sozialdemokratie, das nicht nur informierte, sondern auch konstant agierte. Nicht selten war das „Volksblatt für Hessen und Waldeck" deshalb staatlichen Repressalien ausgesetzt; wegen einiger „Pressevergehen" mußten mehrere Redakteure Haftstrafen über sich ergehen lassen[252]. Kurz vor dem Ersten Weltkrieg fand zumindest in Eschwege und Schmalkalden auch die „Arbeiter-Jugend" Verbreitung, die aber seit 1910 eindeutig revisionistisches Gedankengut propagierte bzw. der Reichspolitik immer unkritischer gegenüberstand[253]. Die Beigaben zu einigen Polizeiberichten an den Schmalkalder Landrat beweisen, daß auch die in Erfurt erscheinende „Thüringer Tribüne" zumindest im Kreis Schmalkalden teilweise Verbreitung fand[254].

Die nationalliberale Anhängerschaft sah ihre Meinung durch die „Hessische Morgenzeitung" vertreten, die besonders in den ersten Jahren nach der Reichsgründung ihre große Zeit hatte. In den 80er Jahren des 19. Jahrhunderts begann dann jedoch, Hand in Hand mit dem Niedergang der Nationalliberalen in Hessen-Kassel, der langsame Abstieg der Zeitung[255]. Die konservative Leserschaft fand sich durch das „Kasseler Journal" repräsentiert[256], die Anhänger des Linksliberalismus bevorzugten dagegen die „Casseler Zeitung"[257]. Die Anhänger des Antisemitismus erhielten ihre Informationen aus den Zeitschriften „Geldmonopol" (1882-1887), „Reichsgeldmonopol" (1882-1895)[258], „Hessischer Volksbote" und „Antisemitisches Volks-

---

250 Frenz, W., Schmidt, H., Wir schreiten Seit an Seit. Geschichte der Sozialdemokratie in Nordhessen, Marburg 1989, S.56.
251 Löffler, Die Presse, S.65.
252 Ebd., S.226f.
253 Fricke, Die deutsche Arbeiterbewegung, S.437, 440 u. 444.
254 StaM, Best.180 (Landratsamt Schmalkalden), Nr.3593.
255 Löffler, Die Presse, S.53.f.
256 Klein, Parteien und Wahlen, S.16
257 Klein, Provinz Hessen- Nassau und Fürstentum Freistaat Waldeck/-Pyrmont, S.607.
258 Ebd., S.608.

blatt". Die Gegner des Antisemitismus sahen ihre Position seit 1891 durch die „Mittheilungen aus dem Verein zur Abwehr des Antisemitismus" vertreten, die zwar keine große Verbreitung fanden, den Betroffenen aber doch eine wichtige Orientierungshilfe boten[259]. Die Zeitungsvielfalt der Region läßt sich am Beispiel des Dorfes Kleinschmalkalden aufzeigen. Einer Meldung der Hessischen Morgenzeitung zufolge wurden im Jahre 1884 in diesem Ort, der zu diesem Zeitpunkt etwa 2000 Einwohner hatte, 36 Tagesblätter und Journale gelesen[260].

---

[259] Pulzer, P., Die Reaktion auf den Antisemitismus, in: Deutsch-Jüdische Geschichte in der Neuzeit, hrsg. im Auftrag des Leo Baeck Institutes von M.A. Meyer unter Mitwirkung von M. Brenner, Bd. III: Umstrittene Integration 1871-1918, München 1997, S.249-277, hier: S.251.

[260] Hessische Morgenzeitung 22.9.1884, Nr.12384.

IV. Das parteipolitische Spektrum im Wahlkreis 4 Kassel von der Gründung des Norddeutschen Bundes bis zum Ersten Weltkrieg – Ein Überblick über die Entwicklung und die Organisation der politischen Parteien

1. Die liberalen Parteien

a. Die nationalliberale Partei

Die begeisterte Zustimmung, die die erfolgreiche Außenpolitik Bismarcks auch bei Teilen der bis 1866 konsequent oppositionell eingestellten Deutschen Fortschrittspartei fand und die andauernde Gegnerschaft der anderen Parteimitglieder führten konsequenterweise zur Spaltung der Partei. Neben Konservativen und Altliberalen stimmten am 3. September 1866 auch zahlreiche „Fortschrittler" dem Indemnitätsgesetz zu, das einen Nachtragshaushalt beinhaltete und Bismarcks Verfassungsbruch nachträglich legitimierte. 15 Bismarckanhänger traten aus der Partei aus[1]; seit Ende des Jahres 1866 existierten nun zwei liberale Parteien, die Deutsche Fortschrittspartei, die sich in den folgenden Jahren durch eine stringente Weiterführung des alten Kurses auszeichnen sollte, und die Nationalliberale Partei, die Bismarcks Interessen sowohl in der Militär- und Außenpolitik als auch in der Innenpolitik unterstützen sollte.

Das erste Jahrzehnt nach der Annexion Kurhessens durch Preußen stand – hinsichtlich der wahlpolitischen Entscheidungen den deutschen Reichstag betreffend – in der Region Eschwege, Schmalkalden und Witzenhausen eindeutig im Zeichen der Nationalliberalen. Das hatte mehrere Gründe. Kurhessen konnte auf eine lange liberale Tradition verweisen. Die tiefe Entzweiung zwischen Volk und Kurfürst, die das Land in den Jahren vor 1866 geprägt hatte[2], war mit dem preußischen Sieg und der Absetzung des Monarchen endgültig überwunden; ein Umstand, der mit dazu beitrug, daß sich die Integration der Region vergleichsweise problemlos vollzog. Daß sich in den folgenden Jahren nach 1866 die Spielart des nationalen, also

---

1 Hofmann, R., Geschichte der deutschen Parteien. Von der Kaiserzeit bis zur Gegenwart, München 1993, S.42.

2 Seier, H., Modernisierung und Integration in Kurhessen 1803-1866, in: Heinemeyer, W. (Hrsg.), Das Werden Hessens, Marburg 1986, S.431-479, hier: S.463.

bismarckfreundlichen Liberalismus in der Region durchsetzte, lag in der Natur der Sache: Schließlich hatte die erfolgreiche Heeres- und Außenpolitik des preußischen Ministerpräsidenten den Anschluß und die Integration Kurhessens mit all ihren Vorzügen für die betreffende Bevölkerung erst ermöglicht. Die Präferenz der Liberalen für den Nationalliberalismus bei gleichzeitiger Abgrenzung von den „Fortschrittlern" war nicht nur ein Phänomen, das allein das alte Kurhessen betraf. Auch in den anderen preußischen „Neuprovinzen" fanden die Ideale und Ziele der Nationalliberalen größeren Widerhall als die der Mutterpartei[3]. Die Anhängerschaft der Deutschen Fortschrittspartei blieb dagegen weitgehend auf die altpreußischen Provinzen beschränkt[4], wobei der Regierungsbezirk Wiesbaden allerdings eine Ausnahme darstellte.

Neben diesen günstigen Voraussetzungen konnte der Nationalliberalismus sowohl im Wahlkreis als auch im gesamten Regierungsbezirk Kassel in den ersten Jahren nach der Annexion vornehmlich von einem ganz besonderen Umstand profitieren, der die nationalliberale Dominanz sowohl erklärt als auch relativierbar macht. Gemeint ist an dieser Stelle ebenso die Bedeutung der frühen Reichstagswahlen wie das Verhältnis der wahlberechtigten Bevölkerung zu ihrem Wahlrecht. Eine genaue Betrachtung der ersten Jahre nach 1866 fördert nämlich die Erkenntnis zutage, daß das Recht auf freie, gleiche und geheime Wahl nur von einem kleinen Teil der Wahlberechtigten wahrgenommen wurde. In engem Zusammenhang damit, wenn nicht gar im Verhältnis von Ursache und Folge, ist die mangelnde Berichterstattung der amtlichen Organe sowohl im Vorfeld der Wahlen als auch danach zu sehen. Auch die amtlichen Statistiken zeugen von einem hohen Maße an Gleichgültigkeit; ein Umstand, der es dem Historiker zusätzlich erschwert, ein einigermaßen angemessenes Bild vom Ablauf der Wahlen zu zeichnen und eine angemessene Interpretation zu bieten. Für die beiden Wahlen 1867 läßt sich im Wahlkreis 4 Kassel mangels Materials überhaupt keine Wahlbeteiligung errechnen (bei der ersten Wahl scheint sie aber doch beträchtlich

---

3   Nipperdey, Th., Deutsche Geschichte 1866-1918, Bd. II: Machtstaat vor Demokratie, München 1993, S.316.

4   Ebd.

gewesen zu sein[5]); 1871 betrug sie gerade einmal 30,4%[6]. 1874 stieg die Wahlbeteiligung gerade einmal auf 32,5%, um dann wieder auf 31,0% im Jahre 1877 zu sinken. In all diesen Jahren – mit Ausnahme wohl der ersten Wahl – fand also nicht einmal jeder dritte Wähler den Weg zur Urne. Eine Wende brachte erst das Jahr 1878, als die Wahlbeteiligung sprunghaft anstieg und mit 61,2% für die Region das Zeitalter der Massenwahlen einläutete. Gleichzeitig neigte sich im Wahlkreis 4 Kassel die Vorherrschaft des Nationalliberalismus, der in diesem Jahr seinen letzten Erfolg feiern durfte, aber auch seinem Ende entgegen.

Neben der Verwurzelung in Teilen des Bürgertums profitierte die Nationalliberale Partei also auch von der allgemeinen Interesselosigkeit der Gesamtbevölkerung hinsichtlich der Reichstagswahlen. In all den Jahren mußte keine einzige Wahl im zweiten Wahlgang entschieden werden, stets war der Vorsprung des Kandidaten der Nationalliberalen Partei bedeutend. 1867 (2.Wahl) fand sich nicht einmal ein Gegenkandidat[7].

Angesichts der großen Erfolge verwundert es nicht, daß die Partei wenig Anstrengungen unternahm, hinsichtlich ihrer Organisation zu besonderen Maßnahmen zu greifen. Bis 1878 trat gleich sechsmal hintereinander Dr. Richard Harnier (1820-1885)[8] an, der stets den Sieg davontragen sollte. Von den ständigen Erfolgen verwöhnt, verzichtete die Partei darauf, ihr Wahlkampfkonzept zu modernisieren. Kurz vor den Wahlen bildeten sich Wahlkomitees – die vorherrschende Parteiorganisation der Liberalen in den ersten Jahren des Kaiserreiches[9] –, die, von örtlichen Honoratioren getragen, die Wahlkampfvorbereitungen planten und durchführten. Meist auf die Kreisstädte beschränkt, fanden einige wenige Veranstaltungen statt, in denen den potentiellen Wählern die Ziele der Partei vorgetragen wurden. Im Wahlkampf des Jahres 1878 ist zwar von einer National-

---

5   Die Zahl der abgegebenen Stimmen ist mehr als doppelt so hoch wie beispielsweise in den Jahren 1871 und 1874. Vgl. Klein, Th., Die Hessen als Reichstagswähler. Tabellenwerk zur politischen Landesgeschichte 1867-1933, Bd.1: Provinz Hessen-Nassau und Waldeck-Pyrmont 1867-1918, Marburg 1989, S.213f.
6   Ebd., S.214.
7   Ebd., S.213.
8   Zu den Kandidaturen im Wahlkreis Kassel 4 vgl ebd. S.213-266.
9   Nipperdey, Th., Die Organisation der deutschen Parteien vor 1918, Düsseldorf 1961, S.42.

liberalen Partei in Witzenhausen die Rede[10] – im Gegensatz zu einem nationalliberalen Wahlkomitee in Eschwege[11] –, doch ist kaum anzunehmen, daß diese über einen besonderen organisatorischen Rahmen verfügte, der sie grundsätzlich von einem Honoratiorenkomitee unterschied. Spätestens als die Reichstagswahlen zunehmend an Bedeutung gewannen und vermehrt auch andere Parteien zur Wahl antraten, hätten sich die Schwächen der Partei, die sich zu lange auf das Honoratiorenwesen gestützt hatte, schonungslos offenbaren müssen. Tatsächlich sollte es zu einer solchen Bewährungsprobe aber nie kommen. Denn das Ende der nationalliberalen Ära in den Kreisen Eschwege, Schmalkalden und Witzenhausen sollte durch ein Ereignis besiegelt werden, dessen Ursachen außerhalb der Region lagen und in der Spaltung der Partei ihren Niederschlag fanden. Nationalliberale Komitees und Vereine, die sich langsam bildeten[12], sollten zwar den Niedergang überdauern, nach 1878 ist es aber nie wieder zu einer nationalliberalen Kandidatur gekommen. Die im ganzen Reich seit der Sezession zu beobachtende Entwicklung, nämlich die von nun an stattfindende Zusammenarbeit mit den Konservativen im Reichstag als Folge der allgemeinen Krise des Liberalismus[13], fand im Wahlkreis Kassel 4 damit seine drastische Entsprechung. Seit Beginn der 80er Jahre des 19. Jahrhunderts bis zum Jahre 1904 sollten die Rechtsliberalen der Region stets auf Seiten der Freikonservativen stehen, als deren schwächerer Partner sie den Linksliberalismus erbittert bekämpften. Erst als die Konservativen seit 1907 zugunsten der Antisemiten auf einen eigenen Kandidaten verzichteten, sahen sich die Nationalliberalen zu einem Kurswechsel zugunsten der Linksliberalen genötigt. Besonderes Gewicht besaßen sie aber zu dieser Zeit längst nicht mehr. So ist es sicherlich nicht falsch, wenn man die nationalliberale Epoche der drei Kreise Eschwege, Schmalkalden und Witzenhausen mit dem Jahr 1878 enden läßt.

---

10 Vgl. Hessische Morgenzeitung 5.7.1878, Nr.8586.
11 Ebd.
12 Im Areßbuch der Stadt Schmalkalden und des Schmalkalder Industriebezirkes von 1897 ist ein Nationalliberaler Wahlverein nachgewiesen (S.79). Der Hinweis „Lokal unbestimmt" macht aber deutlich, daß es sich hierbei auf keinen Fall um eine permanent arbeitende Parteiorganisation gehandelt hat. Für das Jahr 1895 ist ein nationalliberaler Verein in Witzenhausen nachgewiesen; vgl. Eschweger Tageblatt und Kreisblatt 14.2.1895, Nr.38.
13 Vgl. Grebing, H., Geschichte der politischen Parteien, Wiesbaden 1962, S.128.

b. Die Liberale Vereinigung

Die Unterstützung der Bismarckschen Politik im Kulturkampf und besonders in der Bekämpfung der Sozialdemokratie wurde nicht von allen Abgeordneten der Nationalliberalen Partei im gleichen Maße gewährt. Besonders das Sozialistengesetz machte Spannungen innerhalb der Partei signifikant, die sich bald durch Flügelbildungen manifestierten[14]. 1880 stellte sich der linke Flügel gegen eine von Bismarck eingebrachte Heeresvermehrung; der Höhepunkt dieses Konfliktes endete mit dem Fraktionsaustritt Eduard v. Laskers am 15. März 1880[15]. Das Verhältnis zum Kulturkampf leitete schließlich die Spaltung der Partei ein. Während Parteiführer Benningsen auf ein Ende des Kulturkampfes hinsteuerte, beharrte der linke Flügel auf einer unbedingten Fortsetzung. Am 30. August traten 28 Abgeordnete aus der Nationalliberalen Partei aus. Am 8. September des gleichen Jahres gründeten sie eine neue Partei, die den Namen „Liberale Vereinigung"[16] trug und die von nun an in Konkurrenz zur alten Mutterpartei stehen sollte. Das Ziel der „Liberalen Vereinigung", in deren Reihen so bedeutende Männer wie Bamberger, Lasker, Forkkenbeck, Stauffenberg und Rickert standen, war das Festhalten an alten liberalen Idealen, die der Kompromißkurs der Nationalliberalen Partei teilweise verwässert hatte[17]. Sie traten entschieden für den Freihandel und das parlamentarische System ein[18]. Bemerkenswert ist, daß sich diese neue politische Richtung primär in den Regionen artikulierte, in denen sie die wirtschaftlichen Voraussetzungen dafür fand, nämlich in den östlichen Provinzen Preußens und den Küstengebieten[19].

Die Anhänger des Liberalismus bzw. die örtlichen Entscheidungsträger in den drei Kreisen Eschwege, Schmalkalden und Witzenhausen zogen ihre Konsequenzen aus der Sezession und schlossen sich überwiegend der linken Variante des Nationalliberalismus an, für die Karl Frieß, der der Partei allerdings erst nach der Wahl beitrat, in den

---

14 Hofmann, Geschichte der deutschen Parteien, S.44.
15 Huber, E.R., Deutsche Verfassungsgeschichte seit 1789: Bd.4: Struktur und Krisen des Kaiserreichs, Stuttgart, Berlin, Köln, Mainz 1969, S.68.
16 Ebd., S.69; Wende, F. (Hrsg.), Lexikon zur Geschichte der Parteien in Europa, Stuttgart 1971, S.112.
17 Vgl. Nipperdey, Machtstaat vor Demokratie, S.326f.
18 Huber, Struktur und Krisen des Kaiserreichs, S.69.
19 Ritter, G.A., Die deutschen Parteien 1830-1914, Parteien und Gesellschaft im konstitutionellen Regierungssystem, Göttingen 1985, S.69.

Wahlkampf des Jahres 1881 zog. Zuvor war ein Versuch der Deutschen Fortschrittspartei gescheitert, durch die Gründung eines Ortsvereines in Witzenhausen[20], die Führung der linksliberalen Kräfte im Wahlkreis zu übernehmen. Der „Liberalen Vereinigung" war allerdings keine lange Lebensdauer beschieden. 1884 schloß sich die Partei mit der alten Fortschrittspartei zur Deutschen Freisinnigen Partei zusammen[21] und fand damit den Weg zum deutschen Linksliberalismus.

2. Die linksliberalen Parteien

a. Die Deutsche Freisinnige Partei

Von 1884 bis 1893 existierte die Deutsche Freisinnige Partei als linksliberale Einheitspartei. Der Gründung im März 1884 folgte umgehend ein Provinzialparteitag in Kassel[22], auf dem inhaltliche und organisatorische Fragen erörtert wurden. Bei der Vereinigung behielten innerhalb der Gesamtpartei zunächst die Sezessionisten die Überhand; im Laufe der Jahre sollten sich aber immer mehr die Parteilinken durchsetzen[23]. Nach der konservativen Wende der Nationalliberalen und deren Verzicht auf eine eigenständige Kandidatur versuchten die Deutschfreisinnigen dreimal, die Wahl in den Kreisen Eschwege, Schmalkalden und Witzenhausen für sich zu entscheiden. 1884 trat Karl Frieß allerdings ebenso ohne großen Erfolg an wie 1887 sein Nachfolger Franz Freiherr Schenck v. Stauffenberg, dessen „Notkandidatur" den Tiefpunkt der Partei in der Region markiert. 1890 führte allerdings dann Feodor Wilisch (1847-1900)[24], der Herausgeber des „Thüringer Hausfreundes", die Deutschfreisinnigen erstmalig zum Sieg. Kennzeichnend für die Partei war ihre gute Organisation auf Reichsebene. Die Verbindung zwischen regionalen Gremien – Komitees und Vereinen – war erheblich besser und effek-

---

20   Parlamentarische Korrespondenz 31.3.1881, Nr.3, S.21.
21   Hofmann, Geschichte der deutschen Parteien, S.30.
22   Richter, E. (Hrsg.), Neues ABC-Buch für freisinnige Wähler. Ein Lexikon parlamentarischer Zeit und Streitfragen, Berlin ³1884, S.421.
23   Bergsträsser, L., Geschichte der deutschen Parteien, Mannheim, Berlin, Leipzig 1928, S.110f.
24   Vgl. Lebenslauf Wilischs anläßlich seines Todes; Thüringer Hausfreund 6.8.1900.

tiver als die ihrer konservativen Gegner[25]. Zusammen mit der regionalen linksliberalen Presse bildete die Organisation einen wichtigen Eckpfeiler der Partei. Auch die einzelnen Wahlkampfveranstaltungen wurden von der Parteileitung in Berlin bis in das kleinste Detail geplant; vom Rauchverbot für die Versammlungsteilnehmer, den Aufgaben des Versammlungsleiters und der genauen Plazierung der Redner bis hin zur Unterbringung des Redners nach der Veranstaltung wurden genaue Vorschriften erlassen[26]. Im Wahlkampf des Jahres 1884 wurde der linksliberale Kandidat von einem vereinten liberalen Komitee der drei Kreise unterstützt[27]. Für die Stadt und den Kreis Schmalkalden wurde im Oktober 1888 ein Deutschfreisinniger Wahlverein unter Führung Feodor Wilischs gegründet[28], der später als Freisinniger Verein weiterbestehen sollte. Vermutlich kurz vor der Wahl 1890 bildete sich in Eschwege ein „Liberales Wahlkommitee"[29], das ganz offensichtlich für den Linksliberalismus eintrat, zugleich aber den Anspruch erhob, den gesamten Liberalismus zu repräsentieren.

b. Die Freisinnige Volkspartei

Als im Mai 1893 die vom Reichskanzler Caprivi geforderte Heeresvermehrung dem Reichstag vorgelegt wurde, zerbrach die Deutsche Freisinnige Partei. Die Mehrheit der Linksliberalen stimmte gegen die Vorlage; ein Teil jedoch, hauptsächlich ehemalige Sezessionisten, fand sich zur Unterstützung der Regierung bereit. Daraufhin wurden die Abweichler in einer Kampfabstimmung aus der Fraktion ausgeschlossen. Die gemäßigten Linksliberalen organisierten sich unter Hänel als „Freisinnige Vereinigung"; ihre entschiedenen Antipoden unter Führung Richters gründeten die „Freisinnige Volkspartei"[30], der sich im Wahlkreis Kassel 4 die linksliberalen Anhänger anschlossen. Feodor Wilisch zog 1893 für die Partei in den Wahlkampf; ihm folgte 1895 der Marburger Professor Edmund Stengel und 1898 der

---

25 Vgl. Seeber, G., Deutsche Freisinnige Partei (DFsP) 1884-1893, in: Fricke, D. u.a., Lexikon zur Parteiengeschichte. Die bürgerlichen und kleinbürgerlichen Verbände, Köln 1983, Bd.1, S.657-666, hier: 658ff.
26 Vgl. Parlamentarische Korrespondenz 9.10.1884, Nr.7, S.66.
27 Vgl. Werra-Bote 25.10.1884, Nr.84.
28 Schriftstücke betr. die Gründung eines Deutschfreisinnigen Wahlvereins, Stadtarchiv Schmalkalden, CI/21, Nr.15, fol.14,15,16,17.
29 Vgl. Eschweger Tageblatt und Kreisblatt 31.1.1890, Nr.26.
30 Hofmann, Geschichte der deutschen Parteien, S.35.

Frankfurter Rechtsanwalt und Notar Dr. Alfred Helff. Allerdings sollten alle Kandidaten ihr Wahlziel verfehlen. Zwar konnte 1903 Leonard Seyboth den Linksliberalismus wieder zum Erfolg führen; doch schon wenige Monate später sah sich Seyboth, der wegen Urkundenfälschung zu einer Gefängnisstrafe verurteilt wurde, gezwungen, sein Mandat zurückzugeben. Sein schweres Erbe als Kandidat trat in der Ersatzwahl des Jahres 1904 der Berliner Volksschullehrer Otto Merten ohne Erfolg an. Der letzte Kandidat der Freisinnigen Vereinigung im Wahlkreis Eschwege-Schmalkalden-Witzenhausen war der Kasseler Lehrer Theodor Kimpel.

Organisatorisch konnte die Partei auf Vereine und Komitees der Deutschfreisinnigen zurückgreifen. Im Wahlkreis Kassel 4 wurde die regionale Basis der Partei durch einige Neugründungen gestärkt. Im Jahre 1893 wurde der Wahlkampf von einem „Freisinnigen Wahlverein Eschwege-Witzenhausen-Schmalkalden" geleitet, der – ohne festen Sitz –, hauptsächlich von Eschwege aus agierte[31]. Auch in einzelnen Orten unterstützten lokale Vereine die Partei, so z.B. der „Freisinnige Verein"[32] in Schmalkalden und der „Freisinnige Verein" in Eschwege[33].

In ihren politischen Zielen ging die Freisinnige Volkspartei weiter als alle ihre Vorgängerorganisationen. Auf ihrem zweiten Parteitag in Eisenach 1894 traten ihre Vertreter für eine freiheitliche Ausgestaltung aller staatlichen und gesellschaftlicher Bereiche ein, dessen Verwirklichung durch eine grundlegende Wahlrechtsreform (Gleiches und geheimes Wahlrecht auch bei Landtagswahlen; Wahlkreisreform) gestaltet werden sollte[34]. Im Gegensatz zu früheren Positionen wurde auch die Notwendigkeit einer grundlegenden Sozialpolitik bejaht[35]. Lange Zeit war ein maßvolles Vorgehen sowohl in der Militär- als auch in der Kolonialpolitik Kennzeichen der Partei[36]. So leistete z.B. die Reichstagsfraktion 1898 und 1900 erheblichen Widerstand

---

31 Vgl. Wahlanzeige in der Fulda-Werra-Zeitung 13.5.1893, Nr.111.
32 Vgl. Adressbuch der Stadt Schmalkalden und des Schmalkalder Industriebezirkes 1897, S.77.
33 Die Existenz des Eschweger „Freisinnigen Vereines" belegen Wahlaufrufe aus dem Jahre 1904; vgl. z.B. Eschweger Tageblatt 29.2.1904, Nr.50.
34 Hofmann, Geschichte der deutschen Parteien, S.35f.
35 Ebd., S.36.
36 Ebd., S.41.

gegen die Flottengesetze[37]. Nach dem krankheitsbedingten Rückzug Richters aus der Politik 1904 und seinem Tode im Jahre 1906 begann allerdings eine klare Kurskorrektur, die ihren prägnanten Ausdruck in der Einbindung der Partei in den Bülow-Block fand. Im Vorfeld der Reichstagswahl 1907 bildeten – wie noch zu zeigen ist – die Freisinnigen im Wahlkreis Kassel 4 mit den Antisemiten gemeinsam einen „Vaterländischen Wahlausschuß" zur Bekämpfung der Sozialdemokratie; ein signifikantes Zeichen für einen deutlichen Rechtsruck.

c. Die Fortschrittliche Volkspartei

Nach dem Zusammenbruch des Bülow-Blocks schlossen sich im März 1910 die Freisinnige Volkspartei, die Freisinnige Vereinigung und die Deutsche Volkspartei zur „Fortschrittlichen Volkspartei" zusammen[38]. Unter dem Eindruck eines allgemeinen Niederganges des Liberalismus sah sich die Partei, deren Vorgängerorganisationen die Rechtsliberalen meist erbittert bekämpft hatten, zur Annäherung an die Nationalliberalen gezwungen[39]. Das Programm der Fortschrittlichen Volkspartei war deutlich konservativer als die Programme der unter Richters Ägide stehenden Freisinnigen in den Jahren zuvor. Zwar traten die „Fortschrittlichen" für die Abschaffung des ungerechten Dreiklassenwahlrechts ein, in Rüstungsangelegenheiten votierten sie aber stets mehrheitlich – unter Mißachtung der Parteilinken[40] – für die Vorlagen der Regierung. 1912 trat im Wahlkreis Kassel 4 für die Partei – gestützt auch von den regionalen Nationalliberalen – Dr. Wilhelm Ohr an. Organisatorisch stützte sich die FoVP in der Region wie schon ihre Vorgängerparteien auf örtliche Komitees und Vereine, wie z.B. den „Fortschrittlichen Volksverein Allendorf"[41] oder auf das „liberale Wahlbüro zu Eschwege"[42]. Eine überre-

---

37 Elm, L., Freisinnige Volkspartei (FVp). 1893-1910, in: Fricke (Hrsg.), Lexikon zur Parteiengeschichte, Bd.1, S.694-707, hier: S.698.
38 Born, K.E., Von der Reichsgründung bis zum Ersten Weltkrieg, Stuttgart ^{10}1985, S.245.
39 Elm, L., Fortschrittliche Volkspartei (FoVP). 1910-1918, in: Fricke (Hrsg.), Lexikon zur Parteiengeschichte, Bd.1, S.599-609, hier: S.602.
40 Ebd., S.603.
41 Vgl. Werra-Bote 11.1.1912, Nr.4.
42 Vgl. Wahlaufruf für Ohr im Allgemeinen Anzeiger 11.1.1912, Nr.4.

gionale Einrichtung stellte der Bezirksverband der FoVP für Hessen und Waldeck dar[43].

3. Die konservativen Parteien

a. Die Altkonservativen und die Deutschkonservative Partei

Die Gründung des Deutschen Reiches führte die Konservativen in eine tiefe Krise. Als Vertreter einer „monarchisch-aristokratisch-autoritären Ordnung"[44] präsentierten sie sich in vielfacher Hinsicht als Gegner des Liberalismus und der Politik Bismarcks. Diese Haltung mußten sie allerdings mit schweren Wahlniederlagen 1871 und – besonders – 1874 bezahlen. Als Folge des Niederganges kam es 1876, nach einigen inneren Querelen, zur Gründung der „Deutschkonservativen", deren Programm einen deutlichen Kurswechsel dokumentierte. Von nun an setzte sich die Partei für die Stärkung „ der gewonnen Einheit auf dem Boden der Reichsverfassung im nationalen Sinn"[45] ein. Auch die demokratischen Elemente der Reichsverfassung wurden von nun an akzeptiert[46].

Im wirtschaftlich gemischten Wahlkreis Eschwege-Schmalkalden-Witzenhausen blieben die Altkonservativen bzw. die Deutschkonservativen, die fast ausschließlich die wirtschaftlichen Interessen der Landwirtschaft vertraten[47], stets erfolglos. In den Jahren der nationalliberalen Dominanz fand sich im Wahlkreis Eschwege-Schmalkalden-Witzenhausen nie ein konservativer Kandidat, der in der Lage war, ernsthaft mit dem Nationalliberalen Richard Harnier zu konkurrieren. Dreimal trat der Schmalkaldener Landrat Maximilian Senfft v. Pilsach, dessen Kandidaturen im Grunde genommen eine Privatangelegenheit waren, ohne nennenswerten Erfolg an (1871, 1874 und 1877). 1881 kandidierte der auf Kalkhof bei Wanfried residierende Gutsbesitzer Karl v. Scharfenberg für die Partei. In der Folgezeit sollten alle Versuche zur Aufstellung eines deutschkonservativen

---

43 Vgl. Thüringer Hausfreund 17.1.1912, Nr.14.
44 Huber, Struktur und Krise des Kaiserreichs, S.26.
45 Zitiert nach ebd., S.29; vgl. Schild, A., Konservatismus in Deutschland. Von den Anfängen im 18. Jahrhundert bis zur Gegenwart, Münster 1998, S.102ff.
46 Huber, Struktur und Krise des Kaiserreiches, S.29.
47 Dix, A., Die Reichstagswahlen 1871-1930 und die Wandlungen der Volksgliederung, Tübingen 1930, S.14.

Kandidaten im Wahlkreis Kassel 4 scheitern. Denn die rechtsgerichteten Kräfte im Wahlkreis richteten zunächst seit 1878 – endgültig seit 1884 – ihr Augenmerk auf eine konservative Konkurrenzpartei. Organisatorisch waren die Alt- bzw. die Deutschkonservativen, die ihren ideologischen Rückhalt im „Kasseler (Casseler) Journal" fanden, äußerst ungenügend organisiert. Formal als landesregionaler Überbau existierte zwar seit 1880 der „konservative Verein für den Regierungsbezirk Kassel"[48] bzw. der „conservative Verein für Hessen und Waldeck"[49], dessen Einflußbereich sich im wesentlichen aber auf Kassel beschränkte; auf Kreis- bzw. auf Ortsebene im Wahlkreis Kassel 4 war, wie anläßlich einer Parlamentsdebatte im Deutschen Reichstag der nationalliberale Abgeordnete Dr. Wilhelm Wehrenpfennig im April 1877 feststellte, die Partei aber im Grunde genommen überhaupt nicht vorhanden[50]. Erst im Jahre 1882[51], als deutschkonservative Kandidaturen im Wahlkreis Kassel 4 schon der Geschichte angehörten, entstand in Witzenhausen ein konservativer Verein, der in der Folgezeit freikonservativen aber auch antisemitischen Kandidaturen einen organisatorischen Rückhalt gab. Im Jahre 1899 erfolgte in Witzenhausen auch die Gründung einer Kolonialschule, die sich schnell zu einer Stütze des konservativen Geistes entwickelte[52].

Seit ihrem Parteitag 1892, auf dem das sog. Tivoli-Programm beschlossen wurde, vertraten die Deutschkonservativen auch ganz offen antisemitische Positionen. Dem angeblich zersetzenden jüdischen Einfluß auf das deutsche Volksleben wurde der Kampf angesagt, wobei im deutschkonservativen Weltbild Juden entweder nur als Wucherer oder als sozialdemokratische Agitatoren in Erscheinung traten.[53] Dadurch ergaben sich vielfältige Berührungspunkte mit

---

48 Klein, Th, Der preußisch-deutsche Konservatismus und die Entstehung des politischen Antisemitismus in Hessen-Kassel (1866-1893), Marburg 1995, S.74.

49 Vgl. Kasseler Journal 23.10.1881, Nr.249, wo diese Bezeichnung gebraucht wird.

50 Klein, Th., Der preußisch-deutsche Konservatismus und die Entstehung des politischen Antisemitismus in Hessen-Kassel, S.13.

51 Kasseler Journal 14.3.1882, Nr., Klein, Der preußisch-deutsche Konservatismus und die Entstehung des politischen Antisemitismus, S.113.

52 Tappe, J., Die Geschichte der Arbeiterbewegung in Witzenhausen (hrsg. zum Anlaß des 100-jährigen Bestehens des SPD-Ortsvereins), Witzenhausen 1984, S.154.

53 Konservatives Handbuch. Hrsg. Unter Mitwirkung der konservativen Parteien, Berlin 1892, S.16.

den unterschiedlichsten antisemitischen Gruppierungen sowohl auf Reichsebene als auch im Wahlkreis Kassel 4. Seit der Reichstagswahl 1893 ließen die Deutschkonservativen dann auch den Antisemiten mehr oder weniger offen ihre Unterstützung zukommen.

b. Die Freikonservative Vereinigung und die Deutsche Reichspartei

Schon im Jahre 1866 hatten sich unter Führung des Grafen Bethusy-Huc einige Mitglieder der Altkonservativen von der Mutterpartei getrennt und waren als „Freikonservative" in das Regierungslager übergegangen[54]. Bereits in der Wahl zum konstituierenden Reichstag des Norddeutschen Bundes am 12.2.1867 kandidierte im Wahlkreis Kassel 4 Edwin Henry v. Bischoffshausen für die „Freikonservative Vereinigung". Allerdings sollte diese freikonservative Kandidatur in der Region über Jahre hinweg die letzte bleiben.

Nach der Reichsgründung änderten die Freikonservativen ihren Parteinamen auf Reichsebene in „Deutsche Reichspartei", während sie in Preußen die alte Bezeichnung beibehielten[55]. In den Jahren des Kaiserreiches waren sie stets eine gouvernementale Partei, die sowohl Bismarck als auch seinen Nachfolgern treue Gefolgschaft leistete. Anders als die Deutschkonservativen, deren Interessen stark mit agrarischen Kreisen verbunden waren, richteten die Freikonservativen ihr Augenmerk auch auf die industrielle Entwicklung. Der sinnvolle Ausgleich zwischen beiden Wirtschaftszweigen war ihr stetiges Anliegen[56]. Hinsichtlich ihrer Stellung im parteipolitischen Spektrum des Deutschen Reiches verstand sich die Partei als Bindeglied zwischen den Deutschkonservativen und den Nationalliberalen[57] mit denen sie häufig Wahlbündnisse einging. Die große Schwäche der Reichspartei lag allerdings in ihrer Parteiorganisation, die im Grunde genommen kaum vorhanden war[58]. Die Wahlkampfführung lag in den Händen von Honoratioren und Wahlkomitees, die meist erst wenige Wochen vor dem Wahlakt gebildet wurden.

---

54 Huber, Struktur und Krise des Kaiserreiches, S.37.
55 Ebd.
56 Ebd.
57 Konservatives Handbuch, hrsg. unter Mitwirkung der politischen Vertretung der konservativen Parteien, Berlin 1892, S.121.
58 Huber, Struktur und Krise des Kaiserreiches, S.38.

1878 gelang es den Freikonservativen in den Kreisen Eschwege-Schmalkalden-Witzenhausen, mit Eduard Wendelstadt nach über 10 Jahren wieder eine freikonservative Kandidatur durchzusetzen. Die Geschichte der Deutschen Reichspartei im Wahlkreis Kassel 4 ist aber verbunden mit dem Namen Hermann v. Christen (1841-1919), der, mit einer Ausnahme, von 1884 bis 1904 insgesamt siebenmal für sie kandidieren sollte. Nur 1895 war v. Christen nicht zu einer Kandidatur zu bewegen; für ihn trat der durch seine Kolonialpolitik berühmt gewordene Carl Peters an.

Gegen Ende des Kaiserreiches erfuhr die Deutsche Reichspartei in der Region allerdings eine deutliche Schwächung. Die ständige Auseinandersetzung mit den Antisemiten und deren Annäherung an konservative Positionen veranlaßten die regionalen Entscheidungsträger seit 1907 auf eine eigenständige Kandidatur zu verzichten.

4. Die antisemitischen Parteien

a. Die Deutschsoziale Partei

Der radikale Antisemitismus, der in Deutschland auf eine lange Tradition zurückblicken konnte, fand seine parteipolitische Ausformung zunächst in der Gründung der Christlichsozialen Partei Adolf Stoekkers, der die „Judenfrage" vornehmlich aus kirchlicher Sicht betrachtete. Besonders richteten sich seine Angriffe gegen die freigeistigen und emanzipierten Juden, die er als Urheber des Liberalismus und der Sozialdemokratie glaubte ausgemacht zu haben[59]. Weitaus wüster und primär „rassisch" argumentierend bildeten sich gleichzeitig zahlreiche andere antisemitische Parteien und Vereinigungen, die teils gemeinsam, teils in Konkurrenz zueinander, den offenen Judenhaß propagierten. Nach einem mißglückten Einigungsversuch auf dem Antisemitentag in Bochum im Juni 1889 entstand schließlich die Deutschsoziale Partei unter Führung Liebermanns v. Sonnenberg[60]. Ziel dieser Gruppierung war u.a. die Stärkung des Mittelstandes. Ihr antisemitischer Charakter wurde geschickt übertüncht; in ihrem Parteiprogramm von 1891 wurde meist nur indirekt auf die Juden Bezug genommen. Lediglich der letzte Programmpunkt, der eine Aufhebung der Emanzipation und einen Einwanderungstopp forderte, offenbarte

---

59 Vgl. Berding, H., Moderner Antisemitismus in Deutschland, Frankfurt a.M. 1988, S.92f.
60 Ebd., S.100.

das wahre Gesicht der Partei[61]. Auf regionaler Ebene war die DSozP nach der Spaltung der Deutsch-sozialen Reformpartei im Jahre 1900 im Gauverband „Hessen-Nassau und Waldeck" organisiert[62]. Im Jahre 1893 traten die Deutschsozialen erstmalig im Wahlkreis Kassel 4 auf. Vertreten wurden sie durch den Schriftsteller Hans Leuß, der allerdings, im Gegensatz zu der eher „gemäßigten" Linie seiner Partei, seinen offenen Judenhaß nicht verbergen konnte. Organisatorisch wurde Leuß unterstützt durch den Deutsch-sozialen Verein in Lichtenau und den Christlich-deutschen Männerverein in Eschwege[63]. 1894 schloß sich die Deutschsoziale Partei mit der Deutschen Reformpartei zur Deutschsozialen Reformpartei zusammen[64]. Das Bündnis hielt nur bis zur Jahrhundertwende, seit 1900 trat die Deutschsoziale Partei wieder als selbständige Kraft auf. Bis 1911 wurde sie von Liebermann v. Sonnenberg geführt[65]; nach seinem Tode übernahm Wilhelm Lattmann das Amt des Parteivorsitzenden[66]. Lattmann war seit 1895 in Schmalkalden als Amtsgerichtsrat tätig, wo er eifrig für seine Überzeugungen warb[67]. Die zu erreichende Zielgruppe der Deutschsozialen durch ihr Wirtschafts- und Sozialprogramm wurde vom Mittelstand auf die Arbeiter ausgedehnt. In der Innen-, Außen-, und Militärpolitik vertraten die Deutschsozialen dagegen durchaus konservatives Gedankengut[68]. Die antisemiti-

---

61 Fricke, D., Antisemitische Parteien. 1879-1894, in: Ders. (Hrsg.), Lexikon zur Parteiengeschichte, Bd.1., S.76-88, hier: S.83.

62 Klein, Th., Die Zeitungsberichte des Regierungspräsidenten in Kassel an seine Majestät 1867-1918, Bd.2, Darmstadt, Marburg 1993, S.731.

63 Vgl. antisemitisches Flugblatt „Ein jüdisches Bubenstück", Hessische Wahlen zum Deutschen Reichstag 1893 (Flugblattsammlung), Universitätsbibliothek Marburg; Beide Vereine haben diesen Aufruf unterzeichnet.

64 Huber, Struktur und Krise des Kaiserreichs, S.45

65 Zu Liebermann vgl. Weidemann, Th., Politischer Antisemitismus im Deutschen Kaiserreich. Der Reichstagsabgeordnete Liebermann zu Sonnenberg und der nordhessische Wahlkreis Fritzlar-Homberg-Ziegenhain, in: Bambey, H., Biskamp, A., Lindenthal, B. (Hrsg.), Heimatvertriebene Nachbarn. Beiträge zur Geschichte der Juden im Kreis Ziegenhain, , Bd.1, Schwalmstadt-Treysa 1993, S.113-183.

66 Fricke, D., Deutschsoziale Partei (DSP). 1900-1914, in: Ders., Lexikon zur Parteiengeschichte, Bd.2, S.534-537, hier: S.534.

67 Hess, U., Die politischen Verhältnisse in der Stadt und im Kreis Schmalkalden. 1867-1914, in: Beiträge zur Geschichte Schmalkaldens, hrsg. von der Leitung des Schloß Wilhelmsburg, Schmalkalden o.J., S.88-103, hier: S.100; Vgl. ders., Geschichte Thüringens 1866-1914. Aus dem Nachlaß hrsg. von V. Wahl, Weimar 1991, S.384.

68 Fricke, Deutschsoziale Partei, S.535.

sche Tendenz blieb, „gemäßigt präsentiert", aber stets erhalten. Im Jahre 1910 forderte Liebermann auf dem Kasseler Parteitag sogar eine Verschärfung der Judenfrage[69], die innerhalb der Partei auch zunehmend durchgeführt wurde. Im Wahlkampf des Jahres 1912 nahm die antijüdiche Hetze in einem besonderen Maße zu, wobei vornehmlich die Sprache der „Deutsch-sozialen Blätter" immer radikaler wurde. So wurden Boykotte gegen Warenhäuser gefordert[70], „Arbeitsprojekte für Rassenforschung"[71] unterstützt und Personen des öffentlichen Lebens, deren Ehepartner jüdischen Glaubens waren, gnadenlos diffamiert[72].

1903 stellte die DSozP mit dem aus Göttingen stammenden Redakteur Hermann Ruprecht im Wahlkreis Kassel 4 erneut einen Kandidaten auf[73]. Seit 1904 wurde die Partei dreimal von Friedrich Raab repräsentiert, der nach außen hin geschickt konservative Positionen vertrat, und der seit 1907 ohne konservative Konkurrenz kandidierte. Raab stammte aus Hamburg, wo er für die dortige antisemitische Bewegung wichtige Arbeit geleistet hatte[74].

Für den Wahlkreis Kassel 4 ist die Deutschsoziale Partei diejenige Antisemitenpartei gewesen, die der Region wahlgeschichtlich ihren Stempel aufgedrückt hat. Die versteckte, nach außen hin gemäßigte Judenfeindschaft hat, zusammen mit der Adaption konservativer Positionen die Partei nach der Jahrhundertwende salonfähig gemacht; eine „Leistung", die der Deutschen Reformpartei nicht gelungen wäre.

b. Die Deutschsoziale Reformpartei

Weitaus aggressiver als die Deutschsozialen agierte die „Deutsche Reformpartei", die 1893 aus der von Otto Böckel gegründeten „Anti-

---

69 Ebd., S.537.
70 Deutsch-Soziale Blätter 18.11.1911, Nr.91.
71 Deutsch-Soziale Blätter 6.1.1912, Nr.2.
72 Deutsch-Soziale Blätter 7.2.1912, Nr.11.
73 Klein, Die Hessen als Reichstagswähler, S.247, ordnet Ruprecht der Deutschsozialen Reformpartei zu; dagegen werben die Antisemiten 1903 im Eschweger Tageblatt 11.6.1903, Nr.134 u. 13.6.1903, Nr.136 unter der Bezeichnung „Deutschsoziale (Antisemitische) Partei".
74 Vgl.Riquarts, K.-G., Der Antisemitismus als politische Patei in Schleswig-Holstein und Hamburg 1871-1914, Phil. Diss., Kiel 1975, S.437; Evans, R.J. (Hrsg.), Kneipengespräche im Kaiserreich. Stimmungsberichte der Hamburger Politischen Polizei 1892-1914, Reinbeck bei Hamburg 1989, S.302-306.

semitischen Volkspartei" hervorgegangen war[75]. Antikapitalistische Kritik ging Hand in Hand mit der Hetze gegen die Juden, denen die Teilnahme am staatlichen und gesellschaftlichen Leben verwehrt werden sollte[76]. Kombiniert wurde dieses Vorgehen mit einer scharfen Kritik der bestehenden Verhältnisse, die sich besonders gegen den Feudalismus richtete. In den Jahren 1894 bis 1900 war die Partei mit den Deutschsozialen vereinigt, wobei die regionale Leitung vom „Landesverband der Deutsch-sozialen Reform-Partei für Kurhessen und Waldeck"[77] in Kassel ausging. Als regionales Parteiorgan erschien in Kassel der „Hessische Volksbote", der mit heftigen antisemitischen Ausfällen nicht sparte. 1895 (nach der Vereinigung) stellte sich die Deutsch-Soziale Reformpartei im Wahlkreis Kassel 4 zur Wahl, allerdings nicht unter ihrem wirklichen Parteinamen, sondern unter der Bezeichnung „Christlich und Deutsch-soziale Partei"; ein Vorgang, der sich dadurch erklären läßt, daß die Fusion zum einen strenggenommen weniger eine organisatorische Vereinigung als vielmehr ein lockerer Zusammenschluß verfeindeter antisemitischer Landesverbände war[78]. Zum anderen sollten mit der Bezeichnung „christlich und deutschsozial" die verschiedenen antisemitischen Richtungen in den drei Kreisen Eschwege, Schmalkalden und Witzenhausen vereinigt bzw. deren trennender Charakter zumindest formal aufgehoben werden. Der antisemitische Kandidat war der Pfarrer Karl Friedrich Wilhelm Iskraut, der sich, ansonsten aus seiner Zeit in Westfalen als recht radikal bekannt, zumindest in den bedeutenden Wahlversammlungen, eher gemäßigt gebärdete. 1898 trat Iskraut erneut als Kandidat an, diesmal unter der richtigen Parteibezeichnung „Deutschsoziale Reformpartei". Bemerkenswert ist, daß die „Deutschsozialen Reformparteiler" auf ihrem Hamburger Parteitag von 1899 bereits die „schließliche Vernichtung des Judenvol-

---

75 Berding, Moderner Antisemitismus in Deutschland, S.101.
76 Vgl. Fricke, Antisemitische Parteien. 1879 –1894, S.83f.
77 Vgl. z.B. Hessisscher Volksbote 29.1.1898, Nr.5.
78 Berding, Moderner Antisemitismus in Deutschland, S.101; Schwarz, M., MdR.Biographisches Handbuch der Reichstage, Hannover 1965, S.195 und Klein, Die Hessen als Reichstagswähler, S.237, weisen Iskraut der Deutschen Reformpartei zu. Eine genaue Zuordnung wird dadurch erschwert, daß Iskraut im Wahlkampf 1895 unter der nicht existierenden Parteibezeichnung „Christlich und deutschsoziale Partei" kandidierte; Vgl. Antisemitische Anzeige im Eschweger Tageblatt 16.2.1895, Nr.40.

kes"[79] propagierten. Nach der Trennung von den Deutschsozialen war die Rolle der „Reformparteiler" im Wahlkreis Kassel 4 ausgespielt. Der letzte Versuch radikaler Antisemiten, die antisemitische Bewegung der Kreise Eschwege, Schmalkalden und Witzenhausen auf Kosten der Liebermann-Partei unter ihre Führung zu stellen, sollte im Jahre 1907 scheitern[80].

5. Die Sozialdemokraten

Als Vertreter einer entschieden antikapitalistischen und antimilitaristischen Position, als „Verkörperung prinzipieller Systemkritik"[81], spielten die Sozialdemokraten im Wahlkreis Kassel 4 erst seit den 80er Jahren des 19. Jahrhunderts eine Rolle. Während im Kasseler Raum schon vor der Reichsgründung eine Arbeiterbewegung „Lassallescher Prägung" ihren Anfang genommen hatte[82], begann der langsame Aufstieg der Sozialdemokratie in den Kreisen Eschwege, Schmalkalden und Witzenhausen erst Jahre nach dem Parteitag in Gotha von 1875, wo sich Lassalle-Anhänger und „Eisenacher" zur „Sozialistischen Arbeiterpartei" (SAP) vereinigten[83]. Die Formierung der Bewegung vollzog sich unter den besonderen Bedingungen des Sozialistengesetzes, das seit 1878 die Möglichkeiten der Sozialdemokraten hinsichtlich der Errichtung einer effektiven Organisation erheblich einschränkte. Zwar durfte die SAP sich an wahlpolitischen Entscheidungen beteiligen; die öffentliche Werbung für ihre Ziele blieb ihr aber, bei Androhung schärfster Repressalien, strengstens untersagt[84]. So vollzog sich die Gründung bzw. der Ausbau des Parteiapparates im Verborgenen. Die politische Arbeit fand im Un-

---

79 Hamburger Beschlüsse der Deutsch-sozialen Reformpartei von 1899, in: Mommsen, W., Deutsche Parteiprogramme, München ³1960, S.83-84, hier: S.84.

80 Vgl. Eschweger Tageblatt 13.12.1906, Nr.292.

81 Wehler, H.-U., Das Deutsche Kaiserreich. 1871-1918; Göttingen ⁶1988, S.87.

82 Homeister, K., Die Arbeiterbewegung in Eschwege (1885-1920). Ein Beitag zur Stadt- und Kreisgeschichte, Kassel 1987, S.15; Frenz, W., Schmidt, H., Wir schreiten Seit an Seit. Geschichte der Sozialdemokratie, Marburg 1989, S.19f; Beier, G., Arbeiterbewegung in Hessen. Zur Geschichte der hessischen Arbeiterbewegung durch einhundertfünfzig Jahre (1834-1984), Frankfurt a.M. 1984, S.228.

83 Lehnert, D., Sozialdemokratie zwischen Protestbewegung und Regierungspartei. 1848-1983, Frankfurt a.M. 1983, S.65.

84 Ebd., S.69.

tergrund statt; Tarnorganisationen mußten dazu herhalten, die eigentlichen Absichten den Behörden zu verschleiern.

Im Jahre 1885 rief der Schneider Fritz Müller in Eschwege einen sozialdemokratischen Wahlverein ins Leben[85], dessen Gründung als Beginn der örtlichen Partei gewertet werden kann. Im gleichen Jahr wurde ein Unterstützungsverein der Tabakarbeiter konstituiert, der eine Unterorganisation des in Bremen existierenden „Unterstützungsvereins deutscher Tabakarbeiter" darstellte[86]. Mit Hilfe beider Vereine gelang es den Sozialdemokraten in kurzer Zeit, trotz aller Schikanen und Repressalien, ihre Position zu festigen und ihre Basis zu vergrößern. Ein von Müller unter dem Pseudonym „Die Rothen aus dem Werrathal" verfaßter Bericht[87] in der Zeitung „Der Sozialdemokrat" aus dem Jahre 1886 gibt Aufschluß über die Situation der Eschweger Arbeiterbewegung, die sich schon frühzeitig einer Interessenkoalition aus Presse, Polizei und Geistlichkeit gegenübergestellt sah[88]. Müllers Artikel belegt auch, daß zumindest noch im Jahre 1886 die „Lassallesche" Richtung innerhalb der Eschweger Sozialdemokratie dominierte[89]. Über die zahlenmäßige Stärke der sozialdemokratischen Anhängerschaft in Eschwege im Jahre 1887 lassen sich keine zuverlässigen Angaben machen. Die Bezugszahlen des „Sozialdemokraten" zeigen aber, daß der Mobilisierungsgrad keineswegs gering war. So hatten in diesem Jahr immerhin 18 Personen die verbotene Zeitung abonniert[90]; verglichen mit deutlich größeren Städten wie Essen (15 Bezieher), Düsseldorf (28), Bochum (33), Wiesbaden (10) und Kassel (45)[91] zweifellos eine respektable Zahl. Läßt man die Annahme gelten, daß auf einen Bezieher mindestens

---

85 Homeister, Die Arbeiterbewegung in Eschwege, S.18; Zur Diskussion des Gründungsdatums vgl. Fritsche, H., 100 Jahre SPD in Eschwege, Eschwege 1985, S.19f.

86 Homeister, Die Arbeiterbewegung in Eschwege, S.19.

87 Zur Zuordnung des Artikels vgl. ebd, S. 19.

88 Der Sozialdemokrat 1.4.1886 (Reproduktion Berlin 1970).

89 So konstatiert Müller, ebd., daß das Nachtgebet der Eschweger Arbeiterkinder wie folgt lautet: „Ich bin klein, mein Herzchen ist rein, soll Niemand drin wohnen als Lassalle allein".

90 Bartel, H., Schröder, W., Seeber, G., Wolter, H., Der Sozialdemokrat 1879-1890. Ein Beitrag zur Rolle des Zentralorgans im Kampf der revolutionären Arbeiterbewegung gegen das Sozialistengesetz, Berlin 1975, S.101.

91 Ebd.

zehn Leser kamen[92], so kann doch eine ungefähre Vorstellung vom „harten Kern" der sozialdemokratischen Sympathisanten vermittelt werden.

Nach der Reichstagswahl 1887 verschärfte sich der Druck seitens der Behörden und der Unternehmer. Zahlreiche Anhänger der SAP verloren ihre Arbeitsplätze – unter ihnen auch Müller, der Eschwege verlassen mußte und noch im gleichen Jahr in Zürich starb[93]. Seine Nachfolge trat Wilhelm Hugo an, der die Organisation in der Folgezeit ausbaute. Die Partei fungierte in diesen Jahren unter den verschiedensten Namen. Nannte sie sich im Jahre 1889 noch „Arbeiter-Wahlverein" und „Verein für volkstümliche Wahlen", so hieß sie 1890 „Verein für Volkswohl und volkstümliche Wahlen" und Arbeiter-Partei"[94]. Ein großer Erfolg für die Partei bedeutete der in Eschwege stattfindende erste hessische Parteitag der SPD im Jahre 1890[95], auf dem 32 Delegierte aus allen Teilen der Region vertreten waren[96]. Etwa um diese Zeit teilte Hugo die Stadt Eschwege in 15 Agitationsbezirke auf, denen je ein Vertrauensmann vorstand[97]. Der Fall des Sozialistengesetzes leitete aber zunächst keinen Aufschwung ein. Ein Massenstreik der Tabakarbeiter im gleichen Jahr endete mit einer schweren Niederlage; zahlreiche Arbeiter – unter ihnen Wilhelm Hugo – wurden entlassen und mußten auf der Suche nach einer neuen Beschäftigung Eschwege verlassen[98]. Hugo verlegte seinen Wohnsitz nach Schmalkalden[99], wo er – wie noch zu zeigen ist – unermüdlich für die Sozialdemokratie arbeitete. Die Mitgliederzahl der Partei sank von 200 auf 60, bevor sie im Jahr 1892 wieder auf 120 anstieg[100]. Im gleichen Jahr kehrte Wilhelm Hugo wieder nach

---

92 Fricke, D., Die deutsche Arbeiterbewegung 1869-1914. Ein Handbuch über ihre Organisation und Tätigkeit im Klassenkampf, Berlin 1976, S.394f.
93 Homeister, Die Arbeiterbewegung in Eschwege, S.20 u. S.146.
94 Fritsche, 100 Jahre SPD in Eschwege, S.20f.
95 Homeister, Die Arbeiterbewegung in Eschwege, S.20.
96 Geheime Mitteilung an den Regierungspräsidenten Rothe über den Parteitag der SPD in Eschwege, Historisches Staatsarchiv Gotha (HiStA Gotha), Landratsamt Schmalkalden, Nr.200: Die Überwachung der sozialdemokratischen und anarchistischen Bewegung.
97 Fritsche, 100 Jahre SPD in Eschwege, S.22.
98 Homeister, Die Arbeiterbewegung in Eschwege, S.22; Klein, Die Zeitungsberichte des Regierungspräsidenten an seine Majestät, S.467f.
99 Schmalkalder Kreisblatt 20.1.1891, Nr.8.
100 Homeister, Die Arbeiterbewegung in Eschwege, S.23.

Eschwege zurück. Seit 1892 verfügte die Eschweger Sozialdemokratie mit dem Genossenschaftscasino „Thalia" über ein eigenes Versammlungslokal. Einen größeren Raum erhielt die Partei im gleichen Jahr, als die Hamburger Genossenschaftsfabrik in Eschwege eine Filiale eröffnete und vornehmlich „politisch vorbelastete" Arbeiter einstellte[101]. 1893 wurde in Eschwege, „um die gewerkschaftliche Arbeit zu verbessern und um die Organisation gegen die Übermacht und den Druck der Unternehmer zu stärken", ein Gewerkschafts-Kartell gegründet, deren Vertrauensmann Wilhelm Hugo war[102]. Den erneuten Aufschwung der Bewegung belegt auch die Abhaltung eines zweiten Parteitages der SPD in Eschwege im Jahre 1896[103]. Unter Friedrich Hoßbach, der 1905 Vorsitzender wurde, nahm der Aufwärtstrend seinen Fortgang[104]. Seit den 90er Jahren des 19. Jahrhunderts bis zum Ausbruch des Ersten Weltkrieges schwankte die Mitgliederstärke der SPD zwischen 100 und 300[105]. Neben Kassel stellte Eschwege für die nordhessische SPD eines ihrer wichtigsten Zentren dar, wobei die Eschweger Sozialdemokraten sich hinsichtlich der Taktik und Programmatik zunehmend von den Kasseler Genossen emanzipierten. Denn besonders die Erfahrungen der 90er Jahre machten deutlich, daß die von der Kasseler SPD verordneten, von wenig Kenntnis der ländlichen Verhältnisse zeugenden Agitationsmethoden im Wahlkreis Kassel 4 – vornehmlich auf dem platten Land – nur bedingt tauglich waren. Auf dem 11. hessischen Parteitag im Jahre 1901 forderten z.B. die Eschweger Vertreter, bei der Besetzung der Agitationskommission für Hessen zunehmend Delegierte der ländlichen Regionen zu berücksichtigen[106]. In einem heftigen Rededuell zwischen Wilhelm Hugo und seinem Antipoden Brinkmann aus Kassel wurden allerdings nicht nur Differenzen in dieser Frage evident, sondern es kristallisierte sich darüber hinaus ein Machtkampf um die Kandidatur für das Jahr 1903 im Wahlkreis Kassel 4 heraus, den die Kasseler Sozialdemokratie in ihrem Sinne – mit

---

101 Fritsche, 100 Jahre SPD in Eschwege, S.23.
102 Frenz, Schmidt, Wir schreiten Seit an Seit, S.55.
103 Fricke, D., Handbuch zur Geschichte der deutschen Arbeiterbewegung 1869 bis 1917, Berlin 1987, S.278.
104 Homeister, Die Arbeiterbewegung in Eschwege, S.27f.
105 Stadtarchiv Eschwege, Streikausbrüche und die Bewegung der Sozialdemokratie; Staatsarchiv Marburg, Best.180: Landratsamt Eschwege, Nr.1583 Abhaltung sozialdemokratischer Versammlungen 1910-1916; Nr.2277 Überwachung der SPD 1912-1915.
106 StaM, Best.165, Nr.706, Bd.4. fol. 279-288.

einer deutlichen Stoßrichtung gegen Hugo –, letztendlich aber vergebens, für sich entscheiden wollte[107].

Naturgemäß strahlte die sozialdemokratische Bewegung in der Kreisstadt auch auf die direkte Umgebung aus, wo bald Waldkappel, Abterode und Reichensachsen als sozialdemokratische Zentren galten[108]. Eine Schlüsselrolle nahm das Dorf Frieda ein, wo sich bereits seit den 80er Jahren des 19. Jahrhunderts eine aktive Arbeiterbewegung nachweisen läßt. Als im Jahre 1890 ein neuer Bürgermeister gewählt wurde, versagte ihm der Landrat die Ernennung, da jener in Verdacht stand, mit den Sozialdemokraten auf allzu vertrautem Fuße zu stehen[109]. 1903 wurde hier durch Heinrich Hansmann der SPD-Ortsverein gegründet, nachdem wahrscheinlich aber schon Vorgängerorganisationen bestanden hatten[110]. Von hier aus wurde in vielen Orten der näheren und weiteren Umgebung „Missionierungsarbeit" geleistet, so z.B. in Wanfried, Schwebda, Heldra und Völkershausen[111]. Frieda war in dieser Zeit das „rote Herz des Werratales"[112], ein wichtiger „politischer Kristallisationspunkt"[113], „von allen Landgemeinden des Kreises am meisten von der Sozialdemokratie durchseucht"[114]. In den Polizeiberichten der Jahre kurz vor dem Ersten Weltkrieg taucht häufig der Name des Maurers August Herzog auf, der in Frieda und Umgebung aktiv für die Verbreitung sozialistischen Gedankengutes eintrat[115]. Als im Jahre 1912 auch im Nachbarort Schwebda, „direkt vor der Nase" des Landrates Keudell, ein sozialdemokratischer Ortsverein gegründet wurde, ging die Initiative von der Friedaer Sozialdemokratie aus[116]. Zahlreiche Dokumente, die aus den Bemühungen der Behörden hervorgegangen

---

107 StaM, Best.165, Nr.706, Bd.4, fol. 344ff.

108 Herwig, J., 80 Jahre SPD-Ortsverein Frieda (Hrsg. vom Vorstand des SPD-Ortsvereins Meinhard-Frieda), 1983; S.27.

109 Herwig, J., Frieda. Lebensbedingungen und Politikverständnis 1890-1933 Schriftliche Hausarbeit zum Staatsexamen, vorgelegt an der Universität Hannover, Seminar für Wissenschaft von der Politik, 1981), S.96f.

110 Herwig, 80 Jahre SPD-Ortsverein Frieda, S.21.

111 Ebd., S.24f.

112 Herwig, Frieda. Lebensbedingungen und Politikverständnis, S.46.

113 Herwig, 80 Jahre Ortsverein Frieda, S.25.

114 Bericht des Eschweger Landrates von 1910, zitiert nach ebd., S.17.

115 StaM, Best.180: Landratsamt Eschwege, Nr.2277, fol.22; Nr.1583, fol 140.1

116 Herwig, Frieda. Lebensbedingungen und Politikverständnis, S.45.

sind, sozialdemokratische Agitatoren aktenkundig zu machen, belegen, daß die Zahl derjenigen Personen, die im Kreis Eschwege offen für die SPD eintraten, aber sehr gering war. Selbst in sozialdemokratischen Hochburgen ließen sich Parteigänger und Agitatoren nur sehr schwer oder überhaupt nicht identifizieren. Noch im Februar 1913 meldeten die zuständigen Gendarmen der Städte Wanfried und Waldkappel an den Eschweger Landrat, daß ihnen einheimische SPD-Agitatoren nicht bekannt seien[117]. Das galt auch für die meisten Dörfer, wo nur selten sozialdemokratische Führungspersonen offen ausgemacht werden konnten[118]. Da die Grenze zwischen Arbeiterturn- und Arbeitergesangvereinen auf der einen Seite und SPD-Ortsvereinen auf der anderen kaum gezogen werden konnte, ist es auch schwierig, den Organisationsgrad der SPD in den einzelnen Orten zu bestimmen. Die Briefwechsel zwischen dem Eschweger Landrat bzw. dem Staatsanwalt und den örtlichen Gendarmen belegen aber, daß sowohl die Arbeitergesangvereine in Grebendorf und Schwebda[119] als auch die Turnvereine in Reichensachsen[120] und Aue[121] eng mit der Sozialdemokratie in Verbindung gebracht wurden. Ein vornehmlicher Indikator für das Vorhandensein von versteckten Quasiorganisationen, die – in Form zwangloser Zusammenkünfte in Gaststätten oder Privathäusern – möglicherweise offizielle Ortsvereine ersetzten, stellen die Wahlergebnisse dar, die die politischen Orientierungen der Menschen nachdrücklich dokumentieren. Deshalb kann angenommen werden, daß auch in denjenigen Orten, in denen keine Ortsvereine bestanden, zumindest dann „sozialdemokratische Strukturen" vorhanden waren, wenn die SPD bei Wahlen Zustimmung erfuhr. So liegen z.B. über die Wanfrieder Sozialdemokratie so wenig Informationen und Daten vor, daß davon ausgegangen werden muß, daß im Untersuchungszeitraum kein Ortsverein existierte[122]. Trotzdem bezeugen die Wahlergebnisse aber ein ge-

---

117 Berichte der Gendarmen aus Wanfried und Waldkappel an den Eschweger Landrat; StaM Best. 180: Landratsamt Eschwege, Nr.2277, fol.22., fol.29.
118 Vgl. StaM Best.180: Landratsamt Eschwege, Nr.2277, fol.16-79.
119 StaM, Best.180: Landratsamt Eschwege, Nr.1583, fol.258-260.
120 Ebd., fol.269.
121 Ebd., fol.285.
122 Diese Vermutung, die sich auf die Quellenlage im Marburger Staatsarchiv stützt, wird verstärkt durch eine schriftliche Auskunft des Wanfrieder SPD-Ortsvereinsvorsitzenden Herrn Otto Frank vom 3.5.1996.

wisses Maß an Zustimmung für die SPD, das zweifellos Strukturen voraussetzt, die diese gedeihen ließen.

Die sozialdemokratischen Organisationen im Kreis Eschwege übten auch einen großen Einfluß auf das ferne Schmalkalden aus. Waren hier die ersten Impulse für die Arbeiterbewegung – mehr oder weniger zufällig – aus Thüringen gekommen, so wurde der weitere Ausbau planmäßig zunächst von Fritz Müller[123], dann durch Wilhelm Hugo von Eschwege aus geleitet. Schon im Jahre 1887 äußerte sich der Schmalkalder Bürgermeister besorgt über die enge Beziehung der Schmalkalder Arbeiter zu Eschwege[124]. Am 13. Januar 1890 wurde der „Wahlverein der Arbeiterpartei" gegründet, der schon drei Monate später 160 Mitglieder, meist Arbeiter aus der Kleineisenindustrie, umfaßte. Erster Vorsitzender wurde der Ahlenschmied Friedrich Groß. Später übernahm der aus Eschwege übergesiedelte Wilhelm Hugo selbst die Leitung[125]. Der rege Briefwechsel zwischen Hugo – der seit seiner Ankunft in Schmalkalden einen Zigarren- und Tabakladen führte und sich so seine wirtschaftliche Unabhängigkeit sicherte[126] – und der örtlichen Polizeibehörde aus dem Jahre 1891[127] macht deutlich, daß die Partei, die sich auch nach dem Fall des Sozialistengesetzes ständigen polizeilichen Behinderungen ausgesetzt sah, auch außerhalb des eigentlichen Wahlkampfes permanent aktiv war. Auch die Berichterstattung des Schmalkalder Kreisblattes, das in den Jahren 1891 bis 1897 in den Händen der Sozialdemokratie war, belegt dieses Faktum eindrucksvoll. So fanden – zumindest für das Jahr 1891 belegbar – im wöchentlichen Abstand Versammlungen des „Wahlvereines der Arbeiterpartei" statt[128], die durch „Volks-

---

123 Vgl. Hessische Morgenzeitung 4.2.1887, Nr.54 (Abendausgabe); Schmalkalder Kreisblatt 29.1.1887, Nr.12.

124 Brief des Schmalkalder Bürgermeisters (Adressat unklar), Stadtarchiv Schmalkalden, CI/21, Nr.15, fol.2.

125 Hess, Die politischen Verhältnisse in der Stadt und im Kreis Schmalkalden, S.96.

126 Handy, P., Zur Entwicklung der Arbeiterbewegung im Kreis Schmalkalden von ihren Anfängen bis 1914, in: „und erkenne Deine Macht!". Aufsätze zur Geschichte der Arbeiterbewegung in Südthüringen (hrsg. von den staatlichen Museen Meiningen), Meiningen 1977, S.8-25, hier: S.13.

127 Briefwechsel zwischen Wilhelm Hugo, der örtliche Polizeibehörde und dem Regierungspräsidenten, Stadtarchiv Schmalkalden CI/21, Nr.15, fol.78-84.

128 Vgl. z.B. Schmalkalder Kreisblatt 10.1.1891, Nr.4.

versammlungen"[129] und publizistische Aufrufe[130] ergänzt wurden. Die Agitation nahm derartige Ausmaße an, daß der Regierungspräsident dem städtischen Magistrat empfahl, in Schmalkalden ein Polizeikommissariat einzurichten, das sich vornehmlich der Bekämpfung der Sozialdemokratie widmen sollte. Mit dem Hinweis, die örtliche Polizeibehörde sei sehr wohl allein in der Lage, die Probleme zu meistern, gelang es aber den Schmalkalder Behörden, sich dem Anliegen des Regierungspräsidenten insoweit zu widersetzen, daß schließlich nur eine einzelne Kommissarsstelle geschaffen wurde[131]. Ab 1896 hieß die Organisation der Sozialdemokraten „Sozialdemokratischer Verein". Die Mitgliedszahlen nahmen allerdings in den folgenden Jahren ständig ab. 1896 waren nur noch 67 Personen, 1901 sogar nur 43 der Partei organisatorisch verbunden[132]. Da die Wahlergebnisse belegen, daß sozialdemokratisches Gedankengut in dieser Zeit durchaus auf fruchtbaren Boden fiel, ist aber davon auszugehen, daß die staatliche bzw. behördliche Repression, die auch nach dem Ende des Sozialistengesetzes – vor allem aber in den Jahren 1895-1899 im Zeichen der „Sammlungspolitik" gegen die Sozialdemokratie – ihren Fortgang nahm, für den Mitgliederschwund verantwortlich war. Aus der Mitgliederliste des Jahres 1896 geht hervor, daß überwiegend jüngere und teilweise noch nicht wahlberechtigte Männer der Partei angehörten, die zwar Parteiarbeit leisten konnten, als Wähler aber ausfielen. Über 70% von ihnen hatten das 35. Lebensjahr noch nicht erreicht[133]. 1889 gelangten die Sozialdemokraten in Besitz des „Schmalkalder Kreisblattes", das sie im Jahre 1897 aber wieder verloren. Redakteur war zunächst Wilhelm Hugo, der 1892 aber nach Eschwege zurückkehrte[134]. Seine Nachfolge als Vorsitzender der sozialdemokratischen Organisation trat im gleichen Jahr Amandus Schüler an, dem im Jahre 1893 der Striegelmacher

---

129 Vgl. z.B. Schmalkalder Kreisblatt 10.2.1891, Nr.17.
130 Vgl. z.B. Schmalkalder Kreisblatt 2.5.1891, Nr.52.
131 Briefwechsel zwischen dem Regierungspräsidenten und dem Magistrat der Stadt Schmalkalden, Stadtarchiv Schmalkalden CI/21, Nr.15, fol.89-97.
132 Hess, Die politischen Verhältnisse in der Stadt und im Kreis Schmalkalden, S.97.
133 Mitgliederliste der Schmalkalder Sozialdemokraten, Stadtarchiv Schmalkalden CI/21, Nr.15, fol. 41-44.
134 Hess, Die politischen Verhältnisse in der Stadt und im Kreis Schmalkalden, S.97.

Wilhelm Kirchner folgte[135]. Von 1899 bis 1918 lag die Leitung der Schmalkalder SPD schließlich in den Händen des Ahlenschmiedes Christian Kirsch, in dem die Arbeiterbewegung einen engagierten und kompetenten Vertreter fand[136]. Etwa bis zur Jahrhundertwende orientierte sich die Schmalkalder SPD hinsichtlich der Programmatik und der wahltaktischen Entscheidungen übrigens an Eschwege, wo in dieser Zeit zweifellos der Schwerpunkt der sozialdemokratischen Bewegung im Wahlkreis Kassel 4 lag. Dann gewann Schmalkalden im Vergleich zu Eschwege aber zunehmend an Bedeutung, wenngleich die von DDR-Historikern vertretene Auffassung, Schmalkalden sei seit 1905 das Zentrum der Sozialdemokratie im Wahlkreis Kassel 4 gewesen[137], sicherlich etwas überzogen ist. Die Polizeiberichte der Jahre 1908 bis 1914 dokumentieren, daß viele politische Versammlungen in den Dörfern des Kreises Schmalkalden nicht von einem Schmalkalder Redner, sondern vom Eschweger Agitator Pappenheim geleitet wurden[138]; ein wahrscheinlicher Hinweis darauf, daß Eschweges Führungsrolle innerhalb der Sozialdemokratie im Wahlkreis Kassel 4 auch nach 1900 weiterhin bestand. 1907 wurde aufgrund des Parteiorganisationsstatutes des Jenaer Parteitages von 1905 der Ortsverein in Schmalkalden reorganisiert, dem nun wieder 127 Mitglieder angehörten[139]. Das „neue Selbstbewußtsein" der Schmalkaldener Sozialdemokratie stieß übrigens schnell auf scharfen Widerstand. Die Diskussionen auf dem sozialdemokratischen Parteitag des Jahres 1901 verdeutlichen nachdrücklich, daß es – vergleichbar mit dem Gegensatz Kassel-Eschwege – hinsichtlich der organisatorischen Hierarchie zu erheblichen Spannungen mit der Kasseler Sozialdemokratie kam, wobei seitens der Kasseler Genossen, die ihre absolute Vormachtstellung in der Region Nordhessen/Südthüringen bedroht sahen, deutliche Kritik an Schmalkalden laut wurde[140]. Naheliegende Vermutungen über eventuelle Versuche der Schmalkalder SPD, Eschwege gegen Kassel zum Zwecke

---

135 Handy, Zur Entwicklung der Arbeiterbewegung im Kreis Schmalkalden von ihren Anfängen bis 1914, S.15.

136 Ebd. ff.

137 Ebd., S.15f.; Hess, Die politischen Verhältnisse in der Stadt und im Kreis Schmalkalden, S.101.

138 StaM, Best.180 (Landratsamt Schmalkalden), Nr.3593.

139 Hess, Die politischen Verhältnisse in der Stadt und im Kreis Schmalkalden, S.101.

140 StaM,. Best.165, Nr.706, fol 346.; Volksblatt für Hessen und Waldeck 27.2.1901.

der eigenen Vorteilsnahme hinsichtlich einer Korrektur im innersozialdemokratischen Kräftevergleich auszuspielen, lassen sich aber nicht nachweisen.

Wenig ist bekannt über die Arbeiterbewegung und die sozialdemokratischen Organisationen in den anderen Städten des Kreises. Nach mündlichen Überlieferungen traten sozialdemokratische Anhänger, wahrscheinlich beeinflußt von der Arbeiterbewegung in den thüringischen Orten Salzungen[141] und Schweina[142], in Brotterode noch früher auf als in Schmalkalden. Schon für das Jahr 1887 läßt sich die Existenz eines sozialdemokratischen Wahlvereins belegen[143], dessen führender Kopf der Drechsler Ernst Georg Schmidt war[144]. Macht man die Wahlergebnisse zum Maßstab, so nahm der Erfolgsweg der SPD hier aber erst ab 1893 seinen Anfang. Mit Sicherheit steht diese Tatsache in enger Verbindung zum steilen Aufschwung der Brotteroder Zigarrenindustrie seit 1892. War in einem Polizeibericht vom 13. Juni 1892 noch die Rede von 15 Mitgliedern[145], so gehörten 1897 schon 35 Personen dem Brotteroder Ortsverband der SPD an; 1911 waren es schließlich sogar 50[146]. Etwa seit der Jahrhundertwende existierten auch sozialdemokratische Vereine in Steinbach-Hallenberg und Kleinschmalkalden, die aber im wesentlichen nur in Wahlkampfzeiten in Erscheinung traten[147]. In den südlich von Brotterode gelegenen Orten Laudenbach, Elmenthal, Herges, Auwallenburg und Trusen – der späteren Gemeinde Trusetal – waren zunächst Bergarbeiter, später dann auch Zigarrenarbeiter und Metallwarenarbeiter die Träger der Sozialdemokratie, wobei erste Anstöße wahrscheinlich von der Arbeiterbewegung aus dem im Herzogtum Sachsen-Coburg und Gotha gelegenen Waltershausen ausgingen, wohin Trusetaler Bergleute Gips lieferten[148]. Eine

---

141 Freundliche Auskunft von Herrn Günther Schmidt (14.11.1995).
142 Messerschmidt, J., 110 Jahre Sozialdemokratie in Trusetal. 1886-1996, bisher unveröffentliches Manuskript (Mschr.), S.(4).
143 Schmidt, G., Entwicklung der Arbeiterbewegung in Brotterode, in: Freies Wort. Ausgabe Schmalkalden 6.6.1989, Nr.131.
144 Messerschmidt, 110 Jahre Sozialdemokratie in Trusetal, S.(6).
145 Polizeiliche Mitteilung an den Schmalkalder Landrat vom 13. Juni 1892, StaM, Best.180 (Landratsamt Schmalkalden), Nr.3722.
146 Schmidt, Entwicklung der Arbeiterbewegung in Brtterode.
147 Handy, Zur Entwicklung der Arbeiterbewegung im Kreis Schmalkalden von ihren Anfängen bis 1914, S.15.
148 Messerschmidt, 110 Jahre Sozialdemokratie in Trusetal, S.(5).

schwere Wirtschaftskrise, die schließlich in der Entlassung zahlreicher Bergleute im Jahre 1884 gipfelte, begünstigte die Entwicklung. Im Jahre 1886 erfolgte die Gründung eines Arbeiterlese- und Gesangvereins, ein Jahr später entstand – vermutlich mit der Nachbargemeinde Brotterode zusammen – ein Arbeiterwahlverein[149]. 1888 erlangten die Sozialdemokraten schließlich die Kontrolle über die im Jahre 1882 gegründete Konsumgenossenschaft. Eindeutig sozialdemokratisch dominiert war auch der Trusetaler Bergarbeiterverband, der im Jahre 1903 ins Leben gerufen wurde. Er bot den Trusetaler Bergleuten in den zahlreichen Arbeitskämpfen, die die Jahre bis zum Ersten Weltkrieg prägen sollten, einen wichtigen organisatorischen Rückhalt[150]. Die Gründung eines regulären Ortsvereines, auf Grundlage des Parteitagsstatutes von 1905, erfolgte erst im Jahre 1907[151], nachdem ein Jahr zuvor in Herges-Vogtei infolge der ständigen Spannungen zwischen Arbeiter- und Unternehmerschaft eine Gendarmeriestadtion errichtet worden war[152]. Einer der führenden Trusetaler Sozialdemokraten war Karl Storch, der im Zusammenhang mit der Streikbewegung des Jahres 1903 seine Arbeit verlor und daraufhin die Region verlassen mußte. Seit 1903 lag die Leitung der SPD dann in den Händen Friedrich Dörmers[153].

Im Steinbacher Grund, wo lange Zeit kleine Selbständige und Hausgewerbetreibende dominierend waren, organisierte sich, von Steinbach-Hallenberg abgesehen, die Arbeiterbewegung dagegen erst kurz vor dem Ersten Weltkrieg[154]. Eine bemerkenswerte Ausnahme bildete allerdings auch Oberschönau, wo die offizielle Gründung eines sozialdemokratischen Ortsvereines am 12. Mai 1898 erfolgte[155].

Auch wenn in den meisten Dörfern des Kreises Schmalkalden keine Ortsvereine existierten, so beweisen die polizeilichen Berichte an

---

149 Schriftliche Auskunft von Herrn Jürgen Messerschmidt (Trusetal vom 4.4.96.).

150 Messerschmidt, 110 Jahre Sozialdemokratie in Trusetal, S.(8).

151 Gerlach, H., Brotterode, Pappenheim, Trusetal, Steinbach bei Bad Liebenstein, Berlin, Leipzig ³1987, S.27; Messerschmidt, 110 Jahre Sozialdemokratie in Truselal, S.(8).

152 Ebd.

153 Ebd.

154 Gerlach, H., Schmalkalden, Steinbach-Hallenberg, Breitungen, Berlin, Leipzig ³1985, S.51.

155 Freundliche Auskunft von Herrn Fritz Recknagel, Unterschönau, vom September 1996.

den Landrat aber, daß vielerorts Vertrauensleute der Partei vorhanden waren, die quasi stellvertretend eine offizielle Organisation ersetzten[156].

Auch im Kreis Witzenhausen gelang es der Arbeiterbewegung und der Sozialdemokratie, sich langsam, aber sicher zu formieren, obwohl der Anfang alles andere als vielversprechend war. Nach mündlichen Überlieferungen bildete sich schon 1884 in der Kreisstadt ein „informeller Zusammenschluß einer kleinen Gruppe von Sozialdemokraten, die sich seitdem unregelmäßig in ihren Privatwohnungen trafen."[157] Ende 1889 konstituierte sich schließlich der „Wahlverein zur Erzielung volkstümlicher Wahlen in Witzenhausen", dem zu Beginn 13 Gründungsmitglieder angehörten[158]. Als wenige Wochen später die Mitgliederliste präsentiert wurde, hatten einige „Gründer" die Partei jedoch schon wieder verlassen[159]. Ständige Ein- und Austritte waren auch in der Folgezeit an der Tagesordnung. Mitte 1892, also nach Aufhebung des Sozialistengesetzes, konnte der Witzenhäuser Bürgermeister befriedigt vermelden, daß der sozialdemokratische Verein praktisch aufgehört habe zu existieren[160]; eine Nachricht, die vom Regierungspräsidenten gern an Wilhelm II. weitergegeben wurde[161]. Die Ursache für den Niedergang ist zweifellos in den behördlichen Repressalien zu suchen, die auch nach der Aufhebung des Ausnahmegesetzes ihren Fortgang nahmen. Einer der häufigsten Redner auf Versammlungen der Partei in dieser Phase war übrigens Wilhelm Hugo[162] – ein deutlicher Hinweis darauf, daß, ähnlich wie in Schmalkalden, die Impulse von Eschwege ausgingen.

Schon zu Beginn des Jahres 1892 wurde mit der Gründung des „Arbeiter-Lese-Vereins" ein Neuanfang gewagt[163]. Allerdings löste sich auch dieser Verein schon im Jahre 1896 wieder auf[164]. Später bildete

---

156 StaM, Best.180 (Landratsamt Schmalkaden), Nr.3593.
157 Frenz, Schmidt, Wir schreiten Seit an Seit, S.38.
158 Tappe, J., Die Geschichte der Arbeiterbewegung in Witzenhausen (Hrsg. zum Anlaß des 100-jährigen Bestehens des SPD-Ortsvereins), Witzenhausen 1984, S.87f.
159 Ebd., S.88f.
160 Tappe, Die Geschichte der Arbeiterbewegung in Witzenhausen, S.92.
161 Klein, Die Zeitungsberichte des Regierungspräsidenten in Kassel an Seine Majestät, S. 509.
162 Tappe, Die Geschichte der Arbeiterbewegung in Witzenhausen, S.91f.
163 Ebd., S.116.
164 Ebd., S.146.

sich der Arbeiter-Fortbildungs-Verein[165], die Bezeichnung SPD-Ortsverein wurde auch in den letzten Jahren des Kaiserreiches vermieden. Besonders eng war die personelle Verknüpfung aller sozialdemokratischer Vereine mit dem gewerkschaftlichen Tabakarbeiterverband[166]. Während die ersten beiden Jahrzehnte der Witzenhäuser Arbeiterbewegung untrennbar mit dem Namen August König verbunden sind, gewann um die Jahrhundertwende Louis Quadt an Bedeutung, der zunehmend die Parteiarbeit und die Wahlkämpfe organisierte[167].

Relativ spät – vermutlich im Jahre 1908 – wurde ein sozialdemokratischer Ortsverein in Hessisch-Lichtenau gegründet. Hier gab wahrscheinlich die Ansiedlung der Firma Fröhlich und Wolff und der damit verbundene Zuzug zahlreicher auswärtiger Arbeiter den entscheidenden Anstoß[168].

1905 entstand in Hessen-Nassau eine sozialdemokratische Landesorganisation. Die Provinz wurde dabei in zwei Agitationsbezirke aufgeteilt, wobei die Agitation in den Kreisen Eschwege, Schmalkalden und Witzenhausen von nun an zentral von Kassel aus geleitet wurde[169].

Wie dargelegt, gedieh die Sozialdemokratie naturgemäß am besten in den Städten und deren Umfeld. Im ländlichen Bereich hatte sie dagegen zunächst wenig Anhänger. Der starke Druck, der auch nach Aufhebung des Sozialistengesetzes auf die SPD ausgeübt wurde, förderte in besonderer Weise eine spezielle sozialdemokratische Kultur, die ihren Ausdruck in den unterschiedlichsten Aktivitäten und Festlichkeiten fand, so z.B. in den Feiern zum 1. Mai. Die ständige Diskriminierung als „Reichsfeinde" führte zwangsläufig zu einer Abgrenzung von der bürgerlichen Gesellschaft, die sich ihrerseits ebenfalls energisch gegen alle sozialdemokratische Einflüsse sperrte. Zu den ersten Organisationen, die diese Abgrenzung vollzogen, gehörten die Kriegervereine, die solche Mitglieder ausschlossen, die

---

165 Ebd., S.149

166 Ebd., S.120.

167 Ebd., S.148.

168 Heyner, G., Hessisch Lichtenau. Von 1890 bis 1918, in: 700 Jahre Hessisch Lichtenau 1289-1989. Beiträge zur Heimatkunde, Hessisch Lichtenau 1989, S.117-134, Hier: S.130.

169 Hess, Die politischen Verhältnisse in der Stadt und im Kreis Schmalkalden, S.101.

im Verdacht standen, mit der SPD zu sympathisieren. Auch in der Armee war wenig Platz für Leute, deren „deutsche Gesinnung" zweifelhaft war. So forderte z.b. der Oberpräsident der Provinz Hessen-Nassau den Schmalkalder Landrat im Jahre 1894 auf, freiwillige Eintritte von Sozialdemokraten zum Militärdienst möglichst zu unterbinden[170]. G.A. Ritter bemerkt treffend zur Lage der Sozialdemokratie im gesamten Reich: „Die von außen aufgezwungene Ghettoposition hat die Selbstisolierung der Partei als Reaktion verstärkt"[171]. Die Auseinandersetzungen mit dem Bürgertum gestalteten sich so grundsätzlich als ein Gegeneinander. Anders als bei den Streitereien der bürgerlichen Parteien untereinander wurde die Auseinandersetzung mit der SPD von beiden Seiten als existentielles Problem betrachtet. So bildete sich auch in einigen Städten des Wahlkreises Kassel 4 ein besonderes sozialdemokratisches Milieu heraus[172]. Vor allem in Eschwege, wo zum einen in der Altstadt ganze Straßenzüge fast ausschließlich von Arbeitern bewohnt wurden, zum anderen fast rein bürgerliche Wohnviertel bestanden, läßt sich eine Polarisierung von sozialdemokratischer Subkultur und bürgerlicher Vorstellungswelt konstatieren, wobei die sozialdemokratische Gesinnung ganz offen von ihren Anhängern gezeigt wurde. In anderen Orten dagegen vollzog sich das Bekenntnis zur SPD weitgehend im Verborgenen, da schon die Teilnahme an sozialdemokratischen Versammlungen den Verlust des Arbeitsplatzes nach sich ziehen konnte[173].

Über die Mitgliedsstärke der SPD im gesamten Wahlkreis Kassel 4 lassen sich zuverlässige Angaben erst für die Endphase des Kaiserreiches machen. 1911 gehörten der SPD 835 Mitglieder[174] an; ein

---

170 Anweisung des Oberpräsidenten der Provinz Hessen-Nassau an den Schmalkalder Landrat vom Sept. 1894; HiStA Gotha, Landratsamt Schmalkalden, Nr.200.

171 Ritter, G.A., Die Sozialdemokratie im deutschen Kaiserreich in sozialgeschichtlicher Perspektive, in: HZ 249/2, 1989, S.295-362, hier: S.303.

172 Vgl. Ritter, G.A., Die Deutschen Parteien 1830-1914, Göttingen 1985, S.59f.

173 Der Polizeibericht über eine sozialdemokratische Versammlung in Herrenbreitungen vom 10.10.1911 vermerkt, daß die Arbeiter eines Gewerbebetriebes aus Angst um ihre Arbeitsplätze auf eine Teilnahme verzichtet hatten; StaM, Best.180 (Landratsamt Schmalkalden), Nr.3593.

174 Protokoll über die Verhandlungen des Parteitages der Sozialdemokratischen Partei Deutschlands 1911, S.74.

Jahr später waren es schon 1185 Parteigenossen[175] – übrigens fast ausschließlich Männer.

Auf Reichsebene machte die Arbeiterpartei manche Wandlung durch. Nach Aufhebung des Sozialistengesetzes änderte sie den Parteinamen von „Sozialistischer Arbeiterpartei", wie sie seit 1875 geheißen hatte, in „Sozialdemokratische Partei Deutschlands" (SPD) um[176]. Das Erfurter Programm von 1891, eine „popularisierte und verkürzte Fassung der Lehren von Marx und Engels"[177], das bis 1921 seine Gültigkeit haben sollte, beinhaltete zahlreiche Vorschläge zur gesamtgesellschaftlichen Demokratisierung. So wurde u.a. das Verhältniswahlrecht, die volle Gleichstellung der Frau, die Trennung von Staat und Kirche, und der 8-Stundentag gefordert[178]. Im Jahre 1892 wurde August Bebel Parteivorsitzender. Dieses Amt sollte er bis zu seinem Tode 1913 inne behalten. Bereits 1894, nachdem die bayerischen Sozialdemokraten in ihrem Landtag für das Gesamtbudget der Regierung gestimmt hatten[179], zeichnete sich ein erbitterter Kampf zwischen Revolutionären und Reformisten ab, der in der Folgezeit die Partei belasten sollte. Besonders zwischen Bebel und Eduard Bernstein, der die Marxschen Theorien letztendlich zugunsten einer reformfreundlichen und sozialpolitisch aktiven „Abart des Liberalismus"[180] aufgeben sollte, fanden in den folgenden Jahre heftige Auseinandersetzungen statt[181]. Zwar wurde Bernsteins Position 1903 auf dem Parteitag in Dresden zurückgewiesen[182], in der Zeit bis zum Ersten Weltkrieg gewann sie aber trotzdem mehr und mehr an Gewicht. Das galt auch im besonderen Maße für Nordhessen, wo sich die Kasseler Sozialdemokratie unter dem Einfluß Philipp Scheide-

---

175 Protokoll über die Verhandlungen des Parteitages der Sozialdemokratischen Partei Deutschlands 1912, S.76.

176 Lehnert, Sozialdemokratie zwischen Protestbewegung und Regierungspartei, S.80.

177 Tormin, W., Geschichte der deutschen Parteien seit 1848, Stuttgart, 1966, S.117.

178 Vgl. Huber, Struktur und Krise des Kaiserreichs, S.109.

179 Lehnert, Sozialdemokratie zwischen Protestbewegung und Regierungspartei, S.88.

180 Treue, W., Die deutschen Parteien. Vom 19. Jahrhundert bis zur Gegenwart, Frankfurt a.M., Berlin, Wien 1975, S.86.

181 Hirsch, H., August Bebel, Reinbek bei Hamburg 1988, S.80ff.

182 Grebing, H., Arbeiterbewegung. Sozialer Protest und kollektive Interessenvertretung, München ²1987, S.116

manns und Wilhelm Pfannkuchs revisionistischen Positionen öffnete[183].

Seit 1884 lassen sich im Wahlkreis Kassel 4 sozialdemokratische Kandidaturen nachweisen. Zunächst stellte sich der Thüringer Sozialistenführer Wilhelm Bock zur Wahl; ihm folgte 1887 und 1890 der aus Kassel stammende Tischler Wilhelm Pfannkuch. 1893 und 1895 kandidierte der Redakteur des „Volksblattes" Heinrich Huhn. 1898 trat erstmalig Wilhelm Hugo an, der sich um den Aufbau der SPD im Wahlkreis Kassel 4 zahlreiche Verdienste erworben hat und zwischen 1890 und 1899 auf sechs Parteitagen als Delegierter vertreten war.[184] Neben dem Nationalliberalen Richard Harnier und dem Freikonservativen Hermann v. Christen war er, aus der Retrospektive betrachtet, die dritte große Persönlichkeit in der Geschichte der Reichstagswahlen des Wahlkreises Kassel 4 im Kaiserreich[185]. Auch in den Jahren 1903 und 1904 kandidierte er für die SPD. 1907 folgte ihm Friedrich Eckhardt und 1912 schließlich der dem rechten Parteiflügel zuzuordnende Georg Thöne[186], dessen Kandidatur für die SPD der Region einen historischen Wendepunkt markieren sollte.

---

183 Hess, Die politischen Verhältnisse in der Stadt und im Kreis Schmalkalden, S.101.

184 Schröder, H.W. (Bearb.), Sozialdemokratische Reichstagsabgeordnete und Reichstagskandidaten 1898-1918. Biographisch-Statistisches Handbuch (Handbücher zur Geschichte des Parlamentarismus und der politischen Parteien 2), Düsseldorf 1986, S.136.

185 Beier, G., Arbeiterbewegung in Hessen, erwähnt Wilhelm Hugo allerdings mit keinem Wort.

186 Fricke, Handbuch der Geschichte der deutschen Arbeiterbewegung, S.697; Hess, Die politischen Verhältnisse in der Stadt und im Kreis Schmalkalden, S.101.

V. Die Jahre der nationalliberalen Vorherrschaft. Von der ersten Wahl zum Norddeutschen Reichstag 1867 bis zur Reichstagswahl 1878

1. Vorbetrachtungen – Die Problematik der Quellenlage

Der ursprüngliche Absicht dieser Untersuchung, jeder einzelnen Wahl gleiches Gewicht und gleichen Raum zu geben, steht ein schwerwiegender Sachverhalt gegenüber, der letztendlich doch den Ausschlag zu einer zusammenhängenden Betrachtung der Jahre 1867 bis 1878 geben muß. Das Dezennium bildet, nimmt man Verlauf und Ergebnisse der Wahlen zum Maßstab, zwar eine klare innere Einheit, doch würde diese allein die zusammenfassende Vorgehensweise nicht rechtfertigen. Die Quellenlage betreffend liegen nämlich erst seit 1878 genügend Materialien vor, aus denen sich hinsichtlich des Wahlkampfes und der Wahlentscheidung ein – einigermaßen – fundiertes Bild der Ereignisse zeichnen läßt. Die Jahre 1867 bis 1877 lassen sich dagegen wesentlich schlechter rekonstruieren. Dieser bedauernswerte Umstand ist allerdings weniger auf einen Verlust der Quellen zurückzuführen, sondern vielmehr in der Tatsache zu suchen, daß die Wahlen der ersten Jahre von den Zeitgenossen kaum dokumentiert wurden. Der „Quellenmangel" ist auf das engste – nimmt man spätere Wahlen zum Maßstab – mit einer weitgehenden Interesselosigkeit der Zeit an wahlpolitischen Entscheidungen verknüpft. Da in den Jahren 1867-1877 kaum Wahlkämpfe stattfanden und die Entscheidungen – bei niedriger Wahlbeteiligung – immer recht deutlich ausfielen, erübrigte sich für die Beteiligten sowohl die Anfertigung von Flugblättern und Wahlkampfplakaten als auch die ausführliche Berichterstattung der Wahlbewegung in den Medien, wobei sich die Presselandschaft in den ersten Jahren sowieso weitaus eintöniger präsentierte als in späterer Zeit. Überraschend ist auch, daß, hinsichtlich der Wahlergebnisse, von den offiziellen und inoffiziellen Medien – von wenigen Ausnahmen einmal abgesehen – keine genauen Angaben bezüglich der regionalen Entscheidungen gemacht wurden. Meist erfuhr der Leser lediglich das Gesamtergebnis; eine Tatsache, die es dem heutigen Betrachter gänzlich unmöglich macht, auch nur annähernd genaue Wahlanalysen zu bieten.

Diese Quellenprobleme sind es also, die, verbunden mit den Tatsachen, daß sich die Wahlen bis 1877 weniger Interesse durch die Zeitgenossen erfreuten als in den folgenden Jahren und auch hinsichtlich ihres Verlaufes weniger interessant und „spannend" waren, eine zusammenfassende Betrachtungsweise des ersten Jahrzehnts notwendig machen. Um die innere Einheit nicht zu sprengen, wurde das Jahr 1878 ebenfalls in dieses zusammenfassende Kapitel mit einbezogen, obwohl die günstigere Quellenlage eine eigenständige Betrachtung erlaubt hätte. In Hinblick auf 1881 ist dieses Verfahren aber sinnvoll, denn dieses Jahr stellte nämlich insofern eine klare Zäsur dar, als es das Ende der nationalliberalen Vorherrschaft markiert.

2. Die Wahl zum konstituierenden Reichstag des Norddeutschen Bundes am 12.2.1867

Erst wenige Monate waren seit der Niederlage Kurhessens und der anschließenden Okkupation durch Preußen vergangen, als die Bürger der Region zu den Wahlurnen gerufen wurden. Zwar hatte das Gesetz vom 29.9.1866 bestimmt, daß die Einwohner des alten Kurhessens während des „Diktaturjahres" bis zur Einführung der preußischen Verfassung zum 1.10.1867 zunächst von der Gestaltung ihrer eigenen Angelegenheiten ausgeschlossen blieben[1], doch diese Einschränkung galt nicht für die Wahlen des Norddeutschen Bundes, der nach Auflösung des Deutschen Bundes an dessen Stelle getreten war. Hinsichtlich der neuen politischen Verhältnisse konnte das Wahlergebnis für Berlin durchaus aufschlußreich sein; stand doch zu befürchten, daß nicht alle Bewohner der Region den neuen Machthabern wohlwollend gegenüberstanden.

Im Wahlkreis Eschwege-Schmalkalden-Witzenhausen – wie übrigens in der gesamten nordhessischen Region auch – sollten sich derartige Bedenken aber schon im Vorfeld der Wahlen als überflüssig erweisen. Hessisch-partikularistische Kräfte kamen zu Beginn des Jahres 1867 nicht zum Zuge; vielmehr sollte der in Preußen vorherrschende liberal-konservative Gegensatz auch im Wahlkreis Kassel 4, wenn auch, wie noch zu zeigen ist, unter recht eigentümlichen Begleitumständen, die entscheidende Rolle spielen.

Interessant war es, welche liberale Richtung sich im Vorfeld der Wahlen durchsetzten sollte: diejenige der entschiedenen Anhänger der Fortschrittspartei oder diejenige der Vertreter der neuen national-

---

1 Klein, Th., Provinz Hessen-Nassau und Fürstentum/Freistaat Waldeck-Pyrmont 1866-1945, in: Heinemeyer, W. (Hrsg.), Das Werden Hessens, Marburg 1986, S.563-695, hier: S.567.

liberalen Variante. Letztere hatten sich am 17. November 1866 zu einer eigenen Fraktion konstituiert, die den Namen „Nationale Partei" trug und aus der im Februar 1867 die Nationalliberale Partei hervorgehen sollte[2]. Ein Artikel der Hessischen Morgenzeitung vom 16.1.1867 dokumentiert nachdrücklich, daß die Bismarck-kritische Position der „Fortschrittler" in der nordhessischen Region keinen Anklang fand, sondern vielmehr die Vertreter der nationalliberalen Richtung dominierend waren. Unter dem Titel „Selbstkritik des deutschen Liberalismus"[3] wurden Politik und Taktik der Deutschen Fortschrittspartei während des Verfassungskonfliktes einer scharfen Kritik unterworfen. Mit der Forderung „Der Liberalismus muß regierungsfähig werden"[4] empfahl die Hessische Morgenzeitung ihren Lesern nachdrücklich die nationale Variante des Liberalismus.

Überraschend bahnte sich zwischen Konservativen und Liberalen eine Einigung an. Um politische Auseinandersetzungen zu vermeiden, fand sich in Kassel ein Komitee zusammen, dessen Ziel es war, für jeden nordhessischen Wahlkreis einen geeigneten Kandidaten zu finden, der sich dann konkurrenzlos zur Wahl stellen sollte[5]. In Eschwege wurde diese Empfehlung schnell in die Tat umgesetzt. Am 16. Januar fand eine von Honoratioren aus Eschwege und Umgebung einberufene Versammlung im Gasthof „Zur goldenen Krone" statt[6], in deren Verlauf ein, unter der Leitung der Honoratioren Höfling und Döhle stehendes, zwölfköpfiges Wahlkomitee gebildet wurde, dem neben sonstigen politischen und wirtschaftlichen Entscheidungsträgern aus Eschwege auch die Bürgermeister aus Niederdünzebach und Langenhain sowie Vertreter aus Wanfried, Bischhausen, Hoheneiche und Langenhain angehörten[7]. Nach lebhafter Debatte und dem Verzicht des Landbaumeisters Arend, dessen Kandidatur zunächst ebenfalls in die Diskussion gebracht worden war, wurde schließlich der Obergerichtsanwalt Dr. Richard Harnier einstimmig zum Kandidaten ausgerufen. Dieser Beschluß wurde den Komitees

---

2   Huber, E.R., Deutsche Verfassungsgeschichte seit 1789, Bd. IV: Struktur und Krisen des Kaiserreiches, Stuttgart, Berlin, Köln, Mainz 1969, S.65; Wende, F. (Hrsg.), Lexikon zur Geschichte der Parteien in Europa, Stuttgart 1981, S.114.
3   Hessische Morgenzeitung 16.1.1867, Nr.2567.
4   Ebd.
5   Wochenblatt für den Landraths-Bezirk Eschwege 12.1.1867, Nr.2.
6   Hessische Morgenzeitung 18.1.1867, Nr.2569.
7   Ebd.

in Schmalkalden und Witzenhausen mitgeteilt.[8] Während sich die Witzenhäuser Honoratioren der Kandidatur Harniers bereitwillig anschlossen[9], kam es aber bald mit dem Schmalkaldener Komitee zu Problemen, die einen erhofften Konsens erheblich gefährdeten. Zwar signalisierten die Honoratioren des Kreises Schmalkalden, unter denen sich zahlreiche Bürgermeister befanden[10], Verständigungsbereitschaft, machten jedoch gleichzeitig ihre Zustimmung von einem „politischen Glaubensbekenntnis"[11] des Kandidaten abhängig. Da Harnier dieser Aufforderung nachkam, schien einer Einigung zunächst auch nichts mehr im Wege zu stehen. Das ungeschickte Verhalten der Komitees in Kassel und Eschwege sorgte jedoch für eine überraschende Wende. Auf einer am 24. Januar in Guntershausen stattfindenden Versammlung der wichtigsten Wahlkomitees des Regierungsbezirkes Kassel erklärte der Vertreter des Eschweger Wahlauschusses, Döhle, die Schmalkalder Entscheidung – die erst am 3. Februar fallen sollte – nicht abwartend, Richard Harnier zum alleinigen Kandidaten des Wahlkreises Kassel 4[12]. Das Zentralkomitee bestätigte daraufhin Harnier und empfahl in einer Anzeige seine Wahl[13]. Die Schmalkalder Entscheidungsträger fühlten sich verständlicherweise infolge dieser Entscheidung bevormundet und hintergangen. Auf der Wählerversammlung im „Rosenau" am 3. Februar stimmten sie gegen Harnier und erklärten sich, nach dem Verzicht des zuvor ins Gespräch gebrachten Schulinspektors Hasselbach, für die Kandidatur des Freikonservativen Edwin Henry v. Bischoffshausen[14], der vom Zentralkomitee bereits für den Wahlkreis Kassel 7 (Fulda-Schlüchtern-Gersfeld) empfohlen worden war. Damit drohte nun genau das einzutreten, was das Komitee in Kassel verhindern wollte, nämlich eine Doppelkandidatur[15]. Nur wenige Tage später lehnte v. Bischoffshausen, nach einer Meldung der Hessischen Mor-

---

8   Ebd.
9   Wochenblatt für den Landraths-Bezirk Eschwege, 2.2.1867, Nr.5 (Extrabeilage).
10 Vgl. Wahlaufruf im Wochenblatt für den Regierungs-Commissions-Bezirk Schmalkalden 19.1.1867, Nr.3.
11 Wochenblatt für den Landraths-Bezirk Eschwege 2.2.1867, Nr.5 (Extrabeilage).
12 Hessische Morgenzeitung 29.1.1867, Nr.2580.
13 Hessische Morgenzeitung 30.1.1867, Nr.2581.
14 Hessische Morgenzeitung 5.2.1867, Nr.2587.
15 Vgl. Wochenblatt für den Landraths-Bezirk Eschwege, 12.1.1867, Nr.2.

genzeitung, eine Kandidatur im Wahlkreis Kassel 4 jedoch entschieden ab[16].

Am 12. Februar endete die Wahlentscheidung schließlich mit einem erstaunlichen Resultat. Harnier siegte deutlich mit 68,3%[17], wobei er in Eschwege fast alle Stimmen bekam. In Schmalkalden, wo im übrigen 5 Personen trotz offensichtlicher Wahlberechtigung nicht zur Wahl zugelassen werden konnten, da sie irrtümlicherweise nicht in den Wahllisten verzeichnet waren[18], siegte dagegen v. Bischoffshausen, der von 758 abgegebenen Stimmen 746 für sich verbuchen konnte[19]. Da für die anderen Orte leider keine Ergebnisse vorliegen, lassen sich zwar nur Vermutungen anstellen, doch scheint sicher, daß Harnier seine Anhänger fast ausschließlich in den Kreisen Eschwege und Witzenhausen fand, sein freikonservativer Gegenkandidat dagegen überwiegend im Kreis Schmalkalden gewählt wurde. Eine Bestätigung liefert eine Meldung der Hessische Morgenzeitung, die hier von einer aufwendigen und erfolgreichen Wahlschlacht zugunsten v. Bischoffshausen spricht[20].

Betrachtet man die Wahl zum konstituierenden Reichstag des Norddeutschen Bundes im Wahlkreis Kassel 4 zusammenfassend, so bleiben vier Dinge bemerkenswert. Im Vorfeld der Wahlen gab es hinsichtlich der Kandidatenaufstellung Absprachen der verschiedenen Komitees mit dem erstaunlichen Ziel, Wahlkämpfe zwischen zwei Kandidaten zu vermeiden. Nicht die Parteien spielten die herausragende Rolle, sondern vielmehr die Vertrauensmänner der jeweiligen Wahlkreise. Der Versuch, die Wahl möglichst harmonisch zu gestalten und ihr im Grunde genommen ihren „kompetitiven"[21] Charakter zu nehmen, zeugt von einer Auffassung, die dem eigentlichen Sinn von wahlpolitischen Entscheidungen widersprach, zumindest aber den Parteien wenig Bedeutung beimaß. Diese Feststellung wird durch das Wahlergebnis bestätigt, das die zweite bemerkens-

---

16 Hessische Morgenzeitung 7.2.1876, Nr.2589.
17 Klein, Th., Die Hessen als Reichstagswähler. Tabellenwerk zur politischen Landesgeschichte 1867-1933, Bd.1: Provinz Hessen-Nassau und Waldeck-Pyrmont 1867-1918, Marburg 1989, S.212.
18 Hessische Morgenzeitung 14.2.1867, Nr.2596
19 Klein, Die Hessen als Reichstagswähler, S.212.
20 Hessische Morgenzeitung 14.2.1867, Nr.2596.
21 Als kompetitiv gelten nach Woyke, W., Stichwort Wahlen, Bonn ^{8}1994, S.18.nur Wahlen, in denen sowohl Wahlfreiheit als auch Auswahlfreiheit gegeben sind.

werte Tatsache darstellt. Die Stimmen für v. Bischoffshausen waren nicht das Ergebnis einer bewußten wahlpolitischen Entscheidung der Wähler, sondern vielmehr Folge einer Wahlempfehlung der gekränkten Schmalkalder Honoratiorengruppe, die sich „durch das vormundschaftliche Auftreten des Kasseler und Eschweger Wahlausschusses verletzt fühlte"[22]. Die Entscheidung zugunsten einer Partei oder eines Kandidaten fiel also zunächst im engeren Kreis der Honoratioren, deren Favorit vom Wahlvolk eigentlich nur noch bestätigt werden mußte. Hätte der Eschweger Wahlausschuß etwas geschickter agiert, hätte es ja nur einen Kandidaten gegeben, dessen Erfolg bereits gewiß war.

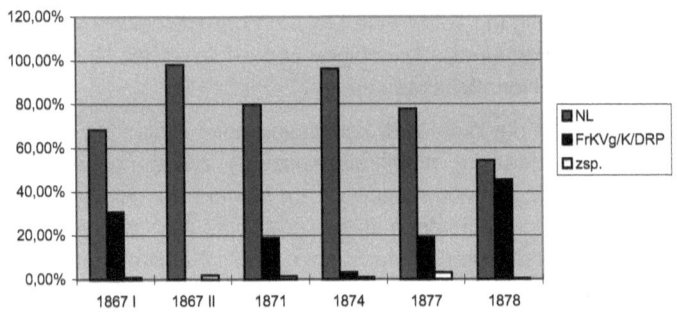

Drittens bleiben die Ereignisse erwähnenswert, die sich nach der Schmalkalder Wahlversammlung abspielten. Glaubt man der Hessischen Morgenzeitung, so nahm v. Bischoffhausen die ihm angetragene Kandidatur nicht an. Da er ja bereits mit Billigung des Kasseler Wahlausschusses im Wahlkreis Kassel 7 kandidierte, wäre eine zweite Kandidatur ja auch recht problematisch gewesen. Der Kandidat der FrKVg – oder besser der Schmalkalder Honoratioren – ist also möglicherweise gegen seinen Willen, quasi als Objekt des Schmalkalder Lokalpatriotismus gewählt worden, ein Vorgang der durch das Wahlrecht aber durchaus legitimiert war.

Viertens und abschließend bleibt festzustellen, daß – angesichts der bisher bemerkten Ergebnisse nicht weiter verwunderlich – sozioöko-

---

22   Hessische Morgenzeitung 14.2.1867, Nr.2596.

nomische Gründe nicht den geringsten Ausschlag für die wahlpolitische Entscheidung gaben. In der Wahl am 12. Februar 1867 entschied sich ein Kreis gegen zwei andere Kreise, aber keinesfalls Klassen gegen Klassen.

3. Die Wahl zur 1. Legislaturperiode des Reichstages des Norddeutschen Bundes am 31.8.1867

Am 1. Juli 1867 trat die Verfassung des Norddeutschen Bundes in Kraft; für Ende August waren die Stimmberechtigten aufgerufen, erneut ihren parlamentarischen Vertreter zu wählen. Diesmal trat etwas ein, das schon im Februar beinahe Wirklichkeit geworden war. Als die Nationalliberalen am 20. August auf einer Versammlung in Eschwege erneut Richard Harnier nominierten[23], fand sich im Wahlkreis Kassel 4 für ihn kein Gegenkandidat – ein Vorgang der in Geschichte der Reichstagswahlen der drei Kreise Eschwege, Schmalkalden und Witzenhausen einmalig bleiben sollte. Ob es, wie im Februar, von seiten der Schmalkalder Honoratioren erneut Versuche gab, gegen das Eschweger Komitee zu opponieren, läßt sich wohl nicht mehr ermitteln. Tatsächlich blieb zwischen der Nominierung Harniers und dem Wahltermin auch nur eine relativ kurze Zeitspanne von 11 Tagen. Interessant ist, daß der Eschweger Wahlausschuß im Gegensatz zur Wahl im Januar, möglicherweise ein Indiz für nachlassendes politisches Interesse bei einigen örtlichen Entscheidungsträgern, nur noch aus fünf Personen bestand.

Den Kern des nationalliberalen Wahlprogrammes bildete die weitgehende Akzeptanz der Verfassung des Norddeutschen Bundes[24], verbunden mit der Forderung nach Vollendung der deutschen Einheit[25]. Aber auch Themen von regionalem Interesse wurden angesprochen, so die Tabaksteuer und der Ausbau des Eisenbahnnetzes[26].

Da sich Harnier als einziger Kandidat den Wählern stellte, war der Sieg natürlich eine reine Formsache. Einer möglichen niedrigen Wahlbeteiligung, die als Interessenlosigkeit oder gar als versteckte Opposition gewertet werden konnte, galt es aber vorzubeugen,

---

23 Wochenblatt für den Landraths-Bezirk Eschwege 17.8.1867, Nr.33 (Beilage).

24 Vgl. Hessische Morgenzeitung 6.8.1867, Nr.2765.

25 Vgl. Hessische Morgenzeitung 21.8.1867, Nr.2780.

26 Wahlaufruf für Harnier, in: Wochenblatt für den Landraths-Bezirk Eschwege 24.8.1867, Nr.34.

konnte sie doch den sicheren Erfolg nachhaltig trüben. So appellierten die Nationalliberalen ausdrücklich an die Selbstachtung und an den Patriotismus der Wahlberechtigten: „Laßt uns, liebe Mitbürger, durch eine lebhafte Beteiligung an der Wahl unseres Vertreters uns selbst ehren und ein Zeugnis dafür ablegen, daß wir in der Liebe zum Vaterlande keinem anderen Wahlkreis nachstehen!"[27].

Diese Forderung sollte allerdings seine Wirkung gründlich verfehlen. Als am 31. August die Entscheidung gefallen war, mußte das Ergebnis sowohl von Harnier als auch von der gesamten nationalliberalen Anhängerschaft mit zwiespältigen Gefühlen aufgenommen werden. Die Auszählung der Stimmzettel brachte zwar den erwarteten Erfolg – 98% der Wähler stimmten für Harnier[28] –; die Wahlbeteiligung blieb allerdings erheblich hinter den Erwartungen zurück. Wie hoch sie genau war, läßt sich nicht belegen, da leider keine Angaben über die Zahl der Wahlberechtigten vorliegen. Nimmt man die Zahl der Wahlberechtigten aus dem Jahre 1871 zum Maßstab (19316)[29], so läßt sich die Wahlbeteiligung aber zumindest erahnen. Knapp 6000 Stimmen wurden im August 1867 abgegeben[30]; das ergibt – bei vorsichtiger Schätzung – eine Wahlbeteiligung von ca. 30%. Ein halbes Jahr zuvor war sie mehr als doppelt so hoch gewesen. Betrachtet man die absoluten Zahlen, so verlor Harnier etwa 2500 Stimmen[31] – nüchtern betrachtet, ein Sieg mit äußerst bitterem Beigeschmack. Bemerkenswert ist, daß gerade in Schmalkalden die Wahlbeteiligung besonders gering war. Von über 1100 Wahlberechtigten erschienen nur 146 an den Wahlurnen[32], ein Vorgang, der sicherlich nicht nur mit Wahlmüdigkeit erklärt werden kann.

Der nationalliberale Erfolg fand im übrigen seine eindrucksvolle Fortsetzung bei den – nach dem Dreiklassenwahlrecht – stattfindenden Wahlen zum preußischen Abgeordnetenhaus der Jahre 1867/68 und 1870. Im Wahlkreis 226 (Kassel 4: Kassel-Land – Witzenhausen) setzten sich sowohl Uloth (1867) als auch Dietzel (1870) gegen einen Mitbewerber aus der eigenen Partei durch (!). Im Wahlkreis 227 (Kassel 5: Eschwege-Schmalkalden) gewann 1867 der Nationallibe-

---

27 Ebd.
28 Klein, Die Hessen als Reichstagswähler, S.213.
29 Ebd., S.214.
30 Ebd., S.213.
31 Ebd.
32 Hessische Morgenzeitung 2.9.1867, Nr.2792.

rale Dircks gegen den Fortschrittler Hasselbach; bei der 1868 notwendig gewordenen Ersatzwahl siegte Dietzel, im Herbst 1868 war sein Parteifreund Gumpert erfolgreich[33].

4. Die Wahl zum Deutschen Reichstag am 3.3.1871

Die Wahl im März des Jahres 1871 stand weitgehend im Schatten des Deutsch-Französischen Krieges und der Gründung des Deutschen Reiches. Am 18. Januar war der preußische König Wilhelm im Spiegelsaal zu Versailles zum Deutschen Kaiser ausgerufen worden, formal war die Geburtsstunde des Kaiserreiches der 1. Januar 1871, der Tag, an dem die Verträge mit den süddeutschen Staaten in Kraft traten[34]. Die militärischen Auseinandersetzungen mit Frankreich waren zu Beginn des Jahres noch im vollen Gange; erst der Vorfrieden von Versailles vom 26. Februar stellte das Ende des Krieges in Aussicht. Endgültig wurde der Krieg am 10. Mai mit dem Frieden von Frankfurt a.M. beendet.

Vor diesem Hintergrund war der Wahltermin ausgesprochen problematisch, denn immerhin standen ja noch Tausende Soldaten im Felde, die zwangsweise der Wahlurne fernbleiben mußten. So sah es auch die Hessische Morgenzeitung, die am 8. Februar kritisch kommentierte: „Zudem wäre von unserem speciellen Standpunkte aus ein für die national Sache um so günstigerer Erfolg zu erwarten gewesen, wenn die heimgekehrten Krieger ihrem gewiß sehr eifrigen Wunsche Ausdruck gegeben hätten, daß nur solche Vertreter gewählt würden, welche den festen Willen haben, das, was das Schwert jener gewonnen, zu kräftigen und fortzubilden[35]".

Die großen politischen Ereignisse der Zeit fanden zwar als Themen Niederschlag in der allgemeinen Wahlbewegung, die Intensität der Wahlkämpfe, die auch in diesem Jahr alles andere als bedeutend war, wurde durch die nationale Stimmung aber keineswegs angeregt. Am 7. Februar einigten sich auf einer Versammlung in Eschwege nationalliberale Anhänger der drei Kreisstädte auf eine erneute

---

33 Kühne, Th., Handbuch der Wahlen zum preußischen Abgeordnetenhaus 1867-1918. Wahlergebnisse, Wahlbündnisse und Wahlkandidaten, Düsseldorf 1994, S.645 u. 648.
34 Nipperdey, Th., Deutsche Geschichte 1866-1918, Bd.II.: Machtstaat vor der Demokratie, München ²1993, S.80.
35 Hessische Morgenzeitung 8.2.1871, Nr.4071.

Kandidatur Richard Harniers[36]. Anders als im Sommer 1867 blieb dieser aber nicht ohne Konkurrenz. Als Kandidat der Konservativen stellte sich der Freiherr Maximilian Senfft v. Pilsach zur Verfügung[37]. Am Wahltag konnte Richard Harnier jedoch erneut triumphieren. Er verbuchte fast 80% der Stimmen[38] und konnte damit seinen konservativen Herausforderer, der 1105 Stimmen[39] auf sich vereinigen konnte, deutlich distanzieren. Allerdings muß auch dieser Erfolg der Nationalliberalen ins rechte Licht gerückt werden. Die Wahlbeteiligung betrug gerade einmal 30,4%; absolut gesehen, hatte Harnier – im Vergleich zum August 1867 – noch einmal 1200 Stimmen verloren. Da kaum Einzelergebnisse vorliegen, lassen sich über die Hochburgen der politischen Lager nur Mutmaßungen anstellen. In Großalmerode erhielt Harnier 100% der Stimmen, und auch in Allendorf votierten – von drei Stimmen abgesehen – die Wähler für ihn. Fast ungeteilte Zustimmung erlebte Harnier auch in Witzenhausen, wo übrigens kurioserweise eine von zwei Gegenstimmen auf Otto v. Bismarck entfiel[40]. Möglicherweise war die Anhängerschaft des konservativen Kandidaten wieder überwiegend im Kreise Schmalkalden zu suchen, wo Senfft v. Pilsach seit 1868 als Landrat tätig war.

Wertet man das Wahlergebnis hinsichtlich der Zustimmung der Bevölkerung zur Gründung des Deutschen Kaiserreiches, so fällt eine Beurteilung nicht nur positiv aus. Der Sieg des nationalliberalen Kandidaten ist, singulär betrachtet, zwar als Einverständnis mit der Politik Bismarcks – die durch die Nationalliberalen ja getragen wurde – zu sehen; die niedrige Wahlbeteiligung sollte aber nicht ausschließlich mit einem niedrigen Politisierungsgrad der Region erklärt werden. Zwar muß beachtet werden, daß noch viele Wahlberechtigte im Felde standen, die ihr Wahlrecht nicht wahrnehmen konnten. Trotzdem muß aber auch die Möglichkeit bedacht werden, daß die Reichsgründung nicht bei allen Bevölkerungsteilen auf ungeteilte Ak-

---

36 Hessische Morgenzeitung 10.2.1871, Nr.4075.

37 Klein, Die Hessen als Reichstagswähler, S.214; vgl. ders., Leitende Beamte der allgemeinen Verwaltung in der preußischen Provinz Hessen-Nassau und in Waldeck, 1867-1945, Darmstadt, Marburg 1988, S.213.

38 Klein, Die Hessen als Reichstagswähler, S.214.

39 Ebd., dagegen vermerkt die Hessiche Morgenzeitung (8.3.1867, Nr. 4120) für Senfft von Pilsach nur 405 Stimmen. Sollte diese Angabe zustimmen, wäre der Anteil der ungültigen bzw. zersplitterten Stimmen bemerkenswert hoch.

40 Hessische Morgenzeitung 7.3.1871, Nr.4118 (2. Ausgabe)

zeptanz stieß. Eine „Opposition durch Wahlverweigerung" findet zwar angesichts der schmalen Quellenbasis keinen treffenden Beleg. Es bleibt aber bemerkenswert, daß in diesen „nationalen Zeiten" nicht einmal jeder dritte Wähler den Weg zur Urne fand, während auf Reichsebene immerhin jeder zweite[41] sein Recht auf Stimmabgabe nutzte. Der nationalliberale Erfolg wiederholte sich auch bei der Landtagswahl des Jahres 1873[42].

5. Die Wahl zum Deutschen Reichstag am 10.1.1874

Die Gründung des deutschen Nationalstaates blieb auf verhängnisvolle Weise mit dem jahrhundertealten katholisch-protestantischen Gegensatz verknüpft, der nun, unter anderen Vorzeichen, eine erneute Verschärfung erfahren sollte. Die Aufgabe des großdeutschen Gedankens zugunsten der kleindeutschen Lösung brachte für die deutschen Katholiken einen wenig erfreulichen Zustand. Im deutschen Kaiserreich sahen sie sich nämlich nun in eine Minderheitenposition gedrängt. Da insbesondere im Osten des Reiches die Frage der polnischen Minorität eng mit der konfessionellen Position verknüpft blieb, wurde den deutschen Katholiken in ihrer Gesamtheit plötzlich die Rolle der „Reichsfeinde" zugeschoben. Die Haltung des Papstes, der in Enzykliken und auf dem Vatikanischen Konzil seine Unfehlbarkeit propagierte bzw. den europäischen Liberalismus als Irrlehre brandmarkte[43], verschärfte die ohnehin schon angespannte Situation. Denn schließlich galt sein Angriff in Deutschland derjenigen politischen Gruppe, die als gouvermentale Partei die Regierung stützte. Die Auseinandersetzungen gipfelten schließlich im „Kulturkampf" zwischen Staat und Kirche, der überwiegend in Preußen ausgetragen wurde und auch ein zentrales Thema des Wahlkampfes 1873/74 war. Kurz vor Weihnachten 1873 richtete die Hessische Morgenzeitung harte Angriffe gegen die „Römlinge", deren angebliches „Streben nach Herrschaft der Kirche über den Staat, des Papstes über Deutschland, wie im finsteren Mittelalter"[44], nachdrücklich

---

41 Vgl. Stürmer, M., Das ruhelose Reich. Deutschland 1866-1918, Berlin 1983, (Grafik im Einband).

42 Kühne, Th., Handbuch der Wahlen zum preußischen Abgeordnetenhaus, S.645 u. 648.

43 Born, K.E., Von der Reichsgründung zum Ersten Weltkrieg, München [10]1985, S.82.

44 Hessische Morgenzeitung 23.12.1873, Nr.5822.

zu bekämpfen sei. Im Gegensatz zu einigen anderen nordhessischen Regionen war im Wahlkreis Kassel 4 der Kulturkampf allerdings ein fernes Problem, das die Kreise Eschwege, Schmalkalden und Witzenhausen angesichts ihrer konfessionellen Struktur wenig tangierte. Die Zahl der Katholiken war so gering, daß an eine Kandidatur eines Vertreters des Zentrums – der Partei des entschiedenen Katholizismus – nicht zu denken war. So wundert es nicht, daß der Wahlkampf, ähnlich wie in den vorangegangenen Jahren, in ruhigen Bahnen verlief. Die Nationalliberale Partei einigte sich erneut auf ihren bewährten Kandidaten Richard Harnier[45]; wie schon 1871 stellte sich ihm der für die Konservativen kandidierende Freiherr Senfft v. Pilsach entgegen[46]. Das Wahlergebnis fiel diesmal noch deutlicher aus als 1871. Der konservative Kandidat mußte eine vernichtende Niederlage hinnehmen; im gesamten Wahlkreis erhielt er gerade einmal 180 Stimmen (3%)[47]. Harnier konnte dagegen mit einem Stimmenanteil von 96%[48] seinen bisher größten Erfolg feiern, sieht man einmal von der Wahl 1867 (II.) ab, in der er ja ohne Gegenkandidaten auftrat.

Bemerkenswert ist das Wahlergebnis aus Allendorf, das als einziges Ortsergebnis vorliegt. Von 140 gültigen Stimmen entfielen 121 auf Harnier. Die restlichen Stimmen, immerhin 13,6%, wurden aber nicht für Senfft v. Pilsach, sondern für August Bebel (!)[49] abgegeben. Ein erster Hinweis also für das Vorhandensein einer kleinen Gruppe Anhänger der Sozialdemokratie.

Von Interesse ist auch eine Meldung der Hessischen Morgenzeitung vom 13.12.1873, in der über die Beschwerden der Stadt Großalmerode an den Handelsminister betreffend die Benachteiligung des Ortes und seiner Industrie durch den verzögerten Eisenbahnanschluß berichtet wird.[50] Die Quellen lassen leider keine Erkenntnis zu, inwieweit dieses Faktum auch zum Wahlkampfthema gemacht wurde, zumal für Großalmerode für das Jahr 1874 auch keine Wahlergebnisse vorliegen. Wie noch zu zeigen ist, sollte dieses Thema aber acht Jahre später von vornehmlicher Bedeutung sein.

---

45 Ebd.
46 Klein, Die Hessen als Reichstagswähler, S.214.
47 Ebd.
48 Ebd.
49 Ebd., S.215.
50 Hessische Morgenzeitung 13.12.1873, Nr.5806.

6. Die Wahl zum Deutschen Reichstag am 10.1.1877

Auch im Jahre 1877 trat Richard Harnier als Kandidat der Nationalliberalen an. Ende des Jahres 1876 bildeten sich in Eschwege und Schmalkaden Komitees, die seine Kandidatur unterstützten[51]. Der Kampf gegen den politischen Katholizismus war auch 1877 ein zentraler Bestandteil des nationalliberalen Wahlprogrammes. Diesmal richtete die Propaganda der Partei ihr Augenmerk allerdings auch auf die Bekämpfung der Sozialdemokratie, deren Ziele in den dunkelsten Farben geschildert wurden[52]. Die Wehrhaftigkeit des deutschen Volkes „als oberste Forderung unserer nationalen Selbsterhaltung" spielte diesmal ebenfalls eine Rolle. Das Bekenntnis zu Kaiser und Reich, verbunden mit dem Kampf gegen Zentrum und Sozialdemokratie, mußte allerdings für die Wahlberechtigten der Kreise Eschwege, Schmalkalden und Witzenhausen wenig attraktiv erscheinen. Wie schon bei der letzten Wahl, in der der Kulturkampf in den Mittelpunkt der nationalliberalen Propaganda gerückt wurde, thematisierten die Nationalliberalen erneut Dinge, die zwar auf Reichsebene von vornehmlicher Bedeutung waren, deren regionaler Bezug dagegen völlig fehlte. Wie erwähnt, bot die konfessionelle Struktur der Region keine Grundlage für ein Gedeihen des politischen Katholizismus. Auch die Sozialdemokratie erfreute sich nur geringer Zustimmung.

Wie schon in den Jahren 1871 und 1874 stellte sich für die Konservativen, trotz des Debakels bei der letzten Wahl, der Freiherr Senfft v. Pilsach als Kandidat zur Verfügung. Hatten sich bisher die Altkonservativen in ihrer Mehrheit als entschiedene Bismarckgegner gezeigt, so war im Jahre 1876 ein deutlicher Kurswechsel eingetreten. 1876 wurde die Deutschkonservative Partei gegründet, in deren Programm die Reichsgründung akzeptiert wurde[53]. Der Kulturkampf wurde dagegen als „Unglück für Volk und Reich"[54] betrachtet, da eine Schwächung der katholischen Kirche möglicherweise auch schwerwiegende Folgen für die evangelische Kirche haben konnte. In diesem Punkt bot Senfft v. Pilsach, dessen Kandidatur aber wohl eher eine Privatangelegenheit darstellte als ein parteipolitisches Be-

---

51 Hessische Morgenzeitung 4.1.1877, Nr.7669.
52 Vgl. Hessische Morgenzeitung 16.12.1876, 7643/28.12.1876, Nr.7659.
53 Hoffmann, R., Geschichte der deutschen Parteien. Von der Kaiserzeit bis zur Gegenwart, München 1983, S.85.
54 Huber, Deutsche Verfassungsgeschichte seit 1789, Bd. IV.: Struktur und Krisen des Kaiserreiches, Stuttgart, Berlin, Köln, Mainz 1969, S.29.

kenntnis[55], vielleicht eine echte Alternative zu Harnier. Hinsichtlich seines Wahlkampfes mußte sich Senfft v. Pilsach allerdings scharfe Kritik gefallen lassen. Ihm wurde vorgeworfen, sein Amt als Schmalkalder Landrat zu persönlichen Zwecken mißbraucht zu haben, indem er angeblich untergebene Beamte für seine Propaganda dienstbar gemacht hatte. Diese Angelegenheit war später sogar Gegenstand einer Parlamentsdebatte im Deutschen Reichstag, in der vornehmlich die Nationalliberalen Senfft v. Pilsachs Amtsmißbrauch tadelten[56].

Möglicherweise war die grundsätzliche Zustimmung der Altkonservativen zum deutschen Nationalstaat und die Ablehnung des Kulturkampfes für den Ausgang des Wahlergebnisses von Bedeutung. Am Wahltag errang Senfft v. Pilsach fast 20% der Stimmen[57]; im Vergleich zu 1874 konnte er seinen Anteil versechsfachen. Wahlsieger wurde erwartungsgemäß zwar wieder Richard Harnier, mit 77,8 %[58] erzielte er allerdings sein bisher schwächstes Ergebnis. Interessant ist der Ausgang der Wahl in Allendorf, der erfreulicherweise dokumentiert ist. Wie erwähnt, hatten sich hier drei Jahre zuvor 13,6% der Wähler für die Sozialdemokratie entschieden, obwohl die Partei im Wahlkreis Kassel 4 überhaupt keinen Kandidaten aufgestellt hatte. In diesem Jahr war die sozialdemokratische Anhängerschaft wieder völlig verschwunden; Harnier gewann hier fast 100% der Stimmen. Bedenklich blieb hier allerdings die Wahlbeteiligung: Nur jeder zwölfte Wahlberechtigte fand den Weg zur Wahlurne. Im gesamten Wahlkreis hatte immerhin noch fast jeder dritte sein Recht auf Wahl ausgeübt[59].

---

55 Zwar wird Senfft v. Pilsach in vielen zeitgenössischen Quellen als konservativ eingestuft, eine sichere Verbindung zur Deutschkonservativen Partei ist aber zweifelhaft. Die Extraausgabe des konservativen Hessischen Wochenblattes (15.1.1877) verzichtet bei der Bekanntgabe der Wahlergebnisse in Nordhessen bei Senfft auf eine Parteibezeichnung, während alle anderen Kandidaten einer Partei zugeordnet werden.

56 Klein, Th., Der preußisch-deutsche Konservatismus und die Entstehung des politischen Antisemitismus in Hessen-Kassel (1866-1893), Marburg 1995, S.12; Ders., Hessen im Spiegel der Wahlprüfungsverfahren (Teil I), in: Hessisches Jahrbuch für Landesgeschichte Bd. 47, 1997, S. 205-251, hier: S. 215.

57 Klein, Die Hessen als Reichstagswähler, S.215.

58 Ebd.

59 Ebd.

7. Die Wahl zum deutschen Reichstag am 30.7.1878

a. Die vorzeitige Auflösung des Reichstages und die Lage im Reich und in der Region

Auf Reichsebene bahnte sich im Jahre 1878 in vielfacher Hinsicht eine grundlegende Zäsur an. Schon lange hatte sich gezeigt, daß der politische Katholizismus und das Zentrum nicht durch Verordnungen und Repressalien auf die Knie zu zwingen waren. Vielmehr waren es Bismarck und seine liberalen Verbündeten, die als eindeutige Verlierer des Kulturkampfes dastanden. So sah sich der „Eiserne Kanzler" schließlich gezwungen, die Auseinandersetzungen mit dem Zentrum zu beenden und eine Aussöhnung mit der Partei anzustreben[60]. Dagegen geriet nun eine andere politische Richtung zunehmend in das Fadenkreuz der Kanzlerkritik: die Sozialdemokratie, die in den vorangegangenen Jahren ständig auf ein größer werdendes Wählerpotential verweisen konnte. Den geeigneten Anlaß für ein scharfes Durchgreifen gegen die Sozialdemokraten bot ein Attentat auf Kaiser Wilhelm I., das sich am 11.Mai 1878 ereignete[61]. Obwohl zwischen dem Täter, einem Schreiner namens Hödel, und der Sozialdemokratie keine Verbindungen bestanden, nahm Bismarck den Vorfall zum Anlaß, dem Reichstag ein Verbotsgesetz gegen die Sozialdemokratie vorzulegen. Obwohl gerade die Liberalen unversöhnliche Gegner des Sozialismus waren, schien ihnen ein Verbot einer Partei mit dem rechtsstaatlichen Grundsatz der Rechtsgleichheit aller Bürger nicht vereinbar. Deshalb lehnten sie zusammen mit dem Zentrum die im übrigen „flüchtig und schlecht ausgearbeitete Vorlage"[62] am 24.5.1878 ab. Bismarck schien einer schweren Niederlage entgegen zu steuern, als ihm ein geeigneter Vorfall zur Hilfe kam. Am 2. Juni 1878 wurde erneut auf den Kaiser geschossen; diesmal wurde Wilhelm I. durch den arbeitslosen Akademiker Nobiling schwer verletzt[63]. Die öffentliche Erregung, die daraufhin in Deutschland ausbrach – und die der Reichskanzler kräftig schürte – nutzte Bismarck, der sich von Neuwahlen eine gefügige Mehrheit für seine Politik erhoffte, zur Auflösung des Reichstages. Somit mußten

---

60 Born, Von der Reichsgründung zum Ersten Weltkrieg, S.141f.
61 Stürmer, M., Das ruhelose Reich. Deutschland 1866-1918, Berlin 1983, S.214.
62 Born, Von der Reichsgründung zum Ersten Weltkrieg, S.128.
63 Stürmer, Das ruhelose Reich, S.216.

also die Wähler innerhalb von neunzehn Monaten erneut zum Urnengang schreiten.

Der Wahlkampf im Reich war bestimmt von unversöhnlichen Positionen, die sich nicht nur auf das Verhältnis zur Sozialdemokratie bezogen, sondern auch auf die zukünftige Wirtschaftspolitik der Regierung. Die Wirtschaftskrise, die bereits 1873 im „Gründerkrach" ihren Anfang genommen hatte und dann in einer Depressionsphase bis 1879 anhalten sollte, führte im Deutschen Reich in breiten Bevölkerungskreisen zu einer immer größer werdenden pessimistischen Grundhaltung, die sich zunehmend in Forderungen „nach Hilfe des Staates gegen die Unsicherheiten und Umverteilungstendenzen marktwirtschaftlicher Prozesse"[64] artikulierte. Hatte sich in vielen Regionen ein allgemeines Krisenbewußtsein bereits seit einigen Jahren bemerkbar gemacht, so kam die Rezession im Wahlkreis Kassel 4 aber erst mit einer gewissen Verzögerung zum Vorschein. Vornehmlich für den Kreis Eschwege lassen sich die krisenhaften Erscheinungen ziemlich genau datieren. Zeichnete der Eschweger Landrat im Januar 1877 in seinem Bericht an den Regierungspräsidenten noch ein durchweg positives Bild vom heimischen Industriegewerbe[65], so beklagte die „Oberhessische Presse" im Juli 1878 in Hinblick auf den gesamten Wahlkreis Kassel 4 „die trostlose Geschäftslage mit welcher fast alle Branchen der Industrie und des Gewerbes zu kämpfen haben"[66].

Im Zusammenhang mit dem allgemeinen Stimmungsumschwung in Deutschland, der im Jahre 1878 besonders evident wurde, plante Bismarck eine umfassende Zoll- und Steuerreform, die sich nicht unbedingt mit einem liberalen Politikverständnis vereinbaren ließ. Das Ende der jahrelangen Zusammenarbeit zwischen dem Reichskanzler und den Nationalliberalen, das sich in den folgenden Jahren schrittweise vollziehen sollte, bahnte sich bereits an.

b. Die Nominierung der Kandidaten

Was die Kandidaten für die Wahl im Wahlkreis Kassel 4 betraf, schien sich die gleiche Konstellation wie in den vorangegangenen

---

64 Tilly, R.H., Vom Zollverein zum Industriestaat. Die wirtschaftliche-soziale Entwicklung Deutschlands 1834 bis 1914, München 1990, S.81.
65 Bericht des Eschweger Landrates an den Regierungspräsidenten vom 9.1.1877, StaM, Best.165, Nr.3145, Bd.I.
66 Oberhessische Zeitung 25.7.1878, Nr.172.

Jahren zu wiederholen; am 30. Juni meldete die Hessische Morgenzeitung, daß sich sowohl Richard Harnier als auch der Freiherr Senfft von Pilsach wieder zur Wahl stellen würden[67]. Schon einen Tag zuvor hatte ein Komitee in Wanfried ein Programm erarbeitet, dessen Inhalt der von ihnen unterstützte Kandidat zu befolgen hätte. Bei den Forderungen handelte es sich um folgende 5 Punkte: (1.) Kampf gegen die Sozialdemokratie, (2.) Erhalt der bürgerlichen Freiheit, (3.) Eintreten für eine Wirtschaftspolitik, die sich nach den Bedürfnissen der regionalen Gewerbeformen richtet, (4.) Keine Benachteiligung der Kommunen im Falle eines neuen Steuerrechtes und Ablehnung der Tabaksteuer, (5.) Revision des Wahlgesetzes[68].

Harniers Kandidatur, die am 30.6. von einer Versammlung nationalliberaler Vertrauensmänner in Kassel verkündet wurde[69], fand seine Bestätigung am 4. Juli durch die nationalliberale Partei in Witzenhausen und das nationalliberale Wahlkomitee in Eschwege[70]. Zuvor hatte Harnier die Richtlinien des „Wanfrieder Programmes" akzeptiert[71].

Senfft v. Pilsach war ebenfalls fest entschlossen, wieder als Kandidat der Konservativen um die Gunst der Wähler zu werben. Schenkt man einer Nachricht der Hessischen Morgenzeitung Glauben, so griff er dabei allerdings erneut zu unlauteren Mitteln, indem er sich, in seiner Funktion als Landrat, wie schon 1877, seiner Beamten als Wahlkampfhelfer bediente[72]. Großer Erfolg blieb Senfft v. Pilsachs Bemühungen aber nicht beschieden; schließlich sollten seine Kandidaturwünsche nämlich scheitern. Die konservativen Kräfte der Region verweigerten ihm diesmal ihre Unterstützung und machten sich auf die Suche nach einem geeigneteren Kandidaten, den sie bald in der Person des Eduard v. Wendelstadt fanden[73]. Seine Nominierung, die Anfang Juli – noch vor der Nominierung Harniers – während einer Wahlmännerversammlung in Allendorf erfolgte, fand allerdings unter recht dramatischen Umständen statt. Neben den Allendorfer

---

67 Hessische Morgenzeitung 30.6.1878, Nr.8578.
68 Hessische Morgenzeitung 2.7.1878, Nr.8580.
69 Hessische Morgenzeitung 2.7.1878, Nr.8581 (2.Ausgabe); Eschweger Kreisblatt 13.7.1878, Nr.54.
70 Hessische Morgenzeitung 5.7.1878, Nr.8586.
71 Hessische Morgenzeitung 2.7.1878, Nr.8581 (2.Ausgabe).
72 Ebd.
73 Klein, Die Hessen als Reichstagswähler, S.215.

Honoratioren traten auch Vertreter der drei Kreisstädte Eschwege, Witzenhausen und Schmalkalden auf, wobei es zwischen den Abgesandten schnell zu Differenzen kam. So erfolgte die Nominierung Wendelstadts schließlich nach „lebhafter Debatte"[74] gegen die Stimmen der Vertreter Witzenhausens, die für eine Unterstützung Harniers plädierten. Wendelstadt kandidierte übrigens nicht für die Altkonservativen bzw. die Deutschkonservativen, sondern für die Deutsche Reichspartei, die sich in ihrer bisherigen Geschichte stets als treue Verbündete Bismarcks erwiesen hatte[75]. Interessant ist, daß Wendelstadts Eintritt in die DRP erst nach seiner Nominierung erfolgte[76]; ein eindrucksvoller Beleg dafür, daß die Organisation der freikonservativen Partei kaum vorhanden war bzw. in ihrer Bedeutung klar hinter dem Charisma regionaler Persönlichkeiten zurücktrat. Wendelstadts Förderer waren im ländlich-agrarisch Milieu zu finden, aber auch im Umfeld der Eschweger Lederfabrikanten und Lohgerber, die sich einen Schutzzoll auf das billigere amerikanische Leder erhofften[77]. Glaubt man dem Bericht des Witzenhäuser Landrates an den Regierungspräsidenten vom 31.8.1878, so führte Wendelstadts Nominierung dagegen vornehmlich im Kreis Witzenhausen zu einer gereizten Stimmung unter der Bevölkerung, die sich schließlich erst am Wahltag wieder normalisieren sollte[78].

Die Nominierung der Kandidaten und ihre Begleitumstände verdeutlichen den dramatischen Wandel, der in der Region des Wahlkreises Kassel 4 innerhalb weniger Monate stattgefunden hatte. Während im Kreis Witzenhausen die Nationalliberale Partei weiterhin über eine starke Basis verfügen konnte, hatte sich in den Kreisen Eschwege und Schmalkalden eine konservative Bewegung formiert, die sich nun augenscheinlich auch auf einen bedeutenden Anhang stützen konnte. Einigen Leserbriefen und Berichten zufolge, die in der Wahlkampfphase veröffentlicht werden sollten, rekrutierte sich ein Teil

---

74 Oberhessische Zeitung 6.7.1878, Nr.156.
75 Huber, Deutsche Verfassungsgeschichte seit 1789, Bd. IV., S.37f.
76 Vgl. Anzeige im Eschweger Kreisblatt 10.7.1878, Nr.53.
77 Hessische Morgenzeitung 16.7.1878, Nr.8604.
78 Bericht des Witzenhäuser Landrates an den Regierungspräsidenten vom 31.8.1878; StaM 165, Nr.3041, Bd.12, fol.251.

dieser Anhängerschaft aus ehemaligen Nationalliberalen[79], wobei wohl vornehmlich in Eschwege eine politische Umorientierung einflußreicher Honoratioren stattgefunden hatte. So lassen sich, vorbehaltlich einer möglichen Namensgleichheit, einige „Abtrünnige" identifizieren. Standen im Jahre 1867 z.b. die Namen Georg Chr. Döhle, F.W. Döhle, J.G. Bräutigam und C. Herfurth unter dem Wahlaufruf für Richard Harnier, so bekundeten die Betreffenden nun ihre Sympathie für den freikonservativen Kandidaten.[80]

Eine mögliche Erklärung für diese Entwicklung ist zweifellos in den bereits erwähnten wirtschaftlichen Veränderungen zu finden, von denen die Industrie des Kreises im Jahre 1878 betroffen wurde und für die die konservative „Oberhessische Zeitung" die liberale Wirtschaftspolitik der vorangegangenen Jahre verantwortlich machte[81].

c. Der Wahlkampf und die Wahlkampfveranstaltungen

Auch im Wahlkreis Kassel 4 lösten die Attentate auf Kaiser Wilhelm I. nachhaltige Empörung aus. Der Eschweger Kriegerverein sandte dem Staatsoberhaupt eine Ergebenheitsadresse, in der die Mitglieder ihre „Entrüstung über jene ruchlosen Thaten"[82] kundgaben und ankündigten, den inneren Feind im Vaterlande niederzuwerfen. Weiterhin erfolgte eine Satzungsänderung des Vereins, in der bestimmt wurde, daß Personen mit sozialistischen Tendenzen in Zukunft von einer Aufnahme ausgeschlossen waren[83]. Auch für die Nationalliberalen und Richard Harnier spielte der Kampf gegen die Sozialdemokratie eine Schlüsselrolle. Nicht von ungefähr stand die Forderung nach einer offensiven Auseinandersetzung mit den Sozialisten an erster Stelle des „Wanfrieder Programmes". Daß der Kampf gegen die Sozialdemokratie und die Angst vor einem gewaltsamen Umsturz im Mittelpunkt des Wahlkampfes standen, ist so bemerkenswert, da in der Region selbst sowohl die Arbeiterbewe-

---

79 Vgl. z.B.Bericht des Hessischen Wochenblattes, 17.7.1878, Nr.57, über die Gumpert-Herfurth-Affäre; auch in Herfurths Brief an Harnier ist die Rede von einem Umschwung der Stimmung zuungunsten Harniers, der sich durch „irgend ein Vorkommniß viel(e) Feinde" gemacht haben sollte; Hessische Morgenzeitung 12.7.1878, Nr.8598.

80 Vgl. Wochenblatt für den Landraths-Bezirk-Eschwege 12.1.1867, Nr.2 u. Eschweger Kreisblatt 10.7.1878, Nr.53.

81 Oberhessische Zeitung 25.7.1878, Nr.172.

82 Hessische Morgenzeitung 19.6.1878, Nr.8558.

83 Ebd.

gung als auch die SAP nicht die geringste Rolle spielte. So konnten z.b. die Landräte der Kreise Witzenhausen[84] und Schmalkalden[85] einige Wochen später befriedigt an ihren Vorgesetzten melden, daß eine sozialdemokratische Bewegung auch nicht in Ansätzen vorhanden war. Weniger die eigene Lebenswelt und die dadurch erfahrene Realität, sondern eine „Gefahr aus der Ferne" bestimmte also das öffentliche Bewußtsein der Wahlkämpfer und der Wähler. Die Forderung einiger Handel- und Gewerbetreibenden in der Lederbranche nach Schutzzoll tangierte zwar durchaus auch handfeste regionale Interessen, der Einfluß der „Schutzzöllner" blieb aber beschränkt.

Die erregte öffentliche Stimmung zwang Harnier erstmalig dazu, einen aufwendigen Wahlkampf zu führen. In einer Rede vor seinen Anhängern fielen Worte, die eindrucksvoll Aufschluß darüber geben, wie die Wahlkämpfe der vorangegangenen Jahre geführt wurden: „Ich bin nie in die Lage gekommen, eine Wahlrede zu halten, weil man mich nie dazu aufgefordert hat. Jetzt sind derartige Aufforderungen an mich ergangen und ich werde denselben bereitwilligst Folge leisten"[86]. Die Konkurrenz der Deutschen Reichspartei, die angesichts der öffentlichen Stimmung und der zu erwartenden höheren Wahlbeteiligung als bedrohlich empfunden wurde, zwang Harnier erstmalig zu einer größeren Reisetätigkeit, die ihn zwecks Wahlkampfveranstaltungen in die verschiedensten Orte des Wahlkreises führen sollte. Am 14. Juli sprach Harnier vor 300 Zuhörern in Schmalkalden[87], am 17. Juli stellte er sich seinen Anhängern in Eschwege vor[88], wo es nach einem Bericht des „Hessischen Wochenblattes" zu heftigen Kontroversen und erbitterten Rededuellen zwischen Nationalliberalen und Konservativen kam[89]. Bei der Versammlung in Schmalkalden kam es übrigens zu einem bemerkenswerten Vorfall, der – wenn auch zunächst nur ganz schwach – schon einen Schatten auf Ereignisse warf, die erst in den 90er Jahren voll

---

84 Bericht des Witzenhäuser Landrates an den Regierungspräsidenten vom 31.8.1878.

85 Bericht des Schmalkalder Landrates an den Regierungspräsidenten vom 2.9.1878; StaM 165, Nr.3041, Bd.12, fol.275.

86 Hessische Morgenzeitung 2.7.1878, Nr.8581.

87 Hessische Morgenzeitung 16.7.1878, Nr.8604; Schmalkader Kreisblatt 17.7.1878, Nr.57.

88 Hessische Morgenzeitung 19.7.1878, Nr.8610; Eschweger Kreisblatt 20.7.1878, Nr.56.

89 Hessisches Wochenblatt 20.7.1878, Nr.58.

zum Tragen kommen sollten. Wie schon in seiner ersten Wahlrede überhaupt, in der er u.a. die Träger der Stöcker-Bewegung als Spießgesellen der Sozialdemokraten bezeichnet hatte[90], griff er in Schmalkalden die Christlich-Sozialen, deren mögliche Kandidatur im Wahlkreis Kassel 4 nie ein Thema gewesen war, vehement an. Daraufhin machte „ein noch jugendlicher Geistlicher ... seinem Aerger ... in taktloser Weise Luft"[91] und offenbarte sich den Anwesenden als Anhänger der Antisemiten.

Am 21. Juli verkündete der Kandidat der Nationalliberalen sein Programm in Witzenhausen[92]; am 23. Juli hielt Harnier seine Wahlrede in Allendorf, wo er über das Sozialistengesetz referierte und sich gegen das Tabakmonopol aussprach[93].

Wie gestaltete sich nun die Wahltätigkeit der DRP? Auf der schon erwähnten Versammlung von Vertretern der drei Kreise Eschwege, Schmalkalden und Witzenhausen in Allendorf am 3. Juli erhielt Wendelstadt nicht nur seine Bestätigung als Kandidat der Deutschen Reichspartei. Am gleichen Tag wurde auch das freikonservative Programm vorgestellt. Wie bei den Nationalliberalen stand der Kampf gegen den Sozialismus im Vordergrund sowie der Schutz des Eigentums, der Religion, der Monarchie und der Familie. Im Gegensatz zu den Nationalliberalen, die gegen Bismarcks Vorlage gegen die Sozialdemokratie gestimmt hatten, da diese das Prinzip der Rechtsgleichheit aller Bürger bedroht hätte, traten die Freikonservativen bedingungslos für die Vorlage ein und stellten sich damit als die entschiedeneren Kämpfer gegen die Sozialisten dar[94]. Vage formuliert wurden dagegen die wirtschaftspolitischen Forderungen. Der Begriff Schutzzoll wurde nicht verwendet, dafür von einem Zolltarif geredet, der „nach dem Maaße der zunehmenden Kräftigung der deutschen Gewerbethätigkeit und des vertragsmäßigen Entgegenkommens der Nachbarstaaten"[95] geregelt werden sollte.

Wendelstadts Wahlkampf scheint weniger intensiver geführt worden zu sein als derjenige Harniers. Kurz vor der Wahl verkündete die

---

90 Hessische Morgenzeitung 2.7.1878, Nr.8581.
91 Hessische Morgenzeitung 16.7.1878, Nr.8604.
92 Vgl. Ankündigung der Hessischen Morgenpost 18.7.1878, Nr.8608.
93 Werra-Bote 27.7.1878, Nr.58.
94 Eschweger Kreisblatt 13.7.1878, Nr.54 (Beilage).
95 Ebd.

Hessische Morgenzeitung schadenfroh, daß Wendelstadt in Eschwege noch keine Rede gehalten hatte[96], obwohl er gerade hier bei den Lohgerbern und Lederfabrikanten einen Rückhalt besaß. Wahrscheinlich hat Wendelstadt selbst keine einzige Veranstaltung abgehalten[97], sondern die Durchführung des Wahlkampfes seinen Anhängern überlassen.

Der Wahlkampf fand aber nicht nur in den Veranstaltungen statt. Erstmalig wurde er auch in den Zeitungen geführt, in denen sich die Anhänger der beiden Parteien in Leserbriefen und Gegendarstellungen derart harte Gefechte lieferten, daß sich auf den Wahlkreis Kassel 4 schließlich das Interesse der gesamten Region richtete[98]. Den Anlaß für eine allgemeine Vergiftung des öffentlichen Klimas bot besonders die Äußerung des Landtagsabgeordneten Karl Heinrich Gumpert, der in einer nationalliberalen Vertrauensmännerversammlung in Kassel behauptet hatte, Wendelstadt sei erst zum freikonservativen Kandidaten gekürt worden, nachdem sowohl der Oberpräsident v. Ende als auch der Landrat Groß und der Rittmeister v. Hundelshausen die an sie gerichteten Gesuche abgelehnt hätten[99]. Gumperts Behauptung, die ganz offensichtlich dahin zielte, Wendelstadts Nominierung als einen Verlegenheitsakt, Wendelstadt selbst quasi als „4. Wahl" erscheinen zu lassen, erfuhr in der Folgezeit heftigen Widerspruch. Nachdem die energischen Dementis v. Endes und v. Hundelshausens[100] hinsichtlich der angeblichen Anfragen die Glaubwürdigkeit Gumperts erheblich erschüttert hatten, beging dieser einen zweiten schweren Fehler. Um ein führendes Mitglied des freikonservativen Wahlkomitees namens Herfurth, das früher im nationalliberalen Lager gestanden hatte, zu diskreditieren, veröffentlichte Gumpert dessen privaten Brief an Richard Harnier, in dem Herfurth noch wenige Wochen vor Wendelstadts Kandidatur seine liberale Gesinnung verkündet hatte[101]. Der Versuch, Herfurth als Opportunisten zu entlarven, schlug aber fehl. Statt dessen geriet nun Richard Harnier in die Kritik, da er ganz offensichtlich das Briefge-

---

96 Hessische Morgenzeitung 28.7.1878, Nr.8626.
97 Hessische Morgenzeitung 30.7.1878, Nr.8628.
98 Hessisches Wochenblatt 20.7.1878, Nr.58.
99 Hessische Morgenzeitung 2.7.1878, Nr.8581 (2.Ausgabe); Hessisches Wochenblatt 17.7.1878, Nr.57.
100 Hessisches Wochenblatt 24.7.1878, Nr.59 u. 27.7.1878, Nr.60.
101 Hessische Morgenzeitung 12.7.1878, Nr.8598.

heimnis verletzt hatte[102]. In der folgenden Auseinandersetzung wurde auch nicht vor Diffamierungen und Unterstellungen zurückgeschreckt. Was die politische Kultur betraf, so war ganz offensichtlich eine neue Ära angebrochen. Die „Gumpert-Herfurth-Affäre" ist deshalb erwähnenswert, da sie in der Berichterstattung der Zeitungen einen weitaus größeren Raum einnahm als die Kommentare über die Wahlkampfveranstaltungen und die eigentlichen Wahlthemen. Deshalb ist es nicht unwahrscheinlich, daß die skandalträchtige Angelegenheit das Wahlverhalten der Bevölkerung in einem besonderen Maße beeinflußte. Interessant ist übrigens auch die Tatsache, daß sich der Vorwurf des Amtsmißbrauches, der in der Vergangenheit gerade den konservativen Kräften angelastet wurde, 1878 unter umgekehrten Vorzeichen wiederholte. So beklagte das konservative „Hessische Wochenblatt" das Eintreten zahlreicher Staatsbeamter zugunsten Richard Harniers[103].

d. Der Ausgang der Wahl

Auch in einer anderen Hinsicht kündigte sich eine neue Zeit an. Die öffentliche Erregung nach den Attentaten auf Wilhelm I. hatte ebenso Auswirkungen auf die Wahlbeteiligung wie die intensivere Wahlkampftätigkeit der Parteien. 61,2 % der Wahlberechtigten fanden dieses Jahr den Weg zur Urne; das waren doppelt so viele wie noch im Jahre 1877. 54,3% von ihnen votierten für Harnier; 45,4% gaben Wendelstadt ihre Stimme[104]. Betrachtet man die absoluten Zahlen, so fällt auf, daß Harnier nur im geringen Maße von der erhöhten Wahlbeteiligung profitiert hatte. So knapp hatte er noch nie eine Wahl gewonnen.

Interessant ist die Stimmverteilung in den einzelnen Orten, die erstmalig – wenn auch noch lückenhaft – überliefert ist. In Eschwege erhielt Wendelstadt 54,2%. Es war also doch nicht nur „eine Handvoll Lederfabrikanten und Lohgerber"[105] die für die Deutsche Reichspartei eintrat. Auch in Reichensachsen und in Netra präferierte die Mehrzahl der Wähler das freikonservative Programm. In Waldkappel und Wanfried entschieden sich dagegen die Wähler anders. Hier siegte Harnier mit klarem Vorsprung.

---

102 Hessisches Wochenblatt 17.7.1878, Nr.57.
103 Ebd.
104 Klein, Die Hessen als Reichstagswähler, S.215.
105 Hessisch Morgenzeitung 16.7.1878, Nr.8604.

Bemerkenswert sind auch die Wahlresultate aus dem Kreis Schmalkaden. In der Kreisstadt erhielt Harnier 91,8% der Stimmen, in Barchfeld 89,2%, in Brotterode 87,5%. Von den Städten bildete Steinbach-Hallenberg eine Ausnahme, der nationalliberale Kandidat erhielt hier nur 42,5%[106]. Auch in Fambach und Herrenbreitungen (1,4%) schnitt Harnier schlecht ab; ansonsten konnte er fast im gesamten Kreis Erfolge verzeichnen. Durchweg erfolgreich war Harnier auch im Kreis Witzenhausen. In allen vier Städten erhielt er hervorragende Ergebnisse.

Eine Analyse des Gesamtergebnis ist recht aufschlußreich, denn es wird deutlich, daß eine auf rein wirtschaftlich-sozialen Grundsätzen fußende Deutung auch in Hinblick auf das Jahr 1878 versagen muß. Im ländlich-agrarisch geprägten Kreis Witzenhausen konnte der konservative Kandidat nur unbedeutende Erfolge erzielen; da Wendelstadt sich als Regierungsrat auf dem Gebiet der Landwirtschaft große Verdienste erworben hatte[107], ist das sicherlich überraschend. Das Bekenntnis der Witzenhäuser Honoratioren zu den nationalliberalen Traditionen wurde hier eindrucksvoll von den Wählern bestätigt. Auf wenig Resonanz stieß die Deutsche Reichspartei auch im von der Kleineisenindustrie dominierten Kreis Schmalkalden, obwohl die Entscheidungsträger auf der Allendorfer Versammlung doch gerade zugunsten Wendelstadts votiert hatten. Hier offenbarte sich also eine bemerkenswerte Differenz zwischen den Honoratioren und dem Wahlvolk. Eine Ausnahme stellten aber einige Ortschaften im Steinbacher Grund dar, deren Wähler sich – im Unterschied zu ihren Nachbargemeinden – für Wendelstedt entschieden[108]. Es wird insgesamt also deutlich, daß das Wahlergebnis des Jahres 1878 wieder weniger auf den wirtschaftlich-ökonomischen Interessen der Wählerschaft, die nur in Ansätzen zum Tragen kamen, fußte, sondern vielmehr auf ein Bündel unterschiedlichster Ursachen zurückzuführen war. Örtliche Führungspersönlichkeiten mögen dabei ebenso eine Rolle gespielt haben wie die emotionale Erwägungen, die sich nach den beiden Attentaten auf Wilhelm I. ebenso geregt hatten wie nach der Gumpert-Herfurth-Affäre. Entscheidend für den Gesamtausgang der Wahl war aber wohl auch der intensivere Wahlkampf der Nationalliberalen, die, im Gegensatz zu den vorangegangenen Wahlen,

---

106 Klein, Die Hessen als Reichstagswähler, S.216.
107 Hessische Morgenzeitung 11.7.1878, Nr.8596.
108 Klein, Die Hessen als Reichstagswähler, S.216.

zumindest in den bedeutenderen Orten Wahlkampfveranstaltungen abhielten. Die Freikonservativen hatten es zweifellos versäumt, die positive Grundstimmung großer Bevölkerungsteile zugunsten einer konservativen Wende durch einen ausgiebigen Wahlkampf zu fördern. Es zeigte sich aber auch, daß die höhere Wahlbeteiligung für den Nationalliberalismus alles andere als günstig war. Seine Ära im Wahlkreis Kassel 4 neigte sich zweifellos dem Ende zu.

8. Zusammenfassung der Jahre 1867-1878

Die Reichstagswahlen der Jahre 1867-1877 zeichnen sich durch vielfältige Gemeinsamkeiten aus, die ein bezeichnendes Licht auf die politische Kultur der Region und auf die Bedeutung der politischen Mitbestimmung mittels Wahlakt werfen. Die Wahlbeteiligung war – von 1867 I einmal abgesehen – erschreckend gering; nicht einmal jeder dritte Wähler gab bei den Wahlen seine Stimme ab. Interesselosigkeit mag dabei die größte Rolle gespielt haben, auch wenn vielleicht nicht jeder – die Wahlakte fanden ja an Werktagen statt – die Möglichkeit zur Wahl nutzen konnte. Zur allgemeinen Wahlverdrossenheit trugen die Kandidaten ihren Teil bei; wie erwähnt hatte Richard Harnier in den Jahren bis 1878 keine einzige Wahlrede gehalten. Interesselosigkeit der Wähler und der zu Wählenden bedingten sich gegenseitig. Die Formierung der politischen Richtungen und die Aufstellung der Kandidaten blieb allein einem kleinen Kreis von Honoratioren vorbehalten, die sich wenige Tage vor der Wahl trafen, um dann der Öffentlichkeit einen Kandidaten zu präsentieren. Der Wählerschaft blieb im Grunde genommen keine besondere Alternative; nie fanden sich mehr als zwei ernsthafte Kandidaten. Bei der zweiten Wahl 1867 trat Richard Harnier gar als einziger Kandidat auf; der Wählerschaft fiel lediglich die Aufgabe der Akklamation zu. Die Entscheidung fiel hier also nicht durch Wahlakt, sondern schon zuvor durch Honoratiorenentscheid. Bemerkenswert waren auch die Vorgänge, die zur Nominierung von Kandidaten führten. Persönliches Prestigestreben konnte dabei ebenso eine Rolle spielen wie gekränkte Eitelkeit. Man denke nur an die Kandidatur v. Bischoffshausens, dessen Akzeptanz im Kreise Schmalkalden weitgehend darauf zurückzuführen ist, daß Schmalkalder Honoratioren sich durch das Eschweger Komitee übergangen fühlten. Lenkt man den Blick von der bestimmenden Honoratiorenschicht hin zur Gesamtheit der Wahlberechtigten und betrachtet deren Interessen, so läßt sich mit Bestimmtheit konstatieren: Das Parteienangebot richtete sich in den Jahren 1867-1877 zweifellos nicht nach den tatsächlichen Bedürfnissen der Gesamtbevölkerung der Kreise Eschwege, Schmalkalden und Witzenhausen, sondern vielmehr nach denjenigen einiger örtlicher Führungspersönlichkeiten. Die niedrige Wahlbeteiligung begünstigte nicht nur eine derartige Konstellation, sondern war auch eine Reaktion darauf.

Das Jahr 1878 brachte für Deutschland und auch für den Wahlkreis Eschwege-Schmalkalden-Witzenhausen die große Wende. Der plötzliche Anstieg der Wahlbeteiligung läutete das Ende der Wahlen alten Stiles ein; die örtlichen Honoratioren verloren ihre einstige Dominanz. Der Wähler gewann an Bedeutung, um ihn zu gewinnen, mußte nun Überzeugungsarbeit geleistet werden. Die Anforderungen an die Kandidaten stiegen; der Wahlkampf im Vorfeld des Wahlaktes sollte nun eine feste Größe werden. Zwar überwogen 1878 noch emotionale Themen – hochstilisiert nach den Attentaten auf den Kaiser – doch auch wirtschaftliche-ökonomische Kontroversen fanden bereits Eingang in die Debatte. Die persönliche wirtschaftliche Interessenlage der Wähler, die in all den Jahren zuvor anscheinend nicht von Bedeutung war, trat nun stark in den Vordergrund, auch wenn dieses im Gesamtwahlergebnis noch nicht ihren Niederschlag fand. Sicherlich war das Parteienangebot auch 1878 keineswegs der Ausdruck der Bedürfnisse der Gesamtbevölkerung. Auch in den folgenden Jahren sollte das „Zweiparteiensystem" im Wahlkreis Kassel 4 seine Gültigkeit behalten. Doch die Zeit der ganz klaren Mehrheiten für eine politische Richtung waren vorbei; ein signifikantes Merkmal für einen immer differenzierter werdenden Wählerwillen. Für die Nationalliberalen gewann die Tatsache an Bedeutung, daß sie seit 1871 kontinuierlich sowohl im Reich als auch in der Region zunehmend „ihre Ausnahmeposition als die parteipolitische Verkörperung der nationalen Bewegung"[109] verloren. Diese „Normalisierung"[110], die im Wahlkreis Kassel 4 zwar erst seit Mitte der 80er Jahre ein mehrgliedriges Parteienspektrum hervorbringen, sich aber bereits seit Beginn der 80er Jahre im Zerfall der liberalen Einheit dokumentieren sollte, erschütterte die bislang weitgehend unangefochtene Position der Nationalliberalen Partei in ihren Grundfesten. Konnte bei den Reichstagswahlen 1878 noch der Sieg errungen werden, so brachten bereits die Landtagswahlen im darauf folgenden Jahr die Wende,

---

109 Langewiesche, D., Liberalismus in Deutschland, Frankfurt a.M. 1988, S.140.

110 Ebd.

als der durch die „Gumpert-Herfurth-Affäre" in die negativen Schlagzeilen geratene Gumpert im Wahlkreis Eschwege-Schmalkalden gegen seinen freikonservativen Herausforderer Pfannstiel eine verheerende Niederlage hinnehmen mußte und sein Parteifreund Baumgard im Wahlkreis Kassel/Land-Witzenhausen dem Deutschkonservativen Weyrauch unterlag[111]. In den sich anschließenden Wahlanalysen stellte die „Hessische Morgenzeitung" selbstkritisch für ganz Nordhessen fest, daß die fehlende Organisation in dieser Region ein unverkennbarer Schwachpunkt der Partei sei[112]. Allerdings stellte diese Erkenntnis nur einen Teil der Wahrheit dar, denn auch eine konservative Parteiorganisation war in dieser Zeit kaum existent[113]. Auch der positive Blick in die Zukunft und die Vermutung, daß die Schwäche des Liberalismus nationaler Prägung nur eine kurzzeitige sei, sollte sich nicht bewahrheiten. Das galt in vornehmlicher Weise für den Wahlkreis Kassel 4.

---

111 Kühne, Handbuch der Wahlen zum preußischen Abgeordnetenhaus, S.646 u. 648; Klein, Der preußisch-deutsche Konservatismus und die Entstehung des politischen Antisemitismus; S.60f u. Anhang (Die Vertretung Hessen-Kassels im Preußischen Landtag)

112 Klein, Der preußisch-deutsche Konservatismus und die Entstehung des politischen Antisemitismus, S.65.

113 Ebd., S.67.

VI. Die Reichstagswahl 1881

1. Die Situation im Reich und die allgemeine Wahlbewegung

Die politische Lage in Deutschland gestaltete sich 1881 gänzlich anders als noch 1878. Besonders für die Nationalliberalen hatten die vorangegangenen drei Jahre grundlegende Veränderungen mit sich gebracht. Seit 1878 setzte sich nämlich bei Bismarck verstärkt die Erkenntnis durch, daß das Zweckbündnis mit dem Liberalismus seinen Zielen immer weniger dienlich war. Sowohl in der Wirtschafts- und Finanzpolitik als auch in der Debatte über die Fortsetzung des Kulturkampfes traten vermehrt Differenzen in den Vordergrund, die bereits erahnen ließen, daß die langjährige Zusammenarbeit unweigerlich ihrem Ende zuging. Der Streit um die Einführung von Schutzzöllen und eine erhöhte Tabaksteuer führten schließlich zum Verlust der nationalliberalen Einheit. Da die Mehrheit der Nationalliberalen die Vorschläge Bismarcks zusammen mit der Fortschrittspartei und den Sozialdemokraten ablehnten, trat ihr rechter Flügel aus der Fraktion aus[1]. Ein Jahr später führte der Streit um eine neue Heeresvorlage, den Abruch des Kulturkampfes und die Verlängerung des Sozialistengesetzes[2] auch zur Abspaltung des linken Flügels unter Führung Laskers und Bambergers. Die „manchesterliberalen"[3] Sezessionisten gründeten unter der Bezeichnung „Liberale Vereinigung" eine neue Partei, die deutlich links von den Nationalliberalen stand, und von nun an in einem Konkurrenzverhältnis zu dieser stehen sollte. Da Bismarck sich erhoffte, für seine Steuer- und Finanzpläne eine gefügige Mehrheit zu gewinnen, richteten sich seine Angriffe im Wahlkampf des Jahres 1881 zwangsläufig vorwiegend gegen die Linksliberalismus und gegen die „Sezessionisten", über deren bedingungslose Opposition er sich im klaren sein mußte.

---

1 Born, K.E., Von der Reichsgründung bis zum Ersten Weltkrieg, Stuttgart [10]1985, S.137.

2 Hofmann, R., Geschichte der deutschen Parteien. Von der Kaiserzeit bis zur Gegenwart, München 1993, S.44.

3 Wehler, H.-U., Das Deutsche Kaiserreich. 1871-1918, Göttingen [6]1988, S.81

2. Die Nominierung der Kandidaten

Der Spaltung der Nationalliberalen Partei auf Reichsebene war – wie schon erwähnt – in der Region eine Wahlniederlage bei den Landtagswahlen 1879 vorausgegangen, die das Ende ihrer unangefochtenen Vorherrschaft dokumentierte. Im Wahlkreis Kassel-Land – Witzenhausen hatte ein Deutschkonservativer, im Wahlkreis Eschwege-Schmalkalden ein Freikonservativer die nationalliberale Konkurrenz überflügelt[4].

Für die Anhänger des Liberalismus in der Region, vornehmlich aber für die Entscheidungsträger, die örtlichen Honoratioren, galt es, angesichts der jüngsten Ereignisse, hinsichtlich ihrer Präferenzen für die unterschiedlichen Richtungen eine klare Entscheidung zu treffen. Dabei mußte sich zeigen, ob der Verlust der liberalen Einheit in Deutschland auch auf den Wahlkreis Kassel 4 seine Auswirkungen hatte. Vielerorts wurde zwar das Bemühen deutlich, die Einheit auf regionaler Ebene aufrechtzuerhalten, andererseits war aber nicht zu übersehen, daß es auch starke Kräfte gab, die diese zu sprengen suchten. Schon frühzeitig zeigte sich, daß eine nationalliberale Kandidatur wenig Aussicht auf Erfolg haben mußte. Sollte eine gemeinsame liberale Kandidatur erfolgreich sein, so mußte diese unter den Fahnen einer linkeren Variante zustande kommen. Im März versuchte die Deutschen Fortschrittspartei, die bisher in der Region ohne Bedeutung geblieben war, im Wahlkreis Kassel 4 Fuß zu fassen. Angeregt von Kasseler Linksliberalen wurde auf einer Versammlung in Witzenhausen ein Wahlverein der Fortschrittspartei gegründet[5]. Der Versuch, die liberalen Kräfte der drei Kreise unter Führung der Fortschrittspartei zu vereinen, sollte aber scheitern.

Eine neue Initiative zur Bündelung der liberalen Richtungen ging am 5.9.1881[6] wieder von einer Wahlversammlung in Witzenhausen aus, in der der Freiherr Waitz von Eschen als Kandidat aller Liberalen

---

4 Kühne, Th., Handbuch der Wahlen zum preußischen Abgeordnetenhaus 1867-1918. Wahlergebnisse, Wahlbündnisse und Wahlkandidaten, Düsseldorf 1994, S.646 u. 648; Klein, Th., Der preußisch-deutsche Konservatismus und die Entstehung des politischen Antisemitismus in Hessen-Kassel (1866-1893), Marburg 1995, S.60f. u. Anhang (Die Vertretung Hessen-Kassels im Preußischen Landtag).

5 Parlamentarische Korrespondenz 31.3.1881, Nr.3, S.21.

6 Werra-Bote 7.9.1881; einem eingesandten Schreiben in der selben Ausgabe zufolge fand die Versammlung bereits am 31.8. statt.

vorgeschlagen wurde[7]. Zwei Tage später schloß sich eine Wahlversammlung in Eschwege dieser Empfehlung an[8]. Waitz lehnte die ihm angetragene Kandidatur jedoch ab[9]; an seine Stelle trat nun der Rechtsanwalt Frieß aus Kassel[10]. Frieß war ursprünglich Mitglied der Nationalliberalen Partei gewesen[11], nun aber trat er für eine linkere Variante des Liberalismus bei. Bemerkenswert ist, daß Frieß sich während des gesamten Wahlkampfes hinsichtlich seiner Parteizugehörigkeit nicht auf eine klare Position festlegen ließ. Er schwankte zwischen der Fortschrittspartei und der „Liberalen Vereinigung"[12], der er schließlich erst nach seinem späteren Wahlerfolg beitreten sollte[13]. Von vornehmlicher Bedeutung war, daß sich Frieß auf eine Empfehlung des langjährigen Reichstagsabgeordneten des Wahlkreises, Richard Harnier, stützen konnte[14]. Damit wurde der Eindruck von Kontinuität erweckt, der es Frieß erleichterte, sich als Kandidat eines ungeteilten Liberalismus zu präsentieren.

Tatsächlich war diese Einheit aber nun gerade nicht mehr zu retten. Für viele Nationalliberale stand Frieß viel zu weit links, als daß sie ihm ihre Unterstützung angedeihen lassen wollten. So suchten sie Anlehnung an einen anderen Kandidaten, von dem sie sich eine kompetentere Vertretung ihrer Interessen erhofften. Da eine eigenständige nationalliberale Kandidatur wenig Aussicht auf Erfolg verhieß, fanden sie sich zu einem Kompromiß bereit, der allerdings nur durch eine Zusammenarbeit mit den konservativen Kräften der Region zu erreichen war. So verbanden sich nationalliberale und konservative Wahlkomitees und präsentierten der Öffentlichkeit den kon-

---

7 Werra-Bote 7.9.1881, Nr.71; in einer Meldung der Hessischen Morgenzeitung (29.9.1881, Nr.10562) wird Weitz dagegen als Baron bezeichnet.

8 Hessische Morgenzeitung 9.9.1881, Nr. 10528.

9 Hessische Morgenzeitung 29.9.1881, Nr.10562.

10 Hessische Morgenzeitung 5.10.1881, Nr.10572.

11 Ebd.

12 Vgl. Hessische Morgenzeitung 16.10.1881, Nr.10592.

13 Vgl. Hirth, G. (Hrsg.), Deutscher Parlaments-Almanach 1881, Leipzig u. München 1881, S.143. Interessant ist, daß das Statistische Amt die für Frieß abgebegenen Stimmen irrtümlich der Fortschrittspartei zurechnete; vgl. Phillips, A. (Hrsg.), Die Reichstagswahlen von 1867 bis 1883. Statistik der Wahlen zum konstituierenden und Norddeutschen Reichstag, zum Zollparlament, sowie zu den ersten Legislatur-Perioden des Deutschen Reichstages, Berlin 1883, S.97, Anm.1; auch die Parlamentarische Korrespondenz (12.12.1881, Nr.11, S.83) feierte zunächst Frieß' Wahlerfolg als einen Sieg der Fortschrittspartei.

14 Schmalkalder Kreisblatt 8.10.1881, Nr.81; Werra-Bote 26.10.1881, Nr.85.

servativen Gutsbesitzer und kriegsversehrten ehemaligen Frontoffizier Karl von Scharfenberg[15] als Kandidat einer Partei, die überhaupt nicht existierte und deren Gründung auf Reichsebene lediglich geplant worden war. Diese „Mittelpartei"[16] sollte sowohl konservative als auch nationalliberal gesinnte Kräfte vereinigen und ein wirksames Gegengewicht gegen die Linksparteien und die „Ultramontanen" bilden. Wenn auch ein derartiger Zusammenschluß auf Reichsebene nie zustande kommen sollte, so blieb die Zusammenarbeit zwischen Konservativen und Nationalliberalen im Wahlkreis Kassel während der künftigen Wahlkämpfe im Kaiserreich doch von Dauer. Allerdings sollten in Zukunft die Nationalliberalen lediglich als Anhängsel der Deutschen Reichspartei fungieren; eine Entwicklung, deren Ausgangspunkt der Wahlkampf und die Wahl diesen Jahres – 1881- war. Wie Frieß, nahm auch Scharfenberg davon Abstand, vorzeitig einer Partei beizutreten. Damit sollte die Fiktion der „Mittelpartei" während des Wahlkampfes nicht gefährdet werden. Obwohl sich Scharfenberg als Kandidat zweier Parteien präsentierte, der Konservativen sowie der Nationalliberalen, so wurde doch schnell deutlich, daß seine Präferenz den ersteren galt. Hinter ihm stand sowohl das „Kasseler Journal" als auch der „Conservative Verein für Hessen und Waldeck", die Scharfenbergs Kandidatur ausdrücklich empfahlen[17]. Interessant ist die Einschätzung der Kandidaten durch die Hessischen Morgenzeitung, die im Laufe des Wahlkampfes eine bedeutsame Wandlung erfuhr. Wurde Anfang Oktober die Kandidatur Frieß` noch kritisch betrachtet, diejenige Scharfenbergs dagegen recht wohlwollend[18], so verschob sich die Gewichtung zusehends zugunsten des Linksliberalen, dessen Wahl das nationalliberale Organ schließlich – wenn auch ohne übermäßige Begeisterung – Mitte des Monats empfahl[19]. Damit wurde den nationalliberalen Anhängern der Kreise Eschwege, Schmalkalden und Witzenhausen die Zustimmung für ihr Vorgehen hinsichtlich eines gemeinsamen Wahlkampfes mit den Konservativen verweigert. Die Annäherung an konservative Po-

---

15 Klein, Der preußisch-deutsche Konservatismus und die Entstehung des politischen Antisemitismus in Hessen Kassel, S.98

16 Vgl. Wahlaufruf für Scharfenberg in Eschweger Kreisblatt 20.9.1881, Nr.111.

17 Vgl. Kasseler Journal 23.10.1881, Nr.249.

18 Hessische Morgenzeitung 5.10.1881, Nr.10572.

19 Hessische Morgenzeitung 16.10.1881, Nr.10592.

sitionen ging den Kasseler Nationalliberalen doch entschieden zu weit.

3. Der Wahlkampf

Beide Kandidaten begannen Anfang Oktober mit ihrem Wahlkampf. Frieß startete seinen propagandistischen Feldzug am 5.10. in Witzenhausen, wo er vor über 200 Zuhörern sein Programm vorstellte[20]. Vier Tage später stellte er sich seinen potentiellen Wählern in Allendorf[21]; noch am gleichen Tag redete er in Eschwege. In seiner Rede kritisierte Frieß, wenn auch in gemäßigter Form, aber doch deutlich, den Führungsstil des Reichskanzlers Otto von Bismarck und vertrat nachdrücklich die Auffassung, daß nur ein starkes und selbstbewußtes Parlament die Interessen des deutschen Volkes vertreten könne[22]. Mitte Oktober trat Frieß in Schmalkalden auf, wo er sich als bedingungsloser Gegner des Tabakmonopols präsentierte und erneut gegen die Innenpolitik des Reichskanzlers auftrat[23].

Die Kritik an der Reichsregierung und ihrer Politik war also ein signifikantes Merkmal des Frieß'schen Wahlkampfes, der damit, zumindest was den Wahlkreis Kassel 4 betrifft, ein Novum darstellte. War in der Vergangenheit die bedingungslose Zustimmung sowohl zu Kaiser und Reich als auch zur Reichsregierung ein Credo aller bisherigen Reichstagskandidaten gewesen, so wurde 1881 erstmalig, wenn auch vorsichtig formuliert, ein deutliches Mißfallen an der von Bismarck vertretenen Politik, zumindest im Bereich der Innenpolitik, artikuliert. Das galt zum einen der Wirtschaftspolitik, die hinsichtlich des geplanten Tabakmonopols, die Region unmittelbar tangierte, zum anderen aber auch den Versuchen Bismarcks, die Rechte des Parlaments zu beschneiden. Hier läßt sich ein wesentlicher Unterschied zu den Vorstellungen des „liberal-konservativen" Gegenkandidaten v. Scharfenberg ausmachen, der zwar hinsichtlich des Tabakmonopoles die Interessen der Region vertrat, dessen Identifikation mit der Bismarckschen Innenpolitik ansonsten aber außer Frage stand. Das wurde während der Wahlkampfveranstaltungen des Vertreters der „Mittelpartei" deutlich, die verglichen mit dem Aufwand der

---

20 Eschweger Kreisblatt 8.10.1881, Nr.119.
21 Werra-Bote 12.10.1881, Nr.81.
22 Eschweger Kreisblatt 11.10.1881, Nr.120.
23 Schmalkalder Kreisblatt 19.10.1881, Nr.84.

Linksliberalen aber weniger intensiv waren. Mitte Oktober trat Scharfenberg in Eschwege auf, wo er in einer nichtöffentlichen Versammlung von Vertrauensmännern des Kreises seine politischen Absichten kundtat[24]. Zuvor hatte er bereits sein Programm in Witzenhausen entwickelt, wo er – ebenfalls in einer nichtöffentlichen Veranstaltung –, die Zustimmung zu seiner Kandidatur entgegennehmen durfte[25].

Am 24. Oktober, also wenige Tage vor der Wahl, stellte sich v. Scharfenberg der Eschweger Öffentlichkeit. Vor 400 Personen präsentierte er sich als Anhänger der Politik des Reichskanzlers und lobte besonders Bismarcks Pläne hinsichtlich der Sozialgesetzgebung. In der Frage des Tabakmonopols stellte er dagegen ebenso wie Frieß regionale Interessen in den Vordergrund, und sprach sich nachdrücklich dagegen aus[26]. Blieb v. Scharfenberg, zumindest nach den Zeitungsberichten, in seinen Reden im Ton gemäßigt, so fuhren seine Anhänger in Aufrufen und Anzeigen schärferes Geschütz auf, indem sie den Linksliberalismus als Interessenvertretung der Wucherer diffamierten, die aus reinem Eigennutz die Wirtschaftspolitik Bismarcks bekämpften[27]. In anderen Meinungsbekundungen offenbarte sich sogar sowohl ein offener Antisemitismus, der sich durch Forderungen nach Entfernung der Juden aus allen öffentlichen Ämtern artikulierte, als auch ein merkwürdiges Verständnis von Pressefreiheit, das in Rufen nach einer Unterdrückung der „Lügenpresse" seinen Ausdruck fand[28]. Die Anhänger von Frieß, die besonders die militärische Laufbahn des Kandidaten der „Mittelpartei" despektierlich anführten und von ihm das Bild eines Kommißkopfes zeichneten, standen ihren Gegnern dabei in keiner Weise nach. Den Linksliberalen kam dabei die bedingungslose Unterstützung des „Thüringer Hausfreundes" zugute, der eine lebhafte Agitation zugunsten Frieß' entfaltete. Auch der Werra-Bote dokumentierte nachdrücklich seine Einstellung, indem das Blatt den Anhängern v. Scharfenbergs für einen

---

24 Eschweger Kreisblatt 15.10.1881, Nr.122.
25 Ebd.
26 Eschweger Kreisblatt 25.10.1881, Nr.126.
27 Aufruf „Ein letztes Wort vor den Wahlen" im Schmalkalder Kreisblatt 26.10.1881, Nr.86.
28 „An die Wähler des Wahlkreises Eschwege-Witzenhausen-Schmalkaden", Aufruf im Kasseler Journal 23.10.1881, Nr.249.

Aufruf nur wenige Zeilen, den Linksliberalen aber eine ganze Seite zugestand[29].

4. Der Ausgang der Wahl am 27. Oktober 1881

a. Das Gesamtergebnis

Am 27. Oktober fanden über 11000 Wähler den Weg zu den Urnen; erneut lag damit die Wahlbeteiligung bei über 60%[30]. Als die letzten Stimmen ausgezählt waren, stand fest: Frieß hatte einen deutlichen Sieg errungen. 62,8% der Wähler hatten ihm ihr Vertrauen geschenkt und erneut dem Liberalismus – wenn auch diesmal einer linkeren Variante – den Vorzug vor der konservativen Bewegung gegeben.

b. Kreis Eschwege

Im Kreis Eschwege blieb Frieß zwar knapp unter dem Gesamtdurchschnitt; mit einem Anteil von 58,6% konnte er aber auch hier eine klare Mehrheit zu seinen Gunsten verbuchen. Besonders eindrucksvoll war sein Abschneiden in der Kreisstadt, wo immerhin 3/4 aller abgegebenen Stimmen auf ihn entfielen. Drei Jahre zuvor hatte hier noch der Kandidat der konservativen Deutschen Reichspartei triumphiert. Genauso eindrucksvoll gestaltete sich der Erfolg für den Linksliberalismus in Waldkappel, wo 73,4% der Wähler Frieß den Vorzug vor v. Scharfenberg gaben[31]. Im Vergleich zu 1878 fand das Votum zugunsten des Liberalismus hier seine Fortsetzung. Einen eklatanten Einbruch erlebten die Liberalen aber in Wanfried, der dritten Stadt des Kreises. Hatte 1878 fast die Gesamtheit der Wähler für Richard Harnier gestimmt, so wandten sich nun 64,8% dem konservativen Kandidaten zu. Seine unmittelbare Zugehörigkeit zu Wanfried und seiner Umgebung – v. Scharfenberg besaß hier einen Gutshof – mag wohl primär den Ausschlag gegeben haben. Im Werragebiet, also in der Umgebung Eschweges und Wanfrieds, fielen die Ergebnisse unterschiedlich aus, wobei Parallelen zu den beiden Städten nicht zu übersehen sind. Mit Ausnahme von Niederhone und

---

29   Werra-Bote 26.10.1881, Nr.85.

30   Klein, Th., Die Hessen als Reichstagswähler. Tabellenwerk zur politischen Landesgeschichte 1867-1933, Bd.I.: Provinz Hessen-Nassau und Waldeck-Pyrmont 1867-1918, Marburg 1989, S.217.

31   Ebd., S.219.

Niederdünzebach stimmten die Wähler der Eschweger Nachbardörfer für Frieß. In Aue (57,1%), Grebendorf (65,2%), Oberdünzebach (68,8%) und Jestädt (66,1%) war er ebenso erfolgreich wie in Frieda (98,1%) und Schwebda (93,3%), wo sich sogar über 90% der Wähler für ihn entschieden[32]. Die Wanfrieder Nachbardörfer Völkershausen, Altenburschla und Heldra stimmten dagegen mit klarer Mehrheit für v. Scharfenberg. Im Meißner-Vorland konnte dagegen Frieß große Triumphe feiern. In Frankershausen (94,9%), Frankenhain (97,4%), Abterode (100%) und Wellingerode (100%) stimmten die Wähler weitgehend geschlossen für ihn und verurteilten seinen konservativen Gegenkandidaten nahezu zur Bedeutungslosigkeit. Weniger erfolgreich schnitt Frieß dafür im Ringgau-Gebiet ab, wo sich nur wenige Orte für ihn entschieden. Unterschiedlich gestaltete sich der Wahlausgang in der in der Schemmerngegend, wobei die Ergebnisse aufgrund der niedrigen Einwohnerzahlen aber von geringer Bedeutung waren.

c. Kreis Schmalkalden

Im Kreis Schmalkalden votierten 72,6% der Wähler für Frieß, der damit in dem am meisten industrialisierten Kreis überdurchschnittlich gut abschnitt[33]. Mit 84,4% in Schmalkalden, 79 % im weitgehend agrarisch geprägten Barchfeld und sogar fast 100% in Brotterode konnte Frieß besonders in den Städten auf hervorragende Ergebnisse verweisen. Lediglich Steinbach-Hallenberg fiel hier etwas ab, doch mit 61,6% verwies er auch hier v. Scharfenberg deutlich in die Schranken[34]. Auch in den Dörfern des Kreises war Frieß fast durchweg erfolgreich. Karl v. Scharfenberg mußte fast überall schwere Niederlagen hinnehmen, von Ausnahmen abgesehen. Seine wenigen Hochburgen lagen interessanterweise in einigen Schmalkalder Nachbarorten wie Aue, Mittelschmalkalden und Mittelstille, wo möglicherweise Handwerker, die wenig von der zunehmenden Modernisierung der Kreisstadt profitierten bzw. durch sie einem zunehmenden Konkurrenzdruck ausgesetzt waren, für v. Scharfenberg votierten.

---

32   Ebd., S.217ff.
33   Ebd., S.219.
34   Ebd., S.219f.

d. Kreis Witzenhausen

Auch die Wähler des Kreises Witzenhausen gaben mehrheitlich Frieß die Zustimmung. Mit 61% lag der Stimmenanteil für ihn nur knapp unter dem Gesamtdurchschnitt. In drei Städten konnte der linksliberale Kandidat die Mehrheit der Wähler für sich einnehmen. Überwältigend war der Erfolg in Witzenhausen, wo Frieß 91,2% der Stimmen zufielen. Im noch weitgehend agrarisch geprägten Lichtenau entschieden sich 82,4% der Wähler für ihn; in Allendorf, wo der Fremdenverkehr gerade seinen Anfang nahm, schenkten ihm 74,2% ihr Vertrauen[35]. Die große Ausnahme bildete dagegen die vierte Stadt im Kreis. In Großalmerode gelang es v. Scharfenberg, 76,9% der Stimmen auf sich zu vereinigen. Hier, wo im Jahre 1880 infolge des verspäteten Anschlusses an das Eisenbahnnetz die chemische Fabrik, die etwa 300 Arbeitern ihr Auskommen garantiert hatte, ihre Pforten hatte schließen müssen, votierten 273 Wähler für ihn; das waren fast ein Fünftel aller konservativen Wähler im gesamten Kreis. Hatte hier noch 1878 der Kandidat der Nationalliberalen triumphieren können, so artikulierte die Mehrzahl der Großalmeroder Wähler ihren Protest gegen die wirtschaftliche Entwicklung und die „Segnungen der neuen Zeit", für die sie die liberale Bewegung verantwortlich machten, die über ein Jahrzehnt die Politik der Reichsregierung mitgetragen hatte.

In den Dörfern des Kreises gestalteten sich die Resultate weitgehend einheitlich. Fast überall konnte Frieß deutliche oder weniger deutliche Erfolge erzielen. Ausgesprochen konservative Hochburgen gab es nur punktuell, selbst in den Großalmeroder Nachbardörfern erzielte v. Scharfenberg wenig Erfolge. Insgesamt entschieden sich nur – unter Berücksichtigung der Tatsache, daß nicht alle Einzelergebnisse vorliegen – ganze fünf Orte mehrheitlich für den konservativen Kandidaten und sein Programm[36].

5. Zusammenfassung

Das Wahlresultat von 1881 ist unter den verschiedensten Aspekten zu werten, wobei der schnelle Niedergang des Nationalliberalismus am bedeutsamsten ist. Seit 1874 hatte der nationalliberale Kandidat Richard Harnier ständig an Boden zugunsten des konservativen

---

35   Ebd., S.320f.
36   Ebd.

Kandidaten verloren. Unter diesem Aspekt stellt der Ausgang der Wahl 1881 zweifellos eine Überraschung dar, denn der Linksschwenk der Liberalen der Region hätte durchaus auch ein anderes Ergebnis erwarten lassen, zumal sich zahlreiche Nationalliberale zugunsten v. Scharfenbergs ausgesprochen hatten, der als Kandidat einer weitgehend fiktiven „Mittelpartei" angetreten war. Dieses Wahlbündnis hatte jedoch nun für die Nationalliberalen schwerwiegende Folgen. Die Niederlage v. Scharfenbergs war zum einen auch die ihre. Zum anderen zeigte sich nun, und das war viel besorgniserregender, daß die Basis für nationalliberale Programmatik in der Region innerhalb von nur drei Jahren mehr als schmal geworden war. Die Nationalliberalen waren, auch wenn ihre Anhängerschaft sicherlich nicht völlig bedeutungslos geworden war, zu einem konservativen Anhängsel geworden, ihre Zeit als dominierende Partei im Wahlkreis war nicht nur vorbei, sondern die Nationalliberalen schieden nun, wie die folgenden Wahlen zeigen sollten, fast gänzlich aus dem Kräftespiel der Parteien aus. Bis zum Ende des Kaiserreiches sollte kein eigenständiger Kandidat der Nationalliberalen im Wahlkreis Kassel 4 mehr auftreten. Analog zum Niedergang dieser Partei ist, zweitens, der Aufstieg des Linksliberalismus zu sehen, der von nun an dessen Nachfolge antreten sollte. In Hinblick auf die große Politik vollzog sich damit eine bemerkenswerte Wende, die als das zweite wichtige Ergebnis der Wahl angesehen werden muß. Waren die Wahlergebnisse in den drei Kreisen Eschwege, Schmalkalden und Witzenhausen hinsichtlich des Verhältnisses der Bevölkerung zur Politik der Reichsregierung stets als Zustimmung zu Kaiser und Reich zu werten gewesen, so brachte das Jahr 1881 in dieser Hinsicht erstmalig eine Änderung. Denn mit Frieß, der nach seiner Wahl der Liberalen Vereinigung beitreten sollte, wurde ein Mann in das Parlament entsandt, der in vielfacher Hinsicht nicht mehr die Politik Bismarcks trug. Die Gründe für die Wahlentscheidung der Region waren vielfältig. Auch wenn die weitgehende Gegnerschaft gegen das Tabakmonopol sicherlich eine bedeutsame Rolle spielte, so ist es, wie schon bei den vorangegangenen Wahlen, doch falsch, – und das ist das dritte Ergebnis – ausschließlich wirtschaftliche Erwägungen für die Wahlentscheidung verantwortlich zu machen. Denn obwohl der konservative Kandidat vornehmlich auch als Vertreter landwirtschaftlicher Interessen galt, war der Anklang, den er in ländlichen Regionen fand, vergleichsweise gering. Zwar erfuhr v. Scharfenberg in den Kreisen Eschwege und Witzenhausen mehr Zustimmung als im weitgehend industrialisierten Kreis Schmalkalden, doch waren die Unterschiede, sieht man einmal von Großalmerode ab, zwischen den Ergebnissen geringer, als eine auf rein sozioökonomischen Faktoren fußende Betrachtungsweise vermuten ließe. Von den elf Städten des Wahlkreises entschieden sich neun für Frieß. Dabei hatte er in den Kreisstädten, die am nachhaltigsten von Industrie, Handel und Gewerbe geprägt waren, ebenso Erfolg wie im „Ackerbürgerstädtchen" Lichtenau und dem ebenfalls noch weitgehend agrarisch geprägten Barchfeld. Der konservative Kandidat konnte dagegen nur in zwei Städten die Mehrheit erringen, wobei sein gutes Abschneiden in Wanfried eindeutig auf seine Verbundenheit mit dem Ort und der engeren Umgebung, wo sein Gut lag, zurückzuführen ist. Bemerkenswert bleibt der überzeugende Wahlsieg v. Scharfenbergs in Großalmerode, der sich mit der wirtschaftlichen Situation des Ortes erklären läßt.

Von nicht zu unterschätzender Bedeutung für den Wahlsieg Frieß' war, als abschließendes Ergebnis der Betrachtung, auch die Wahlkampftätigkeit seiner Partei, die sich hinsichtlich der Intensität und der Form deutlich von den Honoratiorenwahlkämpfen der Nationalliberalen unterscheiden sollte. Mit dem „Thüringer Hausfreund" stand Frieß darüber hinaus ein Presseorgan zur Verfügung, das vorbehaltlos für ihn agitierte und auch nicht vor persönlichen Verunglimpfungen des Gegners zurückschreckte. Der besonderen Propaganda war es zu verdanken, daß die traditionelle Anhänglichkeit der Region an den Liberalismus auch für dessen linke Variante aktiviert werden konnte. Vor diesem Hintergrund ist der Entschluß von Frieß, erst nach seiner Wahl der Liberalen Vereinigung beizutreten, als besonderer Schachzug zu werten. Die Zukunft mußte zeigen, ob der Wähler auf Dauer tolerierte, daß der Linksliberalismus die Nachfolge des Nationalliberalismus angetreten hatte.

Die Wahl des Jahres 1881 war im übrigen Gegenstand eines Wahlprüfungsverfahrens. Trotz Feststellung zahlreicher formaler Verstöße wurde die Gültigkeit der Wahl aber nicht in Frage gestellt[37].

Nachzutragen bleibt, daß die Landtagswahl des darauffolgenden Jahres (1882) mit konservativen Erfolgen endete. Der Freikonservative Pfannstiel bezwang im Wahlkreis Eschwege-Schmalkalden den Nationalliberalen Gumpert, während im Wahlkreis Kassel/Land-

---

37 Klein, Hessen im Spiegel der Wahlprüfungsverfahren des Deutschen Reichstags 1867-1918 (I), in: Hessisches Jahrbuch für Landesgeschichte, Bd.47, 1997, S.205-251: hier S. 220.

Witzenhausen der Deutschkonservative Althaus gegen den Nationalliberalen Hubach Sieger blieb[38].

---

38 Klein, Th., Der preußisch-deutsche Konservatismus und die Entstehung des politischen Antisemitismus in Hessen-Kassel, S.123f.

VII. Die Reichstagswahl 1884

1. Die allgemeine Wahlbewegung und die Situation im Reich

In der sowohl an Spaltungen als auch an Vereinigungen reichen Geschichte des Liberalismus stellte auch das Jahr 1884 eine bedeutende Zäsur dar. Zwischen der „Liberalen Vereinigung" und der „Fortschrittspartei" kam es zu einer Fusion, aus der schließlich die „Deutsche Freisinnige Partei" hervorging[1], die unter der Führung Eugen Richters den Kampf gegen die staatliche Sozial- und Zollpolitik auf ihre Fahnen schrieb[2]. Die angestrebte Stärkung des Linksliberalismus sollte sich jedoch in den darauffolgenden Jahren als Illusion erweisen; die Geschichte der Partei sollte „glücklos"[3] verlaufen. Der Bündelung der linksliberalen Kräfte entsprach eine Neuformierung des Rechtsliberalismus. Auf der Basis des Heidelberger Programmes und unter Leitung des Frankfurter Oberbürgermeisters Miquel, der die Nachfolge des 1883 zurückgetretenen Benningsen angetreten hatte, näherten sich die Rechtsliberalen, deren Rückhalt primär großbürgerlich-industrielle Kreise bildeten[4], den Positionen der Freikonservativen an. Die Folge dieser politischen Kurskorrektur war eine weitgehende politische Zusammenarbeit zwischen der Nationalliberalen Partei und der Deutschen Reichspartei für die folgenden Jahre bis zum Ersten Weltkrieg. Beide politischen Gruppierungen verhielten sich gouvernemental; d.h., sie unterstützten weitgehend den von Bismarck eingeschlagenen Kurs, vornehmlich sein wirtschafts-, sozial- und wehrpolitisches Programm[5]. Daß die weitgehende Übereinstimmung mit der Deutschen Reichspartei im Grunde genommen die Existenzberechtigung der Nationalliberalen Partei in Frage stellte, wurde vielen Entscheidungsträgern nicht bewußt. Zu-

---

1 Hofmann, R., Geschichte der deutschen Parteien. Von der Kaiserzeit bis zur Gegenwart, München 1993, S.34; vgl. Richter, E. (Hrsg.), Neues ABC-Buch für freisinnige Wähler. Ein Lexikon parlamentarischer Zeit- und Streitfragen, Berlin ³1884, S.418.

2 Born, K.E., Von der Reichsgründung zum Ersten Weltkrieg, München ¹⁰1985, S.161.

3 Wehler, H.-U., Das Deutsche Kaiserreich 1871-1918, Göttingen ⁶1988, S.82; vgl. Ritter, G.A., Die deutschen Parteien 1830-1914, Göttingen 1985, S.21.

4 Vgl. Wehler, Das Deutsche Kaiserreich, S.82.

5 Zechlin, E., Die Reichsgründung, Frankfurt/M., Berlin, Wien ³1978, S.193.

mindest für den Wahlkreis Eschwege-Schmalkalden-Witzenhausen sollten sich die negativen Folgen des Rechtsruckes der Partei nachdrücklich zeigen.

2. Die Nominierung der Kandidaten

Die Reichstagswahl des Jahres 1881 hatte den Verlust der liberalen Einheit bereits eindrucksvoll dokumentiert. In diesem Jahr hatte die Mehrheit der Wähler der linken Variante des Liberalismus den Vorzug gegeben, während der konservative Kandidat, der mit Unterstützung vieler Nationalliberaler angetreten war, eine Niederlage hatte hinnehmen müssen. Nun mußte sich zeigen, ob der Wahlausgang von 1881 auch für die Zukunft wegweisend werden sollte oder ob er nur das Resultat günstiger Umstände gewesen war. Denn die Rahmenbedingungen hatten sich in den drei Jahren zwischen 1881 und 1884 vielfach geändert. Zum einen war es Frieß 1881 gelungen, sich als Kandidat aller Liberalen zu präsentieren. Zum anderen war die „Liberale Vereinigung" nur bedingt eine linksliberale Partei gewesen; vielmehr hatte sie eine Zwischenstellung zwischen dem entschiedenen Liberalismus fortschrittlicher Prägung und den Nationalliberalismus eingenommen. Die Vereinigung mit der Fortschrittspartei zur neuen „Deutschfreisinnigen Partei" mußte dagegen die Gräben vertiefen. Da Frieß sich der neugegründeten Partei anschloß und damit seine Sympathie für den entschiedenen Liberalismus bekundete, war seine erneute Nominierung zwangsläufig mit einem Risiko verbunden. Denn nun bestand die Gefahr, daß viele Wähler, die eher dem gemäßigten Liberalismus zugeneigt waren, den mit der Fusion verbundenen Linksruck der ehemaligen „Liberalen Vereinigung" nicht mitmachen würden, zumal die Deutschfreisinnige Partei sich ganz offen in die Tradition der alten Fortschrittspartei stellte[6] – die in Nordhessen nie Anklang gefunden hatte – und damit ihren Gegensatz zur Nationalliberalen Partei verdeutlichte. Eine weitere Belastung für die linksliberale Position stellte das unglückliche Agieren sowohl der „Fortschrittler" als auch der „Sezessionisten" in der vorangegangenen Legislaturperiode dar, wobei der parlamentarische Schaukelkurs bei den Themenfeldern Sozialistengesetz und soziale Gesetzgebung Anhänger aus dem Arbeitermilieu und dem Bürger-

---

6   Richter, E., Neues ABC-Buch für freisinnige Wähler, S.23.

tum gleichermaßen verärgert hatte[7]. Trotz allem ging Frieß das Wagnis der Kandidatur ein und stellte sich wieder zur Wahl. Die erneute Kandidatur des Wahlsiegers von 1881 brachte allerdings auch die Nationalliberalen in eine schwierige Lage. Bereits drei Jahre zuvor hatte das Auftreten einer liberalen Partei links von den Nationalliberalen und deren großer Rückhalt in der Bevölkerung eine eigene Kandidatur verhindert. Auch wenn Frieß diesmal Stimmen verlieren sollte, konnte eine nationalliberale Kandidatur nur wenig Aussicht auf Erfolg haben, da ja auch das – mittlerweile politisch verwandte – konservative Spektrum im Wahlkreis Kassel 4 über eine beträchtliche Anhängerschaft verfügte. Da die Konservativen, repräsentiert durch die Deutsche Reichspartei (DRP), wenig Interesse zeigten, auf einen eigenen Kandidaten zugunsten der Nationalliberalen zu verzichten – zumal die Landtagswahl des Jahres 1882 die Stärke des konservativen Lagers nachdrücklich unterstrichen hatte[8] –, mußten diese, in der sicherlich richtigen Einschätzung, nämlich im Verhältnis zur DRP der schwächere Partner zu sein, den einzig möglichen Ausweg wählen, der den Verzicht auf eine eigene Kandidatur bedeutete. Hinsichtlich der politischen Ziele mußte dieser Kompromiß weniger schwerfallen, da nach dem Rechtsschwenk der Nationalliberalen durch Annahme des Heidelberger Programmes beide Parteien in ihrer Programmatik weitgehend übereinstimmten. Schlimmer war für die Rechtsliberalen aber die Tatsache, daß die Annäherung an konservative Ziele und Anschauungen für die Region Eschwege-Schmalkalden-Witzenhausen gleichbedeutend mit dem Verlust politischen Selbständigkeit war. Mochte man sich 1881 noch der Hoffnung hingegeben haben, der Verzicht auf einen eigenen Kandidaten sei eine einmalige Kompromißlösung gewesen, so mußten sich nun auch die größten Optimisten eingestehen, daß die Ära der glanzvollen nationalliberaler Wahlerfolgen nun endgültig ihr Ende gefunden hatte. Obwohl die Nationalliberale Partei nie mehr über die Stellung des freikonservativen „Juniorpartners" hinauskommen sollte, war es aber für die örtlichen Entscheidungsträger selbst-

---

7   Vgl. Loth, W., Das Kaiserreich. Obrigkeitsstaat und politische Mobilisierung, München 1996, S.74.

8   Kühne, Th., Handbuch der Wahlen zum preußischen Abgeordnetenhaus 1867-1918. Wahlergebnisse, Wahlbündnisse und Wahlkandidaten, Düsseldorf 1994, S.646 u. 648; Klein, Th., Der preußisch-deutsche Konservatismus und die Entstehung des politischen Antisemitismus in Hessen-Kassel (1866-1893). Ein Beitrag zur hessischen Parteiengeschichte, S.124 u. Anhang (Die Vertretung Hessen-Kassels im Preußischen Landtag).

verständlich, weiterhin liberale Inhalte, verbunden mit Hinweisen auf die glorreichere Vergangenheit, offensiv zu vertreten. Auch die Deutsche Reichspartei sollte sowohl 1884 als auch in den folgenden Jahren mit Rücksicht auf ihren schwächeren Bündnispartner gezwungen sein, nationalliberale Inhalte zu beachten und nationalliberale Traditionen zu pflegen. Deshalb wurde in diesem Jahr – ebenso wie in den folgenden – von konservativer Seite gewissenhaft vermieden, den kleineren Partner zu brüskieren. Der gemeinsame Kandidat, der der Deutschen Reichspartei angehörte, stellte seine tatsächliche Parteimitgliedschaft bewußt in den Hintergrund und bezeichnete sich in diesem Jahr – mit Rücksicht auf liberale Empfindsamkeiten – stets als Kandidat beider politischen Richtungen, wobei bemerkenswerterweise in Wahlaufrufen der nationalliberale Namenszug sogar vor dem freikonservativen rangierte[9].

Der Mann, der in diesem Jahr für die vereinigten Nationalliberalen und Freikonservativen, auch mit propagandistischer Unterstützung des „Casseler Journals"[10], in den Wahlkampf ziehen sollte, war Hermann v. Christen, der aus der Retrospektive betrachtet eine der bedeutendsten Persönlichkeiten der Region – zumindest was die Geschichte der Reichstagswahlen betrifft – gewesen ist. Ebenso wie Richard Harnier, dessen Name untrennbar mit den Jahren von 1867 bis 1878 verbunden ist, hat Hermann v. Christen der wahlgeschichtlichen Entwicklung der Region seinen Stempel aufgedrückt. 20 Jahre lang, mit Ausnahme von 1895, sollte dieser Mann der Deutschen Reichspartei als Kandidat zur Verfügung stehen. Von nicht unerheblicher Bedeutung war v. Christens Verbundenheit mit der Region. So besuchte er in seiner Jugend das Gymnasium in Eschwege[11] und besaß später ein Rittergut in Werleshausen b. Oberrieden/Werra.

Bereits im Juni gelang es v. Christen auf einer Versammlung in Allendorf, die Nationalliberalen des Kreises auf seine Seite zu ziehen, indem er die wesentlichen Grundsätze des Heidelberger Programmes zu seinen eigenen erklärte[12]. In der Folge schlossen sich auch

---

9   Vgl. z.B. die Anzeige „Zur bevorstehenden Reichstagswahl" im Eschweger Kreisblatt vom 1.10.1884, Nr.117.
10 z.B. Casseler Journal 18.10.1884, Nr.247.
11 Hirth, G. (Hrsg.), Deutscher Parlamentsalmanach 1884, München, Leipzig 1884, S.132.
12 Werra-Bote 7.6.1884, Nr.44.

die Nationalliberalen der beiden anderen Kreise an[13]. Mit dem Gothaer Sozialistenführer Wilhelm Bock, der für die SPD kandidierte, trat noch ein dritter Kandidat an[14]. Seine Kandidatur deutet auf eine Verbindung der erwachenden Schmalkalder Arbeiterbewegung zu den thüringischen Nachbargebieten hin[15]. Allerdings waren die Erfolgsaussichten Bocks, der im Jahre 1869 als Delegierter am Gründungskongress der SDAP in Eisenach teilgenommen hatte[16], von Beginn an mehr als zweifelhaft.

3. Der Wahlkampf

Zwei Aspekte beherrschten in der Folge den Wahlkampf. Zum einen standen die konträren politischen Vorstellungen der beiden Kandidaten im Vordergrund der wahlpolitischen Auseinandersetzungen. Zum anderen aber gewann auch der innerliberale Gegensatz zunehmend an Bedeutung, wobei sich sowohl Linksliberale als auch Rechtsliberale heftige Auseinandersetzungen um das liberale Erbe lieferten. Sowohl die Nationalliberalen, deren Neuorientierung auf der Basis des Heidelberger Programmes und deren Anlehnung an die Freikonservativen tatsächlich eine Abkehr von ursprünglichen Idealen bedeutete, als auch die Deutschfreisinnigen, die unzweifelhaft weitaus radikalere Ziele verfolgten als die Nationalliberalen zu Zeiten Richard Harniers, bemühten sich, bei gleichzeitiger Ausgrenzung des Gegners, Kontinuitäten zur großen liberalen Vergangenheit der 60er und 70er Jahre zu konstruieren. Daß die Nationalliberalen, trotz der konservativen Wende, sowohl juristisch als auch vom Namen her, mit der Nationalliberalen Partei der Vergangenheit identisch waren, war für diese unzweifelhaft von Vorteil. Die Anlehnung und Unterstützung an die konservative Deutsche Reichspartei ließ sich dagegen den liberalen Wählerschaft in ihrer Gesamtheit weitaus schwieriger vermitteln. Die Leserbriefe an das Eschweger Kreisblatt im Okto-

---

13 Vgl. Eschweger Kreisblatt 3.10.1884, Nr.119, das über die Beratungen der Schmalkadener Nationalliberalen hinsichtlich der Kandidatenfrage berichtet.

14 Klein, Th., Die Hessen als Reichstagswähler. Tabellenwerk zur politischen Landesgeschichte 1867-1933, Bd.1: Provinz Hessen-Nassau und Waldeck-Pyrmont 1867-1918, Marburg 1989, S.221.

15 Hess, U., Die politischen Verhältnisse in der Stadt und im Kreis Schmalkaden, in: Beiträge zur Geschichte Schmalkaldens, hrsg. von der Leitung des Museums Schloß Wilhelmsburg, Schmalkalden (o.J.), S.88-103, hier: S.96.

16 Fricke, D., Die Deutsche Arbeiterbewegung 1869-1914. Ein Handbuch über ihre Organisation und Tätigkeit im Klassenkampf, Berlin 1976, S.7.

ber 1884 dokumentieren den Streit um den wahren Liberalismus besonders eindrucksvoll. So stellte ein Linksliberaler nachdrücklich fest: „Die wenigen Nationalliberalen, oder besser gesagt, die nationalliberal Gewesenen, welche sich mit den Konservativen vereint haben, haben doch wahrlich nicht das Recht, sich die nationalliberale Partei zu nennen."[17] Die Rechtsliberalen konstatierten dagegen, daß Frieß und seine Parteigenossen den liberalen Konsens aufgekündigt hätten[18]. Unerwartete Schützenhilfe erhielten die Deutschfreisinnigen überraschend von einer Seite, von der dieses am wenigsten zu erwarten gewesen war. Aus wahltaktischen Gründen erging vom Zentralkomitee der Nationalliberalen Partei in Kassel eine Direktive an ihre Anhänger in den Kreisen Eschwege, Schmalkalden und Witzenhausen, in der diese aufgefordert wurden, nicht für v. Christen, sondern für Frieß zu stimmen[19]. Dieser Empfehlung lag ein Kompromiß zugrunde, der mit den Deutschfreisinnigen im Wahlkreis Rinteln-Hofgeismar-Wolfhagen geschlossen worden war. Die Linksliberalen dieser Region hatten sich bereit erklärt, auf die Aufstellung eines eigenen Kandidaten zu verzichten und dafür die Wahl eines Nationalliberalen zu unterstützen[20]. Als Gegenleistung war allerdings die Unterstützung der Kandidatur Frieß im Wahlkreis Kassel 4 gefordert worden. Die Direktive des Kasseler Komitees, die begleitet wurde von einer positiven Berichterstattung der Hessischen Morgenzeitung zugunsten der Deutschfreisinnigen[21], stieß allerdings sowohl bei den Konservativen[22] als auch bei vielen Nationalliberalen auf teilweise heftige Kritik. Die Direktive wurde als „Zumutung" zurückgewiesen; dem Kasseler Komitee wurde „Unfähigkeit" bescheinigt und Verrat an der gemeinsamen Sache vorgeworfen[23]. Schmalkaldener Nationalliberale stellten ihre Gesinnung nachdrücklich unter Beweis, indem sie am 12. Oktober zusammen mit ihren freikonservativen Verbündeten in einem Telegramm eine Ergebenheitsadresse an den

---

17 Eschweger Kreisblatt 12.10.1884, Nr.127.
18 Eschweger Kreisblatt 15.10.1894, Nr.129.
19 Vgl. Eschweger Kreisblatt 11.10.1884, Nr.126; Werra-Bote 15.10.1884, Nr.81.
20 Vgl. Rublik „Eingesandt", Eschweger Kreisblatt 15.10.1884, Nr.129; Parlamentarische Korrespondenz 24.12.1884, Nr.10, S.94.
21 z.B. Hessische Morgenzeitung 8.10.1884, Nr.12412; 17.10.1884, Nr.12427; 17.10.1884, Nr.12428 (Abendausgabe).
22 Casseler Journal 18.10.1884, Nr.247.
23 Eschweger Kreisblatt 11.10.1884, Nr.126.

Fürsten Bismarck richteten, in der ihr Wille zum Kampf gegen die Deutschfreisinnigen nachdrücklich zum Ausdruck kam. In „dankbarer Erwiderung" beglückwünschte der Reichskanzler die Schmalkaldener nur zwei Tage später zu ihrem Vorhaben[24].

Was waren nun die eigentlichen Wahlthemen? In seiner ersten großen Wahlrede, die am 3. Oktober in Eschwege stattfand, präsentierte sich Hermann v. Christen unter der Losung „Festzustehen zu Kaiser und Reich"[25] sowohl als Gefolgsmann der Reichsregierung als auch als Anhänger der Sozial- und auch Kolonialpoltik. Den sog. Reichsfeinden – der Sozialdemokratie, dem Zentrum und besonders den Deutschfreisinnigen – sagte er den entschiedenen Kampf an. Am 13. Oktober entwickelte v. Christen sein Programm auch in Schmalkalden, wo er im bis zum letzten Platz gefüllten „Rosenau" unter dem Beifall der Anwesenden besonders die Gemeinsamkeiten zwischen Freikonservativen und Nationalliberalen hervorhob[26]. Auch in den anderen Städten des Kreises Schmalkalden, in Steinbach-Hallenberg, Brotterode und Barchfeld stieß v. Christen bei einen Zuhörern auf positive Resonanz[27].

Karl Frieß zeigte sich in seinen Wahlveranstaltungen bemüht, den Vorwurf zu entkräften, er sei grundsätzlich gegen die Reichsregierung und deren Politik eingestellt. So erklärte er sich in seiner Eschweger Rede am 15. Oktober als Anhänger der Bismarckschen Kolonialpolitik und auch eines gemäßigten Schutzzolles[28]. Besonders, was den letzten Punkt betraf, zollte er zweifellos regionalen Interessen Tribut, womit er sich gegen das eigene Parteiprogramm stellte. Bei seinem Auftritt in Witzenhausen, nur einen Tag später, kritisierte er sogar offen die Schärfe der Polemik seines Parteivorsitzenden Eugen Richter in tagespolitischen Auseinandersetzungen[29]. Als Vertreter einer gemäßigten Linie trat Frieß auch in Allendorf auf,

---

24 Beide Telegramme sind im Eschweger Kreisblatt vom 17.10.1884, Nr.131 und im Werra-Boten vom 18.10.1884, Nr.82 abgedruckt.

25 Eschweger Kreisblatt 5.10.1884, Nr.121; Casseler Journal 7.10.1884, Nr.237; vgl die negative Berichterstattung der Hessischen Morgenzeitung vom 8.10.1884 Nr.12412.

26 Eschweger Kreisblatt 15.10.1884, Nr.129; Werra-Bote 22.10.1884, Nr.83.

27 Werra-Bote 22.10.1884, Nr.83; Die Hessische Morgenzeitung vom 17.10.1884, Nr.12428 (Abendausgabe) berichtet dagegen, daß die Wahlversammlung in Brotterode ein Mißerfolg für Hermann v. Christen gewesen sei.

28 Eschweger Keisblatt 17.10.1884, Nr.131.

29 Eschweger Kreisblatt 22.10.1884, Nr.135.

wo er wieder mehr die Gemeinsamkeiten als die Gegensätze im Verhältnis zur Regierung Bismarck betonte[30]. Die – weitgehend spärliche – Berichterstattung über den Wahlkampf des Deutschfreisinnigen erweckt den Eindruck, daß Frieß einen primär defensiven Wahlkampf führte. So vermied er es weitgehend – im völligen Unterschied zu seinem Auftreten 1881 –, die konträren Auffassungen, die seine Partei von der Reichsregierung trennten, offensiv zu vertreten. Auch scheint der Erfolg seiner Auftritte begrenzt gewesen zu sein. Selbst der ihm freundlich gesinnte Werra-Bote mußte anläßlich Frieß' Auftritt in Allendorf bitter konstatieren, daß der linksliberalen Kandidat und sein Programm nur auf geringes Interesse gestoßen waren [31]. Sowohl das gemäßigte und alles andere als offensive Auftreten des linksliberalen Kandidaten als auch die vergleichsweise geringe Resonanz auf sein Erscheinen, konnten bereits im Vorfeld der Wahl als signifikantes Merkmal für einen Stimmungsumschwung der Wähler des Wahlkreises Kassel 4 gewertet werden, der weg von einem Liberalismus linkerer Prägung hin zu konservativen Position führte. So war die Zuversicht der Konservativen und der mit ihnen verbundenen Nationalliberalen respektive der sie unterstützenden Presseorgane erheblich größer als die der Deutschfreisinnigen und ihrer Klientel. Ob der Linksrutsch der ehemaligen Liberalen Vereinigung, der sich in der Fusion mit der Fortschrittspartei zur Deutschfreisinnigen Partei vollzogen hatte, die alten liberalen Wähler der Region tatsächlich überfordert hatte, mußte sich am 28. Oktober zeigen.

4. Der Ausgang der Wahl am 28. Oktober 1884.

a. Das Gesamtergebnis

Der Tag der Wahl endete für Karl Frieß mit einer katastrophalen Niederlage. Der Wahlsieger von 1881 mußte bei einer etwa gleichen Wahlbeteiligung wie drei Jahre zuvor eine Einbuße von über 20 Prozentpunkten hinnehmen. Nur noch 41,6%[32] der Wähler hatten Frieß ihr Vertrauen geschenkt und sich damit für einen Liberalismus freisinniger Prägung ausgesprochen. Sein Gegenkandidat Hermann v. Christen ging dagegen als Triumphator aus der Wahl hervor. Zum

---

30 Werra-Bote 18.10.1884, Nr.82.
31 Ebd.
32 Klein, Th., Die Hessen als Reichstagswähler, S.222.

ersten Male in der Geschichte des Wahlkreises konnte ein konservativer Kandidat die Mehrzahl der Wähler (57,9%) auf seine Seite bringen; die liberale Ära hatte in der Region ihr Ende gefunden. Für den Kandidaten der SPD entschieden sich übrigens nur 0,4%. Von den 54 Stimmen, die er im ganzen Wahlkreis auf sich vereinen konnte, erhielt er allein 48 in Schmalkalden[33].

b. Kreis Eschwege

Die Verschiebung des Wählerwillens hin zu konservativen Positionen fand im Kreis Eschwege fast durchgehend seinen Ausdruck. In Eschwege selbst hielt sich der Stimmenverlust der Linksliberalen in Grenzen. Zwar büßte Frieß im Vergleich zu 1881 ca. 6 Prozentpunkte ein, doch mit 69,8% entschied sich die überwiegende Mehrheit der Eschweger Wähler für die Deutschfreisinnigen. Die Zustimmung für den Linksliberalismus galt für alle drei Stimmbezirke. Eine Mehrheit für Frieß fand sich auch in Waldkappel (53,5%); allerdings war der Rückgang um 20 Prozentpunkte im Vergleich zu 1881 mehr als deprimierend. In der dritten Stadt des Kreises konnte Frieß dagegen überraschend zulegen. In Wanfried stieg der Anteil der linksliberalen Wähler von 35,2% auf 45,5%, wobei Frieß davon profitieren konnte, daß Hermann v. Christen, anders als sein konservativer Vorgänger Scharfenberg, hier keine lokale Größe war.

Auf den Dörfern gab es dagegen fast durchweg Niederlagen. In etwa jeder sechsten Gemeinde ging Frieß völlig leer aus. Waren die 0%-Ergebnisse in den kleineren Orten wie Thurnhosbach oder Alberode weniger tragisch, so fiel der Wahlausgang in anderen Orten schon mehr ins Gewicht. In den Dörfern des Meißner-Vorlandes, Frankenhain und Germerode, war die Wahl einstimmig zugunsten Hermann v. Christens ausgefallen; für Frankenhain war das besonders bitter, da Frieß hier noch drei Jahre zuvor fast alle Stimmen hatte für sich verbuchen können. Innerhalb von nur drei Jahren fiel der Anteil der linksliberalen Wähler also von fast 100% auf 0% (!). Da half es wenig, daß die Nachbargemeinde Frankershausen der linksliberalen Tradition von 1881 treu blieb. Auch im Ringgaugebiet und in der Schemmerngegend mußte Frieß vielerorts dramatische Stimmverluste hinnehmen, ebenso wie in den Eschweger Nachbardörfern, Grebendorf, Weidenhausen und Aue, wo die Mehrheit von 1881 verlorenging. Aber auch da, wo die Mehrzahl der Wähler weiterhin

---

33 Ebd., S.223.

für die Linksliberalen votierte, war der Stimmrückgang bedenklich. Das galt ebenso für die Eschweger Nachbargemeinden Frieda (1881: 98%; 1884: 63,3%) und Schwebda (1881: 93%; 1884 73,5%) wie für das Meißner-Vorland Dorf Abterode, wo Frieß' Anteil um fast 30 Prozentpunkte auf 70% gefallen war. Hermann v. Christen war also der große Wahlsieger im Kreis Eschwege.

Die Reichstagswahl 1884 im Kreis Eschwege. Die Situation in den Städten

c. Kreis Schmalkalden

Auch für den Kreis Schmalkalden läßt sich ein eindeutige Verschiebung der Wählermeinung hin zu konservativen Positionen konstatieren. Das läßt sich besonders eindrucksvoll anhand des Wahlergebnisses in der Kreisstadt beweisen. Hatten 1881 noch 84,5% im wählerreichen Schmalkalden für die Liberale Vereinigung votiert, so gaben nun nur noch 47,1%[34] der Wähler ihre Stimme für den deutschfreisinnigen Kandidaten ab. Die Ursache für den Wahlsieg v. Christens ist allerdings nicht ausschließlich in einem veränderten politischen Klima zu suchen. Auffällig ist die Zahl der Wähler, die innerhalb von nur drei Jahren sprunghaft angestiegen war. In diesem Jahr schritten fast 850 Wähler zur Urne, während es 1881 gerade einmal knapp 600 gewesen waren. Absolut ging die Stimmzahl für Frieß von 505 auf 377 zurück. Hermann v. Christen profitierte also wahrscheinlich mehr von der Mobilisierung ehemaliger Nichtwähler als von der Wählerwanderung zu seinen Gunsten.

---

34   Berechnet nach Klein, Die Hessen als Reichstagswähler, S.223.

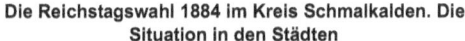

Die Reichstagswahl 1884 im Kreis Schmalkalden. Die Situation in den Städten

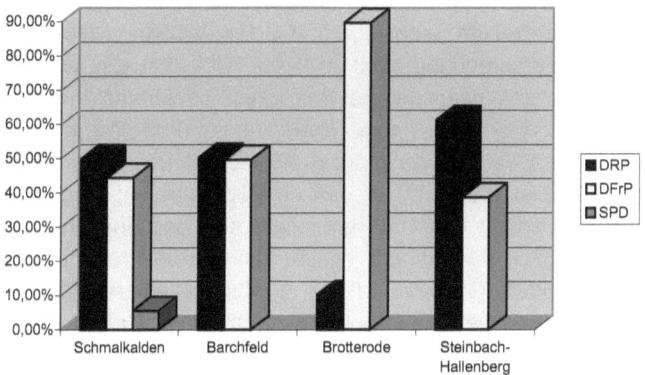

Konservative Wahlerfolge gab es auch in zwei anderen Städten. Hatten 1881 noch 4/5 der Wähler der Liberalen Vereinigung ihr Vertrauen geschenkt, so konnte Hermann v. Christen in Barchfeld – wenn auch nur mit der Differenz einer Stimme – die Mehrheit erringen[35]. Auch Steinbach-Hallenberg, wo er 61,3% der Wählerstimmen erhielt, konnte er den Linksliberalen entreißen. Als einzige Stadt im Kreis blieb Brotterode liberalen Positionen aufgeschlossen. Hier konnte Karl Frieß eines seiner wenigen Erfolgserlebnisse verbuchen. Mit einem Stimmenanteil von 92,3% blieb der Ort fest in linksliberaler Hand. In den Dörfer des Kreises – auch in den Hochburgen – müssen aber fast überall Verluste notiert werden. Linksliberale Mehrheiten konnten überwiegend in den Dörfern des Steinbacher Grundes behauptet werden, wo im Gegensatz zu Steinbach-Hallenberg, die Mehrheit der Hausgewerbetreibenden konservativem Gedankengut fern stand. In Unterschönau (88,6%), Oberschönau (67,5%), Springstille (57,5%), Rotterode (72,1%) und Herges-Hallenberg (69,2) konnte Frieß erneut die Majorität der Wähler hinter sich bringen. In den meisten anderen Orten des Kreises, abgesehen von wenigen Ausnahmen wie Kleinschmalkalden und Floh, mußte Frieß seinem freikonservativen Herausforderer das Feld überlassen.

---

35 Ebd.

d. Kreis Witzenhausen

Der bemerkenswerte Abwärtstrend hinsichtlich der Zustimmung für den Kandidaten Frieß, der sich innerhalb der vorangegangenen drei Jahre in den Kreisen Eschwege und Schmalkalden vollzogen hatte, fand seine Entsprechung auch im Kreis Witzenhausen, wo sich die Hinwendung zu konservativeren Positionen fast überall – wirklich nur von wenigen Ausnahmen abgesehen – anhand der Wahlergebnisse ablesen läßt. Zwar votierte in der Kreisstadt die überwiegende Mehrheit der Wähler (63,7%)[36] für den Linksliberalismus; verglichen mit dem Wahlausgang von 1881 gestaltete sich das Abschneiden von Frieß aber doch – bei einem Verlust von fast 30 Prozentpunkten – eher bescheiden. Genauso sah es in Allendorf aus, wo zum ersten Male eine konservative Mehrheit zustande kam. Hatten sich 1881 noch 3/4 der Wähler für Frieß und die Liberale Vereinigung entschieden, so votierten nur noch 46,9%[37] für die deutschfreisinnige Nachfolgepartei.

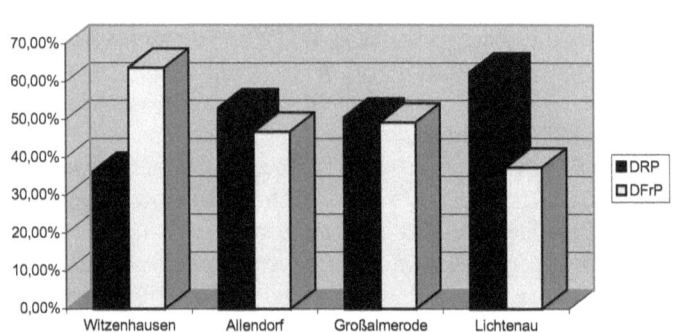

Die Reichstagswahl 1884 im Kreis Witzenhausen. Die Lage in den Städten

Auch im Ackerbürgerstädtchen Lichtenau gelang es Hermann v. Christen, die liberalen Wähler von 1881 en masse ins konservative Lager zu ziehen. Lediglich in Großalmerode nahm die Wahl einen dem Trend zuwiderlaufenden Ausgang: hier kam es, drei Jahre nach

---

36 Ebd.
37 Vgl. die unterschiedliche Überlieferung; ebd., S.224.

dem konservativen Erfolg von 1881, bei einem in etwa ausgeglichenen Stimmenverhältnis zu einer deutlichen Stärkung der linksliberalen Position. Der Wahlausgang in den Städten, von Großalmerode abgesehen, fand in den Dörfern fast ausnahmslos seine Entsprechung. Für Frieß reihte sich Niederlage an Niederlage; lediglich in einigen Witzenhäuser Nachbardörfern wie Ermschwerd und Ellingerode kamen linksliberale Mehrheiten zustande.

5. Zusammenfassung

Der Ausgang der Wahl vom 28. Oktober 1884 ist in vielfältiger Hinsicht von Bedeutung. Zum ersten Male in der Geschichte des Wahlkreises konnte mit Hermann v. Christen ein konservativer Kandidat in den Deutschen Reichstag einziehen. Die jahrelange unbestrittene Vorherrschaft des Liberalismus hatte damit sein Ende gefunden. Ja, schlimmer noch. Die Nationalliberale Partei, die zusammen mit ihrem langjährigen Kandidaten Richard Harnier fast über zwei Jahrzehnte hinweg glänzende Erfolge feiern konnte, hatte aufgehört, in ihrer ursprünglichen Form zu existieren. Hatte es 1881 noch den Anschein gehabt, der Linksliberalismus – in der gemäßigten Gestalt der Liberalen Vereinigung – könnte auf die Dauer die alleinige Erbschaft antreten, so konnte sich nun klarer nicht zeigen, daß alle diesbezüglichen Hoffnungen jeglicher Grundlage entbehrten. Vielmehr hatte der – infolge der Fusion mit der Forschrittspartei – vollzogene Linksrutsch einen großen Teil der liberalen Wähler der Region, überfordert. Viele ehemalige Wähler Harniers – ebenso wie viele Anhänger Frieß' aus dem Jahre 1881 – wandten sich nun der Deutschen Reichspartei zu, die von den, auf dem Boden des Heidelberger Programmes stehenden Nationalliberalen unterstützt wurden. Auch wenn sie den konservativen Wahlsieg bejubelten; einen ausschließlichen Sieg konnten aber auch die Nationaliberalen nicht feiern. Denn zum einen hatte das Wahlergebnis dokumentiert, daß der Linksliberalismus nur im Bündnis mit den konservativen Gegnern der Vergangenheit niederzuringen war. Zum anderen mußte in dieser Interessenskoalition den Konservativen eindeutig der Vorrang eingeräumt werden. Das, was sich bereits 1881 gezeigt hatte, erfuhr nun seine Bestätigung. Die Nationalliberalen bildeten nicht mehr als ein konservatives Anhängsel; ein Zustand , der bis zum Ende des Kaiserreiches Bestand haben sollte. Dazu kamen noch die Differenzen mit den Nationalliberalen in Kassel, deren Wahlaufforderung man entschieden zurückgewiesen hatte.

Die großen Wahlsieger dieses Jahres waren also Hermann v. Christen und die Deutsche Reichspartei. Stellte die Verschiebung der Mehrheitsverhältnisse zugunsten konservativer Positionen in den Kreisen Eschwege, Schmalkalden und Witzenhausen für die Parteien zwar eine eindeutige Zäsur dar, so war das Votum der Wähler hinsichtlich ihrer Stellung zu Kaiser und Reich aber doch ein Akt der Kontinuität. Die innenpolitische Wende des Reichskanzlers, der sich in der Folgezeit verstärkt auf die konservativen Kräfte des Reichstages stützen sollte, hatte im Wahlkreis Kassel 4 seine Entsprechung gefunden. Die (alten) Nationalliberalen hatten in der Vergangenheit ebenso als Stütze des Reiches gegolten,wie es nun die Freikonservativen waren. Die Linksliberalen galten dagegen, trotz aller gegenteiligen Beteuerungen, diffamiert durch die Kampagnen Bismarcks und der politischen Gegner, als Feinde des Reiches und des Vaterlandes. Die Wähler der Region entschieden sich 1884 – im Gegensatz zu 1881 – also wieder einmal für Bismarck und der von ihm bestimmten Politik[38]. Besonders die von konservativer Seite getragene Schutzzollpolitik hat vermutlich, vornehmlich auf dem Lande, die wahlpolitische Entscheidung der Wählermehrheit begünstigt, wenngleich zu bemerken ist, daß wirtschaftspolitische Erwägungen 1884 aber wohl wieder nur eine sekundäre Rolle spielten. Zumindest gibt die Berichterstattung der Zeitungen über die Wahlkampfveranstaltungen und die behandelten Themen diesen Eindruck wieder.

Die Landtagswahlen des Jahres 1885 sollte Hermann v. Christen übrigens verlieren. Im Wahlkreis Kassel/Land-Witzenhausen unterlag der freikonservative Reichstagsabgeordnete trotz nationalliberaler Unterstützung dem Deutschkonservativen Karl Wilhelm Althaus. Im Wahlkreis Eschwege-Schmalkalden siegte dagegen der freikonservative Siegmund Pfannstiel gegen den nationalliberalen Karl Heinrich Gumpert[39].

---

38 Für den Landkreis Hersfeld kommt Heinrich Nuhn, Wahlen und Parteien im ehemaligen Landkreis Hersfeld. Eine historisch-analytische Längsschnittstudie, Darmstadt und Marburg 1990, S.60 zu der Erkenntnis, daß „die konservative Wendung der Wählerschaft ... wahrscheinlich in geringerem Maße durch die politischen Ziele und Leitvorstellungen der konservativen Wahlprogrammatik verursacht (wurde) als durch die parteibezogene Umpolung der Unterstützung der Reichsregierung".

39 Klein, Der preußisch-deutsche Konservatismus und die Entstehung des politischen Antisemitismus in Hessen Kassel (1866-1893), S.175

VIII. Die Reichstagswahl 1887

1. Die allgemeine Wahlbewegung und die Lage im Reich

Mitte der 80er Jahre ließen sich sowohl in der Innen- als auch in der Außenpolitik zahlreiche Krisensymptome ausmachen, die in vielfältiger Hinsicht für das Deutsche Reich einen grundlegenden Wandel erwarten ließen. Das von Bismarck in den Jahren 1879 bis 1883 aufgebaute Bündnissystem geriet ins Wanken, da die Spannungen zwischen Österreich-Ungarn und Rußland anläßlich der bulgarischen Krise (1885) einem Höhepunkt zustrebten[1]. Gleichzeitig verschlechterten sich auch die Beziehungen zwischen Deutschland und Frankreich, wo der General Boulanger – ein Anhänger der französischen Patriotenliga – im Jahre 1886 das Kriegsministerium übernahm. Begleitet wurde dieser Vorgang von einer offenen Debatte in der französischen Presse über ein Bündnis mit Rußland und einen möglichen Revanchekrieg gegen das Deutsche Reich[2]. Die neue Entwicklung wurde hier mit Sorge betrachtet; in weiten Teilen der Bevölkerung machte sich die Angst vor einem Zweifrontenkrieg breit[3].

Um die Verteidigungsfähigkeit Deutschlands zu stärken und den bestehenden Rüstungsvorsprung zu sichern, plante Bismarck eine umfassende Heeresreform, wobei eine geplante Anhebung der Truppenstärke in den Mittelpunkt rückte. Die neue Militärvorlage, deren Laufzeit sieben Jahre betragen sollte, legte er im Jahre 1886 dem Reichstag zur Genehmigung vor[4]. Angesichts der allgemein anerkannten Gefahr fand sich zwar die überwiegende Mehrheit des Parlamentes bereit, die Heeresvergrößerung zu unterstützen; im Gegensatz zu den beiden konservativen Parteien und den Nationalliberalen verlangten aber die Linksliberalen, im Bunde mit dem Zentrum, die Laufzeit des Gesetzes von ursprünglich sieben Jahren auf drei Jahre zu verkürzen[5]. Bismarck nutzte diesen Vorgang zur Auflösung des Reichstages am 14.1.1887[6]. Der Wahlkampf des Jahres

---

1 Born, K.E., Von der Reichsgründung bis zum Ersten Weltkrieg, München 10 1985, S.149.
2 Ebd., S.150.
3 Stürmer, M., Das ruhelose Reich. Deutschland 1866-1918, Berlin 1983, S.234.
4 Ebd.
5 Born, Von der Reichsgründung bis zum Ersten Weltkrieg, S.162.
6 Ebd., S. 162f.

1887 wurde in einem Klima der allgemeinen nationalen Erregung mit enormer Heftigkeit geführt; der Propaganda der Bismarckanhänger gelang es – wie schon in der Vergangenheit – in überzeugender Art und Weise, die wahlpolitischen Auseinandersetzungen als Kampf zwischen „Reichsfreunden" und „Reichsfeinden" hochzustilisieren. Die heftigen innenpolitischen Auseinandersetzungen wurden begleitet von schweren Problemen der deutschen Landwirtschaft. Die seit Mitte der 70er Jahre andauernde Agrarkrise erreichte im Jahre 1887 ihren ersten großen Höhepunkt[7]. Der seit 1884 zu beobachtende Aufwärtstrend der Konservativen in den Kreisen Eschwege, Schmalkalden und Witzenhausen, hatte bei den Landtagswahlen des Jahres 1885 seine Fortsetzung gefunden. Im Wahlkreis Kassel/Land-Witzenhausen hatte im „innerkonservativen Duell" der Deutschkonservative Althaus über den freikonservativen Reichstagswahlsieger v. Christen triumphiert; im Wahlkreis Eschwege-Schmalkalden war der Freikonservative Pfannstiel gegen den Nationalliberalen Endemann erfolgreich gewesen[8].

2. Die Nominierung der Kandidaten

Am 27. Januar 1887 wurde in Eschwege ein gemeinsames Komitee der konservativen und liberalen Parteien des Wahlkreises Kassel 4 gebildet, das sich – „im Einverständnis mit den Wählern in den Kreisen Witzenhausen und Schmalkalden"[9] – auf eine erneute Kandidatur des bisherigen, der Deutschen Reichspartei angehörenden Reichstagsabgeordneten Hermann v. Christen einigte. Dieser Vorschlag erfreute sich auch der begeisterten Zustimmung der Kasseler Nationalliberalen und der Hessischen Morgenzeitung, die, anders als 1884, nun eine positive Einstellung zu v. Christen an den Tag leg-

---

7   Wehler, H.-U., Deutsche Gesellschaftsgeschichte, Bd.3: Von der „Deutschen Doppelrevolution" bis zum Beginn des Ersten Weltkrieges. 1849-1914, München 1995, S.686.

8   Kühne, Th., Handbuch der Wahlen zum preußischen Abgeordnetenhaus 1867-1918. Wahlergebnisse, Wahlbündnisse und Wahlkandidaten, Düsseldorf 1994, S.246 u. 248, Klein, Th., Der preußisch-deutsche Konservatismus und die Entstehung des politischn Antisemitismus in Hessen-Kassel (1866-1893). Ein Beitrag zur hessischn Parteiengeschichte, Marburg 1995, Anhang.

9   „An die Wähler des Kreises Eschwege!" Aufruf der „Vereinten nationalen Parteien" im Eschweger Kreisblatt 29.1.1887, Nr.24.

ten[10]. Das bereits seit 1881 im Wahlkreis Kassel 4 praktizierte Bündnis zwischen Freikonservativen, Deutschkonservativen und Nationalliberalen fand übrigens seine Entsprechung auf Reichsebene, wo sich die drei Parteien zum sog. „Kartell" zusammenschlossen[11].

Bis wenige Tage vor der Wahl sah es so aus, als sollten die Linksliberalen der Region auf die Aufstellung eines eigenen Kandidaten verzichten. Erst in „letzter Stunde" entschlossen sich „die vereinigten Liberalen der Kreise Eschwege, Schmalkalden und Witzenhausen"[12], den deutschfreisinnigen Freiherrn Dr. jur. h.c. Franz Schenck v. Stauffenberg[13] für den Reichstag kandidieren zu lassen, nachdem ihnen ihr bisheriger Kandidat Karl Frieß eine Absage erteilt hatte[14]. Tatsächlich war die Aufstellung Schenck v. Stauffenbergs nicht mehr als eine Alibikandidatur. Der Vorsitzende des Zentralkomitees der Deutschen Freisinnigen Partei[15] mußte seinen Namen auch für die Kandidatur in anderen Wahlkreisen – z.B. im Wahlkreis Kassel 5 – hergeben[16]; ein sicheres Zeichen dafür, daß niemand seiner Parteikollegen ernsthaft an ein erfolgreiches Abschneiden glaubte.

Auch die Sozialdemokraten schickten wieder einen Kandidaten in den Wahlkampf. Diesmal trat der aus Kassel stammende Tischler Wilhelm Pfannkuch[17] für die sozialistische Partei an, die seit 1885 mit dem „Unterstützungsverein der Tabakarbeiter" – einer politischen Tarnvereinigung – in Eschwege, trotz des Sozialistengesetzes, einen

---

10   In der Ausgabe vom 22.1.1887, Nr.33 druckte die Hessische Morgenzeitung den Wahlaufruf der Freikonservativen ab. Am 1.2.1887, Nr.48 (Abendausgabe) setzte das Blatt das Eintreten für den konservativen Kandidaten mit Treue zu Kaiser und Reich gleich.

11   Ullmann, H.-P., Das Deutsche Kaiserreich 1871-1918, Frankfurt a.M. 1995, S.90.

12   „Zur Reichstagswahl!", freisinniger Aufruf im Eschweger Kreisblatt vom 18.2.1887, Nr.41.

13   Vgl. Klein, Th., Die Hessen als Reichstagswähler. Tabellenwerk zur politischen Landesgeschichte 1867-1933, Bd.1.: Provinz Hessen-Nassau und Waldeck-Pyrmont 1867-1918, Marburg 1989, S.224.

14   Schmalkalder Kreisblatt 5.2.1887, Nr.15.

15   Seeber, G., Deutsche Freisinnige Partei (DFsP). 1884-1893, in: Fricke, D. u.a. (Hrsg.), Lexikon zur Parteiengeschichte. Die bürgerlichen und kleinbürgerlichen Parteien und Verbände in Deutschland (1789-1945), Köln 1983, Bd.1, S.657-666, hier: S.657.

16   Klein, Die Hessen als Reichstagswähler, S.286.

17   Hess, U., Die politischen Verhältnisse in der Stadt und im Kreis Schmalkalden 1867-1914, in: Beiträge zu Geschichte Schmalkaldens, hrsg. von der Leitung des Museums Schloß Wilhelmsburg, Schmalkalden (o.J.), S.88-103, hier: S. 96.

organisatorischen Rückhalt besaß[18]. Seit 1885 existierte in Eschwege auch ein sozialdemokratischer Wahlverein, dessen Tätigkeit der Öffentlichkeit ebenfalls verborgen bleiben mußte[19]. Möglicherweise – belegt nur durch mündliche Überlieferungen – bestand auch in Witzenhausen seit 1884 ein informeller Zusammenschluß von Sozialdemokraten, der die Keimzelle der dortigen SPD bildete[20]. Offiziell war dort bereits 1883 ein Arbeiterfortbildungsverein gegründet worden[21]. Im Vorfeld der Wahl bildete sich auch ein sozialdemokratischer Wahlverein in Brotterode, der zugleich für die Dörfer des Trusetales zuständig war[22].

3. Der Wahlkampf und die Wahlkampfveranstaltungen

Zwischen der Reichstagsauflösung und dem Tag der Wahl lagen nicht einmal sechs Wochen. Das hatte zur Folge, daß die heiße Wahlkampfphase nur eine relativ kurze Zeitspanne umfaßte. Interessant ist, daß, nimmt man die Berichterstattung in den Medien zum Maßstab, in diesem Jahr kaum Wahlkampfveranstaltungen stattfanden. Besonders die Deutschfreisinnigen, die sich ja erst wenige Tage vor der Wahl auf einen Kandidaten geeinigt hatten, fanden für diese Wahlkampfform keine Zeit mehr.

Die Sozialdemokraten waren dagegen durchaus gewillt, ihre Agitation, die in diesem Jahr unter dem Motto „Hie Fürstenmacht – hie Volksrecht"[23] stand, in öffentlichen Versammlungen zu betreiben. Allerdings wurden derartige Bemühungen durch die Behörden gleich im Ansatz unterbunden. Eine sozialdemokratische Versammlung in Schmalkalden wurde Ende Januar zwangsweise aufgelöst, weil der Redner, der Schneider Müller aus Eschwege, kritische Worte über

---

18 Fritsche, H., 100 Jahre SPD in Eschwege, Eschwege 1985, S.13.

19 Homeister, K., Die Arbeiterbewegung in Eschwege (1885-1920). Ein Beitrag zur Stadt- und Kreisgeschichte, Kassel 1987, S.18f; zur Problematik des genauen Gründungsdatums vgl. Fritsche, 100 Jahre SPD in Eschwege, S.13. u. 19f.

20 Vgl. Frenz, W., Schmidt, H., Wir schreiten Seit an Seit. Geschichte der Sozialdemokratie in Nordhessen, Marburg 1989, S.38.

21 Tappe, J., Die Geschichte der Arbeiterbewegung in Witzenhausen (hrsg. zum Anlaß des 100-jährigen Bestehens des SPD-Ortsvereins), Witzenhausen 1984, S.87.

22 Messerschmidt, J., 110 Jahre Sozialdemokratie in Trusetal. 1886-1996, unveröffentlichtes Manuskript (Mschr.), S.(6).

23 Lehnert, D., Sozialdemokratie zwischen Protestbewegung und Regierungspartei. 1848-1983, Frankfurt a.M., 1983, S.75.

die Folgen der Reichsgründung fallen ließ[24]. Das Schmalkalder Kreisblatt schreckte in der Folge nicht davor zurück, einem Versammlungsteilnehmer offen zu empfehlen, „sich in Zukunft nicht allzuweit an die Oeffentlichkeit vorzuwagen"[25]. Auch Wilhelm Pfannkuch, der für den 6. Februar eine Kundgebung in Eschwege plante[26], mußte vor der Behördenwillkür kapitulieren. Unter dem Vorwand, daß das gemietete Lokal angeblich „weder in feuer- noch in baupolizeilicher Hinsicht den Anforderungen entsprach"[27], wurde die Veranstaltung verboten. Unter dem Pseudonym „Der rothe Prophet" gab Müller übrigens in der verbotenen Zeitung „Der Sozialdemokrat" einige zwar einseitige und polemische, aber sicherlich doch nicht ganz unzutreffende Lageberichte aus Eschwege. Darin ist die Rede von zahlreichen behördlichen Repressalien gegen die Arbeiterbewegung, von Hausdurchsuchungen, dem Verbot von Vereinen[28] und der Beschlagnahmung sozialdemokratischen Wahlkampfmaterials[29].

Da auch die Vereinten Konservativen und Nationalliberalen weitgehend auf Wahlveranstaltungen verzichteten, Hermann v. Christen selbst hat vermutlich keine Rede gehalten, spielte sich – hier unter Ausschluß der Sozialdemokraten – die Auseinandersetzung auf einer anderen Ebene ab. Der Wahlkampf entwickelte sich, vornehmlich im Kreis Schmalkalden, zu einem wahren Zeitungskrieg, der an Polemik und Schärfe nichts vermissen ließ. Während z.B. das Eschweger Kreisblatt, trotz eindeutiger Parteinahme für Hermann v. Christen, sein Politikverständnis noch in durchaus gemäßigter Form vortrug, dominierte im konservativen Schmalkalder Kreisblatt eine ausgesprochen aggressive, mit Häme vermischte Sprache. Der Thüringer Hausfreund, der im Grunde genommen eine linksliberale Parteizeitung war, befand sich dagegen von Beginn an in einer Defensiv-

---

24 Hessische Morgenzeitung 4.2.1887, Nr.54 (Abendausgabe); vgl. den tendenziellen und polemischen Bericht im Schmalkalder Kreisblatt vom 29.1.1887, Nr.12, in dem der Eindruck erweckt werden soll, daß es sich dabei um eine Versammlung von Kriminellen gehandelt hat.
25 Schmalkalder Kreisblatt 3.2.1887, Nr.14.
26 Eschweger Kreisblatt 4.2.1887, Nr.29.
27 Eschweger Kreisblatt 8.2.1887, Nr.32.
28 Der Sozialdemokrat 1.1.1887, Nr.1. (Nachdruck, Berlin 1969).
29 Der Sozialdemokrat 13.5.1887, Nr.20.

haltung. Begleitet wurde die Auseinandersetzung durch das Ausstreuen zahlreicher Flugblätter und Stimmzettel[30].

Der Streit um das Septemnat stand im Mittelpunkt der allgemeinen Erregung. Unter der Losung „Der Würfel ist gefallen" forderte das Eschweger Kreisblatt die Tilgung der Schmach, die „sich deutsch nennenden Männer ... dem deutschen Volke .. durch ihre Haltung in der Militärvorlage"[31] angeblich zugefügt hatten. Die Hessische Morgenzeitung bemerkte mit Genugtuung, daß in Eschwege 15 jüdische Bürger „in voller Treue zu Kaiser und Reich" den Wahlaufruf für Hermann v. Christen unterschrieben hatten, ein Beweis dafür, daß der den Konservativen vorgeworfene Antisemitismus nicht existent sei[32].

In ihrem Wahlaufruf stilisierten die Freikonservativen die Entscheidung am 21. Februar zur Wahl zwischen Krieg und Frieden hoch[33]. Für den Fall einer konservativen Niederlage wurde der Zusammenbruch des Vaterlandes vorausgesagt[34], verbunden mit der Gefährdung von „Leib und Leben" aller Bürger[35].

Die Linksliberalen verwahrten sich gegen den Vorwurf, die Wehrkraft des Reiches schwächen zu wollen, und beklagten die Reichstagsauflösung als Vertrauensbruch am deutschen Volke. Im Thüringer Hausfreund war zu lesen: „Jetzt wird ein erbitterter Wahlkampf geführt und dies geschieht, weil man es dem Volke verweigern will, nach 3 Jahren wiederum eine Einwirkung auf das Maaß der militärischen Lasten auszuüben. Wir dagegen wollen dem künftigen Reichstag das Recht nicht beschränkt wissen, eine Abkürzung der Dienstzeit und eine Erleichterung der Steuern zu erwirken"[36]. Der

---

30   Vgl. das Wahlkampfresümee des Eschweger Kreisblattes vom 22.2.1887, Nr.44.
31   Eschweger Kreisblatt 20.1.1887, Nr.16.
32   Hessische Morgenzeitung 1.2.1887, Nr.48 (Abendausgabe.
33   Vgl. Wahlaufrufe der Freikonservativen und Nationalliberalen, in: Wippermann, K., Deutscher Geschichtskalender für 1887. Sachlich geordnete Zusammenstellung der politisch wichtigsten Vorgänge im In- und Ausland, I. Band, Leipzig 1887, S.79 u. 80f.
34   Wahlaufruf der Freikonservativen in der Hessische Morgenzeitung vom 22.1.1887, Nr.33.
35   Vgl. Gedicht „An das deutsche Volk"; Casseler Journal 18.1.1887, Nr.14.
36   Thüringer Hausfreund, zitiert nach Schmalkalder Kreisblatt 22.1.1887, Nr.9, vgl. Wahlaufruf der Deutschfreisinnigen Partei, in: Wippermann, Deutscher Geschichtskalender für 1887, S.94.

konservativen Parole „Krieg oder Frieden" wurde also die Losung „Volksrechte oder Regierungsdiktat" entgegengesetzt. Das aufgeheizte Klima ließ allerdings wenig Raum für eine derartige Sicht der Dinge. Die Schwierigkeiten bei der Nominierung ihres Kandidaten belegen nachdrücklich, daß sich die Deutschfreisinnigen selbst nur geringe Erfolgsaussichten einräumten.

Wie bereits bemerkt, fanden kaum Wahlveranstaltungen statt. Den Sozialdemokraten wurden die behördlichen Stolpersteine zum Verhängnis; die Linksliberalen verzichteten freiwillig auf diese Art des Wahlkampfes. Aber auch die vereinigten Konservativen und Nationalliberalen zeigten hier wenig Eifer. Einen Tag vor der Wahl sprach der Landgerichtsrat Schimmelpfeng zugunsten Hermann v. Christens[37]; ansonsten fanden wohl keine Veranstaltungen statt.

Quasi stellvertretend für die vereinigten Konservativen und Nationalliberalen trat aber mit dem Eschweger Kriegerverein eine andere Gruppe auf den Plan. Auf Anweisung des Deutschen Kriegerbundes forderte der Vorstand auf einer Versammlung Mitte Februar seine Mitglieder auf, bei der kommenden Wahl nur für die Anhänger der Heeresreform zu stimmen[38]. Bemerkenswert ist auch die Tatsache, daß auch staatliche Institutionen massiv – und zwar ausschließlich zugunsten des Kartells – in den Wahlkampf eingriffen. War das offene Eintreten des Schmalkaldener Bürgermeisters, Major a.D. Brack, für die Vereinigten Konservativen und Nationalliberalen durch Unterzeichnung des Wahlaufrufes für Hermann v. Christen[39] zweifelsohne legitim, so gestaltete sich dagegen die Stellungnahme des Schmalkaldener Landrates mittels einer offiziellen Mitteilung im Schmalkalder Kreisblatt unter der Rubrik „Amtliche Bekanntmachungen" zugunsten der Kartellparteien außerordentlich problematisch. Die Argumentation der Oppositionsparteien wurde offen als „Täuschung" respektive als „Entstellung der Wahrheit" angeprangert. Die behördliche Parteinahme – hier erfolgt durch den Landrat Fliedner – zuungunsten der Linksparteien, vornehmlich der Freisinnigen, wurde sinngemäß zur vaterländischen Pflicht erklärt.[40]

---

37 Agl. Anzeige im Schmalkalder Kreisblatt 19.2.1887, Nr.21.
38 Eschweger Kreisblatt 15.2.1887, Nr.38; Casseler Journal 17.2.1887.
39 Wahlanzeige im Schmalkalder Kreisblatt, 10.2.1887, Nr.17.
40 Amtliche Bekanntmachung im Schmalkalder Kreisblatt 15.2.1887, Nr.19.

4. Der Ausgang der Wahl

a. Das Gesamtergebnis

Angesichts der massiven konservativen Propaganda und der allgemeinen nationalen Erregung als Folge der von Bismarck bewußt erzeugten „Kriegspsychose"[41] deutete schon frühzeitig alles auf eine Wiederholung des konservativen Wahlerfolges von 1884 hin. Diese Einschätzung sollte sich am 21. Februar bestätigen. Über zwei Drittel der Wähler (76,2)[42] im Wahlkreis Kassel 4 votierten für Hermann v. Christen und gaben dadurch ihre Zustimmung zur Heeresvorlage des Reichskanzlers. Die Deutschfreisinnigen mußten eine geradezu vernichtende Niederlage hinnehmen. Nur 13% der Stimmen entfielen auf den unglücklichen Freiherrn Schenck v. Stauffenberg, dessen Kandidatur in „letzter Stunde" wohl nur eine Gelegenheitslösung gewesen war. Dafür konnten sich zum ersten Male in der Geschichte des Wahlkreises Kassel 4 die Sozialdemokraten über ein respektables Wahlresultat freuen. Innerhalb von nur drei Jahren schnellte die Akzeptanz für die Arbeiterpartei von 0,4% auf 10,7% in die Höhe, eine Tatsache, die nachdrücklich dokumentiert, daß der Sozialdemokratie der Marsch aus der weitgehenden Bedeutungslosigkeit vortrefflich gelungen war. Die Wahlbeteiligung betrug in diesem Jahr 68,0% und war, trotz des harten Wahlkampfes, kaum höher als drei Jahre zuvor[43].

b. Kreis Eschwege

Der Wahlerfolg der Konservativen im Kreis Eschwege war überwältigend. Von wenigen Ausnahmen abgesehen, erhielt Hermann v. Christen überall die relative oder gar die absolute Mehrheit. In 13 Gemeinden stimmten die Wähler zu hundert Prozent zugunsten der Deutschen Reichspartei[44]. In Eschwege kam v. Christen auf 45,7 %; obwohl er damit deutlich unter seinem Kreisdurchschnitt lag, war auch dieses Resultat ein großer Erfolg. Hervorragend schnitt der

---

41 Loth, W., Das Kaiserreich. Obrigkeitsstaat und politische Mobilisierung, München 1996, S.79.

42 Klein, Die Hessen als Reichstagswähler, S.224.

43 Die Wahlbeteiligung im Wahlkreis Hersfeld-Hünfeld-Rotenburg lag um 10% höher; vgl. Nuhn, H., Wahlen und Parteien im ehemaligen Landkreis Hersfeld. Eine historische analytische Längsschnittstudie, Darmstadt u. Marburg 1990, S.63.

44 Klein, Die Hessen als Reichstagswähler, S.224ff.

konservative Kandidat in den beiden anderen Städten ab. Sowohl in Wanfried (89,7%) als auch in Waldkappel (86,6%) entfiel auf ihn – mit klarem Vorsprung vor seinen Konkurrenten – die absolute Mehrheit. Ähnlich gestalteten sich die Wahlergebnisse in den wählerreichen Dörfern des Kreises, so z.B. in Reichensachsen, wo 91,5% der Wähler für v. Christen votierten, oder in Germerode, wo alle 159 Stimmen auf die Deutsche Reichspartei entfielen. Der Erfolg der Konservativen war flächendeckend; selbst in alten liberalen Hochburgen wie z.B in Frankershausen entfielen die meisten Stimmen auf den Wahlsieger von 1884.

Dem konservativen Erfolg stand eine geradezu vernichtende Niederlage der Linksliberalen gegenüber. Ein Drittel der Gemeinden stellte sich geschlossen gegen die Deutschfreisinnigen; hier erhielt Schenck v. Stauffenberg nicht eine einzige Stimme. Absolute oder relative Mehrheiten für den Freisinn kamen nur in einigen kleinen Dörfern wie Archfeld, Hitzerode und Unhausen zustande; zahlenmäßig fielen diese Erfolge nicht ins Gewicht. In der Kreisstadt sank der Anteil der Deutschfreisinnigen von fast 70% aus dem Jahre 1884 nun auf unter 20%; wobei in den besseren Wohngegenden (Wahlbezirke Eschwege 1 und Eschwege 2) die Zustimmung für Schenck v. Stauffenberg noch am größten war. Im Wahlbezirk Eschwege 3 lag der Anteil der linksliberalen Wähler nur bei 13,8%; das war kaum mehr als der Kreisdurchschnitt. Noch spektakulärer gestaltete sich für die Linksliberalen das Wahlergebnis in Waldkappel, wo Karl Frieß 1881 und 1884 noch die absolute Mehrheit gewonnen hatte. Von diesen alten Erfolgen war nichts mehr übrig geblieben. Ganze 3% der Wähler votierten in diesem Jahr für Frieß' glücklosen Nachfolger und dokumentierten damit nachdrücklich die linksliberale Talfahrt. Vielerorts blieben die Freisinnigen nicht einmal mehr die zweite Kraft. Nicht nur in der Kreisstadt selbst wurden sie auch von der Sozialdemokratie überholt.

Neben dem konservativen Wahlerfolg war die positive Resonanz für die Arbeiterpartei das wesentliche Merkmal dieser Wahl. 1884 hatte der damalige sozialdemokratische Kandidat im gesamten Kreis Eschwege nicht eine einzige Stimme erhalten. Nun aber fanden die Fortschritte, die die Eschweger Arbeiterbewegung hinsichtlich ihrer Organisation in den vergangenen drei Jahren gemacht hatte, auch in den Wahlergebnissen ihren Niederschlag. Die Schwerpunkte der sozialdemokratischen Erfolge lagen sowohl in der Kreisstadt selbst als auch in einigen umliegenden Dörfern. In Eschwege stimmten 34,4% für Pfannkuch, gemessen am Wahlergebnis von 1884 war das eine wahlpolitische Sensation. Bemerkenswert ist das Gefälle hinsichtlich der Resonanz, die die Arbeiterpartei erfuhr. In den vornehmeren Wohngebieten des Wahlbezirkes 1 präferierten gerade einmal 14,2% die Sozialdemokraten; im Wahlbezirk 2 stimmten dagegen schon 32,3% für die Arbeiterpartei. Im Wahlbezirk 3, der das Gebiet der Altstadt umfaßte, wo die Mehrzahl der Arbeiterhaushalte beheimatet war, entfielen schließlich 62,8% auf Pfannkuch. Interessant ist, daß die Eschweger Sozialdemokraten den doch erfreulichen Wahlausgang mit einer gewissen Enttäuschung konstatierten. In seinem Stimmungsbericht aus Eschwege warf Müller unter dem Pseudonym „Der rothe Prophet an der Werra" im „Sozialdemokrat" den Behörden nicht nur eine offene Begünstigung der politischen Gegner vor, sondern er bezichtigte sie auch der Wahlfälschung[45].

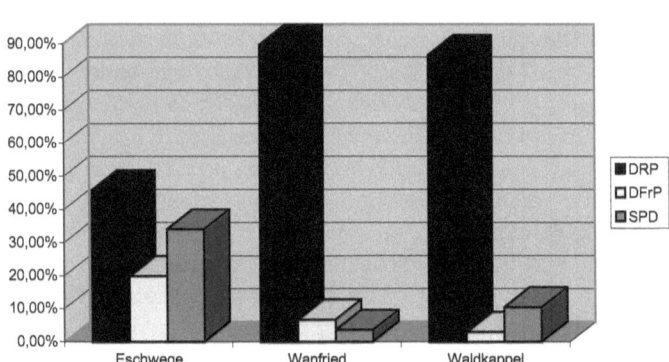

Die Reichstagswahl 1887 im Kreis Eschwege. Die Lage in den Städten

Der sozialdemokratische Erfolg fand in den beiden anderen Städten des Kreises keine Entsprechung. Sowohl in Waldkappel als auch in Wanfried blieb die Arbeiterpartei weitgehend bedeutungslos. Dagegen war die Zustimmung, die die Sozialdemokratie in einigen Eschweger Nachbardörfern erfuhr, wiederum bemerkenswert. Vermutlich waren es hier Pendler, die in der Kreisstadt mit sozialistischen Ideen in Berührung gekommen waren und diese neue Orientierung per Wahlentscheid dokumentierten. So entfielen auf Pfannkuch in Oberdünzebach 44,4%, in Niederdünzebach 48,7%, in Aue

---

45 Der Sozialdemokrat 10.6.1887, Nr.24.

42% und in Jestädt 36,5%. Auch im nördlichen Ringgau-Dorf Langenhain stimmte fast die Hälfte der Wähler für die Sozialdemokratie. In den anderen Gegenden des Kreises blieb Pfannkuch dagegen ohne Erfolg; die Zustimmung für die Arbeiterpartei blieb 1887 auf Eschwege und die nähere Umgebung beschränkt.

c. Kreis Schmalkalden

Die konservative Propaganda, die im Falle eines Wahlsieges der „Reichsfeinde" den Bestand des Reiches in Frage stellte und einen Krieg mit Frankreich voraussagte, fiel auch im Kreis Schmalkalden auf fruchtbaren Boden. Fast überall waren Hermann v. Christen, die Deutsche Reichspartei und die sie unterstützenden Nationalliberalen siegreich. Besonders erfolgreich waren die Freikonservativen dabei in der Kreisstadt, wo sie mit 60,4% klar die absolute Mehrheit erringen konnten[46]. Damit konnte das Wahlergebnis von 1884 (49,9%) noch deutlich übertroffen werden. Noch überwältigender war der Sieg für Hermann v. Christen in Steinbach-Hallenberg, wo sich 95,2% der Wähler, sowohl Selbständige als auch Fabrikarbeiter und Hausgewerbetreibende, für die Deutsche Reichspartei entschieden. Im Vergleich zu 1884 stieg der Anteil der konservativen Wählerschaft um 34 Prozentpunkte. Damit war der Zuwachs für die Freikonservativen erheblich größer als in Barchfeld, der dritten Stadt des Kreises, in der die agrarische Produktion noch die größte Rolle spielte. Hier entschieden sich 72,8% für v. Christen; im Vergleich zu 1884 ein Zuwachs von etwa 22 Prozentpunkten. Die bemerkenswerte Ausnahme, nicht nur im Kreis Schmalkalden, sondern im gesamten Wahlkreis Kassel 4, bildete wieder Brotterode, wo die langjährige liberale Tradition ihre Fortsetzung fand. Wie schon 1881 und 1884 stimmte die Einwohnerschaft fast geschlossen für den Linksliberalismus; Schenck v. Stauffenberg erhielt in diesem Ort, wo die Zigarrenindustrie noch keine Rolle spielte, sondern wohl noch die, wenn auch im Niedergang begriffene Kleineisenindustrie von Bedeutung war, 90,7% der Wählerstimmen. Hermann v. Christen blieb hier völlig erfolglos; nicht einmal bei jedem zehnten Wähler hatte die konservative Propaganda Gehör gefunden. Allerdings stellte diese Wahlschlappe für v. Christen nicht mehr dar als einen kleinen Wermutstropfen im übervollen Siegesbecher. In fast allen Dörfern des Kreises holte er sich dafür die absolute Mehrheit.

---

46 Klein, Die Hessen als Reichstagswähler, S.226

Analog dazu mußte Schenck v. Stauffenberg, mit Ausnahme der Stadt Brotterode, im gesamten Kreis schwere Niederlagen hinnehmen. In einem Drittel der Dörfer wurde für die Deutschfreisinnigen nicht eine einzige Stimme abgegeben.

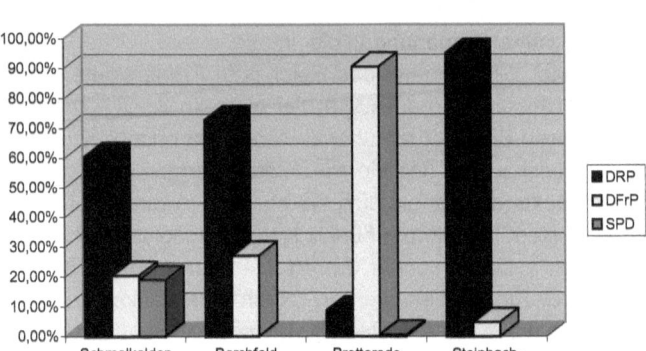

Die Reichstagswahl 1887 im Kreis Schmalkalden. Die Lage in den Städten

Für die Sozialdemokraten stellte sich der Wahlausgang dagegen einigermaßen erfreulich dar. Zwar erhielt Wilhelm Pfannkuch noch weniger Stimmen als sein linksliberaler Kontrahent; doch der Zuspruch für die Arbeiterpartei muß am Wahlergebnis von 1884 gemessen werden. Ähnlich wie im Kreis Eschwege machte sich das Erwachen der Arbeiterbewegung in der Kreisstadt und in einigen umliegenden Dörfern, deren Bewohner vermehrt in Schmalkalden ihr Auskommen fanden, bemerkbar. In Schmalkalden stimmten fast 20 % für die Sozialdemokratie; den höchsten Anteil an sozialdemokratischen Wählern (37,9%) erzielte Pfannkuch in Rotterode. In Brotterode, wo im Vorfeld der Wahl ein sozialdemokratischer Wahlverein gegründet worden war, zeigten die Beschäftigten der niedergehenden Kleineisenindustrie dagegen wenig Sympathien für die Arbeiterpartei. Hier erhielt Pfannkuch ganze zwei Stimmen, während er in Barchfeld und Steinbach-Hallenberg völlig leer ausging. Auch in den Dörfern des Trusengrundes fand die SPD offiziell keinen Anklang, obwohl in den Berichten an die Schmalkalder Bergbehörde aus dem Jahre 1886 über die Lage im Trusetaler Bergbau die Rede von ersten „sozialistischen Regungen"[47] war. Glaubt man den mündlichen Überlieferun-

---

47 Bericht des Obersteigers Hollandt an die Schmalkalder Bergbehörde über die Lage im Trusetaler Bergbau aus dem Jahre 1886, zitiert nach Messerschmidt, J., 110 Jahre Sozialdemokratie in Trusetal. 1886-1996, unveröffentlichstes Manuskript (Mschr.), S.(5).

gen, so wurden aber Stimmen für Pfannkuch vom zuständigen Wahlausschuß unterschlagen. Obwohl die Manipulationen angeblich später nachgewiesen werden konnten, änderte das nichts am amtlichen Ergebnis[48].

d. Kreis Witzenhausen

Auch im Kreis Witzenhausen war Hermann v. Christen der große Wahlsieger. Mit Ausnahme von Unterrieden und Kleinalmerode – hier mußte er sich mit der relativen Majorität begnügen – errang der konservative Kandidat überall die absolute Mehrheit[49]. Die 58,2% in Witzenhausen nahmen sich dabei im Vergleich zu den anderen Städten des Kreises noch geradezu bescheiden aus.

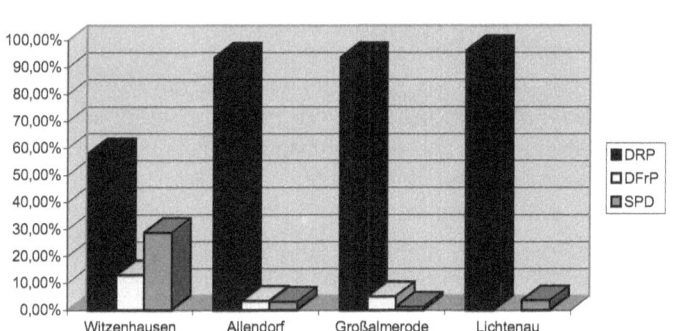

Die Reichstagswahl 1887 im Kreis Witzenhausen. Die Situation in den Städten

In Allendorf erhielt v. Christen 93,5%, in Großalmerode 93,6% und in Lichtenau sogar 96,3%. Ähnlich erfolgreich gestaltete sich das Ergebnis in den Dörfern des Kreises, wo die Deutsche Reichspartei in einem Drittel der Gemeinden ohne eine einzige Gegenstimme blieb. Der Linksliberalismus erfuhr dagegen fast nirgendwo Zustimmung. Allein in Witzenhausen stimmten mehr Wähler für v. Christen als für Schenck v. Stauffenberg im ganzen Kreis.

Der Aufstieg der Sozialdemokratie, der in Eschwege und Schmalkalden seinen Niederschlag in den Wahlergebnissen gefunden hatte, läßt sich auch in Witzenhausen ausmachen. Hier schenkten 19% der

---

48 Messerschmidt, 110 Jahre Sozialdemokratie in Trusetal, S.(6.).
49 Vgl. Klein, Die Hessen als Reichstagswähler, S.227.

Wähler Wilhelm Pfannkuch ihr Vertrauen. Ähnlich wie in den beiden anderen Kreise blieb der Erfolg der Arbeiterpartei allerdings weitgehend auf die Kreisstadt und die nähere Umgebung beschränkt.

5. Zusammenfassung

Zusammenfassend läßt sich folgendes Resümee ziehen. Die aufgeheizte nationale Stimmung, die von der Regierung bewußt geschürte Kriegsangst und die damit verbundene Furcht vor einem möglichen Zusammenbruch des Deutschen Reiches ermöglichte der Deutschen Reichspartei diesen großen Erfolg[50], der in der Geschichte des Wahlkreises Eschwege-Schmalkalden-Witzenhausen bisher einmalig war und der auch einmalig bleiben sollte. Mehr als drei Viertel aller Wähler hatten sich hinter Hermann v. Christen gestellt; ein Phänomen, das zweifellos Erinnerungen an die souveränen Wahlerfolge der Nationalliberalen in den sechziger und siebziger Jahren wecken muß. Vergleicht man den Wahlkreis Kassel 4 hinsichtlich der Dominanz des Kartells mit dem gesamten Reich, so strahlt der konservative Erfolg des Jahres 1887 in einem noch helleren Licht. Denn während im Reich die nationalliberal-konservativen Kräfte hauptsächlich von Wahlabsprachen und einer günstige Wahlkreisaufteilung profitierten[51], erzielten die Kartellparteien im Wahlkreis Eschwege-Schmalkalden-Witzenhausen einen Erfolg, der auch dann von Bestand gewesen wäre, wenn es ein Verhältniswahlrecht gegeben hätte. Im Vergleich zum Reichsdurchschnitt fiel der Stimmenanteil für das Kartell hier um fast 30 Prozentpunkte besser aus.

Dagegen erlebte der Liberalismus der Region im Jahre 1887 seine schwärzeste Stunde in der Geschichte des Kaiserreiches. Während die Nationalliberalen quasi als „Juniorpartner" auf seiten der Freikonservativen agiert und damit erneut auf eine selbständige Kandidatur verzichtet hatten, sank der Zuspruch für einen Liberalismus linkerer Spielart auf ein historisches Rekordtief von 13 %. Der defensive Wahlkampf der Partei und die Aufstellung eines Kandidaten kurz vor Toresschluß hatten dieses Wahlfiasko, das sich mit Ausnahme der

---

50 Auch die zeitgenössische Wahlanalyse der Linksliberalen macht die „künstlich erregte und künstlich genährte Kriegsfurcht" für die eigene Niederlage verantwortlich; vgl. Parlamentarische Korrespondenz 26.2.1887, Nr.4 B, S.29 u. 23.5.1887, Nr.5/6, S.39.

51 Schmädeke, J., Wählerbewegung im Wilhelminischen Deutschland, Bd.I.: Die Reichstagswahlen von 1890 bis 1912: Eine historisch-statistische Untersuchung, Berlin 1995, S.63.

Stadt Brotterode im gesamten Wahlkreis vollzog, zweifelsohne begünstigt. Damit lag das regionale Resultat vollauf im Trend mit dem Gesamtabschneiden der Partei, die nur 12,9% der Wählerstimmen auf sich vereinen konnte und mehr als 50% ihrer Mandate verlor[52]. Am Rande sei notiert, daß Schenk v. Stauffenberg, der mit seinem Namen für die Niederlage im Wahlkreis Kassel 4 haften mußte, die Wahl im Wahlkreis Erlangen-Fürth gewann und erneut in den Reichstag einzog[53].

Für die Sozialdemokraten bedeutete das Jahr 1887 das Ausbrechen aus der wahlpolitischen Bedeutungslosigkeit. Zwar konzentrierte sich ihr Wählerpotential fast ausschließlich auf die Kreisstädte und deren nähere Umgebung; der Zuspruch, den die Partei hier erfuhr war aber um so bemerkenswerter. Allerdings zeigte sich auch deutlich, daß ein organisatorischer Rückhalt – in Gestalt von Wahl- oder politischen Tarnvereinen – für ein erfolgreiches Abschneiden bei der Wahl unentbehrlich waren. Die weitgehende Ablehnung, die den Sozialdemokraten in den anderen Städten entgegenschlug, sowohl von den Arbeitern und kleinen Selbständigen in Steinbach-Hallenberg als auch von Kleineisenindustriearbeitern in Brotterode – machte nachdrücklich deutlich, daß der Auf- bzw. Ausbau schlagkräftiger sozialdemokratischer Organisationen auch in diesen Orten eine vordringliche Aufgabe sein mußte. Interessant bleiben die Berichte über mutmaßliche Wahlmanipulationen zuungunsten der SPD in Eschwege und in den Dörfern des Trusetales.

In der Geschichte des Wahlkreises Kassel stellte das Jahr 1887 auch in einer ganz anderen Hinsicht eine bedeutende Zäsur dar. Zum letzten Male wurde nämlich der Wahlsieger bereits im ersten Wahlgang ermittelt. Derartig klare Mehrheitsverhältnisse sollten in der Zukunft nicht mehr zustande kommen. Zukünftig sollte erst die Stichwahl die endgültige Entscheidung über die Person des Reichstagsabgeordneten bringen.

---

52 Seeber, Deutsche Freisinnige Partei (DFrP). 1884-1893, S.657 u. 663. Während Seeber aus sozialistischer Sicht konstatiert, daß das Wahlfiasko die Folge der Abkehr einer offensiven Politik gegen den Militarismus gewesen sei, zeigen zumindest die Ereignisse im Wahlkreis Kassel 4, daß die Niederlage gerade durch den Kampf gegen Bismarcks Heerespolitik zu erklären ist.

53 Steindorfer, H., Franz Freiherr Schenk v. Stauffenberg (1834-1901) als ein bayrischer und deutscher Politiker, Phil. Diss., München 1959, S.141.

Die Landtagswahlen im Jahr darauf (1888) sollten im übrigen ebenfalls mit einem freikonservativen Wahlerfolg enden. Im Wahlkreis Kassel/Land-Witzenhausen besiegte der Freikonservative Althaus den Nationalliberalen Nebeltau, während sich im Wahlkreis Eschwege-Schmalkalden Hermann v. Christen gegen seinen „Parteikollegen" Pfannstiel und den Nationalliberalen Bernhard Pontani durchsetzen konnte[54].

---

54 Klein, Th., Der preußisch-deutsche Konservatismus und die Entstehung des politischen Antisemitismus in Hessen-Kassel. Ein Beitrag zur hessischen Parteiengeschichte, Marburg 1995, S.243.

IX. Die Reichstagswahl 1890

1. Die Situation im Reich und die allgemeine Wahlbewegung

Im Jahre 1888 erlebten die Deutschen innerhalb weniger Wochen zwei Thronwechsel. Dem im Frühjahr gestorbenen Wilhelm I. folgte sein todkranker Sohn Friedrich III. in der Herrschaft nach, diesem nach nur 99 Tage dessen Sohn Wilhelm II. Anders als sein Großvater strebte der neue Monarch nach einem weitgehend persönlichen Regiment, dem der Reichskanzler Bismarck im Wege stand. Seit 1889 verschärften sich die Spannungen zwischen Kaiser und Kanzler, dessen parlamentarische Mehrheit darüber hinaus ins Wanken geriet[1]. Bald zeichnete sich ab, daß die kommende Wahl für Bismarck zur Schicksalswahl werden sollte.

Der Wahlkampf im Jahre 1890 war gekennzeichnet von der Auseinandersetzung zwischen den Deutschfreisinnigen und den Kartellparteien. Während Konservative und Nationalliberale die Politik Bismarcks weitgehend unterstützten, traten die Linksliberalen entschieden gegen die Bestrebungen des Kanzlers auf, wobei sie vor allem die Ausnahmegesetze gegen die SPD ablehnten und für eine Ausweitung der Parlamentsrechte eintraten[2].

2. Die Nominierung der Kandidaten

Bereits am 24.11.1889 wurde in einer von etwa 700 Personen besuchten Versammlung wieder Wilhelm Pfannkuch als Kandidat der Arbeiterpartei nominiert[3]. Pfannkuch, der aus Kassel stammende Tischler[4], kandidierte gleichzeitig auch im Wahlkreis Kassel-Melsungen – sowohl ein signifikantes Merkmal für den Mangel an geeigneten Kandidaten bei der SPD als auch ein Zeichen für die geringe Hoffnung der Sozialdemokraten, den Wahlkreis Eschwege-Schmalkalden-Witzenhausen für sich zu gewinnen. Allerdings war mittler-

---

1 Stürmer, Das ruhelose Reich. Deutschland 1866-1918, Berlin 1983, S.244.
2 Liebert, B., Politische Wahlen in Wiesbaden im Kaiserreich (1867-1918), Wiesbaden 1988, S.174f.
3 Eschweger Tageblatt und Kreisblatt 20.1.1890, Nr.16.
4 Hess, U., Die politischen Verhältnisse in der Stadt und im Kreis Schmalkalden, in: Beiträge zur Geschichte Schmalkaldens, hrsg. von der Leitung des Museums Schloß Wilhelmsburg (o.J.), S.88-103, hier: S.96

weile neben Eschwege und Witzenhausen seit Januar 1890 auch Schmalkalden Sitz einer sozialdemokratischen Organisation geworden[5]. Seit 1887 hatte der Zigarrenarbeiter Wilhelm Hugo, der in Eschwege die Nachfolge des vertriebenen Fritz Müller übernommen hatte und auch außerhalb der Stadt politisch aktiv war, durch unermüdliche Agitation die Grundlage für die Gründung des „Wahlvereins der Arbeiterpartei" gelegt[6].

Am 5. Januar 1890 einigten sich auch die Deutschfreisinnigen auf einen Kandidaten; auf einer Versammlung in Bebra – also in einem Ort außerhalb des Wahlkreises – fiel die Wahl einstimmig auf den Druckereibesitzer Feodor Wilisch aus Schmalkalden[7]. Wilisch war Gründer und Herausgeber des seit 1878 erscheinenden „Thüringer Hausfreundes"[8], des Blattes, das schon seit Jahren entschieden linksliberale Ideen vertrat und als ausgezeichnetes Instrument der Wahlagitation erprobt war. Über die Versammlung in Bebra liegen unterschiedliche Angaben vor. Während die Freisinnigen selbst von einem zahlreichen Besuch sprachen[9], wußte das Witzenhäuser Kreisblatt zu berichten, daß zumindest aus dem Kreis Witzenhausen niemand diese Versammlung besucht habe[10].

Am 10. Januar stand schließlich auch der Kandidat der Kartellparteien fest. Nach einer wiederholten Vorbesprechung[11] stellte sich der bisherige Reichstagsabgeordnete des Wahlkreises, der Rittergutsbesitzer Hermann v. Christen, erneut zur Verfügung. v. Christen, der 1888 im Wahlkreis Eschwege-Schmalkalden souverän die Landtagswahlen gewonnen hatte[12], kandidierte wieder für die Deutsche Reichspartei; die Altkonservativen und die Nationalliberalen stellten,

---

5 Ebd, S.96.

6 Ebd.

7 Eschweger Tageblatt und Kreisblatt 13.1.1890, Nr.10; Thüringer Hausfreund 6.1.1890, Nr.4.

8 Löffler, S., Die Presse des Regierungsbezirks Kassel von 1866 bis 1919, Mschr. Diss., Frankfurt a.M. 1923, S.150.

9 Anzeige in der Fulda-Werra-Zeitung vom 11.1.1890, Nr.4.

10 Witzenhäuser Kreisblatt, zitiert im Eschweger Tageblatt und Kreisblatt vom 13.1.1890, Nr.10.

11 Eschweger Tageblatt und Kreisblatt 13.1.1890, Nr.10.

12 Kühne, Th., Handbuch der Wahlen zm preußischen Angeordnetenhaus 1867-1918. Wahlergebnisse, Wahlbündnisse und Wahlkandidaten Düsseldorf 1994, S.648, Klein, Th., Der preußisch-deutsche Konservatismus und die Entstehung des politischen Antisemitismus in Hessen-Kassel (1866-1893). Ein Beitrag zur hessischen Parteiengeschichte, Marburg 1985, Anhang (Die Vertretung Hessen-Kassels im Preußischen Landtag).

ganz im Sinne der Kartellabsprache, keine eigenen Kandidaten auf. Am 14.1.1890 wurde v. Christens erneute Kandidatur der Öffentlichkeit mitgeteilt[13].

3. Der Wahlkampf

a. Beginn des Wahlkampfes

Der eigentliche Wahlkampf begann Mitte Januar. Die Sozialdemokraten waren dabei mit einem besonderen Handikap belastet, da das Sozialistengesetz die agitatorischen Möglichkeiten der Partei in einem erheblichem Maße einschränkte, der freien parteipolitischen Entfaltung waren so deutliche Grenzen gesetzt. Da in einem nicht unbeträchtlichen Umfang mit behördlichen Repressalien zu rechnen war, war hinsichtlich des Wahlkampfes ein überlegtes und maßvolles Vorgehen erforderlich. So tauchte in sämtlichen sozialdemokratischen Aufrufen, neben der Bitte, Wilhelm Pfannkuch zu wählen und mit allen gesetzlich erlaubten Mitteln für ihn zu kämpfen, die Aufforderung auf, „jegliche Angriffe bei der Agitation sowohl wie in den Versammlungen gegen Personen anderer Partheien gänzlich zu unterlassen"[14].

Die Ausgangsposition für die Kartellparteien und für die Deutschfreisinningen war da schon wesentlich günstiger. Da sie durch keine Verordnung wie das Sozialistengesetz behindert wurden und sie in der lokalen Presse eine starke Interessenvertretung fanden – gespalten in eine kartellfreundliche und eine freisinnige Richtung –, waren ihre Möglichkeiten zur Agitation und Propaganda ungleich größer. Auch die enge Verflechtung mit dem System, d.h. die Integration führender Persönlichkeiten, der Freikonservativen und der Deutschfreisinnigen in die wirtschaftlichen und verwaltungsmäßigen Institutionen der Region, erleichterte den Wahlkampf erheblich. Die erzwungene Zurückhaltung der Sozialdemokraten führte dazu, daß der politische Gegner vergleichsweise glimpflich davon kam. Das hatte aber analog zur Folge, daß die Arbeiterpartei ihrerseits – im Vergleich zu späteren Wahlen – von den bürgerlichen Gruppierungen recht schonend behandelt wurde. Die Sozialdemokraten galten zwar als ernsthafte Gegner, im allgemeinen Wahlkampf wurden sie aber

---

13 Eschweger Tageblatt und Kreisblatt 14.1.1890, Nr.11.
14 Vgl. Anzeige im Eschweger Tageblatt und Kreisblatt vom 20.1.1890, Nr.16.

weitgehend marginalisiert. Das änderte aber nichts an ihrer eifrigen Wahlkampftätigkeit. So beklagte der Landrat des Kreises Witzenhausen in seinem Vierteljahresbericht an den Regierungspräsidenten die Verhetzung der Landbevölkerung durch sozialdemokratische Agitatoren[15]. Trotz aller sozialdemokratischer Bemühungen gelang es den verantwortlichen Wahlkämpfern aber nicht, die Anliegen der Arbeiterpartei in den Mittelpunkt zu stellen. So spitzte sich das Geschehen unweigerlich auf einen Kampf zwischen den Kartellparteien und den Deutschfreisinnigen zu. Im Kern gestaltete sich die Angelegenheit aus freisinniger Sicht sogar weniger als eine Auseinandersetzung mit der Deutschen Reichspartei, sondern vielmehr zunächst als ein erbittertes Ringen mit den Nationalliberalen, die wieder einmal zugunsten des Gutsbesitzers Hermann v. Christen auf einen eigenen Kandidaten verzichtet hatten. Es war der alte Kampf der Linksliberalen gegen die Nationalliberalen; eine Auseinandersetzung, in der beide Gruppen wieder einmal um den Anspruch stritten, den wahren Liberalismus zu vertreten. Der bald ausbrechende Streit um die Wahlkomitees sollte dies eindrucksvoll dokumentieren. Die Reichspartei und die Nationalliberalen bildeten gemeinsam ein Komitee, nämlich „das Wahlkomitee der vereinten nationalliberalen und freikonservativen Parthei."[16] Die Deutschfreisinnigen dokumentierten dagegen ihren Anspruch auf das gesamte liberale Wählerklientel dadurch, daß sie begrifflich Freisinn und Liberalismus gleichsetzten. Während sie sich in Schmalkalden durch ein „deutschfreisinniges Wahlkomitee"[17] unterstützt sahen, traten ihre Eschweger Vertreter unter dem Namen „liberales Wahlkomitee"[18] auf. Die Nationalliberalen brandmarkten dieses Vorgehen als durchsichtiges Wahlmanöver und sprachen den Freisinnigen im Gegenzug jegliches Recht ab, sich auf den Liberalismus zu berufen[19]. „Weshalb nennt sich das deutschfreisinnige Wahlkomitee liberal?" fragten mehrere namentlich nicht genannte Nationalliberale in einer Anzeige[20]. Die Linksliberalen

---

15   Bericht des Witzenhäuser Landrates an den Regierungspräsidenten vom 4. März 1890, StaM, Best. 165, Nr.6827, Bd.24.

16   Vgl. z.B. den Wahlaufruf im Eschweger Tageblatt und Kreisblatt vom 25.1.1890, Nr.21.

17   Vgl. Anzeige im Witzenhäuser Kreisblatt 16.1.1890, Nr.7; Eschweger Tageblatt und Kreisblatt 20.1.1890, Nr.16.

18   Eschweger Tageblatt und Kreisblatt 31.1.1890, Nr.26.

19   Eschweger Tageblatt und Kreisblatt 30.1.1890, Nr.25.

20   Eschweger Tageblatt und Kreisblatt 3.2.1890, Nr.28.

verteidigten dagegen ihren Anspruch, den gesamten Liberalismus zu vertreten und demzufolge auch um liberale und nationalliberale Wählerstimmen zu werben: „Wenn die Liberalen Anspruch auf die Stimmen Nationalliberaler erheben, welche kartellmüde sind, und es ist dies der größte Teil, so haben sie das Recht dazu, denn die freisinnige Parthei ist aus der National- und Fortschrittspartei hervorgegangen"[21]. Tatsächlich hatte die Behauptung des Freisinns „Wir sind noch die alten wirklichen Liberalen"[22] mehr für sich als die Parolen der Nationalliberalen, die sich im Wahlkreis Kassel 4 für die Unterstützung eines freikonservativen Rittergutsbesitzers verantwortlich zeigten und deren Konturverlust unübersehbar war.

Es ist auffällig, daß sich – wie schon 1887 – der Wahlkampf im Kreis Schmalkalden durch weitaus mehr Schärfe und Radikalität auszeichnete als in den Kreisen Eschwege und Witzenhausen. Besonders der „Thüringer Hausfreund" schlug eine scharfe Sprache an und agierte pausenlos für die linksliberalen Interessen; das amtliche Organ, das regierungstreue „Schmalkalder Tageblatt" stand diesem in nichts nach. Spott und Diffamierungen waren ebenso an der Tagesordnung wie persönliche Angriffe und Beleidigungen. Ein beliebter Vorwurf von konservativer Seite war die Behauptung, der Freisinn sei nicht bodenständig, sondern vielmehr ein Berliner Importprodukt, das lediglich mit finanzieller Hilfe maßgeblicher Kreise aus der Reichshauptstadt existieren könne[23]; eine Behauptung, der der „Thüringer Hausfreund" entschieden widersprach[24]. Ein weiterer beliebter Vorwurf an die Linksliberalen war die Unterstellung, die Deutschfreisinnigen wollten den Thron stürzen und die Kirche und das Christentum aus dem Land jagen[25]. Derartige Verdächtigungen waren zwar aus der Luft gegriffen, tatsächlich gab es aber Differenzen zwischen der Deutschfreisinnigen Partei und mehreren Vertretern der Geistlichkeit, die während des Gottesdienstes offen für den konservativen Gegenkandidaten agiert hatten[26]. Aus Asbach wurde folgende Anekdote über einen erfolglosen politischen Bekehrungsversuch berichtet.

---

21 Aufruf des liberalen Wahlkomitees im Eschweger Tageblatt und Kreisblatt 31.1.1890, Nr.26.
22 Thüringer Hausfreund 18.1.1890, Nr.12.
23 Thüringer Hausfreund 26.1.1890, Nr.22.
24 Ebd.
25 Thüringer Hausfreund 15.2.1890.
26 Thüringer Hausfreund 18.2.1890, Nr.41.

Nachdem der Pfarrer einige Kirchenväter per Handschlag aufgefordert hatte, bei der anstehenden Reichstagswahl Hermann v. Christen zu wählen, antwortete angeblich einer der Angesprochenen mit dem Aperçu: „Die Asbacher wären zwar Christen, sie wählten ihn aber nicht, sondern Wilisch"[27].

Auch der Sturz des Thrones war kein wirkliches Thema, beendeten die Deutschfreisinnigen doch auch ihre Versammlungen stets mit einem „Hoch" auf Kaiser und Reich. Als kritiklose Untertanen wollten sie aber nicht gelten. So erklärte Wilisch eindrucksvoll auf einer Versammlung in Herleshausen: „Die Wahlen sind nicht dazu da, vom Kaiser zu hören was er will, sondern ihm kund zu thun, was das Volk will"[28].

Naturgemäß stand die Person des politischen Gegners im besonderen Blickfeld der eigenen Propaganda. So wurde im Kreis Eschwege angeblich das Gerücht in Umlauf gebracht, Wilisch sei Jude[29]. Daß dieses Gerücht den Deutschfreisinnigen tatsächlich gefährlich erschien, beweist die Tatsache, daß es energisch dementiert wurde. Das Bild, das die Linksliberalen von ihrem eigenen Kandidaten zeichneten, war das eines Aufsteigers, der seine gesellschaftliche und soziale Stellung einzig und allein seiner Fähigkeit und seinem Fleiß zu verdanken hatte[30]. Hermann v. Christen, der sich angeblich abfällig über den Werdegang seines Gegners geäußert hatte, wurde dagegen vorgehalten: „Als Großgrundbesitzer in seinem Schlosse zu sitzen, sich auf Kosten des Volkes Zölle und Steuern in den Schooß regnen zu lassen, während das Volk klagt – das ist freilich angenehmer"[31]. Daß der Status v. Christens als Gutsbesitzer nicht auf alle Wähler im positiven Sinne wirkte, mußte auch den Freikonservativen und den Liberalen einleuchten. Deshalb waren ihre Bemühungen dahingehend ausgerichtet, die persönlichen Eigenschaften und Fähigkeiten ihres Kandidaten herauszustellen. In einem Wahlaufruf wurde v. Christen als „Mann mit einem warmen Herzen für die Noth seiner Mitmenschen" dargestellt, der sich schon durch „seine Erfah-

---

27 Ebd.
28 Thüringer Hausfreund 28.1.1890, Nr.23.
29 Thüringer Hausfreund 14.2.1890, Nr.38.
30 Fulda Werra Zeitung 16.2.1890, Nr.19.
31 ebd.

rung und sein Ansehen für das Amt des Reichstagsabgeordneten eignete"[32].

Auch Frauen wurden mit in den Wahlkampf eingezogen, obwohl sie selbst nicht wahlberechtigt waren. So heißt der Schluß eines Gedichtes, das der „Thüringer Hausfreund" abdruckte und das von „mehreren Hausfrauen" unterzeichnet war:

„Ihr Frauen aber in unserem Kreis,
Macht nun euern Männern die Hölle recht heiß,
Führt selber die Faulen zur Wahlurne ran,
zu wählen nur einen freisinnigen Mann"[33].

„Mehrere liberalen Wählerinnen" wollten sogar auf ihren täglichen Fortsetzungsroman verzichten, damit der dadurch gewonnene Platz für die freisinnige Wahlagitation genutzt werden konnte[34]. Ob dieses Angebot tatsächlich authentisch oder die Erfindung eines phantasiebegabten Redakteurs war, bleibt dahingestellt. Diese Anzeige zeigt aber eindrucksvoll, auf welchem Niveau sich der Wahlkampf teilweise bewegte.

b. Ungesetzliche Wahlkampfbehinderungen

Ab Anfang Februar erhitzen mehrere tatsächliche und erfundene Wahlkampfbehinderungen die Gemüter. So häuften sich die Meldungen über die Verweigerung bereits gemieteter Säle und über die Beschlagnahmung freisinnigen Wahlkampfmaterials. Die spektakulärsten und am heftigsten diskutierten Fälle spielten sich in den beiden Nachbargemeinden Frankershausen und Frankenhain im Kreis Eschwege ab. In Frankershausen wollte Feodor Wilisch eine freisinnige Wahlveranstaltung abhalten, und zu diesem Zweck wurde in dem betreffenden Ort ein dafür geeigneter Saal gemietet. Als Vertreter des „Liberalen Wahlkomitees" den bereits schriftlich garantierten Raum besichtigen wollten, wurde ihnen vom Wirt der Gaststätte mitgeteilt, daß er von amtlicher Seite unter Druck gesetzt worden sei und deshalb seine Zusage zurückziehen müsse[35].

Daraufhin begaben sich die Freisinnigen in die Nachbargemeinde Frankenhain, wo sie tatsächlich auch einen Ersatzsaal anmieten

---

32   Eschweger Tageblatt und Kreisblatt 19.2.1890, Nr.42.
33   Thüringer Hausfreund 4.2.1890, Nr.29.
34   Thüringer Hausfreund 14.2.1890, Nr.38.
35   Fulda Werra Zeitung 4.2.1890, Nr.14.

konnten. Groß war aber die Überraschung, als kurze Zeit später ein Brief beim „liberalen Wahlkomitee" einging, in dem der betreffende Wirt seine Zusage wieder rückgängig machte. Als Begründung für sein Verhalten gab er eine Unterredung mit dem Bürgermeister des Ortes an, der ihm angeblich für den Fall der Vermietung an die Freisinnigen mit Konsequenzen gedroht hatte[36]. Der betreffende Bürgermeister versuchte später, den Vorfall in einer Gegendarstellung zu dementieren; im Eschweger Tageblatt und Kreisblatt schilderte er die Ereignisse aus seiner Sicht. Nach seinen Aussagen hatte nicht er selbst, sondern ein Gemeinderatsmitglied dem Wirt erklärt, daß eine Saalvermietung für diesen nicht vorteilhaft sein könne, „denn die Schoppen Bier, welche auf den Abend mehr als gewöhnlich getrunken würden, würden wahrscheinlich später weniger getrunken werden"[37]. Die recht ungeschickte Erklärung des Frankenhainer Bürgermeisters war aber weniger ein Dementi als vielmehr ein halbes Zugeständnis, daß tatsächlich Druck auf den Wirt ausgeübt worden war. Trotzdem wurde dieser aufgefordert, öffentlich zu widerrufen[38]. Dieser bestätigte jedoch nicht nur seine Aussage, sondern erklärte darüber hinaus, daß der Bürgermeister auch freisinnige Flugblätter konfisziert habe[39]. Für die linksliberale Presse war der Vorfall natürlich ein willkommener Anlaß zur verstärkten Agitation. Der „Thüringer Hausfreund" mutmaßte sogar, daß der Eschweger Landrat Grimm hinter all diesen Vorgängen stecke[40]. Dieser widersprach zwar dieser Vermutung, kam aber nicht umhin, den Fall Frankenhain nachdrücklich zu bedauern[41]. Für den Frankenhainer Bürgermeister hatten die betreffenden Ereignisse noch ein Nachspiel, denn Grimm erklärte außerdem: „ Den Fall Frankenhain angehend, so ist der betr. Bürgermeister, sofort nachdem die Angelegenheit zu meiner amtlichen Kenntniß kam, rectifiziert worden"[42].

Es ist auffällig, daß sowohl die konservative als auch die freisinnige Presse nur von Saalverweigerungen berichtete, die die Linkslibera-

---

36 Ebd.
37 Eschweger Tageblatt und Kreisblatt 4.2.1890, Nr.29.
38 Fulda Werra Zeitung 6.2.1890, Nr.31; Eschweger Tageblatt und Kreisblatt 6.2.1890, Nr.31.
39 Ebd.
40 Thüringer Hausfreund, Nr.27.
41 Eschweger Tagheblatt und Kreisblatt 6.2.1890, Nr.31.
42 Ebd.

len betrafen. Diese Tatsache läßt darauf schließen, daß es Behinderungen der Kartellparteien von amtlicher Seite nicht gegeben hat. Im Gegenteil. Mißt man den Behauptungen der linksliberalen Blätter auch nur etwas Bedeutung bei, so muß von einer einseitigen Unterstützung des konservativen Kandidaten zumindest durch einzelne Vertreter der Behörden ausgegangen werden. In dieses Bild paßt auch die Klage des „Thüringer Hausfreundes" über Bürgermeister und Ortsdiener, die angeblich bei Abhängigen Unterschriften für v. Christen gesammelt hatten[43]. Dieses Faktum – die Benachteiligung durch die Behörden – gewann für die Deutschfreisinnigen sowohl in negativer als aber auch in positiver Hinsicht an Bedeutung. Zum einen waren den Agitationsmöglichkeiten der Linksliberalen im Vergleich zu denen der Kartellparteien engere Grenzen gesetzt. Zum anderen ließ sich diese Benachteiligung aber auch vorzüglich publizistisch nutzen. Es gelang den Freisinnigen, sich der Öffentlichkeit als Opfer einer behördlicher Willkür zu präsentieren und so auf die allgemeine Meinung Einfluß zu nehmen. Es verwundert nicht, daß die freisinnigen Blätter die ungesetzliche Wahlkampfbehinderungen von amtlicher Seite nicht nur übertrieben darstellten, sondern teilweise die tatsächlichen Ereignisse auch bewußt falsch wiedergaben. So berichtete z.B. der „Thüringer Hausfreund" von einer Beschlagnahme freisinniger Flugblätter in Mittelschmalkalden[44]. Diese Meldung wurde von amtlicher Seite sofort dementiert[45] und auch von der linksliberalen Presse nicht mehr aufgegriffen.

Wie bereits erwähnt, spielten die Sozialdemokraten in diesem Wahlkampf nur eine untergeordnete Rolle. Da die Arbeiterpartei in der Presse kaum gewürdigt wurde, ist es schwierig, den Umfang zu ermessen, in dem die Sozialisten in ihrer Wahlkampftätigkeit behindert wurden. Zieht man Vergleiche zu späteren Wahlen, so ist davon auszugehen, daß die Sozialdemokratie in einem weitaus größeren Maße von Saalverweigerungen betroffen war als die Deutschfreisinnigen. Gegen diese setzten sich die Anhänger der Arbeiterpartei auf ganz besondere Weise zur Wehr. Einer der spärlichen Meldungen über den Wahlkampf der Sozialdemokraten ist zu entnehmen, daß über zwei Gasthöfe wegen Saalverweigerung eine „Sperre" verhängt wurde[46]. Inwieweit diese Taktik wirkungsvoll war, läßt sich schwerlich

---

43 Thüringer Hausfreund 6.2.1890, Nr. 31.
44 Thüringer Hausfreund 8.2.1890, Nr. 33.
45 Thüringer Hausfreund 10.2.1890, Nr. 34.
46 Thüringer Hausfreund 6.2.1890, Nr. 31.

nachweisen. Da das Sozialistengesetz noch Geltung hatte, dürften nur die wenigsten Gastwirte bereit gewesen sein, ihre Gaststätte den sozialdemokratischen Agitatoren zur Verfügung zu stellen.

c. Die Wahlkampfveranstaltungen und die Wahlthemen

Ob es der zähe Wille des Verlierers der letzten Wahl oder der satte Optimismus des letztmaligen Siegers war, läßt sich nur vermuten. Tatsache aber ist, daß sich die Freisinnigen zunächst eifriger und vor allem weitaus schneller in den Wahlkampf stürzten als die Kartellparteien. Am 20.1. sprach der ehemalige Reichstagsabgeordnete Hinze für die Deutschfreisinnigen im „Rosenau" in Schmalkalden[47] und leitete damit die Reihe der linksliberalen Versammlungen ein. Wilisch selbst hielt sich zunächst im Kreis Eschwege auf. Am 26.1. referierte er in Herleshausen[48], am 7.2. in Wanfried[49], am 8.2. in Bischhausen[50] und am 9.2. schließlich in der Kreisstadt selbst[51].

Die Kartellparteien hielten sich in dieser Zeit merkwürdig bedeckt; vermutlich wollten Freikonservative und Nationalliberale das Eintreffen ihres Kandidaten Hermann v. Christen, der noch in Berlin weilte, abwarten. Von den frühzeitigen Wahlversammlungen des Gegners sichtlich überrascht, sahen sie sich nun plötzlich in die Defensive gedrängt. Um den Linksliberalen keine Vorteile einzuräumen, trugen die Kartellparteien die Auseinandersetzungen auf den Boden ihrer Gegner, d.h., es wurde versucht, gegen die Freisinnigen in ihren eigenen Versammlungen vorzugehen. Der Mann, der Wilisch in Wanfried und Eschwege entgegentrat, war der Amtsrichter Hertwig, ein entschiedener Anhänger der Nationalliberalen. Als Wilisch in Wanfried die Politik des Reichstages für die schlechte Versorgungslage der Bevölkerung verantwortlich machte[52], verteidigte Hertwig die Gesetzeswerke des Parlamentes und warf Wilisch im Gegenzug vor, den Sozialneid zu schüren[53]. Dem „Eschweger Tageblatt und Kreisblatt" zufolge, gelang es Hertwig im Verlauf der Auseinandersetzung durch fundiertes Zahlenmaterial, Wilisch völlig zu widerlegen; eine

---

47 Thüringer Hausfreund 20.1.1890, Nr.16.
48 Thüringer Hausfreund 28.1.1890.
49 Eschweger Tageblatt und Kreisblatt 8.2.1890, Nr.33.
50 Eschweger Tageblatt und Kreisblatt 10.2.1890, Nr.34.
51 Ebd.
52 Eschweger Tageblatt und Kreisblatt 8.2.1890, Nr.33.
53 Ebd.

Behauptung, der dieser später in einer Gegendarstellung entschieden widersprach[54]. Auch ein Sozialdemokrat meldete sich zur Debatte, ihm wurde aber wegen „seiner wenig respektvollen Ausdrücke" das Wort entzogen[55]. Die Versammlung in Eschwege, zwei Tage später, scheint weitgehend eine Wiederholung der Wanfrieder Veranstaltung gewesen zu sein, nur diesmal vor einem größeren Publikum. Wieder griff Wilisch – der linksliberalen Presse nach unter großem Beifall – die Politik des alten Reichstages an. Seine Kritik richtete sich besonders gegen die Getreidezölle, die Tabak-, Zucker-, und Branntweinsteuer und die dadurch entstandene Notlage der Bürger, Bauern und Arbeiter[56]. Auch Hertwig meldete sich wieder zu Wort; seine Entgegnungen blieben aber diesmal aber ohne größere Resonanz, denn selbst das amtliche Organ mußte konstatieren, daß die Versammlung hauptsächlich von Freisinnigen und Sozialdemokraten besucht wurde[57]. Die unterschiedliche Berichterstattung der linksliberalen und der konservativen Presse über die Versammlungen in Wanfried und Eschwege hinsichtlich einiger Einzelfragen hatte zur Folge, daß Wilisch und Hertwig sich noch tagelang in Leserbriefen und Gegendarstellungen ein vielbeachtetes Fernduell lieferten.

Am 11.2. hielt auch die Arbeiterpartei eine Versammlung in Eschwege ab, auf der Wilhelm Pfannkuch die Sprengung des Kartells als Hauptaufgabe bezeichnete[58]. Diese Veranstaltung erfuhr eine recht ausführlich Berichterstattung in der amtlichen Zeitung, vermutlich deshalb, weil sich Pfannkuch auch kritisch gegenüber der Deutschfreisinnigen Partei äußerte[59].

Am 13.2. tauchte schließlich auch Hermann v. Christen auf und hielt seine Wählerversammlung in Eschwege ab. „Endlich hat sich Herr v. Christen seinen Wählern gezeigt, hat zu ihnen gesprochen – seit drei Jahren endlich einmal!"[60] höhnte die „Fulda Werra Zeitung" und ließ so ihrer Freude über den verspäteten Wahlkampfeintritt v. Christens freien Lauf. Im Gegensatz zu Wilisch verteidigte der konservative

---

54 Fulda Werra Zeitung 11.2.1890, Nr.17.
55 Eswchweger Tageblatt und Kreisblatt 8.2.1890, Nr.33.
56 Fulda Werra Zeitung 11.2.1890, Nr.17.
57 Eschweger Tageblatt und Kreisblatt 10.2.1890, Nr.34.
58 Eschweger Tageblatt und Kreisblatt 12.2.1890, Nr.36.
59 Ebd.
60 Fulda Werra Zeitung 16.2.1890, Nr.19.

Kandidat die Politik des Reichstages, wobei er sich vornehmlich hinter die Heeres- und Schutzzollpolitik der Regierung stellte[61]. Interessanterweise waren linksliberale Anhänger als Opponenten kaum vertreten; zumindest vermerkte das amtliche Blatt nur sozialdemokratische Redebeiträge[62].

Mit Hermann v. Christen hatten sich innerhalb weniger Tage alle Kandidaten in Eschwege vorgestellt. Freisinnige und Sozialdemokraten hielten allerdings vor der Wahl noch je eine weitere Versammlung ab. Ein sozialdemokratischer Redner agierte (vermutlich) am 15.2.[63], am Tag vor der Wahl sprach Pfarrer Neßler aus Berlin zugunsten der Kandidatur Wilischs, wobei er sich besonders gegen das Sozialistengesetz aussprach[64].

Auch im Kreis Witzenhausen betrieben die Freisinnigen einen ausgiebigen Wahlkampf. So urteilte das kartellfeundliche „Witzenhäuser Kreisblatt" besorgt: „Die Landleute unseres Kreises scheinen von den freisinnigen Agitatoren gründlich bearbeitet worden zu sein, denn die Stimmung daselbst soll, wie berichtet wird, deren Kandidaten nicht ungünstig sein"[65]. Persönlich scheint Wilisch aber vor dem Wahltermin nicht im Kreis Witzenhausen anwesend gewesen sein, denn das gleiche Blatt konstatierte: „ Hier ... hat sich Herr Wilisch bis jetzt noch nicht sehen lassen, und sehr wahrscheinlich wird er in den wenigen Tagen vor der Wahl überhaupt nicht mehr herkommen, was gewiß bemerkenswerth ist"[66].

Dafür war Wilisch aber ab Mitte Februar in seinem Heimatkreis Schmalkalden tätig. Das Ausmaß der Wahlveranstaltungen läßt sich am besten verdeutlichen, wenn man Wilischs „Terminkalender" vom 15.2. bis zum 19.2. studiert. Danach plante der linksliberale Kandidat, innerhalb von fünf Tagen an neun verschiedenen Orten Versammlungen abzuhalten[67]. Ob alle geplanten Veranstaltungen tatsächlich stattfanden, bleibt dahingestellt; trotzdem zeigt das Reiseprogramm, mit welcher Intensität der Wahlkampf geführt wurde. Da

---

61 Eschweger Tageblatt und Kreisblatt 14.2.1890, Nr.38.
62 Ebd.
63 Vgl. Anzeige im Eschweger Tageblatt und Kreisblatt vom 14.2.1890, Nr.38; ein Bericht über die Versammlung liegt allerdings nicht vor.
64 Fulda Werra Zeitung 20.2.1890, Nr.21.
65 Witzenhäuser Kreisblatt 6.2.1890, Nr.16.
66 Witzenhäuser Kreisblatt 18.2.1890, Nr. 21.
67 Thüringer Hausfreund 15.2.1890, Nr.39.

davon auszugehen ist, daß neben Wilisch auch andere Agitatoren im Dienste der Deutschfreisinnigen Partei tätig waren, läßt sich das Ausmaß der linksliberalen Wahlpropaganda leicht abschätzen.

Hermann v. Christen muß ähnlich eifrig tätig gewesen sein. Sein verspäteter Wahlkampfeintritt ließ ihm aber zu wenig Zeit, um im gleichen Umfang zu agieren wie Wilisch. Vielmehr war er gezwungen, Schwerpunkte zu setzen, denn die knappe Frist bis zur Wahl verbot ihm, längere Zeit in einer Region zu verweilen. So galt sein Hauptaugenmerk zunächst den Kreisstädten, wobei er in kurzen Abständen zwischen den einzelnen Kreisen hin- und herpendelte. Am 16.2. trat er in Schmalkalden auf – laut „Thüringer Hausfreund" mit der gleichen Rede wie in Eschwege[68] –, und am 18.2. hielt er seine Rede in Witzenhausen. Am gleichen Tag hatte er bereits in zwei Orten des Kreises Eschwege gesprochen[69]. Das Gehetze von Ort zu Ort ging aber keineswegs spurlos an v. Christen vorüber. Selbst das Witzenhäuser Kreisblatt mußte eine Überanstrengung des konservativen Kandidaten konstatieren[70]. Ansonsten war die Witzenhäuser Veranstaltung auch kein allzu großer Erfolg für ihn. Laut des amtlichen Blattes waren viele politischen Gegner anwesend, die „ihre gegnerische Gesinnung mehrfach durch Gemurmel, unartikulierte Laute, Gelächter und schließlich durch Gejohle zum Ausdruck brachten[71]".

Auch über sozialdemokratische Versammlungen kurz vor der Wahl liegen Berichte vor. Am 17.2. redete Wilhelm Pfannkuch auf einer außerordentlich stark besuchten Versammlung unter freiem Himmel in Witzenhausen[72], am gleichen Tag fand eine Veranstaltung der SPD in Schmalkalden statt[73].

Betrachtet man die Wahlkampfveranstaltungen, so bleibt folgendes festzuhalten: Der Agitationsaufwand der Freisinnigen war erheblich größer als der der vereinten Freikonservativen und Nationalliberalen, deren schwerfällige Parteiorganisation einer intensiven Wahlkampfführung im Wege stand. Nichts ist in dieser Hinsicht aussagekräftiger

---

68 Thüringer Hausfreund 17.2.1890, Nr.40.
69 Witzenhäuser Kreisblatt 20.2.1890, Nr.22.
70 Ebd.
71 Ebd.
72 Casseler Journal 20.2.1890, Nr.43.
73 Anzeige im Thüringer Hausfreund 17.2.1890, Nr.40.

als ein Bericht des Witzenhäuser Kreisblattes, der wie folgt lautet: „Witzenhausen, 14. Febr. Nunmehr ist auch das Wahlkomitee der Kartellparteien mit voller Kraft auf den Kampfplatz getreten. In einer gestern Abend im Löwensaale stattgehabten Versammlung von Vertrauensmännern der nationalliberalen und der beiden konservativen Parteien wurde über die Mittel berathen, mit welchen man am geeignetsten unserem seitherigen Abgeordneten Herrn v. Christen zum Siege bei der bevorstehenden Wahl verhelfen könne"[74]. Das geschah sechs Tage vor der Wahl, zu einem Zeitpunkt, an dem Sozialdemokraten und Freisinnige bereits seit Wochen im Wahlkampf standen.

4. Die Wahl am 20. Februar und ihr Ausgang

a. Das Gesamtergebnis

Am 20. Februar fanden fast 80% der Wahlberechtigten im Wahlkreis Kassel 4 den Weg zur Wahlurne[75]. Nach Auszählung der Stimmen waren zwei wichtige Entscheidungen gefallen. Erstens: Keinem der Kandidaten war es gelungen, die absolute Mehrheit der Stimmen auf sich zu vereinigen. Deshalb mußte erstmalig in der Geschichte des Wahlkreises eine Stichwahl über den endgültigen Ausgang der Wahl entscheiden. Zweitens: Die SPD hatte ihr Ziel, diese engere Wahl zu erreichen, verfehlt. Sie erhielt mit 19,6% nur etwa ein Fünftel der abgegebenen Stimmen[76]. Verglichen mit der Wahl von 1887 war dieses Resultat aber trotzdem ein großer Erfolg. Der „politische Dammbruch"[77], den Schmädeke hinsichtlich des Abschneidens der SPD im gesamten Reich konstatiert, fand also auch im Wahlkreis Kassel 4 mit der Verdopplung des Stimmenanteiles seine Entsprechung, wenngleich die Sozialdemokraten – anders als im Reich – längst noch nicht die wählerstärkste Kraft darstellten.

---

74 Witzenhäuser Kreisblatt 15.2.1890, Nr.20.

75 Klein, Th., Die Hessen als Reichstagswähler. Tabellenwerk zur politischen Landesgeschichte 1867-1933, Bd.1: Provinz Hessen-Nassau und Waldeck/ Pyrmont 1867-1918, Marburg 1989, (Veröffentlichungen der Historischen Kommission für Hessen 51), S.228.

76 Ebd.

77 Schmädeke, J., Wählerbewegung im Wilhelminischen Deutschland, Bd.I: Die Reichstagswahlen von 1890 bis 1912: Eine historisch-statistische Untersuchung, Berlin 1995, S.63.

Den größten Stimmenanteil verbuchte die Deutsche Freisinnige Partei (DFrP) mit 42,4%[78]. Gemessen an der katastrophalen Niederlage von 1887 war dieses Abschneiden geradezu eine Sensation. Die Deutsche Reichspartei (DRP) konnte nur knapp 38 %[79] der Wähler hinter sich bringen. Versucht man die Ergebnisse im Einzelnen zu betrachten, so ergibt sich für jeden Kreis ein andere Bild.

b. Kreis Eschwege

Legt man die relative Mehrheit einer Partei bzw. eines Kandidaten zugrunde, so ergibt sich in der politischen Landkarte kein buntgeschecktes Bild, sondern es lassen sich hinsichtlich des Wählerverhaltens regionale Schwerpunkte erkennen. In Eschwege selbst erhielt die SPD die meisten Stimmen und kam auf einen Anteil von über 43%[80]. Sowohl die DRP als auch die DFrP blieben unter 30%. Auch in der Umgebung von Eschwege schnitt die SPD gut ab, besonders in den Dörfern des nördlichen Ringgaus Rambach (60%), Langenhain (47,7%) und Weißenborn (63,5%). Interessant ist das unterschiedliche Abschneiden der Arbeiterpartei in den Nachbargemeinden Ober- und Niederdünzebach, wobei die Sozialdemokraten nur in Oberdünzebach ein gutes Wahlresultat erzielen konnten. Auch nordwestlich der Kreisstadt lagen sozialdemokratische Schwerpunkte, so in Abterode (44,9%), Weidenhausen (55,8%) und Niederhone (55,7%). Ebenso erfolgreich schnitt die SPD auch in Neuerode und Frieda, aber auch in Reichensachsen ab. Der Einfluß der Stadt machte sich also auch in der unmittelbaren Umgebung bemerkbar, wobei vermutlich viele Pendler, die in Eschwege ihren Arbeitsplatz hatten, besonders für sozialdemokratisches Gedankengut empfänglich waren. Auch in Reichensachsen schnitt die SPD gut ab, während sie in Waldkappel fast völlig erfolglos geblieben war. Erfreulich war für die SPD auch das Ergebnis in Wanfried, wo 1887 kein einziger, nun aber fast jeder vierte Wähler für die Arbeiterpartei stimmte.

Im Süden und Südosten, in Teilen des Ringgaus und der Schemmerngegend, lagen die Hochburgen für die DRP. Von Hetzerode bis hin nach Archfeld, nahe der Thüringer Grenze, zog sich ein Gürtel von Orten, in denen v. Christen, von wenigen Ausnahmen abgese-

---

78 Klein, Die Hessen als Reichstagswähler, S.228.
79 Ebd.
80 Berechnet nach ebd., S.228f.

hen, die absolute Mehrheit erhielt. In Archfeld (75%), Lüderbach (64,2%), Netra (58,2%) und Renda (51,5%) erreichte die DRP ebenso die absolute Mehrheit wie in Hetzerode (87,2%), Gehau (72,2%), Burghofen (56,7%) und Wichmannshausen (63,6%). Die Dominanz der DRP im mittleren Ringgau und in der Schemmerngegend muß allerdings etwas relativiert werden, da die Zahl der Wähler im Vergleich zu den anderen Gebieten des Kreises recht gering war. Im Norden und im Kerngebiet spielte der Kartellkandidat keine besondere Rolle. Eine besondere Hochburg bildete traditionell die Stadt Wanfried, obwohl der Wähleranteil von etwa 54% deutlich unter dem Resultat von 1887 lag.

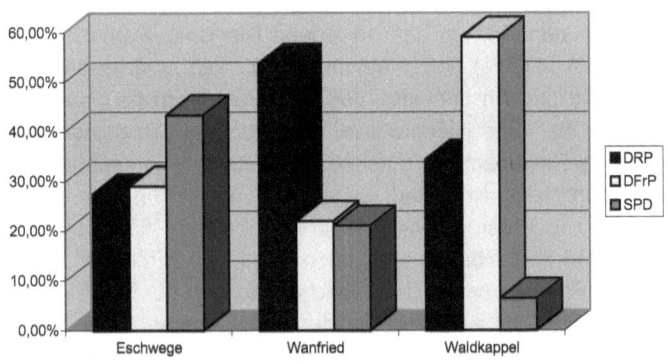

Die Reichstagswahl im Kreis Eschwege 1890. Die Situation in den Städten

Die DFrP errang ihre besten Resultate außer in einigen Ringgauorten hauptsächlich im westlichen und nördlichen Wohragebiet, wo Wilisch in Waldkappel 60% der Wähler mit seinem Programm überzeugen konnte. Im Nachbardorf Bischhausen schenkten sogar 3/4 der Wähler den Freisinnigen ihr Vertrauen. In Eltmannshausen bekamen die Deutschfreisinnigen sogar 76,5%, in der Nachbargemeinde Niddawitzhausen 65,7%. Auch in einigen Orten des Meißner-Vorlandes und des Werragebietes konnte sich die DFrP als potente Kraft präsentieren. In Frankenhain, dem Ort, in dem der Bürgermeister den Freisinnigen den Saal verweigert hatte, errang Wilisch fast 60%.

Ebenso erfolgreich war Wilisch in Hitzerode, Motzenrode und sogar im klassischen „Bauerndorf" Schwebda[81].

c. Kreis Schmalkalden

Auffällig für den weitgehend industrialisierten Kreis Schmalkalden ist das katastrophale Abschneiden der Arbeiterpartei. Lediglich im westlich der Kreisstadt gelegenen Aue erlangte die SPD die meisten Stimmen, ansonsten erlebte die Partei fast überall ein Desaster. Auffällig ist die Zahl der Orte, in denen Wilhelm Pfannkuch nicht eine einzige Stimme bekam. Von immerhin 38 Städten und Dörfern traf das immerhin auf 16 zu. In kleineren Orten mit wenig Stimmberechtigten war das nicht unbedingt gravierend, für die größeren allerdings erstaunlich, wenn man die Ergebnisse aus dem Kreis Eschwege heranzieht. Im agrarisch geprägten Barchfeld erhielt die SPD ebensowenig eine Stimme wie in Oberschönau und Altersbach, wo kleine Selbständige und Hausgewerbetreibende die Wirtschaftsstruktur bestimmten[82]. In Brotterode bekam Pfannkuch von 493 Stimmen gerade acht (1,6%), in Steinbach-Hallenberg von 410 Stimmen nur fünf (1,2%). So konzentrierte sich die Anhängerschaft der SPD weitgehend auf die Kreisstadt, wo sie aber eine relative Mehrheit auch nicht erreichte, und auf einige Dörfer der direkten Umgebung, wie z.B. Aue und Näherstille. In Schmalkalden konnte Pfannkuch einen Anteil von 29,4% für sich verbuchen; damit bekam er hier mit 330 Stimmen etwa doppelt soviel wie sonst im ganzen Kreis zusammen.

Ebenso wenig erfolgreich, wenngleich auch längst nicht so deprimierend wie für die Sozialdemokratie, gestaltete sich das Ergebnis für die DRP. Nur in wenigen Orten konnte v. Christen seinen freisinnigen Gegner übertreffen, so in Herrenbreitungen (60,2%), Mittelschmalkalden (61,8%) und Springstille (69,3%). Besonders unbefriedigend waren die Ergebnisse für den Kartellkandidaten in den Städten und in den größeren Dörfern. Im weitgehend agrarisch bestimmten Barchfeld (30,6%) und in Steinbach-Hallenberg (28,8%) bekam v. Christen nicht einmal die Hälfte der Stimmen, die Wilisch für sich verbuchte. Schlimmer erging es ihm noch in Oberschönau (13,5%) und in Kleinschmalkalden (23,2%), wo er nur wenig Anklang fand. Das schlimmste Fiasko erlebte v. Christen aber in der von der Zigar-

---

81 Herwig, J., Frieda. Lebensbedingungen und Politikverständnis 1890-1933 (Schriftliche Hausarbeit zum Staatsexamen, vorgelegt an der Universität Hannover, Seminar für Wissenschaft von der Politik, 1981), S.39.
82 Klein, Die Hessen als Reichstagswähler, S.229f.

renindustrie dominierten Stadt Brotterode, wo er von 493 abgegebenen Stimmen nur 32 erhielt (6,5%). In der Kreisstadt selbst konnte die DRP zwar etwas besser abschneiden, die Stimmendifferenz zur DFrP war allerdings auch hier beträchtlich. Mit 273 Stimmen und 24,4% landete v. Christen sogar hinter dem sozialdemokratischen Kandidaten.

Die Reichstagswahl 1890 im Kreis Schmalkalden. Die Situation in den Städten

d. Kreis Witzenhausen

Auffällig ist das Abschneiden der SPD in den Städten des Kreises Witzenhausen. In Allendorf, im Westen des Kreises, bekam die Partei lediglich fünf Stimmen und damit nur einen Anteil von 1,2%[83]. Kaum günstiger war das Ergebnis in Großalmerode, wo Pfannkuch mit 29 Stimmen auf 27,6% kam. Auch in Lichtenau schnitt er nicht besonders ab, wenngleich er hier einen Anteil von 16,2% für die Sozialdemokratie verbuchen konnte. Was für die Städte galt, war auch für die umliegenden Dörfer von Bedeutung. Von wenigen Ausnahmen abgesehen – so erhielt Pfannkuch z.B. in St. Ottilien, nahe der Grenze zum Landkreis Kassel, über die Hälfte der Stimmen –, konnte die SPD fast nirgendwo Fuß fassen. Günstig fiel das Ergebnis aber für die SPD in Witzenhausen selbst aus, wo das gute Ergebnis von 1887 noch in den Schatten gestellt wurde. Fast 40% der Wähler entschieden sich für Pfannkuch und machten damit die SPD zur relativ stärksten Partei. Günstig verliefen die Wahlen für die SPD auch in einigen Dörfern der Umgebung, so in Blickershausen (55%),

---

83 Berechnet nach ebd., S.231f.

Gertenbach (54,3%), Ziegenhagen (44,7%), Ermschwerd (63,5%) und Ellingerode (65,5%). Auch in Unterrieden (59,2%) und Wendershausen (46,4%) gab es günstige Resultate für die SPD, ebenso in Kleinalmerode (43,3%), Roßbach (32,2%) und Dohrenbach (62,7%). Eine Ausnahme bildeten die nordöstlich der Kreisstadt gelegenen Dörfer. In Hermannrode und Marzhausen bekam Pfannkuch keine einzige Stimme. Kaum erfreulicher sah es in Eichenberg aus. Ansonsten läßt sich aber feststellen, daß, je näher die Orte an der Kreisstadt lagen, desto größer war der Anteil an SPD-Stimmen.

Für die DRP bot der weitgehend agrarisch bestimmte Kreis die Grundlage für ein erfolgreiches Abschneiden. In Lichtenau entschieden sich vier von fünf Wählern für v. Christen und gaben damit dem konservativen Kandidaten ebenso den Vorzug wie die meisten Dörfer der Umgebung. Auch in Großalmerode, wo über 70% der Wähler für den konservativen Kandidaten votierten, konnte die DRP einen Erfolg verbuchen, wenngleich das Traumresultat von 1887 nicht mehr wiederholt werden konnte. In Allendorf mußte sich die DRP mit 34,4% der Stimmen begnügen, im Nachbarort Sooden bekam sie dafür mit 55,2% die absolute Mehrheit. Von den Städten des Kreises blieb v. Christen am erfolglosesten in Witzenhausen, wo seine Partei im Vergleich zu 1887 einen Einbruch erlebte, und nur noch bei einem Drittel der Wähler auf Resonanz stieß. Ähnlich gestaltete sich das Ergebnis in den umliegenden Dörfern.

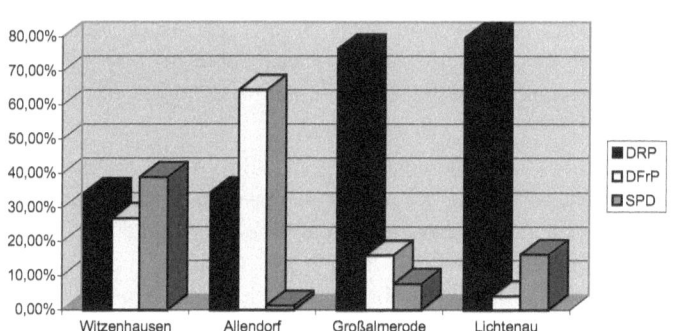

Die Reichstagswahl 1890 im Kreis Witzenhausen. Die Lage in den Städten

Wenig Anklang im Kreis Witzenhausen fand Feodor Wilisch, der vor allem in Süden ein Fiasko erlebte. In Lichtenau votierten gerade einmal 4,1% für den Freisinn. Nur unwesentlich anders sah es in Großalmerode aus, wo sich 16,5% der Wähler für den Linksliberalismus entschieden. Auch in Witzenhausen belegte Wilisch den letzten Platz, wenngleich er hier doch ein Viertel der Wähler auf seine Seite ziehen konnte. Dafür gelang es der DFrP aber, die Stadt Allendorf für den Liberalismus zurückzugewinnen, nachdem die Einwohnerschaft während der Wahlen 1884 und 1887 sich der konservativer Programatik zugewandt hatte. Nun gaben immerhin 65,2% der Wähler Feodor Wilisch ihre Stimme; eine Tatsache, die aber nur unzureichend verschleiern konnte, daß der Kreis Witzenhausen insgesamt der DFrP ein wenig positives Resultat beschert hatte.

e. Zusammenfassung

Faßt man die Wahlergebnisse zusammen, so sind folgende Punkte festzuhalten: Die SPD blieb in allen drei Kreisen unter der 30%-Marke, obwohl in den Kreisstädten Eschwege und Witzenhausen sowie in einigen umliegenden Dörfern durchaus Erfolge errungen werden konnten. Hier zeigte sich das Vorhandensein einer wachsenden Arbeiterschaft und einer sich entwickelnden Arbeiterbewegung. In den anderen Städten der Kreise spielten dagegen traditionelle Bindungen eine größere Rolle, die einem Erfolg der Arbeiterpartei im Wege standen[84]. Weitgehend erfolglos blieb die SPD auch erwartungsgemäß in den ländlichen Gebieten, wo ihr Programm in der Regel auf wenig Resonanz stieß. Eine schwere Niederlage mußte die Partei auch da hinnehmen, wo der Industrialisierungsprozeß am weitesten fortgeschritten war, nämlich im Kreis Schmalkalden, wo die SPD nicht einmal 10% der Stimmen erhielt. Hier waren es ebenfalls traditionelle Bindungen, die ein erfolgreicheres Abschneiden der Arbeiterpartei verhinderten. Vor allem viele Hausgewerbetreibende verknüpften ihr Schicksal lieber mit dem Linksliberalismus[85], obwohl sie faktisch immer mehr in ihrer Selbständigkeit beschränkt wurden.

So wurde der Kreis Schmalkaden im Jahre 1890 zur eigentlichen Hochburg der DFrP, der es nach der schweren Niederlage von 1887 gelungen war, die überwiegende Mehrheit der Arbeiter und Hausgewerbetreibenden hinter sich zu bringen. Auch im Kreis Eschwege konnte Wilisch, vor allem wohl bei Handels- und Gewerbetreibenden und deren Klientel, Erfolge verbuchen. Die Stimmen für die DRP ka-

---

84 Vgl. die Äußerung Wilhelm Hugos über die traditionelle Bindung der Arbeiterschaft; Fritsche, 100 Jahre SPD in Eschwege, o.J., S.5.
85 Hess, Die politischen Verhältnisse, S.97.

men dagegen primär aus dem ländlich-agrarischen Bereich und aus den Städten, in denen traditionelle Momente noch stark zum Tragen kamen.

5. Der Wahlkampf zur Stichwahl

Die Zahl der abgegebenen Stimmen für die SPD, die nun nicht mehr im Rennen lag, betrug über 3000, der Vorsprung, den Wilisch vor v. Christen errungen hatte, etwa 700 Stimmen. Rechnerisch gesehen, waren die SPD-Wähler damit das Zünglein an der Waage.

Im nun wieder einsetzenden Wahlkampf mußten DRP und DFrP nun von einer völlig anderen Ausgangslage ausgehen, die sich sowohl auf die Taktik als auch auf die Wahlaussagen auswirken mußte. Die Wahrscheinlichkeit, daß Wähler der SPD in der Stichwahl ihre Stimme für Hermann v. Christen abgeben würden, war nach Lage der Dinge recht gering. Die Aufgabe der Kartellpropaganda mußte es also sein, die Arbeiter in den Kreisen Eschwege und Witzenhausen zur Stimmenthaltung zu bewegen, während gleichzeitig versucht werden mußte, dem Freisinn in allen drei Kreisen einen Teil seiner Wähler zu entreißen. Die DFrP hingegen mußte daraufhinarbeiten, daß ihre Stammwähler erneut für den Linksliberalismus votierten, und gleichzeitig bewirken, daß auch – quasi zur Sicherheit – einige sozialdemokratische Wähler diesmal für den Freisinn stimmten. Die DFrP stand also weitaus günstiger da. Wilisch hatte den Sieg bereits in der Hand; nur ungünstige Ereignisse konnten das noch verhindern.

Der Termin der Stichwahl wurde auf den 1. März festgelegt[86]; die beiden rivalisierenden Parteien hatten also gerade einmal neun Tage Zeit, um ihre neuen Konzepte der Öffentlichkeit vorzustellen. Obwohl die Zeitungen wenig darüber berichteten, ist anzunehmen, daß auch in den Tagen vor der endgültigen Entscheidung zahlreiche Wahlkampfveranstaltungen stattfanden. Am 25.2. erschien Wilisch in Witzenhausen, dem Ort, in dem er bisher noch nicht gesprochen hatte. Die Wahlen am 20.2. hatten gezeigt, daß die Anhänger der freisinnigen Sache hier nicht besonders zahlreich waren, dafür aber die Wähler der SPD, die es nun zu gewinnen galt. Die Versammlung im Rathaussaal, die überwiegend von Sozialdemokraten besucht wurde, muß ein großer Erfolg für Wilisch gewesen sein, dem sein Par-

---

86 Eschweger Tageblatt und Kreisblatt 27.2.1890, Nr.49.

teifreund Neßler zur Seite stand. Als Anhänger der Kartellparteien Wilischs Ausführungen kritisch begegnen wollten, wurden sie von den restlichen Anwesenden niedergeschrieen. Als schließlich ein allgemeiner Tumult ausbrach, sahen sich die Verantwortlichen veranlaßt, die Versammlung zu schließen[87].

Einen Tag später fand in Witzenhausen eine Veranstaltung für den Kandidaten der DRP statt. Obwohl auch diesmal Sozialdemokraten anwesend waren, nahm die Versammlung, in der ein Major v. Alvensleben referierte, einen ruhigen Verlauf[88]. Hermann v. Christen war es nicht vergönnt, vor der Stichwahl persönlich aufzutreten. So vermerkte das „Witzenhäuser Kreisblatt" die Teilnahme des konservativen Kandidaten an einer Sitzung des preußischen Abgeordnetenhauses[89].

Am 24.2., also einen Tag vor Wilischs Auftreten in Witzenhausen, war in der „Fulda Werra Zeitung" ein Aufruf der Arbeiterpartei erschienen, der die Auseinandersetzungen noch einmal zuspitzte. Darin wurden die Parteigenossen aufgefordert, „bei der bevorstehenden Stichwahl für den Kandidaten der Freisinningen, Herrn Feodor Wilisch, ...einzutreten"[90]. Der Grund für diese Parteinahme wurde ebenfalls genannt: „Nieder mit dem volksfeindlichen Kartell! Fort mit den Verewigern des Sozialistengesetzes"[91]. Diese eindeutige Aufforderung der SPD an ihre Anhänger gewann für die Deutschfreisinnigen in zweifacher Hinsicht an Bedeutung. Einmal wurde nun das, worauf man längst gehofft hatte, bestätigt: Wilisch durfte mit den Stimmen der sozialdemokratischen Wähler rechnen. Auf der anderen Seite barg diese offene Unterstützung durch die SPD aber auch eine besondere Gefahr; lieferte sie doch dem politischen Gegner genügend Material für eine letzte Offensive gegen den linken Liberalismus. Das Dilemma war offensichtlich, denn nun bestand die Gefahr, daß viele liberale Wähler, denen die Hilfe der „vaterlandslosen Gesellen" nicht akzeptabel erschien, in das konservative Lager überlaufen würden. Die Kartellparteien und ihre Klientel nutzten die Gunst der Stunde, indem sie eine forcierte Propagandaschlacht entfesselten. Die amtliche Zeitung in Eschwege konstruierte ein neues

---

87 Witzenhäuser Kreisblatt 27.2.1890, Nr.25.
88 Witzenhäuser Kreisblatt 1.3.1890, Nr.26.
89 Ebd.
90 Fulda Werra Zeitung 24.2.1890, Nr.23.
91 Ebd.

Kartell und beklagte: „Die Deutschfreisinnigen haben sich mit den Sozialdemokraten verbündet".[92] Weiter wußte das Blatt zu berichten, daß angeblich Mitglieder des freisinnigen Wahlkomitees nach Kassel gereist seien und „bei einer Audienz beim Sozialdemokraten-Führer Pfannkuch"[93] eine Verbrüderung erreicht hätten. Diese Behauptung wurde sowohl von der DFrP[94] als auch von der SPD[95] energisch bestritten. Ob wirklich eine Absprache zwischen führenden Leuten beider Parteien stattfand, läßt sich nur vermuten. Die Beweise, die das „Komitee der vereinigten nationalliberalen und freikonservativen Parthei" schließlich vorlegte, waren jedoch mehr als dürftig. Ein Korbmacher hatte angeblich einem Mitglied dieses Komitees die Mitteilung einer Zusammenkunft hinterbracht[96]. Der angebliche Zeuge dementierte die Behauptung energisch und stellte den Sachverhalt völlig anders dar[97].

Während durch diese Aktion der DFrP Wähler entrissen werden sollten, bemühte sich das „Schmalkalder Tageblatt", die Arbeiter zur Stimmenthaltung zu bewegen, indem es versuchte, an das Ehrgefühl der SPD-Anhänger zu appellieren: „Arbeiter, wir betteln um Eure Stimmen nicht. Wir bekämpfen Euch überall, wo wir Euch gegenüberstehen – unnachsichtig, jedoch ehrlich. Aber die Deutschfreisinnigen, Arbeiter, verrathen Euch! ... Arbeiter, Wähler Pfannkuch's, auf der einen Seite seht ihr morgen einen Gegner, der um Eure Stimme nicht bittet, auf der anderen einen Freund (?) der Euch verräth!"[98] Dieser Aufruf mußte sich jedoch als völlig untauglich erweisen, denn die DRP und die sie unterstützenden Nationalliberalen – soweit sie mit „wir" gemeint waren – wurden nicht nur als Gegner der Sozialdemokratie, sondern ganz offen auch als Gegner der Arbeiter hingestellt.

---

92 Eschweger Tageblatt und Kreisblatt 27.2.1890, Nr.49.
93 Ebd.
94 Eschweger Tageblatt und Kreisblatt 28.2.1890, Nr.50 u. 1.3.1890, Nr.51.
95 Eschweger Tageblatt und Kreisblatt 28.2.1890, Nr.50.
96 Eschweger Tageblatt und Kreisblatt 1.3.1890, Nr.51.
97 Fulda Werra Zeitung 4.3.1890, Nr.26.
98 Schmalkalder Tageblatt 25.2.1890, Nr.47.

6. Die Stichwahl und ihr Ausgang

a. Das Gesamtergebnis

Am 1. März 1890 fiel die endgültige Entscheidung. Es trat genau das ein, was angesichts der Resultate aus dem ersten Wahlgang allgemein erwartet worden war: Feodor Wilisch und seine DFrP gingen als klare Sieger aus der Stichwahl hervor. So konnte die „Fulda-Werra-Zeitung" begeistert jubeln: „Der Sieg ist unser!"[99] Wilisch gewann die Wahl mit einem Vorsprung von etwa 3000 Stimmen; eine Tatsache, die das „Eschweger Tageblatt und Kreisblatt" zur folgenden Wahlprognose veranlaßte: „Aus den Ziffern erhellt also deutlich, daß der Stimmenzuwachs der Freisinnigen nur durch die Sozialdemokraten herbeigeführt wurde ...."[100] Oberflächlich betrachtet stimmte diese Vermutung natürlich. Eine Analyse der Einzelergebnisse zeigt aber, daß diese Erkenntnis zwar im allgemeinen, nicht aber im besonderen gültig war. Wie stellte sich das Ergebnis nun in den einzelnen Orten dar, wo lassen sich Wählerwanderungen erkennen?

b. Kreis Eschwege

Im Kreis Eschwege erhielt Feodor Wilisch etwa 3850 Stimmen, während sein Gegenkandidat – Hermann v. Christen – nur etwa 2750 Wähler auf seine Seite ziehen konnte[101]. Im ersten Wahlgang hatte v. Christen noch knapp vor Wilisch gelegen. In der Kreisstadt konnte die DFrP – bei einer, im Vergleich zur Hauptwahl, etwas niedrigeren Wahlbeteiligung – über 1000 Stimmen erringen[102], was einen Anteil von 70,8% ausmachte. Die DRP konnte ihre Stimmenzahl dagegen nur unwesentlich erhöhen; eine Tatsache, die nur eine Deutung zuläßt: das sozialdemokratische Wählerpotential stimmte fast geschlossen für Wilisch, dem es außerdem gelungen war, seine Wähler aus dem ersten Wahlgang erneut auf seine Seite zu ziehen.

Ähnliches gilt für den Wahlausgang in Waldkappel. Auch hier blieben fast alle Stammwähler Wilisch treu, der seinen Vorsprung mit Hilfe sozialdemokratischer Stimmen noch ausbauen konnte. Anders sah es aber in Wanfried und Reichensachsen aus, wo etliche linkslibe-

---

99 Fulda Werra Zeitung 4.3.1890, Nr.26.
100 Eschweger Tageblatt und Kreisblatt 3.3.1890, Nr.52.
101 Witzenhäuser Kreisblatt 6.3.1890, Nr.28.
102 Klein, Die Hessen als Reichstagswähler, S.228.

rale Wähler aus Angst vor den „Umstürzlern" in das Lager der Kartellparteien getreten waren. Diese Wählerwanderung läßt sich auch für viele andere Orte des Kreises nachweisen. Besonders kraß war die Wählerverschiebung in Weidenhausen, nordöstlich von Eschwege, wo die DFrP, bei gleicher Wahlbeteiligung, die gleiche Stimmenzahl erhielt, die die SPD im ersten Wahlgang erhalten hatte. Es ist also zu vermuten, daß Wilisch zwar alle Sozialdemokraten auf seine Seite ziehen konnte, dafür aber Wähler aus der Hauptwahl verlor. Diese Faktum verdeutlicht nachdrücklich, daß die innere Geschlossenheit des freisinnigen Wählerpotentials keineswegs gegeben war. Neben bedingungslosen Anhängern der DFrP standen zweifellos auch Sympathisanten der linksliberalen Bewegung, deren Treue angesichts einer – wenn auch nur vermeintlichen – Wahlabsprache mit der SPD an ihre Grenzen stieß.

Interessant ist, daß es auch einige Orte gab, in denen es Wilisch gelang, auch ohne sozialdemokratische Hilfe, sein Ergebnis aus der Hauptwahl zu verbessern. Ein exemplarisches Beispiel stellt hier das im Südkreis gelegene Dorf Unhausen dar, wo das Stimmenverhältnis zwischen Wilisch und v. Christen ursprünglich 12 zu 14, nun aber 22 zu 8 betrug, wobei ein nicht mehr zu eruierendes regionales Ereignis diesen Wählerumschwung ebenso bewirkt haben mag wie eine geschickte freisinnige Wahlpropaganda.

c. Kreis Schmalkalden

Besonders für die DFrP war der Ausgang der Stichwahl im Kreis Schmalkalden von vornehmlicher Bedeutung. In seinem Heimatkreis hatte Feodor Wilisch das beste Resultat erzielt; wollte er das Reichstagsmandat erringen, mußte er zumindest die Stimmenzahl aus dem ersten Wahlgang halten. Hätte es in diesem Kreis eine ähnliche Wählerbewegung zugunsten der DRP gegeben wie in manchen Orten des Kreises Eschwege, so wären diese Verluste kaum durch sozialdemokratische Stimmen aufzufangen gewesen, da die SPD im ersten Wahlgang nur wenige Wähler hatte mobilisieren können. Ein Abwandern von Wählern hatte die DFrP aber nicht zu fürchten, da die Ausgangslage im Kreis Schmalkalden eine gänzlich andere war. Die Hauptwahl hatte gezeigt, daß Arbeiter und Hausgewerbetreibende weitgehend auf Seiten des Linksliberalismus standen; daß gerade dieses Wählerpotential nun zugunsten eines konservativen Kandidaten votieren würde, war mehr als unwahrscheinlich. Tatsächlich blieb Hermann v. Christen auch im zweiten Wahlgang weitgehend erfolglos. Die konservative Propaganda, die ein vermeintliches Bündnis zwischen Deutschfreisinnigen und Sozialdemokraten verkündet hatte, hatte auf die Wähler einen geringeren Eindruck gemacht als in den Kreisen Eschwege und Witzenhausen. Im einzelnen stellte sich das Ergebnis folgendermaßen dar: In allen vier Städten war die Wahlbeteiligung angestiegen. In Barchfeld konnte die DRP zwar leichte Gewinne verzeichnen; eine Wiederholung des freisinnigen Erfolges konnte aber nicht verhindert werden. Wilisch bekam hier 190 Stimmen[103] und erreichte einen Anteil von 66,4%. In Brotterode konnte der linksliberale Kandidat sogar noch deutlich zulegen; mit 497 Stimmen erhielt er einen Anteil von fast 95%. Auch in der Kreisstadt konnte Wilisch triumphieren, wo die meisten sozialdemokratischen Stimmen seiner Partei zufielen, die damit auf stolze 75% Prozent kam. Lediglich in Steinbach-Hallenberg verlor der Freisinn etwas an Boden. Die DFrP konnte zwar einige Stimmen dazugewinnen, profitierte aber nicht im selben Maße von der erhöhten Wahlbeteiligung wie die DRP.

Auch in den Dörfern blieb Wilisch erfolgreich. In Altersbach und Mittelschmalkalden mußte er zwar Verluste hinnehmen, ansonsten konnte er seinen Stimmenanteil aber fast immer halten oder gar vergrößern. So blieb die Wählerschaft des Kreises Schmalkalden auch in der Stichwahl dem Linksliberalismus verbunden; eine Tatsache, die wesentlich zum Gesamtsieg Wilischs beitrug.

d. Kreis Witzenhausen

Wie stellte sich das Ergebnis nun im Kreis Witzenhausen dar? In Allendorf, wo er 265 Stimmen[104] (62,6%) für sich verbuchte, konnte Wilisch sein Ergebnis in etwa halten. Das war besonders wichtig, da eventuelle Verluste an die DRP durch sozialdemokratische Wähler nicht ausgeglichen worden wären. In Witzenhausen und Lichtenau konnte die DFrP ihre Stimmenanteile nicht nur mit sozialdemokratischer Unterstützung erhöhen. Die DRP mußte hier überraschende Verluste hinnehmen. So bekam Wilisch in Witzenhausen mit über 70% der Stimmen fast 40 Prozentpunkte mehr als im ersten Wahlgang. In Lichtenau lag er zwar weiter deutlich hinter Hermann v. Christen, aber auch hier gelang es ihm, seinen Stimmenanteil klar zu erhöhen. So bekam er nun anstatt 4% gleich 30%.

---

103 Ebd., S.230.
104 Ebd., S.231.

Hermann v. Christen konnte sein Ergebnis nur in Großalmerode verbessern, wobei er zum einen von der höheren Wahlbeteiligung profitierte. Zum anderen gelang es ihm, viele freisinnige Wähler in sein Lager zu ziehen. So kam der Kartellkandidat mit 354 Stimmen auf imposante 84,5%.

Recht unterschiedlich wurde in den Dörfern gewählt. In Dohrenbach hatte Wilisch im ersten Wahlgang nur eine Stimme erhalten, jetzt bekam er 48. In Hollstein dagegen verlor Wilisch fast alle seine Anhänger. Regionale Schwerpunkte für ein derartiges Wählerverhalten, das sich nur durch nicht mehr rekonstruierbare lokale Ereignisse erklären läßt, lassen sich aber nicht ausmachen.

e. Zusammenfassung

In den einzelnen Städten und Dörfern des Wahlkreises wurde recht unterschiedlich gewählt; trotzdem läßt sich allgemein sagen: Die meisten Anhänger der SPD votierten in der Stichwahl für Feodor Wilisch. Die DFrP verlor zwar dafür – vorwiegend in den Kreisen Eschwege und Witzenhausen – einige Wähler an die DRP, jedoch längst nicht soviel, wie konservative Kreise sich das erhofft hatten. Dementsprechend konnten sich auch die Wahlverlierer nur schwer mit ihrer Niederlage abfinden. Das amtliche Blatt in Schmalkalden kommentierte den Ausgang der Wahl mit bitteren Versen:

„Mit Hülf der Sozialisten,
besiegt ward Herrn v. Christen,
Das sehet ein.
Wenn sie nicht stimmten alle,
Kam Feodor doch zu Falle,
Trotz aller Wühlerei'n"[105]

Die Verbitterung bei der konservativen Presse über die Niederlage der DRP war groß, doch war der Versuch, den Sieg der DFrP herabzuwürdigen, wenig tauglich. Auch die potentiellen Anhänger der SPD hatten ein Stimmrecht; ihre Unterstützung für die Freisinnigen war durchaus legitim. Die entscheidende Tatsache wurde von den kartellfreundlichen Zeitungen bewußt verschleiert: Die Mehrheit der Wähler des Wahlkreises war mit den gegenwärtigen politischen und wirtschaftlichen Zuständen nicht zufrieden. Wie schon 1881 wurde ein Abgeordneter in den Reichstag geschickt, der sich offen als entschiedener Bismarck-Gegner präsentiert hatte.

---

105 Teil eines Spottgedichtes im Schmalkalder Tageblatt vom 4.3.1890, Nr.53.

Die Niederlage der DRP im Wahlkreis Eschwege-Schmalkalden-Witzenhausen lag im Trend der gesamten Reichstagswahl. In vielen Wahlkreisen des Reiches fielen die Kartellkandidaten durch. Lediglich die überholte Wahlkreiseinteilung verhinderte ein schlimmeres Desaster der Regierungsanhänger[106]. Bismarck, dessen Verhältnis zum neuen Monarchen Wilhelm II. seit Monaten gespannt war[107], wurde dadurch die parlamentarische Grundlage seiner Politik entzogen; ein nicht unwesentlicher Grund für seinen Sturz im gleichen Jahr[108].

---

106 Willms, J., Nationalismusmus ohne Nation. Deutsche Geschichte 1789-1914, Frankfurt a.M. 1985, S.528f.

107 Vgl. Stürmer, M., Das ruhelose Reich. Deutschland 1866-1918, Berlin 1983, S.242ff.

108 Born, K.E., Von der Reichsgründung bis zum Ersten Weltkrieg, Stuttgart ¹⁰1985, S.169ff.

X. Die Reichstagswahl 1893

1. Die Situation im Reich und die allgemeine Wahlbewegung

Feodor Wilisch konnte die DFrP im Reichstag nur drei Jahre lang vertreten. Am 6.5.1893 wurde die von Caprivi geforderte Heeresvermehrung abgelehnt; im Gegenzug entschloß sich der Reichskanzler zur Auflösung des Parlaments[1]. Dadurch waren die Wähler bereits 1893 erneut aufgerufen, über eine neue Volksvertretung abzustimmen.

Im Streit um die Heeresverfassung zerbrach die DFrP[2]. Die Folge der parteiinternen Auseinandersetzung war die Spaltung in die „Freisinnige Vereinigung" und in die „Freisinnige Volkspartei"[3], der auch Feodor Wilisch angehörte. Die Linksliberalen des Wahlkreises Eschwege-Schmalkalden-Witzenhausen schlossen sich ebenfalls der Freisinnigen Volkspartei an[4].

Auch in anderer Hinsicht waren bedeutsame Änderungen eingetreten. Da Caprivi die Schutzzölle für Getreide und Vieh gesenkt hatte, war er in einen schweren Interessengegensatz zu den Agrariern geraten[5]. Die Folge dieses Konfliktes war die Gründung des Bundes der Landwirte im Jahre 1893[6], einer Organisation, die von nun an nicht nur im gesamten Reich, sondern auch im Wahlkreis Kassel 4 eine vornehmliche Rolle spielen sollte. Der Bund übte als „moderner

---

[1] Born, K.E., Von der Reichsgründung bis zum Ersten Weltkrieg, Stuttgart 10 1985, S.182.

[2] Seeber, G., Deutsche Freisinnige Partei (DFrP). 1884-1893, in Fricke, D. u.a. (Hrsg.), Lexikon zur Parteiengechichte. Die bürgerlichen und kleinbürgerlichen Verbände in Deutschlnd (1789-1945), Köln 1983, Bd.1., S.657-666, hier: S.665.

[3] Huber, E.R., Deutsche Verfassungsgeschichte seit 1789, Bd. IV.: Struktur und Krise des Kaiserreichs, Stuttgart 1969, S.82f; Hofmann, R., Geschichte der deutschen Parteien. Von der Kaiserzeit bis zur Gegenwart, München 1983, S.35.

[4] Hess, U., Die politischen Verhältnisse in der Stadt und im Kreis Schmalkalden, in: Beiträge zur Geschichte Schmalkaldens, hrsg. von der Leitung des Museums Schloß Wilhelmsburg, Schmalkalden o.J., S.88-103, hier: S.98.

[5] Aldenhoff, R., Agrarbewegungen und Agrarpolitik in Preußen/Deutschland 1890-1894, in: Zeitschrift für Geschichtswissenschaft (ZfG) 1995; Heft 9, S.795-808, hier: S.797.

[6] Born, Von der Reichsgründung bis zum Ersten Weltkrieg, S.180.

wie schlagkräftiger Interessenverband"[7], der sich auch „im größerem Umfang radikal-antisemitischer Agitationsmittel bediente"[8], auf die Landwirte der Region eine ungeheure Anziehungskraft aus. So traten z.B. nach einer Rede eines Vertreters des Bundes in Reichensachsen 41 Personen der Vereinigung bei[9], die 1893 im gesamten Reich bereits 153000 Mitglieder zählte und deren Bundesdirektor der von Heinrich Mann als Untertan karikierte Diederich Hahn war.[10] Die landwirtschaftliche Krise in Deutschland, die ihren sichtbaren Ausdruck im Sinken der Getreidepreise fand, erreichte im Jahre 1893 einen neuen Höhepunkt. Gemessen am Stand von 1873 fiel z.B. der preußische Weizenpreis um etwa 50%[11]. Dazu kam, daß die Provinz Hessen-Nassau in den Jahren 1891-93 von Mißernten heimgesucht wurde[12]. Begünstigt durch eine monatelange Hitzewelle und dem daraus resultierenden Futtermangel auch in den Kreisen Eschwege[13], Schmalkalden[14] und Witzenhausen[15] steuerte die Krise im Sommer 1893 einem dramatischen Höhepunkt entgegen. Auch der industrielle Sektor war allgemein von einer Depressionsphase geprägt, die schon im Jahre 1890 ihren Ausgang nahm und bis zum Jahre 1895 andauern sollte[16], wobei die Kleineisenindustrie im Kreis Schmalkalden besonders stark betroffen war[17]. Am dramatischsten

---

7   Ullmann, H.-P., Interessenverbände in Deutschland, Frankfurt a.M. 1988, S.85, Vgl. Klein, Th., Der preußisch-deutsche Konservatismus und die Entstehung des politischen Antisemitismus in Hessen-Kassel (1866-1893), Ein Beitrag zur hessischen Parteingeschichte, Marburg 1995, S.276f.

8   Greive, H., Geschichte des modernen Antisemitismus in Deutschland, Darmstadt 1983, S.82.

9   Eschweger Tageblatt und Kreisblatt 1.5.1893, Nr.101.

10 Fenske, H., Deutsche Parteiengeschichte, Paderborn 1994, S.138.

11 Wehler, H.-U., Deutsche Gesellschaftsgeschichte, Bd.3: Von der „Deutschen Doppelrevolution" bis zum Beginn des Ersten Weltkrieges. 1849-1914, München 1995, S.686.

12 Vgl. Klein, Th., Die Zeitungsberichte des Regierungspräsidenten in Kassel an Seine Majestät 1867-1918, Darmstadt, Marburg 1993, Bd.2, S.466, 472, 501, 529.

13 Casseler Journal 23.6.1893, Nr.75.

14 Casseler Journal 21.6.1893, Nr.74.

15 Casseler Journal 30.6.1893, Nr.78.

16 Wehler, Von der „Deutschen Doppelrevolution" bis zum Beginn des Ersten Weltkrieges, S.577ff.

17 Vgl. Klein, Die Zeitungsberichte des Regierungspräsidenten in Kassel an Seine Majestät, S.494, 541f.

gestalteten sich dabei die Verhältnisse in Brotterode, wo vornehmlich die Schnallenschmiede am meisten unter der Krise litten[18].

2. Die Nominierung der Kandidaten

Die Wahlkampfvorbereitungen begannen wie üblich mit der Nominierung der Kandidaten. Da die Auflösung des Reichstages bereits lange vor seiner tatsächlichen Schließung erwartet worden war, begannen die Spekulationen schon vor dem 6. Mai. Für die Freisinnigen erklärte sich der vor drei Jahren erfolgreiche Wilisch bereit, erneut zu kandidieren und wurde daraufhin vom Vorstand des freisinnigen Wahlvereins der drei Kreise auch wieder aufgestellt[19]. Anfang Mai präsentierte die SPD ihre Kandidaten für Hessen. Für Wilhelm Pfannkuch, der nun sein Glück in einem anderen Wahlkreis suchen sollte, wurde der Redakteur Heinrich Huhn aus Kassel aufgestellt[20]. Der im Jahr 1890[21] in Eschwege tagende Parteitag der nordhessischen Sozialdemokraten hatte die Bedeutung, die die Kasseler Genossen der Stadt beimaßen, nachhaltig dokumentiert.

Am 15.5. fand außerhalb des Wahlkreises eine Vetrauensmännerversammlung der Freikonservativen und Nationalliberalen in Bebra statt. Beide Parteien waren sich darüber einig, erneut gemeinsam um den Sieg zu kämpfen. Allerdings beharrten die Nationalliberalen diesmal zunächst darauf, daß der Kandidat aus ihren Reihen kommen sollte. Empfohlen wurde der Landgerichtsrat Schimmelpfeng. Die Freikonservativen schlugen dagegen ihren alten Kandidaten, Hermann v Christen, vor[22]. Die Entscheidung fiel schließlich nach einer Anhörung der Vertrauensmänner aus den einzelnen Kreisen. Die Schmalkaldener favorisierten überwiegend Schimmelpfeng, die Eschweger dagegen v. Christen. Da die Vertreter des Kreises Witzenhausen in ihrer Meinung gespalten waren, drohte ein Scheitern der Versammlung. Schließlich gaben die Schmalkaldener nach; Hermann v. Christen wurde wieder als Kandidat der vereinten Frei-

---

18 Ebd., S.494.
19 Fulda Werra Zeitung 16.5.1893, Nr.113.
20 Eschweger Tageblatt und Kreisblatt 10.5.1893, Nr.119.
21 Frenz, W., Schmidt, H., Wir schreiten Seit an Seit. Geschichte der Sozialdemokratie in Nordhessen, Marburg 1989, S.44.
22 Eschweger Tageblatt und Kreisblatt 15.5.1893, Nr.112.

konservativen und Nationalliberalen aufgestellt[23]. Damit zog erneut die DRP in den Wahlkampf; der Versuch der Nationalliberalen, an ihre großen Erfolge der ersten Jahre anzuknüpfen, war bereits im Vorfeld der Wahlen gescheitert. Man blieb also weiterhin auf die Rolle des „DRP-Anhängsel" beschränkt.

Auch die Deutschkonservativen trugen sich mit dem Gedanken, einen Kandidaten aufzustellen. Ins Gespräch gebracht wurde der Major v. Alvensleben, der 1890 noch als Wahlkämpfer für die Deutsche Reichspartei eingetreten war. Dieser Vorschlag wurde allerdings – wohl im Bewußtsein der Aussichtslosigkeit dieser Kandidatur – schnell wieder fallen gelassen.[24] Der deutsch-konservative Verzicht kam jedoch nicht der DRP zugute[25], sondern einer ganz anderen politischen Richtung. Denn nun trat eine Gruppierung auf, die in der Wahlgeschichte der drei Kreise bisher noch keine Rolle gespielt hatte: die Antisemiten. Am 18.5. meldete das „Eschweger Tageblatt und Kreisblatt", daß der Deutsch Soziale Verein (Antisemiten) zu Aufstellung eines eigenen Kandidaten bereit sei[26]. Dieser Verein, der im Januar 1893 als „Christlichsozialer Verein" gegründet worden war, und dem etwa 100 Mitglieder angehörten[27], hatte seinen Sitz in Lichtenau im Kreis Witzenhausen. Unterstützt wurde er vom christlich-deutschen Männerverein in Eschwege[28], dem Bund der Landwirte, und den Deutschkonservativen[29], die sich auf Reichsebene auf dem Tivoli-Parteitag im Dezember 1892 im größeren Umfang als schon bisher antisemitischen Einflüssen geöffnet hatten[30]. Auch die

---

23 Ebd.; vgl. Volksblatt für Hessen und Waldeck 17.5.1893, Nr.113, das von einer ausgesprochen schwach besuchten Versammlung berichtet.

24 Schmalkalder Tageblatt, zitiert nach Fulda Werra Zeitung 16.5.1893, Nr.113.

25 Klein, Th., Der preußisch-deutsche Konservatismus und die Entstehung des politischen Antisemitismus in Hessen-Kassel (1866-1893), Marburg 1995, S.280.

26 Eschweger Tageblatt und Kreisblatt 18.5.1893, Nr.115.

27 Klein, Die Zeitungsberichte des Regierungspräsidenten in Kassel an Seine Majestät, S.526.

28 Vgl. Flugblätter der Antisemiten, z.B. „Ein jüdisches Bubenstück" (1893), in: Hessische Wahlen zum Deutschen Reichstag (Flugblattsammlung) 1893, Universitätsbibliothek Marburg.

29 Klein, Th., Der preußisch-deutsche Konservatisnus und die Entstehung des politischen Antisemitismus in Hessen-Kassel (1866-1893), Marburg 1995, S.280.

30 Ullman, H.-P., Das Deutsche Kaiserreich 1871-1918, Frankfurt a.M. 1995, S.142; Treue, W., Die deutschen Parteien. Vom 19. Jahrhundert bis zur Gegenwart, Frankfurt a.M., Berlin, Wien 1975, S.99.

Christlich-soziale Partei Stöckers, die auf Reichsebene für ein Wahlbündnis mit der DSozP eintrat[31], stärkte der antisemitischen Kandidatur den Rücken. Zunächst wurde der Regierungsassessor v. Gerlach aus Berlin nominiert[32]; da dieser jedoch erkrankte, wurde in einer Vertrauensmännerversammlung im Bergschlößchen zu Niederhone am 27.5.1893 der Schriftsteller und ehemalige Redakteur des „Kasseler Journal", des „Volkes" und der „Hannoverschen Post"[33] Hans Leuß aus Hannover zum Kandidaten ernannt[34]. Die Deutsch-Soziale Partei, für die sich Leuß in den Wahlschlacht stürzte, vertrat auf Reichsebene, unter der Führung Max Liebermann v. Sonnenbergs, weniger „radauantisemitische" und offen rassistische Standpunkte, sondern in vieler Hinsicht eher konservative Positionen, die das Bekenntnis zu Kaiser und Reich beinhalteten. Obwohl die Rücknahme der Judenemanzipation gefordert wurde, standen antisemitische Stellungnahmen im Parteiprogramm von 1891 nicht im Mittelpunkt[35]. Leuß selbst sollte sich allerdings im Verlaufe des Wahlkampfes als fanatischer Judenhasser entpuppen. Im Jahre 1886 hatte er bereits wegen Beleidigung der jüdischen Religionsgemeinschaft vor Gericht gestanden, wobei das Verfahren allerdings mit einem Freispruch geendet hatte[36]. Mit seiner Kandidatur war im Wahlkreis Kassel 4 eine völlig neue Situation entstanden. Nicht mehr drei, sondern gleich vier Kandidaten kämpften um den Einzug in den Reichstag. Die Möglichkeit eines Erfolges gleich im ersten Wahlgang war nicht mehr realisierbar; auch das Erreichen der Stichwahl war erheblich erschwert worden. Denn daß die Antisemiten in diesem

---

31 Wippermann, K., Deutscher Geschichtskalender für 1893. Sachlich geordnete Zusammenstellung der politisch wichtigsten Vorgänge im In- und Ausland, I. Band, Leipzig 1893, S.178.

32 Eschweger Tageblatt und Kreisblatt 23.5.1893, Nr.118; Volksblatt für Hessen und Waldeck 25.5.1893, Nr.110.

33 Amtliches Reichstags-Handbuch. Neueste Legislaturperiode 1893/98, hrsg. vom Reichstags-Bureau, Berlin o.J., S.202.

34 Eschweger Tageblatt und Kreisblatt 29.5.1893, Nr.123; Volksblatt für Hessen und Waldeck 31.5.1895, Nr.124; In den „Mitteilungen aus dem Verein zur Abwehr des Antisemitismus" (21.5.1893, Nr.21 [S.216]; 28.5.1893, Nr.22 [S.224] ist zunächst von einem Schriftsteller namens Pusch die Rede.

35 Vgl. Fricke, D., Antisemitische Parteien. 1879-1894, in: Ders. u.a., Lexikon zur Parteiengeschichte. Die bürgerlichen und kleinbürgerlichen Parteien und Verbände in Deutschland (1789-1945), Bd.1, Köln 1984, S.77-88, hier: S.83.

36 Leuß, H., Aus dem Zuchthause. Verbrecher und Strafrechtspflege, Berlin 1904 (3. Auflage), S.10.

Wahlkreis Anklang finden würden, war nach ihren Erfolgen in anderen Teilen Hessens sehr wahrscheinlich. Interessant ist übrigens, daß das in Kassel erscheinende „Antisemitische Volksblatt" der Kandidatur des Hans Leuß und seiner Wahlpropaganda kaum Beachtung schenkte[37]. Möglicherweise waren dafür Differenzen innerhalb der antisemitischen Bewegung – die Zeitung unterstützte zu dieser Zeit die „Antisemitische Volkspartei" – ausschlaggebend. Dafür durfte sich Leuß aber einer wohlwollenden Berichterstattung des „Casseler Journals" erfreuen, das über seine Auftritte weitaus ausführlicher informierte als über die freikonservativen Wahlveranstaltungen[38].

3. Der Wahlkampf und die Wahlkampfveranstaltungen

a. Die Wahlkampfveranstaltungen

Die Wahlen drei Jahre zuvor hatten gezeigt, wie wichtig eine ausgiebige Propaganda war. Deshalb waren alle Parteien bemüht, möglichst frühzeitig mit der Verbreitung von Flugblättern und der Abhaltung von Wahlkampfveranstaltungen zu beginnen. Trotz negativer Erfahrungen aus der Vergangenheit blieben die Bemühungen der Freikonservativen und der Nationalliberalen aber wieder hinter denen der Gegner zurück. Die Inhalte der Wahlpropaganda der vier verschiedenen Parteien hingen eng mit der Ursache der Reichstagsauflösung zusammen. Die Heeresvorlage rückte so in den Mittelpunkt der politischen Auseinandersetzung. Daneben spielte die Wirtschaftspolitik der Regierung eine bedeutende Rolle, die Handelsverträge, die Tabak- und die Brauereisteuer. Auch der Kampf um die Erhaltung des allgemeinen und gleichen Wahlrechts war von Bedeutung.

Mit dem Auftreten der Antisemiten kam nun aber auch ein Thema in den Wahlkampf, das bisher im Wahlkreis Kassel 4 bisher nur, überwiegend von deutsch-konservativen Kreisen getragen, eine geringe Rolle gespielt hatte: die öffentliche Hetze gegen die Juden als Angehörige einer konfessionellen Minderheit.

---

37 Vgl. Antisemitisches Volksblatt 3.6.1893, Nr.571 sowie die folgenden Ausgaben.
38 z.B. Casseler Journal 9.6.1893, Nr.69; 15.6.1893, Nr.72.

Mitte Mai kam der Wahlkampf langsam in Bewegung. Neben dem Verteilen von Flugblättern wurden die Orte des Wahlkreises wieder mit einer Vielzahl von Wahlkampfveranstaltungen überzogen. Wie viele es genau waren, läßt sich schwerlich feststellen, da die Berichterstattung der Zeitungen keinesfalls lückenlos ist. Es ist jedoch anzunehmen, daß die Zahl der Versammlungen nicht geringer war als 1890.

In der zweiten Maihälfte bildete sich unter dem Vorsitz von Louis Schöpflin in Eschwege ein sozialdemokratisches Wahlkomitee[39]. Bereits für den 16.5. kündigten die Sozialdemokraten eine „Volksversammlung" in Eschwege an[40], in deren Verlauf der Redner von Elm aus Homburg im Fabriklokal der Tabakarbeitergenossenschaft über die Lage im Reich referierte[41]. Am 28.5. redete der sozialdemokratische Kandidat Huhn in Eschwege, und zwar in der Gartenwirtschaft Bartholomäus[42]. Huhn, der sich hauptsächlich mit der Militärvorlage befaßte, dankte den Behörden, daß sie Veranstaltungen im Freien gestatteten, da die Wirte den Sozialdemokraten ihre Säle verweigerten[43]. Laut amtlicher Zeitung in Eschwege wurde die Versammlung von 150 Leuten besucht[44]. Anschließend richtete Huhn sein Augenmerk auf den Kreis Schmalkalden, wo er am 5.6. in Brotterode einen überzeugenden Auftritt hatte[45].

Am 12. 6. fanden gleich zwei Veranstaltungen der SPD in Eschwege statt[46]. Es sprach Wilhelm Pfannkuch „in sachlicher Weise, ohne sich Hetzereien hinzugeben".[47] Beide Veranstaltungen wurden in der Genossenschaftsfabrik durchgeführt. Zahlreiche geplante SPD-Kundgebungen kamen nicht zur Ausführung, da der politische Gegner – primär machte die sozialdemokratische Propaganda dafür die Freisinnigen verantwortlich – durch Bestechung bzw. Einschüchterung der betreffenden Wirte der SPD die Lokale abtrieb[48].

---

39 Volksblatt für Hessen und Waldeck 25.5.1893, Nr.110.
40 Fulda Werra Zeitung 16.5.1893, Nr.113.
41 Volksblatt für Hessen und Waldeck 21.5.1893, Nr.117.
42 Fulda Werra Zeitung 29.5.1893, Nr.123.
43 Ebd.; Volksblatt für Hessen und Waldeck 31.5.1893, Nr.124.
44 Eschweger Tageblatt und Kreisblatt 29.5.1893, Nr.123.
45 Volksblatt für Hessen und Waldeck 8.6.1893, Nr.131.
46 Eschweger Tageblatt und Kreisblatt 13.6.1890, Nr.136.
47 Ebd.
48 Z.B Volksblatt für Hessen und Waldeck 7.6.1893, Nr.130.

Die erste freisinnige Veranstaltung in Eschwege fand am 1. Juni statt, in der neben Feodor Wilisch Dr. Fränkel aus Weimar sprach[49]. Wilischs Vortrag war nur sehr kurz, da er nach eigenem Bekunden unter Halsschmerzen litt, die er sich angeblich im Wahlkampf von 1890 zugezogen hatte, „wo die Partei durch Saalabtreibungen gezwungen war, Wählerversammlungen sogar in Pferdeställen abzuhalten"[50]. Da die Freisinnigen in diesem Jahre von derartigen Vorfällen weitgehend verschont blieben, hielt es Wilisch aus propagandistischen Gründen für notwendig, noch einmal lebhaft an die Vergangenheit zu erinnern. Die Hauptrede hielt Fränkel, der sowohl gegen die Militärvorlage agierte als auch schwere Angriffe gegen den Bund der Landwirte vortrug[51]. Unter den etwa 1000 Zuhörern[52] befanden sich allerdings nicht nur Anhänger, sondern auch zahlreiche Gegner der Freisinnigen – sowohl Konservative, Nationalliberale als auch Sozialdemokraten – die ihren Unmut durch zahlreiche Zwischenrufe kundtaten. Vornehmlich der Sozialdemokrat Jordan trat Fränckel vehement entgegen[53]. Schließlich brachten die Anhänger der SPD ein „Hoch" auf Huhn aus, das die Linksliberalen mit einem „Hoch" auf Wilisch beantworteten. Offenbarten hier sich schon die Gegensätze zwischen der FrVP und der SPD, so sollte der Streit zwischen den Anhängern der beiden Linksparteien während der freisinnigen Versammlung in Witzenhausen am 3. Juni eskalieren. Laut „Witzenhäuser Kreisblatt" bestand der Vorstand der Veranstaltung „aus lauter fremden Herren, da sich hier niemand gefunden hatte, der offiziell für diese Angelegenheit eintreten wollte"[54]. Erneut sprach sich Fränckel, der wieder die Hauptrede hielt, gegen die Militärvorlage aus, erneut griff er auch den Bund der Landwirte an. Die Hauptauseinandersetzung mußte Fränckel aber mit den anwesenden Sozialdemokraten austragen, die schließlich einen Tumult provozierten, in deren Folge die Veranstaltung abgebrochen werden mußte[55]. Auf offene Gegnerschaft – diesmal von konservativer Seite – trafen die Freisinnigen in Wanfried, wo eine geplante Versammlung mangels

---

49 Eschweger Tageblatt und Kreisblatt 2.6.1893, Nr.127; Volksblatt für Hessen und Waldeck 4.6.1893, Nr.128..
50 Fulda Werra Zeitung 2.6.1893, Nr.127.
51 Eschweger Tageblatt und Kreisblatt 2.6.1893, Nr.127.
52 Fulda Werra Zeitung 2.6.1893, Nr.127.
53 Volksblatt für Hessen und Waldeck 4.6.1893, Nr.128.
54 Witzenhäuser Kreisblatt 6.6.1893, Nr.65.
55 Ebd.

Zuhörer ausfallen mußte[56] und freiwillige Wahlhelfer, die Flugblätter verteilen wollten, gewaltsam aus den Lokalen geworfen wurden[57]. Auch auf dem Lande agierten die Freisinnigen ausgesprochen lebhaft. So sprach z.b.der Redakteur Ludwig am 9.6. in Abterode und Frankershausen[58]. Allerdings scheinen die meisten Veranstaltungen wenig erfolgreich gewesen zu sein. Die wohl heftigste freisinnige Versammlung fand in Netra, im Ringgaugebiet, statt, wo die Veranstaltung nach heftigen Diskussionen in eine allgemeine Schlägerei ausartete und schließlich durch die Gendarmen ausgehoben werden mußte[59].

Traditionell trat die Deutsche Reichspartei wieder recht spät in den Wahlkampf ein. Die Veranstaltung in Eschwege fand erst am 10. Juni statt, wo sich Hermann v. Christen im Saale des Otto Brill als Mann des Ausgleichs zwischen Handel, Industrie und Landwirtschaft zu präsentieren verstand[60]. Darüber hinaus zeigte er sich als energischer Befürworter der Militärvorlage. Auch in der konservativen Veranstaltung waren zahlreiche Gegner anwesend, wobei die Sozialdemokraten schließlich mit einem „Hoch" auf Huhn und dem Absingen der Arbeitermarseillaise die Versammlung verließen[61]. Am 11.6. redete v. Christen in Großalmerode[62], einen Tag später hielt er zusammen mit dem nationalliberal gesinnten Amtsrichter Hertwig vor 800 Zuhörern eine Versammlung in Wanfried ab[63]. Am 14.6 stellte sich v. Christen seinen Anhängern in Allendorf vor. Alle diese Versammlungen verliefen ohne Zwischenfälle, möglicherweise auch ein Zeichen für eine gewisse Interesselosigkeit. Wie schon in der Vergangenheit gestaltete sich der konservative Agitationsaufwand wieder vergleichsweise bescheiden; eine Tatsache, die auch der Eschweger Landrat in seinem Bericht an den Regierungspräsidenten kritisch vermerkte[64].

---

56 Eschweger Tageblatt und Kreisblatt 12.6.1893, Nr.135.
57 Ebd.
58 Fulda Werra Zeitung 10.6.1893, Nr.134.
59 Eschweger Tageblatt und Kreisblatt 12.6.1893, Nr.135.
60 Ebd.
61 Ebd.
62 Witzenhäuser Kreisblatt 13.6.1893, Nr.68.
63 Eschweger Tageblatt und Kreisblatt 14.6.1893, Nr.137.
64 Bericht des Eschweger Landrates an den Regierungspräsidenten vom 6.6.1893; StaM, Best.165, Nr.45.

Obwohl er erst spät aufgestellt worden war, stürzte sich der antisemitische Kandidat frühzeitig in den Wahlkampf, wobei er sich zunächst im Kreis Witzenhausen aufhielt. Nachdem ihm in der Kreisstadt ein zugesagter Saal verweigert worden war, präsentierte sich Leuß am 30.5. in Lichtenau[65], wo er sich in heftigen antisemitischen Ausfällen erging. So behauptete er, das Deutschtum und das Christentum seien durch das jüdische Großkapital in seinem Bestand bedroht, eine Unterstellung, die beim Publikum weitgehend auf Zustimmung stieß. Ein Sozialdemokrat, der Leuß heftig widersprach, stand mit seiner Meinung auf verlorenem Posten[66]. Hinsichtlich der Militärvorlage stellte sich Leuß auf Seiten der Reichsregierung, worin er sich nicht von der konservativen Position unterschied. Das Eintreten für die Heeresreform stellte allerdings primär ein taktisches Manöver dar, denn das Einschwenken auf Regierungskurs in dieser Frage erfolgte – wie im übrigen auch bei den anderen antisemitischen Kandidaten in Nordhessen – erst kurz vor der Wahl[67].

Auch in Großalmerode[68] und vermutlich in Allendorf[69] fanden antisemitische Veranstaltungen statt. Anschließend wandte sich Leuß den Städten und Dörfern des Kreises Eschwege zu, wo er zunächst in Waldkappel und Reichensachsen agierte. Ein peinlicher Vorfall ereignete sich am 6. Juni in Frankershausen, wo angeblich betrunkene Arbeiter den Ablauf der Versammlung störten und deshalb hinausgeworfen wurden[70]. Leuß mutmaßte, daß der jüdische Arbeitgeber der betreffenden Personen diese durch das Spendieren von Schnaps zu einem solchen Auftreten veranlaßt habe; eine Unterstellung, der der betreffende Geschäftsbesitzer später energisch dementierte[71]. Vermutlich sprach Leuß auch noch in anderen Orten des Kreises, so in Wanfried, wo er am 7.6. verweilte[72]. Anschließend richtete er sein Augenmerk auf den Kreis Schmalkalden, wo er ebenfalls eifrig agierte. Interessant sind die Darstellungen der anti-

---

65   Witzenhäuser Kreisblatt 3.6.1893, Nr.64.
66   Ebd.
67   Hujer, H., Die Bedeutung der Militärvorlage 1893 im kurhessischen Wahlkampf (Staatsarbeit in wissenschaftlicher Politik), Marburg o.J., S.65.
68   Witzenhäuser Kreisblatt 6.6.1893, Nr.65.
69   Witzenhäuser Kreisblatt 3.6.1893, Nr.64; Casseler Journal 9.6.1893, Nr.69.
70   Eschweger Tageblatt und Kreisblatt 8.6.1893, Nr.132.
71   Eschweger Tageblatt und Kreisblatt 10.6.1893, Nr.134.
72   Eschweger Tageblatt und Kreisblatt 8.6.1893, Nr.132.

semitischen Veranstaltungen in der bürgerlichen Presse. Während die linksliberalen Blätter die scharfen Angriffe gegen die Juden heftig beklagten, sahen die konservativen Organe in dieser Hinsicht wenig Handlungsbedarf. Das dokumentieren am anschaulichsten die Berichte über Leuß' Auftreten in Schmalkalden am 10. Juni. Während der „Thüringer Hausfreund" die antisemitische Hetze des Kandidaten ungeschminkt in den Mittelpunkt seiner Berichterstattung stellte[73], berichtete das „Schmalkalder Tageblatt" über das vermeintlich skandalöse Auftreten der Freisinnigen, die angeblich bezahlte Schreier im Saal verteilt hatten und so dafür sorgten, daß die Versammlung in einem Tumult endete[74]. Den vorläufigen Abschluß der antisemitischen Propaganda bildeten am 14. Juni zwei Veranstaltungen in Eschwege, die schon ganz im Zeichen der „freisinnigen Enthüllungen" standen, auf die in Folge eingegangen wird. Die erste Versammlung – hauptsächlich von Arbeitern und Bauern besucht[75] – war anscheinend ebenso ein Erfolg wie die zweite[76].

b. Antisemitische Hetze und freisinnige „Enthüllungen"

Die Spannungen zwischen den verschiedenen Parteien ergaben sich konsequenterweise aus den unterschiedlichen Positionen. Wie schon angesprochen, war ein Streitpunkt die Heeresvorlage, die den Freisinn und die SPD auf der einen und die DRP und die Antisemiten auf der anderen Seite trennte. Da die DRP zumindest in dieser Hinsicht in der DSoZP einen ernsthaften Rivalen erblickte, wurde versucht, den nationalen Standpunkt von Leuß in Frage zu stellen. Dieser hatte ungeschickterweise verlauten lassen, daß er seine Zustimmung zur Militärvorlage an gewisse Bedingungen knüpfte. Deshalb wurde ihm von konservativer und nationalliberaler Seite vorgeworfen, in Wahrheit ein verkappter Gegner der Vorlage zu sein[77]. Leuß sah sich daraufhin zu einem energischen Dementi veranlaßt[78].

Die Tatsache aber, die dem Wahlkampf zunehmend mehr Brisanz und Schärfe verlieh, war der immer heftiger werdende Gegensatz zwischen Freisinnigen und Antisemiten, der schließlich alle anderen

---

73 Thüringer Hausfreund 12.6.1893, Nr.135.
74 Schmalkalder Tageblatt 12.6.1893, Nr.135.
75 Eschweger Tageblatt und Kreisblatt 14.6.1893, Nr.137.
76 Eschweger Tageblatt und Kreisblatt 15.6.1893, Nr.138.
77 Eschweger Tageblatt und Kreisblatt 9.6.1893, Nr.133.
78 Eschweger Tageblatt und Kreisblatt 13.6.1893, Nr.136.

Themen in den Schatten stellte. Wie gestalteten sich die Angriffe von Leuß im einzelnen, und wie sah das Bild aus, das er von der FrVP und den Juden zeichnete? Auffällig ist, daß Leuß und seine Mitstreiter in den Juden nicht allein eine konfessionelle, sondern vielmehr eine ethnische Gruppe sahen, deren vorgebliche kollektive Verhaltensweise angeblich keine Folge der gesellschaftlichen Verhältnisse und der historischen Entwicklung, sondern ihrer blutsmäßigen Abstammung war. Der erste Vorwurf, den Leuß den Juden machte, war ihre Anwesenheit. In den Augen des antisemitischen Polterers waren sie Fremde in Deutschland, die sich unrechtmäßig ihren Platz in Staats-, Gesellschafts- und Wirtschaftswesen erworben hatten. Zynischerweise begründete Leuß seine Auffassung mit einem Spruch aus dem alten Testament: „Du sollst nicht irgendeinen Fremdling, der nicht dein Bruder ist, zum Herrn über dich setzen."[79] Für Leuß waren Juden also nicht berechtigt, staatliche Ämter und wirtschaftliche Führungspositionen zu besetzen, da sie für ihn keine Deutschen waren. Die zweite Anschuldigung zielte auf die jüdische Wirtschaftsweise. Leuß konstatierte eine Überlegenheit der Juden in allen wirtschaftlichen Angelegenheiten, die, seiner Ansicht nach, aber nicht durch höhere Intelligenz oder besonderen Fleiß zu erklären sei, sondern vielmehr durch eine angebliche „sittliche Unterlegenheit"[80]. Eigenschaften wie Verschlagenheit, Rücksichtslosigkeit und vor allem ehrlose Unterwürfigkeit waren für Leuß die Attribute, die den Juden zu ihrem Erfolg verhalfen[81]. Die Opfer der angeblichen jüdischen Geschäftstüchtigkeit, die sich durch Wucher und Spekulantentum auszeichnete, waren für Leuß primär diejenigen, die sowieso schon unter ausgesprochen ungünstigen Bedingungen zu leiden hatten, „die hessischen ausgewuchteten Brüder."[82]. Gemeint waren damit vornehmlich die Bauern der Region, die unter der landwirtschaftlichen Depression besonders zu leiden hatten. Durch seine infame, wenngleich doch geschickte Argumentation, die sowohl an die „Thesen" des antisemitischen Publizisten Otto Glagau als auch an das pseudowissenschaftlich verbrämte Ge-

---

79 Antisemitisches Flugblatt „Herr Feodor Wilisch und seine freisinnigen Brüder, die Helfershelfer des Wuchers, der Börsenjobber und der Juden" (1893), in: Hessische Wahlen zum Deutschen Reichstag 1893.

80 „Wie der Jude Geschäfte macht" (1893), in: Hessische Wahlen zum Deutschen Reichstag 1893.

81 Ebd.

82 Ebd.

dankengut Wilhelm Marrs erinnert[83], drängte Leuß die Juden in die Rolle fremdländischer Unterdrücker, Betrüger und Ausbeuter, von deren Joch es sich zu befreien galt. In der Freisinnigen Volkspartei sah Leuß den politischen Arm der Juden, also diejenige Institution, die die jüdischen Ziele und Vorstellungen politisch umsetzte. So beschimpfte er die Linksliberalen mit Schlagwörtern wie „Schleppenträger und Knechte der Juden" und „Helfershelfer des Wuchers".[84]

Viele Juden fühlten sich nun tatsächlich durch den Linksliberalismus vertreten oder waren gar in der Freisinnigen Volkspartei aktiv. Um sich gegen die immer heftiger werdenden Angriffe der Antisemiten zu wehren, entschlossen sich die Freisinnigen sowie jüdische Betroffene schließlich zu einem Akt der Notwehr, nämlich zu einem Frontalangriff auf die Persönlichkeit des antisemitischen Kandidaten. Wenige Tage vor der Wahl erschienen die „Enthüllungen", eine Abrechnung des Linksliberalismus mit Hans Leuß und dessen Vergangenheit[85]. Die Neuigkeiten über den Antisemiten, die seiner Person nicht die geringste Schonung angedeihen ließen, wurden folgendermaßen eingeleitet: „Staunet über die Unverfrorenheit eines Menschen, der es wagt, uns im Reichstag vertreten zu wollen. Staunet über seine Vergangenheit!"[86] Diese Vergangenheit wurde nun in den düstersten Farben geschildert. Den freisinnigen Anschuldigungen zufolge hatte Leuß in Aurich die Miete geprellt, in Stadthagen zum Schaden seiner Gläubiger bankrott gemacht und in Berlin schließlich als Redakteur der antisemitischen Zeitung „Das Volk" 20000 Mark unterschlagen[87]. Flankiert wurden die freisinnigen Attacken auch durch sozialdemokratische Stellungnahmen. So wußte das Volksblatt für Hessen und Waldeck eine amüsante Geschichte zu erzählen, wonach Leuß, nach einer von ihm angezettelten Schlägerei in einem Café in Hannover, die Flucht über die Toilette habe antreten müssen und daraufhin mit dem Spitznamen „Closet-Leuß" versehen worden sei[88].

---

83 Zu Glagau und Marr vgl. Kampmann, W., Deutsche und Juden. Die Geschichte der Juden in Deutschland vom Mittelalter bis zum Beginn des Ersten Weltkrieges, Frankfurt a.M. 1994, S.232ff.
84 „Wie der Jude Geschäfte macht" (1893).
85 z.B. in der Fulda Werra Zeitung 13.6.1893, Nr.136.
86 Ebd.
87 Ebd.
88 Volksblatt für Hessen und Waldeck 10.6.1893, Nr.133.

Leuß' Antwort kam postwendend. In Zeitungsanzeigen[89] stellte er sich als Opfer von gezielten Verleumdungen dar. In seinen Publikationen ging er sogar noch weiter; in einem seiner Flugblätter war gar die Rede von einem „jüdischen Bubenstück"[90]. Die Vorwürfe der Freisinnigen wurden durch eidesstattliche Aussagen und Erklärungen von Betroffenen anscheinend widerlegt[91]. Die Geschwindigkeit, mit der Leuß auf die gegen ihn erhobenen Vorwürfe reagierte, läßt vermuten, daß ihn die Anschuldigungen nicht unvorbereitet trafen. Es ist wahrscheinlich, daß er bereits vor den „Enthüllungen" Vorkehrungen zu seiner Verteidigung getroffen hatte. Die Linksliberalen hatten ihrerseits jetzt keine Zeit mehr, neues Geschütz gegen Leuß aufzufahren, denn schon am 15. Juni sollte gewählt werden.

c. DRP und SPD und ihr Verhältnis zum Antisemitismus

Es ist notwendig, auch kurz auf das Verhältnis der anderen Parteien zum Antisemitismus einzugehen. Auch die DRP und die sie unterstützenden Nationalliberalen traten – anders als die deutschkonservativen Kräfte der Region – gegen die antisemitischen Vorstellungen auf. So wurde in einem Aufruf für Hermann v. Christen der „sinnverwirrende Judenhaß" getadelt und als mögliche Gefahr für das öffentliche Leben interpretiert[92]. Zur Hauptaussage ihres Wahlkampfes machten die Freikonservativen den Kampf gegen die Judenhetzer allerdings nicht. Das erbitterte Ringen zwischen Freisinnigen und Antisemiten kam der DRP nicht ungelegen; denn schließlich ging es ja auch gegen den Wahlsieger von 1890.

Auch die Sozialdemokraten nahmen Stellung gegen die antisemitische Partei. Ihr Hauptanliegen aber galt dem Kampf gegen den Militarismus und dem Einsatz für die Aufrechterhaltung des allgemeinen, gleichen und geheimen Wahlrechtes, das sie durch den „konservativ-antisemitisch-christlich-sozialen Mischmarsch"[93] gefährdet sahen. Man nahm die Antisemiten nicht als eine besondere Bedrohung wahr, sondern betrachtete sie lediglich als eine neue konservative

---

89 z.B. Eschweger Tageblatt und Kreisblatt 13.6.1893, Nr.136.
90 „Ein jüdisches Bubenstück" (1893), in: Hessische Wahlen zum Deutschen Reichstag (1893).
91 Ebd.
92 Eschweger Tageblatt und Kreisblatt 10.6.1893, Nr.144.
93 Sozialdemokratisches Flugblatt „An alle Reichstagswähler von Eschwege-Witzenhausen-Schmalkalden" (1893), in: Hessische Wahlen zum Deutschen Reichstag (1893).

Variante mit etwas grobschlächtigerem Zuschnitt. Die FrVP trug also weitgehend die Last des antisemitischen Abwehrkampfes allein; eine Tatsache, die Leuß nicht ungelegen kam.

4. Die Wahl am 15. Juni 1893 und ihr Ausgang

a. Das Gesamtergebnis

Mitte Juni war es schließlich so weit. Mit einer letzten Parole versuchte die FrVP, ihre Wähler zu mobilisieren:

„Auf Brüder auf, klar zum Gefecht
Mit Uebermut und Finsterlingen
Für Freisinn und für Volksrecht"[94]

Dieses Gefecht ging für den Freisinn am Wahltag verloren. Als die letzten Extrablätter herausgekommen waren, stand fest: Der Wahlsieger von 1890, Feodor Wilisch, war kläglich gescheitert. Nicht einmal jeder fünfte Wähler hatte für den Linksliberalismus votiert[95]. Die Deutsche Reichspartei bekam mit etwa 4280 Stimmen (29%) den größten Zuspruch; trotzdem lag auch Hermann v. Christen deutlich unter seinem Wahlergebnis von 1890. Der DSozP (Antisemiten) gelang es auf Anhieb, ein Viertel der Stimmen (25,8%) auf sich zu vereinen und damit die Stichwahl zu erreichen. Die SPD und ihr Kandidat Huhn scheiterten nur knapp (25,6%), obwohl ihr Stimmenanteil größer war als durchschnittlich im gesamten Reich, wo die SPD mit 23,3% aller Stimmen nach 1890 erneut die wählerreichste Partei darstellte[96]. Letztendlich fehlten ganze 40 Stimmen zum Erreichen der engeren Wahl. Wie knapp die Differenz zwischen der SPD und der DSozP war, zeigt die Tatsache, daß das „Schmalkalder Kreisblatt" fälschlicherweise verbreitete, Huhn habe die Stichwahl erreicht[97]. Wie gestalteten sich die Ergebnisse nun im einzelnen?

---

94 Thüringer Hausfreund 14.6.1893, Nr.137.

95 Klein, Th., Die Hessen als Reichstagswähler. Tabellenwerk zur politischen Landesgeschichte 1867-1933, Bd.1: Provinz Hessen-Nassau und Waldeck-Pyrmont 1867-1918 (Veröffentlichungen der Historischen Kommission für Hessen 51), Marburg 1989, S.232.

96 Schmädeke, J., Wählerbewegung im Wilhelminischen Deutschland, Bd.I: Die Reichstagswahlen von 1890 bis 1912: Eine historisch-statistische Untersuchung, Berlin 1995, S.65f.

97 Schmalkalder Kreisblatt, zitiert nach Thüringer Hausfreund 19.6.1890, Nr.141.

b. Kreis Eschwege

Die Antisemiten errangen im Kreis Eschwege fast 40% der Stimmen, womit sie die DRP (26,6%) und die SPD (20,5%) deutlich hinter sich ließen. Am schlechtesten schnitt die FrVP ab, auf die nur 13,3% der Stimmen entfielen[98].

In Eschwege selbst bekam die SPD wie schon drei Jahre zuvor die meisten Stimmen. Allerdings mußte sie einen Verlust von etwa 100 Wählern hinnehmen, den das Volksblatt für Hessen und Waldeck in einer Wahlanalyse mit einer massiven Einschüchterungpolitik der „freisinnigen" Eschweger Fabrikanten gegenüber der dortigen Arbeiterschaft zu erklären versuchte[99]. Mit 548 Stimmen[100] erreichte die SPD trotzdem noch respektable 38,3% und war damit fast so stark wie Antisemiten und Freisinnige zusammen. Wilisch mußte dagegen schwere Verluste hinnehmen. Hatte er 1890 noch ein Drittel der Wähler für den Linksliberalismus gewonnen, so votierten nun gerade einmal 19,6% für ihn. Die DSozP schnitt in der Kreisstadt noch etwas schwächer ab (19,2%), während die DRP 22,9% für sich verbuchen konnte. Die folgende Übersicht zeigt die Stimmverteilung nach Wahlbezirken (in %). Der zweite und dritte Bezirk lagen im Osten der Stadt, also in der Altstadt, in der der Anteil der Arbeiter und Handwerker vergleichsweise hoch war. Der erste Stimmbezirk umfaßte die Neubaugebiete im Westen. Hier fand die SPD den geringsten Anklang.

In Wanfried, in den vorangegangenen Jahren eine konservative Hochburg, gelang den Antisemiten ein beträchtlicher Erfolg. Mit 157 Stimmen bekam Leuß über 40%. Damit lag er nur knapp hinter Hermann v. Christen. Sowohl Sozialdemokraten als auch Freisinnige mußten dagegen schwere Verluste hinnehmen. Wilisch bekam in Wanfried ganze 26 Stimmen (6,7%), Huhn gerade 28 (6,7%). 1890 hatten Freisinn und SPD im ersten Wahlgang jeder fast ein Viertel der Wähler für sich gewonnen. So läßt sich für Wanfried konstatieren, daß der Erfolg der Antisemiten hauptsächlich auf Kosten der Linksliberalen und der Sozialdemokraten ging.

Wie schon drei Jahre zuvor spielte die SPD in Waldkappel, wo sie nur neun Stimmen bekam (5,3%), keine große Rolle. Die Antisemiten

---

98 Berechnet nach den Ergebnissen im Witzenhäuser Kreisblatt 17.6.1893, Nr.70.
99 Volksblatt für Hessen und Waldeck 21.6.1893, Nr.142.
100 Klein, Die Hessen als Reichstagswähler, S.233.

brachten es dagegen gleich auf 26,6%. Die DRP schnitt mit 23,7% schlechter ab als 1890, ebenso die Freisinnigen, die es aber noch auf 44,2% brachten. Der Erfolg der Antisemiten ging hier also auf Kosten der DRP und des Freisinns. In Reichensachsen (mit Langenhain) bekam die DSozP sogar auf Anhieb fast 50% der Stimmen. Alle anderen Parteien verloren deutlich an Boden, am klarsten die SPD.

Betrachtet man die politische Landkarte des Kreises Eschwege, so fällt eine Tatsache sofort ins Auge: Die Antisemiten erreichten in einer Vielzahl von Orten die relative oder gar die absolute Stimmenmehrheit. So erstreckten sich die Erfolge der DSozP vom südlichsten Ort Herleshausen quer durch den Kreis bis hin zum nordöstlichen Frankenhain. Hatte Eschwege 1890 mit seiner bedeutenden sozialdemokratischen Wählerschaft eine Sogwirkung auf die Dörfer der Umgebung ausgeübt, so sah sich die Kreisstadt nun von Orten umgeben, in denen überwiegend antisemitisch gewählt wurde.

Noch schlimmer sah es für den Linksliberalismus aus. Nur noch in den Wohraorten Waldkappel und Bischhausen sowie im nördlichen Hitzerode gab es noch relative Mehrheiten für Wilisch.

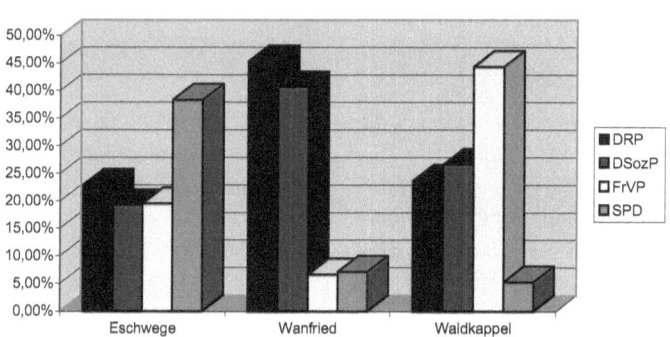

Die Reichstagswahl 1893 im Kreis Eschwege. Die Situation in den Städten

In welchen Regionen hatte die antisemitische Propaganda nun die meisten Früchte getragen? Interessant sind die Ergebnisse einiger Orte im Ringgau-Gebiet. In Grandenborn bekam Leuß fast 100 % der Stimmen; in Renda immerhin noch 60%. In Netra, wo die freisinnige Wahlversammlung in eine Schlägerei ausgeartet war, erreichten die Antisemiten 82%. Hier lebten viele Juden, die man für den Wucher und die „Güterschlächtereien" verantwortlich machte. Auch in Röhrda und Datterode feierten die Antisemiten Erfolge. Im südlichen

Ringgau waren die Erfolge der DSozP zwar nicht ganz so spektakulär, aber auch in Herleshausen (53,4%), Archfeld/Frauenborn/Willershausen (39,6%) waren die Ergebnisse doch recht beachtlich. Es läßt sich also konstatieren, daß das Ringgaugebiet zu einer Hochburg des Antisemitismus geworden war. Über Zuspruch konnte Leuß sich aber auch in westlichen Schemmerngegend erfreuen, wo er in Schemmern, Eltmannsee und Gehau (zusammen ein Wahlbezirk) über 90% der Stimmen gewann. Auch im nördlichen Werragebiet fiel die antisemitische Propaganda auf fruchtbaren Boden, so in Schwebda (40,2%) und Grebendorf (48,7%). Ebenso sah es im Meißner-Vorland aus, wo die DSozP in Frankenhain, Frankershausen, Abterode, Vockerode und einigen anderen Orten gute Resultate erzielte. Die Antisemiten fanden den meisten Anklang also überwiegend in den ländlichen Gebieten, weniger dagegen in den Städten.

c. Kreis Schmalkalden

Einen völlig anderen Ausgang nahm die Wahl im Kreis Schmalkalden. Die Antisemiten spielten in dieser Region, in der Industrie und Gewerbe dominierten, die Landwirtschaft dagegen weitgehend zurücktrat, nur eine unbedeutende Rolle. Nur etwa 10% der Wähler schenkten der DSozP ihr Vertrauen[101]. Verblüffende Gewinne erzielte dafür aber die SPD. So konnte Huhn 37,4% der Stimmen für sich verbuchen. Er lag damit deutlich vor v. Christen (23,1%) und Wilisch (29,5%), der in seinem Heimatkreis deutliche Verluste hinnehmen mußte.

Im einzelnen gestaltete sich das Wahlergebnis folgendermaßen: Die SPD erreichte in allen vier Städten des Kreises eine relative Mehrheit. In Brotterode, wo seit 1892 eine Zigarrenfabrik ihren Standort hatte, kam Huhn mit 170 Stimmen auf etwa 48%, in Barchfeld mit 76 Stimmen auf 37,8%[102]. In Steinbach-Hallenberg konnte Huhn etwa ein Drittel der Stimmen für sich verbuchen[103]. 1890 hatte der SPD-Anteil nur bei 1,2% gelegen. Auch in Schmalkalden, der Stadt, in der die SPD bereits drei Jahre zuvor erfolgreich gewesen war, konnte der Stimmenanteil erhöht werden. Mit 445 Stimmen (28,1%) war der Zuwachs aber nicht so spektakulär wie in den anderen Städten des Kreises.

---

101 Vgl. Extrablatt des Witzenhäuser Kreisblattes 17.6.1893, Nr.70.
102 Klein, Die Hessen als Reichstagswähler, S.235.
103 Ebd.; vgl. aber die unterschiedliche Überlieferung.

In den Dörfern konnte die SPD ebenfalls Erfolge vorweisen. War sein Vorgänger Pfannkuch 1890 z.b. in Oberschönau noch völlig leer ausgegangen, so kam Huhn nun auf einen Stimmenanteil von 74%. Auch in Kleinschmalkalden, wo die Partei drei Jahre zuvor noch völlig bedeutungslos gewesen war, entfielen auf die SPD nun 54,8% der Stimmen. Die Zahl der Dörfer, in denen die Sozialdemokraten weiterhin ohne Erfolg blieben, war gering. In Altersbach votierten gerade einmal zwei Wähler für Huhn, in Laudenbach und Breitenbach niemand. Regionale Schwerpunkte für ein SPD-feindliches Wählerverhalten lassen sich allerdings nicht ausmachen.

Die Erfolge der Sozialdemokraten gingen vornehmlich Hand in Hand mit Verlusten der Freisinnigen. In Barchfeld und Steinbach-Hallenberg verlor Wilisch zwei Drittel seiner Wähler von 1890. Noch schlimmer sah es in der alten liberalen Hochburg Brotterode aus, wo Wilisch 1890 etwa 92% erhalten hatte, nun aber nur noch 43% der Wähler den Freisinn präferierten. Nicht ganz so dramatisch gestalteten sich die Verluste in Schmalkalden selbst. Mit 429 Stimmen (37,2%) mußte Wilisch aber im Vergleich zum ersten Wahlgang 1890 einen Verlust von 10 Prozentpunkten hinnehmen. Wie lassen sich diese Verluste erklären? Zum einen litt die FrVP offensichtlich unter der im Vergleich zu 1890 niedrigeren Wahlbeteiligung. Zum anderen aber – und das war der Hauptgrund – war eine bemerkenswerte Wählerwanderung ehemaliger freisinniger Wähler hin zur SPD für die Niederlage verantwortlich. Der Sozialdemokratie war es gelungen, einen großen Teil der Arbeiter und Hausgewerbetreibenden, die 1890 noch aus Traditions- und Mentalitätsgründen den Linksliberalismus unterstützt hatten, für sich zu gewinnen. Insofern stellt das Jahr 1893 für die Wahlgeschichte des Kreises Schmalkalden eine bedeutende Zäsur dar.

Auch die DRP mußte Verluste hinnehmen, wenngleich sich diese längst nicht so dramatisch gestalteten wie für die Freisinnigen. Während die Stimmenzahl in Brotterode (26 Stimmen/7,3%) im Vergleich zu 1890 etwa gehalten werden konnte, verlor v. Christen in Barchfeld, wo ihm nur noch 8,5% der Wähler ihr Vertrauen schenkten, über 20 Prozentpunkte. Ähnlich sah es in Steinbach-Hallenberg aus, wo v. Christen nur noch 43 Stimmen erhielt (12,4%). Relativ gering waren dagegen die Verluste in der Kreisstadt, wo sich ähnlich wie 1890 jeder fünfte Wähler für die DRP entschied. Die relative Stabilität der DRP in Brotterode und Schmalkalden sowie ihre Verluste in Barchfeld und Steinbach-Hallenberg belegen nachdrücklich, daß v. Christen Teile seiner alten Wählerschaft an die Antisemiten verlor. In

Brotterode und Schmalkalden blieben die Antisemiten nämlich relativ unbedeutend, in Steinbach-Hallenberg und Barchfeld waren ihre Stimmenanteile in etwa identisch mit den Verlusten der DRP. Auch in vielen Dörfern verlor v. Christen Wähler an die Antisemiten, so in Fambach, Laudenbach und Herrenbreitungen.

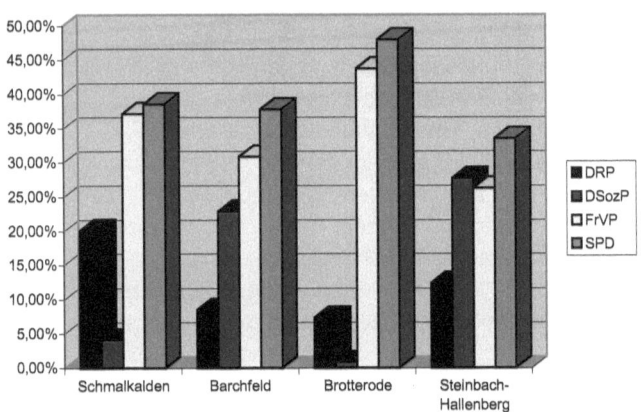

Die Reichstagswahl 1893 im Kreis Schmalkalden. Die Situation in den Städten

Die Erfolge der Antisemiten waren, verglichen mit dem Kreis Eschwege, recht gering und vorwiegend auf den Dörfern zu finden. Von den Städten erreichten sie nur in Steinbach-Hallenberg (27,7%), wo kleine Selbständige und Heimarbeiter des Kleineisengewerbes wahrscheinlich zu ihren Wählern gehörten, und im agrarisch bestimmten Barchfeld (22,9%) ein überdurchschnittliches Ergebnis. Die spektakulärsten Erfolge gelangen Leuß in den Dörfern Herrenbreitungen (67,5%), wo die Landwirtschaft noch die Haupterwerbsgrundlage für die Bewohner darstellte, und Mittelschmalkalden (75,4%). Auffällig war aber dagegen das schlechte Abschneiden der Antisemiten in der direkten Umgebung der Kreisstadt. In Grumbach erhielt Leuß gerade einmal zwei Stimmen, in Näherstille drei. In Weidebrunn, Aue und Asbach gingen die Antisemiten völlig leer aus. Hier machte sich also deutlich der Einfluß der Stadt bemerkbar. Trotz einiger guter Resultate war der Wahlausgang für die DSozP also wenig erfolgreich. Der weitgehend industrialisierte Kreis Schmalkalden war ein schlechter Nährboden für den Antisemitismus.

d. Kreis Witzenhausen

Im Unterschied zu den beiden anderen Kreisen war die Wahlbeteiligung im Kreis Witzenhausen nicht wesentlich geringer als 1890. Die Sozialdemokraten konnten ihren Anteil mit etwa 900 Stimmen und knapp 20% halten[104]. Die DRP (36,9%) und die Freisinnigen (17,5%) mußten dagegen schwere Stimmeneinbußen hinnehmen. Die Nutznießer der konservativen und linksliberalen Verluste waren eindeutig die Antisemiten, die auf Anhieb einen Stimmenanteil von 25,9% erreichten.

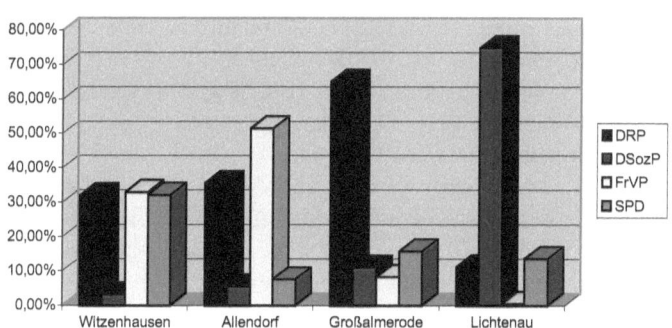

Die Reichstagswahl 1893 im Kreis Witzenhausen. Die Situation in den Städten

Während in Witzenhausen die SPD ihre relative Mehrheit von 1890 (38,9%) nicht behaupten konnte und mit 166 Stimmen nur noch 32,1%[105] erreichte, schnitt sie in zwei anderen Städten besser ab als drei Jahre zuvor. In Allendorf erhielt Huhn immerhin 7,6%, während der Stimmenanteil der SPD 1890 nur bei 1,2% gelegen hatte. In Großalmerode konnte die SPD ihre Anhängerschaft im Vergleich zu 1890 mit 15,6% sogar verdoppeln. In Lichtenau schnitt Huhn dagegen mit 13,5% etwas schlechter ab als sein Vorgänger drei Jahre zuvor. Zwei Drittel der SPD-Stimmen wurden übrigens in den Dörfern abgegeben. Besonders erfolgreich war Huhn in Dohrenbach, wo sich drei von vier Wählern für die SPD entschieden. Auch in Roßbach und Kleinalmerode schnitt Huhn mit 42,6% bzw. 49,5% überdurchschnittlich gut ab.

---

104 Eschweger Tageblatt und Kreisblatt 16.6.1893, Nr.139.
105 Klein, Die Hessen als Reichstagswähler, S.236f.

Düster sah es für den Linksliberalismus aus. Bereits 1890 hatte Wilisch hier schlecht abgeschnitten; nun gestaltete sich das Wahlergebnis noch ungünstiger. In Allendorf behauptete er zwar die absolute Mehrheit (51,5%), sein Ergebnis von 1890 konnte er aber nicht mehr halten. In Großalmerode verlor Wilisch, dem nur noch 8,3% der Wähler ihr Vertrauen schenkten, fast die Hälfte seiner Anhänger. Noch deprimierender gestaltete sich der Wahlausgang für die FrVP in Lichtenau, wo nur ein einziger Wähler (!) für Wilisch votierte. Auch in den Dörfern gab es durchweg Verluste für den Linksliberalismus. Da war es wenig tröstlich, daß ausgerechnet in der Kreisstadt der freisinnige Stimmenanteil um sechs Prozentpunkte auf 32,9% wuchs.

Auch die DRP mußte insgesamt Verluste hinnehmen, wobei sich im einzelnen das Ergebnis für v. Christen recht unterschiedlich gestaltete. In Großalmerode war die Stimmenzahl für die Konservativen zwar nicht mehr so groß wie noch 1890, trotzdem schenkten noch 65% der Wähler der DRP ihr Vetauen. Leicht rückläufig war auch die Stimmenzahl in Allendorf, wo sich der Anteil angesichts einer niedrigeren Wahlbeteiligung aber von 34,4% auf 35,5% erhöhte. Auch in Witzenhausen hielten sich die Verluste in Grenzen. Mit 165 Stimmen konnte die DRP fast ein Drittel für sich verbuchen, nur unwesentlich weniger als 1890. Anders sah es aber in Lichtenau aus, wo der Deutsch-soziale Verein (Antisemiten) seinen Sitz hatte. Hier mußte v. Christen erdrutschartige Verluste hinnehmen. Hatte er 1890 noch mit 157 Stimmen etwa 80% der Wähler hinter sich gebracht, so verlor er nun fast 70 Prozentpunkte (!). Der große Wahlsieger war hier Hans Leuß. 74,8% der Wähler stimmten in der „Ackerbürgerstadt" Lichtenau, in der übrigens kein einziger Jude lebte, für die Antisemiten. In Harmuthsachsen, wo der jüdische Bevölkerungsanteil relativ hoch war, blieb die DSozP dagegen ohne Bedeutung. Das Abwandern ehemals konservativer Wähler hin zu den Antisemiten vollzog sich auch in vielen anderen Orten des Kreises, besonders aber in den Nachbardörfern von Lichtenau, in Walburg, Hausen, Fürstenhagen, Laudenbach und Rommerode. Am deutlichsten gestaltete sich dieses Phänomen in Retterode, wo 1890 Hermann v. Christen auf eine hundertprozentige Zustimmung gestoßen war. Nun mußte sich der konservative Kandidat mit ganzen vier Stimmen (7,8%) begnügen, während Hans Leuß alle übrigen bekam. Im Norden des Kreises blieben die Wähler der DRP dagegen weitgehend treu. In Gertenbach z.B. gingen die Antisemiten völlig leer aus, in Eichenberg bekam Leuß nur eine einzige Stimme. Auch in den Städten

Witzenhausen, Allendorf und Großalmerode fand die antisemitische Polemik wenig Widerhall.

Die Anhängerschar der Antisemiten rekrutierte sich also hauptsächlich aus ehemaligen Wählern der DRP, auch wenn es einige Orte gab, in denen die Antisemiten dem Linksliberalismus Wähler entreißen konnten, wie z.b. in Epterode, wo sich 72,4% der Wähler für Leuß entschieden. 1890 hatte die Mehrheit noch für Feodor Wilisch votiert. Insgesamt gab es ein klar erkennbares Nord-Südgefälle. Im Norden waren die Antisemiten am erfolglosesten; der Süden war dagegen zu einer antisemitischen Hochburg geworden.

e. Zusammenfassung

Versucht man die Ergebnisse der Wahl zusammenzufassen, so muß folgendes festgehalten werden: Der SPD gelang es, bei gleichzeitiger weitgehender Behauptung ihrer Hochburgen in den Kreisen Eschwege und Witzenhausen, nun auch im Kreis Schmalkalden Fuß zu fassen. Die Freisinnigen verloren fast überall Anhänger, besonders aber in ihren Hochburgen im Kreis Schmalkalden. Die DRP erreichte zwar die Stichwahl, verlor aber viele Wähler an die Antisemiten. Die DSozP gelang es auf Anhieb, bei einer Zustimmung von 25,8%, ebenfalls in die engere Wahl zu kommen. Ihre Wähler rekrutierten sich primär aus ländlich-agrarischen Gebieten, wobei die „Akkerbürgerstadt" Lichtenau über Jahre hinweg eine antisemitische Bastion bleiben sollte.

5. Der Wahlkampf zur Stichwahl

Der Termin für die Stichwahl wurde auf den 24. Juni gelegt[106]. Es blieb den Kandidaten also etwa eine Woche Zeit, durch eifriges Agieren ihre Chancen für die Stichwahl zu vergrößern. Für Leuß und v. Christen waren zusammen etwa 8000 Stimmen abgegeben worden, für Huhn und Wilisch etwa 6600[107]. Die Zahl der Wähler, deren Kandidaten im ersten Wahlgang gescheitert waren, war also beträchtlich größer als 1890. Um diese Wähler ging es nun aber, ihr Votum mußte den Ausgang der Wahl entscheiden. Ausschlaggebend für das Wählervotum konnte ebenso die Agitatitionstätigkeit der DRP und der Antisemiten sein, wie das Verhalten der vorzeitigen Wahl-

---

106 Eschweger Tageblatt und Kreisblatt 21.6.1893, Nr.143.
107 Klein, Die Hessen als Reichstagswähler, S.232.

verlierer, die durch Wahlempfehlungen entscheidend eingreifen konnten.

Wie viele Wahlkampfveranstaltungen vor der Stichwahl abgehalten wurden, läßt sich schwerlich feststellen, da die Berichterstattung in den Zeitungen vergleichsweise spärlich ist. Am 16. Juni agierte ein Dr. Schwarz in Großalmerode für Leuß[108], am 22. Juni sprach in Blickershausen ein Herr Bösenberger für die Antisemiten[109]. Hermann v. Christen sprach am 21.6. in Allendorf, wo er sich seinen Zuhörern als „schlichter Mann aus dem Volke"[110] präsentierte. Es ist wahrscheinlich, daß weitaus mehr Wahlversammlungen stattfanden. Vermutlich wurden wieder alle Städte und Dörfer – vornehmlich von den Antisemiten – mit Veranstaltungen überzogen[111]. Die wichtigsten Weichenstellungen wurden aber nun auch nicht mehr durch Wahlversammlungen getätigt, sondern vielmehr durch Veröffentlichungen und Aufrufe. Am 20.6. erschien im „Witzenhäuser Kreisblatt" eine Anzeige, in der freisinnige Wähler ihre Gesinnungsgenossen aufforderten, in der Stichwahl für v. Christen zu votieren[112]. Diese Aufforderung war im höchsten Maße konsequent, war doch die FrVP von den Antisemiten auf das schärfste angegriffen worden. Die DSozP nahm diese Wahlempfehlung zum Vorwand, der DRP vorzuwerfen, sich bei freisinnigen Juden anzubiedern[113]. Das Komitee der Freikonservativen und Nationalliberalen wies derartige Vorwürfe entschieden zurück und erklärte: „Wir nehmen jedes rechtschaffenden Mannes Unterstützung an, der sie der von uns vertretenen Sache freiwillig und mit Ueberzeugung gewährt."[114] Eine bewußte Anbiederung wurde also bestritten. Auch wurde die Möglichkeit einer offenen freisinnigen Unterstützung für v. Christen von den Antisemiten überschätzt. Denn im Unterschied zum Kreis Witzenhausen wurde eine Stichwahlparole der Freisinnigen in Schmalkalden und Eschwege zugunsten der Freikonservativen nicht ausgegeben. Als Begründung mußte die der sozialdemokratischen Meinung ähnelnde Auffassung

---

108 Witzenhäuser Kreisblatt, 22.6.1893, Nr.72.
109 Witzenhäuser Kreisblatt, 24.6.1893, Nr.73.
110 Ebd.
111 Vgl. Fulda Werra Zeitung 21.6.1893, Nr.143.
112 Witzenhäuser Kreisblatt 20.6.1893, Nr.71.
113 Das geht aus der Rechtfertigung der DRP hervor.
114 Eschweger Tageblatt und Kreisblatt 22.6.1893, Nr.144.

herhalten, die DRP und die DSozP seien mehr oder weniger identisch. Das folgende Spottgedicht gab diese Meinung treffend wieder:

„Sie liebten sich beide, doch keiner
wollt es dem andern gestehn,
Sie sahen sich an so feindlich,
Und wollten vor Liebe vergehn."[115]

Die Auffassung von einer grundsätzlichen „Wesensgleichheit" der DRP und der DSozP muß aus heutiger Sicht völlig unverständlich erscheinen, bedenkt man die heftigen Angriffe der Antisemiten gegen den Linksliberalismus. Noch unverständlicher ist die Tatsache, daß den freisinnigen Juden zugestanden wurde, v. Christen zu wählen, von den nichtjüdischen Anhängern der FrVP aber erwartet wurde, sich der Stimme zu enthalten[116]. Eine Solidarisierung mit den Juden fand also nicht statt. Interessant ist auch das Verhalten der Sozialdemokraten. Sowohl die DRP als auch die DSozP waren als Befürworter der Militärvorlage heftig von der SPD bekämpft worden. Grundsätzlich kam also kein Kandidat dieser Parteien für die SPD in Betracht. Wie aber gestaltete sich die Frage nach dem kleineren Übel? Denn schließlich wurde mit den judenfeindlichen Parolen ein neues Element in den Wahlkampf eingeführt, das auch die Sozialdemokraten mit Sorge betrachten mußten. Der DDR-Historiker Ulrich Hess vereinfacht die Vorgänge indem er konstatiert: „Die Sozialdemokratie mußte sich bei einer solchen Stichwahlkonstellation der Stimme enthalten ...."[117] Inwieweit diese Feststellung für das Abstimmungsverhalten der sozialdemokratischen Wähler tatsächlich galt, soll im folgenden noch untersucht werden. Was aber die Stichwahlparole der politisch Verantwortlichen betrifft, so spielten sich die Vorgänge tatsächlich etwas anders ab. Denn hier läßt Hess einen wichtigen Sachverhalt außer acht. Kurz vor der Stichwahl, am 22. Juni, veröffentlichte das sozialdemokratische Wahlkomitee einen Aufruf, in dem alle sozialdemokratischen Wähler aufgefordert wurden, sich der Stimme zu enthalten[118]. Etwa gleichzeitig kam nun aber aus dem Kreis Schmalkalden – der Region deren politische Ge-

---

115 Fulda Werra Zeitung 21.6.1893, Nr.143.
116 Ebd.
117 Hess, U., Die politischen Verhältnisse in der Stadt und im Kreis Schmalkalden, in: Beiträge zur Geschichte Schmalkaldens, hrsg. von der Leitung des Museums Schloß Wilhelmsburg, o.J., S.88-103, hier: S.98.
118 Fulda Werra Zeitung 22.6.1893, Nr.144.

schichte Hess ja beschreibt – ein völlig anderer Appell[119]. Darin wurde erklärt, daß weder v. Christen noch Leuß den Standpunkt der SPD im entferntesten vertreten würden. Trotzdem wurde aber die Wahl des Kandidaten der DRP empfohlen. In der Begründung für die Empfehlung wurde auf den Makel hingewiesen, der auf dem Wahlkreis lasten würde, falls ein Antisemit gleich im ersten Anlauf den Wahlkreis gewönne. Die verantwortlichen Sozialdemokraten gaben dem Kampf gegen den Antisemitismus also die Bedeutung, die er auch tatsächlich verdiente. Damit wurde einem vordringlichen regionalen Problem die Priorität vor einer Angelegenheit eingeräumt, die, gemeint ist die Militärvorlage, zunächst einmal eine nationale Sache war, deren Ausgang die Bewohner des Wahlkreises nur indirekt – durch eventuelle Steuererhöhungen zu einem späteren Zeitpunkt – betraf. Ein antisemitischer Wahlsieg konnte die Hetze gegen die Juden salonfähig machen. Das schmerzliche Bewußtsein, durch Stimmenthaltung den Antisemiten eventuell zum Erfolg zu verhelfen, war primär die Ursache für die Wahlempfehlung. Das Verhalten der Schmalkaldener Sozialdemokraten stellt sich aus heutiger Sicht nicht nur moralisch, sondern auch realpolitisch als absolut nachvollziehbar dar. Denn wenn die Wahl eines Befürworters der Militärvorlage schon nicht verhindert werden konnte, warum sollte dann nicht wenigstens ein Sieg der Antisemiten vereitelt werden? Dieser Einsicht sollten sich die Eschweger Sozialdemokraten verschließen, nachdem auch schon am 21.6. das Volksblatt für Hessen und Waldeck die SPD - Anhängerschaft im Wahlkreis Kassel 4 kategorisch zur Stimmenthaltung aufgerufen hatte[120]. Die Antwort der Eschweger an die „abtrünnigen" Genossen erfolgte umgehend. In einer Erklärung, die an Deutlichkeit nichts zu wünschen übrig ließ, wurde der „Beschluß des Arbeiterwahlkomitees in Schmalkalden, für Herrn v. Christen zu stimmen, ... für einen Verrat an der Arbeitersache"[121] erklärt. Die Parole, sich der Stimme bei der Stichwahl zu enthalten, wurde noch einmal ausdrücklich wiederholt. Die Schmalkaldener Sozialdemokraten, die den offenen Konflikt sowohl mit Eschwege als auch mit Kassel scheuten, beugten sich formal den Weisungen der Genossen und nahmen ihren Aufruf weitgehend zurück. Ganz unterwarfen sie sich aber nicht der Parteidirektive. In einer geschickt formulierten „salomonischen" Botschaft wurde den eigenen Anhängern

---

119 Fulda Werra Zeitung 23.6.1893, Nr.145.
120 Volksblatt für Hessen und Waldeck 21.6.1893, Nr.142.
121 Fulda Werra Zeitung 23.6.1893, Nr.145.

zwar Stimmenthaltung empfohlen, denjenigen, die aber unbedingt wählen wollten, wurde doch die Wahl v. Christens nahegelegt[122]. So war die paradoxe Situation eingetreten, daß Witzenhäuser Linksliberale und Schmalkaldener Sozialdemokraten bewußt einen Sieg der Antisemiten verhindern wollten, während beide Parteien ansonsten Stimmenthaltung empfahlen.

Wie traten die Freikonservativen und die Nationalliberalen einerseits und die Antisemiten andererseits in der entscheidenden Phase vor der Stichwahl gegeneinander auf? Den Entscheidungsträgern der DRP durfte kaum entgangen sein, daß in vielen ländlichen Gegenden die Antisemiten deutlich gewonnen hatten, wärend sie selbst dort teilweise schwere Verluste hatten hinnehmen müssen. Eine Ursache für diese Entwicklung machten die Anhänger v. Christens im populistischen Erscheinungsbild Leuß' aus. Um diesem wirksam entgegenzutreten, wurde nun auch dem konservativen Kandidaten ein neues Image zugewiesen. War den Wählern vor dem ersten Wahlgang nahe gelegt worden, den „Gutsbesitzer Hermann v. Christen"[123] zu wählen, so wurde ihnen nun empfohlen, dem „Landwirth Hermann v. Christen"[124] ihre Stimme zu geben. Auch wurde entschieden an den Lokalpariotismus der Wähler appelliert. Dem fremden Leuß, dessen Vergangenheit dazu noch recht dubios war, wurde der redliche hessische Landmann gegenübergestellt[125]. Hatten Freikonservative und Nationalliberale die antisemitischen Ausfälle vor dem ersten Wahlgang nur recht halbherzig bekämpft, da diese hauptsächlich den Freisinnigen gegolten hatten, so entdeckten sie nun plötzlich ihre Abscheu vor dem Antisemitismus und seinem Propheten Leuß. So konnten die Wähler nun folgendes lesen: „Wählt nicht den Antisemiten, der Ausnahmegesetze gegen einzelne Bürger will, dessen Parthei bisher nur Unfrieden gesäet und beschämende Auftritte verursacht hat."[126] Weiter wurde Leuß als „Prediger des Rassenhasses"[127] bezeichnet.

---

122 Thüringer Hausfreund 23.6.1890, Nr.145.

123 Konservatives Flugblatt „Wähler in Stadt und Land" (1893), in: Hessische Wahlen zum Deutschen Reichstag (1893).

124 Konservatives Flugblatt „Wähler" (1893), in: Hessische Wahlen zum Deutschen Reichstag (1893).

125 Ebd.

126 Ebd.; vgl. Aufruf im Eschweger Tageblatt und Kreisblatt 22.6.1893, Nr.144.

127 Schmalkalder Tageblatt 12.6.1893, Nr.135.

Leuß selbst befaßte sich in den Tagen vor der Stichwahl hauptsächlich mit der Widerlegung der „Enthüllungen" und stempelte eventuelle Angriffe auf seine Person im voraus als jüdischen „Überfall aus dem Hinterhalt"[128] ab.

6. Die Stichwahl und ihr Ausgang

a. Das Gesamtergebnis

Die engere Wahl endete überraschend mit einem überwältigenden Sieg für die Antisemiten. Hans Leuß, der im ersten Wahlgang gerade ein Viertel der Stimmen erhalten und die Stichwahl denkbar knapp erreicht hatte, konnte über 3000 Wähler dazugewinnen und damit fast 60% der abgegebenen Stimmen für sich verbuchen[129]. Der Stimmenzuwachs für Hermann v. Christen nahm sich dagegen recht bescheiden aus. Nur 550 Wähler votierten zusätzlich zu seinen Gunsten, wobei die Wahlbeteiligung geringer war als im ersten Wahlgang. Viele Wähler hatten sich also der Wahl enthalten. Insgesamt fanden aber beträchtliche Wählerwanderungen zugunsten der Antisemiten statt. Wie gestaltete sich das Ergebnis nun im einzelnen?

b. Kreis Eschwege

Im Kreis Eschwege fiel der Sieg für Leuß überwältigend aus. Während er fast überall erfolgreich war, konnte Hermann v. Christen nur an wenigen Orten stimmenmäßig zulegen und insgesamt nur etwa 200 Stimmen dazugewinnen. Dieses erstaunliche Resultat war die Folge von gewaltigen Wählerverschiebungen zugunsten der Antisemiten, die auf einen Anteil von 65,3% kamen[130]. Dabei gelang es Leuß, Wähler aus allen politischen Lagern auf seine Seite zu ziehen, wenngleich im unterschiedlichen Ausmaß. In der östlichen Schemmerngegend fielen die Orte, in denen die Wähler im ersten Wahlgang noch für die DRP votiert hatten, nun alle an die DSozP. So konnte Leuß seinen Stimmenanteil in Wichmannshausen von 29,8% auf 56% und in Thurnhosbach/Stadthosbach/Kirchhosbach (1 Wahlbezirk) von 16,7% auf 91,9% steigern. In der westlichen Schemmerngegend, wo er bereits im ersten Wahlgang erfolgreich gewesen

---

128 Eschweger Tageblatt und Kreisblatt 22.6.1893, Nr.144.
129 Klein, Die Hessen als Reichstagswähler, S.232.
130 Ergebnis für den Kreis Eschwege, in: Witzenhäuser Kreisblatt 27.6.1893, Nr.74.

war, legte er ebenfalls leicht zu. Da die Antisemiten bereits am 15. Juni auf Kosten der Freikonservativen viele Wähler gewonnen hatten, war dieser Erfolg nicht weiter verwunderlich. Erstaunlich stellte sich aber die Tatsache dar, daß nun auch viele ehemalige freisinnige Wähler für die Deutschsozialen votierten, wie z.B. im Wohragebiet.

In Waldkappel konnte Leuß seinen Stimmanteil von 26,6% auf 71% erhöhen. Es ist wahrscheinlich, daß sich etwa die Hälfte der freisinnigen Wählerschaft der Stimme enthielt, die andere dafür zu den Antisemiten überging. Ähnlich stellte sich die Lage in Bischhausen dar, wo Leuß sich von 18,9% auf 63,8% verbessern konnte. Hier gingen fast alle ehemaligen linksliberalen Wähler in das antisemitische Lager über.

In Wanfried und in Reichensachsen sah es dagegen anders aus. Setzt man voraus, daß sich das sozialdemokratische Wählerpotential der Stimme enthielt, so ist es offensichtlich, daß in Reichensachsen (zusammen mit Langenhain) die Freisinnigen den Kandidaten der DRP unterstützten, dessen Anteil sich so um etwa 20 Prozentpunkte erhöhte. In Wanfried konnten beide Kandidaten zulegen, wobei am Ende v. Christen mit 51,1% knapp vor Leuß lag. Unterstellt man, daß keine zusätzlichen Wähler mobilisiert wurden, so ist es offensichtlich, daß sozialdemokratische und freisinnige Wählerstimmen an beide Kandidaten gingen.

Über das Ausmaß der Wählerwanderungen lassen sich nur Vermutungen anstellen. In Eschwege darf davon ausgegangen werden, daß sich die meisten SPD-Anhänger der Wahl enthielten, die meisten freisinnigen Wähler aber ihre Stimme entweder Leuß oder v. Christen zukommen ließen. Der freikonservative Kandidat konnte seine Stimmen fast verdoppeln und erreichte einen Anteil von 64%.

Das, was teilweise nur zu vermuten ist, läßt sich aber anhand einiger Orte offensichtlich beweisen: Auch sozialdemokratische Wähler waren nicht unbedingt resistent gegen den Antisemitismus. In Niederhone/Oberhone konnte Leuß sein Wahlergebnis mehr als verdoppeln, während die DRP sogar einige Stimmen verlor. Der Anstieg der antisemitischen Stimmenzahl ist nur durch das Votum von Wählern zu erklären, die im ersten Wahlgang noch die SPD präferiert hatten. Ähnlich sah es in Neuerode/Hitzelrode/Matzenrode, aber auch in Weidenhausen aus.

c. Kreis Schmalkalden

Im Kreis Schmalkalden konnten beide Kandidaten Stimmen dazugewinnen. Hermann v. Christen brachte es schließlich auf knapp 60%[131]. Die Wahlbeteiligung war deutlich geringer als im ersten Wahlgang. In diesem Kreis wurde die Stichwahlparole der SPD bzw. die der Kasseler und Eschweger Genossen – im klaren Gegensatz zur Empfehlung der Schmalkalder SPD – von ihren Anhängern weitgehend befolgt.

In Barchfeld konnte die Deutsche Reichspartei klare Erfolge verbuchen. Hatte v. Christen am 15. Juni nur 8,5% der Stimmen erhalten, so votierten nun 54% der Wähler für ihn[132]. Dabei profitierte der freikonservative Kandidat wahrscheinlich vom Votum zahlreicher potentieller linksliberaler Wähler. In Brotterode konnte dagegen Leuß triumphieren. Sein Stimmenanteil wuchs, bei allerdings sehr geringer Wahlbeteiligung, dort sprunghaft von 0,8% auf 65% in die Höhe. Die SPD-Anhänger enthielten sich hier der Stimme; die Anhänger der Freisinnigen liefen dagegen teilweise zur DRP, hauptsächlich aber zu den Antisemiten über. Diese deutliche Entscheidung zugunsten der Antisemiten sollte in der Wahlgeschichte des Ortes ein einmaliger „Sündenfall" bleiben, der mit der tiefen Krise des Metallgewerbes seine Erklärung findet. Ähnlich gestaltete sich der Wahlausgang in Steinbach-Hallenberg, wo eine Stimmenthaltung potentieller SPD-Wähler ebenfalls wahrscheinlich ist. Viele linksliberale Wähler gingen dagegen vermutlich auch hier in das antisemitische Lager über. Hatte Leuß im ersten Wahlgang nur etwas mehr als ein Viertel der Stimmen bekommen, so erhielt er nun einen Anteil von 67,5%. In der Kreisstadt Schmalkalden konnte der Antisemit seine Stimmenzahl zwar fast verdoppeln, insgesamt fiel er aber klar gegenüber seinem freikonservativen Kontrahenten ab, der mit über 80% klar in Front lag. Diejenigen Wähler, die im ersten Wahlgang die Sozialdemokraten oder die Linksliberalen begünstigt hatten, enthielten sich weitgehend der Stimme. Diejenigen von ihnen, die doch den Weg zur Urne fanden, unterstützten überwiegend Hermann v. Christen.

In den Dörfern des Kreises konnten die Antisemiten dagegen ihre Stimmenzahl deutlich erhöhen und das primär mit freisinnigen Stimmen. Nur in wenigen Dörfern blieb Leuß weiterhin erfolglos, so in

---

131 Ergebnis für den Kreis Schmalkalden, in: Witzenhäuser Kreisblatt 27.6.1893, Nr.74.

132 Berechnet nach Klein, Die Hessen als Reichstagswähler, S.235.

Breitenbach (9%) und Grumbach (0%). Regionale Schwerpunkte für ein solches Wählerverhalten lassen sich aber nicht benennen. So standen z.B. in Oberschönau, im Südosten des Kreises, die Wähler den Antisemiten in beiden Wahlgängen ausgesprochen reserviert gegenüber. In der Nachbargemeinde Unterschönau konnte Leuß dagegen in der Stichwahl zwei Drittel der Wähler auf seine Seite ziehen, nachdem er im ersten Wahlgang fast völlig leer ausgegangen war.

d. Kreis Witzenhausen

Auch im Kreis Witzenhausen konnte Leuß einen sensationellen Erfolg feiern und seine Stimmenzahl mehr als verdoppeln. Auffällig waren dabei die Erfolge der Antisemiten in den Städten. Lediglich in der Kreisstadt hielten sich die Gewinne für Leuß in Grenzen. Die Zahl der in der Stichwahl weniger abgegebenen Stimmen deckte sich in etwa mit der Zahl der Stimmen, die die SPD im ersten Wahlgang bekommen hatte. Das legt auch hier die Vermutung nahe, das potentielle Anhänger der Sozialdemokratie vom Urnengang Abstand nahmen. Die Anhänger des Freisinns stimmten dagegen unterschiedlich ab, teils für die Freikonservativen, teils aber auch für die Antisemiten, die trotz Zugewinnen nur etwa ein Viertel der Wähler auf ihre Seite ziehen konnten[133]. Anders sah es in Allendorf aus, wo Leuß sich von 5,4% auf 56,5% verbesserte. Für diesen geradezu sensationellen Erfolg waren eindeutig ehemalige linksliberale Wähler verantwortlich. In Großalmerode kehrten sogar viele konservative Wähler aus der Hauptwahl der Deutschen Reichspartei den Rücken und stimmten nun für Leuß, der sich wahrscheinlich auch einigen Zuspruchs aus dem freisinnigen und dem sozialdemokratischen Lager erfreuen durfte. So stieg der Anteil für die DSozP in dieser Stadt um über 50 Prozentpunkte auf 62,3%. Auch in der jungen antisemitischen Hochburg Lichtenau erzielte die Partei Gewinne und brachte nun über 90% der Wähler hinter sich. Möglicherweise stimmten auch hier einige SPD-Wähler aus dem ersten Wahlgang nun für Leuß.

Der Ausgang der Wahl im übrigen Kreis läßt sich schnell darstellen. Es gab nicht ein einziges Dorf, in dem Leuß Stimmen verlor. Im Gegenteil: Fast überall konnten die Antisemiten noch zulegen. Die neuen Wähler kamen entweder aus den Reihen der DRP oder der Frei-

---

133 Ebenso wie die folgenden Prozentangaben berechnet nach Klein, Die Hessen als Reichstagswähler, S.336f.

sinnigen, manchmal vielleicht auch aus dem sozialdemokratischen Lager. Leuß hatte den Kreis Witzenhausen im Sturm erobert.

7. Zusammenfassung

Im ersten Wahlgang hatte Leuß gerade ein Viertel der Stimmen bekommen, nun ging er als klarer Sieger aus der Stichwahl hervor. Wie läßt sich dieser sensationelle Erfolg der Antisemiten erklären?

Ulrich Hess sieht die Grundlage für diesen Wahlausgang in der Wirtschaftskrise, die über den Wahlkreis in diesen Jahren hereinbrach, und in dem Verhalten der freisinnigen Wähler, die in der Stichwahl scharenweise zu den Antisemiten überliefen[134]. Joachim Tappe verweist auf das populäre Programm der Antisemiten, denen es gelang, mit einfachen Schlagwörtern eine konfessionelle Minderheit, nämlich die Juden, für diese schlechte wirtschaftliche Situation verantwortlich zu machen. Beide Erklärungen greifen, wenngleich Hess den Sachverhalt auch etwas vereinfacht. Hess stellt zwei Verhaltensmuster gegenüber: Auf der einen Seite sieht er die Sozialdemokraten, die sich der Stimme enthielten und damit angeblich verantwortungsbewußt und konsequent handelten, und auf der anderen Seite die kleinbürgerlichen Freisinnigen, die auf die Parolen der Antisemiten hereinfielen.

Der große Erfolg von Leuß war aber kein Ereignis im Sinne einer plötzlichen Katastrophe, die durch das Versagen bestimmter Wählergruppen und sozialer Schichten herbeigeführt wurde. Vielmehr muß konstatiert werden, daß eine latente Judenfeindschaft in manchen Kreisen schon längst vorhanden war – eine tiefe Aversion gegen eine Minderheit, die Leuß lediglich mobilisieren mußte. Seine Ausstrahlung und seine Redekunst kamen ihm dabei ebenso zugute wie seine Skrupellosigkeit und seine Fähigkeit zur Demagogie.

Hess läßt völlig außer acht, daß sich die Angriffe der Antisemiten nicht nur gegen die Juden, sondern auch gegen das Wirtschaftssystem richteten. Er übersieht, daß es einen Berührungspunkt zwischen Sozialdemokraten und Antisemiten gab, nämlich die gemeinsame antikapitalistische Komponente. Während die SPD den Kapitalismus als solchen bekämpfte, richtete sich der Angriff der Antisemiten auch gegen dessen vermeintliche Erfinder, nämlich die Juden.

---

134 Hess, Die politischen Verhältnisse in der Stadt und im Kreis Schmalkalden, S.98.

Die Antisemiten waren also nicht ultrakonservativ – trotz vieler Gemeinsamkeiten mit der Deutschen Reichspartei in nationalen Fragen –, sondern sie vereinigten verschiedene Aspekte in ihrem Programm, die die unterschiedlichsten Wählergruppen ansprachen. Sie gaben sich volkstümlich, sie warben für Kaiser und Reich, aber sie waren in gewisser Weise auch revolutionär. Deshalb war die Anziehungskraft für potentielle Wähler anderer Parteien auch besonders groß.

Daß viele ehemalige freisinnige Wähler im zweiten Wahlgang die Antisemiten begünstigten, muß als sicheres Indiz dafür gewertet werden, daß diese Personen zum Linksliberalismus keine grundlegende, sondern nur eine oberflächliche Bindung besaßen, die weniger an Inhalten als vielmehr an Phrasen orientiert war.

Bei den potentiellen sozialdemokratischen Wählern stellte sich das Problem in dieser Weise nicht, da die meisten sich tatsächlich der Stimme enthalten hatten. Das läßt aber eher auf einen höheren Organisierungsgrad der SPD und auf eine – im Vergleich zur Freisinnigen Volkspartei – tiefere Verbundenheit der Anhänger mit der Partei schließen, als auf ein wirklich bewußtes und einsichtiges Vorgehen der SPD-Anhänger an der Wahlurne, wie es Hess indirekt unterstellt. Denn alle sozialdemokratischen Anhänger hielten sich ja nicht an die Anweisungen der Partei. Besonders der sozialdemokratische Anhang in einigen Dörfern, wie Beispiele im Kreis Eschwege zeigen, war nicht unbedingt resistent gegen antisemitische Parolen, die ja auch eine antikapitalistische Komponente beinhalteten.

Auch lenkt die intensive Betrachtung des Wählerverhaltens von einem Vorgang ab, den Hess und Tappe nur unzureichend beleuchten: Das Fehlverhalten der anderen Parteien bei der Auseinandersetzung mit den Antisemiten. Tatsächlich haben diese nämlich bei der Abwehr der aggressiven Judenfeinde versagt. Die Verantwortlichen bei der SPD gaben die Parole an ihre Anhänger aus, sich bei der Wahl der Stimme zu enthalten. Diejenigen, die andere Direktiven herausbrachten, wie die Schmalkalder Sozialdemokraten, wurden schnell diszipliniert und auf die allgemeine Parteilinie festgelegt. Ein möglicher Sieg der Antisemiten wurde dadurch bewußt in Kauf genommen.

Die Freikonservativen und die mit ihnen verbündeten Nationalliberalen griffen Leuß und seine Mitstreiter erst vor der entscheidenden Stichwahl an, nachdem man diese zuvor aus Kalkül weitgehend geschont hatte, während deutschkonservative Kräfte sogar ihre Sympathie Leuß und seiner Bewegung gegenüber nicht verbergen konnten.

Am merkwürdigsten verhielten sich aber die Verantwortlichen der Freisinnigen Volkspartei. Angesichts der boshaften Angriffe, die Leuß gegen den Linksliberalismus geführt hatte, wäre ein Eintreten für die DRP nur konsequent gewesen. Dieser Akt, der auch einen klaren Solidaritätsbeweis zugunsten der eigenen jüdischen Mitglieder und Anhänger dargestellt hätte, unterblieb. Dazu kommt noch ein weiteres wichtiges Faktum: Der Freisinn versagte nämlich auch in anderer Hinsicht. Der Wahlkampf wurde von der FrVP wieder einmal primär mit Phrasen und Schlagwörtern, weniger aber mit Inhalten geführt. Das hatte 1890 zum Sieg ausgereicht, diesmal blieb der Erfolg aber aus. Denn die Kunst, mit Parolen, Phrasen und Vereinfachungen umzugehen, beherrschten die Antisemiten besser. So ging die Vertretung des Wahlkreises an einen Antisemiten über, und das nur drei Jahre nach dem Sieg des Linksliberalismus.

Für die Wahlgeschichte der Region bedeutet das Jahr 1893 einen tiefen Einschnitt. Da Wahlergebnisse „als Reaktionen auf das Parteienangebot zu verstehen sind"[135], läßt sich über einen tiefgreifenden Wandel des Meinungsklimas in der Region aber nur spekulieren. Denn hätte bereits 1890 ein Antisemit zur Wahl gestanden, hätte er sicherlich auch keine vollständige Ablehnung erfahren. Der Antisemitismus hatte sich nun aber politisch formiert und sollte in den nächsten Jahrzehnten eine feste Größe bleiben. Das Wahlbündnis zwischen Deutschkonservativen und Antisemiten fand übrigens bei den Landtagswahlen im Herbst im Wahlkreis Kassel/Land-Witzenhausen seine Fortsetzung[136]. Allerdings unterlag der Deutschkonservative Hüpeden dem Nationalliberalen Beinhauer[137]. Im Wahlkreis Eschwege-Schmalkalden setzte sich Hermann v. Christen gegen den linksliberalen Herausforderer Stengel durch. Auch Hans Leuß stellte sich zur Wahl, erhielt allerdings, benachteiligt durch das Wahlrecht, nur geringen Zuspruch[138].

---

135 Nuhn, H., Wahlen und Parteien im ehemaligen Landkreis Hersfeld. Eine historisch-analytische Längsschnittstudie, Darmstadt und Marburg 1990, S.5.

136 Kühne, Th., Handbuch der Wahlen zum preußischen Abgeordnetenhaus 1867-1918. Wahlergebnisse, Wahlbündnisse und Wahlkandidaten, Düsseldorf, S.645.

137 Ebd., S.646.

138 Ebd., S.648.

XI. Die Reichstagsersatzwahl 1895

1. Die Lage im Reich und der Grund für die Ersatzwahl

Der Jubel und der Siegesrausch der antisemitischen Klientel im Wahlkreis Kassel 4 sollte schon bald der bloßen Ernüchterung weichen. Als Verleumdung seiner Person durch jüdische Intrigen hatte Hans Leuß 1893 die „Enthüllungen" der Freisinnigen bezeichnet. Die meisten Wähler hatten ihm damals geglaubt und damit den Antisemiten zum Sieg verholfen. Nun zeigte sich aber, daß Leuß moralisch doch nicht so unantastbar war, wie er immer hatte glauben machen wollen. In einem Meineidverfahren wurde er für schuldig befunden und zu einer Zuchthausstrafe verurteilt[1]. Nach den gesetzlichen Bestimmungen war er damit gezwungen, sein Reichstagsmandat niederzulegen[2]. In einer Ersatzwahl mußte für den Wahlkreis Kassel 4 ein neuer Abgeordneter gefunden werden.

Die großen Erfolge der SPD bei der Reichstagswahl 1893 stärkten innerhalb der deutschen Führungsschicht die Tendenz, die Sozialdemokratie erneut mit Hilfe eines Ausnahmegesetzes zu bekämpfen. Tatkräftiger Förderer eines derartigen Planes war der preußische Ministerpräsident Eulenburg, während Reichskanzler Caprivi Ausnahmegesetze ablehnte. Der Streit zwischen beiden Männern nahm schließlich immer schärfere Konturen an. Da eine Zusammenarbeit bald nicht mehr möglich war, zog Wilhelm II. seine Konsequenzen. Am 20.10.1894 wurden Eulenburg und Caprivi entlassen. Neuer Reichskanzler und gleichzeitig auch preußischer Ministerpräsident wurde Clodwig Fürst zu Hohenlohe-Schillingsfürst[3], der im Dezember des gleichen Jahres vergebens versuchte, die Reichstagsmehrheit zugunsten der sog. Umsturzvorlage zu gewinnen.

---

1 Über die genauen Hintergründe des Strafverfahrens gegen Leuß informiert sein autobiographisches Werk über den Strafvollzug, das allerdings einen stark exkulpierenden Charakter hat; Leuß, H. Aus dem Zuchthause. Verbrecher und Strafrechtspflege Berlin 1904 (3. Auflage), S.16ff.
2 Eschweger Tageblatt und Kreisblatt 21.12.1894, Nr.299.
3 Born, K.E., Von der Reichsgründung bis zum Ersten Weltkrieg, München ^{10}1985, S.183.

Die kritische Situation der deutschen Landwirtschaft hatte auch im Jahre 1895 Bestand[4], während der industrielle Sektor langsam wieder in eine Phase der Konjunktur eintreten sollte[5].

2. Die Nominierung der Kandidaten

Die Aufstellung der Kandidaten gestaltete sich zu einem geradezu unglaublichen Verwirrspiel, wie es die Wähler der Region bisher noch nicht erlebt hatten. Die Sozialdemokraten hielten an ihrem letztmaligen Kandidaten fest und schickten wieder Heinrich Huhn in den Wahlkampf. Der freisinnige Wahlverlierer von 1893, Feodor Wilisch, verzichtete auf eine Kandidatur; statt dessen trat für die Freisinnige Volkspartei der Marburger Professor Edmund Stengel an, der der dortigen Zweigstelle des 1891 gegründeten „Vereines zur Abwehr des Antisemitismus" vorstand[6].

Auch der Freikonservative Hermann v. Christen nahm Abstand von einer Kandidatur. Statt dessen meldeten die amtliche Zeitung in Eschwege[7] und das „Casseler Journal"[8] die mögliche Nominierung des deutschkonservativen Majors v. Alvensleben, dessen Kandidatur bereits 1893 gescheitert war. Fast gleichzeitig kursierten Gerüchte, wonach der Bund der Landwirte mit Dr. Rösicke einen eigenen Kandidaten aufstellen wollte[9]. Kurz vor Jahresende meldete das Eschweger Tageblatt und Kreisblatt den Verzicht v. Alvenslebens[10], eine Nachricht, die aber nur wenige Tage später wieder dementiert wurde[11]. Um eine Zersplitterung konservativer Wählerstimmen zu ver-

---

4   Wehler, H.-U., Deutsche Gesellschaftsgeschichte, Bd.3: Von der „Deutschen Doppelrevolution" bis zum Beginn des Ersten Weltkrieges. 1849-1914, München 1995, S.686.

5   Ebd., S.607f.

6   vom Brocke, B., Marburg im Kaiserreich 1866-1918. Geschichte und Gesellschaft, Parteien und Wahlen einer Universitätsstadt im wirtschaftlichen und sozialen Wandel der industriellen Revolution, in: Marburger Geschichte. Rückblick auf die Stadtgeschichte in Einzelbeiträgen. Im Auftrag des Magistrates der Universitätsstadt Marburg, hrsg. von E. Dettmering und R. Grenz, Marburg 1982 (Unveränderter Nachdruck der Ausgabe von 1980 mit ergänztem Anhang), S.367-540, hier: 489.

7   Eschweger Tageblatt und Kreisblatt 24.12.1894, Nr.301.

8   Casseler Journal 30.12.1894, Nr.154.

9   Eschweger Tageblatt und Kreisblatt 27.12.1894, Nr.302.

10 Eschweger Tageblatt und Kreisblatt 29.12.1894, Nr.304.

11 Eschweger Tageblatt und Kreisblatt 2.1.1895, Nr.1.

meiden, wurde schließlich am 5. Januar 1895 der Vorschlag gemacht, den berühmten Begründer der „Gesellschaft für deutsche Kolonisation"[12], Dr. Carl Peters, zum Kandidaten aller bürgerlichen Kandidaten zu machen[13]. Dieser Plan traf bei deutschkonservativen Kreisen aber auf wenig Gegenliebe. In einem Aufruf wurde die Kandidatur v. Alvenslebens, die die Unterstützung der beiden Landräte v. Schenk und v. Keudell fand, nun öffentlich bekanntgegeben[14]. Widersprüchliches verlautete über die Antisemiten, die einmal den konservativen Kandidaten unterstützen, nach anderen Quellen aber doch wieder einen eigenen Kandidaten nominieren wollten[15]. Am 13.1. bzw. am 14.1. sprachen sich die Freikonservativen und die Nationalliberalen in Eschwege bzw. in Schmalkalden für Dr. Peters aus[16], der für die Deutsche Reichspartei antreten sollte. Auch die Deutschkonservativen lenkten schließlich ein. Um die „unheilvolle Zersplitterung unter den staatserhaltenden Partheien zu verhindern"[17], verzichteten sie auf die Nominierung eines eigenen Kandidaten. Auch von einem Kandidaten des Bundes der Landwirte war nun keine Rede mehr. Dafür aber stellten die vereinten christlich und deutschsozialen Reformparteien (Antisemiten) der Region am 20.1. im Bergschlößchen Niederhone den Pfarrer Iskraut auf, der für die seit Ende 1894 existierende Deutschsoziale Reformpartei antrat[18]. Versuche der Freikonservativen und Nationalliberalen, dieses zu verhindern, scheiterten[19]. Damit war die gleiche Konstellation wie 1893 entstanden. Anders als sein Vorgänger Hans Leuß durfte sich übrigens Iskraut, „ein Mann über Mittelgröße, behäbig, mit blondem Bart und gescheiteltem Haupthaar"[20] – wie ihn seine sozialdemokra-

---

12 Fröhlich, M., Imperialismus. Deutsche Kolonial- und Weltpolitik 1880-1914, München 1994, S.39.
13 Eschweger Tageblatt und Kreisblatt 5.1.1895, Nr.4.
14 Eschweger Tageblatt und Kreisblatt 9.1.1895, Nr.7.
15 Ebd.
16 Eschweger Tageblatt und Kreisblatt 14.1.1895, Nr.11; 16.1.1895, Nr.13.
17 Eschweger Tageblatt und Kreisblatt 16.1.1895, Nr.13.
18 Vgl.Antisemitisches Volksblatt 9.2.1895, Nr.659 u. 9.3.1895, Nr.663. Am 28.1.1895 spricht das Eschweger Tageblatt und Kreisblatt, Nr.23, von Iskraut als einem Kandidaten der Deutsch-sozialen Partei. Diese Meldung verdeutlicht, daß selbst die Zeitgenossen die Einigung zwischen der Deutsch-sozialen Partei und der Deutschen Reformpartei zunächst nicht zur Kenntnis genommen haben.
19 Eschweger Tageblatt und Kreisblatt 21.1.1895, Nr.17.
20 Volksblatt für Hessen und Waldeck 20.3.1895, Nr.67.

tischen Gegner beschrieben – der Unterstützung des in Kassel erscheinenden „Antisemitischen Volksblattes" erfreuen, das lebhaft für ihn agierte[21]. Organisatorischen Rückhalt erhielt Iskraut vom Deutsch-sozialen Reformverein in Kassel[22], den christlich-sozialen Kräften der Region[23] und der antisemitischen Gruppierung in Hessisch-Lichtenau[24]. Iskraut, ein Berliner Pastor, war eine der Führungspersonen des ostwestfälischen Antisemitismus gewesen. In Bielefeld hatte er die „Soziale Vereinigung" gegründet, eine Kampforganisation gegen die SPD. Als Anhänger Stöckers und der Christlich-sozialen Partei hatte er versucht, die Arbeiterschaft von der Sozialdemokratie fernzuhalten, wobei er sich nicht gescheut hatte, Gewalt als Mittel der politischen Auseinandersetzung zu akzeptieren[25]. Daß Iskraut nun für die Deutschsoziale Reformpartei kandidierte, deren Vorgängerorganisationen seit 1893 in eine scharfe Gegnerschaft zur Partei Stöckers geraten waren[26], zeigt zum einen deutlich, daß strenge Grenzen zwischen den einzelnen antisemitischen Richtungen trotz ständiger Streitereien und Spaltungen nicht unbedingt immer scharf zu ziehen waren; zum anderen belegt es, daß die Aussicht auf eine mögliche politische Karriere schnell einen Positionswechsel bewirken konnte. Da die Eschweger „Christlich-Sozialen" seiner Kandidatur zustimmten, ist es aber auch möglich, daß im Vorfeld der Wahlen mit Stöcker Absprachen bezüglich eines Wahlbündnis' getroffen wurden[27]. Iskrauts Kandidatur, die maßgeblich von Liebermann v. Sonnenberg gefördert wurde, stieß auf Reichsebene bei Teilen der DSozRefP übrigens auf Kritik. Dem „linken Flügel", al-

---

21 Vgl. Antisemitisches Volksblatt 9.2.1895, Nr. 659 u. 9.3.1895, Nr.663.

22 Antisemitisches Volksblatt 9.3.1895, Nr.663.

23 Am 16.3.1895 warb der „Christlich-soziale Verein in Eschwege" für Iskraut; vier Tage später erfuhr Iskraut Unterstützung von einem Eschweger „Christlich-deutsch-sozialen Männerverein". Möglicherweise handelt es sich um die gleiche Vereinigung; Vgl. Eschweger Tageblatt und Kreisblatt 16.3.1895, Nr.64 u. 20.3.1895, Nr.67.

24 Antisemitisches Volksblatt 9.3.1895, Nr.663.

25 Ditt, K., Die politische Arbeiterbewegung in Ostwestfalen zwischen der Reichsgründung und dem Beginn der Weimarer Republik, in. Düwell, K., Köllmann, W. (Hrsg.), Rheinland-Westfalen im Industriezeitalter, Bd.2: Von der Reichsgründung bis zur Weimarer Republik, Wuppertal 1994, S.234-256, hier: S.242f.

26 Fricke, D., Antisemitische Parteien 1879-1894, in: Ders. u.a. (Hrsg.), Lexikon zur Parteiengeschichte. Die bürgerlichen und kleinbürgerlichen Parteien und Verbände in Deutschland (1789-1945), Bd.1, Köln 1984, S.77-88, hier: S.85.

27 Vgl. Eschweger Tageblatt und Kreisblatt 9.1.1895, Nr.7.

so den ehemaligen „Reformparteilern", war Iskraut nämlich nicht radikal genug[28]. Eine Beurteilung, die angesichts Iskrauts bisherigem politischen Werdganges, einiges über die Geisteshaltung der Kritiker vermuten läßt.

Am 21.1. wurde noch überraschend von einem Komitee in Herleshausen der Landgraf Alexis aufgestellt[29]; ein Vorschlag, der allerdings schnell wieder zurückgezogen wurde.

3. Der Wahlkampf und die Wahlkampfveranstaltungen

Die Freisinnigen starteten den Wahlkampf mit altbekannten Mutmaßungen über die Abschaffung des gleichen und geheimen Wahlrechts. Mit besonders wirksamen Parolen wie noch im Jahre 1890 und vor allem mit klaren inhaltlichen Konzepten konnte nicht aufgewartet werden. Die Wahlaussagen blieben primär auf den Kampf gegen die Tabaksteuer und die geplante Umsturzvorlage beschränkt[30]. So führte die FrVP einen vorwiegend destruktiven Wahlkampf, d.h., es wurde weniger versucht, die eigenen Ziele klar und offen darzulegen als vielmehr die Fehler und Defizite der anderen Parteien aufzuzeigen. Besonders die „Mittelparteien" und die Antisemiten respektive deren Kandidaten boten dafür genügend Anlaß. Dr. Carl Peters wurde wegen seiner Kolonialpolitik und seiner Ansichten über die afrikanischen Eingeborenen scharf angegriffen. Der „Thüringer Hausfreund" verwies seine Leser auf ein Buch Peters über Deutsch-Ostafrika und kennzeichnete ihn als einen „enthusiastischen Freund der Prügelstrafe"[31] und einen kalten Verächter der schwarzen Bevölkerung. Weiterhin wurde er als „abhängiger Beamter"[32] bezeichnet.

Der Antisemit Iskraut wurde dagegen als „Dreschflegelpastor"[33] tituliert, der eine „christliche Knüppeltheorie"[34] vertrete. Darüber hinaus wurde auf Iskrauts wenig rühmliche Vergangenheit verwiesen, in der

---

28 Stellungnahme der „Westfälischen Reform"; zitiert nach: Mittheilungen aus dem Verein zur Abwehr des Antisemitismus 5.Jg. 1895, S.29.

29 Eschweger Tageblatt und Kreisblatt 21.1.1895, Nr.17a.

30 Vgl. Thüringer Hausfreund 26.2.1895, Nr.48.

31 Thüringer Hausfreund 24.1.1895, Nr.20.

32 Thüringer Hausfreund 11.2.1895, Nr.35.

33 Preußische Lehrerzeitung 18.9.1894, zitiert nach Thüringer Hausfreund 12.2.1895, Nr.36; Glaubt man diesem Artikel, so hat sich Iskraut selbst so bezeichnet.

34 Thüringer Hausfreund 14.1.1895, Nr.11.

er sich angeblich dadurch ausgezeichnet hatte, daß er in Westfalen „an der Spitze einer Anzahl Bauern sozialdemokratische und freisinnige Versammlungen zu sprengen versuchte"[35].

Auch die Sozialdemokraten waren bemüht, sich scharf von den anderen Parteien abzugrenzen und deren Schwächen rücksichtslos aufzudecken. So wurde diesen besonders der Vorwurf gemacht, daß sie auf dem Boden der gegenwärtigen Gesellschaftsordnung ständen[36]. Gegen den Vorwurf der Vaterlandsfeindschaft konterten sie mit dem Hinweis auf die ungerechten sozialen Verhältnisse. So hieß es z.B. im Schmalkalder Kreisblatt: „Fragt einen Arbeitslosen, ob er etwas von seinem Vaterland spürt, ob es ihm nicht vielleicht zu Muthe ist, als befinde er sich mitten in Feindesland"[37]. Eine fundierte Aufklärungsarbeit sollte helfen, die Wähler von den Vorteilen einer Umgestaltung zu überzeugen: „Fortwährend gilt es zu agieren, die Säumigen heranzuziehen, die Indifferenten aufzuschütteln"[38]. Das wichtigste Ziel in diesem Jahr war aber die Verhinderung der Umsturzvorlage, die die SPD in ihren Wirkungsmöglichkeiten drastisch einschränken würde.

Auch die Mittelparteien – die Freikonservativen und die Nationalliberalen – waren, ebenso wie der Freisinn, kaum in der Lage, ein überzeugendes Profil herauszuarbeiten. Auch hier wurde dem Fehlverhalten der Gegner mehr Aufmerksamkeit geschenkt als der Darlegung eigener Ziele, die sich primär auf die Stabilisierung der Landwirtschaft und die Stärkung des Mittelstandes beschränkten. Den Antisemiten wurde ihr ungestümes Auftreten zum Vorwurf gemacht; den drastischen Zielen dieser Partei wurde eine Politik der Mäßigung entgegengestellt.

Schärfer noch wurden die Freisinnigen und die Sozialdemokraten angegriffen, die als Repräsentanten des Umsturzes dargestellt wurden[39]. Diese Beurteilung wurde den Antisemiten dagegen nicht zuteil, obwohl deren Ziele alles andere als staatserhaltend waren.

In vielfacher Hinsicht wurde der Wahlkampf der Freikonservativen auf die Person ihres Kandidaten konzentriert, dessen Kolonialpolitik

---

35 Thüringer Hausfreund 17.1.1895, Nr.14.
36 Schmalkalder Kreisblatt 23.2.1895, Nr.24.
37 Schmalkalder Kreisblatt 12.3.1895, Nr.31.
38 Schmalkalder Kreisblatt 12.2.1895, Nr.21.
39 Vgl. Einsendung im Eschweger Tageblatt und Kreisblatt 11.2.1895, Nr.35.

und seine angeblichen Verdienste für das Deutsche Reich besonders herausgestellt wurden. Die Präsentation eines „Tatmenschen" erlaubte darüber hinaus, den freisinnigen Kandidaten Stengel als „Stubengelehrten" abzuqualifizieren[40].

Die Antisemiten gingen den Wahlkampf diesmal etwas vorsichtiger an als noch zwei Jahre zuvor. Das klägliche Ende, das die politische Laufbahn von Hans Leuß genommen hatte, stellte eine schwere Hypothek für seinen Nachfolger dar, schien es doch alle Urteile über den politischen Antisemitismus und seine Repräsentanten zu bestätigen. Deshalb waren die führenden Antisemiten zunächst darauf bedacht, den „Fall Leuß" als bedauernswerte Ausnahme darzustellen. Die den Antisemiten nahestehende „Hallesche Reform", die den überregional bekannten Vorfall kommentierte, schreckte nicht vor einer besonderen Perfidie zurück, indem sie ihrer Leserschaft mitteilte, Leuß sei jüdischer Abstammung. Die antisemitische Bewegung wurde so in die Opferrolle gehoben; dem nun mißliebig gewordenen Demagogen wurde unterschwellig die Rolle eines jüdischen Spions zugewiesen.[41]

Den Kampf, den Iskraut im Vorfeld der Wahl führte, war, zumindest im Spiegel der bürgerlichen Presse, nicht mehr so offensichtlich gegen die Juden als Minderheit gerichtet wie es noch 1893 unter der Kandidatur von Leuß geschehen war. Vielmehr agierte Iskraut nach außen hin – ohne allerdings die antisemitische Komponente zu vernachlässigen – weniger offen rassistisch, sondern als Vertreter eines primär christlich geprägten Weltbildes, dem er als negatives Gegenbild eine jüdisch-materialistische Geisteshaltung gegenüberstellte[42]. Von dieser Grundlage aus griff Iskraut zwei Gegner gleichzeitig an. Zum einen die sozialdemokratischen Arbeiter, die angeblich nur nach materiellen Vorteilen strebten, zum anderen die „mit irdischen Schätzen beglückten Fabrikanten", deren politische Heimat der Liberalismus war[43]. Iskrauts Antisemitismus war so, wenngleich genauso gefährlich, subtiler als der von Leuß. Er fußte, scheinbar, weniger auf dem Bewußtsein nationaler und ethnischer Überlegenheit als vielmehr auf der Überzeugung, daß das Christentum mit seinen Moral-

---

40 Eschweger Tageblatt und Kreisblatt 12.1895, Nr.36.

41 Hallesche Reform vom 1.1.1895; zitiert nach „Mittheilungen aus dem Verein zur Abwehr des Antisemitismus vom 12.1.1895, Nr.2 [S.13].

42 Vgl. Bericht über die antisemitische Versammlung in Großalmerode, in:: Witzenhäuser Kreisblatt 26.1.1895, Nr.12.

43 Witzenhäuser Kreisblatt 26.1.1895, Nr.12.

und Wertvorstellungen liberalen und materialistischen Prinzipien – deren Ursprung Iskraut dann aber doch mit dem Judentum in Verbindung brachte – überlegen sei. Die antikapitalistische Komponente blieb weiterhin Bestandteil des antisemitischen Programmes. Da der Kapitalismus nun nicht mehr primär auf eine ethnische Minderheit, sondern vielmehr auf eine Geisteshaltung zurückgeführt wurde, erweiterte sich die Zielgruppe der antisemitischen Angriffe. Programmatisch trat Iskraut für den Mittelstand ein, worunter er Handwerker und Bauern verstand[44]. So war es verständlich, daß er auch für die Stabilisierung der Landwirtschaft eintrat. Damit vertrat er also die gleichen Ziele wie die Freikonservativen, mit denen sich Ende Januar einige Auseinandersetzungen anbahnten.

Am 25.1. sorgte die amtliche Zeitung in Eschwege dadurch für Aufregung, daß sie einen Bericht der Deutschen Tageszeitung veröffentlichte, des Presseorgans des Bundes der Landwirte[45]. Diesem Bericht zufolge hatte der Provinzialvorsitzende des Bundes sowohl Iskraut als auch Peters vier Fragen hinsichtlich ihrer politischen Einstellungen gestellt. Darin ging es u.a. um die Stellung zur Landwirtschaft und um eine Börsenreform. Während Iskrauts Antworten durchweg zufriedenstellend ausgefallen waren, hatte es Carl Peters nicht verstanden, den Bund der Landwirte zu überzeugen. Der Bund, der 1894 alle seine jüdischen Mitglieder ausgeschlossen hatte und damit einen Schwenk zum politischen Antisemitismus vollzogen hatte[46], zog daraus seine Konsequenzen und rief alle seine Mitglieder im Wahlkreis Kassel 4 zur Unterstützung Iskrauts auf. Dieses Vorgehen mußte die Freikonservativen und die mit ihnen verbündeten Nationalliberalen natürlich aufschrecken: Eine offene Gegnerschaft des Bundes der Landwirte konnte der Anfang vom Ende aller Siegeshoffnungen sein. „Mehrere Landwirte" brachten in einem Brief an die amtliche Zeitung in Eschwege ihre Besorgnis über gewisse Sympathien zum Ausdruck, die Iskraut von vielen Landwirten entgegengebracht wurden[47]. Man warf dem Antisemiten vor, den Sozialneid zu schüren und die Unzufriedenen aufzuhetzen. Sein Programm sei eine „Vorstufe der Sozialdemokratie"[48]. Das Eschweger Tageblatt

---

44   Ebd.
45   Eschweger Tageblatt und Kreisblatt 25.1.1893.
46   Mittheilungen aus dem Verein zur Abwehr des Antisemitismus 23.2.1895.
47   Eschweger Tageblatt und Kreisblatt 1.2.1895, Nr.27.
48   Ebd.

und Kreisblatt zitierte die Meinung einer großen Berliner Zeitung, die hatte verlauten lassen, daß die Aufforderung des Bundes der Landwirte sich nicht im Einklang mit den meisten Bundesmitgliedern befände[49]. Auch wurde darauf hingewiesen, daß sich der ehemalige Kandidat Hermann v. Christen und der Vertrauensmann des Bundes sich eindeutig für Peters ausgesprochen hatten[50]. In der Folgezeit dokumentierten Leserbriefe an die Zeitung, daß innerhalb der regionalen Institutionen des Bundes der Landwirte die Parteinahme zugunsten Iskrauts tatsächlich kontrovers diskutiert wurde[51]. Obwohl die konservativen Mitglieder des Bundes in der Region einiges Gewicht besaßen[52], bedeutete die Parteinahme der Bundesleitung zugunsten Iskrauts eine schwere Belastung für die Feikonservativen und die Nationalliberalen. Der Bund der Landwirte wurde nämlich in Wahlkampfzeiten für diejenigen Parteien, die sich seiner Unterstützung erfreuen durften, quasi zur Nebenorganisation[53] und ersparte diesen sowohl finanzielle Kosten als auch organisatorischen Aufwand hinsichtlich der Wahlkampfgestaltung.

Auch von einer anderen Seite drohte plötzlich Gefahr. Waren es in den vergangenen Wahlen die Sozialdemokraten und Linksliberalen gewesen, die mit einigen kirchlichen Vertretern in Streit gelegen hatten, so gerieten nun auch die „staatstragenden Parteien" in Auseinandersetzungen mit Teilen der Geistlichkeit. Da der Antisemit Iskraut selbst Pfarrer war, übte er offensichtlich eine große Anziehungskraft auf seine Berufskollegen aus, deren Unterstützung er sich bereits während seiner Zeit in Ostwestfalen hatte erfreuen dürfen[54]. Da die Möglichkeit der Wahlmanipulation „per Kanzel" beträchtlich war, zeigten sich die „Mittelparteien" natürlich alarmiert. So klagte ein Einsender im Eschweger Tageblatt und Kreisblatt: „Pfarrer sind es, die seine (Iskrauts; Anm. d. Vfs.) Wahl wünschen; Pfarrer sind es, die ihm die Wege ebenen und die ihn gelegentlich auf seinen Agitationsreisen begleiten und den Bauern vorstellen ..."[55]. Weiterhin wur-

---

49 Eschweger Tageblatt und Kreisblatt 28.1.1895, Nr.23.
50 Ebd.
51 Eschweger Tageblatt und Kreisblatt 8.2.1895, Nr.33.
52 Vgl. Eschweger Tageblatt und Kreisblatt 2.2.1895, Nr.28.
53 Vgl. Fenske, H., Deutsche Parteiengeschichte, Paderborn 1994, S.138.
54 Ditt, K., Die politische Arbeiterbewegung in Ostwestfalen zwischen der Reichsgründung und dem Beginn der Weimarer Republik, S.243.
55 Eschweger Tageblatt und Kreisblatt 8.2.1895, Nr.33.

de ein Fall, in dem ein Pfarrer Iskraut die Kanzel zur Verfügung gestellt hatte, konkret benannt[56]. Daß diese Darstellung kein Gerücht war, beweist die Stellungnahme des Beschuldigten. Der Pfarrer Quentel aus Niederdünzebach gab offen zu, Iskraut seine Kanzel zur Verfügung gestellt zu haben, damit dieser einige Gerüchte widerlegen konnte[57]. Quentels Verhalten rief verständlicherweise Mißbilligung hervor. Der nationalliberale Amtsrichter Hertwig beschuldigte ihn des Mißbrauches der Kanzel zu politischen Zwecken und kritisierte: „Die`Verkündigung des Wortes Gottes von der Kanzel herab durch Herrn Iskraut war also nicht Selbstzweck, sondern Mittel zum Zweck der Wahlpropaganda".[58] Quentel selbst sah schließlich ein, daß eine Diskussion über sein Verhalten der antisemitischen Sache nicht unbedingt förderlich wäre. So erklärte er abschließend: „... So hülle ich mich in tiefes Schweigen, in dem festen Bewußtsein, daß uns der 28. Februar völlig beruhigt und eint."[59]

Dieser Vorfall zeigte – ebenso wie der Aufruf des Bundes der Landwirte –, daß die Mittelparteien nun plötzlich auch bei solchen Institutionen teilweise auf Gegnerschaft stießen, auf deren Unterstützung sie in der Vergangenheit hatten rechnen können.

Neben diesen Streitigkeiten erhitzen auch noch andere Angelegenheiten die Gemüter. Nachdem der freisinnige Kandidat Stengel den Pfarrer Iskraut während einer Wahlkampfveranstaltung in Hundelshausen mit einer Äußerung bedacht hatte, die diesem wenig behagte, sah er sich plötzlich einer Verleumdungsklage ausgesetzt, die der Antisemit – nach seinen eigenen Angaben – gegen ihn anstrengte[60]. Da es, angesichts des üblichen Niveaus hinsichtlich des Wahlkampfstils, wenig wahrscheinlich war, daß Iskraut sich persönlich betroffen fühlte, ist diese Angelegenheit allerdings lediglich als durchsichtiges Wahlmanöver zu werten, mit dem Iskraut seinen linksliberalen Konkurrenten in die Rolle des Verleumders drängen wollte. Stengel durchschaute die Absicht und verwies auf die Tatsache, daß der Prozeß und die damit verbundene Klärung des Sachverhaltes erst nach der Wahl stattfinden könne[61].

---

56 Ebd.
57 Eschweger Tageblatt und Kreisblatt 11.2.1895, Nr.35.
58 Eschweger Tageblatt und Kreisblatt 16.2.1895, Nr.40.
59 Eschweger Tageblatt und Kreisblatt 18.2.1895, Nr.41.
60 Eschweger Tageblatt und Kreisblatt 12.2.1895, Nr.36.
61 Eschweger Tageblatt und Kreisblatt 13.2.1895, Nr.37.

Ein antisemitischer Vorwurf an die Gegner bestand in der Behauptung, daß manche Namen zu Unrecht unter deren Wahlaufrufen auftauchten. So wurde den Freisinnigen vorgeworfen, in Völkershausen Unterschriften „erhascht" zu haben, indem den Einwohnern eine Petition gegen die Tabaksteuer vorgelegt wurde. Anschließend tauchten die Namen der Unterzeichner angeblich unter einem Wahlaufruf für Stengel auf[62]. Auch die „Mittelparteien" wurden von derartigen Vorwürfen nicht verschont. So wurde ihnen z.b. zur Last gelegt, den Namen eines Bürgers aus Großalmerode in einem Aufruf zu führen, obwohl der Betreffende schon lange nicht mehr dort wohnte[63]. Weiterhin wurde ihnen vorgeworfen, widerrechtlich nichtbeantwortete Unterstützungsaufforderungen als Zusage gewertet zu haben[64]. Derartige Vorwürfe wurden von den „Mittelparteien" allerdings energisch dementiert[65].

Begleitet wurden die vielfältigen Auseinandersetzungen von zahlreichen Wahlkampfveranstaltungen.

Im Auftrag der Parteispitze leitete „Genosse" Matturat aus Berlin in Eschwege eine ordentliche Mitgliederversammlung am 15. Januar[66].

Am 19. Januar fand im gleichen Ort eine Versammlung der SPD im Kasino „Thalia" statt, in der Dr. David aus Gießen über „Landbevölkerung und Sozialdemokratie" referierte[67]. Angesichts des bisherigen schlechten Abschneidens der Sozialdemokratie in ländlichen Regionen mußte die Behandlung gerade dieses Themas den Verantwortlichen ein besonderes Anliegen sein. Eine weitere sozialdemokratische Versammlung in Eschwege fand wahrscheinlich am 9. Februar im „Alten Steinweg" statt[68].

In Schmalkalden, im vollbesetzten Saal des „Rosenaus", sprach am 16.2. der „Genosse Paul" über die politische und wirtschaftliche Situation Deutschlands[69]. Nur vier Tage später folgte am gleichen Ort

---

62 Eschweger Tageblatt und Kreisblatt 25.2.1895, Nr.47.
63 Ebd.
64 Einsendung von Liebermann v. Sonnenberg; Eschweger Tageblatt und Kreisblatt 25.2.1895, Nr.47.
65 Vgl. Eschweger Tageblatt und Kreisblatt 26.2.1895, Nr.47.
66 Volksblatt für Hessen und Waldeck 23.1.1895, Nr.19.
67 Vgl. Anzeige in der Fulda Werra Zeitung 19.1.1895, Nr.16.
68 Anzeige in der Fulda Werra Zeitung 9.2.1895, Nr.34.
69 Schmalkalder Kreisblatt 19.2.1895, Nr.22.

eine weitere Veranstaltung. Wieder referierte Paul, diesmal über „die Bedeutung der Reichstagswahl für das werktätige Volk"[70]. Die sozialdemokratischen Versammlungen in der Stadt und im Kreis Witzenhausen fanden in der dortigen Presse keine Beachtung. Daß aber auch dort Sozialdemokraten eifrig tätig waren, ist sehr wahrscheinlich. Vermutlich wurde ihre Wahlagitation durch Saalverweigerungen erheblich behindert[71].

Um dieses Manko auszugleichen, wurde die politische Auseinandersetzung in die gegnerischen Versammlungen hineingetragen. Da dieses Vorgehen den anderen Parteien äußerst unliebsam war, wurde versucht, den sozialistischen Agitatoren den Zutritt zu verweigern[72]. In Asbach wollte die Freisinnige Volkspartei eine Veranstaltung vor den Sozialdemokraten geheimhalten und die Wahlplakate erst kurz vor Beginn aufhängen. Die SPD-Anhänger waren aber auf derartige Aktionen vorbereitet. So wußte das Schmalkalder Kreisblatt befriedigt zu berichten: „Dank unserer guten Organisation hatten wir aber doch von unserem Vertrauensmann aus Asbach Wind bekommen und konnten den Herren Gesellschaft leisten"[73].

Auch in anderen Orten sahen sich die Sozialdemokraten zahlreichen Behinderungen seitens der politischer Gegner ausgesetzt. In Abterode (Kreis Eschwege) veranstaltete z.B. die dortige Feuerwehr eine Übung, um eine geplante SPD-Versammlung zu verhindern[74].

Die „Mittelparteien" traten in diesem Jahr früher als sonst in den Wahlkampf ein, wenngleich ihr Arbeitsaufwand aber wieder einmal geringer war als der ihrer Gegner. Carl Peters' Agitation beschränkte sich nicht nur auf Wahlkampfveranstaltungen. Der populäre Kandidat war auch ein gern gesehener Gast in mehreren Vereinen, wo er gegen Eintrittsgeld Vorträge über seine Erlebnisse in Afrika hielt. So sprach er z.B. im Februar vor dem kaufmännischen Verein in Eschwege[75] und dem vaterländischen Frauenverein in Witzenhausen[76].

---

70 Schmalkalder Kreisblatt 23.2.1895, Nr.24.
71 Vgl. Eschweger Tageblatt und Kreisblatt 12.2.1895, Nr.36.
72 Thüringer Hausfreund 26.2.1895, Nr.48.
73 Schmalkalder Kreisblatt 19.2.1895, Nr.22.
74 Volksblatt für Hessen und Waldeck 24.2.1895, Nr.47.
75 Anzeige im Eschweger Tageblatt und Kreisblatt 1.2.1895.
76 Witzenhäuser Kreisblatt 16.2.1895, Nr.21.

Die erste große Wahlkampfveranstaltung hielt Peters am 14. Januar in Schmalkalden ab[77]. Den Auftritt des „unerschrockenen Afrikareisende(n)" in Eschwege Mitte des Monats kommentierte das Volksblatt für Hessen und Waldeck ironisch: „Am Sonntag hat er den Stamm der Nationalliberalen in Eschwege aufgesucht, die ihn ... mit freudigem Krieggsgeschrei willkommen hießen und einen Kriegstanz zu seinen Ehren aufführten"[78].

Anfang Februar gastierte Peters in Witzenhausen, wo er die Notwendigkeit seiner Kolonialpolitik verteidigte und sich als „Freund des arg bedrängten Mittelstandes"[79] ausgab. Am 3.2. referierte Peters in Eschwege; am 11.2. stellte er sich – zusammen mit dem nationalliberalen Generalsekretär für Thüringen und Hessen, Breithaupt, – in Großalmerode vor[80], am 15.2. hielt er eine Versammlung in Allendorf ab[81]. Am 16.2. wagte sich Peters in die Höhle des Löwen und besuchte die antisemitische Hochburg Lichtenau, wo er eine Veranstaltung abhielt, die eine besondere Beachtung verdient. Vor einem zahlreich erschienenen Publikum stellte Peters die Stärkung des Mittelstandes als den Zentralpunkt seiner Ziele heraus. Gegen Ende der Versammlung kam es zu einer heftigen Auseinandersetzung mit dem Antisemiten Fink, die Peters laut Witzenhäuser Kreisblatt souverän zu seinen Gunsten entscheiden konnte. Die Veranstaltung wurde schließlich mit dem Absingen des Deutschlandliedes geschlossen[82].

Die Gegendarstellung eines antisemitischen Anhängers stellte die Geschehnisse aber gänzlich anders dar. Angeblich war die Zustimmung für Peters nur gering gewesen. Auch sei das Deutschlandlied nicht von Anhängern der „Mittelparteien", sondern von den Antisemiten angestimmt worden, um damit die Nationalliberalen aus dem Saal zu singen[83]. Aus Verärgerung über die geringe Resonanz sollten Peters und Breithaupt abschließend in einem Lichtenauer Lokal

---

77 Thüringer Hausfreund 15.1.1895, Nr.12.
78 Volksblatt für Hessen und Waldeck 17.1.1895, Nr.14.
79 Witzenhäuser Kreisblatt 5.2.1895, Nr.161.
80 Witzenhäuser Kreisblatt 16.2.1895, Nr.21.
81 Witzenhäuser Kreisblatt 21.2.1895, Nr.23.
82 Witzenhäuser Kreisblatt 19.2.1895, Nr.22.
83 Gegendarstellung eines Antisemiten im Witzenhäuser Kreisblatt 23.2.1895, Nr.24 (Beilage).

über die Bewohner der Stadt Lichtenau gehetzt haben[84]. Der genaue Verlauf der Versammlung läßt sich also schwerlich rekonstruieren. Nimmt man aber die späteren Wahlergebnisse zum Maßstab, so war die Veranstaltung für Peters ein schwerer Mißerfolg.

Auch in vielen Dörfern fanden Versammlungen der „Mittelparteien" statt, über die die Zeitungen aber nur spärlich berichteten. Peters sprach auf jeden Fall noch am 17.2. in Niederhone[85] und am 20.2. in Nesselröden und Herleshausen[86].

Besonders intensiv war wieder der Wahlkampf der Freisinnigen. In Witzenhausen fanden zwei Versammlungen der Freisinnigen Volkspartei statt. Am 9.2.1895 redete Edmund Stengel[87], am 23.2. der Reichstagsabgeordnete Hermes[88]. Am 10. Februar wurde im Saal des Otto Brill die erste von drei Wahlversammlungen in Eschwege eröffnet. Redner waren Stengel und der Berliner Rektor Kopsch, der sich energisch gegen eine einseitige Bevorzugung der Landwirtschaft wandte und die Agrarkrise als eine vorübergehende kennzeichnete. Auch die geplante Umsturzvorlage der Regierung stieß auf seine heftige Kritik. Edmund Stengel attackierte vornehmlich die Antisemiten und deren Kandidat Iskraut [89].

Auch am 24.2. referierte Hermes in Eschwege, wo er erneut gegen die Umsturzvorlage agierte und auch den Bund der Landwirte angriff[90]. Die dritte Versammlung in Eschwege fand am Vorabend der Wahl statt[91].

In Schmalkalden wurden zwei freisinnige Versammlungen abgehalten, wobei am 10.2. Feodor Wilisch, der Wahlsieger von 1890, sprach. In seiner Rede griff er sowohl die Antisemiten als auch die Sozialdemokraten heftig an und bekundete die Absicht seiner Partei, gegen jegliche Bestrebungen, „den Umsturz von unten nach oben herbeizuführen"[92], entschieden vorzugehen. Am 22.2. präsentierte

---

84 Ebd.
85 Eschweger Tageblatt und Kreisblatt 18.2.1895, Nr.41.
86 Eschweger Tageblatt und Kreisblatt 22.2.1895, Nr.45a.
87 Vgl. Anzeige im Witzenhäuser Kreisblatt 7.2.1895, Nr.17.
88 Witzenhäuser Kreisblatt 26.2.1895, Nr.25.
89 Fulda Werra Zeitung 12.2.1895, Nr.36.
90 Eschweger Tageblatt und Kreisblatt 25.2.1895, Nr.47.
91 Anzeige in der Fulda Werra Zeitung 26.2.1895, Nr.48.
92 Thüringer Hausfreund 11.2.1895, Nr.35.

sich auch Stengel seinen potentiellen Wählern. Erneut kritisierte er die Umsturzvorlage, die seiner Ansicht nach einen Angriff auf die allgemeine Meinungsfreiheit darstellte[93].

Auch die Antisemiten agierten wieder eifrig. Vermutlich fanden in fast allen Städten und Dörfern des Wahlkreises antisemitische Versammlungen statt, über die die Zeitungen aber nicht alle berichteten. Iskraut zur Seite stand dabei oft der Reichstagsabgeordnete und Parteivorsitzende Liebermann von Sonnenberg.

Am 17.2. stellte sich Iskraut in Eschwege vor, wo er die Verbesserung der Landwirtschaft zu seinem Hauptanliegen erklärte. Im Verlauf der Versammlung richtete er sowohl Vorwürfe gegen die Sozialdemokraten als auch gegen das Großkapital, das er als Ursache für das Entstehen der sozialistischen Bewegung ausmachte[94]. Noch am gleichen Tag stellte sich Iskraut seinen potentiellen Wählern in Wanfried, wo er sich aber in eine peinliche Situation brachte. Als er einem politischen Gegner unterstellte, nur aus pekuniären Gründen in die Politik gegangen zu sein[95], und daraufhin vom Amtsrichter Hertwig zur Rede gestellt wurde, verwickelte er sich, schenkt man der Darstellung Hertwigs trotz tendenziöser Sichtweise etwas Glauben, derartig in Widersprüche, daß sich selbst Liebermann von Sonnenberg peinlich berührt zeigte[96].

Noch früher als im Kreis Eschwege waren die Antisemiten im Kreis Witzenhausen tätig. Einen besonders großen Erfolg erzielten sie in ihrer Hochburg Lichtenau am 11.2. mit einer Veranstaltung, die zunächst als erweiterte Mitgliederversammlung geplant war, schließlich aber als zahlreich besuchte Versammlung endete[97]. In Witzenhausen (7.2. und 27.2) und Großalmerode (31.1. und 10.2.) fanden je zwei antisemitische Veranstaltungen statt. Der Redner am 27.2. in Witzenhausen war Friedrich Raab[98] – der Mann, der in späteren Jahren für die Antisemiten im Wahlkreis Kassel 4 kandidieren sollte.

---

93 Thüringer Hausfreund 26.2.1895, Nr.48.
94 Eschweger Tageblatt und Kreisblatt 18.2.1895, Nr.41.
95 Eschweger Tageblatt und Kreisblatt 19.2.1895, Nr.42.
96 Vgl. Hertwigs Leserbrief im Eschweger Tageblatt und Kreisblatt 21.2.1895, Nr.44.
97 Witzenhäuser Kreisblatt 14.2.1895, Nr.20.
98 Witzenhäuser Kreisblatt 28.2.1895, Nr.26.

Kurz vor der Wahl, am 26.2., fand auch eine antisemitische Veranstaltung in Schmalkalden statt, dem Ort, in dem es 1893 nur wenig für die Antisemiten zu gewinnen gegeben hatte[99].

4. Der Ausgang der Wahl

a. Das Gesamtergebnis

Als die letzten Stimmen ausgezählt worden waren, stand folgendes fest: Die Antisemiten hatten etwa ein Viertel der Stimmen erhalten und erreichten damit erneut die Stichwahl. Die eigentlichen Sieger des ersten Wahlganges waren aber die Sozialdemokraten, die einen klaren Zuwachs verbuchen konnten und mit einem Anteil von 35% die meisten Stimmen bekamen[100].

Die Freisinnigen erhielten wie schon 1893 etwa ein Fünftel der Stimmen und verpaßten damit ebenso die Stichwahl wie die Freikonservativen, die schwere Verluste hinnehmen mußte[101]. Die Wahlbeteiligung betrug in diesem Jahr 72,0%. In den einzelnen Kreisen gestaltete sich das Ergebnis folgendermaßen:

b. Kreis Eschwege

Die Sozialdemokraten waren im Kreis Eschwege die großen Gewinner. Die SPD verbuchte ihre Erfolge diesmal nicht nur in ihren Hochburgen, sondern sie konnte auch in andere Städte und in ländliche Gebiete eindringen. In Eschwege selbst bekam Huhn 43,8%[102] der Stimmen und lag damit etwa fünf Prozentpunkte über dem Ergebnis von 1893. Auch in der direkten Umgebung schnitt die SPD besser ab als zwei Jahre zuvor. Am erfolgreichsten waren die Sozialdemokraten im „Arbeiter- und Handwerkerdorf Frieda" (58,3%)[103], aber auch in Abterode (41,5%), Niederhone/Oberhone (37%), Weidenhausen (37%), Schwebda (29,5%) und Grebendorf (31,7%) gab es zufriedenstellende Ergebnisse. Lediglich in Aue (16,7%) – wo vermutlich

---

99 Ankündigung im Thüringer Hausfreund 26.2.1895, Nr.48.
100 Berechnet nach Klein, Th., Die Hessen als Reichstagswähler. Tabellenwerk zur politischen Landesgeschichte 1867-1933, Band 1.: Provinz Hessen-Nassau und Waldeck-Pyrmont 1867-1918, Marburg 1989, S.237.
101 Berechnet nach ebd.
102 Berechnet nach ebd., S.238f.
103 Berechnet wie auch die folgenden Ergebnisse nach ebd. S.238f.

der dortige Gutshof das politische Klima prägte – fiel das Resultat etwas ab.

Auch in den anderen Städten des Kreises war das Wahlergebnis für die Sozialdemokraten erfreulich. So steigerten sie ihren Stimmenanteil in Wanfried von 7,3% im Jahre 1893 diesmal auf 28,3%. In Waldkappel, der ehemaligen freisinnigen Hochburg, bekam Huhn 29,9% der Stimmen; 1893 hatte hier nur etwa jeder Zwanzigste die SPD präferiert. Innerhalb von zwei Jahren hatte sich also ein bedeutender Wandel vollzogen.

Auch in primär ländlichen Gebiete hielten die Sozialdemokraten nun Einzug. Unterschiedlich waren ihre Ergebnisse im Ringgau-Gebiet. Während in manchen Orten Gewinne zu verbuchen waren – in Weißenborn/Rambach (71%) und Röhrda (55,5%) erzielte die SPD absolute Mehrheiten – , blieb die Resonanz in Netra und Renda ausgesprochen kümmerlich.

Ähnlich unterschiedlich gestaltete sich der Wahlausgang in der Schemmerngegend. Während z.B. in Kirchhosbach 41% (1893 0%) und in Mitterode 50% (1893 13%) auf Huhn entfielen, verhielten sich die Wähler in Friemen/Rechtebach und Schemmern/Gehau/Eltmannsee der SPD gegenüber weiterhin äußerst reserviert. Gewinne erzielten die Sozialdemokraten dagegen in einigen Dörfern des Meißner-Vorlandes, so in Frankenhain, Frankershausen und Hitzerode.

Die Antisemiten mußten in Eschwege und Umgebung fast durchweg Verluste hinnehmen. Lediglich in Niederdünzebach/Oberdünzebach (51,3%), wo Iskraut von der Kanzel aus agiert hatte, und in Grebendorf (37,4%) blieben die Ergebnisse durchschnittlich. Auch im Wohragebiet – in Waldkappel (18,1%) und Bischhausen (6,9%) – hielt sich der Zuspruch für die Antisemiten in engen Grenzen. Während diese in der Schemmerngegend und im Ringgau-Gebiet stagnierten, mußten sie im Meißner-Vorland teils erdrutschartige Verluste hinnehmen. In Vergleich zur Hauptwahl 1893 verlor Iskraut in Hitzerode und Frankenhain über 50 Prozentpunkte.

Die Freisinnigen schnitten in Eschwege (20,8%) und einigen Dörfern der Umgebung wie Schwebda (28,6%) und Aue (35,7%) noch verhältnismäßig respektabel ab. Auch in ihren alten Hochburgen Waldkappel und Bischhausen blieben sie erträglich; verglichen mit 1893 bedeuteten aber auch sie eine Niederlage. So stimmten hier 35,5% bzw. 29,9% der Wähler für Stengel. Drei Jahre zuvor war in beiden Orten noch die 40%-Grenze überschritten worden. In den meisten

Dörfern spielte der Linksliberalismus aber keine Rolle mehr. Im Ringgau-Gebiet und in der Schemmerngegend lag der Anteil für die Freisinnige Volkspartei bei unter 10%.

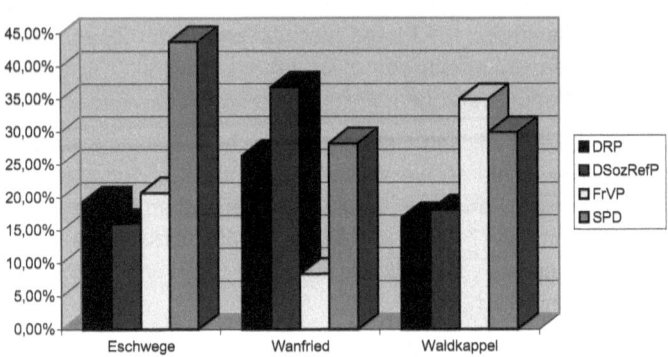

Die Reichstagsersatzwahl 1895 im Kreis Eschwege. Die Situation in den Städten

Auch die Deutsche Reichspartei war wenig erfolgreich. In Eschwege votierte nur jeder fünfte Wähler für Peters; in den umliegenden Orten schnitt dieser meist noch schlechter ab. Überdurchschnittliche Ergebnisse gab es in Weidenhausen (38,5%) und Schwebda (23,2%); in Niederdünzebach/Oberdünzebach bekam Peters dagegen keine einzige Stimme.

Verluste gab es auch im Wohragebiet, wo die DRP in Waldkappel nur noch 17% (1893 23,6%) und in Bischhausen 25,7% (1893 35,1%) der Stimmen für sich verbuchen konnte. Auch in der Schemmerngegend gestaltete sich der Wahlausgang für die Freikonservativen wenig erfreulich. Eine Ausnahme bildete hier Friemen/Rechtebach, wo über 60% der Stimmen auf Peters entfielen. Im Ringgau-Gebiet blieb der Kandidat der „Mittelparteien" dagegen fast durchweg unter der 20%-Grenze. Etwas besser sah es noch im Meißner-Vorland aus. Auch hier mußten meist Verluste hingenommen werden, in Frankenhain (49,2%) und Albungen/Wellingerode (36,8%) konnten aber überdurchschnittliche Ergebnisse erzielt werden.

c. Kreis Schmalkalden

Während die Sozialdemokraten in Schmalkalden selbst Gewinne einfuhren und mehr als jede dritte Wählerstimme für sich verbuchen konnten, schnitt die Partei in der Umgebung unterschiedlich ab.

Günstig gestalteten sich die Resultate in Aue (36,2%), Volkers (40%), Asbach (36,9%), Helmersdorf (50%) und Struth (54,1%), weniger günstig dagegen in Mittelstille (4,8%), Mittelschmalkalden (13,4%) und Grumbach (6,1%)[104].

Erfolgreich gestaltete sich der Wahlausgang im Norden. In Brotterode, wo die Zigarrenindustrie zunehmend an Bedeutung gewann, während zugleich das Metallgewerbe in einer schweren Krise steckte, bekam Huhn fast 60%. Auch in Trusen (54,5%), Kleinschmalkalden (39%) und Herges Vogtei (36,3%) war das Ergebnis zufriedenstellend.

Überraschend gestaltete sich der Wahlausgang in Barchfeld. Hier, wo im Gegensatz zu den anderen Städte des Kreises die landwirtschaftliche Produktion noch von Bedeutung war, steigerte Huhn den Anteil der SPD-Stimmen um 13 Prozentpunkte und errang mit 51% die absolute Mehrheit, wobei Pendler, die in den Industriebetrieben der thüringischen Nachbarorte ihr Auskommen fanden, wahrscheinlich den Ausschlag gaben.

Leichte Verluste für die SPD gab es dagegen im Steinbacher Grund. So entschieden sich in Steinbach-Hallenberg nur noch 27,4% (1893 33,5%) und in Oberschönau 68% (1893 74%) der Wähler für Huhn.

Die Antisemiten blieben im Kreis Schmalkalden weiterhin bedeutungslos. In der Kreisstadt bekamen sie gerade einmal 4,3% der Stimmen. In den umliegenden Dörfern blieben sie fast ausnahmslos unter einem Stimmenanteil von 10%; in manchen Orten gingen sie völlig leer aus, so in Volkers, Grumbach und Mittelstille. Ohne Bedeutung blieb die Partei auch im Nordkreis. In Brotterode reichte es gerade einmal zu sieben Stimmen. Kaum besser sah es in den umliegenden Orten aus. In Barchfeld aber, wo sowohl die Landwirtschaft eine Rolle spielte als auch ein relativ hoher Anteil jüdischer Bürger lebte, entschied sich – wie schon in der Hauptwahl 1893 – jeder fünfte Wähler für die Antisemiten. Noch besser schnitt Iskraut in Steinbach-Hallenberg ab. Hier entfielen 35% auf ihn, möglicherweise kamen die Stimmen von unzufriedenen Hausgewerbetreibenden und kleinen Handwerksmeistern, die sich immer wieder aufs neue der Konkurrenz der Großbetriebe ausgesetzt sahen.

Die Freisinnigen erlebten in einigen ihren alten Hochburgen eine Renaissance. In Schmalkalden wurden sie mit 44,3% die stärkste Partei

---

104 Berechnet wie auch die folgenden Ergebnisse nach ebd., S.240f.

und knüpften damit, nach den schweren Verlusten zwei Jahre zuvor, an das Resultat von 1890 an. Auch allgemein zeichnete sich ein Wiedererstarken des Linksliberalismus ab. In Schnellbach und in Seligenthal bekam Stengel mit einem Stimmenanteil von 59,7% bzw. 52% sogar die absolute Mehrheit. 1893 hatte der Anteil der Freisinnigen bei 11,2% bzw. 35% gelegen. In Brotterode konnte Stengel zwar mehr als ein Drittel der Wählerstimmen auf sich vereinigen; im Vergleich zur Hauptwahl 1893 war das ein Rückgang von sieben Prozentpunkten. Zwar konnten einige konservative Wähler von 1893 ins linksliberale Lager gezogen werden. Dafür gingen aber auch ehemalige Abhänger an die SPD verloren. Auch in Laudenbach, Kleinschmalkalden, Trusen und Wahles blieben die Ergebnisse unbefriedigend. Einen Einbruch erlebten die Freisinnigen in Barchfeld, wo auf die FrVP nur 7,8% (1893 30%) entfielen.

Die Reichstagsersatzwahl 1895 im Kreis Schmalkalden. Die Situation in den Städten

Im Steinbacher Grund blieben die Anteile der Linksliberalen dagegen stabil. So entfielen in Steinbach-Hallenberg 31,2% der Stimmen. In Unterschönau konnte die FrVP Gewinne verbuchen; im Nachbarort Oberschönau gab es dagegen Verluste. Insgesamt erlebten die Freisinnigen einen Aufschwung, der aber nicht groß genug war, um die Stichwahl zu erreichen.

Die Deutsche Reichspartei konnte im Vergleich zu 1893 ihr Ergebnis in etwa halten. In einigen Orten verbuchte sie sogar erstaunliche Resultate. So bekam Peters in Mittelschmalkalden 68,7% (1893 9,8%)

und in Mittelstille 71,4% (1893 49%) der Stimmen. In den Städten blieb die DRP aber wie schon 1893 bedeutungslos. In Schmalkalden bekam Peters 14,9%, in Barchfeld 20,6%, in Steinbach-Hallenberg 6,4% und in Brotterode gerade einmal 4% der abgegebenen Stimmen. Der Kreis Schmalkalden war auch 1895 kein guter Boden für die Freikonservativen.

d. Kreis Witzenhausen.

Einen ebenso großen Erfolg wie im Kreis Eschwege feierten die Sozialdemokraten im Kreis Witzenhausen, wo es ihnen nun gelang, vermehrt in ländliche und SPD-feindliche Regionen einzubrechen. In Witzenhausen wurde die relative Mehrheit von 1890, die 1893 an den Freisinn verloren gegangen war, zurückerobert. Huhn erreichte hier 38,8[105]% (1893 32,1%). Den größten Erfolg durften die Sozialdemokraten aber in Allendorf feiern, wo sie ihren Anteil (44%) versechsfachen konnten. In Großalmerode konnte die SPD zwar nicht die stärkste Partei werden, mit 21% war sie aber um 5 Prozentpunkte stärker als drei Jahre zuvor. Lediglich im agrarisch bestimmten Lichtenau, wo die Sozialdemokraten aber noch nie besonders stark gewesen waren, sank die Partei mit 2,6% in die absolute Bedeutungslosigkeit herab.

Unterschiedlich, aber im ganzen doch erfolgreich, schnitt Huhn in der direkten Umgebung der Kreisstadt ab. In Wendershausen (32,2%) und Gertenbach (30,7%) erreichte er noch seine schwächsten Resultate. Erfolgreicher war er in Unterrieden (43,8%), Ermschwerd (57,5%), Hundelshausen (58%), Kleinalmerode (62,4%), und Roßbach (66,7%). In allen Orten hatte die SPD 1893 schlechter abgeschnitten. Auch in den Dörfern des Südkreises konnten die Sozialdemokraten gute Ergebnisse erzielen; so in Rommerode (32,7%), Hausen (70,3%), und Laudenbach (44,6%). In all diesen Gemeinden konnte die SPD teils knapp, teils deutlich zulegen. In den Dörfern bei Lichtenau sah es dagegen weniger gut aus. So bekam Huhn in Walburg nur 2,9% der Stimmen.

Neben den Sozialdemokraten waren die Antisemiten die großen Gewinner in diesem Kreis. Hier geschah genau das, was zwei Jahre zuvor im Kreis Eschwege stattgefunden hatte: Ein rapides Anwachsen antisemitischer Stimmenanteile auf Kosten der DRP. In Witzenhausen blieben die Antisemiten zwar weiterhin ohne große Bedeu-

---

105 Berechnet wie auch die folgenden Ergebnisse nach ebd., S.241f.

tung, der Anstieg antisemitischer Stimmen um 10 Prozentpunkte auf 13,3% war aber doch bemerkenswert. In Großalmerode konnte Iskraut immerhin schon jeden vierten Wähler von seinem Programm überzeugen; im Vergleich zu 1893 hatte sich damit der Anteil antisemitischer Stimmen verdoppelt. Eine Verdopplung des Stimmenanteils gelang auch in Allendorf, obwohl die Zustimmung für Iskraut mit 10,9% gering blieb. In Lichtenau gelang es zwar nicht, das Traumresultat von 1893 (74,8%) erneut zu erreichen; die absolute Mehrheit (57,1%) war aber nicht gefährdet. Mit Ausnahme der Dörfer in der Umgebung Witzenhausens verbuchte die DSozRefP aber im gesamten Kreis Erfolge.

Die Reichstagsersatzwahl 1895 im Kreis Witzenhausen. Die Situation in den Städten

Die Freisinnigen hielten in etwa ihr Ergebnis von 1893. In Witzenhausen (28,5%) und Allendorf (29%) verloren sie die relative Mehrheit an die Sozialdemokraten, in Großalmerode (16,8%) legten sie dagegen wieder zu. Noch günstiger sah es in Lichtenau aus, wo die FrVP den Antisemiten viele Wähler entreißen konnte und mit einem Stimmenanteil von 32,7% ein respektables Ergebnis erreichte. Zwei Jahre zuvor war der Freisinn fast völlig leer ausgegangen. Gute Ergebnisse für den Linksliberalismus gab es auch in einigen Dörfern der Umgebung von Witzenhausen wie Gertenbach (30%) und Unterrieden (31,5%). Insgesamt gesehen war das freisinnige Programm aber wenig gefragt. Besonders auf dem Lande blieb die Anhängerschaft gering. So gab es viele Orte, in denen die Freisinnigen völlig leer ausgingen.

Zur völligen Katastrophe gestaltete sich das Wahlergebnis für die Deutsche Reichspartei. Hatte der Antisemitismus zwei Jahr zuvor primär im Kreis Eschwege auf Kosten der Freikonservativen Fuß gefaßt, so wiederholte sich das Phänomen nun im Kreis Witzenhausen. Fast überall erlebte die DRP ihren Niedergang. Erdrutschartig waren die Verluste in den Städten. In Witzenhausen rutschte Peters unter die 20%-Grenze; 1893 hatte Hermann v. Christen noch 31,9% der Stimmen für seine Partei gewinnen können. In den drei anderen Städten halbierte sich der Stimmenanteil. So bekam Peters in Allendorf nur noch 16,1% und in Großalmerode 37,7%. In Lichtenau stimmten nur noch 6,6% für die Freikonservativen.

Auch auf dem Lande ließ der Zuspruch spürbar nach. In Rommerode bekam die DRP nur noch 6,7% (1893 60%). Hier gingen die Stimmen vermutlich an die Sozialdemokraten verloren. In Roßbach dagegen votierten viele ehemalige DRP-Wähler für Iskraut. Der Stimmenanteil für die Konservativen sank von 37,8% auf 3,5%.

Auch wenn einige alte Hochburgen teilweise gehalten werden konnten, z.B. Sooden (61,9%) und Harmuthsachsen (50%), so ließ sich nicht verbergen, daß die Konservativen in diesem Kreis deutlich an Anziehungskraft verloren hatten.

e. Zusammenfassung

Das Jahr 1895 markiert für den Wahlkreis Eschwege-Schmalkalden-Witzenhausen in mehrfacher Hinsicht einen Wendepunkt. Den Sozialdemokraten gelang es nun, auch in den Regionen Fuß zu fassen, in denen sie vorher wenig Anklang gefunden hatten. Neben den Kreisstädten waren sie nun auch in anderen Städten und in einigen ländlichen Gebieten erfolgreich. Das war zum einen die Ursache für das erstmalige Erreichen der Stichwahl, zum anderen auch der Garant dafür, daß die SPD nun sogar zur stärksten Kraft aufstieg, die sie auf Reichsebene bereits 1890 geworden war.

Die Antisemiten stagnierten, wobei den Erfolgen im Kreis Witzenhausen schwere Verluste im Kreis Eschwege gegenüberstanden.

Die Freisinnigen konnte sich im Vergleich zu 1893 zwar wieder leicht erholen, das Ergebnis von 1893 aber nicht mehr erreichen.

Die eigentlichen Wahlverlierer waren aber die „Mittelparteien" – die Freikonservativen und die Nationalliberalen –, denen es nicht gelang, traditionelle Wählerschichten, vor allem in ländlichen Bereichen des Kreises Witzenhausen, anzusprechen. Eine Ursache ist sicherlich in der Person des Kandidaten zu suchen. Der einheimische Hermann v. Christen hatte auf die ländliche Bevölkerung viel mehr integrierend gewirkt, als es nun Carl Peters konnte, dessen Afrikapolitik zwar für einige Vortragsbesucher attraktiv, für die ländliche Bevölkerung aber wenig interessant war und eher befremdend wirkte.

5. Der Wahlkampf zur Stichwahl

Erstmalig hatten die Sozialdemokraten die Stichwahl erreicht; ein Faktum, das besonders bürgerliche Kreise in Unruhe versetzte. Für den Erfolg der SPD wurden in der Presse vornehmlich zwei Gründe ausgemacht. Zum einen wurde auf die schlechte Wahlbeteiligung hingewiesen, die die Sozialdemokraten angeblich begünstigt hatte, da deren Anhang angeblich mobilisierungsfähiger war als die bürgerliche Klientel[106]. Zum anderen wurde der geschickte und intensive Wahlkampf der Partei für den Wahlausgang verantwortlich gemacht[107]. Das amtliche Organ in Eschwege eruierte noch einen weiteren Grund für den sozialdemokratischen Erfolg und schrieb: „Der wesentliche Grund der Zunahme der sozialdemokratischen Stimmen gegen die vorige Wahl liegt darin, daß zur Zeit Hunderte von Arbeitern hier auf dem Lande sind, welche ... in der Großstadt arbeiteten. Diese Elemente sind bereits von der Luft der Großstadt vergiftet. Mit dem sozialdemokratischen Oel getränkt, haben sie monatelang die Agitation eifrig und in Stille betrieben und so auch manchen tüchtigen heimischen Arbeitsmann ... für ihre Parthei gewonnen"[108]. Die SPD wurde so als Produkt einer „vergifteten Großstadt" dargestellt, quasi als Krankheitserreger, der sich nun auf dem gesunden Lande verbreitet hatte.

Um die Sozialdemokraten in der Stichwahl zu schlagen, mußten sich ihre Gegner mehrere Aufgaben stellen. Einmal mußten bisherige Nichtwähler für die DSozRefP gewonnen, zum anderen der Versuch unternommen werden, den Sozialdemokraten Wähler zu entreißen. Ebenso wichtig war es, konservative bzw. linksliberale Wähler zugunsten Iskrauts zu mobilisieren. Um diese Ziele zu erreichen, wurden mehrere Konzepte durchdacht und Strategien entworfen. So forderte das Witzenhäuser Kreisblatt in Hinblick auf die Möglichkeiten

---

106 Eschweger Tageblatt und Kreisblatt 4.3.1895, Nr.53.
107 Stimmungsbericht aus Großalmerode; in: Witzenhäuser Kreisblatt 5.3.1895, Nr.28.
108 Eschweger Tageblatt und Kreisblatt 6.3.1895, Nr.55.

der Kirche hinsichtlich einer politischen Einflußnahme: „Den Herren Geistlichen bietet sich ein breites Feld des Schaffens, um aufklärend gegen die Irrlehren der Sozialdemokratie zu wirken und die scheinbaren Gegensätze zwischen Arm und Reich ... im Sinne des Christenthums nach Thunlichkeit zu überbrücken, ehe es zu spät ist"[109]. Dieser Rat war allerdings überflüssig, da bereits vorher viele Pfarrer zugunsten Iskrauts agiert hatten. Zum anderen gestaltete sich ein derartiger Vorschlag als besonders heuchlerisch, da im Vorfeld der Hauptwahl, gerade in Hinblick auf die Siegeschancen des freikonservativ-nationalliberalen Kandidaten, ein derartiges Agieren zugunsten der Antisemiten gerade von bürgerlicher Seite aus bitter beklagt worden war.

Auch die offene Erpressung potentieller Anhänger der Sozialdemokratie wurde von einigen Kräften ins Auge gefasst, wobei ein nicht genannter Einsender eines – möglicherweise fiktiven – Leserbriefes den Arbeitgebern empfahl, ihren Arbeitern mit Entlassung zu drohen, falls sie für die SPD stimmen würden[110]. Ein „Krieger von 1871" rief seine Kameraden auf, am Wahltage für Iskraut zu stimmen[111], die „Freiwillige Turner-Feuerwehr" erklärte, daß auch ihre jüdischen Mitglieder gegen die Sozialdemokratie[112] und damit – unausgesprochen – für die Antisemiten seien. Glaubt man einem Bericht der „Mittheilungen aus dem Verein zur Abwehr des Antisemitismus", gingen dieser Willensbekundung allerdings massive Ausschlußdrohungen seitens des Vorstandes gegen die jüdischen Mitglieder aus[113].

Die amtliche Zeitung in Eschwege beschwor gar düstere Zukunftsvisionen im Falle eines sozialdemokratischen Erfolges herauf: „Niedergebrannte Ortschaften, getödtete Männer, zerstörtes Eigenthum, das ist der Weg auf dem allein sie (die SPD; Anm. d. Vf.) ihre Pläne verwirklichen kann, alles andere ist Heuchelei und Lüge"[114]. Auch das Schmalkalder Tageblatt rief dazu auf, Iskraut zu unterstützen,

---

109 Stimmungsbericht aus Großalmerode, in: Witzenhäuser Kreisblatt 5.3.1895, Nr.28.
110 Eschweger Tageblatt und Kreisblatt 16.3.1895, Nr.64; Vgl. Mittheilungen aus dem Verein zur Abwehr des Antisemitismus, S.92.
111 Eschweger Tageblatt und Kreisblatt 15.3.1895, Nr.63.
112 Eschweger Tageblatt und Kreisblatt 16.3.1895, Nr.64.
113 Mittheilungen aus dem Verein zur Abwehr des Antisemitismus 23.3.1895, Nr.12.
114 Eschweger Tageblatt und Kreisblatt 16.3.1895, Nr.64.

um so einen Sieg der SPD zu verhindern[115]. Verschärft wurde das Klima noch durch eine Erklärung des freisinnigen Kandidaten Stengel, der seine Anhänger dazu aufrief, Huhn zu wählen[116]. Diese Stellungnahme erzürnte nicht nur Antisemiten und Konservative – auch die mit der DRP verbündeten Nationalliberalen konstatierten Stengels Wahlempfehlung ohne jegliche Freude. Obwohl sie im Vorfeld Iskraut und seine Anhänger energisch bekämpft hatten, so sah man nun einer möglichen Niederlage des Pfarrers in der Stichwahl mit Schaudern entgegen.[117]

Auch Wahlkampfveranstaltungen fanden wieder statt, obwohl die Zeitungen wenig darüber berichteten. Vermutlich hielt die SPD am 17.3. in Eschwege eine öffentliche Versammlung im „Gartenlokal Bartholomäus" ab[118]. Laut Anzeige fand in Eschwege am 6.3. eine Versammlung der Antisemiten statt[119], am 10.3. schließlich eine zweite[120], in der Liebermann v. Sonnenberg dazu aufrief, alles zu tun, um einen sozialdemokratischen Sieg zu verhindern. Am 12.3. agierte Liebermann zusammen mit dem Berliner Obermeister der Schuhmacher Schuhmann in Witzenhausen[121]. Besonders dieser blies kräftig in das antisemitische Horn, und griff – entgegen der sonstigen „zurückhaltenden Judenfeindlichkeit" der Antisemiten in diesem Wahlkampf – die Juden wieder offen an. Liebermann attackierte dagegen die Freisinnigen für die Wahlempfehlung ihres Kandidaten, da Stengel sich für Huhn ausgesprochen hatte. Die offene Judenfeindlichkeit in der Endphase des Wahlkampfes wurde auch in einer antisemitischen Anzeige in der amtlichen Eschweger Zeitung deutlich. Darin wurden die Juden als Förderer der Sozialdemokratie bezeichnet, die durch Erpressung und wirtschaftlichen Druck den Sieg der SPD erzwingen wollten[122]. Wie vergiftet und emotionsgeladen das allgemeine gesellschaftliche und politische Klima war, belegt nachdrücklich ein Vorfall, der sich in Hundelshausen im Kreis Wit-

---

115 Schmalkalder Tageblatt 4.3.1895, Nr.53.
116 Thüringer Hausfreund 1.3.1895, Nr.59.
117 Vgl. Stellungnahme der Nationalliberalen Korrespondenz; abgedruckt inm Schmalkalder Kreisblatt vom 5.3.1895, Nr.28.
118 Anzeige in der Fulda-Werra-Zeitung 16.3.1895, Nr.64.
119 Anzeige im Eschweger Tageblatt und Kreisblatt 5.3.1895, Nr.55.
120 Eschweger Tageblatt und Kreisblatt 11.3.1895, Nr.59.
121 Witzenhäuser Kreisblatt 14.3.1895, Nr.32.
122 Eschweger Tageblatt und Kreisblatt 16.3.1895, Nr.64.

zenhausen abspielte. Als ein Wirt heftig diskutierende Sozialdemokraten aus seinem Lokal wies, kam es zu einer Zusammenrottung mehrerer hundert Personen, die unter Hochrufen auf Huhn, den Ort durchzogen. Auch dem herbeigeeilten Bürgermeister gelang es nicht, die Menge aufzuhalten[123]. Dieser Vorfall zeigt, wie groß das Selbstbewußtsein der Sozialdemokraten geworden war. Andererseits mußte ein derartiger Vorfall andere Bürger verschrecken, schien er doch ein Vorbote eines drohenden Umsturzes zu sein. Die Wähler waren so in zwei Lager gespalten. Die Polarisierung war genauso groß wie in der Stichwahl 1890 zwischen Konservativen und Linksliberalen, eine Tatsache, die sich eindrucksvoll anhand der Inhalte der Wahlparolen belegen läßt. Auf konservativ-antisemitischer Seite hieß es: „... gegen die Sozialdemokratie! Drum vorwärts für Kaiser und Reich!"[124] Die Sozialdemokraten zeigten sich unbeeindruckt und konstatierten dagegen: „Im Sturme flattert die rothe Fahne, Hart ist der Weg und hoch ist das Ziel"[125]. Besonders die Wahlprognose der verantwortlichen Sozialdemokraten gestaltete sich allgemein ausgesprochen optimistisch. Wurde schon das Ergebnis der Hauptwahl als ein klatschender „Schlag des Volkes in das Gesicht der Reaktionäre"[126] gefeiert, so wurde der 18. März bereits vorzeitig zuversichtlich als ein „Siegestag der Provinz Hessen sowie der Deutschen Sozialdemokratie"[127] glorifiziert.

Am 18. März mußte sich schließlich zeigen, welche Partei ihren Kandidaten in den Reichstag schicken durfte. Wichtig war vor allem das Verhalten der Wähler, die bei der Hauptwahl der FrVP ihre Stimmen gegeben hatten. Würden sie der Empfehlung ihres Kandidaten Stengel folgen, würden sie der Wahl fernbleiben, oder würden sie sich gar für die Antisemiten entscheiden? Für viele Gegner der Antisemiten schien diese Frage bereits im Vorfeld der Stichwahl beantwortet. So konstatierte ein Einsender in den „Mittheilungen aus dem Verein zur Abwehr des Antisemitismus" siegessicher: „Der

---

123 Witzenhäuser Kreisblatt 21.3.1895, Nr.35.
124 Eschweger Tageblatt und Kreisblatt 16.3.1895, Nr.64.
125 1. Strophe eines Gedichtes im Schmalkalder Kreisblatt 16.3.1895, Nr.33.
126 Volksblatt für Hessen und Waldeck 2.3.1895, Nr.52.
127 Volksblatt für Hessen und Waldeck 16.3.1895, Nr.61.

Wahlkreis Eschwege-Schmalkalden ist für die Antisemiten ... verloren."[128]

6. Die Stichwahl und ihr Ausgang

a. Das Gesamtergebnis

Der Optimismus aller Gegner des politischen Antisemitismus sollte sich jedoch als unberechtigt erweisen. Zum zweiten Male konnte ein Antisemit den Kampf um das Reichstagsmandat der drei Kreise Eschwege, Schmalkalden und Witzenhausen zu seinen Gunsten entscheiden.

Im Gegensatz zu früheren Stichwahlen war die Wahlbeteiligung diesmal höher als bei der Hauptwahl. Die Sozialdemokraten konnten zwar über 1000 Stimmen dazugewinnen, trotzdem reichte es mit einem Anteil von 40,6%[129] nicht zum Sieg. Die Antisemiten konnten über 6000 neue Wähler gewinnen und kamen auf einen Stimmenanteil von 59,4%.

b. Kreis Eschwege

Im Kreis Eschwege war die Wahlbeteiligung im Vergleich zur Hauptwahl gestiegen. Während die Sozialdemokraten sogar Stimmeneinbußen hinnehmen mußten, legten die Antisemiten fast überall kräftig zu. Dabei kam Iskraut zugute, daß vornehmlich die konservative Wählerschaft fast geschlossen für ihn votierte. In der Kreisstadt selbst bekam die SPD zwar mit 50,7% eine knappe Mehrheit[130]; doch war der Stimmenzuwachs für die antisemitische Konkurrenz weitaus bemerkenswerter. Hatten bei der Hauptwahl nur 16% der Wähler für Iskraut votiert, so war es nun fast jeder zweite. Unterschiedlich gestalteten sich die Wahlresultate in den Dörfern der Umgebung. In Abterode konnte die SPD leicht zulegen und kam auf einen Stimmenanteil von 53,4%. Auch in Niederdünzebach/Oberdünzebach, Aue und Weidenhausen konnten Zuwächse registriert werden. Sonst aber mußten teils gravierende Verluste hingenommen werden, so in Frieda, Grebendorf und vor allem in Schwebda, wo die SPD fast die

---

128 Mittheilungen aus dem Verein zur Abwehr des Antisemitismus 9.3.1895, Nr.10 [S.74].
129 Berechnet nach Klein, Die Hessen als Reichstagswähler, S.237.
130 Berechnet nach ebd., S.239f.

Hälfte ihrer Wähler verlor und nur noch auf Stimmenanteil von 16,2% kam. Das Abstimmungsverhalten der freisinnigen Anhängerschaft stellte sich unterschiedlich dar; meist gingen sie aber, entgegen der Empfehlung des eigenen Kandidaten, in das antisemitische Lager über. Deprimierend für die SPD war auch das Wahlergebnis in Wanfried, wo sich mehr als die Hälfte ihrer Wähler aus der Hauptwahl von der Partei abwandte. Iskraut durfte sich dagegen der Unterstützung linksliberaler und konservativer Anhänger erfreuen. Dieser Trend läßt sich auch in den meisten anderen Orten nachweisen. Nicht allein die Tatsache, daß das „bürgerliche Lager" weitgehend geschlossen gegen die SPD stimmte bzw. den Antisemiten die Mobilisierung neuer Wähler gelang, war bemerkenswert. Schlimmer war für die Sozialdemokraten, daß viele Wähler aus dem ersten Wahlgang, möglicherweise eingeschüchtert von den Drohgebärden der bürgerlichen Presse und der antisozialdemokratischen Kräfte, der Arbeiterpartei nun wieder den Rücken kehrten.

c. Kreis Schmalkalden

Einen gänzlich anderen Ausgang nahm dagegen die Wahl im Kreis Schmalkalden, wo die SPD die Antisemiten um etwa 700 Stimmen übertreffen konnte. Ausschlaggebend für diesen Erfolg war das Verhalten der linksliberalen Anhängerschaft, die, anders als im Kreis Eschwege, in ihrer Mehrheit der Sozialdemokratie zulief. In Schmalkalden selbst erreichte Huhn mit einem Stimmenanteil von 76,3%[131] ein Traumergebnis, wobei einige freisinnige Wähler aus der Hauptwahl sich der Stimme enthielten, andere dagegen für Iskraut votierten. Die meiste entschieden sich aber für Huhn. Interessant ist, daß die Linksliberalen in den eher gewerblich bestimmten Orten sich leichter für eine Unterstützung der SPD gewinnen ließen als in – den wenigen – eher agrarisch geprägten Städten und Dörfern. So wählten, dem Gesamttrend im Kreis entgegengesetzt, in Barchfeld und Herrenbreitungen die Freisinnigen Iskraut und verhalfen ihm zu klaren Mehrheiten. Schenkt man einer Notiz der „Mittheilungen aus dem Verein zur Bekämpfung der Antisemiten" Glauben, so fand im Vorfeld der Stichwahl in Barchfeld eine massive Wahlbeeinflussung seitens der Spar- und Vorschußkasse (Raiffeisen) statt, die angeblich potentiellen SPD-Wählern mit der Kündigung ihrer Kredite drohte[132]. In Brotterode stimmten die linksliberalen Anhänger dagegen

---

131 Berechnet nach ebd., S.244.
132 Mittheilungen aus dem Verein zur Abwehr des Antisemitismus, S.92.

geschlossen für Huhn, der über 400 Stimmen und einen Anteil von 93% für sich verbuchen konnte. Ähnlich sah es in Kleinschmalkalden aus, wo Huhn auf einen Stimmenanteil von 63% kam, und in Seligenthal, wo sich insgesamt 64,5% der Wähler für die SPD entschieden. Unterschiedlich votierte die freisinnige Anhängerschaft im Steinbacher Grund. In Steinbach-Hallenberg ging sie teils zur SPD, teils aber zur DSozRefP über, die einen Stimmenanteil von 60,5% erreichte. In Unterschönau unterstützen die Freisinnigen fast geschlossen die Antisemiten, die dort 55,4% der Stimmen erhielten. Im Nachbardorf Oberschönau gingen freisinnige Stimmen dagegen primär an die SPD.

d. Kreis Witzenhausen

Obwohl die Sozialdemokraten Stimmengewinne für sich verbuchen konnten, waren die Antisemiten im Kreis Witzenhausen der große Wahlsieger. Iskraut fielen hier alle konservativen und auch die meisten freisinnigen Stimmen aus der Hauptwahl zu. Eine SPD-Hochburg blieb allerdings die Kreisstadt, in der fast 60%[133] der Wähler für Huhn stimmten. Ausschlaggebend für dieses Ergebnis war das Wahlverhalten der freisinnigen Anhängerschaft aus dem ersten Wahlgang, die nun mehrheitlich den sozialdemokratischen Kandidaten begünstigte. Erfolgreich schnitt Huhn auch in der engeren Umgebung Witzenhausens ab, so in Dohrenbach, Ermschwerd, Kleinalmerode, Roßbach und Unterrieden. Linksliberale Wähler wanderten auch in Großalmerode und Lichtenau zur SPD, die aber trotzdem deutlich hinter den Antisemiten zurückstehen mußte. In Allendorf konnte Huhn nicht einmal seine Stimmenzahl aus dem ersten Wahlgang halten. Für Iskraut, der am 28. Februar nur ein Zehntel der Wählerstimmen erhalten hatte, votierten nun fast 60% der Wähler, wobei sowohl die konservative als auch die linksliberale Anhängerschaft in das antisemitische Lager überging. Auch in den meisten Dörfern des Kreises, von der direkten Umgebung der Kreisstadt einmal abgesehen, gab es überwiegend Erfolge für die Antisemiten. So verbesserte Iskraut z.B. in Rommerode seinen Stimmenanteil von 26,7% auf 72,6%, wobei er von der Tatsache profitierte, daß viele SPD-Wähler aus dem ersten Wahlgang der Arbeiterpartei nun wieder den Rücken kehrten.

---

133 Berechnet nach Klein, Die Hessen als Reichstagswähler, S.241f.

e. Zusammenfassung

Der klare Sieg, den Iskraut errang, überraschte in seiner Deutlichkeit auch die Gegner der Sozialdemokratie. Ausschlaggebend für den erneuten Wahlerfolg der Antisemiten war zum einen – bei einer Wahlbeteiligung von 75,3% – die gelungene Mobilisierung zusätzlicher Wählergruppen, zum anderen das Eintreten zugunsten Iskrauts seitens der konservativen Anhängerschaft und der Mehrheit der linksliberalen Klientel. Das erkannte auch das „Schmalkalder Kreisblatt", das den Wahlausgang wie folgt kommentierte: „Der Freisinn von Eschwege und Witzenhausen und eine Anzahl von gewaltsam aufgerüttelten Gleichgültigen, die bei der Hauptwahl lieber zu Hause am warmen Ofen geblieben waren, haben Iskraut zum Siege verholfen."[134] Daß die meisten freisinnigen Wähler aus der Hauptwahl, entgegen der Empfehlung ihres Kandidaten Stengel, die Antisemiten unterstützten, hatte vorwiegend einen Grund: Es zeigte sich nämlich, daß die Angst vor Revolution und Umsturz auch in den Köpfen linksliberaler Anhänger saß. Auch offenbahrte sich deutlich, wie differenziert die freisinnige Klientel im Grunde genommen war. Der Beobachtung nämlich, daß besonders in ländlichen Regionen zugunsten der DSozRefP votiert wurde, steht die Tatsache gegenüber, daß sich die Liberalen derjenigen Orte, die primär durch Industrie und Gewerbe geprägt wurden, weitaus resistenter gegen den Antisemitismus erwiesen. Interessant ist übrigens, daß die Wahlentscheidung zahlreicher linksliberaler Anhänger im zweiten Wahlgang zugunsten Iskrauts von einigen Freisinnigen vehement geleugnet wurde. In einer Stellungnahme wurde behauptet, daß – verursacht durch massive Wahlbeeinflussung seitens einiger Fabrikanten, die angeblich ihren Arbeitern, im Falle eines Eintretens zugunsten der SPD mit der Entlassung gedroht hatten – ein großer Teil des sozialdemokratischen Anhanges ins antisemitische Lager übergelaufen sei[135].

Die Erfolge, die die SPD im ersten Wahlgang in vielen Orten errungen hatte, in denen sie traditionell immer schwach abgeschnitten hatte, ließen sich in der Stichwahl häufig nicht mehr wiederholen. Ob dieses tatsächlich auf die verschärfte Wahlagitation gegen die SPD, auf Druckmittel der Behörden oder lokaler Führungspersönlichkeiten – wie es die Deutung zahlreicher Stellungnahmen sowohl im Vorfeld der Stichwahl als auch danach nahelegt – oder einfach auf einen,

---

134 Schmalkalder Kreisblatt 21.3.1895, Nr.35.
135 Mittheilungen aus dem Verein zur Abwehr des Antisemitismus, S.101.

was allerdings eher unwahrscheinlich erscheint, tatsächlichen Sinneswandel der Wähler zurückzuführen ist, läßt sich schwerlich feststellen. Der mit zahlreichen Unregelmäßigkeiten des Wahlablaufes begründete Einspruch der SPD vor der Wahlprüfungskommission gegen die Gültigkeit des Wahlergebnisses, der im Anschluß der Wahl erfolgte, hatte im übrigen keine wirkliche Aussicht auf Erfolg und wurde erwartungsgemäß zurückgewiesen.[136]

Die Wahl von 1895 stellt trotzdem eine bedeutsame Zäsur in der Geschichte des Wahlkreises dar. Denn was sich bei dieser Wahl zeigte, sollte sich in der Zukunft mehrfach wiederholen. Zum einen war die Sozialdemokratie in der Region endgültig eine bedeutende Größe geworden und sollte es auch künftig bleiben. Zum anderen sollte sich das Phänomen der bürgerlichen Sammelbewegung gegen die SPD in der Stichwahl auch bei den folgenden Wahlen wiederholen.

---

136 Klein, Th., Hessen im Spiegel der Wahlprüfungsverfahren, in: Hessisches Jahrbuch für Landesgeschichte, Bd. 47, 1997, S.205-251, hier: S.226.

XII. Die Reichstagswahl 1898

1. Die Lage im Reich und die allgemeine Wahlbewegung

Geplante Maßnahmen gegen die Sozialdemokratie und wirtschaftliche Fragen standen auch 1898 im Mittelpunkt der Auseinandersetzungen zwischen den verschiedenen politischen Gruppierungen. Die von Beginn an als Übergangszeit konzipierte Kanzlerschaft des Reichskanzlers Hohenlohe-Schillingsfürst[1], die seit dem Scheitern der Umsturzvorlage ganz im Zeichen einer bürgerlichen Sammlungspolitik gegen die Sozialdemokratie stand, wurde immer mehr von neuen Angriffen gegen die SPD geprägt. Dabei diente dieses Vorgehen allerdings nicht allein der Bekämpfung eines erwarteten Umsturzes, sondern das neuerliche Agieren gegen die Sozialisten sollte auch die gegensätzlichen Kräfte innerhalb der „Sammlung" – allen voran Vertreter der Landwirtschaft und der Industrie – einen[2]. Anders als zur Zeit des Sozialistengesetzes wurde dieser Kampf gegen die Arbeiterpartei vom Reich in die Einzelstaaten verlegt. Im Jahre 1897 scheiterte in Preußen der Versuch, die Agitationsmöglichkeiten der SPD durch das sog. „kleine Sozialistengesetz", das zahlreiche Repressionsverordnungen beinhaltete, einzuschränken, am Widerstand des Zentrums und der liberalen Parteien, die fürchteten, selbst von diesen neuen Maßnahmen tangiert zu werden[3]. Trotzdem sahen sich sozialdemokratische Verbände und Organisationen zunehmend wieder Schikanen und Behinderungen ausgesetzt.

2. Die Nominierung der Kandidaten

Die Nominierung der Kandidaten für die Reichstagswahl 1898 fand früher statt als in den vorangegangenen Jahren. Die Antisemiten – diesmal erneut unter dem Namen Deutschsoziale Reformpartei – einigten sich schon im Oktober 1897 in Eltmannshausen auf die Nomi-

---

1   Baumgart, W., Chlodwig zu Hohenlohe-Schillingsfürst, in: Sternburg, W.v. (Hrsg.), Die deutschen Kanzler. Von Bismarck bis Schmidt, Frankfurt a.M. 1987, S.55-67, hier: S.65.
2   Stürmer, M., Das ruhelose Reich, Berlin 1983, S.278.
3   Born, K.E., Von der Reichsgründung bis zum Ersten Weltkrieg, München ¹⁰1985, S.214f.

nierung ihres siegreichen Kandidaten von 1895 Karl Iskraut[4]. Iskraut hatte nach seinem Wahlerfolg durch zahlreiche Prozesse gegen politische Gegner Aufmerksamkeit erregt[5] und auch sonst regen Kontakt zu seinem Wahlkreis gehalten.

Kandidat der Freisinnigen Volkspartei wurde der Justizrat, Rechtsanwalt und Notar Dr. Alfred Helff aus Frankfurt/Main[6]. Die Sozialdemokraten schickten den Zigarrenmacher Wilhelm Hugo ins Rennen, den Mann, der sich durch seine Agitationstätigkeit für die Entwicklung der SPD in der Region große Verdienste erworben hatte[7]. Die vereinigten Freikonservativen und Nationalliberalen zogen die Konsequenzen aus der letzten Wahlniederlage mit Carl Peters und stellten mit Hermann v. Christen in einer Versammlung in Niederhone am 23.2.1898 noch einmal ihren altbewährten Kandidaten auf[8]. Die Kandidatur v. Christens sollte vor allem die Attraktivität der Deutschen Reichspartei im ländlichen Raum wieder steigern. Anders als 1895 verzichteten Deutschkonservative und Nationalliberale diesmal sofort auf eigene Kandidaten und sicherten v. Christen ihre Unterstützung zu.

3. Der Wahlkampf und die Wahlkampfveranstaltungen

Von vornehmlicher Bedeutung für die beiden „Agrarparteien", die primär auf die Zustimmung ländlicher Wähler angewiesen waren, war die Stellungnahme des Bundes der Landwirte, der im Jahre 1895 die Antisemiten unterstützt hatte. Mit der Nominierung Hermann v. Christens hatten Freikonservative und Nationalliberale zumindest eine wichtige Voraussetzung dafür geschaffen, um nicht erneut die Gegnerschaft des mächtigen Bundes herauszufordern. Denn anders als Peters war v. Christen ja stets ein Symbol für eine ländliche Interessenvertretung gewesen. Auf der Wählerversammlung in Niederhone zeigten sich Freikonservative und Nationallibe-

---

4 Hessischer Volksbote 23.10.1897, Nr.48.
5 Hessischer Volksbote 1.2.1897, Nr.5.
6 Klein, Th., Die Hessen als Reichstagswähler. Tabellenwerk zur politischn Landesgeschichte 1867-1933, Bd.1: Provinz Hessen-Nassau und Waldeck-Pyrmont 1867-1918, Marburg 1989, S.242.
7 Hess, U., Die politischen Verhältnisse in der Stadt und im Kreis Schmalkalden, in: Beiträge zur Geschichte Schmalkaldens, hrsg. von der Leitung des Museums Schloß Wilhelmsburg o.J., S.88-103, hier: S.96f.
8 Witzenhäuser Kreisblatt 1.3.1898, Nr.26.

rale hinsichtlich der Verhaltensweise des Bundes der Landwirte sehr optimistisch. Die auf der Veranstaltung anwesenden Vertrauensmänner des Bundes erklärten, daß sie zwar der Bundesleitung nicht vorgreifen dürften, persönlich aber lieber v. Christen als Iskraut wählen würden[9]. Diese Erklärungen wurden als günstiges Signal für eine positive Wendung gewertet. Die Entscheidung fiel schließlich Anfang Juni. Am 2.6. veranstaltete der Bund der Landwirte eine Versammlung in Witzenhausen, zu der er alle Vertrauensmänner des Wahlkreises einlud. Auf der Tagesordnung standen die Reichstagswahl und die künftige Verhaltensweise des Bundes[10]. Zeitungsberichte über diese Versammlung liegen nicht vor, die regionalen Zeitungen schweigen sich erstaunlicherweise über den Verlauf der Versammlung aus. Betrachtet man aber die folgenden Wahlaufrufe für v. Christen, so läßt sich konstatieren, daß die Entscheidung des Bundes nicht zur Zufriedenheit der DRP ausfiel. Den Aufrufen läßt sich entnehmen, daß zwar einige Mitglieder die konservative Kandidatur unterstützten, nicht aber die Bundesleitung[11]. Einem antisemitischen Flugblatt zufolge hatte sich die Mehrheit der Vertrauensmänner am 2. Juni tatsächlich für Iskraut entschieden. Als Grund für diesen Beschluß wurde u.a. die Tatsache angeführt, daß v. Christen zwar seit 1894 Mitglied des Bundes war, sich aber seit diese Zeit nicht mehr um die Belange des Bundes gekümmert hatte. Angeblich war er sogar seit Jahren seinen Mitgliedsbeitrag schuldig geblieben[12].

Durch die Bundesentscheidung war die gleiche Situation entstanden wie 1895. Die Aufrufe einiger Bundesmitglieder zugunsten der Kandidatur v. Christens beweisen zwar, daß ebenso wie bei der letzten Wahl nicht alle Vertrauensmänner den Beschluß mittrugen. Trotzdem stellte die Entscheidung des Bundes der Landwirte aber zunächst eine deutliche Schwäche der Position der DRP und der Nationalliberalen dar. Iskraut dagegen durfte triumphieren; seine Aussichten auf einen erneuten Erfolg waren erheblich gestiegen.

Wie in den Jahren zuvor gab es zwischen den Parteien wieder erhebliche Differenzen, wobei sich der Wahlkampf schnell nach dem Motto gestaltete „Jeder jeden jeden – Alle gegen die Sozialdemokra-

---

9 Ebd.
10 Anzeige im Witzenhäuser Kreisblatt 2.6.1898, Nr.64.
11 z.B. Witzenhäuser Kreisblatt 14.6.1898, Nr.64.
12 Antisemitisches Flugblatt „Iskraut nicht Christen", in: Hessische Wahlen zum Deutschen Reichstag 1898 (Flugblattsammlung), Universitätsbibliothek Marburg.

tie". Die Bemühungen der DRP fußten auf der Politik der Sammlung, also auf einen Interessenausgleich zwischen Industrie und Landwirtschaft zum Schutze der nationalen Arbeit. Unter der Losung „Industrie und Landwirtschaft sind keine Gegner!" wurde – sowohl ganz im Interesse der Sammlungspolitik der Regierung als auch im Geiste des eigenen Parteiprogrammes, dem in diesem Jahr die Regierungsparole besonders nahe stand – auf den gegenseitigen Nutzen und auf die gegenseitige Abhängigkeit beider Erwerbszweige hingewiesen[13]. Den Freisinnigen wurde vorgeworfen, die Landwirtschaft zu vernachlässigen und mit der Politik des Freihandels eine einseitige Interessenpolitik zu betreiben[14]. Gegen Iskraut und die Antisemiten wurde vorgebracht, daß ihre Handlungsweise zu ungestüm und für eine „ruhige und zielbewußte Entwicklung" des Staatswesens nicht geeignet sei[15]. Dem Antisemitismus Iskrauts und seiner Gesinnungsgenossen wurde allerdings ein eigener – scheinbar etwas gemäßigterer – Antisemitismus entgegengesetzt. So hieß es in einem Aufruf für v. Christen: „Auch wir sind Gegner eines jüdischen Einflusses, soweit er unser christliches und nationales Empfinden verletzt und der wirtschaftlichen Entwicklung zum Nachteil gereicht. Aber einer demagogischen Verhetzung des Volkes in jeder Hinsicht treten wir entgegen"[16]. Hinsichtlich der „Verhetzung des Volkes" konstatierte die DRP eine Wesensverwandtschaft zwischen Antisemitismus und Sozialdemokratie und schloß nicht aus, daß bei einer Stichwahl antisemitische Wähler die SPD unterstützen könnten[17].

Die FrVP sah, wie schon in den Jahren zuvor, das Wahlrecht und die Meinungsfreiheit durch die anderen Parteien bedroht[18]. Wirtschaftspolitisch machten sich die Freisinnigen wieder für eine Stärkung von Handel und Gewerbe stark[19]. Allerdings wurde im Hinblick auf ländliche Wähler auch die Förderung der Landwirtschaft in Aussicht ge-

---

13 Konservatives Flugblatt „Sind Industrie und Landwirtschaft Gegner?, in: Hessische Wahlen zum Deutschen Reichstag 1898.
14 Ebd.
15 Konservatives Flugblatt „Mitbürger! Patrioten!", in: Hessische Wahlen zum Deutschen Reichstag 1898.
16 Eschweger Tageblatt und Kreisblatt 27.5.1898, Nr.122.
17 Konservatives Flugblatt „Mitbürger! Patrioten!", in: Hessische Wahlen zum Deutschen Reichstag 1898.
18 Fulda Werra Zeitung 6.5.1898, Nr.105.
19 z.B Anzeige im Thüringer Hausfreund 9.6.1898, Nr.132.

stellt[20]. Den Versuchen der Agrarier, eine Stärkung der Landwirtschaft auf Kosten der Handelsverträge zu erreichen, wurde aber eine klare Absage erteilt[21]. So sprachen die Freisinnigen von einer agrarischen Gefahr und zeichneten düstere Zukunftsvisionen. Die Fulda Werra Zeitung schrieb: „Die Ziele der Agrarier gehen ferner dahin, den Preis des Getreides auf eine übermäßige Höhe zu schrauben, um dem Großgrundbesitzer eine Rente zu sichern, welche ihm jederzeit ein sorgloses und genußreiches Dasein zu sichern vermag. Dieses Ziel bedeutet aber die unrechtmäßige Begünstigung weniger auf Kosten der großen Masse des Volkes".[22] Den Konservativen und Antisemiten, die sie als Handlanger der Agrarier betrachteten, warf die FrVP provokativ und in der Sache überspitzt vor, Deutschland wieder in einen reinen Agrarstaat verwandeln zu wollen[23].

Unter dem Motto „Tod der Noth und dem Müßiggang"[24] traten die Antisemiten wieder für eine Stärkung der Landwirtschaft und des Mittelstandes ein. Gleichzeitig wandten sie sich gegen das Judentum und seinen angeblich „das Deutschthum schädigenden Einfluß"[25]. Wie schon einmal geschehen, wurde in diesem Zusammenhang zunächst das Gerücht gestreut, der linksliberale Kandidat sei Jude. Als dieses widerlegt war, wurde im offiziellen Parteiorgan der DSozRefP die berufliche Zusammenarbeit Helffs mit einem jüdischen Rechtsanwalt attackiert[26].

Das antisemitische Programm vereinte wie schon in den vorangegangenen Jahren mehrere Elemente. So stellte sich Iskraut als Kämpfer für Kaiser und Reich und als entschiedener Verfechter des Christentums dar, wobei er für die Wiedereinführung der christlichen Trauung und des christlichen Eides eintrat[27]. Auch die antikapitalistische Komponente blieb Bestandteil der antisemitischen Propaganda,

---

20 Fulda Werra Zeitung 21.5.1898, Nr.117.
21 Fulda Werra Zeitung 28.5.1898, Nr.123.
22 Fulda Werra Zeitung 7.6.1898, Nr.130.
23 Ebd.
24 Antisemitischer Aufruf im Schmalkalder Tageblatt 2.6.1898, Nr.26.
25 Schmalkalder Tageblatt 14.6.1898.
26 Hessischer Volksbote 29.1.1898, Nr.5.
27 Bericht über die antisemitische Versammlung in Unterschönau im Schmalkalder Tageblatt 23.5.1898, Nr.118.

in der Iskraut z.B. die Verdrängung der kleinen Geschäfte durch die großen Versand- und Warenhäuser anprangerte[28].

Wie in den vorangegangenen Jahren gab es also wieder genügend Streitpunkte zwischen den Parteien. Überschattet wurden diese Auseinandersetzungen aber durch ein gemeinsames Anliegen: den Kampf gegen die Sozialdemokratie, deren Vertreter 1895 erstmalig im Wahlkreis Kassel 4 die Stichwahl erreicht und bürgerliche Kreise in Angst und Schrecken versetzt hatte. Der Abstand zu den anderen Parteien war so groß gewesen, daß in diesem Jahr auch dem allergrößten Optimisten auf Seiten der SPD-Gegner klar sein mußte, daß die Sozialdemokraten es diesmal wieder schaffen würden. So wurde die SPD folgerichtig von allen Seiten scharf angegriffen. Konservative, Antisemiten und Freisinnige überboten sich gegenseitig im Zeichnen von düsteren Zukunftsvisionen im Falle eines sozialdemokratischen Sieges. „Die Sozialdemokratie ist gegen den König!" verkündete ein konservatives Flugblatt empört und setzte sich kritisch mit der Haltung der Sozialdemokraten zur Monarchie auseinander[29]. Die Forderung der Sozialdemokraten nach Abschaffung der Monarchie zugunsten einer auf politischer Gleichberechtigung beruhenden Gesellschaftsordnung wurde als unglaubwürdig und unrealisierbar bezeichnet. Den Sozialdemokraten wurde vorgeworfen, in Wahrheit keine Gleichheit aller Menschen zu wollen, sondern lediglich danach zu streben, eine Herrschaft durch eine andere ersetzen zu wollen. So wurde ihnen allen Ernstes vorgeworfen, an die Stelle Wilhelms II. Bebel oder Liebknecht setzen zu wollen[30]. Ein weiterer Vorwurf gegen die SPD war deren internationale Ausrichtung, die die konservativen Gegner zu folgender Aussage veranlaßte: „Die Sozialdemokratie ist gegen das Vaterland! ... Unter der roten Fahne berauschen sie sich am Taumelkelch einer Völkerverbrüderung, die nie eintreten kann, und bei der die dummen Deutschen die Zeche zahlen sollen".[31] Auch das sozialdemokratische Verhältnis zur Religion war Grund für erbitterten Widerstand und veranlaßte die Gegner zu folgender Äußerung: „Die Sozialdemokratie ist gegen Gott".[32] Am hef-

---

28 Schmalkalder Tageblatt 14.6.1898, Nr.136.
29 Konservatives Flugblatt „Mit Gott für König und Vaterland", in: Hessische Wahlen zum Deutschen Reichstag 1898; es ist bemerkenswert, daß der Titel „König" und nicht „Kaiser" gewählt wurde.
30 Ebd.
31 Ebd.
32 Ebd.

tigsten wurden aber wieder die antikapitalistischen Vorstellungen der Sozialdemokraten angegriffen. Der SPD wurde vorgeworfen, nicht nur gegen die Reichen zu sein, sondern auch gegen die kleinen Leute. Das „Eschweger Tageblatt und Kreisblatt" schrieb: Sie alle (kleine Grundbesitzer und Handwerker, Anm. des Vf.) müßten das, was sie und ihre Eltern und Vor-Eltern mit Fleiß und Sparsamkeit erworben haben, hergeben".[33]

Um die SPD insgesamt zu diskreditieren, griffen ihre Gegner sogar zu einer Methode, die sie sonst gerade der Sozialdemokratie unterstellten. Sie schürten den Sozialneid, indem sie in einem Flugblatt den sozialdemokratischen Führern vorwarfen, in Saus und Braus zu leben[34]. Die antikapitalistische Position der SPD wurde vornehmlich von der FrVP angegriffen. In einem freisinnigen Flugblatt, das die Gegensätze zwischen Arbeitnehmern und Arbeitgebern bestritt und das Bild einer konfliktfreien und harmonischen Gesellschaftsordnung zeichnete, hieß es: „Bedenkt, daß ihr zusammengehört! Die revolutionäre Sozialdemokratie ist es, welche zwischen Euch die Feindschaft trägt und Euch von einander trennen will".[35] Ein anderes freisinniges Flugblatt wies auf die Einschränkung der allgemeinen Freiheit zugunsten einer Diktatur hin, die ein sozialdemokratischer Sieg angeblich zur Folge hatte. So war zu lesen: Jeder Mann und jede Frau wird dem Staat arbeitspflichtig und muß infolge dessen diejenige Arbeit verrichten, die ihm vom Staat als dem einzigen Arbeitgeber angewiesen wird. Jedermann gelangt dadurch in eine sklavische Abhängigkeit von der sozialistischen Staatsregierung, weil es unmöglich ist, irgend einen andren Privatdienst zu finden."[36]

Die Vorwürfe gegen die Sozialdemokratie waren also breit gestreut. Dem Wähler und Konsumenten dieser Propaganda bot sich so das Schreckensbild einer gottlosen und vaterlandsverneinenden Diktatur. Daß Zitate aus sozialdemokratischen Schriften oft ohne Zusammenhang gebracht wurden und teilweise etliche Jahre alt waren, spielte für die Gegner keine Rolle. Einen Tag vor der Wahl erschien im „Eschweger Tageblatt und Kreisblatt" ein Aufruf, der alle Vorwürfe

---

33 Eschweger Tageblatt und Kreisblatt 4.6.1898, Nr.128.

34 Konservatives Flugblatt „Bürger! Patrioten!", in: Hessische Wahlen zum Deutschen Reichstag 1898.

35 Freisinniges Flugblatt „Arbeitnehmer und Arbeitgeber, in: Hessische Wahlen zum Deutschen Reichstag 1898.

36 Freisinniges Flugblatt „Sozialdemokratie und Freisinn", in: Hessische Wahlen zum Deutschen Reichstag 1898.

gegen die SPD noch einmal auf einen Nenner brachte. Darin hieß es: „Mitbürger! Der Tag der Entscheidung ist gekommen! Stehet zusammen gegen jenen gottlosen Haufen verblendeter Menschen, der es wagt, Eure heiligsten Güter anzutasten, der sich nicht scheut, die geheiligste Person Eures Kaisers herabzuziehen, der unsere Kultur, die Errungenschaften heißer Kämpfe und harter Arbeit in vielen Jahrhunderten zertrümmern will. ... Also auf zur Wahl mit Gott, für König und Vaterland!"[37]

Waren die Angriffe auf die Sozialdemokraten häufig unberechtigt und fast immer maßlos überzogen, so trugen diese doch zu einem gewissen Grade selbst Schuld daran. Denn auch der Wahlkampf seitens der SPD wurde mit äußerst polemischen Mitteln geführt. In sozialdemokratischen Flugblättern tauchte nicht selten ein Vokabular auf, das nur zu sehr dazu geeignet war, die Gegner in Angst und Schrecken zu versetzen. So bemühte sich die sozialdemokratische Propaganda herauszustellen, daß der gesellschaftliche Zustand, der freisinnigen Vorstellung völlig entgegengesetzt, von einem Gegensatz zwischen Herrschern und Beherrschten geprägt war, wobei die ersteren auf Kosten der unterdrückten Mehrheit leben sollten. Auch in der Kennzeichnung der Gegner befleißigten sich die Sozialdemokraten nur äußerst selten der Zurückhaltung. In einem, vorwiegend wohl an ländliche Wähler gerichteten Flugblatt, war über die Konservativen zu lesen: „Denkt zurück an die Vorfahren dieser Partei; die Raubritter, die die einstmals freien Bauern zu ihren Leibeigenen machten und die arbeitsamen Kaufleute auf den Landstraßen überfielen und plünderten! Mord, Raub und Todtschlag war ihr Handwerk. Denkt an die Unersättlichkeit und Ausplünderungspolitik der Sprösslinge jenes Raubgesindels, welche heute noch des Volkes Taschen plündern."[38] Der konservativen Selbstdarstellung als Partei der Ordnung und des Rechtes wurde manipulativ-geschickt ein ganz anderes Bild entgegengesetzt, wonach die Konservativen nicht mehr als Bewahrer von Recht und Ordnung, sondern im Gegenteil als Garanten von Willkür, Unrecht und Ausbeutung erschienen.

Den Freisinnigen wurden dagegen vornehmlich ihre wirtschaftlichen Praktiken vorgeworfen. So hieß es über die FrVP: „Denkt daran, daß die freisinnigen Fabrikanten und Händler Euch geradeso rechtlos

---

37 Eschweger Tageblatt und Kreisblatt 15.6.1898, Nr.37.

38 Sozialdemokratisches Flugblatt „Auf zur Wahl. Ein ernstes Wort zu letzter Stunde, in: Hessische Wahlen zum Deutschen Reichstag 1898.

und brutal behandeln, als die konservativen Großgrundbesitzer."[39] So wie das bürgerliche Lager einen sozialdemokratischen Erfolg als Katastrophe ansah, so zeichnete die SPD ein düsteres Zukunftsbild für den Fall einer sozialdemokratischen Niederlage, das sich folgendermaßen gestaltete: „Wild und wüst giert das unersättliche Junkerthum, der Kapitalismus nach dem Blut der Enterbten, der Armen, nach ihren Weibern und Kindern ... Wenn es nicht gelingt, morgen, am 16. Juni, dem Wahltag, die freche Sippe aufs Haupt zu schlagen, dass ihr Hören und Sehen vergeht, dann wehe dem deutschen Arbeitervolke!"[40]

Wofür traten die Sozialdemokraten nun im einzelnen ein? Die Forderungen der SPD im Jahre 1898 waren im wesentlichen identisch mit ihren Zielen der vorangegangenen Jahre. Erneut kämpfte sie für die Aufrechterhaltung des allgemeinen und gleichen Wahlrechtes, das sie hauptsächlich durch Konservative und Antisemiten bedroht sah[41]. Ebenso setzte sie sich gegen eine weitere Verteuerung der Nahrungsmittel ein, als deren Ursache sie die Wirtschaftspolitik der Konservativen ausmachte[42]. Weiterhin spielte die traditionelle antimilitaristische Haltung der Partei wieder eine bedeutende Rolle, ebenso wie der Kampf für die Erhaltung des Koalitionsrechtes und der Freizügigkeit[43]. So sah sich die Sozialdemokratie durch die Pläne der Reichsregierung grundsätzlich in ihrer Existenz gefährdet. Das „Volksblatt für Hessen und Waldeck" schrieb: „Die Grundlagen für die gesetzliche Weiterentwicklung der Sozialdemokratie, ja unseres ganzen Staatswesens sind bedroht!"[44] Da – ebenso wie schon 1895 – die Zielgruppe der sozialdemokratischen Propaganda nicht mehr allein die Arbeiterschaft war, sondern auch die ländliche Bevölkerung angesprochen wurde, galt es gerade hier zu neuen Agitationsinhalten überzugehen. Besonders wichtig war es gerade auf dem Lande, das alte antichristliche Image abzulegen. Ein der SPD nahestehen-

---

39 Ebd.
40 Ebd.
41 Sozialdemokratisches Flugblatt „An alle Reichstagswähler des Wahlkreises Eschwege-Witzenhausen-Schmalkalden. Auf zur Wahl", in: Hessische Wahlen zum Deutschen Reichstag 1898.
42 Sozialdemokratisches Flugblatt „An die Wähler des Reichstagswahlkreises Eschwege-Witzenhausen-Schmalkalden", in: Hessische Wahlen zum Deutschen Reichstag 1898.
43 Sozialdemokratisches Flugblatt „Auf zum Kampf. Ein ernstes Wort zur letzten Stunde", in: Hessische Wahlen zum Deutschen Reichstag.
44 Volksblatt für Hessen und Waldeck 3.5.1898, Nr.102.

der Einsender im „Volksblatt für Hessen und Waldeck" konstatierte sogar eine grundsätzliche Wesensgleichheit zwischen Christentum und Sozialdemokratie[45].

Neben den Wahlkampfveranstaltungen, auf die im folgenden noch eingegangen wird, war die Flugblattverbreitung das wichtigste Mittel sozialdemokratischer Agitation. Über das Ausmaß der Verteilung des Propagandamaterials gibt eine Notiz des „Volksblattes für Hessen und Waldeck" Auskunft, in der die Rede von über 20000 Exemplaren ist[46]. Da dieses schon Ende Mai geschah, ist mit Sicherheit davon auszugehen, daß die tatsächliche Zahl der bis zur Wahl bzw. bis zur Stichwahl verteilten Flugblätter erheblich höher war. Wie schon bei den vergangenen Wahlen verlief die Verbreitung nicht immer problemlos. So hieß es z.B. im „Volksblatt": „... in Altenburschla hetzte der Gutsbesitzer die bei ihm beschäftigten Pollacken mit Knütteln unseren Genossen auf den Hals."[47] Dieser Vorgang brachte die Sozialdemokraten so auf, daß sie hinsichtlich der Wortwahl ihrer Verlautbarungen die polnischen Fremdarbeiter betreffend ihre altbekannte internationale Solidarität vergaßen.

In anderen Orten versuchten Bürgermeister und Gendarmen unter fadenscheinigen Vorwänden, das Verteilen sozialistischer Druckerzeugnisse zu verhindern[48]. Besonders gegen das Austragen sozialdemokratischer Flugblätter am Sonntag wurde energisch vorgegangen[49]. Trotz all dieser Behinderungen ist aber wohl davon auszugehen, daß die meisten sozialdemokratischen Flugblätter ihren Weg zu ihren Adressaten fanden und der gesamte Wahlkreis flächendeckend mit Propagandamaterial überschüttet wurde[50].

Der Wahlkampf, den alle Parteien durch Zeitungsanzeigen, das Schreiben von Leserbriefen, Repliken und Gegenrepliken sowie das Verbreiten von Flugblättern und Wahlplakaten betrieben, wurde auch in diesem Jahr wieder von Wahlversammlungen begleitet, wobei die Berichterstattung der Medien erneut recht spärlich blieb. Am besten dokumentiert sind die freisinnigen Versammlungen. Mitte Mai sprach

---

45 Volksblatt für Hessen und Waldeck 27.5.1898, Nr.122.
46 Volksblatt für Hessen und Waldeck 25.5.1898, Nr.120.
47 Volksblatt für Hessen und Waldeck 12.5.1898, Nr.110.
48 Volksblatt für Hessen und Waldeck 18.5.1898, Nr.115; 25.5.1898, Nr.120.
49 Bericht des Witzenhäuser Landrates an den Regierungspräsidenten vom 28.5.1898, StA Marburg, Best.165, Nr.692, Bd.32.
50 Vgl. Thüringer Hausfreund 23.5.1898, Nr.118.

der Spitzenkandidat der FrVP,Helff, in Fambach[51], am 22.5. stellte er sich seinen Anhängern in Schemmern und Waldkappel vor[52]. In Waldkappel kam es zu Unruhen, da Sozialdemokraten versuchten, einen ordnungsgemäßen Verlauf der Versammlung zu verhindern. Einen Tag später präsentierte sich Helff in Bischhausen[53], bevor er sich wieder dem Kreis Schmalkalden zuwandte, wo er am 25.5. in Herges-Vogtei[54] und am 26.5. in Rotterode und Altersbach[55] sprach. Am 1.6. fanden freisinnige Veranstaltungen in den Orten Barchfeld und Herrenbreitungen statt[56], in denen – im Gegensatz zu fast allen anderen Orten des Kreises – die Landwirtschaft weiterhin von Bedeutung war. In Barchfeld störten antisemitische Anhänger den Vortrag des Referenten durch „fortwährendes Gemurmel in der äußersten Ecke des Saales".[57] Am 9. Juni fand sich Helff schließlich in Schmalkalden selbst ein, wo er im dortigen Rathaus zugunsten der Handelsverträge und der Aufrechterhaltung des allgemeinen gleichen Wahlrechtes sprach[58]. Besonders scharf grenzte Helff seine Partei, trotz eindeutiger Übereinstimmung in Wahlrechtsfragen, von der Sozialdemokratie ab.

Der Kreis Witzenhausen wurde zuletzt mit Helffs Besuch bedacht. Am 11.6. redete der linksliberale Spitzenkandidat in Großalmerode, am 13.6. trat er in der Kreisstadt als Redner auf[59]. Die Reden sind nicht genau überliefert, doch läßt sich anhand der knappen Berichterstattung der Zeitungen zumindest vermuten, daß Helff im Kreis Witzenhausen nationalere Töne anschlug als in den Kreisen Eschwege und Schmalkalden. In der Kreisstadt präsentierte er sich angeblich als Anhänger eines starken Heeres und einer Flottenvergrößerung[60].

---

51 Fulda Werra Zeitung 16.5.1898, Nr.113.
52 Fulda Werra Zeitung 24.5.1898, Nr.119.
53 Ebd.
54 Fulda Werra Zeitung 26.5.1898, Nr.121.
55 Fulda Werra Zeitung 27.5.1898, Nr.122.
56 Fulda Werra Zeitung 2.6.1898, Nr.126.
57 Ebd.
58 Thüringer Hausfreund 10.6.1898, Nr.133.
59 Witzenhäuser Kreisblatt 16.6.1898, Nr.70.
60 Ebd.

Den Abschluß der freisinnigen Wahlschlacht bildete schließlich eine große Versammlung in Eschwege am 14.6.[61].

Über Wahlveranstaltungen der Deutschen Reichspartei läßt sich anhand der ausgesprochen spärlichen Berichterstattung, auch durch die konservative Presse, wenig sagen. Am 24. Mai sprach Hermann v. Christen im Bergschlößchen zu Niederhone, wo er den Kampf gegen die Sozialdemokratie als Hauptaufgabe seiner Partei bezeichnete[62]. Die meisten freikonservativen Wahlveranstaltungen fanden vermutlich erst kurz vor der Wahl statt. Am 11.6. wurde wahrscheinlich eine Versammlung in Eschwege abgehalten[63], am 11.6. sprach v. Christen in Großalmerode und am 14.6. in Witzenhausen[64]. Auch in Witzenhausen griff der freikonservative Kandidat die Sozialdemokratie an. Vielmehr hatte er aber wohl nicht zu sagen, denn das Witzenhäuser Kreisblatt konstatierte: „Die politische und soziale Gesinnung des Herrn v. Christen ist besonders den Bewohnern des Kreises Witzenhausen so bekannt, daß er es mit Recht für nicht erforderlich erachtete, nochmals sein Programm ausführlich zu entwikkeln."[65] Wahrscheinlich fand auch in Schmalkalden eine Versammlung der DRP statt.

Auch über die antisemitischen Wahlversammlungen wurde in den Medien fast nichts berichtet. Vermutlich fanden aber zumindest in den Städten und den größeren Dörfern Veranstaltungen dieser Partei statt. Die Zeitungen vermerkten antisemitische Versammlungen in Steinbach-Hallenberg[66], Mittelstille[67] und Mittelschmalkalden[68]. Auf all diesen Versammlungen fiel Iskraut dadurch auf, daß er gleichermaßen gegen Sozialdemokraten, Freisinnige, Großkapitalisten und Spekulanten hetzte.

Über die Intensität der sozialdemokratischen Versammlungen gibt ein Flugblatt Auskunft, in dem den Wählern folgendes verkündet wurde: „Wähler! Während wir im Kreise Schmalkalden fast überall

---

61 Fulda Werra Zeitung 15.6.1898, Nr.137.
62 Witzenhäuser Kreisblatt 26.5.1898, Nr.62 (Beilage).
63 Anzeige im Eschweger Tageblatt und Kreisblatt 8.6.1898, Nr.131.
64 Witzenhäuser Kreisblatt 16.6.1898, Nr.70.
65 Ebd.
66 Thüringer Hausfreund 24.5.1898, Nr.119.
67 Fulda Werra Zeitung 27.5.1898, Nr.122.
68 Thüringer Hausfreund 26.5.1898, Nr.121.

Versammlungen abhalten konnten und abgehalten haben, war es uns im Kreise Eschwege und Witzenhausen fast unmöglich. Nur in 4 Orten des Kreises Eschwege konnte unser Kandidat sprechen. Im Kreise Witzenhausen ausser der Stadt gar nicht. Ueberall sind uns die Lokale abgetrieben worden; und wo wir Plätze hatten, sind die Versammlungen nicht genehmigt worden."[69] Das Flugblatt läßt sich nicht genau datieren, vermutlich wurde es aber kurz vor dem Wahltag in Umlauf gebracht. Einem Bericht des „Volksblattes für Hessen und Waldeck" zufolge hielt sich Hugo aber auch in Rommerode, Großalmerode, Hoheneiche, Datterode, Röhrda, Netra, Grandenborn und Renda auf[70]. Möglicherweise trug er hier die politische Auseinandersetzung in die gegnerischen Veranstaltungen. Die Versammlung in Eschwege fand vermutlich am 27.5. statt[71]. Am 8.6. sprach Hugo im „Rosenau" in Schmalkalden vor 700-800 Zuhörern[72]. Seine Rede in Witzenhausen fand am 11.6. statt[73].

Faßt man alle Wahlveranstaltungen und die eher spärliche Berichterstattung darüber zusammen, so muß konstatiert werden, daß spektakuläre Ereignisse im Jahre 1898 nicht stattfanden. Für den Kreis Witzenhausen läßt sich mit Sicherheit sagen, daß der Wahlkampf nicht nur ruhig verlief, sondern daß auch wenig Veranstaltungen stattfanden. So schrieb das „Witzenhäuser Kreisblatt – die massive Unterbindung sozialdemokratischer Versammlungen ignorierend – : „Der Wahlkampf ist wie fast überall so auch in unserem Kreise diesmal ziemlich ruhig verlaufen, was Jedermann als eine Wohlthat empfunden hat".[74] Einen ruhigen Wahlverlauf vermerkte auch der Eschweger Landrat in seinem Bericht an den Regierungspräsidenten. Den Sozialdemokraten bescheinigte er noch den größten Agitationsaufwand[75], obwohl diese, ihren eigenen Angaben zufolge, kaum Versammlungen abhalten konnten.

---

69 Sozialdemokratisches Flugblatt, „Auf zur Wahl!, Ein ernstes Wort zu letzter Stunde, in: Hessische Wahlen zum Deutschen Reichstag 1898.

70 Volksblatt für Hessen und Waldeck 6.6.1898, Nr.129.

71 Anzeige in der Fulda Werra Zeitung 28.5.1898, Nr.123; merkwürdigerweise wurde die Versammlung erst zwei Tage nach ihrem voraussichtlichen Stattfinden abgehalten. Entweder fand sie tatsächlich später statt, oder die Anzeige erschien irrtümlich – vielleicht sogar bewußt – zu spät.

72 Volksblatt für Hessen und Waldeck 10.6.1898, Nr.133.

73 Witzenhäuser Kreisblatt 16.6.1898, Nr.70.

74 Ebd.

75 Bericht des Eschweger Landrates an den Regierungspräsidenten vom 9. Juni 1898, StAM Best.165, Nr.692, Bd.32.

4. Die Wahl am 16. Juni 1898 und ihr Ausgang

a. Das Gesamtergebnis

Die Wahl vom 16.6 endete mit einer schweren Niederlage für die Antisemiten. Iskraut erhielt nur noch 17% der abgegebenen Stimmen und verfehlte damit klar die Stichwahl[76]. Die SPD blieb stärkste Partei und kam auf einen Stimmenanteil von 37%. Neben den Sozialdemokraten erreichte auch die Deutsche Reichspartei die Stichwahl, die sie 1895 verfehlt hatte.

b. Kreis Eschwege

Auch wenn sie im Vergleich zu 1898 Verluste hinnehmen mußten, bekamen die Sozialdemokraten erneut die meisten Stimmen. Erfolgreich war die SPD vor allem wieder in ihren alten Hochburgen. So erhielt Hugo in Eschwege Zuspruch von 40,4% der Wähler[77]. Am besten schnitt er dabei im 3. Wahlbezirk ab (64,9%), am schlechtesten traditionell im 1. Wahlbezirk (19,4%).

Auch in der Umgebung der Kreisstadt gab es wieder annehmbare Ergebnisse, so in Frieda (53,9%), Schwebda (41,1%), Oberhone (51,6%), Weidenhausen (49,2%) und Aue (45%). Nicht so gut gestaltete sich das Abschneiden der Sozialdemokratie im östlichen Werragebiet. In Wanfried bekam die SPD nur noch 10% der Stimmen; 1985 hatte sie in der Hauptwahl einen Anteil von 28,3% erzielt. In Altenburschla und Völkershausen bekam Hugo nicht eine einzige Stimme. Erfolgreich war die SPD aber wieder im Wohragebiet. So erreichte Hugo in Waldkappel einen Stimmenanteil von 45,6% und in Reichensachsen von 35,6%.

Ähnlich wie bei der Hauptwahl drei Jahre zuvor gestalteten sich die Ergebnisse im Ringgau-Gebiet wieder recht unterschiedlich. So gab es ein deutliches Gefälle hinsichtlich des sozialdemokratischen Stimmenanteils zwischen Orten wie Weißenborn (46,8%) und Röhrda (48,4%) einerseits und Dörfern wie Netra (4,4%) und Renda (7,5%) andrerseits. In der Schemmerngegend konnten die guten Resultate der Hauptwahl von 1895 nicht wiederholt werde. Sowohl in Kirchhosbach und Mitterode als auch in Burghofen und Schemmern gestalteten sich die Ergebnisse recht bescheiden. Teilweise recht

---

76 Berechnet nach Klein, Die Hessen als Reichstagswähler, S.242.
77 Berechnet nach ebd., S.243f.

annehmbar waren die Resultate für die SPD im Meißner-Vorland, so in Frankershausen und Hitzerode.

Der Zuspruch für den Linksliberalismus war in etwa konstant geblieben, wobei Helff in Eschwege 22,3% der Wähler hinter sich brachte. Unterschiedlich war sein Abschneiden in der Umgebung der Kreisstadt. Am erfolgreichsten gestaltete sich der Wahlausgang noch in Frieda und Schwebda, wo Helff jeweils ein Viertel der Wähler mit seinem Programm überzeugt hatte. Auch in Wanfried blieb das Ergebnis mit 22,6% im Vergleich zu 1895 ebenfalls passabel, ebenso in den alten freisinnigen Hochburgen Waldkappel und Bischhausen, wo ein weiterer Abstieg des Linksliberalismus verhindert werden

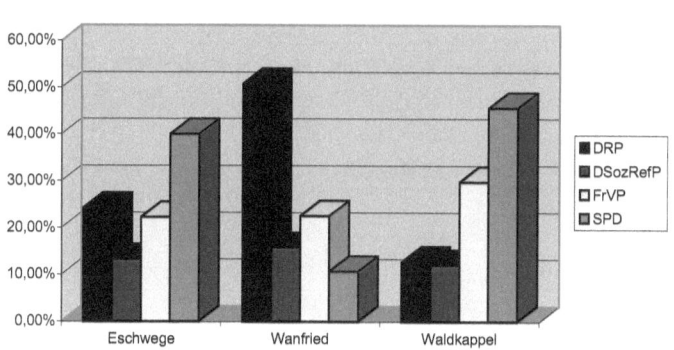

Die Reichstagswahl 1898 im Kreis Eschwege. Die Lage in den Städten

konnte.

Die bemerkenswerteste Tatsache im Kreis Eschwege war aber das Wiedererstarken des Konservatismus auf Kosten der Antisemiten. Während Hermann v. Christen die Niederlage seines Vorgängers Carl Peters mehr als wett machen konnte, mußte Iskraut geradezu erdrutschartige Verluste hinnehmen. So gelang es der DRP nicht nur in Wanfried mit einen Stimmenanteil von 50,9% (1895 26,4%) wieder die stärkste Kraft zu werden. Auch im Ringgau konnten alte Hochburgen den Antisemiten entrissen werden. So gab es für die DRP wieder beachtliche Ergebnisse in Herleshausen, Lüderbach, Archfeld/Frauenborn und Willershausen. In der Schemmerngegend konnte v. Christen ebenfalls gute Ergebnissse erzielen, so in Burghofen, Schemmern, Eltmannsee/Gehau und Friemen. Ebenso erfreulich gestaltete sich der Wahlausgang im Meißner-Vorland, wo in Wipperode (56,3%), Bernsdorf (60,9%), Wellingerode (59,3%), Albungen (44,8%) und Frankenhain (42%) die Resultate von 1895 meist übertroffen oder zumindest gehalten wurden.

Die konservativen Erfolge gingen Hand in Hand mit einer schweren Niederlage des politischen Antisemitismus, der im gesamten Kreis Boden preisgeben mußte. In der Kreisstadt und ihrer Umgebung waren die Antisemiten schon 1895 wenig erfolgreich gewesen, ein Zustand, der nun seine Fortsetzung fand. In Eschwege sank der Stimmenanteil für Iskraut auf 13,2%. In den umliegenden Dörfern gab es nur in Niederhone (24,8%) und Schwebda (22,3%) überdurchschnittliche Ergebnisse. Dafür schnitten die Antisemiten aber in Grebendorf (11,2%), Frieda (5,8%), Weidenhausen (8%), Oberhone (10,9%) und Aue (12,4%) denkbar schlecht ab.

In der Stadt Wanfried verlor Iskraut seine relative Mehrheit aus dem Jahre 1895 und erhielt nur noch 15,8% der Stimmen. Dagegen blieb das Wanfrieder Nachbardorf Altenburschla, in dem 9 von 10 Wählern Iskraut das Vertrauen schenkten, eine antisemitische Hochburg. Auch im südwestlichen Ringgau-Gebiet wurde noch weitgehend antisemitisch gewählt, wobei die DSozRefP sowohl in Holzhausen (97%), Unhausen (100%) und Nesselröden (44,7%) als auch in Markershausen (83,3%) und Breitzbach (50%) die stärkste Kraft darstellte.

In der Schemmerngegend und im Meißner-Vorland hatte der Antisemitismus aber zunächst einmal ausgespielt.

c. Kreis Schmalkalden

Der große Wahlsieger im Kreis Schmalkalden war die SPD, die ihr Ergebnis von 1895 deutlich verbessern konnte. Mit 46,5% entschied sich fast jeder zweite Wähler für die Arbeiterpartei. In Schmalkalden selbst stimmten 46,8% für Hugo[78]; in Brotterode, wo drei Jahre zuvor der große Brand die Einwohnerschaft in eine schwere Krise gestürzt hatte, entschieden sich sogar 66,1% der Wähler für die SPD. Auch in Barchfeld, das von allen vier Städten des Kreises am wenigsten von der Industrialisierung geprägt war, konnte mit 58,1% deutlich die absolute Mehrheit erzielt werden. Wahrscheinlich fanden zahlreiche Einwohner des Ortes ihr Auskommen in den thüringischen Nachbarregionen, womit sich eine Hinwendung zur Sozialdemokratie erklären ließe. Besonders erfolgreich gestaltete sich das Abschneiden der

---

78 Berechnet nach ebd., S.244f.

SPD auch in Steinbach-Hallenberg, wo die Arbeiterpartei bei einem Anteil von 47,8% im Vergleich zu 1895 einen Zusatz von etwa 20 Prozentpunkten verzeichnen konnte. Gewinne gab es fast auch in allen größeren Dörfern. So war Hugo überdurchschnittlich erfolgreich in Kleinschmalkalden, Herges-Vogtei und in Oberschönau. Einen großen Erfolg verbuchte er auch in den Dörfern des Trusegrundes, wo ein schweres Grubenunglück im Jahre 1897 der Sozialdemokratie besonders unter den Bergleuten weitere Anhänger zugeführt hatte[79]. Nimmt man die Dörfer der späteren Gemeinde Trusetal (Herges, Auwallenburg, Trusen, Elmenthal und Laudenbach) zusammen, so errang die SPD hier fast 70% (!) der Stimmen. Orte, in denen die SPD weiterhin wenig Anklang fand, gab es kaum noch. Ausnahmen bildeten Grumbach, Mittelstille und Springstille im Südkreis.

Der Linksliberalismus mußte nach seinem Zwischenhoch von 1895 wieder einen leichten Einbruch hinnehmen. Hatte die FrVP bei der vorangegangenen Wahl noch fast mit der SPD gleichgezogen, so war der Abstand zwischen den beiden Linksparteien zugunsten der Sozialdemokratie deutlich größer geworden. In der Kreisstadt ging die relative Mehrheit aus der Hauptwahl 1895 wieder verloren; immerhin entschieden sich aber fast 40% der Wähler für Helff, der damit um 10 Prozentpunkte über dem Kreisdurchschnitt lag. In der Umgebung Schmalkaldens gab es ebenfalls durchweg Stimmverluste. So konnten die Ergebnisse in Näherstille (24,7%) Altersbach (23,8%) und Schnellbach (40,7%) kaum befriedigen. Auch im Norden des Kreises fand der Linksliberalismus weniger Anklang als 1895. In der früheren Hochburg Brotterode ging die linksliberale Ära endgültig zu Ende. Nur noch 14,1% der Stimmberechtigten, die den Weg zur Wahlurne gefunden hatten, votierten hier für den Freisinn.

Im Steinbacher Grund gab es für die Anhänger der FrVP ebenfalls keinen Grund zum Jubeln. Hatte die Partei 1895 in Steinbach-Hallenberg noch 32,1% der Stimmen bekommen, so mußte sie sich jetzt mit einem Anteil von 22,6% begnügen. Lediglich in Barchfeld, wo 17,6% der Wähler den Linksliberalismus unterstützten, war ein leichter Aufwärtstrend sichtbar, der allerdings wenig tröstlich sein konnte.

---

79 Messerschmidt, J., 110 Jahre Sozialdemokratie in Trusetal. 1886-1996, unveröffentlichtes Manuskript (Mschr.), S.(7).

Die DRP konnte sich im Vergleich zur letzten Wahl verbessern, wenngleich nicht spektakulär. In den meisten Orten des Kreises fanden die Freikonservativen weiterhin wenig Anklang. Abgesehen von Brotterode (18,4%) blieben sie in den Städten ausgesprochen schwach. In Schmalkalden, Barchfeld und Steinbach-Hallenberg blieb der Stimmenanteil für die DRP unter 10%.

Überall bedeutungslos blieben die Antisemiten, die im Vergleich zur Hauptwahl von 1895 sogar noch Verluste hinnehmen mußten. Besonders in den Städten fielen die Ergebnisse für Iskraut ausgesprochen ungünstig aus. In Schmalkalden (3,5%) spielten die Antisemiten ebensowenig eine Rolle wie in Brotterode (1,5%). In Barchfeld (14,9%), wo Agrargewerbetreibende als Wähler vermutet werden dürfen, und in Steinbach-Hallenberg (20,5%), wo wahrscheinlich kleine Selbständige als Wählerpotential in Frage kommen, fielen die Ergebnisse noch vergleichsweise günstig aus, wenngleich Iskraut auch hier Verluste hinnehmen mußte. Auch wenn in einigen Dörfern Stimmen dazugewonnen werden konnten, blieben die Antisemiten im Industriekreis Schmalkalden weiterhin ohne große Resonanz. Im Kreisdurchschnitt entschied sich nicht einmal jeder zehnte Wähler für die DSozRefP.

Die Reichstagswahl 1898 im Kreis Schmalkalden. Die Situation in den Städten

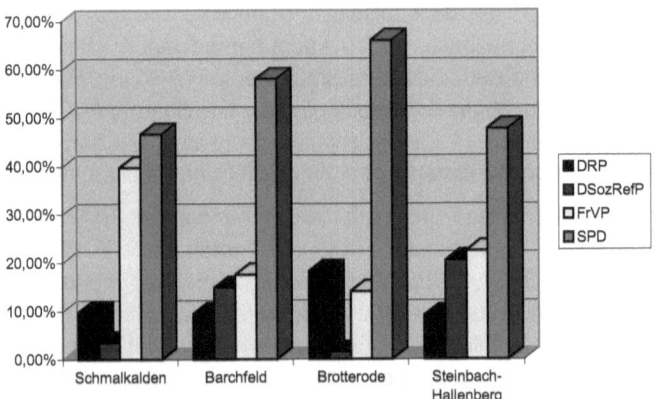

d. Kreis Witzenhausen

In Witzenhausen selbst konnten die Sozialdemokraten mit einem Stimmenanteil von 45,2%[80] ihr bisher bestes Ergebnis in einer Hauptwahl erzielen. Auch in den umliegenden Dörfern war die SPD erfolgreich. So erzielte Hugo in Bischhausen (38,5%), Blickershausen (40,9%), Ellingerode (48,8%), Ermschwerd (41,9%), Kleinalmerode (66,2%), Roßbach (59,1%) und Unterrieden (55,6%) überdurchschnittliche Resultate. Am besten schnitt der Kandidat der SPD in Dohrenbach (77,8%) und Hundelshausen (73,5%) ab.

Unterschiedlich gestalteten sich die Resultate in den drei anderen Städten des Kreises. Während die Sozialdemokraten in Lichtenau und Großalmerode ihren Stimmenanteil von 2,9% auf 12,9% bzw. von 21,5% auf 29,4% erhöhen konnten, mußte die Partei in Allendorf einen Verlust von fast 15 Prozentpunkten hinnehmen, obgleich die Zustimmung für die SPD mit 29,3% immerhin noch recht beachtlich blieb. In den Dörfern des Südkreises blieben die Ergebnisse für die SPD weitgehend stabil; teils gab es Gewinne, teils Verluste. Passable Ergebnisse waren in Rommerode (50,6%), Laudenbach (30,5%), Hausen (59,1%) und Fürstenhagen (33,4%) zu verzeichnen. Besonders erfreulich war das Ergebnis in Wickenrode bei Großalmerode, wo die Sozialdemokraten einen Stimmenanteil von 62,9% (1895 24,7%) erringen konnten.

Wie in den Jahren zuvor blieb die Zustimmung für den Linksliberalismus gering. Ihre besten Ergebnisse errang die FrVP traditionell in den Städten, obwohl es im Vergleich zu 1895 fast durchweg Verluste gab. Nur in Großalmerode konnten sich die Freisinnigen leicht verbessern, wobei sie einen Stimmenanteil von 21,1% erreichten. In Witzenhausen (21,3%), Allendorf (24,1%) und in dem stark agrarisch geprägten Lichtenau (12,9%) fand der Linksliberalismus aber weitaus weniger Anklang als noch drei Jahre zuvor. Auf dem Lande blieb die FrVP weiterhin völlig erfolglos. Wie schon in den Jahren zuvor war es dem Linksliberalismus nicht gelungen, größeren Zugang zu agrarischen Wählerschichten zu finden.

Das wichtigste Merkmal der Wahlen von 1898 im Kreis Witzenhausen war aber – ähnlich wie im Kreis Eschwege – das deutliche Erstarken der DRP und die gleichzeitige Niederlage der Antisemiten. In allen vier Städten konnte Hermann v. Christen die Resultate seines

---

80 Berechnet nach Klein, Die Hessen als Reichstagswähler, S.245.

Vorgängers Carl Peters übertreffen. In Großalmerode (40,7%) gewannen die Freikonservativen dir relative Mehrheit, in Witzenhausen (25,4%) und Allendorf (34,1%) waren die Ergebnisse ebenfalls sehenswert. Unbefriedigend mußte dagegen das Resultat in Lichtenau bleiben (13,6%), obwohl auch hier die DRP besser abschnitt als drei Jahre zuvor. Auch in den Dörfern gab es – meist auf Kosten der Antisemiten – fast überall Stimmengewinne.

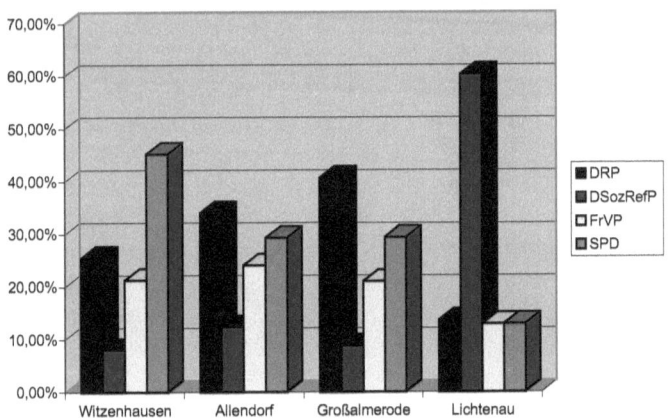

Die Reichstagswahl 1898 im Kreis Witzenhausen. Die Situation in den Städten

Für die DSozRefP war auch im Kreis Witzenhausen der Wahlausgang wenig erfolgreich. Hatte Iskraut drei Jahre zuvor Carl Peters deutlich übertreffen können, so fiel er nun knapp hinter dessen Nachfolger zurück. Besonders in den Städten machte sich der Abwärtstrend bemerkbar. Schon 1895 war die Zustimmung mit 13,3% der Wählerstimmen alles andere als befriedigend ausgefallen, so rutschte Iskraut nun sogar unter die 10%-Marke. Zwar konnten in Allendorf (12,4%) und Lichtenau (60,4%) – das antisemitische Hochburg blieb – in etwa gehalten werden. Dafür gab es aber in Großalmerode erdrutschartige Verluste. Hatte 1895 noch jeder vierte Wähler dem politischen Antisemitismus seine Stimme gegeben, so schenkte nun nicht einmal jeder zehnte Wahlberechtigte, der den Weg zur Wahlurne gefunden hatte, Iskraut sein Vertrauen. Auch in vielen Dörfern sank die Zustimmung für die Antisemiten beträchtlich.

e. Zusammenfassung

Versucht man das Ergebnis der Hauptwahl zusammenzufassen, so bleibt besonders eine Tatsache festzuhalten. Ein beträchtlicher Teil der Wähler, die seit dem Auftreten der Antisemiten der DRP den Rücken zugewandt hatten, fand, besonders in den Kreisen Eschwege und Witzenhausen, im Jahre 1898 zu freikonservativen Positionen zurück. Im Kreis Schmalkalden war die Basis für die Antisemiten stets gering gewesen. Dieses Wahlverhalten stellt insofern ein Phänomen dar, als daß es dem allgemeinen Trend in Deutschland deutlich entgegen lief. Im Durchschnitt nämlich konnten die Antisemiten bzw. die ihnen nahestehenden Parteien bzw. Interessenverbände im Reich klare Gewinne verzeichnen, während zugleich sowohl Frei- und Deutschkonservative als auch National- und Linksliberale schmerzhafte Wählereinbußen hinnehmen mußten. Der von Schmädeke für das Jahr 1898 notierte „Zug zu den Rändern"[81] in Deutschland fand vornehmlich in den Kreisen Eschwege und Witzenhausen also keine Entsprechung. Im Gegenteil: Der Wahlausgang läßt sich hier eher unter dem Motto „Zurück zu traditionellem Wahlverhalten" zusammenfassen.

Die Gewinne der DRP im Wahlkreis Kassel 4 lassen sich zum einen mit der Kandidatur Hermann v. Christens erklären, der im Vergleich zu seinem Vorgänger Carl Peters vor allem auf die ländliche Wählerschaft eine größere Attraktivität ausstrahlte. Zum anderen zeigte sich, daß ein „ruhiger Wahlkampf", der weitgehend ohne spektakuläre Ereignisse ablief, den antisemitischen Wahlaussichten sicherlich abträglich war. Der politische Antisemitismus, der den Wahlkreis 1893 erobert und 1895 verteidigt hatte, schien im Jahre 1898 bereits am Ende angelangt zu sein. Trotz der Unterstützung des Bundes der Landwirte war es Iskraut nicht gelungen, die engere Wahl zu erreichen. Seine Anhänger bewiesen sich als schlechte Verlierer. Mit der Begründung, der Witzenhäuser Landrat habe mit gesetzeswidrigen Verordnungen in den Wahlkampf eingegriffen, fochten die Antisemiten die Wahl im Dezember des Jahres 1898[82] – allerdings erfolglos – an.

---

81   Schmädeke, J., Wählerbewegung im Wilhelminischen Deutschland, Bd.I: Die Reichstagswahlen von 1890 bis 1912: Eine historisch-statistische Untersuchung, Berlin 1995, S.69f.
82   Hessischer Volksbote 31.12.1898, Nr.53.

Auch die SPD mußte insgesamt Stimmenverluste hinnehmen, wenngleich sie aufgrund einer niedrigeren Wahlbeteiligung leicht dazugewann. Dem „Eschweger Tageblatt und Kreisblatt" zufolge wandten sich viele Wähler von der Sozialdemokratie ab[83], weil sie angeblich mit deren Zielen nicht übereinstimmten, eine Einschätzung, die ganz offensichtlich falsch ist. Viel aussagekräftiger sind andere Erklärungen. Zum einen mußte sich die SPD, wie schon in Zeiten des Sozialistengesetzes, mit zahlreichen privaten und behördlichen Behinderungen auseinandersetzen. Zum anderen läßt sich aus einer Meldung der „Fulda Werra Zeitung" eine weitere Erklärung anführen. So schrieb das Blatt: „Der Grund des Zurückganges der Stimmen ist wohl nur zum kleinsten Theil in der energischen Gegenagitation zu suchen. Der Hauptgrund ist, daß eine große Anzahl Arbeiter (ein Vorstand der Ziegler-Genossenschaft taxierte die Zahl auf 1300-1500) gerade jetzt zur Sommerzeit nach auswärts geht, um dort gut bezahlte Arbeit zu finden."[84]

5. Der Wahlkampf zur Stichwahl

Wie schon 1895 mußten die Sozialdemokraten versuchen, nicht nur ihren Wählerstamm zu halten, sondern auch neue Wähler hinzuzugewinnen, um nicht erneut in der Stichwahl zu unterliegen. Da Konservative und Antisemiten zusammen stärker als die Sozialdemokraten waren, kam es wieder vornehmlich auf das Verhalten der linksliberalen Anhängerschaft an, um die besonders geworben werden mußte. Der Tag der Stichwahl wurde auf den 24. Juni festgesetzt[85]. Es blieb den Konkurrenten also noch eine Woche Zeit, um durch vermehrte Anstrengungen die eigenen Wahlaussichten zu verbessern. Nach menschlichem Ermessen mußten aber die Chancen der SPD gegen Null tendieren, hatte doch der Wahlausgang von 1895 nachdrücklich gezeigt, daß nicht nur konservative und antisemitische Anhänger, sondern auch die meisten linksliberalen Wähler, besonders die in den ländlichen Gebieten, trotz gegenteiliger Empfehlung ihres Kandidaten, zu einer Unterstützung der Arbeiterpartei nicht bereit waren. Trotzdem machten die sozialdemokratischen Ent-

---

83   Eschweger Tageblatt und Kreisblatt 17.6.1898.
84   Fulda Werra Zeitung 17.6.1898, Nr.139.
85   Eschweger Tageblatt und Kreisblatt 18.6.1898, Nr.140.

scheidungsträger sich selbst und ihren Anhängern mit großen Parolen Mut. So hieß es in einem sozialdemokratischen Flugblatt: „Männer des werktätigen Volkes, noch einmal müssen wir uns am 24. Juni mit einmütigem starken Arm gegen die finstere reaktionäre Gewalt durch die Stimmzettelschlacht bethätigen."[86] Noch einmal versprachen die Sozialdemokraten im Falle eines Wahlsieges, sich für die Beseitigung von bestehenden Ungerechtgkeiten und Ungleichheiten einzusetzen. Vor allem die sozial- und wirtschaftlich Benachteiligten wurden noch einmal angesprochen. Unter dem Motto „zum Schutze gegen die übermüthigen Reichen"[87] wurde zum Angriff auf die Konservativen geblasen. Neben den eigenen Attacken gegen die DRP stand aber auch die Widerlegung konservativer Vorwürfe im Vordergrund der sozialdemokratischen Wahlagitation. Den bürgerlichen Schreckensvisionen von einer sozialistischen Anarchie in einem Zukunftsstaat wurden andere Bilder entgegengesetzt. So wurde entschieden verneint, das Eigentum der Arbeiter und Bauern angreifen zu wollen. Auch das sozialdemokratische Verhältnis zu Gott wurde noch einmal in einem anderen Licht dargestellt, indem zu vernehmen war: „ Die Sozialdemokratie bekämpft die Religion nicht, sondern tritt ein für die wahre Religion, die Religion wirklicher Nächstenliebe. Die Partei läßt in Glaubensfragen Jedem freien Spielraum."[88] Auch das Image der SPD als Umsturzpartei wurde in Frage gestellt: „Die Sozialdemokratie will nicht umstürzen, sondern aufbauen ... ."[89]

Ein besonderer Appell erging an die freisinnigen Anhänger. In einem Aufruf erinnerte das „Arbeiter-Wahlkomitee" an die sozialdemokratische Unterstützung für Feodor Wilisch im Jahre 1890 und verlangte indirekt nun eine Hilfestellung der Linksliberalen für die SPD[90].

Am 23. Juni schlugen die Sozialdemokraten den Freisinnigen sogar einen regelrechten Handel vor. In einem Aufruf wurde versprochen, in der Stichwahl in einem anderen Wahlkreis für einen freisinnigen Kandidaten zu stimmen, wenn im Gegenzug eine Unterstützung Hu-

---

86 Sozialdemokratisches Flugblatt „Auf zur Stichwahl", in: Hessische Wahlen zum Deutschen Reichstag.

87 Sozialdemokratisches Flugblatt „Zur bevorstehenden Stichwahl", in: Hessische Wahlen zum Deutschen Reichstag.

88 Sozialdemokratisches Flugblatt „Auf zur Stichwahl", in: Hessische Wahlen zum Deutschen Reichstag.

89 Ebd.

90 Fulda Werra Zeitung 22.6.1898, Nr.143.

gos gewährleistet wäre[91]. Dieses Angebot verhallte allerdings ungehört. Anders als noch im Jahre 1895 enthielten sich die linksliberalen Entscheidungsträger einer Stichwahlparole; eine Entscheidung, die die Erfolgsaussichten der SPD nicht gerade erhöhte.

Auch die Konservativen stürzten sich noch einmal energisch in den Wahlkampf. Unter dem Motto „Für Kaiser und Vaterland gegen Sozialdemokratie und Revolution"[92] wurde erneut an das nationale Gewissen der Wähler appelliert. Die bürgerlichen Parteien wurden beschworen, gegen die Sozialdemokratie geschlossen zusammenzustehen[93].

Am 23. Juni rief der Wahlausschuß der DSozRefP alle antisemitischen Wähler auf, in der Stichwahl für Hermann v. Christen zu votieren[94]. Auch ein regionaler Interessensverband schloß sich dieser Aufforderung an. Die „Gastwirthe-Vereine" des Kreises Witzenhausen sprachen sich offen für eine Unterstützung der DRP aus[95].

Über Wählerversammlungen wurde auch vor der Stichwahl wenig berichtet. Entscheidendes konnte sich aber auch da nicht mehr ereignen.

Am 24. Juni mußte sich zeigen, wie erfolgreich die Agitationsbemühungen der Parteien gewesen waren. Tatsächlich durfte der Ausgang der Wahl aber von niemanden ernsthaft bezweifelt werden.

6. Die Stichwahl und ihr Ausgang

a. Das Gesamtergebnis

Wie erwartet, setzte sich der Kandidat der DRP, Hermann v. Christen, eindeutig gegen Wilhelm Hugo durch. Die Wahlbeteiligung lag bei 68,4% und war damit höher als im ersten Wahlgang[96].

---

91 Fulda Werra Zeitung 23.6.1898, Nr.144; Thüringer Hausfreund 23.6.1898, Nr.144.

92 Konservatives Flugblatt „Auf zur Stichwahl", in: Hessische Wahlen zum Deutschen Reichstag.

93 Witzenhäuser Kreisblatt 21.6.1898, Nr.72.

94 Witzenhäuser Kreisblatt 23.6.1898, Nr.73.

95 Ebd.

96 Klein, Die Hessen als Reichstagswähler, S.242.

Hermann v. Christen, der zunächst nur 24,2% der Stimmen erhalten hatte, konnte nun 58,9% der Wähler auf seine Seite bringen. Der Zugewinn der Sozialdemokraten fiel dagegen eher bescheiden aus. so bekam Hugo 41,1% der Wählerstimmen; bei der Hauptwahl hatten 37% der Wähler für ihn votiert[97]. In den einzelnen Kreisen sah es folgendermaßen aus:

a. Kreis Eschwege

Während Hermann v. Christen im Kreis Eschwege etwa 2500 Stimmen dazugewinnen konnte, verbuchte Hugo lediglich einen Zugewinn von etwa 400. Dieses Resultat läßt nur eine Deutung zu: die Anhänger der Freisinnigen und der Antisemiten stimmten in der Regel für den Kandidaten der DRP. Hermann v. Christen bekam in der Stichwahl mehr Stimmen als DRP, DSozRefP und FrVP in der Hauptwahl zusammen erhalten hatten. Es war den Gegnern der Sozialdemokratie also auch gelungen, zusätzliche Wähler zu mobilisieren. In Eschwege erhielt v. Christen 54,3% der Stimmen[98]. Hugo verzeichnete zwar einen Zuwachs von etwa 130 Stimmen; trotzdem lag er klar hinter seinem Gegner. Die DRP erhielt also nach Lage der Dinge neben dem Votum ihrer Wähler aus dem ersten Wahlgang alle Stimmen der antisemitischen Wähler, die meisten der freisinnigen und die der neumobilisierten.

In Waldkappel gelang es v. Christen dagegen nicht, Hugo zu übertrumpfen. Hier erhielten beide Kandidaten die gleiche Stimmenzahl. Hätten alle linksliberalen und antisemitischen Wähler aus dem ersten Wahlgang die Konservativen unterstützt, dann hätte deren Kandidat klar vor Hugo liegen müssen. Vermutlich übten hier einige Freisinnige Stimmenthaltung aus bzw. gaben gar der SPD ihre Stimme. In Wanfried konnte die Arbeiterpartei ihren Stimmenanteil im Vergleich zur Hauptwahl zwar mehr als verdoppeln; trotzdem reichte es insgesamt nur zu einem Stimmenanteil von 20,8%. Vermutlich gingen auch hier – wie auch wohl in Reichensachsen –freisinnige Wähler ins sozialdemokratische Lager über. Ein ähnliches Fazit läßt sich für die anderen Dörfer des Kreises ziehen. Vielerorts konnten die Sozialdemokraten ihren Stimmenanteil zwar leicht erhöhen; insgesamt lagen sie aber fast immer deutlich hinter der DRP, die von den antisemitischen und den meisten linksliberalen Wählern unterstützt wurden.

---

97 Ebd.
98 Berechnet nach ebd., S.243f.

Stimmenverluste im Vergleich zur Hauptwahl, wie die Partei sie bei der Stichwahl 1895 hatte erleben müssen, brauchte die SPD aber nur in ganz wenigen Orten hinnehmen.

c. Kreis Schmalkalden

Im Kreis Schmalkalden lag die DRP schließlich knapp vor der SPD. Ausschlaggebend dafür war auch hier das Verhalten des linksliberalen Wählerpotentials, das, anders als 1895, überwiegend in das konservative Lager überwechselte. Diese Bereitschaft war in der Kreisstadt allerdings weitaus schwächer ausgeprägt als im übrigen Kreis. Bei konsequenter Unterstützung aller bürgerlichen Wähler aus der Hauptwahl hätten nämlich fast 700 Stimmen für Hermann v. Christen abgegeben werden müssen; tatsächlich entfielen aber nur 462[99] auf ihn, während Wilhelm Hugo, der 62% der Wähler hinter sich bringen konnte, 150 neue Wähler hinzugewinnen konnte. So ist – bei vorsichtiger Betrachtungsweise – davon auszugehen, daß ein kleiner Teil der freisinnigen Anhänger sich der Stimme enthielt, ein anderer Teil aber die SPD präferierte. Obwohl augenscheinlich der größte Teil des linksliberalen Anhanges die Konservativen unterstützte, blieb das Konzept der bürgerlichen Sammlung in der Kreisstadt ohne Erfolg. Ähnlich sah es in Barchfeld aus, obwohl es den Konservativen gelungen war, zahlreiche neue Wähler zu mobilisieren. So siegte auch hier, wenn auch mit 50,5% der Stimmen ausgesprochen knapp, Wilhelm Hugo.

Die Mobilisierung einer großen Zahl von Nichtwählern zu seinen Gunsten gelang v. Christen auch in Brotterode, obwohl er letztlich auch hier mit 48,7% hinter seinem sozialdemokratischen Konkurrenten zurückblieb. Auch in Steinbach-Hallenberg konnten zusätzliche Wähler gewonnen werden, die fast ausschließlich für die DRP votierten. Der Ort war die einzige Stadt im Kreis, in dem v. Christen, auf den 58,4% der Stimmen entfielen, die Mehrheit errang.

In den Dörfern war die Bereitschaft der linksliberalen Klientel zur Unterstützung der Konservativen noch größer als in den Städten, so daß sich für den Kreis Schmalkalden folgendes Fazit ziehen läßt. Die Freisinnigen unterstützten fast überall den Kandidaten der DRP und verhalfen diesem zu seinem knappen Erfolg. Ein besonders markantes Beispiel stellt das Dorf Seligenthal dar, in dem drei Jahre zuvor die Freisinnigen des Ortes die Sozialdemokraten unterstützt

---

99 Ebd., S.244f.

hatten, nun aber für die Konservativen votierten. Ob diese Wahlentscheidung allerdings als Indiz für eine sinkende Akzeptanz der Sozialdemokratie gewertet werden kann, ist zweifelhaft. Vielmehr darf davon ausgegangen werden, daß die Konservativen für viele Linksliberale, im Gegensatz zu den Antisemiten im Jahre 1895, eine akzeptable Alternative darstellten.

d. Kreis Witzenhausen

Im Kreis Witzenhausen konnte die SPD deutlich zulegen und fast 500 Stimmen dazugewinnen. Trotzdem mußte sich Hugo auch hier klar geschlagen geben, denn v. Christen konnte im Gegenzug etwa die dreifache Zahl an neuen Wählern für sich verbuchen.

In Witzenhausen konnte Hugo dazugewinnen; die Stimmenzahl für v. Christen entsprach in etwa der Gesamtzahl der Stimmen von DRP, FrVP und DSozRefP aus dem ersten Wahlgang. Wahrscheinlich entschieden sich einige Freisinnige für die SPD. Dafür konnte die DRP vermutlich Stimmen von Wählern gewinnen, die in der Hauptwahl von ihrem Stimmrecht keinen Gebrauch gemacht hatten. So lagen beide Kandidaten fast gleich auf; v. Christen konnte gerade fünf Stimmen mehr für sich verbuchen.

Deutlicher gestaltete sich der Abstand in Großalmerode, wo sich sechs von zehn Wählern für die DRP entschieden. Auch hier gelang eine erstaunliche Mobilisierung von Nichtwählern.

In Lichtenau siegte Christen ebenfalls deutlich. Allerdings gelang es Hugo, für den 34,1% ihre Stimme abgaben, mehr Wähler auf sich zu vereinen, als SPD und FrVP zusammen im ersten Wahlgang auf sich vereinen konnten. Möglicherweise gaben in dieser Stadt, in der zwischen Konservativen und Antisemiten häufig heftige Auseinandersetzungen ausgetragen worden waren, auch einige Antisemiten ihre Stimme der SPD. Auch in den Dörfern konnten die Sozialdemokraten fast immer Stimmen dazugewinnen. Ob diese von neumobilisierten Wählern kamen, oder – was wahrscheinlicher ist – von Freisinnigen, läßt sich aber nur vermuten, da die erhöhte Wahlbeteiligung die Feststellung von Wählerwanderungen erschwert.

Der Wahlausgang hatte übrigens – trotz des deutlichen Erfolges Hermann v. Christens – ein Nachspiel, da sowohl Antisemiten als auch Sozialdemokraten dessen Rechtmäßigkeit vor der Wahlprüfungskommission bestritten und eine Ungültigkeitserklärung verlangten. Führten die Anhänger Iskrauts vergeblich behördliche Einflußnahmen zu ihren Ungunsten ins Feld, so bekam die SPD in einigen Klagepunkten hinsichtlich des Verbotes von Wahlkundgebungen und der Behinderung von Flugblattaktionen recht. Allerdings konnte sich die Wahlprüfungskommission, die auf die Eindeutigkeit des Wahlausganges hinwies, nicht zu einer Kassierung der Wahl durchringen.[100]

e. Zusammenfassung

Die Sozialdemokraten verloren in der Stichwahl gegen den Zusammenschluß des Anhanges aller anderen Parteien, wenngleich der freisinnige Anhang in der Regel weniger stark für die DRP votierte. Auch konnte die SPD nicht von der Neumobilisierung von Wählern profitieren wie die Konservativen. Die Angst vor einem sozialdemokratischen Umsturz hatte bei vielen Wählern andere Positionen in den Hintergrund treten lassen. Es zeigte sich aber auch, daß die Sozialdemokratie im wesentlichen stabil blieb, und ein Sieg der SPD nur durch vereinte bürgerliche Anstrengungen verhindert werden konnte. Anders als drei Jahre zuvor wandten sich nun die meisten Anhänger des Linksliberalismus im Kreis Schmalkalden in der Stichwahl gegen die Sozialdemokraten. Das lag aber in der Tatsache begründet, daß nun ein konservativer und kein antisemitischer Kandidat den Sozialdemokraten gegenüberstand.

Daß es der DRP überhaupt gelungen war, diese engere Wahl zu erreichen, hatte seine Ursache mit Sicherheit in der Person Hermann v. Christens, der, anders als Carl Peters drei Jahre zuvor, auch wieder vermehrt für agrarisch-ländliche Wähler attraktiv war. Es ist aber mehr als wahrscheinlich, daß auch ein freisinniger oder ein antisemitischer Kandidat die Stichwahl für sich entschieden hätte, vorausgesetzt, er hätte sie erreicht. Die bürgerliche Sammelbewegung gegen die SPD sollte über das Jahr 1898 hinaus im Wahlkreis Kassel 4 Bestand haben.

Bei den Landtagswahlen des gleichen Jahres siegte als Kandidat der vereinten Freikonservativen und Nationalliberalen im Wahlkreis Kassel/Land-Witzenhausen der Nationalliberale Beinhauer über den von den Antisemiten unterstützten Deutschkonservativen Dörnberg. Im Wahlkreis Eschwege-Schmalkalden übertraf Hermann v. Christen den Linksliberalen Helff[101], der 1898 so gleich zwei Niederlagen hinnehmen mußte.

---

100 Klein, Th., Hessen im Spiegel der Wahlprüfungsverfahren (Teil I), in Hessisches Jahrbuch für Landesgeschichte (47), 1997, S.205-251, hier: S.228f.

101 Kühne, Th., Handbuch der Wahlen zum preußischen Abgeordnetenhaus 1867-1918. Wahlergebnisse, Wahlbündnisse und Wahlkandidaten, Düsseldorf 1994, S.646 u. 648.

XIII. Die Reichstagswahl 1903

1. Die Lage im Reich und die allgemeine Wahlbewegung

Genau im Jahre 1900 war es im Amt des Reichskanzlers zu einem Personenwechsel gekommen. Der bisherige Amtsinhaber Hohenlohe-Schillingsfürst war durch Bernhard v. Bülow ersetzt worden. Da dessen Fähigkeiten primär in der Außenpolitik lagen, überließ er die Gestaltung der Innenpolitik weitgehend dem Staatssekretär des Reichsamtes des Innern, Graf Posadowski, der den weiteren Ausbau der Sozialgesetzgebung in Angriff nahm[1]. Diese Maßnahme war um so notwendiger, da kurz nach der Jahrhundertwende die Arbeitslosenquote im Deutschen Reich plötzlich enorm emporschnellte[2]. Wirtschaftspolitisch standen für die Jahre 1903 und 1904 wichtige Entscheidungen an, da die Caprivischen Handelsverträge abliefen[3], gegen deren Verlängerung besonders der Bund der Landwirte heftig agierte. Statt dessen forderte der Bund, der die Weichenstellung für eine „agrarische Politik im Industriestaat"[4] als eines seiner Hauptziele propagierte, eine deutliche Erhöhung des Schutzzolls. Die Aggressivität des Bundes und seine einseitige agrarische Ausrichtung führten den Interessensverband sogar in einen derartig schweren Konflikt mit der Deutschen Reichspartei, daß einige Freikonservative den Bund der Landwirte verließen[5]. Es war nicht verwunderlich, daß im Wahlkampf des Jahres 1903 die Auseinandersetzungen zwischen Anhängern der Schutzzollpolitik und Befürwortern des Freihandels sowohl im Reich[6] als auch im Wahlkreis Kassel 4 wieder eine zentrale Rolle spielten.

---

1 Born, K.E., Von der Reichsgründung bis zum Ersten Weltkrieg, München [10]1985, S.217f.

2 Vgl. Graphik bei Stürmer, M., Das ruhelose Reich. Deutschland 1866-1918, S.304.

3 Born, Von der Reichsgründung zum Ersten Weltkrieg, S.218f.

4 Ullmann, H.-P., Interessensverbände in Deutschland, Frankfurt a.M. 1988, S.92.

5 Baumgart, W., Deutschland im Zeitalter des Imperialismus (1890-1914). Grundkräfte, Thesen und Strukturen, Frankfurt a.M./Berlin/Wien 1972, S.177.

6 Liebert, B., Politische Wahlen in Wiesbaden im Kaiserreich (1867-1918), Wiesbaden 1988, S.224f.

2. Die Nominierung der Kandidaten

Am 21. Mai 1903 veröffentlichten die vereinten konservativen und nationalliberalen Parteien eine Stellungnahme, in der bekanntgegeben wurde, daß Hermann v. Christen erneut bereit war, um das Reichstagsmandat zu ringen[7]. Zu diesem Zeitpunkt waren alle anderen Kandidaten bereits aufgestellt worden. Für die Freisinnige Volkspartei stürzte sich der Fabrikant und Gutsbesitzer Leonhard Seyboth in den Wahlkampf, für die Deutsch-soziale Partei[8], die im Jahre 1900 nach langen Streitereien[9] das „Zweckbündnis"[10] mit der Deutschen Reformpartei wieder gelöst hatte, kandidierte der aus Göttingen stammende Hermann Ruprecht. Die Sozialdemokraten des Wahlkreises hielten an ihrem bewährten Kandidaten Wilhelm Hugo fest[11] und erteilten damit den auf dem Parteitag von 1901 evident gewordenen Forderungen der Kasseler Sozialdemokratie, die Kandidatenfrage im Wahlkreis Kassel 4 in derem Sinne zu lösen[12], eine Absage.

3. Der Wahlkampf und die Wahlkampfveranstaltungen

Mit großer Spannung wurde die Stellungnahme des Bundes der Landwirte erwartet, der 1895 und 1898 Parteinahme für die Antisemiten ergriffen hatte. Wie würde der Bund diesmal entscheiden, zumal die Antisemiten 1898 eine schwere Niederlage hatten hinnehmen müssen? Da auch einige Mitglieder des Bundes den Wahlaufruf für v. Christen unterzeichnet hatten, knüpften die Anhänger der Deutschen Reichspartei die Hoffnung daran, daß das Votum des Bundes der Landwirte diesmal, trotz der Differenzen mit der DRP auf Reichsebene, zu ihren Gunsten ausfallen würde[13]. Doch der konservative Anhang sollte auch in diesem Jahr wieder eine schwere Enttäuschung erleben. Am 24. Mai fand in Eltmannshausen die mit

---

7 Eschweger Tageblatt 23.5.1903, Nr.119.
8 Eschweger Tageblatt 11.6.1903, Nr.134 u. 13.6.1903, Nr.136.
9 Berding, H., Moderner Antisemitismus in Deutschland, Frankfurt a.M. 1988, S.101.
10 Greive, H., Geschichte des modernen Antisemitismus in Deutschland, Darmstadt ⁴1992, S.71.
11 Klein, Th., Die Hessen als Reichstagswähler. Tabellenwerk zur politischen Landesgeschichte 1867-1933, Bd.1: Provinz Hessen-Nassau und Waldeck/Pyrmont 1867-1918, Marburg 1989, S.247.
12 Vgl. StaM., Best.165, Nr.706, fol. 34ff.
13 Eschweger Tageblatt 23.5.1903, Nr.119.

Spannung erwartete Vertrauensmännerversammlung des Bundes statt, in der sich nur sieben Delegierte für Hermann v. Christen einsetzten, während alle übrigen für den Antisemiten Ruprecht stimmten[14]. Damit war dieser alleiniger Bundeskandidat.

Im konservativen Lager sorgte diese Entscheidung verständlicherweise für Aufregung. Hatte nicht die Wahl von 1898 gezeigt, daß nicht die Antisemiten, sondern primär dir DRP in der Lage war, den Großteil der ländlichen Wählerschaft auf sich zu vereinen? So wurde die Entscheidung des Bundes als verhängnisvoller Fehler und als Verkennung der Gegebenheiten kritisiert. Die amtliche Zeitung in Eschwege weckte düstere Zukunftsvisionen über den Ausgang der Wahl und druckte einen Artikel der „Post" ab, in dem es hieß: „... so kann ... durch Absprengung einer Anzahl bündlerischer Stimmen nur zu leicht ... das Resultat herbeigeführt werden, daß schließlich die schutzzöllnerischen Kandidaten ganz ausfallen und (eine) Stichwahl zwischen einem Freisinnigen und einem Sozialdemokraten nothwendig wird."[15] Die abermalige Parteinahme des Bundes der Landwirte zugunsten der Antisemiten bedrohte tatsächlich die konservativen Wahlaussichten, zumal die Entscheidung der Hauptwahl 1998 recht knapp ausgefallen war. Mit einer eindeutigen Parteinahme zuungunsten des Wahlsiegers der vorangegangenen Wahl verspielte der Bund eine große Gelegenheit, die agrarischen Kräfte der Region zu stabilisieren, die letztlich aber nicht allein durch diese Entscheidung geschwächt wurden. Denn schnell wurde deutlich, daß sowohl Konservative als auch Antisemiten den Wahlkampf weitgehend konzept- und ideenlos hinsichtlich der Erarbeitung eines eigenen Profils angingen. Im Mittelpunkt der konservativen Propaganda stand der Kampf gegen die Sozialdemokratie – auf den noch gesondert eingegangen wird –, während die Auseinandersetzung mit den eigentlichen Gegnern, nämlich den Freisinnigen und den Antisemiten, die ebenfalls um das Erreichen der engeren Wahl kämpften, einen viel geringeren Raum einnahm. Auch wenn dieses Vorgehen durchaus der nationalen Position der Partei entsprach, war es wahltaktisch äußerst unklug. Denn daß die SPD die Stichwahl erreichen würde, stand nach den Erfahrungen der Vergangenheit außer Zweifel. Die zögerlichen Angriffe auf Antisemiten und Linksliberale beschränkten sich auf altbekannte Vorwürfe. So hieß es in einer Stellungnahme

---

14 Bekanntmachung des Provinzialvorsitzenden des Bundes der Landwirte im Witzenhäuser Kreisblatt 30.5.1903, Nr.64.
15 Eschweger Tageblatt 6.6.1903, Nr.130.

über die Freisinnigen: „ER (der Freisinn, Anm. d. Vf.) hat noch immer in allen nationalen Fragen versagt und hat sich gegenüber allen auf Schutz der nationalen Arbeit gerichteten Bestrebungen stets ablehnend verhalten." Er kann deshalb bei seinem einseitig freihändlerischen Standpunkt als geeigneter Vertreter weder für die Industrie noch für die Landwirtschaft in Frage kommen."[16] Im gleichen Aufruf wurde auch das konservative Verhältnis zum politischen Antisemitismus erläutert: „Auch wir sind Gegner eines zersetzenden jüdischen Einflusses, soweit er das christliche und nationale Empfinden verletzt, mit unseren jüdischen Mitbürgern wollen wir aber in Frieden leben." Die Methoden der Antisemiten wurden gerügt; dem ungestümen Auftreten der Partei wurde aber wieder ein eigener, „gemäßigter" Antisemitismus entgegengesetzt. Auch die Kompetenz der Antisemiten für die heimische Landwirtschaft wurde ernsthaft in Frage gestellt[17]. Es war also nichts Neues, was die DRP propagierte; die Flugblätter und Aufrufe waren fast identisch mit den Publikationen der vergangenen Jahre. Zu alledem wurden die Erfolgsaussichten durch eine andere, weitaus gravierendere Tatsache verringert. Hermann v. Christen, der Mann, der jahrelang das Aushängeschild der Partei gewesen war, machte sich plötzlich rar und hielt sich überraschend vom Wahlkampf fern. Für den 13. Juni war eine Wahlveranstaltung in Eschwege vorgesehen, in der v. Christens Anwesenheit angekündigt wurde[18]. Tatsächlich sollte der freikonservative Kandidat aber auf sein Erscheinen verzichten. So berichtete das „Eschweger Tageblatt" am 15. Juni: „Als Vorsitzender des Wahlkommitees ... eröffnete Herr Amtsgerichtsrath Hinkelmann kurz nach halb neun Uhr die Versammlung mit einer kurzen Ansprache, darin u.a. mittheilend, daß Herr v. Christen zu seinem Bedauern nicht erscheinen könne, da er in Sooden eine Kur gebrauche und ihm ärztlicherseits das Fernhalten von den nun einmal unvermeidlichen Aufregungen der Wahlversammlungen wiederholt und dringend angeraten sei."[19] Ob sich v. Christen tatsächlich aus gesundheitlichen Gründen aus dem Wahlkampf zurückzog, oder ob die Enttäuschung über die Entscheidung des Bundes der Landwirte für diesen Schritt ausschlaggebend war, bleibt unklar. Denn schon am 23.5. hatte die „Fulda Werra Zei-

---

16 Wahlaufruf für v. Christen im Eschweger Tageblatt 30.5.1903, Nr.125.
17 Ebd.
18 Eschweger Tageblatt 12.6.1903, Nr.135.
19 Eschweger Tageblatt 15.6.1903, Nr.137.

tung" dem konservativen Kandidaten Wahlmüdigkeit unterstellt[20]. Einem Bericht des „Witzenhäuser Kreisblattes zufolge hatte v. Christen sogar erwogen, von seiner Kandidatur zurückzutreten, da er glaubte, nicht mehr über seine alte Anhängerschaft zu verfügen[21]. Diese Auffassung v. Christens war sicherlich nicht ganz unbegründet, denn bereits am 19.5. hatten ihm die Nationalliberalen aus Eschwege, Schmalkalden und Witzenhausen die bedingungslose Unterstützung versagt. In einer nationalliberalen Erklärung hatte es geheißen: „Es soll vielmehr jedem Wähler freigestellt bleiben, seine Stimme entweder dem seitherigen Abgeordneten v. Christen oder dem Kandidaten der freisinnigen Volkspartei, Herrn Fabrikbesitzer Seyboth, zu geben."[22] Das langjährige Bündnis zwischen Konservativen und Nationalliberalen war zweifelsohne brüchig geworden.

Ein Kandidat, der nicht in der Lage war, sich seinen Wählern vorzustellen, ein Kandidat, der selbst nicht an seinen eigenen Erfolg glaubte, – das mußte auf die Wähler einen ausgesprochen schlechten Eindruck machen.

Auch die Antisemiten waren nicht in der Lage, mit grundsätzlich Neuem aufzuwarten; auch ihre Parolen unterschieden sich nicht von denen vergangener Wahlen. So galt ihr Hauptaugenmerk wieder dem Schutze der Landwirtschaft[23] und des Handwerks[24]. Die Stabilisierung dieser Gewerbezweige sollte mit Hilfe langfristiger Handelsverträge bei gleichzeitigem Schutzzoll erreicht werden. In der politischen Auseinandersetzung wurden primär Linksliberale und Sozialdemokraten angegriffen. Eine auf ethnischer Basis fußende Judenfeindschaft, so wie sie im Jahre 1893 Leuß propagiert hatte, wurde nicht vertreten. Ähnlich wie zu Iskrauts Zeiten wurden aber wieder Zustände angegriffen, für die pauschal die Juden verantwortlich gemacht wurden. So wandte sich Ruprecht gegen den „überflüssigen Zwischenhandel"[25] und den Wucher. Wie schon Iskraut griff Ruprecht – zumindest offiziell – weniger die Juden als Personen, sondern vielmehr das Judentum als Geisteshaltung an. Hinsichtlich der

---

20 Fulda Werra Zeitung 23.5.1903, Nr.120.
21 Witzenhäuser Kreisblatt zitiert nach Fulda Werra Zeitung 23.5.1903, Nr.120.
22 Schmalkalder Tageblatt 20.5.1903, Nr.117.
23 Broschüre über Hermann Ruprecht (S.5), in: Hessische Wahlen zum deutschen Reichstag, Universitätsbibliothek Marburg.
24 Ebd., S.6.
25 Ebd., S.5.

„Judenfrage" war es zwischen Antisemiten und Konservativen also augenscheinlich zu einer Annäherung gekommen.

Auch die Freisinnige Volkspartei brachte wenig Neues in den Wahlkampf ein. Wie üblich sahen die Freisinnigen das allgemeine Wahlrecht in Gefahr[26], wie gewohnt traten sie für Handelsverträge auf freihändlerischer Basis ein[27]. Mit der Kennzeichnung des Fabrikanten und Gutsbesitzers Leonard Seyboth als „Fabrikant und Landwirt (!)" wurde aber nun deutlich gemacht, daß gerade dem ländlichen Bereich eine vermehrte Aufmerksamkeit entgegengebracht werden sollte. Eine Stärkung der freisinnigen Position erfolgte schließlich von zwei Seiten. Die bereits erwähnte Entscheidung der Nationalliberalen, ihren Anhängern hinsichtlich der Wahl keine klare Weisung zu erteilen, mußten die Aussichten der FrVP, die sich nun wieder als Alleinvertreterin des politischen Liberalismus darstellen konnte, zwangsweise verbessern. Eine weitere Hilfestellung kam, gänzlich unfreiwillig, von Seiten der konservativen Klientel. Ähnlich wie schon im Jahre 1890 wurde der freisinnige Wahlkampf plötzlich wieder durch Saalverweigerungen behindert. Gerade das Jahr 1890, in dem die Linksliberalen mit ihren Freiheitsparolen den Wahlkreis erobert hatten, hatte aber gezeigt, daß sich Schikanen und Behinderungen propagandistisch gut ausschlachten ließen. Nun konnte sich die FrVP wieder als Opfer behördlicher Willkür, als Kämpferin für die Freiheit präsentieren. Anlässe dazu gab es genug. So heißt es in einem freisinnigen Flugblatt: „Durch konservativen Einfluß sind die Saalbesitzer hiesigen Ortes derart eingeschüchtert worden, dass sie mit Rücksicht auf ihren Gewerbebetrieb sich veranlaßt gesehen haben, dem freisinnigen Kandidaten ihre Säle zur Abhaltung einer freisinnigen Wahlversammlung zu verweigern."[28] Der spektakulärste Fall spielte sich in Witzenhausen ab, wo der Landrat von Bischhoffshausen eine Versammlung der Linksliberalen verhinderte. Obwohl der Wirt bereit war, seinen Saal an die Freisinnigen zu vermieten, untersagte v. Bischhoffshausen die Veranstaltung mit dem Hinweis auf eine erforderliche Konzession[29]. Die Freisinnigen nahmen diesen Vorfall zum Anlaß, beim Innenminister zu protestieren. Wie schon 13

---

26 Freisinniges Flugblatt „Wähler in Stadt und Land", in: Hessische Wahlen zum Deutschen Reichstag.
27 Ebd.
28 Freisinniges Flugblatt „Zur Aufklärung", in: Hessische Wahlen zum Deutschen Reichstag.
29 Fulda Werra Zeitung 3.6.1903, Nr.127.

Jahre zuvor konnten sich die Linksliberalen also als Kämpfer für die Freiheit und als Streiter gegen behördliche Willkür darstellen. So hieß es in einem Gedicht pathetisch: „Es nahen die Stunden des neuen Gefechts! Da gilt es zu kämpfen nach links und nach rechts, da laßt um ein Banner uns schaaren!"[30]

Auch der sozialdemokratische Wahlkampf wurde 1903 wieder mit äußerster Anstrengung geführt. Schon am 10. Mai sollten 140 000 Flugblätter in Hessen und Waldeck verteilt werden. Freiwillige Helfer wurden angewiesen, diese Aufgabe zu übernehmen[31]. Wie schon in den Jahren zuvor war die Verbreitung sozialdemokratischer Propagandaschriften wieder ausgesprochen schwierig. So beklagte z.B. das Volksblatt die Schikanierung von Verteilern im Kreis Witzenhausen[32]. Als eine der wichtigsten Aufgaben wurde wieder die Aufrüttelung von Säumigen und Gleichgültigen angesehen. Daß diese auch in den eigenen Reihen zu finden waren, belegt ein Artikel des Volksblattes, in dem es heißt: „Trotz wiederholter Aufforderung halten es ein großer Teil unser werter Genossen nicht für nötig, auch etwas für die Wahlbewegung zu tun."[33] Die harte Kritik des Parteiorgans darf allerdings nicht überbewertet werden, steht sie doch im engen Zusammenhang mit parteiinternen Differenzen. Denn zunehmend seit der Jahrhundertwende war es zu teilweise heftigen Auseinandersetzungen hinsichtlich der taktischen Marschroute zwischen Kassel und den ländlichen Bezirken, allen voran Eschwege, gekommen[34].

Die politischen Ziele waren auch bei der SPD im wesentlichen die gleichen wie in früheren Jahren. So konnte der Wähler im Volksblatt lesen: „Unser Ziel ist die Herbeiführung der sozialistischen Staats- und Gesellschaftsordnung, gegründet auf dem gesellschaftlichen Eigentum an Arbeitsmitteln und der Arbeitspflicht aller ihrer Glieder."[35] Die sozialdemokratische Zielsetzung wurde wieder primär als eine friedliche und fortschrittliche dargestellt. So hieß es z.B.: „Der Sieg der Sozialdemokratie ist die Garantie des Friedens, er birgt die Soli-

---

30   Freisinniges Flugblatt „Wähler in Stadt und Land", in: Hessische Wahlen zum Deutschen Reichstag.
31   Volksblatt für Hessen und Waldeck 6.5.1903, Nr.104.
32   Volksblatt für Hessen und Waldeck 26.5.1903, Nr.120.
33   Volksblatt für Hessen und Waldeck 14.5.1903, Nr.111.
34   Vgl. Krumm, E., Die Stellung der Sozialdemokratie zum Antisemitismus (Examensarbeit am Fachbereich Politikwissenschaft), Marburg o.J., S.20.
35   Aufruf der sozialdemokratischen Reichstagsfraktion, abgedruckt im Volksblatt für Hessen und Waldeck 6.5.1903, Nr.104.

darität der Nationen in sich, und der Nation zu Nationen."[36] Aber es gab auch wieder andere Töne in der sozialdemokratischen Agitation. In einem Gedicht wurde beispielsweise verkündet:

> „Zur wilden Lohe soll entfachen
> Des Volkes Zorn, des Volkes Groll –
> Der Tag ist da, der für die Schwachen
> Vergeltung reichlich bringen soll!"[37]

Angesichts solcher Worte bedurfte es keiner Schreckensvisionen von bürgerlicher Seite mehr. Daß derartige Sprüche Teile des Bürgertums in Angst und Schrecken versetzen mußten, versteht sich von selbst – verkündeten sie doch den Tag der Rache und der Abrechnung. Auch wenn solche Gedichte primär den eigenen Anhang anspornen sollten, taten sie doch ihr Übriges, um die Polarisierung weiter voranzutreiben.

Auch 1903 wurde der Wahlkreis wieder von allen Parteien mit Wahlkampfveranstaltungen überzogen, über die die Zeitungen aber erneut nur sehr unregelmäßig berichtet haben. Am 15. Mai redete Leonard Seyboth in Eschwege, wo er sich für die Handelsverträge und gegen höhere Zölle aussprach[38]. Am 24. Mai präsentierte er sich seinen Wählern in Schmalkalden, wo er sich als „Fabrikant und Landwirt" als der geeignetste Kandidat für den wirtschaftlich gemischten Wahlkreis darstellte. Die gleichzeitige Förderung von Industrie und Landwirtschaft bezeichnete er als vordringliche Aufgabe[39]. Vermutlich blieben die freisinnigen Veranstaltungen in Eschwege und Schmalkalden die einzigen[40]. In Witzenhausen sprach Seyboth wahrscheinlich am 11. Juni[41]. Am 25.5. fanden freisinnige Versammlungen in Kleinschmalkalden und Brotterode statt[42]. Ende Mai sprach Seyboth in Steinbach-Hallenberg[43]. Am 5.6. stellten sich freisinnige Redner in Frankenhain und Frankershausen vor, am 6.6. sprachen sie in Bischhausen und am 7.6. in Oberrieden, Eichenberg

---

36 Sozialdemokratisches Flugblatt „Reichstagswähler! Arbeiter! Mitbürger! Landleute! Der Tag der Abrechnung naht!", in: Hessische Wahlen zum Deutschen Reichstag.
37 Ebd.
38 Fulda Werra Zeitung 16.5.1903, Nr.114.
39 Thüringer Hausfeund 25.5.1903, Nr.120.
40 Zumindest habe ich keine weitere ermitteln können.
41 Anzeige im Witzenhäuser Kreisblatt 11.6.1903, Nr.68.
42 Thüringer Hausfreund 25.5.1903, Nr.121.
43 Thüringer Hausfreund 28.5.1903, Nr.123.

und Hebenshausen[44]. Darüber hinaus fanden aber wahrscheinlich noch zahlreiche andere freisinnige Versammlungen in allen drei Kreisen statt.

Auch die Antisemiten agierten wieder eifrig. So sprach Ruprecht vermutlich im Zeitraum vom 22. bis zum 26. Mai in Ermschwerd, Eichenberg, Hebenshausen und Oberrieden[45]. Am 9. Juni hielt er wahrscheinlich eine Veranstaltung in Großalmerode ab[46]. Einen Tag später sprach Wilhelm Lattmann, der seit 1895 in der Kreisstadt als Amtsgerichtsrat tätig war und in diesem Jahr sogar im Wahlkreis Kassel 2 (Kassel/Stadt, Kassel/Land, Melsungen) um das Mandat kämpfte, vor 300 Zuhörern im Kaisersaal zu Schmalkalden[47]. Am 12. Juni fand schließlich eine antisemitische Wählerversammlung in Eschwege im „Hotel zur Krone" statt. Die Redner waren Ruprecht und der Parteivorsitzende Liebermann zu Sonnenberg. Nachdem die Versammlung zunächst einen ruhigen und disziplinierten Verlauf genommen hatte, kam gegen Ende der Veranstaltung Unruhe auf. So wußte die „Fulda Werra Zeitung" zu berichten: „Er (Liebermann von Sonnenberg, Anm. d. Vf.) konnte es sich am Schlusse nicht versagen, in geradezu provozierender Weise einige Zwischenrufer anzurempeln, was zur Folge hatte, daß ein sehr lebhafter Wortwechsel zwischen den Versammlungsbesuchern einerseits und Herrn Liebermann von Sonnenberg andererseits entstand."[48] Nur einen Tag nach dieser stürmischen Versammlung stellten sich Liebermann und Ruprecht ihrem Anhang in Witzenhausen vor[49].

Über die konservativen Wahlkampfveranstaltungen ist noch weniger bekannt. Vermutlich fanden aber kaum Versammlungen statt, da Hermann v. Christen als Redner nicht mehr zur Verfügung stand. Am 6.6. versammelten sich nationalliberale und konservative Vertrauensmänner des Kreises Witzenhausen in der Kreisstadt. Vermutlich handelte es sich dabei aber um keine öffentliche Versammlung[50]. Am 13.6. sprach der Freiherr v. Zedlitz-Neukirch in Eschwege und emp-

---

44　Fulda Werra Zeitung 8.6.1903, Nr.131.
45　Anzeige im Witzenhäuser Kreisblatt 23.5.1903, Nr.61.
46　Anzeige im Witzenhäuser Kreisblatt 9.6.1903, Nr.67.
47　Schmalkalder Tageblatt 11.9.1903, Nr.134.
48　Fulda Werra Zeitung 13.6.1903, Nr.136.
49　Witzenhäuser Kreisblatt 16.6.1903, Nr.70.
50　Witzenhäuser Kreisblatt 9.6.1903, Nr.67.

fahl die Wahl Hermann v. Christens[51]. Am 15.6. stellte sich der gleiche Redner im „Löwensaal" in Witzenhausen vor[52]. Diese Versammlungen kurz vor dem Wahltag lassen vermuten, daß die DRP mit Hilfe eines „Notprogrammes" zu retten versuchte, was noch zu retten war.

Am lebhaftesten gestalteten sich die sozialdemokratischen Versammlungen, wobei die SPD noch stärker unter Saalverweigerungen litt als die FrVP[53]. Deshalb wurde die politische Auseinandersetzung häufig wieder in die gegnerischen Veranstaltungen hineingetragen[54].

Anfang Mai fanden erste Veranstaltungen im Kreis Schmalkalden statt[55]. Vermutlich wurden sie alle von Wilhelm Hugo abgehalten, der sich dann seit Mitte des Monats im Kreis Eschwege aufhielt. Ende Mai agierte Hugo erneut im Kreis Schmalkalden. So sprach er am 23.5. in Asbach, am 24.5. in Floh, am 25.5. in Struth, am 26.5. in Näherstille und am 27.5. in Aue[56]. Am 25. Mai fand eine sozialdemokratische Versammlung in Schmalkalden statt[57], am 10. Juni eine zweite[58]. In Eschwege und Umgebung veranstalteten die Sozialdemokraten vermutlich mehrere Versammlungen. Eine Wahlveranstaltung in Eschwege fand Ende Mai statt[59]. Am 8. Juni wurde eine zweite im Hotel „Zur goldenen Krone" abgehalten[60].

Ein spektakulärer Vorfall spielte sich in Steinbach-Hallenberg ab, wo der örtliche Kriegerverein die sozialdemokratische Versammlung sprengte[61]. Als die „Krieger" das Lied „Heil dir im Siegerkranz" anstimmten, konterten die anwesenden Arbeiter mit dem Absingen der „Arbeitermarseillaise". Daraufhin stampften die Mitglieder des Kriegervereins so lange mit den Füßen auf den Boden, bis die Versammlung geschlossen werden mußte. Dieser Vorfall macht nach-

---

51 Eschweger Tageblatt 15.6.1903, Nr.137.
52 Witzenhäuser Kreisblatt 18.6.1903, Nr.71.
53 Vgl. z.B. Volksblatt für Hessen und Waldeck 23.5.1903, Nr.118.
54 Volksblatt für Hessen und Waldeck 9.6.1903, Nr.131.
55 Volksblatt für Hessen und Waldeck 14.5.1903, Nr.111.
56 Volksblatt für Hessen und Waldeck 29.5.1903, Nr.123.
57 Ebd.
58 Schmalkalder Tageblatt 10.6.1903, Nr.Nr.133.
59 Volksblatt für Hessen und Waldeck 26.5.1903, Nr.120.
60 Volksblatt für Hessen und Waldeck 12.6.1903, (Beilage).
61 Ebd.

drücklich deutlich, wie vergiftet das Klima und wie groß die Spannungen zwischen „Vaterlandsfreunden und „Vaterlandsfeinden" geworden waren.

4. Die Wahl am 16. Juni 1903 und ihr Ausgang

a. Das Gesamtergebnis

Am 16. Juni wurde schließlich gewählt. Erwartungsgemäß erreichte die SPD mit einem Stimmenanteil von 35,7% problemlos die Stichwahl[62]. Obwohl sie ihre Stimmenzahl deutlich erhöhen konnte, mußte sie leichte prozentuale Verluste hinnehmen. Das lag vor allem an der deutlich höheren Wahlbeteiligung im Vergleich zur letzten Reichstagswahl, deren Ursache möglicherweise in der Einführung von Wahlkabinen zu sehen ist[63]. Nach Jahren der Stagnation erlebte die FrVP wieder einen Aufschwung. Mit einem Stimmenanteil von 25% schafften sie erstmals wieder seit 1890 den Einzug in die engere Wahl. Antisemiten und Konservative scheiterten dagegen. Zum ersten Male in der Geschichte des Wahlkreises mußten sich die Wähler zwischen zwei Linksparteien entscheiden.

b. Kreis Eschwege

Die Polarisierung, die im Wahlkampf vorgeherrscht hatte, schlug sich für die SPD auch regional nieder. Die sozialdemokratischen Erfolge konzentrierten sich noch mehr als in den vorangegangenen Jahren auf Eschwege und die umliegenden Dörfer. So bekam Hugo in Eschwege 42,6% der Stimmen[64], wobei er sich im Vergleich zur Hauptwahl 1898 leicht verbessern konnte. Traditionell schnitt die SPD in der Altstadt wieder am besten ab.

Gute Resultate für die SPD gab es aber auch in Frieda (48,1%), Schwebda (42,8%), Oberdünzebach (54,9%), Grebendorf (35,3%), Oberhone (46,8%) und Niederhone (34,6%). Auch in Waldkappel (42,6%) und Reichensachsen (46%) gab es zufriedenstellende Resultate. Ansonsten verlor die SPD in fast allen ländlichen Gebieten Wähler. Im nördlichen Ringgau-Gebiet war der sozialdemokratische Stimmenanteil noch recht bedeutsam, so in Grandenborn (49,2%)

---

62 Klein, Die Hessen als Reichstagswähler, S.247.
63 Vgl. Eschweger Tageblatt 26.5.1903, Nr.121.
64 Berechnet nach, Klein, Die Hessen als Reichstagswähler, S.247.

und Röhrda (32,6%). In anderen Ringgau-Dörfern spielte die SPD aber keine Rolle mehr. So gestalteten sich die Resultate in Netra, Lüderbach, Rittmannshausen, Herleshausen, Holzhausen, Unhausen und Nesselröden durchweg trostlos. Hier lag der Anteil der SPD-Wähler unter 10%. Nicht besser gestaltete sich der Wahlausgang in der Schemmerngegend, wo Hugo in Stadthosbach (5,3%), Turnhosbach (0%), Gehau/Eltmannsee (0%), Burghofen (8,3%) und Friemen (6,7%) sehr schlecht abschnitt. Auch im Meißner-Vorland waren die Resultate für die SPD unerfreulich, so in Frankershausen (17,2%), Frankershain (1,1%) und Vockerode (15,4%).

Die Antisemiten schnitten wieder traditionsgemäß besonders in den Städten schlecht ab. Weder in Eschwege (5,6%) noch in Wanfried (11,1%) und Waldkappel (8,9%) spielten sie eine Rolle. Wie erwartet, konnte trotz der Unterstützung durch den Bund der Landwirte auch auf dem Lande kein Zuwachs erzielt werden. In einigen Ringgau-Dörfern blieben die Antisemiten überdurchschnittlich stark, so in Renda (50%), Netra (55,1%), Lüderbach (53,6%), Rittmannshausen (75%) und Holzhausen (62,1%). Verluste gab es aber im südlichen Ringgau-Gebiet. So entschied sich z.B. in Unhausen nur noch jeder fünfte Wähler für Ruprecht, nachdem sein Vorgänger Iskraut im Jahre 1898 noch 100% der Wähler hinter sich gebracht hatte. Traditionell schlecht schnitten die Antisemiten auch in den Eschweger Nachbardörfern Frieda, Schwebda, Oberdünzebach und Niederhone ab. Günstiger als 1898 gestaltete sich der Wahlausgang in einigen Dörfern der Schemmerngegend. Da hier die Zahl der abgegebenen Stimmen ausgesprochen niedrig war, fiel diese Tatsache aber nicht ins Gewicht. Eine antisemitische Hochburg blieb das Wanfrieder Nachbardorf Altenburschla, wo sich über 90% für Ruprecht entschieden.

Die FrVP konnte sich in Eschwege leicht verbessern. Seyboth brachte 26,8% der Wähler auf seine Seite; sein Vorgänger hatte 1898 nur 22,3% der Stimmen auf sich vereinen können. Erfolgreich waren die Freisinnigen auch wieder in ihrer alten Hochburg Waldkappel, wo sie 37,5% der Stimmen für sich verbuchen durften (1898 29,7%). Keine Rolle mehr spielte die Partei dagegen in Wanfried, wo nur noch jeder 10. Wähler den Linksliberalismus bevorzugte. Im Ringgau blieben die Freisinnigen traditionell schwach; Ausnahmen bildeten die südlichen Dörfer Herleshausen (44,2%) und Nesselröden (47,8%). In der Schemmerngegend lag der freisinnige Stimmenanteil meist unter 10%; kaum besser sah es in den meisten Eschweger Nachbardörfern aus.

Den größten Stimmenzuwachs im Kreis Eschwege konnte die DRP verzeichnen, obwohl die Partei hinsichtlich des Wahlkampfes den geringsten Aufwand betrieben hatte. In den Städten gab es unterschiedliche Resultate. In Eschwege lag der Stimmenanteil für v. Christen bei 24,9% und in Waldkappel bei 20,2%. Hervorragend gestaltete sich das Wahlergebnis in Wanfried, wo das gute Resultat von 1898 (50,9%) noch übertroffen werden konnte. Hier votierten 64,5% der Wähler für Hermann v. Christen. Leicht verbessern konnte sich die DRP in der Schemmerngegend, wo die Ergebnisse in Stadthosbach, Turnhosbach und Gehau/Eltmannsee überdurchschnittlich gut ausfielen.

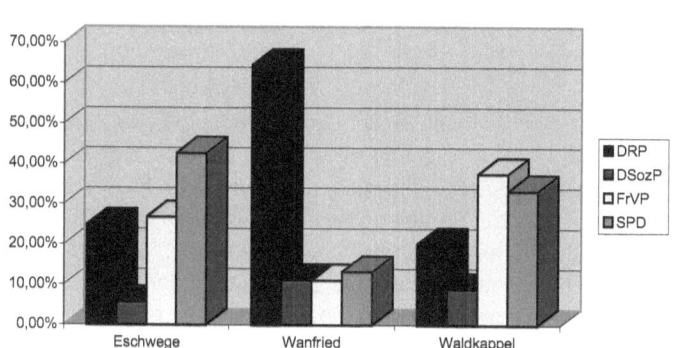

Die Reichstagswahl 1903 im Kreis Eschwege. Die Lage in den Städten

c. Kreis Schmalkalden

Die Ergebnisse für die Sozialdemokraten blieben im Kreis Schmalkalden allgemein stabil. In allen Städten stellten sie weiterhin die stärkste Kraft dar. So erhielt Hugo in Schmalkalden 47% und in Steinbach-Hallenberg, wo sich seit etwa 1900 eine sozialdemokratische Organisation nachweisen läßt, 47,5% der Stimmen[65]. In Brotterode (56,5%) und Barchfeld (55,1%) gab es im Vergleich zu 1898 zwar Verluste, trotzdem blieben die Ergebnisse imponierend. Auch in den größeren Dörfern war die SPD erfolgreich, so in Trusen (54,2%), Kleinschmalkalden (47,3%), Mittelschmalkalden (49,4%), Oberschönau (47,1%) und Seligenthal (46,4%).

---

65 Berechnet nach Ebd., S.249f.

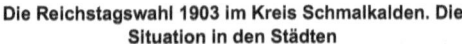

Die Reichstagswahl 1903 im Kreis Schmalkalden. Die Situation in den Städten

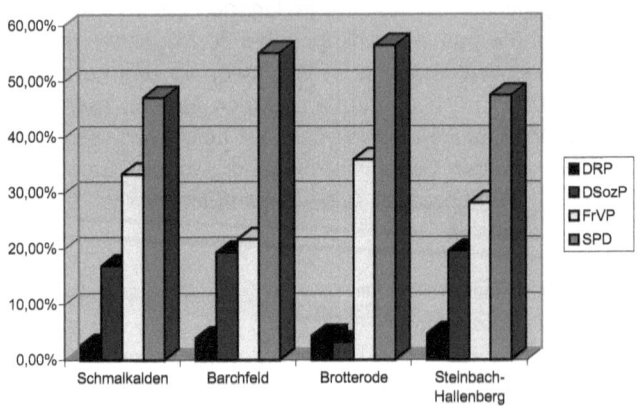

Zufrieden durften auch die Freisinnigen sein. In der Kreisstadt bekam Seyboth mit 33,4% der Stimmen weniger, als sein Vorgänger 1898 erhalten hatte. Dafür konnte sich die FrVP aber in allen anderen Städten verbessern. So fielen die Ergebnisse in Brotterode (36%), Barchfeld (21,7%) und Steinbach-Hallenberg (28,2%) für die Linksliberalen recht erfreulich aus. Das Ergebnis in der alten Hochburg Brotterode war dabei besonders beachtlich. 1898 hatten die Freisinnigen nicht einmal ein Sechstel der Stimmen bekommen. In den Schmalkalder Nachbarorten konnte die FrVP ebenfalls gute Ergebnisse erzielen, so in Näherstille, Altersbach und Volkers. In Herrenbreitungen – südlich von Barchfeld –, wo seit 1897 eine Metallwarenfabrik existierte, die zahlreichen Arbeitern auch von außerhalb Beschäftigung bot, wurde ebenfalls überwiegend linksliberal gewählt, während die SPD vergleichsweise wenig Anklang fand.

Das Wahlergebnis für die DRP läßt sich kurz zusammenfassen: Die Konservativen spielten nun im Kreis Schmalkalden überhaupt keine Rolle mehr. So errang z.B. die FrVP allein in der Kreisstadt über 100 Stimmen mehr als die DRP im gesamten Kreis (!). Im Vergleich zu 1898 verlor v. Christen mehr als 300 Stimmen[66] und das bei erhöhter Wahlbeteiligung. In keiner Stadt konnte die DRP die 5%-Grenze überschreiten.

---

66   Nach der Sonderausgabe des Witzenhäuser Kreisblattes vom 16.6.1903.

Die Antisemiten konnten sich überraschend verbessern; an einigen Orten schnitten sie ähnlich ab wie in den Kreisen Eschwege und Witzenhausen. Am erfolgreichsten war Ruprecht erstaunlicherweise in den Städten, wo wahrscheinlich das „Mittelstandsprogramm" seiner Partei für viele Selbständige von Attraktivität gewesen war. So lagen die Stimmenanteile in Schmalkalden (16,9%) und Barchfeld (19,3%) beträchtlich höher als 1898. Hinter den beiden Linksparteien SPD und FrVP blieben die Antisemiten aber doch deutlich zurück.

Das Ergebnis im Kreis Schmalkalden war entscheidend für den Ausgang der gesamten Wahl. Der klare Vorsprung, der für die FrVP vor der DRP heraussprang, konnte von den Konservativen in den beiden Kreisen Eschwege und Witzenhausen nicht mehr wettgemacht werden.

d. Kreis Witzenhausen

Auch im Kreis Witzenhausen war die Wahlbeteiligung höher als 1898. Im Verhältnis zueinander änderte sich aber bei den Parteien im Vergleich zu 1898 nicht viel, wobei die Sozialdemokraten die stärkste Kraft im Kreis blieben. In Witzenhausen mußte die SPD leichte Verluste hinnehmen; trotzdem behielt sie mit einem Stimmenanteil von 41,8% klar die relative Mehrheit[67]. In den anderen Städten gab es dagegen Zugewinne zu verzeichnen. Während in Großalmerode die Resonanz für die SPD mit 30,5% (1898 29,4%) weitgehend stabil blieb, gelang den Sozialdemokraten in Allendorf nach dem Tief von 1898 ein spektakulärer Erfolg. Hugo erreichte hier mit einem Stimmenanteil von 45,6%. die relative Mehrheit (1898 29,3%). Mit 18,6% schnitt die SPD auch im „Ackerbürgerstädtchen" Lichtenau besser ab als fünf Jahre zuvor. In den Nachbardörfern der Kreisstadt blieben die Sozialdemokraten überdurchschnittlich stark. Zwar sank in Hundelshausen der Grad der Zustimmung für die SPD von 73,5% auf 47,3%, in Bischhausen (57,4%), Blickershausen (44,4%), Dohrenbach (66,2%), Ellingerode (48,2%), Ermschwerd (55,3%), Gertenbach (44,4%), Kleinalmerode (76,6%), Roßbach (46,3%), Unterrieden (62,4%) und Ziegenhagen aber war das Abschneiden, wie schon in den Jahren zuvor, mehr als zufriedenstellend. In den Dörfern des Südkreises wechselten Gewinne und Verluste, wobei sich das Abschneiden der Arbeiterpartei in Rommerode

---

67 Berechnet nach Klein, Die Hessen als Reichstagswähler, S.250.

(22,4%), Laudenbach (40,5%), Fürstenhagen (51,6%), Walburg (8%) und Hausen (48,7%) recht unterschiedlich gestaltete.

Die FrVP konnte sich zwar geringfügig verbessern, doch ähnlich wie 1898 bekam sie im gesamten Kreis nicht einmal ein Fünftel der Stimmen. Unterschiedlich schnitten die Freisinnigen in den Städten ab. Während in Allendorf nicht einmal jeder fünfte Wähler für den Linksliberalismus votierte, konnte Seyboth in Witzenhausen (27,6%), Großalmerode (30,9%) und Lichtenau (22,2%) Zuwächse für seine Partei verbuchen. Auf dem Lande dagegen spielte die Partei weiterhin keine bedeutende Rolle.

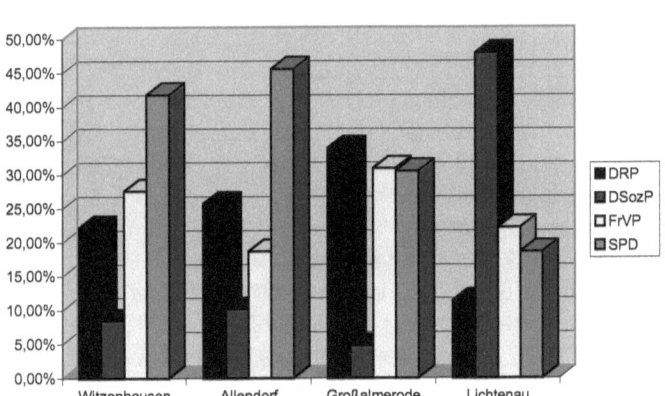

Die Reichstagswahl 1903 im Kreis Witzenhausen. Die Situation in den Städten

Zwischen den beiden Agrarparteien blieb das Kräfteverhältnis weitgehend konstant. Hermann v. Christen mußte in allen Städten leichte Verluste hinnehmen, wobei er nur noch in Großalmerode (33,9%) auf einen überdurchschnittlichen Stimmenanteil verweisen durfte. In Witzenhausen bekam die DRP 22,2% (1898 25,4%), in Allendorf 25,7% (1898 34,1%) und in Lichtenau 11,3% (1898 13,3%) der Stimmen. In seiner Hochburg Sooden bei Allendorf, wohin er sich zur Kur zurückgezogen hatte, gelang es ihm, fast 20 Prozentpunkte gutzumachen; über 80% der Wähler schenkten dem prominenten Gast ihr Vertrauen. In den meisten Dörfern änderte sich im Vergleich zu 1898 wenig. Da die erhöhte Wahlbeteiligung sich primär auf die Städte erstreckte, verloren die Dörfer aber auch mehr und mehr an Gewicht.

Den Antisemiten gelang es nicht, den großen Einbruch von 1898 zu negieren. Zwar blieb die Partei in der alten Antisemitenhochburg

Lichtenau mit einem Stimmenanteil von 47,9% die stärkste Kraft, wie schon sein Vorgänger fand Ruprecht aber in Witzenhausen (8,4%), Allendorf (10,1%), und Großalmerode (4,7%) wenig Anklang. Abgesehen von einigen Witzenhäuser Nachbardörfern und einigen Orten im Südkreis blieb der Zuspruch für den politischen Antisemitismus schwach.

e. Zusammenfassung

Nach 1890 erreichte eine linksliberale Partei erstmals wieder die engere Wahl, wofür besonders das gute Abschneiden der FrVP im Kreis Schmalkalden ausschlaggebend war. Dieser liberale Aufschwung lag zum einen in der momentanen Schwäche der Agrarparteien begründet, zum anderen hatte er aber auch im langsamen Zerbröckeln des konservativ-nationalliberalen Bündnisses seine Ursache. Der linksliberale Aufschwung vollzog sich übrigens entgegen dem allgemeinen Trend auf Reichsebene, wo die Freisinnige Volkspartei Einbußen an Wählerstimmen zu verzeichnen hatte[68].

Die DRP mußte fünf Jahre nach ihrem Triumph von 1898 eine bittere Niederlage hinnehmen, wobei primär, bei stabilem Abschneiden in den Kreisen Eschwege und Witzenhausen, die schwache Zustimmung im Kreis Schmalkalden verantwortlich war. Die Resultate in den beiden eher ländlichen Kreisen Eschwege und Witzenhausen zeigen aber auch, daß trotz des halbherzigen Wahlkampfes das Stammwählerpotential doch recht bedeutend war.

Die Antisemiten stagnierten weitgehend, wobei sie überwiegend primär im ländlichen Raum Zuspruch fanden. Bemerkenswert ist aber, daß die Partei in einigen Städten des Kreises Schmalkaldens Zuwächse verzeichnete, die möglicherweise mit den Mittelstandsprogramm der Antisemiten in engem Verhältnis standen. Das Phänomen fand, wie künftige Wahlen zeigen sollten, in der Zukunft seine Fortsetzung.

Die Sozialdemokraten verteidigten im wesentlichen ihre Position, wobei sie eindeutig die stärkste Kraft im Wahlkreis blieben. Dennoch konnte das Ergebnis nicht durchweg befriedigen, denn von einer absoluten Mehrheit, die allein Schutz vor einer „bürgerlichen Koalition" in einer Stichwahl bot, trennten die Partei Welten. Es gab übrigens

---

68 Schmädeke, J., Wählerbewegung im Wilhelminischen Deutschland, Bd.I.: Die Reichstagswahlen von 1890 bis 1912: Eine historisch-statistische Untersuchung, Berlin 1995, S.73.

auch Wähler, die mit keinem der vier Kandidaten zufrieden waren. So machte ein Unbekannter seinen Wahlzettel dadurch ungültig, indem er sich als Dichter versuchte und folgende Zeilen niederschrieb:

> „Der Seyboth macht die Bauern arm,
> Der Ruprecht schlägt den Juden tot,
> Der Christen ist nicht kalt noch warm,
> Der Hugo ist mir gar zu rot.
> Ich geb sie alle viere preis
> Und steck in den Topf den Zettel weiß."[69]

5. Der Wahlkampf zur Stichwahl

Erstmalig waren die beiden Linksparteien gemeinsam als Sieger aus der Hauptwahl hervorgegangen. Das, was viele Konservative im Vorfeld der Wahlen befürchtet hatten, war eingetroffen. Für die Wähler der beiden Agrarparteien hatte das besonders ärgerliche Folgen, denn nun mußten sie sich zwischen zwei Parteien entscheiden, deren Vertreter und Anhänger in der Vergangenheit gewöhnlich als „Reichsfeinde" bezeichnet worden waren.

Der Tag der Stichwahl wurde schließlich auf den 25.6. festgesetzt[70].

Ebenso wie in den vorangegangenen Jahren wurde wieder eine heftige Kampagne gegen die Sozialdemokraten entfacht. So hieß es in einem freisinnigen Aufruf: „Aller Partheihader muß schwinden, wo es gilt, den gemeinsamen Feind zu bekämpfen und zu überwinden. Herr Seyboth hat in seiner hiesigen Wahlversammlung öffentlich erklärt, daß er in der Sozialdemokratie die größte Gefahr für unser Vaterland erblicke. Er wird stets aus dieser Ueberzeugung handeln."[71] Das „Witzenhäuser Kreisblatt" stellte sich mit einer maßlosen Übertreibung auf die Seite Seyboths. So warnte die Zeitung in dramatischer Form: „Noch ist es Zeit, mit den unblutigen Mitteln des Stimmzettels die sozialdemokratische Flut zu brechen. Hat die Sozialdemokratie die Mehrheit im Reichstage, dann ist es zu spät, dann wehe uns allen."[72]

Diese Aufregung und apokalyptische Beschwörung war allerdings völlig unnötig. Denn die Wahrscheinlichkeit, daß die Sozialdemo-

---

69 Thüringer Hausfreund 17.6.1903, Nr.139.
70 Eschweger Tageblatt 20.6.1903, Nr.142.
71 Witzenhäuser Kreisblatt 23.6.1903, Nr.73.
72 Witzenhäuser Kreisblatt 20.6.1903, Nr.72.

kraten die Stichwahl gewannen, war noch weniger als gering. FrVP, DRP und Antisemiten hatten am 16. Juni zusammen etwa 5000 Stimmen mehr erhalten als die SPD, wobei die Freisinnigen allein etwa 2000 Stimmen weniger als die Sozialdemokraten bekommen hatten. Es brauchte also nur ein Teil der konservativen und antisemitischen Wähler zugunsten der FrVP zu votieren – dann war die Wahl bereits entschieden. Die Vorstände der agrarischen Parteien gaben auch schnell ganz in diesem Sinne ihre Wahlparolen aus. Das „Wahlkomitee der konservativen, freikonservativen und nationalliberalen Parteien" rief seine Anhänger zur Unterstützung Seyboths auf[73]; eine Aufforderung, der sich Hermann v. Christen noch einmal persönlich anschloß[74]. Auch der antisemitische Vorstand sah sich nun gezwungen, die Wähler seiner Partei dazu aufzufordern, um einen Sieg der SPD zu verhindern, den verhaßten Freisinn zu unterstützen[75].

Unter der Parole „Auf zum Entscheidungskampf" rief die SPD dagegen Arbeiter, Handwerker, Gewerbetreibende und kleine Beamte zur Unterstützung Hugos auf[76]. Jedem objektiven Betrachter mußte jedoch klar sein, daß der Sieg Seyboths und die erneute Niederlage Hugos – angesichts der bestehenden Kräfteverhältnisse – bereits beschlossene Sache war.

6. Die Stichwahl und ihr Ausgang

a. Das Gesamtergebnis

Am 25. Juni fiel erwartungsgemäß die Entscheidung zugunsten Leonard Seyboths, der mit einer klaren Mehrheit von etwa 3000 Stimmen zum neuen Reichstagsabgeordneten gewählt wurde. Wilhelm Hugo konnte seine Stimmenzahl nur um etwa 500 verbessern.

Die Wahlbeteiligung in der Stichwahl lag um etwa 800 Stimmen geringer als in der Hauptwahl. Anders als noch 1898 konnten also keine zusätzlichen Wähler mobilisiert werden. Für den gesamten Wahlkreis läßt sich also feststellen: Die Sozialdemokraten unterlagen er-

---

73 Witzenhäuser Kreisblatt 23.6.1903, Nr.73.
74 Ebd.
75 Ebd.
76 Sozialdemokratisches Flugblatt „Auf zum Entscheidungskampf", in: Hessische Wahlen zum Deutschen Reichstag.

neut einer vereinten „bürgerlichen Front". Wie gestaltete sich das Wahlergebnis nun in den einzelnen Kreisen? Gab es Wählerwanderungen, die dem allgemeinen Trend entgegenliefen?

b. Kreis Eschwege

Der Ausgang der Wahl im Kreis Eschwege läßt sich kurz zusammenfassen. Spektakuläre Ereignisse bzw. Überraschungen gab es nirgendwo. In der Kreisstadt gelang es der SPD, nur geringe Stimmengewinne zu erzielen, während die Freisinnigen fast alle konservativen und antisemitischen Wählerstimmen aus der Hauptwahl für sich verbuchen durften. Mit 1042 Stimmen errang Seyboth hier einen Anteil von 54,8%[77]. Auch in Wanfried gelang es Hugo, leichte Zuwächse zu erringen, doch insgesamt entschied sich hier nur jeder fünfte Wähler für die Sozialdemokratie, die sich auch hier einer geschlossenen bürgerlichen Allianz gegenübersehen mußte. Anders sah es aber in Waldkappel aus, wo beide Linksparteien nur leichte Stimmengewinne erzielen konnten. Hier steht zu vermuten, daß die Anhänger der Agrarparteien Stimmenthaltung übten, wobei dieses Verhalten im Kreis Eschwege eine der wenigen Ausnahmen darstellt. Denn in den meisten Dörfern erhielt Seyboth die geschlossene Unterstützung sowohl der Konservativen als auch der Antisemiten. Das galt für die direkte Umgebung Eschweges ebenso wie für die Schemmerngegend, das Meißner-Vorland und das Ringgau-Gebiet. Ein interessantes Resultat gab es aber in Netra, das schon seit Jahren für den politischen Antisemitismus eine Hochburg darstellte. In diesem Dorf, in dem zahlreiche Juden lebten, die man für Wucher und Ausbeutung verantwortlich machte, verweigerten die antisemitischen Wähler dem Freisinn nicht nur die Gefolgschaft, sondern votierten sogar für die SPD, die im ersten Wahlgang gerade einmal 2,4% errungen hatte, nun aber auf einen Anteil von über 50% (!) erhielt. Antisemitische Vorurteile, verbunden mit einer entschiedenen Ablehnung des Linksliberalismus, der nicht selten von Demagogen als verlängerter Arm des Judentums gekennzeichnet worden war, waren bei den Bauern der Ringau-Dörfer stärker ausgeprägt als die Liebe zu Kaiser und Reich.

---

77 Berechnet nach Klein, Die Hessen als Reichstagswähler, S.247ff.

c. Kreis Schmalkalden

Auch im Kreis Schmalkalden gab es kaum Überraschungen. In der Kreisstadt errang Hugo mit einem Anteil von 50,5%[78] eine knappe Mehrheit, wobei die sozialdemokratischen Zugewinne recht gering waren. Die antisemitischen Wähler gingen fast ausnahmslos in das freisinnige Lager über. Ähnlich sah es in den drei anderen Städten aus, wobei sich in Brotterode Wählerwanderungen schwer feststellen lassen, da der Anteil „agrarischer Wähler" in der Hauptwahl recht gering gewesen war. In Barchfeld und Brotterode blieb der Vorsprung der SPD vor der FrVP aber bedeutend; in beiden Städten erhielt Hugo mehr als 60% der abgegebenen Stimmen. In Steinbach-Hallenberg gingen ebenfalls die meisten Antisemiten in das linksliberale Lager über, während Hugos Stimmenzahl stabil blieb. Ähnlich wie in den Städten gestaltete sich der Wahlausgang auch in den Dörfern, wo Seyboth fast überall auf konservative und antisemitische Stimmen zurückgreifen konnte. Allerdings lassen sich auch hier Fälle nachweisen, in denen wahrscheinlich antisemitische Wähler sich dazu bereit fanden, anstelle des Linksliberalismus die Sozialdemokratie zu präferieren, so in Näherstille, Oberschönau und Rotterode. In Asbach und Kleinschmalkalden blieben dagegen viele antisemitische Anhänger zu Hause.

Zum Ausgang der Stichwahl in Oberschönau liegt eine Stellungnahme vor. So heißt es in einer Einsendung: „ Es erklärt sich dieser traurige Ruhm der Oberschönauer Sozialdemokraten aber daraus, daß ein fremder Sozialdemokrat gerade wegen der Abnahme der sozialdemokratischen Stimmen kurz vor der Stichwahl hierher beordert wurde und mehrere Tage lang seine Wühlarbeit trieb, sodaß am gestrigen Wahltag aus seiner sozialdemokratischen Presse 33 neue Genossen herauskamen."[79] Diese „neuen Genossen" waren vermutlich Hausgewerbetreibende aus der Nagelindustrie.

Allgemein läßt sich aber auch für den Kreis Schmalkalden konstatieren: Die meisten antisemitischen und konservativen Wähler folgten den Wahlparolen ihrer Parteien und unterstützten Leonard Seyboth.

---

78 Berechnet nach Ebd., S.249.
79 Steinbach-Hallenberger Anzeiger 27.6.1903, Nr.74.

d. Kreis Witzenhausen

Eine geschlossene Abstimmung gegen die SPD fand im Kreis Witzenhausen nicht in dem gleichen Ausmaß statt wie in den anderen beiden Kreisen. Viele antisemitische Wähler aus der Hauptwahl enthielten sich der Stimme oder unterstützten gar die SPD.

In der Kreisstadt konnte Seyboth seine Stimmenzahl fast verdoppeln und erreichte einen Anteil von 54,7%[80], während Hugo kaum neue Anhänger gewinnen konnte. In Allendorf lag Hugo letztlich eine Stimme vor seinem Konkurrenten, wobei ihm wahrscheinlich auch hier – bei Enthaltung der Mehrzahl – einige potentielle Antisemiten unterstützten. Noch deutlicher stellt sich die Wählerwanderung vom politischen Antisemitismus hin zur antikapitalistischen Arbeiterpartei in Lichtenau dar, wo Hugo – bei einer Zustimmung von 40,1% – seinen Anteil an Wählerstimmen mehr als verdoppeln konnte. In dieser antisemitischen Hochburg, einem „Ackerbürgerstädtchen", in dem kaum ein Jude lebte, stellte der, von antisemitischer Blickwarte aus gern als verlängerter Arm des Judentums dargestellte Linksliberalismus im Vergleich zur SPD zweifellos die schlechtere Alternative dar. Eine antisemitische Hinwendung zur SPD läßt sich dagegen in Großalmerode nur vermuten, da hier die Antisemiten im ersten Wahlgang ausgesprochen schwach geblieben waren. Die Anhänger der DRP unterstützten dagegen in ihrer Gesamtheit Seyboth, der somit auf einen Stimmenanteil von 67,2% kam. Das krasseste Beispiel für das Abstimmungsverhalten der Antisemiten zugunsten der SPD stellt das Dorf Asbach dar, indem im ersten Wahlgang 31 Wähler ihre Stimmen abgegeben hatten, wovon Ruprecht 21 auf sich hatte vereinigen können, während auf Hugo 5 , auf v. Christen 4 und auf Seyboth gar nur 1 Stimme entfallen waren. Im zweiten Wahlgang, in dem nur noch 27 Wähler den Weg zur Wahlurne fanden, bekamen die Sozialdemokraten nun 21 Stimmen, während der Freisinn sich mit 6 Stimmen begnügen mußte. Der linksliberale Zuwachs läßt sich durch konservative Stimmen erklären; der sozialdemokratische nur durch eine Unterstützung der Antisemiten. Auch in Asbach waren keine Juden ortsansässig; weder über die wirtschaftlichen noch über die sozialen Verhältnisse im Ort lassen sich zuverlässige Angaben machen.

In einigen Orten des Kreises Witzenhausen war das antisemitische Wählerpotential also weitaus weniger zur Unterstützung der FrVP

---

80 Berechnet nach Klein, Die Hessen als Reichstagswähler, S.250f.

bereit als in den beiden anderen Kreisen. Völlig unverständlich war dieses Verhalten jedoch nicht, da die antisemitischen Agitatoren nicht selten den Sozialneid geschürt hatten, der für manchen Wähler einen größeren Stellenwert als das Bekenntnis zu „Kaiser und Vaterland" gehabt haben mag. Regionale Schwerpunkte für ein derartiges Abstimmungsverhalten lassen sich allerdings nicht feststellen.

Da sich jedoch – kreisweit – die Mehrzahl der antisemitischen und wahrscheinlich die Gesamtheit der konservativen Wähler für die FrVP votierten, konnte Seyboth auch im Kreis Witzenhausen triumphieren.

e. Zusammenfassung

Versucht man den Ausgang der Stichwahl zusammenzufassen, so läßt sich folgendes konstatieren: Die SPD unterlag erneut dem Zusammenschluß aller bürgerlichen Gruppierungen. Die DRP-Wähler stimmten in der Regel geschlossen für Seyboth; die Anhänger der Antisemiten in ihrer Mehrzahl. Die dem Trend zuwider laufenden Abweichungen, vornehmlich im Kreis Witzenhausen, aber auch in manchen Orten des Kreises Eschwege, machen aber deutlich, daß hinsichtlich des antisemitischen Wählerpotentials deutlich differenziert werden muß. Diese Feststellung, die sich in ihrer Deutlichkeit nur anhand der Wahl 1903 darstellen läßt, da ausschließlich in diesem Jahr die Stichwahlkonstellation Sozialdemokratie gegen Linksliberalismus zustande kam, läßt sich leider nicht mit handfesten wirtschaftlichen und sozialen Strukturen untermauern, da derartige Fakten für Kleinstrukturen nicht vorhanden sind. Versucht man trotzdem, die beiden antisemitischen Gruppen zu unterscheiden, so ist man auf ausgesprochen vorsichtige Deutungen angewiesen. Wirtschaftliches Elend, Angst vor sozialem Abstieg und blanker Judenhaß mögen – in einer nicht nachvollziehbaren Verknüpfung – die Hauptmotivationen für diejenigen gewesen sein, die in der Stichwahl der Sozialdemokratie den Vorzug gaben. Das gilt sowohl für die Bauern in Netra/ Kreis Eschwege, wo der Anteil jüdischer Bürger, die man für Wucher und Ausbeutung verantwortlich machte, besonders hoch war[81] als auch für die Bewohner der weitgehend agrarisch bestimmten Stadt Lichtenau/ Kreis Witzenhausen, in der im Jahre 1885

---

81 Gemeindelexikon für die Provinz Hessen-Nassau. Auf Grund der Materialien der Volkszählung vom 1. Dezember 1885 und anderer amtlicher Quellen bearbeitet vom Königlichen Statistischen Bureau, Berlin 1887, S.7.

ganze drei Juden lebten[82], und die Kleineisengewerbetreibenden in Öberschönau/ Kreis Schmalkalden. Bei der größeren Gruppe der Antisemiten, die sich in der Stichwahl für den Linksliberalismus entschied, spielten „patriotische" Gesichtspunkte und die Angst vor einem möglichen Umsturz aber zweifellos eine größere Rolle. Auch hier ist es schwer, sowohl die soziale Herkunft, die wirtschaftliche Lage als auch die genaue Motivation dieser Wähler zu bestimmen. Auffällig ist aber, daß dieses Wählerpotential in allen drei Kreisstädten dominierend war.

Der SPD war es wieder nicht gelungen, im gleichen Maße Wähler für sich zu gewinnen wie die bürgerliche Konkurrenzpartei. Der Abstand blieb mit etwa 3000 Stimmen beträchtlich. Auch für die Zukunft war also kaum ein sozialdemokratischer Erfolg im Wahlkreis Eschwege-Schmalkalden-Witzenhausen zu erwarten.

Bei den Landtagswahlen des gleichen Jahres setzte sich im Wahlkreis Kassel/Land-Witzenhausen mit Wilhelm Lattmann erstmalig ein Antisemit durch, wobei er nachdrücklich von der Unterstützung der Deutschkonservativen profitierte[83]. Im Wahlkreis Eschwege-Schmalkalden schlug Hermann v. Christen den Freisinnigen Wagner[84].

---

82   Ebd., S.29.

83   Kühne, Th., Handbuch der Wahlen zum preußischen Abgeordnetenhaus 1867-1918. Wahlergebnisse, Wahlbündnisse und Wahlkandidaten, Düsseldorf 1994, S.645f.

84   Ebd., S.648.

XIV. Die Reichstagsersatzwahl 1904

1. Die Lage im Reich und der Grund für die Ersatzwahl

Lange konnte sich die FrVP nicht über ihren Sieg von 1903 im Wahlkreis Kassel 4 freuen. Schon Ende des gleichen Jahres wurde eine von Leonard Seyboth begangene Urkundenfälschung entdeckt. Im nachfolgenden Prozeß wurde er zu einer Gefängnisstrafe von einem Jahr und drei Monaten verurteilt[1]. Damit war der Wahlsieger von 1903 gezwungen, sein Reichstagsmandat niederzulegen, um das nun erneut heftig gerungen werden mußte. Nach dem Antisemiten Leuß hatte sich im Wahlkreis Kassel 4 zum zweiten Male ein gewählter Volksvertreter im besonderen Maße diskreditiert. Im Bereich der Innenpolitik des Deutschen Reiches hatte sich im Vergleich zum Jahre 1903 wenig geändert.

2. Die Nominierung der Kandidaten

Hatte im Jahre 1903 Hermann v. Christen Wahlmüdigkeit gezeigt, die vielfach als Ende seiner politischen Karriere gedeutet wurde, so konnte der bewährte Parteimann zu Beginn des Jahres 1904 erneut für eine Kandidatur zugunsten der Freikonservativen gewonnen werden. Am 13. Januar fand eine Versammlung der vereinten deutschkonservativen, freikonservativen und nationalliberalen Vertrauensmänner im Bergschlößchen zu Niederhone statt[2], an der v. Christen selbst jedoch nicht teilnahm, da auch der Antisemit Liebermann v. Sonnenberg und sein Parteifreund Wilhelm Lattmann ihr Erscheinen angesagt hatten. Beiden ging es darum, die konservativen und antisemitischen Kräfte der Region dadurch zu bündeln, indem sie die Nominierung eines gemeinsamen Kandidaten – allerdings aus antisemitischen Reihen – forderten. So schlug Liebermann den aus Hamburg stammenden Porzellanmaler Friedrich Raab vor, der sich in seiner Heimatstadt bereits zahlreiche Verdienste für die antisemitische Bewegung erworben hatte[3] und nach dessen Weggang aus Norddeutschland die dortige antisemitische Bewegung ihren Nieder-

---

1 Eschweger Tageblatt 2.1.1904.
2 Eschweger Tageblatt 14.1.1904, Nr.11.
3 Riquarts, K.-G., Der Antisemitismus als politische Partei in Schleswig-Holstein und Hamburg 1871-1914, Diss. Kiel 1975, S.437.

gang erlebte[4]. In den Jahren 1898-1903 hatte er bereits als Reichstagsabgeordneter für den Wahlkreis Schleswig-Holstein II parlamentarische Erfahrung gesammelt[5]. Da v. Christen im Vorfeld der Versammlung seine mögliche Kandidatur nur von einer einmütigen Entscheidung zu seinen Gunsten abhängig gemacht hatte, mußten die deutschkonservativen, freikonservativen und nationalliberalen Anhänger entscheiden, ob sie künftig als Gefolgsleute der Deutschsozialen Partei oder aber weiterhin eigenständig agieren sollten. Vor allem für die Nationalliberalen mußte Liebermanns Ansinnen als Zumutung betrachtet werden. Aber auch für viele Konservative war ein Zusammengehen mit den Antisemiten wenig attraktiv; hatte es doch mit der radikalen Partei, ebenso wie mit dem sie unterstützenden Bund der Landwirte in der Vergangenheit heftige Auseinandersetzungen gegeben. So mußte Liebermanns Plan einer „konservativ-antisemitischen Sammlung" unter antisemitischer Führung folgerichtig scheitern; in der folgenden Abstimmung sprach sich die überwiegende Mehrheit der Versammlungsteilnehmer für Hermann v. Christen aus, dem das Ergebnis telephonisch mitgeteilt wurde. Dieser stellte jedoch eine weitere Bedingung, nachdem er von den Plänen einiger Nationalliberaler Kenntnis genommen hatte, eine eigene nationalliberale Kandidatur zu betreiben[6]. In der folgenden Abstimmung wurden Hermann v. Christens Bedingungen erfüllt, der sich daraufhin zum letzten Male für seine Partei in den Wahlkampf stürzte.

Die Antisemiten fanden sich allerdings nicht bereit, auf einen eigenen Kandidaten zu verzichten. So trat Friedrich Raab für die DSozP in den Wahlkampf ein. Für die SPD stellte sich erneut der bewährte Parteistratege Wilhelm Hugo als Kandidat zur Verfügung[7]. Die Zentralleitung der FrVP schlug den erst 32jährigen Volksschullehrer Otto Merten aus Berlin als Kandidaten vor. Am 17.1. wurde dieser von einer freisinnigen Vertrauensmännerversammlung in Schmalkalden bestätigt[8]. Damit standen sich erneut vier Parteien gegenüber.

---

4   Ebd., S.288ff.
5   Ebd., S.437.
6   Vgl. Eschweger Tageblatt 7.1.1904, Nr.5.
7   Eschweger Tageblatt 9.1.1904, Nr.7.
8   Thüringer Hausfreund 18.1.1904, Nr.14.

3. Der Wahlkampf und die Wahlkampfveranstaltungen

Nur wenige Monate nach dem Erfolg des Linksliberalismus im Wahlkreis befanden sich die Freisinnigen in einer fatalen Situation. Die Verfehlungen ihres letztjährigen Kandidaten hatten dem Ansehen der Partei selbstredend großen Schaden zugefügt. Deshalb mußte es die vornehmliche Aufgabe der Parteipropaganda sein, Seyboths Verbrechen von der Partei streng zu trennen. Ganz in diesem Sinne schrieb der „Thüringer Hausfreund" zu Beginn des Jahres: „Es bedarf nicht erst des Hinweises, daß Fälle, wie diese Verfehlung eines Parteivertreters, von keinem anständigen Politiker gegen die betreffende Partei ausgenutzt werden. Leute, die das tun, setzen sich damit selbst herab."[9] Daß diese Belehrungen bei vielen Wählern und vor allem natürlich beim politischen Gegner auf taube Ohren stoßen mußten, war allerdings vorhersehbar. Hatten doch vor allem die Antisemiten die freisinnige Schadenfreude über den peinlichen Abgang des Hans Leuß in noch bester Erinnerung.

Neben dem Versuch, den politischen Schaden für den Linksliberalismus in Grenzen zu halten, trat die FrVP für altbekannte Ziele ein. So wollten die Freisinnigen das Reichstagswahlrecht erhalten und das Vereins- und Versammlungsrecht einer gesetzlichen Regelung unterziehen. In Militärfragen traten sie, wie schon in den Jahren zuvor, für eine dauerhafte Sicherstellung der zweijährigen Dienstzeit ein. In der Wirtschaftspolitik beharrten sie weiterhin auf zollfreien Handelsverträgen[10].

Die DRP befand sich in der gleichen Position wie schon in der Vergangenheit. Erneut galt das Augenmerk der freikonservativen Propaganda besonders dem agrar-ländlichen Wählerpotential, das auch von den Antisemiten mit Hingabe umworben wurde. So wurde die Stabilisierung der Landwirtschaft als Hauptziel der DRP und ihres Kandidaten propagiert. Besonders wurde wieder die Tatsache hervorgehoben, daß v. Christen ein Einheimischer war[11], der die Verhältnisse der heimatlichen Landwirtschaft besser kenne, als der „Großstädter" Friedrich Raab[12]. Hinsichtlich ihrer Resonanz in ländlichen Gebieten sollte auch in diesem Jahr die Entscheidung des

---

9   Thüringer Hausfreund 6.1.1904. Nr.4.
10 Thüringer Hausfreund 4.2.1904, Nr.29.
11 Aufruf für v. Christen im Witzenhäuser Kreisblatt 13.2.1904, Nr.19.
12 Aufruf an die Mitglieder des Bundes der Landwirte im Witzenhäuser Kreisblatt 13.2.1904 (3.Blatt).

Bundes der Landwirte für die DRP von vornehmlicher Bedeutung sein.

Ähnlich offensiv wie auf der Vertrauensmännerversammlung in Niederhone ging v. Christen nun auch dieses Problem an. Angesichts der bitteren Erfahrungen der vorangegangenen Jahre, die er mit den aggressiven „Bündlern" gemacht hatte, wartete der freikonservative Kandidat deren Votum gar nicht erst ab. Auf einer Bezirksversammlung des Bundes in Heiligenstadt am 22. Januar kündigte v. Christen im voraus seinen erbitterten Widerstand gegen eine eventuelle neuerliche Entscheidung gegen seine Person an. Die offene Feindschaft des Bundes und der Antisemiten wurde einer vehementen Kritik unterzogen; seine eigene Kompetenz hinsichtlich der Landwirtschaft erfuhr eine besondere Würdigung. Vermutlich konnte sich v. Christen in Heiligenstadt auf zahlreiche Parteigänger stützen, denn laut „Eschweger Tageblatt" wurden ihm etliche spontane Vertrauensbekundigungen entgegengebracht[13]. Die Weichen für eine entschlossene Konfrontation mit dem Bund waren also gestellt. Nur zwei Tage später sollte nämlich schon die Entscheidung fallen. Am 24. Januar versammelten sich die Vertrauensmänner des Bundes zwecks Stellungnahme für die Reichstagsersatzwahl in Eltmannshausen[14]. Nach harten Debatten kam es erneut zu einer den Konservativen wenig genehmen Entscheidung. 22 Vertrauensleute entschieden sich für Raab; nur 17 Delegierte sprachen sich für v. Christen aus. Wie angekündigt, zeigte Hermann v. Christen allerdings keine Bereitschaft, das Votum zu akzeptieren. Unterstützt wurde er von vielen Bundesmitgliedern, die sich zu seinen Anhängern zählten und die ihren Unmut durch einen Einspruch bei der Bundesleitung kundtaten[15]. Diese wies den Protest aber zurück und rief offen dazu auf, Friedrich Raab zu unterstützen[16]. Die Parteigänger v. Christens beachteten diese Weisung allerdings nicht, sondern riefen im „Namen von 35 Vertrauensmännern und 214 Mitgliedern des 'Bundes der Landwirte'"[17], dazu auf, Hermann v. Christen zu unterstützen. Auch als die Bundesleitung versuchte, die „Abtrünnigen" durch weitere Aufrufe auf ihre

---

13   Eschweger Tageblatt 23.1.1904, Nr.19.
14   Eschweger Tageblatt 25.1.1904, Nr.20.
15   Vgl. Aufruf „Zur Reichstagswahl" im Eschweger Kreisblatt 30.1.1904, Nr.25.
16   Vgl. Anzeige im Eschweger Kreisblatt 11.2.1904, Nr.35.
17   Aufruf im Eschweger Tageblatt 12.2.1904, Nr.36.

Direktive festzulegen[18], blieben diese standhaft. Dieser Vorgang zumindest belegte deutlich, daß die Integrationskraft des Bundes der Landwirte zumindest in der Region Eschwege-Schmalkalden-Witzenhausen nachgelassen hatte.

Der offene Widerstand vieler Bundesmitglieder gegen den Mehrheitsbeschluß kam den Antisemiten natürlich äußerst ungelegen, zumal der Bund sich stets als mächtiger Verbündeter erwiesen hatte. Nun mußte aber befürchtet werden, daß viele ländliche Wähler sich den Auffassungen der „Rebellen" anschlossen. Zum anderen wurde bald deutlich, daß es innerhalb der DSozP zu Meinungsverschiedenheiten hinsichtlich des „Grades der Judenfeindlichkeit" gab. Während Liebermann v. Sonnenberg auf einer Veranstaltung in Niederhone die Verschärfung der „Judenfrage" als Ziel propagierte[19], vertrat Friedrich Raab selbst eine gemäßigtere Position. Einem Leserbrief eines Anhängers zufolge soll er in einer Wählerversammlung folgende bemerkenswerte Worte ausgesprochen haben: „Antisemit ist ein Schimpfwort für mich und wer mich Antisemit nennt, beschimpft mich."[20] Als er auf die Wahlaufrufe der DSozP verwiesen wurde, die die Partei eindeutig als antisemitisch auswiesen, antwortete er angeblich: „Die Zettel sind ohne mein Vorwissen gedruckt. Ich habe den Herren Vorwürfe gemacht, und es wird der Ausdruck 'antisemitisch' auf den neuen Zetteln nicht mehr zu finden sein."[21] Daß diese Aussagen authentisch sind, beweist der folgende Vorgang. War Ende Januar noch für die Deutschsoziale (antisemitische) Partei geworben worden[22], so trat nun tatsächlich der von Raab versprochene Wandel ein. Von nun an verschwand das Wort „antisemitisch" aus den Wahlaufrufen der DSozP[23].

Inwieweit es zwischen Raab und Liebermann hinsichtlich dieses Vorganges zu Differenzen gekommen ist, bleibt unklar. Raab trug aber der Erfahrung Rechnung, das ein aggressiver Antisemitismus im Wahlkreis auf weniger Resonanz stieß als eine eher subtil geäußerte Judenfeindschaft.

---

18 Vgl. Eschweger Tageblatt 13.2.1904, Nr.37.
19 Eschweger Tageblatt 9.2.1904, Nr.33.
20 Eschweger Tageblatt 12.2.1904, Nr.36.
21 Ebd.
22 Vgl. Eschweger Tageblatt 30.1.1904, Nr.25.
23 Vgl. z.B. Eschweger Tageblatt 12.2.1904, Nr.35.

Ihm war auf diese Weise zumindest ein geschickter Schachzug gelungen, gab doch der Verzicht auf die Vokabel „antisemitisch" der DSozP zumindest nach außen hin einen seriöseren Anstrich. Die Hetze gegen eine konfessionell-soziale Minderheit, die verbale Diskriminierung hatte in der Vergangenheit viele Wähler mit Befremden erfüllt. Raab war klar, daß eine seriöse „Ordnungspartei" mit agrarischen, mittelständischen, aber auch nationalen Elementen für viele Wähler attraktiver sein mußte als eine Partei der „Judenfeinde". Diese „konservative" Variante des Antisemitismus nahm der Partei in mancher Hinsicht ihre Radikalität. Andererseits machte es sie aber auch gefährlicher, da ihre Anziehungskraft auf die Wähler zweifelsohne größer werden mußte. Auch war die Gefahr, daß radikale „Judenfeinde", die für primitive, auf ethnischer Basis fußende Argumentationen zugänglich waren, nun der Partei den Rücken kehren könnten, kaum relevant. Denn zum einen bot sich für diese Wähler ja keine andere Alternative an. Zum anderen ließ der Verzicht auf das Wort „antisemitisch" den verantwortlichen Agitatoren der Partei ja weiterhin einen großen Spielraum. Da, wo judenfeindliche Parolen populär waren, konnten sie zumindest verbal weiter verbreitet werden; da, wo sie Anstoß erregten, konnte auf sie verzichtet werden. Damit war ein wichtiger Schritt zur Annäherung an konservative Positionen – die ja auch nicht gänzlich frei von einem Antisemitismus „gemäßigter Art" gewesen waren – vollzogen worden, dessen Nützlichkeit die nächste Reichstagwahl belegen sollte. Denn im Jahr 1907 sollte der Traum einer konservativ-antisemitischen Sammelbewegung unter antisemitischer Führung in Erfüllung gehen. Auch wenn die Antisemiten sich nicht mehr antisemitisch nannten, blieb doch die judenfeindliche Komponente eine Grundlage ihres Programmes; ein Grund dafür, daß auch im folgenden der Begriff „Antisemiten" trotz allem seine Verwendung findet.

Wie stellte sich Raab im Wahlkampf 1904 nun dar, und wofür trat er ein? In einer antisemitischen Broschüre wurde er als „ein Mann ernster christlicher Lebensanschauung und treuer deutsch-nationaler Gesinnung"[24] bezeichnet. Als Hauptfeind galten die Sozialdemokraten, deren Bekämpfung allerdings aus taktischen Gründen zunächst nur halbherzig erfolgte. Daß die SPD die Stichwahl erreichen würde, wurde allgemein erwartet, deshalb richtete Raab sein Augenmerk

---

24 Antisemitische Broschüre „Reichstagswähler", in: Hessische Wahlen zum Deutschen Reichstag (Flugblattsammlung) 1904, Universitätsbibliothek Marburg.

zunächst auf die Parteien, die der DSozP das Erreichen der engeren Wahl streitig machen konnten. Den Freisinnigen wurde die Aufstellung ihres letztjährigen Kandidaten vorgehalten. So hieß es in einer Kampfschrift: „Solch einen Mann haben die freisinnigen Führer ... mit pomphaften Worten den Wählern empfohlen und sich für ihn verbürgt. Daher ist jetzt die größte Vorsicht gegenüber allen freisinnigen Behauptungen und Versprechungen am Platze."[25] Dem jetzigen freisinnigen Kandidaten Merten wurden seine Jugend und seine angebliche Unerfahrenheit vorgehalten[26]. Darüber hinaus wurde er als Bauernfeind und als Freund des Großkapitals bezeichnet[27].

Hermann v. Christen wurde dagegen der Untätigkeit für den Wahlkreis bezichtigt. So hieß es: „Herr v. Christen hat, wie das amtliche Sprechregister nachweist, in den 5 Jahren der letzten Reichstagssession niemals das Wort ergriffen. Herr v. Christen fehlte 9 Mal entschuldigt, 19 Mal unentschuldigt."[28]

In der Wirtschaftspolitik griffen die Antisemiten weitgehend auf ihre altbewährten Parolen zurück, wobei sich Raab als Vertreter aller Stände und Berufsgruppen präsentierte. Anders als in den vorangegangenen Jahren erfuhr allerdings die industrielle Produktion eine größere Beachtung. Zu ihrem Schutze sprach sich Raab für „zweckentsprechende Handelsverträge" aus[29]. Auch der Schutz der Landwirtschaft erfreute sich wieder der besonderen Aufmerksamkeit. Eine antikapitalistische Komponente, wenn auch eine ohne zukunftsorientierte Analyse der gesellschaftlichen Verhältnisse, rundete das antisemitische Programm ab. Unter dem Deckmantel des angeblich unabhängigen Standpunktes wurde allerdings erneut – wenn auch ein wenig subtiler als in vorangegangenen Zeiten, aber doch unverhohlen – die kapitalistische Ausbeutung mit dem Judentum in Verbindung gebracht. So konnte man über Raabs Einschätzung lesen: „Mein Eintreten für die ehrliche Arbeit macht mich zum entschlossenen Gegner aller derer, die ohne eigene ehrliche Tätigkeit andere für sich arbeiten lassen möchten. Darum werde ich aller Ausbeutung

---

25 Antisemitische Broschüre „Bauern heraus. Arbeiter heran. Bürger zur Wahl. Wähler der Kreise Eschwege-Schmalkalden-Witzenhausen", in: Hessische Wahlen zum Deutschen Reichstag 1904.
26 Ebd.
27 Ebd.
28 Ebd.
29 Ebd.

und allen Ausbeutern entgegentreten, wo ich sie erblicke. Wenn sich dabei manche jüdische Mitbürger stärker getroffen fühlen als andere Leute, so trage ich daran nicht die Schuld."[30]

Wie sah nun der sozialdemokratische Wahlkampf aus? Von Seiten der anderen Parteien gestaltete sich die Auseinandersetzung mit der SPD zunächst weniger intensiv als in der Vergangenheit, da deren Teilnahme an der Stichwahl allgemein als sicher angenommen wurde. In den Flugblättern und Anzeigen der bürgerlichen Parteien – DRP, DSozP und FrVP – wurde zwar offiziell dem Kampf gegen die Sozialdemokratie die absolute Priorität eingeräumt, de facto nahmen die Auseinandersetzungen untereinander hinsichtlich des „freien Platzes" in der Stichwahl aber einen ungleich größeren Raum ein. So gestaltete sich der Wahlkampf der SPD zunächst im Windschatten der gegnerischen Differenzen. Die Niederlagen der Partei in der Vergangenheit, basierend auf einem weitgehend geschlossenen Bündnis der anderen politischen Gruppierungen und deren Wählerschaft, durften auch im Jahre 1904 keinen übermäßigen Optimismus aufkommen lassen. So war folgendes Resümee, das auf einer Generalversammlung des sozialdemokratischen Vereins im „Bunten Bock" in Kassel gezogen wurde, mehr eine Prognose für die Zukunft als für die anstehende Ersatzwahl. So wurde optimistisch verkündet: „Wir müssen aus dem Grunde eine tiefgehende Agitation betreiben. Wenn wir so verfahren, werden wir auch die Früchte ernten. Alle Mann ans Werk, es gilt, die Organisation in Friedenszeiten so auszubauen, daß in Kriegszeiten – bei Wahlen – der Sieg unser ist."[31] Um den anstehenden Wahlkampf besonders wirksam gestalten zu können, wurden umfangreiche Geldsammlungen durchgeführt; Glaubt man einer Notiz des „Volksblattes für Hessen und Waldeck", so war der Spendenaktion ein überwältigender Erfolg beschieden[32]. Die Beträge, die bei Vertrauensleuten und Gastwirten zusammengekommen waren, wurden öffentlich zur Kenntnis gebracht – ein Verfahren, das nicht nur der Information diente, sondern auch die Spendenbereitschaft Säumiger fördern sollte.

Ein vorrangiges Anliegen der SPD war die Kritik des Militarismus des Deutschen Reiches sowohl zu Wasser als auch zu Lande. Deshalb traten die Sozialdemokraten vehement für eine Kürzung des Wehr-

---

30 Ebd.
31 Volksblatt für Hessen und Waldeck 29.1.1904, Nr.24.
32 Volksblatt für Hessen und Waldeck 13.2.1904, Nr.37.

etats ein[33]. Dem Vorwurf der Vaterlandsfeindschaft wurde aber energisch widersprochen, indem nachdrücklich darauf hin gewiesen wurde: „ Die Sozialdemokraten sind ... jederzeit bereit, wenn das Vaterland in Gefahr ist, Glut und Blut in die Schanze zu schlagen ..."[34]. Derartige Verlautbarungen waren neu und kennzeichneten nachdrücklich – wie auch Joachim Tappe in seiner Arbeit über die Witzenhausener Arbeiterbewegung feststellt[35] – einen Wandel hinsichtlich der Stellung der Partei zur Wehrbereitschaft. Dieser Richtungswechsel läßt sich auch auf Reichsebene nachweisen und war nicht, wie Tappe vermutet[36], auf die Region beschränkt. Denn nur zwei Monate später verbürgte sich August Bebel im Reichstag für die Verteidigungsbereitschaft der Sozialdemokraten selbst im Falle eines von Deutschland ausgehenden Angriffskrieges[37]. Auch in anderer Hinsicht setzte ein langsamer, wenn auch zunächst kaum wahrgenommener Wandel innerhalb der Sozialdemokratie ein. Obwohl der Dresdener Parteitag von 1903 die Thesen Eduard Bernsteins scharf verurteilt hatte, sollte sich der Revisionismus zukünftig in der täglichen Parteiarbeit langsam durchsetzen[38].

In wirtschaftlicher Hinsicht traten die Sozialdemokraten für die Aufrechterhaltung der Handelsverträge zur Stärkung und Sicherung der industriellen Produktion ein. Allerdings wurde auch ein besonderes Augenmerk auf potentielle ländliche Wähler gerichtet, wobei die Positionen der beiden Agrarparteien DRP und DSozP kritisch beleuchtet wurden. In einem Flugblatt wurde z.B. den Kleinbauern ihre Lage im Vergleich zu den Großgrundbesitzern klargemacht. Anhand eines fiktiven Gespräches zwischen einem Bauern und einem Gutsbesitzer wurde dem Leser vor Augen geführt, daß eine einseitig agrarische

---

33 Sozialdemokratische Broschüre „Verbreiten! Auslegen! Weitergeben! Wähler des Reichstagswahlkreises Eschwege-Witzenhausen- Schmalkalden, in: Hessische Wahlen zum Deutschen Reichstag (1904).

34 Ebd.

35 Tappe, J., Die Geschichte der Arbeiterbewegung in Witzenhausen, hrsg. zum Anlaß des 100-jährigen Bestehens des SPD-Ortsvereines, Witzenhausen 1984, S.140.

36 Ebd.

37 Auszug der Rede vom 7. März 1904, zitiert nach Stampfer, F., August Bebel, in: Die großen Deutschen, Bd.3, hrsg. von H. Heimpel, Th. Heuss u. Benno Reifenberg, Frankfurt 1983, S.552-562, hier: S.558.

38 Baumgart, W., Deutschland im Zeitalter des Imperialismus (1890-1914). Grundkräfte, Thesen und Strukturen, Frankfurt/M., Berlin, Wien, 1972, S.165f.

Interessensvertretung nur dem Großgrundbesitzer zum Vorteil gereiche, nicht aber dem Kleinbauern[39].

Gegen die FrVP wurde ebenfalls scharf vorgegangen, wobei die sozialdemokratischen Agitatoren in der Wahl der Methoden keineswegs zimperlich waren. Hinsichtlich der Affäre Seyboth und der Position des freisinnigen Führers Richter schrieb das „Volksblatt für Hessen und Waldeck" schadenfroh: „Herr Eugen Richter fälschte Zitate und Herr Seyboth Wechsel."[40] Inwieweit die Sozialdemokraten sich in der Auseinandersetzung mit dem Linksliberalismus auch „antisemitischer Methoden" bedienten, läßt, sich nicht hinreichend belegen. Zumindest einem antisemitischen Flugblatt zufolge empfahl auf einer Wählerversammlung in Weidenhausen (Kreis Eschwege) ein sozialdemokratischer Agitator seinen Zuhörern: „Wählt nicht den bezahlten Judenkandidaten."[41] Möglicherweise versuchten auf manchen Wahlkampfveranstaltungen einige sozialdemokratische Wähler tatsächlich, durch populäre Anbiederung an vorherrschende Stimmungen vor allem im ländlich-agrarischen Mileau die Wahlaussichten der eigene Partei zu verbessern. Denn, daß antisemitische Klischees und Vorurteile auch innerhalb der SPD, sowohl bei den einfachen Mitgliedern als auch bei August Bebel selbst, eine – wenn auch nur äußerst marginale – Rolle spielten, belegt eine Untersuchung von Hermann Greive[42], der die Geschichte des modernen Antisemitismus auch unter diesem Aspekt betrachtet hat. Da der angeführte und dazu noch recht zweifelhafte Beleg weitgehend singulär ist, kommt diesem Aspekt aber in Hinsicht auf die Region des Wahlkreises Kassel 4 keine wesentliche Bedeutung zu.

Die propagandistischen Feldzüge der Parteien, die sowohl in der Verbreitung von Flugblättern ihren Niederschlag fanden als auch in den Medien ausgetragen wurden, wurden wieder durch zahlreiche Wahlkampfveranstaltungen ergänzt. Wie schon in den Jahren zuvor gestaltete sich die sozialdemokratische Agitationstätigkeit auf diesem Felde als äußerst schwierig, da der Partei wieder vielerorts Ver-

---

39   Sozialdemokratisches Flugblatt „Großgrundbesitzer und Kleinbauern", in: Hessische Wahlen zum Deutschen Reichstag (1904).
40   Volksblatt für Hessen und Waldeck 8.1.1904, Nr.6.
41   Antisemitisches Flugblatt „Wähler der Kreises Eschwege, Schmalkalden, Witzenhausen, in: Hessische Wahlen zum Deutschen Reichstag (1904).
42   Greive, H., Geschichte des modernen Antisemitismus in Deutschland, Darmstadt [4]1992, S.89-98.

sammlungslokale verweigert wurden[43]. Während im „Krieg der Worte" die SPD – wie erwähnt – zunächst geschont wurde, da die Streitigkeiten der bürgerlichen Parteien untereinander zunächst dominierten, trafen die sozialdemokratischen Wahlkämfer im „Nahkampf" auf erheblichen Widerstand. Hier waren es aber weniger die gegnerischen Parteien, sondern vielmehr Privatpersonen und Amtsträger, die die Agitationsmöglichkeiten der Arbeiterpartei einengten. In Ringau-Dorf Röhrda (Kreis Eschwege) z.b. wurde der SPD zunächst ein Lokal zur Verfügung gestellt. Eingeschüchtert durch den Bürgermeister, der mit dem Verlust der Konzession gedroht hatte, sah sich der betreffende Wirt jedoch schnell gezwungen, seine Zustimmung zu widerrufen. Wahrscheinlich revanchierten sich die Sozialdemokraten mit ihrem altbewährten Kampfmittel, dem Wirtshausboykott, denn das „Volksblatt für Hessen und Waldeck" kommentierte bissig: „Herr Claus wird wohl in Zukunft sein Bier allein trinken können, in Gemeinschaft des Bürgermeisters und Gendarmen."[44]

Um das Manko der Saalverweigerungen auszugleichen, waren die Sozialdemokraten wieder gezwungen, vermehrt die gegnerischen Versammlungen aufzusuchen, um sich hier zu artikulieren , wobei vornehmlich die antisemitischen Versammlungen von ihrer Anwesenheit betroffen waren. So vermerkte das „Volksblatt für Hessen und Waldeck": „Der antisemitische Kandidat Raab macht seit einigen Tagen den ganzen Ringgau unsicher. In Röhrda, Grandenborn und Netra verfolgte ihn Genosse Hugo und trat in Röhrda und Netra gegen denselben auf".[45] Wilhelm Hugos „Anhänglichkeit" wurde von den Antisemiten verständlicherweise nur sehr ungern gesehen. Als Raab sich durch ein sozialdemokratisches Flugblatt beleidigt fühlte, und Hugo keine Bereitschaft zeigte, den Inhalt des Blattes zurückzunehmen, nahm Raab diese Tatsache zum willkommenen Anlaß, um Hugo grundsätzlich von allen Diskussionen auszuschließen[46]. Wie viele sozialdemokratische Wählerversammlungen stattfanden, läßt sich schwerlich feststellen, da nicht nur die bürgerlichen Zeitungen fast gänzlich zu diesem Thema schwiegen, sondern auch das „Volksblatt für Hessen und Waldeck" nur sporadische Berichte

---

43 Sozialdemokratisches Flugblatt „Wähler des Wahlkreises Eschwege, Witzenhausen, Schmalkalden", in: Hessische Wahlen zum Deutschen Reichstag 1904.
44 Volksblatt für Hessen und Waldeck 10.2.1904, Nr.34.
45 Volksblatt für Hessen und Waldeck 2.2.1904, Nr.27.
46 Ebd.

brachte. Wahrscheinlich zeigten die allgemeinen Repressionen ihre Wirkung, so daß kaum Veranstaltungen stattfanden. Im Kreis Witzenhausen konnten vermutlich nur in der Kreisstadt Versammlungen abgehalten werden[47], wobei in einer Veranstaltung der Sozialdemokrat Garbe, laut „Witzenhäuser Kreisblatt" „in Hetzereien das Menschenmöglichste leistete"[48]. Mehrere Veranstaltungen der SPD wurden wahrscheinlich auch in Schmalkalden abgehalten, so am 14.2.[49] und am 23.2.[50] im „Rosenau", wo vermutlich Wilhelm Bock aus Gotha, der Kandidat der Arbeiterpartei von 1884, bzw. Hermann Förster aus Hamburg zugunsten der Kandidatur Hugo agierten. Auch in Eschwege fanden sicherlich mehrere Versammlungen der Sozialdemokraten statt, so am 9. Februar im „Hotel zur Krone"[51].

Wesentlich besser dokumentiert sind die antisemitischen Versammlungen, die auch weitaus zahlreicher waren. Einer Wahlbroschüre zufolge hielt Friedrich Raab persönlich etwa 70 Veranstaltungen ab[52]. Da neben Raab noch andere antisemitische Agitatoren im Einsatz waren – so z.B. Liebermann v. Sonnenberg und Wilhelm Lattmann –, ist davon auszugehen, das die Gesamtzahl der antisemitischen Versammlungen noch beträchtlich höher war. Am 17. Januar stellten sich Raab, Lattmann und Graf Reventlow, der ebenfalls ursprünglich aus der antisemitischen Bewegung Hamburgs und Schleswig-Holsteins kam[53], in Schmalkalden vor[54]. Am 7. Februar fand eine weitere antisemitische Versammlung statt, auf der Lattmann und Reventlow ihr Programm entwickelten[55]. Ganz im Sinne Raabs versuchten beide, den Antisemitismus der Partei als tolerant und gemäßigt darzulegen, weniger gegen heimische Juden als vielmehr gegen russische und galizische Zuwanderer gerichtet. Am 14. Februar folgte eine dritte Veranstaltung in Schmalkalden, auf der

---

47 Volksblatt für Hessen und Waldeck 5.2.1904, Nr.30.
48 Witzenhäuser Kreisblatt 9.2.1904, Nr.17.
49 Anzeige im Thüringer Hausfreund 10.2.1904, Nr.34.
50 Anzeige im Thüringer Hausfreund 20.2.1904, Nr.43.
51 Anzeige im Eschweger Tageblatt 8.2.1904, Nr.32.
52 Antisemitische Broschüre „Wähler der Kreise Eschwege-Witzenhausen-Schmalkalden. Bauern heraus! Arbeiter heran! Bürger zur Wahl!", in: Hessische Wahlen zum Deutschen Reichstag.
53 Riquarts, Der Antisemitismus als politische Partei in Schleswig-Holstein und Hamburg 1871-1914, S.437.
54 Thüringer Hausfreund 18.1.1904, Nr.14.
55 Schmalkalder Tageblatt 8.2.1904, Nr.32.

wieder Raab und Lattmann sprachen[56]. Am 21.2. wagte sich Raab sogar in die sozialdemokratische Hochburg Brotterode, in der die Zigarrenarbeiter schon seit Jahren zur sicheren Stammwählerschaft der SPD gehörten. Diese Versammlung wurde vom sozialdemokratischen Anhang in einem derartigen Maße gestört, daß sie vorzeitig geschlossen werden mußte[57]. Auch in den meisten anderen Orten des Kreises Schmalkalden fanden wahrscheinlich Wahlkampfveranstaltungen der DSozP statt, die damit energisch ihren Anspruch dokumentierte, endlich auch in diesem „Industriekreis" zu größeren Erfolgen zu kommen.

Die erste Versammlung der Antisemiten in Eschwege wurde am 1. Februar im „Hotel zur Goldenen Krone" abgehalten, wobei wieder Raab und Lattmann als Redner in Erscheinung traten[58]. Auch viele Sozialdemokraten waren anwesend, die jedoch den Saal verließen, nachdem Wilhelm Hugo das Wort verweigert worden war. Am 13. Februar fand in der Kreisstadt eine zweite Versammlung der DSozP statt, wobei diesmal Liebermann v. Sonnenberg referierte[59].

In den anderen Orten des Kreises waren die Antisemiten aktiv, wobei Friedrich Raab ein besonderes Interesse für das Ringgau-Gebiet hegte, das er seit Anfang Februar bereiste[60].

In Witzenhausen fanden zwei Versammlungen statt, wobei die Redner der DSozP auf wenig Resonanz stießen. Am 2. Februar mußten Raab und Lattmann ihre Standpunkte vor einem überwiegend sozialdemokratischen Publikum erläutern[61]; eine zweite Veranstaltung gestaltete sich vor leeren Rängen zu einem noch größeren Mißerfolg[62].

Umfangreicher als in der Vergangenheit, aber doch saft- und kraftlos gestaltete sich der öffentliche Wahlkampf der DRP, wobei sich die konservativen Agitationsbemühungen primär auf die Kreise Eschwege und Witzenhausen beschränkten. In Schmalkalden weilte Hermann v. Christen am 31. Januar, wobei er aber vermutlich nur wenig

---

56 Thüringer Hausfreund 15.2.1904, Nr.38.
57 Thüringer Hausfreund 22.2.1904.
58 Eschweger Tageblatt
59 Vgl. Anzeige im Eschweger Tageblatt 12.2.1904, Nr.36.
60 Eschweger Tageblatt 8.2.1904, Nr.32.
61 Witzenhäuser Kreisblatt 4.2.1904, Nr.15.
62 Witzenhäuser Kreisblatt 16.2.1904, Nr.20.

Anklang fand[63]. Auch seine Rede in Witzenhausen, im Hotel „Zum Goldenen Löwen" am 6.2. verlief wenig spektakulär. In den folgenden Tage bereiste der freikonservative Kandidat weitere Städte und Dörfer des Kreises. Am 8.2. sprach er vermutlich in Großalmerode, am 9.2. in Lichtenau[64]. Mitte des Monats beendete Direktor Fabririus den Wahlkampf im Kreis Witzenhausen[65].

Den Kreis Eschwege besuchte Hermann v. Christen zuletzt. Seinen Auftritt im vollbesetzten Saale des Gasthofes „Zur Krone" am 11.2. nutzte er zu einer schonungslosen Abrechnung mit dem Bund der Landwirte, der ihm in der Vergangenheit so häufig zugesetzt hatte. Weiter rief er in seiner Rede, die nur eine Stunde dauerte und der keine Diskussion folgte, alle Parteien auf, energisch gegen die Sozialdemokratie zu kämpfen[66]. Über v. Christens sonstige Ausführungen vermerkte das „Eschweger Tageblatt": „Sodann zu seiner eigentlichen Aufgabe übergehend, betonte der Redner, er könne im Versprechen es seinen Gegenkandidaten nicht gleich tun, denn er habe es in seiner langen parlamentarischen Laufbahn zur Genüge erfahren, wie sehr es die politische Situation einem Abgeordneten zumeist erschwere, ja unmöglich mache, bestimmte Versprechen voll einzulösen"[67]. Diese Bekenntnis, aus dem Ehrlichkeit und Resignation zugleich sprachen, entbehrte allerdings jeglicher Geschicklichkeit. Da der Wahlkampf primär von Phrasen und Vereinfachungen, von Diffamierungen und dem Schüren von Emotionen beherrscht wurde, und da auch der Wähler für eine derartige Gestaltung empfänglich war, mußte ein solches Eingeständnis auch als politische Bankrotterklärung gewertet werden. Hermann v. Christen beendete den Wahlkampf und zugleich seine lange politische Tätigkeit als Reichstagsabgeordneter und Kandidat der DRP mit weiteren Veranstaltungen im Kreis[68], über die die Medien aber weitgehend schwiegen.

Die erste Versammlung der Freisinnigen fand schon am 25. Januar im „Holzapfelschen Saale" in Eschwege statt, in deren Verlauf Otto Merten die wirtschaftliche Lage Deutschlands kennzeichnete und

---

63 Thüringer Hausfreund 1.2.1904, Nr.26.
64 Anzeige im Witzenhäuser Kreisblatt 6.2.1904.
65 Witzenhäuser Kreisblatt 16.2.1904, Nr.20.
66 Eschweger Tageblatt 12.2.1904, Nr.36.
67 Ebd.
68 Vgl. Ankündigungen im Eschweger Tageblatt 8.2.1904, Nr.312.

dabei vor allem den Zolltarif verwarf[69]. Als in einer anschließenden Diskussion Wilhelm Hugo die Verhinderung einer agrarischen Interessensvertretung als Hauptziel propagierte und darauf eine gegenseitige Unterstützung von Sozialdemokraten und Freisinnigen im Falle einer Stichwahl gegen die Konservativen und Antisemiten vorschlug, trat ihm Merten entschieden entgegen und schloß eine Unterstützung der SPD durch den Linksliberalismus ausdrücklich aus[70]. Weitere Versammlungen der FrVP fanden am 12.2. und am 14.2. statt. Am 12.2. sprach der Reichstagsabgeordnete Dr. Wiemer[71], am 14.2. hielt Merten erneut eine Rede[72].

Im Kreis Schmalkalden hielt sich Merten Anfang Februar auf, wo freisinnige Veranstaltungen in Seligenthal, Floh, Brotterode[73], Steinbach-Hallenberg, Rotterode und Altersbach[74] abgehalten wurden. Am 9.2. präsentierte sich Merten seinen Wählern in Schmalkalden, wo er sich, wie schon in Eschwege, gegen den Zolltarif wandte. Besonders griff er die Antisemiten und deren politisches Konzept an. Die Heerespolitik der Regierung unterzog er einer kritischen Würdigung, wobei er zwar für ein starkes Heer plädierte, Übertreibungen beim Flottenbau aber nachdrücklich ablehnte[75]. Fünf Tage später erlebten die Schmalkalder Bürger eine zweite linksliberale Versammlung, auf der Dr. Wiemer und der Schriftsteller Brand ihre politischen Vorstellungen darlegten[76].

Wenig ist dem „Witzenhäuser Kreisblatt" über freisinnige Veranstaltungen zu entnehmen. Schon am 1. Februar sprach Rektor Kopsch aus Berlin in Witzenhausen[77], am 13.2. stellte Merten sich dann persönlich vor[78]. Am 12.2. hatte er bereits in der antisemitischen Hochburg Lichtenau gesprochen, wobei sein Vortrag von „Pfeifen und Johlen" der politischen Gegner begleitet worden war[79].

---

69 Eschweger Tageblatt 26.1.1904, Nr.21.
70 Ebd.
71 Fulda Werra Zeitung 13.2.1904, Nr.37.
72 Fulda Werra Zeitung 15.2.1904, Nr.38.
73 Thüringer Hausfreund 8.2.1904, Nr.32.
74 Thüringer Hausfreund 9.2.1904, Nr.33.
75 Thüringer Hausfreund 10.2.1904, Nr.34.
76 Thüringer Hausfreund 15.2.1904, Nr.38.
77 Witzenhäuser Kreisblatt 4.2.1904, Nr.15.
78 Witzenhäuser Kreisblatt 16.2.1904, Nr.20.
79 Fulda Werra Zeitung 13.2.1904, Nr.37.

5. Die Wahl am 15. Februar 1904 und ihr Ausgang

a. Das Gesamtergebnis

Am 15. Februar fiel die Entscheidung, wobei die Sozialdemokraten erwartungsgemäß die Stichwahl erreichten. Obwohl Wilhelm Hugo und seine Partei im Vergleich zu 1903 Verluste hinnehmen mußten, blieb die SPD mit einem Wählerstimmenanteil von 32,2% die stärkste Kraft im Wahlkreis[80]. Die FrVP konnte ihren Überraschungserfolg von 1903 nicht mehr wiederholen und scheiterte mit einem Stimmenanteil von 22,7% ebenso wie die DRP, für die sich sogar nur 19,6% der Wähler entschieden. Zum großen Gewinner der Hauptwahl avancierten die Antisemiten, die erstmalig seit 1895 wieder in die engere Wahl kamen. Im Vergleich zu 1903 konnten über 1000 Stimmen hinzugewonnen werden, so daß 25,3% der Stimmen auf Raab entfielen. Im einzelnen gestaltete sich das Wahlergebnis folgendermaßen:

b. Kreis Eschwege

In Eschwege mußten die Sozialdemokraten im Vergleich zur Hauptwahl 1903 deutliche Verluste hinnehmen, wobei auf Hugo nur noch 38,8% der Stimmen entfielen. Traditionell gut schnitt die SPD aber wieder im Altstadtbereich (Wahlbezirk 3), wo 63,5% der Wähler, vornehmlich Arbeiter und kleine Handwerker, Hugo ihr Vertrauen schenkten. Verluste gab es in den Dörfern der unmittelbaren Nachbarschaft der Kreisstadt, obwohl der Zuspruch für die SPD in Frieda (44,2%), Schwebda (27,9%), Oberdünzebach (50%), Grebendorf (31,7%), Oberhone (49%) und Niederhone (28,6%) teilweise deutlich über dem Kreisdurchschnitt lag. Der Stimmenrückgang in diesen Orten wurde auch von der sozialdemokratischen Presse wahrgenommen, die die Ursache dafür in der Agitationstätigkeit der dortigen Sozialdemokraten glaubte ausmachen zu können. So resümierte das „Volksblatt für Hessen und Waldeck" kritisch: „Niederhone, Weidenhausen, Reichensachsen, Schwebda, Frieda usw. haben ganz traurig gewählt. ... Man sieht sofort, wo die Genossen am Ort selbst Hand ans Werk gelegt haben."[81] Auch in Waldkappel – wo Hugo mit einem Anteil von 39,9% ebenfalls hinter dem Resultat von 1903 zu-

---

80 Klein, Th., Die Hessen als Reichstagswähler. Tabellenwerk zur politischen Landesgeschichte 1867-1933, Bd.1: Provinz Hessen-Nassau und Waldeck/Pyrmont 1867-1918, Marburg 1989, S.252.
81 Volksblatt für Hessen und Waldeck 19.2.1904, Nr.42.

rückblieb – mußten Verluste hingenommen werden, während in Wanfried, wo die SPD aber nie sonderlich stark gewesen war, der Anteil mit 13,5% in etwa konstant blieb.

Überraschend konnte Hugo aber im nördlichen Ringgau-Gebiet Gewinne erzielen, wobei er in Grandenborn (56,8%) und Röhrda (52,6%) die absolute Mehrheit erreichen konnte. Im letztgenanntem Ort hatte, wie erwähnt, der Bürgermeister durch Einschüchterung eines Gastwirtes die geplante sozialdemokratische Versammlung unterbunden.

In den meisten anderen Ringgau-Dörfern herrschte aber weiterhin ein traditionell SPD-feindliches Klima, ebenso in der Schemmerngegend und im Meißner-Vorland. Es war der Arbeiterpartei auch in diesem Jahr nicht gelungen, im größeren Umfang ländlich-agrarische Wähler für ihre Sache zu gewinnen.

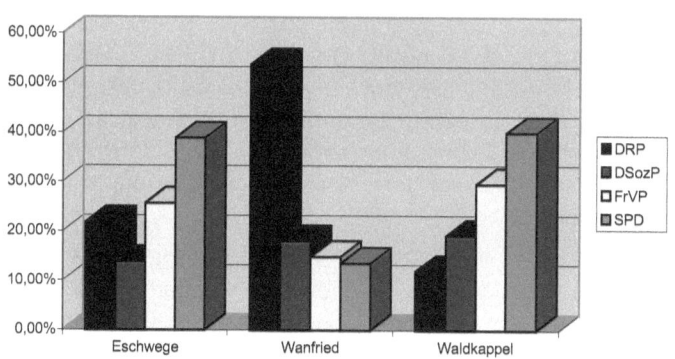

Die Reichstagsersatzwahl 1904 im Kreis Eschwege. Die Situation in den Städten

Die Antisemiten konnten dagegen gerade in diesen Gebieten Zuwächse erzielen, wobei im Ringgau-Gebiet Raab und seine Partei geradezu eine antisemitische Renaissance erlebten. Besonders im Süden konnten der DRP wieder zahlreiche Wähler entrissen werden, wo sich Raabs emsige Agitationstätigkeit bezahlt gemacht hatte. Sowohl in Netra (64,4%), Lüderbach (68%) und Herleshausen (54,4%) als auch in Rittmannshausen (80%), Unhausen (81,3%) und Nesselröden (50%) erhielt die DSozP lebhaften Zuspruch. Auch in der Schemmerngegend und im Meißner-Vorland waren die Antisemiten recht erfolgreich. Unterdurchschnittlich blieb der Zuspruch für die Partei in den Städten, obwohl Raab auch in Eschwege (13,9%),

(Waldkappel (19,1%) und Wanfried (18%) deutlich besser abschnitt als sein Vorgänger im Jahre 1903.

Wenig erfolgreich gestaltete sich der Wahlausgang für die FrVP, deren beste Ergebnisse noch in den Städten Eschwege (13,9%) und Waldkappel (29,5%) zu finden waren. Von wenigen Ausnahmen abgesehen blieb die Partei auf dem Lande ohne große Resonanz. Ähnlich sah es für Hermann v. Christen und die DRP aus, die in den Städten durchweg Verluste hinnehmen mußten. So erhielt der freikonservative Kandidat in Eschwege nur noch 21,8% (1903 24,9%), in Waldkappel 11,6% (1903 20,2%) und in Wanfried 53,7% (1903 64,5%) der abgegebenen Stimmen. Auch auf dem Lande mußte die DRP fast überall einen Stimmenrückgang hinnehmen.

c. Kreis Schmalkalden

Im Kreis Schmalkalden mußten die Sozialdemokraten in allen Städten leichte Verluste hinnehmen. Trotzdem blieben sie sowohl in Schmalkalden (43,8%) und Barchfeld (53,2%) als auch im von der Zigarrenindustrie dominierten Brotterode (46,9%) – wo sie allerdings die erstmalig 1893 errungene absolute Mehrheit verloren – und Steinbach-Hallenberg (37,9%) die stärkste Kraft. Unterschiedliche Resultate gab es in den größeren Dörfern. Während es in Trusen und Oberschönau Gewinne zu verbuchen gab, mußten in Seligenthal, Mittelschmalkalden und Kleinschmalkalden Verluste hingenommen werden.

Die DRP blieb mit einem Stimmenanteil von 9% im Kreis Schmalkalden sowohl in den Städten als auch in den Dörfern weiterhin unbedeutend, obwohl mancherorts kleine Gewinne erzielt werden konnten. Hermann v. Christen erhielt insgesamt im Industriekreis weniger Stimmen als die SPD allein in Schmalkalden bekam; eine entscheidende Ursache für die Gesamtniederlage der DRP.

Erhebliche Verluste mußten die Freisinnigen hinnehmen, die lediglich in Brotterode mit 42,8% vorzüglich abschnitten und damit dicht hinter den Sozialdemokraten lagen. In den anderen Städten gab es durchweg Verluste, wobei der Zuspruch für die FrVP sowohl in Schmalkalden (32,1%) als auch in Barchfeld (16,6%) und Steinbach-Hallenberg (17%) hinter den Erwartungen zurückblieb. Vermutlich trug die Affäre Seyboth einiges zur Niederlage der Partei bei, die auch in den Dörfern des Kreises flächendeckend ihre Fortsetzung fand.

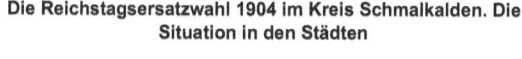

Die Reichstagsersatzwahl 1904 im Kreis Schmalkalden. Die Situation in den Städten

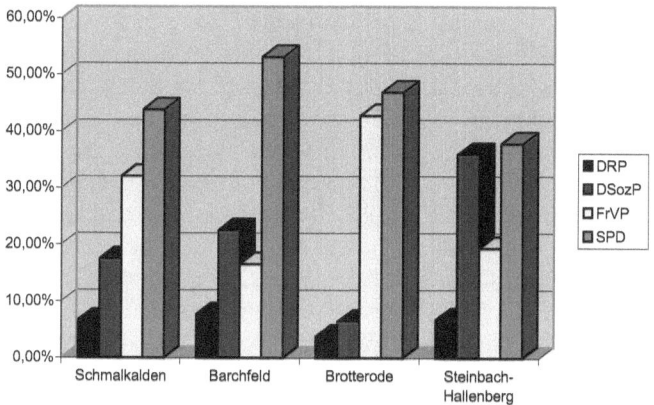

Die eigentliche Überraschung war das gute Abschneiden der Antisemiten im Kreis Schmalkalden. Mehr als jeder fünfte Wähler gab sein Votum für die Partei, die in der Vergangenheit hier nur vereinzelt auf Zuspruch gestoßen war. Der Aufwärtstrend in den Städten, der bereits 1903 unter Ruprecht seinen Anfang genommen hatte, setzte sich fort. Lediglich in Brotterode, wo die Zigarrenarbeiter fest auf dem Boden entweder des Linksliberalismus oder der Sozialdemokratie standen, blieb die Partei mit einem Anteil von 6,4% unbedeutend, während die Resultate in Schmalkalden (17,5%) und Barchfeld (22,6%) aber doch beachtlich waren. Geradezu spektakulär gestaltete sich der Wahlausgang für die Antisemiten in Steinbach-Hallenberg, wo Raab bei einem Anteil von 36% fast so viele Stimmen bekam wie die SPD. Wahrscheinlich hatten sich hier viele kleine Selbständige und Hausgewerbetreibende von den Freisinnigen und den Sozialdemokraten abgewandt. Auch in vielen Dörfern wurden die Antisemiten nun zu einer festen Größe, wobei sich regionale Schwerpunkte hinsichtlich ihrer Akzeptanz nicht ausmachen lassen. Interessant ist aber, daß die DSozP in Herrenbreitungen die stärkste Kraft darstellte, obwohl die Ansiedlung einer Metallwarenfabrik im Jahre 1897 die Grundlage für ein eher „sozialdemokratisches Milieu" gelegt hatte.

d. Kreis Witzenhausen

Die Zahl der abgegebenen Stimmen im Kreis Witzenhausen betrug nur 24,9% der Stimmen, die im gesamten Wahlkreis anfielen. Der

Wahlausgang spielte für das Gesamtresultat also nur eine untergeordnete Rolle, zumal die Differenz der Voten für die DSozP, die DRP und die FrVP recht gering war. Obwohl sie weiterhin die stärkste Kraft blieben, waren die Sozialdemokraten die großen Verlierer, da sie im Vergleich zur Hauptwahl des Jahres 1903 fast 300 Stimmen verloren. Unterschiedlich fiel das Ergebnis in den Städten aus, wobei der Stimmenanteil für Hugo in Witzenhausen mit 42,8% recht stabil blieb. Leichte Verluste gab es in Großalmerode, wo die SPD nur noch 27,5% der Stimmen (1903 30,5%) erhielt. Einen unerklärlichen Einbruch gab es für die Sozialdemokraten in Allendorf, wo sie mit 27,5% der Stimmen einen Verlust von fast 20 Prozentpunkten hinnehmen mußten. Dafür schnitt Hugo in Lichtenau mit 26,3% besser als 1903 (18,6%). Teils Gewinne, teils Verluste gab es in den Witzenhäuser Nachbardörfern, wobei die Ergebnisse in Hundelshausen (43,2%), Bischhausen (60%), Blickershausen (32,4%), Dohrenbach (66,7%), Ellingerode (60,8%), Ermschwerd (43%), Gertenbach (38,5%), Kleinalmerode (76,2%), Roßbach (45,5%) und Unterrieden (35,4%) aber traditionell deutlich über dem Kreisdurchschnitt lagen. In diesen Orten, in denen zum einen viele Betriebe angesiedelt waren, die das Wirtschaftsgefüge der Kreisstadt erweiterten, und zum anderen zahlreiche Pendler lebten, die ihr Auskommen in den Witzenhäuser Fabriken fanden, konnte das SPD-Resultat der Kreisstadt teilweise sogar deutlich übertroffen werden.

Im Südkreis gab es für die Arbeiterpartei meist Verluste zu quittieren, wobei sich die Resultate in Rommerode (12,2%), Hausen (53,1%), Laudenbach (28,8%), Fürstenhagen (36,3%) und Walburg (3,4%) recht unterschiedlich gestalteten.

Insgesamt leichte Gewinne im Vergleich zur Hauptwahl von 1903 erzielten die Antisemiten, die aber – abgesehen von ihrer Hochburg Lichtenau, in der mehr als die Hälfte der Stimmen auf die DSozP entfielen – in den Städten weiterhin ohne große Resonanz blieben. Nur in Allendorf wurde die 10%-Grenze überschritten (13,9%), während sie in Witzenhausen und Großalmerode gerade erreicht wurde. Völlig unterschiedlich und nicht erklärbar fielen die Ergebnisse für die DSozP in den Dörfern der direkten Umgebung der Kreisstadt aus, wobei sich deutliche Gewinne und klare Verluste in Waage hielten. Insgesamt blieb der Zuspruch in diesen Orten aber traditionell deutlich schwächer als in den Dörfern des Südkreises, wo in Rommerode (43,9%), Laudenbach (44,9%) Walburg (28,1%) und Fürstenhagen 36,3% der Kreisdurchschnitt der antisemitischen Stimmenanteile teilweise deutlich übertroffen werden konnte.

Die DRP stagnierte im Kreis Witzenhausen, wenngleich es im einzelnen aber klare Wählerverschiebungen gab. Während der freikonservative Stimmenanteil in Witzenhausen mit 22,5% stabil blieb, mußte v. Christen in Großalmerode (15,3%) schwere Verluste hinnehmen, wo sich seine Wählerschaft innerhalb eines Jahres prozentual halbierte. Vermutlich gingen hier zahlreiche Wähler ins linksliberale Lager über. In Lichtenau sank die Zustimmung für die DRP von 11,3% auf 6,8%, während dagegen in Allendorf, wo ihn 1903 nur jeder vierte mit seiner Stimme beglückt hatte, nun fast jeder dritte Wähler für v. Christen stimmte. Hier gingen die Gewinne der DRP Hand in Hand mit schweren Verlusten für die Sozialdemokratie. Weitgehend stabil blieben die Stimmenanteile für die DRP in den Dörfern.

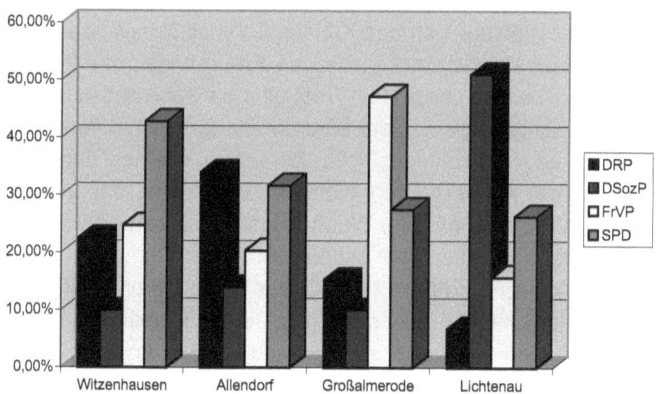

Die Reichstagsersatzwahl 1904 im Kreis Witzenhausen. Die Situation in den Städten

Trotz insgesamt leichter Zugewinne blieb der politische Linksliberalismus im Kreis die schwächste Kraft. In Großalmerode, wo den Freikonservativen viele Wähler entrissen werden konnten, erzielte Merten einen großen Erfolg, indem er, im Vergleich zu seinem Vorgänger, den freisinnigen Anteil um etwa 16 Prozentpunkte auf 47,2% steigern konnte. Leichte Gewinne gab es für die Freisinnigen auch in Allendorf, wo Merten auf einen Stimmenanteil von 20,3% der Stimmen kam, während dafür der Zuspruch für den Linksliberalismus in Witzenhausen von 27,6% auf 24,6% und in Lichtenau von 22,2% auf 15,8% sank. In den Dörfern des Kreises blieb die Sympathie für die Freisinnigen traditionell begrenzt.

e. Zusammenfassung

Die Sozialdemokraten mußten insgesamt Verluste hinnehmen, trotzdem blieben sie aber die stärkste Partei. Deutliche Zuwächse konnten die Antisemiten verzeichnen, wobei von vornehmlicher Bedeutung ihre Erfolge im Kreis Schmalkalden waren. Hinsichtlich ihrer Attraktivität waren die Unterschiede zwischen den drei Kreisen recht gering geworden. Wieso drang nun der politische Antisemitismus in den weitgehend industrialisierten Kreis ein, nachdem er in den Jahren vor der Jahrhundertwende hier kaum Zuspruch erfahren hatte? Ulrich Hess faßt die mutmaßlichen Gründe vieler Wähler folgendermaßen zusammen: „Sie wählten einfach deshalb die Antisemiten, weil ihr Kandidat Raab aus einer ähnlichen sozialen Stellung kam und antikapitalistische Demagogie betrieb."[82] Auch wenn Hess' Erklärung sicherlich nicht falsch ist, greift sie doch zu kurz. Denn auch Leuß und Iskraut hatten 1893 bzw. 1895 ihren Antisemitismus mit antikapitalistischen Parolen vertreten. Es lassen sich m.E. neben der antikapitalistischen Komponente der DSozP und deren Attraktivität auf Teile der Wählerschaft des Kreises Schmalkaldens einige weitere Erklärungen für den antisemitischen Erfolg finden, die im folgenden erläutert werden sollen. (1.) Trotz aller antikapitalistischen Agitation war der Antisemitismus der 90er primär agrarisch orientiert, d.h., auch wenn gegen Großindustrielle, Börsenspekulanten und Banken gehetzt wurde, nahm die vermeintliche Ausbeutung der „notleidenden Bauern" durch Vieh- und Wucherjuden doch den größten Raum ein. Nun aber spielte, wie schon 1903 bei Ruprecht, die Mittelstandspolitik eine größere Rolle, deren Propagierung primär städtische Wählerschichten ansprach. (2.) Der Antisemitismus war „seriöser" geworden bzw. gab sich zumindest den Anstrich. Der bewußte Verzicht auf das Wort „antisemitistisch", der erst während des Wahlkampfes 1904 auf Anweisung Raabs geleistet wurde, dokumentiert nachdrücklich das Bestreben der DSozP, das Image der „Radauantisemiten" loszuwerden. Dazu kam (3.), daß Raab in diesem Jahr auch im Kreis Schmalkalden zu einer massiven Agitationstätigkeit übergegangen war, nachdem in der Vergangenheit dem Kreis Schmalkalden weniger Aufmerksamkeit gewidmet worden war. Zu diesem Ursachenbündel gesellte sich (4) die schon seit einigen Jahren propagierte Übereinstimmung mit der DRP hinsichtlich der

---

82 Hess, U., Die politischen Verhältnisse in der Stadt und im Kreis Schmalkalden, in: Beiträge zur Geschichte Schmalkaldens, hrsg. von der Leitung des Museums Schloß Wilhelmsburg, Schmalkalden, o.J., S.88-103, S.100.

Militär- und Außenpolitik. Die staatstreuen Parolen, das Bekenntnis zu Kaiser und Reich machten die DSozP also für alle „nationalen" Kräfte wählbar.

Was für ein Wählerpotential sprachen die Antisemiten nun an, bzw. mit welchen politischen Kräften mußten sie wetteifern? Auf dem Lande waren die Fronten klar abgesteckt. Hier hieß der Gegner traditionsgemäß eindeutig DRP. Aber in den Städten und in den weitgehend vom industriellen Gewerbe bestimmten Dörfern stellte sich das Problem anders dar, denn hier verfügten die Konservativen seit einigen Jahren nur noch über einen geringen Anhang. So war die DSozP also gezwungen, hier um Wählerschichten zu werben, auf die auch die SPD setzte. Und dieses Werben war 1904 von einigem Erfolg gekrönt, wobei allerdings einige gravierende Unterschiede evident werden. Zwar lassen sich genaue Wählerwanderungen nur vermuten, da zuverlässiges Quellenmaterial nicht zur Verfügung steht. Aber eine vorsichtige Aussage hinsichtlich der städtischen Wähler der DSozP ist wohl möglich. Es fällt auf, daß in Brotterode, wo die Zigarrenindustrie die Wirtschaftsstruktur der Stadt nachhaltig prägte, die DSozP kaum Anklang fand, während in Steinbach-Hallenberg, wo neben reinen Fabrikarbeitern zahlreiche kleine selbständige bzw. scheinselbständige Handwerker und Hausgewerbetreibende tätig waren, die Partei auf 36% der Stimmen kam, während zugleich die SPD deutlich verlor.

Es läßt sich also, wenn auch mit der gebotenen Vorsicht, feststellen, daß „reine Arbeiter" der SPD fester verhaftet waren als kleine Handwerker, für die DSozP und SPD im gleichen Maße attraktiv sein konnten.

Die DRP war im Vergleich zur DSozP klar zurückgefallen. Das neue Wählerpotential der Antisemiten in den Städten blieb ihr verschlossen. Auch auf dem Lande konnten keine Wähler mehr dazugewonnen werden. Der matte Wahlkampf hatte sein übriges dazu beigetragen, daß die Zeit der DRP im Wahlkreis Eschwege-Schmalkalden-Witzenhausen ihr Ende gefunden hatte. Auch für die Freisinnigen sah die Zukunft wenig hoffnungsvoll aus.

6. Der Wahlkampf zur Stichwahl

Wie schon im Jahr 1895 mußte nun ein Antisemit gegen einen Sozialdemokraten antreten. 1898 hatten viele Freisinnige die DRP gegen die SPD unterstützt, 1903 hatte dafür die FrVP mit Hilfe der konservativen und vieler antisemitischer Wähler den Wahlkreis Kassel 4 gegen die Sozialdemokratie gewonnen. Daß der konservative Anhang nun für die Antisemiten eintreten würde, war offenkundig. Wie aber würden sich die freisinnigen Wähler verhalten? Da Merten eine Unterstützung der SPD vor der Wahl ausgeschlossen hatte, durfte Raab auch die Hilfe zahlreicher linksliberaler Wähler erwarten. Diese antisemitischen Hoffnungen erhielten jedoch einen gehörigen Dämpfer, als der Vorstand des freisinnigen Vereins von einer eindeutigen Wahlempfehlung Abstand nahm. So wurde erklärt: „Für die Stichwahl wird von uns keine Parole ausgegeben. Unseren Parteifreunden bleibt es anheimgestellt, nach eigenem Ermessen zu handeln."[83] Mit dieser Erklärung rückte der freisinnige Vorstand teilweise von den Erklärungen seines Kandidaten ab, der eine Unterstützung der SPD gänzlich ausgeschlossen hatte[84]. Sowohl die Sozialdemokraten als auch die Antisemiten fanden sich aber mit der Aussage des freisinnigen Vorstandes nicht ab. Um freisinnige Wähler auf ihre Seite zu ziehen, schreckten weder Sympathisanten der SPD, noch die der DSozP vor Flugblattfälschungen zurück. In einem Flugblatt, unterzeichnet mit „Viele freisinnige Wähler", wurde der freisinnige Anhang aufgefordert, für Wilhelm Hugo einzutreten. In Wahrheit handelte es sich aber um kein linksliberales, sondern um ein sozialdemokratisches Flugblatt[85]. Ein Aufruf im „Eschweger Tageblatt", der als Wahlempfehlung der FrVP angesehen werden konnte, forderte den freisinnigen Anhang auf, für Friedrich Raab zu stimmen[86]. In Wirklichkeit steckten aber die Antisemiten hinter dieser Anzeige. Der freisinnige Verein in Eschwege verwahrte sich daraufhin gegen derartige Versuche der Wählermanipulation und hielt an der ausgegebenen Parole fest[87].

Im Gegensatz zur FrVP gab das „Komitee der vereinten konservativen, freikonservativen und nationalliberalen Partei", wie erwartet, eine eindeutige Wahlempfehlung heraus, in der allen Anhängern das Eintreten für Friedrich Raab angetragen wurde[88].

---

83 Aufruf des Vorstandes des freisinigen Vereins, Eschweger Tageblatt 26.2.1904, Nr.48.
84 Vgl. Eschweger Tageblatt 26.1.1904, Nr.21.
85 Sozialdemokratisches Flugblatt „Zur Stichwahl", in: Hessische Wahlen zum Deutschen Reichstag (1904).
86 Eschweger Tageblatt 27.2.1904, Nr.49 (2.Blatt).
87 Eschweger Tageblatt 29.2.1904, Nr.50.
88 Eschweger Tageblatt 25.2.1904, Nr.47.

Sowohl die Sozialdemokraten als auch die Antisemiten nutzten die wenigen Tage zwischen Haupt- und Stichwahl, um ihre Erfolgsaussichten durch eifrige Agitation zu verbessern, wobei es vornehmlich um das linksliberale Wählerpotential ging. Die Tatsache, die dem Wahlkampf schließlich kurz vor der endgültigen Entscheidung eine zusätzliche Brisanz verlieh, war der Vorwurf von antisemitischer Seite, Wilhelm Hugo sei überhaupt nicht im Besitz des passiven Wahlrechtes, da seine Frau und seine Tochter auf Kosten des Landesarmenverbandes im Krankenhaus lägen[89]. Nach dem Reichswahlrecht konnte eine derartige Tatsache die Ungültigkeit der Wahl zur Folge haben.

Hugo bestätigte, daß seine Frau und seine Tochter auf Kosten der „Chariteestiftung" einen Krankenhausaufenthalt in Anspruch nahmen, fügte aber die Erklärung hinzu: „Ich habe aber nur mit der ausdrücklichen Erklärung des verwaltenden Beamten, daß dieses nicht als Armenunterstützung betrachtet wird und nie jemand in solchen Fällen als solche angerechnet worden ist, davon Gebrauch gemacht."[90] Nach dieser Erklärung kam die Angelegenheit zwar zunächst zur Ruhe – tatsächlich sollte der Vorgang aber drei Jahre später doch wieder an Bedeutung gewinnen.

Der Tag der Stichwahl war auf den 1. März festgesetzt worden. Die Erfolgsaussichten für die SPD waren aber wie schon in den vorangegangenen Jahren recht gering. Denn die engeren Wahlen von 1895, 1898 und 1903 hatten gezeigt, daß, trotz erheblicher Differenzen untereinander, die bürgerlichen Gruppierungen in ihrer Mehrheit bereit waren, gegen die Sozialdemokratie zu votieren.

7. Die Stichwahl und ihr Ausgang

a. Das Gesamtergebnis

Wie allgemein erwartet, setzte sich Raab am 1. März klar gegen seinen sozialdemokratischen Widersacher durch. Allerdings fiel die Niederlage der SPD diesmal nicht so deutlich aus wie noch 1903. 7558 Wähler stimmten für Hugo, der damit einen Stimmenanteil von 43,5% erringen konnte. Derart erfolgreich hatte die SPD im Wahl-

---

89 Vgl. Aufruf im Eschweger Tageblatt 27.2.1904, Nr.49.
90 Eschweger Tageblatt 29.2.1904, Nr.50.

kreis Kassel 4 in einer Stichwahl noch nie abgeschnitten. In den einzelnen Kreisen sah es folgendermaßen aus:

b. Kreis Eschwege

In der Kreisstadt mußte das Ergebnis für die Antisemiten unbefriedigend bleiben, obwohl die DSozP ihre Stimmenzahl verdreifachen konnte. Hätte Friedrich Raab nämlich die Unterstützung aller bürgerlichen Wähler erhalten, so wären über 1000 Stimmen auf ihn entfallen. Tatsächlich wurde er aber nur von 750 Wählern unterstützt[91], wobei ein Teil des linksliberalen Anhangs sich vermutlich des Urnenganges enthielt, während der andere Teil entweder Raab oder Hugo unterstützte, der insgesamt 53% der Stimmen für sich verbuchen konnte. Auch in Waldkappel gingen einige linksliberale Anhänger in das sozialdemokratische Lager über, während sich andere der Stimme enthielten oder aber für Raab votierten. In Wanfried konnte der antisemitische Kandidat seine Stimmenzahl mehr als verdreifachen, wobei er vornehmlich von der Unterstützung konservativer Wähler profitieren konnte. Hinsichtlich der Wahlentscheidung der konservativen Anhängerschaft läßt sich die anhand der Städte gemachte Beobachtung auch auf die Dörfer übertragen. Der konservative Anhang begünstigte in der engeren Wahl nahezu geschlossen Friedrich Raab, während die linksliberale Anhängerschaft durchaus zu differenzierten Wahlentscheidungen neigte. Spektakuläre Wählerwanderungen zugunsten der SPD blieben allerdings die Ausnahme, wie z.B. in Schwebda, wo die gesamte linksliberale Wählerschaft ins sozialdemokratische Lager überging. In manchen Orten gelang es der SPD, vorherige Nichtwähler zu ihren Gunsten zu mobilisieren, so z.B in Neuerode, während die Arbeiterpartei in anderen Dörfern, so in Oberhone und Röhrda, sogar Wähler verlor. Die Differenz der Stimmen zwischen Hugo und Raab betrug im gesamten Kreis etwa 2000; ein Unterschied, der auch schon in der Hauptwahl zwischen SPD einerseits und DSozP und DRP andererseits bestanden hatte. Das Abstimmungsverhalten der linksliberalen Wähler veränderte das politische Kräfteverhältnis im Kreis Eschwege also nicht.

c. Kreis Schmalkalden

Anders sah es aber im Kreis Schmalkalden aus, wo die freisinnigen Wähler überwiegend zugunsten der SPD votierten, die auf einen

---

91 Klein, Die Hessen als Reichstagswähler, S.252.

Stimmenanteil von etwa 58%[92] kam. In der Kreisstadt gingen fast 300 freisinnige Wähler ins sozialdemokratische Lager über, und sorgten mit dafür, daß auf Hugo insgesamt 66,8% der Stimmen entfielen[93]. Geht man davon aus, daß die Wähler der DRP alle Raab unterstützten, so wählten etwa 120 Freisinnige die DSozP. In Barchfeld und Brotterode, wo Hugo auf einen Anteil von 63,4% bzw. 72,8% kam, hielt sich die freisinnige Parteinahme in etwa die Waage, während in Steinbach-Hallenberg die Linksliberalen zu zwei Dritteln Raab unterstützten, der dadurch eine äußerst knappe Mehrheit errang. Der Grad der freisinnigen Unterstützung zugunsten einer Partei läßt sich regional nicht festlegen. In Kleinschmalkalden, im Nordkreis, votierten fast alle Freisinnigen für die SPD. Überwiegend sozialdemokratisch wählte der linksliberale Anhang auch in Seligenthal und Struth, während die FrVP-Klientel in den Nachbarorten Floh und Schnellbach dagegen die DSozP favorisierte. Die DRP-Wähler, die aber keine große Rolle spielten, unterstützten in der Regel Raab.

d. Kreis Witzenhausen

Im Unterschied zum Kreis Schmalkalden entschieden sich die Anhänger der FrVP im Kreis Witzenhausen mehrheitlich zugunsten der Antisemiten. In Allendorf sah es hinsichtlich der freisinnigen Unterstützung für die SPD noch am günstigsten aus, wobei hier etwa die Hälfte der Wähler, die in der Hauptwahl für Merten gestimmt hatten, nun Wilhelm Hugo ihr Vertrauen schenkten, der auf diese Weise einen Stimmenanteil von 42,6%[94] erhielt. In Witzenhausen enthielt sich die Mehrheit der Linksliberalen der Wahl, während der andere Teil die DSozP wählte. Mit 51,4% erzielte Hugo hier aber doch sein bestes städtisches Ergebnis im Kreis. In Großalmerode und in Lichtenau fiel die freisinnige Wahlentscheidung deutlich zugunsten von Raab aus. In Großalmerode hatte Raab in der Hauptwahl mit 41 Stimmen nicht einmal einen Anteil von 10% bekommen, während nun 230 Stimmen (60,7%) auf ihn entfielen, die in ihrer Mehrzahl von der FrVP kamen, die in der Hauptwahl 46,5% der Stimmen erhalten hatte. In Lichtenau stimmte nur jeder vierte Wähler für Hugo, während seinem Kontrahenten alle bürgerlichen Stimmen zufielen. Ähnlich sah es in den meisten Dörfern des Kreises aus. Eine gewichtige

---

92 Berechnet nach den Ergebnissen im Eschweger Tageblatt 3.3.1904, Nr.53.
93 Berechnet nach Klein, Die Hessen als Reichstagswähler, S.254.
94 Berechnet nach ebd., S.255.

Ausnahme bildete aber die wahltechnische Einheit Harmuthsachsen/Wollstein, wo die linksliberale Wählerschaft fast ausschließlich die SPD unterstützte. In Harmuthsachsen war der Anteil der jüdischen Bevölkerung höher als in anderen Dörfern des Kreises.

In einigen Orten gelang der SPD eine überraschende Mobilisierung vorheriger Nichtwähler, so in Hubenrode, Rommerode und Laudenbach.

Die konservativen Anhänger gaben auch in den Dörfern des Kreises Witzenhausen ihre Stimmen überwiegend geschlossen für die DSozP; eine Hypothese, die sich am einfachsten an den Orten nachweisen läßt, in denen die DRP in der Hauptwahl einen besonders hohen Stimmenanteil bekommen hatte. In Sooden hatte v. Christen in der engeren Wahl 95 Stimmen bekommen, Merten 7, Hugo 9 und Raab 11. Nun erhielt Raab 108 Stimmen, während sich für Hugo nur 16 Wähler entschieden. In Ellershausen hatten 32 Wähler ihre Stimme für v. Christen abgegeben, für Raab dagegen nur 2. Für Merten hatten sich drei Wähler entschieden, während Hugo gänzlich leer ausgegangen war. Nun entfielen in der engeren Wahl 39 Stimmen auf Raab, keine dagegen auf Hugo.

e. Zusammenfassung

Wie schon in der Vergangenheit mußte sich die SPD in der Stichwahl geschlagen geben. Die konservativen Wähler stellten sich dabei geschlossen hinter Raab, während das Abstimmungsverhalten der linksliberalen Anhänger durchaus wieder differenziert war. Besonders im Industriekreis Schmalkalden konnte Wilhelm Hugo von ehemals linksliberalen Stimmen profitieren.

Die Differenz zwischen der SPD und ihren Gegnern war so gering wie noch nie zuvor. Trotzdem mußten die Sozialdemokraten mit Skepsis in die Zukunft sehen, da der Stimmenunterschied immer noch beträchtlich war.

Wie in den vorangegangenen Jahren zeigte sich, daß die Angst vor der Sozialdemokratie die treibende Kraft für das Abstimmungsverhalten der meisten Wähler war, die alle Streitereien und teils erheblichen Unterschiede zwischen den bürgerlichen Parteien angesichts eines befürchteten Umsturzes vergessen ließ. Dabei war es gleichgültig, welche Partei gegen die SPD antrat. Trotzdem trugen die Sozialdemokraten ihre Zuversicht zur Schau. So bemerkte das „Volksblatt für Hessen und Waldeck" über den Ausgang der Wahl: „Angesichts der Ränke und Niederträchtigkeiten, die gegen unseren Genossen Hugo noch in letzter Stunde inszeniert wurden, ein achtungsgebietender Erfolg unsererseits."[95]

---

[95] Volksblatt für Hessen und Waldeck 2.3.1904, Nr.52.

XV. Die Reichstagswahl 1907

1. Die Lage im Reich und die allgemeine Wahlbewegung

Beinahe hätte es im Wahlkreis Eschwege-Schmalkalden-Witzenhausen nach 1895 und 1904 erneut eine Ersatzwahl gegeben. Ende des Jahres 1906 erklärte die Wahlprüfungskommission des Reichstages die Wahl Friedrich Raabs für ungültig[1]. Die Gründe hierfür lagen aber nicht in einem Fehlverhalten Raabs, sondern sie hatten ihre Ursache in dem Status des ihm 1904 unterlegenen Wilhelm Hugo. Wie schon dargelegt, war diesem kurz vor der Stichwahl 1904 vorgeworfen worden, seine Kandidatur sei rechtlich nicht statthaft, da sich seine Frau und seine Tochter damals auf Kosten der Armenhilfe in einem Krankenhaus aufhielten. Die Gegner Hugos hatten auf das Wahlgesetz verwiesen und seine Kandidatur als unrechtmäßig bezeichnet. Diese Auffassung wurde nun von der Wahlprüfungskommission geteilt. Die Wahl von 1904 wurde für ungültig erklärt, da nach dem Verständnis der Kommission damals eigentlich eine Stichwahl zwischen Raab und Merten hätte stattfinden müssen, die möglicherweise einen anderen Ausgang genommen hätte als die Stichwahl zwischen Raab und Hugo. Friedrich Raab zog aus dieser Entscheidung seine Konsequenzen und legte sein Mandat nieder[2]. Zu einer Ersatzwahl im Wahlkreis Kassel 4 sollte es aber tatsächlich nicht mehr kommen. Als Folge des Hereroaufstandes von 1904 und der sich teilweise noch hinziehenden Kämpfe[3] forderte die Reichsregierung vom Reichstag für den Unterhalt der Schutztruppe in Südwestafrika eine Summe von 29 Millionen Mark. Der Antrag wurde aber vom Zentrum und der SPD zu Fall gebracht. Daraufhin löste Bülow am 13.12.1906 den Reichstag auf[4] und machte damit den Weg frei für Neuwahlen, die unter der Bezeichnung „Hottentottenwahlen" in die Geschichte eingehen sollten. Die Kolonialpolitik und der Nachtragsetat für die Schutztruppe wurden zum beherrschenden Wahlkampfthema in ganz Deutschland. Neben den Freikonservativen stellte sich diesmal auch die FrVP auf die Regierungsseite.

---

1   Eschweger Tageblatt 6.12.1906, Nr.286.
2   Eschweger Tageblatt 7.12.1906, Nr.287.
3   Graudenz, K., Schindler, H.-M., Die deutschen Kolonien. 100 Jahre Geschichte in Wort, Bild und Karte, Augsburg [4]1989, S.64-68.
4   Born, K.E., Von der Reichsgründung bis zum Ersten Weltkrieg, München [10]1985, S.220f.

2. Die Nominierung der Kandidaten

Im Vorfeld der Wahlen konnten die Antisemiten zwei bedeutende Erfolge verbuchen. Zum einen zog die DRP aus ihrer schweren Wahlniederlage von 1904 die Konsequenzen und verzichtete im Wahlkreis Eschwege-Schmalkalden-Witzenhausen auf die Aufstellung eines eigenen Kandidaten. Diesem Verzicht, der sich ohne Aufhebens und nennenswerten Widerstand freikonservativer Entscheidungsträger vollzog[5], war eine Vertrauensmännerversammlung des Bundes der Landwirte in Eltmannshausen am 16.12.1906 vorausgegangen, in der eindeutig festgestellt wurde, daß Raab wieder alleiniger Bundeskandidat sei[6]. Damit ging eine lange Ära zu Ende, die im Jahre 1884 ihren Anfang genommen hatte. Der Verzicht der Freikonservativen auf eine eigenständige Kandidatur mußte zwangsläufig die DSozP stärken, da die – „gemäßigte" – Antisemitenpartei nun vor allem im ländlichen Bereich nahezu ohne Konkurrenz war. Faktisch war nun ein antisemitisch-konservativer Block unter deutschsozialer Führung entstanden, wie ihn Max Liebermann v. Sonnenberg schon 1904 angestrebt hatte, zumal der konservative Verein für Hessen ganz offen für Raab eintrat[7]. Zum anderen wurde sehr schnell die Gefahr einer neuen Konkurrenzpartei gebannt: der Versuch radikaler Antisemiten, einen Kandidaten der Deutschen Reformpartei in den Wahlkampf zu schicken, um damit der Hinwendung des politischen Antisemitismus zum Konservatismus zu begegnen, sollte frühzeitig scheitern[8]. Dadurch wurde eine Zersplitterung antisemitischer Stimmen, wie z.B. ein Jahr zuvor bei der Ersatzwahl im Wahlkreis Hofgeismar, Rinteln, Wolfhagen geschehen, als die Deutsche Reformpartei durch eine eigene Kandidatur einen Wahlsieg der Deutschsozialen schon im ersten Wahlgang verhinderte, vermieden. Als aussichtsreicher Kandidat der DSozP trat erneut der Wahlsieger von 1903, Friedrich Raab, an. Die Hoffnung, als Vertreter des gesamten politischen Spektrums der Region, von der Mitte bis Rechtsaußen, auftreten zu können, sollte sich aber nicht erfüllen. Die Nationallibe-

---

5   Wahrscheinlich fand nicht einmal eine Versammlung regionaler Entscheidungsträger statt. Während die Deutschkonservativen sich schon frühzeitig auf Raabs Seite stellten, erfolgten freikonservative Stellungnahmen zugunsten der DSozP erst wenige Tage vor der Wahl; vgl. Eschweger Tageblatt 21.1.1907, Nr.27 u. 24.1.1907, Nr.20.

6   Eschweger Tageblatt 18.2.1906, Nr.296.

7   Wahlaufruf des konservativen Vereins für Hessen; Hessische Morgenzeitung 28.12.1906, Nr.358.

8   Eschweger Tageblatt 13.12.1906, Nr.292.

ralen, die langjährigen Verbündeten der Freikonservativen, ließen sich nicht zu einer Unterstützung der Deutschsozialen bewegen. Der freiwillige Versicht der DRP zugunsten der Antisemiten ließ die Rechtsliberalen endgültig nach links schwenken, nachdem es schon in der Vergangenheit zu leichten Rissen im nationalliberal-konservativen Bündnis gekommen war. Von nun an, bis zur letzten Wahl im Kaiserreich, unterstützen sie – zumindest in den ersten Wahlgängen – die Linksliberalen, die am 27.12.1906 in einer Versammlung in Eschwege den Kasseler Lehrer Theodor Kimpel als ihren Kandidaten benannten[9]. Die Hinwendung zum Freisinn erfolgte mit der ausdrücklichen Billigung des nationalliberalen Wahlvereins in Kassel[10].

Die Sozialdemokraten stellten den Zigarrenfabrikanten und Landtagsabgeordneten für Sachsen-Meiningen, Eckardt, aus Salzungen auf[11], der aus der thüringischen Arbeiterbewegung kam.

Die Periode des Vierparteiensystems, die über ein Jahrzehnt von Dauer gewesen war, hatte somit ihr Ende gefunden.

3. Der Wahlkampf und die Wahlkampfveranstaltungen

Das Hauptaugenmerk der bürgerlichen Parteien galt in diesem Jahr von Beginn an der Bekämpfung der Sozialdemokratie. Hatten in früheren Jahren die einzelnen Parteien die Auseinandersetzung mit der SPD separat geführt und erst in der Stichwahl zu einem antisozialistischen Bündnis zusammengefunden, so entstand in diesem Jahr eine überparteiliche Organisation, deren einzige Aufgabe es war, die Sozialdemokraten mit allen zur Verfügung stehenden Mitteln zu bekämpfen. Als regionaler Ableger des Reichsverbandes gegen die Sozialdemokratie[12], den Reichskanzler Bülow zum „Schildknappen der Regierungspolitik"[13] erhoben hatte, entstand Anfang Januar 1907 der Vaterländische Wahlausschuß[14], dessen Gründer die Fabrikan-

---

9   Fula Werra Zeitung 28.12.1906, Nr.303.
10 Werra-Bote 9.1.1907, Nr.3.
11 Eschweger Tageblatt 17.12.1906, Nr.295.
12 Vgl. Fricke Bd.4, S.61ff.
13 Mommsen, W.J., Bürgerstolz und Weltmachtstreben. Deutschland unter Wilhelm II. (1890-1918), Berlin 1995, S.235.
14 Eschweger Tageblatt 7.1.1907, Nr.5.

ten Schilbe aus Grebendorf und Hauck aus Eschwege waren[15]. Während Schilbe, der im übrigen der regionalen Parteileitung der DRP angehörte[16], den antisemitisch-konservativen Flügel des Wahlausschusses vertrat, repräsentierte Hauck die nationalliberal-freisinnige Seite. Die Aktivitäten dieses Bündnisses waren umfangreich und vielfältig. Ein Geschäftsraum, in dem die Arbeit teilweise verrichtet wurde und in dem sich die Bürger informieren konnten, war an fünf Tage in der Woche geöffnet. In zahlreichen Vertrauensmänner- und Wählerversammlungen wurden Ziele erläutert und Strategien entwickelt, während gleichzeitig Tausende Rundschreiben an Wahlberechtigte verschickt wurden, die die Aufforderung enthielten, mit allen Kräften gegen die Sozialdemokratie einzutreten[17]. In den Zeitungen wurde Anzeigen veröffentlicht, die dem Leser die „Sünden der Sozialdemokraten" ständig vor Augen führten[18]. Glaubt man einer Notiz des „Volksblattes für Hessen und Waldeck", so übte der Vaterländische Wahlausschuß auch verschärft moralischen Druck auf die Wähler aus, indem angeblich am Tag der Wahl eine Strichliste geführt werden sollte, anhand der die Wahlbereitschaft potentieller Anhänger überprüft werden konnte[19]. Unterstützt wurden die Aktivitäten des Vaterländischen Wahlausschusses in einem bisher noch nie dagewesenem Ausmaß durch Aktionen anderer „vaterländischer" Verbände. So tagten mehrere Kriegervereine kurz vor der Wahl, sowohl um ihre Gesinnung öffentlich zu dokumentieren als auch um offen Wahlpropaganda zu betreiben. Am 20. Januar trafen sich die Mitglieder des Grebendorfer Kriegervereines, dessen Vorsitzender der Mitbegründer des Vaterländisches Wahlausschusses Otto Schilbe war[20]. Ehrenvorsitzender des Vereins war der Landrat von Keudell, der auch die Festrede hielt, die letztendlich in einem scharfen Angriff gegen die SPD gipfelte. Diese Tatsache ist insofern von vornehmlicher Bedeutung, da v. Keudell gleichzeitig Wahlkommissar des Wahlkreises Kassel 4 war[21]. Als diese offensichtliche

---

15 Vgl. Schilbes Stellungnahme zu Kimpels Vorwürfen bezüglich der Parteilichkeit der Institution im Eschweger Tageblatt 4.2.1907, Nr.29.

16 Vgl. Aufruf der Freikonservativen Partei zugunsten Raabs im Eschweger Tageblatt 24.1.1907, Nr.20.

17 Eschweger Tageblatt 3.1.1907, Nr.2.

18 Z.B. im Eschweger Tageblatt 10.1.1907, Nr.8.

19 Volksblatt für Hessen und Waldeck 19.1.1907, Nr.16.

20 Eschweger Tageblatt 21.1.1907, Nr.17.

21 Vgl. z.B. amtliche Anzeige im Eschweger Tageblatt 30.1.1907.

Parteilichkeit von sozialdemokratischer Seite aus scharf gerügt wurde, stellte sich das „Eschweger Tageblatt" mit der Bemerkung auf v. Keudells Seite, dieser habe nicht als Landrat, sondern als Ehrenvorsitzender gesprochen[22]. Am 20. Januar fand in Eschwege der Verbandstag des Kreiskriegerverbandes statt[23], auf dem die Anwesenden ebenfalls klar Partei hinsichtlich der kommenden Wahl ergriffen. So empfahl ein Redner seinen Zuhörern: „Schon die nächsten Tage der Wahlbewegung richten an uns die ernste Mahnung: Seid allezeit treu bereit, für des deutschen Reiches Herrlichkeit. ... Wählt nur Männer in den deutschen Reichstag, die bereit und gewillt sind, für die Ehre, Größe und Macht des deutschen Reiches einzutreten ..."[24]

Auch in Steinbach-Hallenberg wurden die Mitglieder des dortigen Kriegervereins in der Versammlung dazu aufgerufen, sich für den Kampf gegen die Sozialdemokratie einzusetzen[25]. In Herges-Hallenberg machten Kriegerverein und Darlehenskassenverein gemeinsam gegen die SPD mobil[26].

Daß in den Kriegervereinen nicht nur Bürger, sondern manchmal auch Arbeiter vertreten waren, belegt die Klage des „Volksblattes für Hessen und Waldeck", das zu den Vorgängen schrieb: „So viel den Vergessenen schon zugerufen wurde, sie sollten dem Kriegerverein den Rücken kehren – alles ist leider vergeblich."[27]

Auch andere Vereine schärften das nationale Bewußtsein der Wähler. So veranstaltete der „Eschweger Ortsverband des Deutschen Flottenvereins" – in dem Landrat v. Keudell ebenfalls Mitglied war – eine Vorführung von Photographien „aus dem Bereiche des Marine- und Seelebens"[28].

Daß auch hier – zumindest subtile – Wahlbeeinflussung betrieben wurde, versteht sich von selbst.

Hinter der Fassade des Vaterländischen Wahlausschusses ließen sich aber schon bald ernsthafte Differenzen zwischen den beiden „feindlichen Verbündeten" DSozP und FrVP ausmachen, deren ge-

---

22 Eschweger Tageblatt 24.1.1907, Nr.20.
23 Eschweger Tageblatt 22.1.1907, Nr.22.
24 Ebd.
25 Schmalkalder Tageblatt 22.1.1907, Nr.18.
26 Steinbach-Hallenberger Anzeiger 22.1.1907, Nr.10.
27 Volksblatt für Hessen und Waldeck 10.1.1907, Nr.8 (Beilage).
28 Eschweger Tageblatt 19.1.1907, Nr.16.

meinsames Anliegen, der Kampf gegen die SPD, längst nicht die integrierende Kraft besaß, die sich die Gründer des Wahlausschusses erhofft hatten. Das Votum des Bundes der Landwirte, das schon im Dezember des Jahres 1906 erwartungsgemäß einstimmig auf Friedrich Raab gefallen war[29], mußte die Linksliberalen gerade zwangsläufig herausfordern, die sich in der Folge erneut zu einem verschärften Kampf gegen die „Agrarier" rüsteten. Zu einem gewichtigen Streitpunkt entwickelte sich wieder der „Zolltarif", den die Freisinnigen entschieden ablehnten[30]. So wurden die Antisemiten für die Lebensmittelverteuerung verantwortlich gemacht, indem der „Thüringer Hausfreund" feststellte: „ Wer hat die Fleischnot und Fleischverteuerung herbeiführen helfen? Herr Raab und seine parlamentarischen Freunde haben es fertig gebracht."[31] Mit Blick auf gewerblich-industrielle Wählerschichten veröffentlichte das gleiche Blatt folgendes Gedicht, in dem, alle Regeln deutscher Dichtkunst beiseite lassend, die einseitige Interessenspolitik des Bundes der Landwirte eindeutig angegriffen wurde:

„Merkt's Euch!
Der Bund der Landwirte hat sich nie
Bekümmert um die Industrie,
Er pflegt nur Agrarierinteressen
Und verteuert das Brot, das wir essen.
Tritt Raab nun dennoch für ihn ein,
So kann er unser Mann nicht sein.
Drum laßt Euch fangen nicht wie Gimpel,
Wählt vielmehr alle Lehrer Kimpel"[32]

In der Wehr-, Flotten- und Kolonialpolitik herrschte dagegen in diesem Jahr weitgehend Einigkeit zwischen der FrVP und der DSozP. In dieser Hinsicht hatten die Freisinnigen, die noch 1904, schon bei grundsätzlicher Bejahung der Flottenpolitik, wenigstens noch einen übertriebenen Ausbau der Seestreitkräfte kritisiert hatten, zweifellos wieder einen Rechtsruck vollzogen, der vor allem nach Eugen Richters Tod im Jahre 1906 seine Beschleunigung erfuhr. Besonders die Bejahung der deutschen Afrikapolitik bedeutete eine radikale Zäsur

---

29 Thüringer Hausfreund 19.12.1906, Nr.297; Hessische Morgenzeitung 19.12.1906, Nr.350.
30 Bericht über die freisinnige Wählerversammlung in Eschwege, Eschweger Tageblatt 5.1.1907, Nr.4.
31 Thüringer Hausfreund 12.1.1907, Nr.10.
32 Thüringer Hausfreund 24.1.1907, Nr.20.

in der Geschichte der FrVP, die in der Vergangenheit stets ein „Exponent antiimperialer Politik"[33] gewesen war. Gänzlich ohne Abstriche wollte die FrVP dann aber doch keine Positionen vertreten, die sie in vergangenen Jahren vehement angegriffen hatte, wenngleich die Kritikpunkte weitgehend Nichtigkeiten betrafen. So sprach sich die Partei für die Erhaltung der Wehrkraft zu Wasser und zu Lande aus, wandte sich aber gleichzeitig gegen den „Luxus mit dem ewigen Uniformenwechsel"[34]. Ansonsten war das Motto der ehemaligen Oppositionspartei der „Kampf für Ehre und Gut der Nation gegen Sozialdemokraten, Polen, Welfen und Zentrum"[35]. In puncto Reichstreue wollte der Freisinn dem antisemitisch-konservativem Block nicht nur nacheifern, sondern diesen sogar noch übertreffen. So wurde der DSozP vorgeworfen, in anderen Wahlkreisen heimlich mit dem Zentrum zu paktieren[36].

Ein weiterer traditioneller Reibungspunkt zwischen der FrVP und der DSozP war wieder die Stellung beider Parteien zu den Juden. So warf die FrVP der DSozP Judenfeindlichkeit vor, wenngleich nicht mehr in dem Maße wie in den vorangegangenen Jahren[37]. Diesen Vorwurf wies die DSozP entschieden zurück und erläuterte ihre Vorstellungen von einem „gemäßigten" Antisemitismus, der besonders seit 1904 zum Konzept der Partei gehörte. In einem Flugblatt war zu lesen: „Wir Antisemiten bekämpfen nicht den einzelnen Juden und seine Person und seine Religion, sondern wir wehren uns gegen das Ueberhandnehmen des jüdischen Geistes und gegen den schädlichen Einfluß des Judentums in seiner Gesamtheit auf unser wirtschaftliches, nationales und geistiges Leben."[38] Besonders die kapitalistischen Erscheinungsformen, nämlich Ausbeutung und Wucher, die wieder einmal als Erfindung der Juden betrachtet wurden, wur-

---

33 Fröhlich, M., Imperialismus. Deutsche Kolonial- und Weltpolitik 1890-1914, München 1994, S.44.

34 Bericht über die freisinnige Versammlung in Eschwege, Eschweger Tageblatt 5.1.1907, Nr.4.

35 Aufruf für Kimpel, Eschweger Tageblatt 19.1.1907, Nr.16.

36 Vgl. freisinniges Flugblatt „An die Reichstagswähler im Amtsbezirk Steinbach-Hallenberg, in: Hessische Wahlen zum Deutschen Reichstag (Flugblattsammlung), 1907, Universitätsbibliothek Marburg.

37 Freisinniges Flugblatt „Wähler in Stadt und Land! Deutsche Männer!, in : Hessische Wahlen zum Deutschen Reichstag.

38 Antisemitisches Flugblatt „Warum die Deutsch-Sozialen, die Christlich-Sozialen und die Konservativen Antisemiten sind", in: Hessische Wahlen zum Deutschen Reichstag.

den einer kritischen Betrachtung unterzogen, die auch andere Personengruppen einschloß. So hieß es weiter: „Wir kämpfen auch gegen den Wucher und die Ausbeutung, die christliche Deutsche sich zu Schulden kommen lassen."[39] Damit war theoretisch wieder das Judentum als Religion und als Geisteshaltung bzw. das, was die Antisemiten dafür hielten, von den Juden als Personen getrennt worden. In dem zitierten Flugblatt tauchte interessanterweise wieder der Begriff „Antisemiten" auf, während in den deutsch-sozialen Anzeigen dieses Wort weitgehend vermieden wurde.

Die Stoßrichtung gegen den „jüdischen Geist" und seine angeblich zersetzenden Wirkung auf das deutsche Volk richtete sich natürlich auch wieder gegen die Freisinnigen. So wurde gefragt: „ Wer ist es aber, der das Judentum bei uns groß zieht, es hegt, pflegt, hätschelt und unterstützt? Das ist die freisinnige Partei, die in diesem, wie manchen anderen Stücken sich als volksfeindlich erweist."[40] Die hier geschilderten Aussagen belegen nachdrücklich, daß die Gegensätze zwischen der DSozP und der FrVP im Vergleich zu vorangegangenen Wahlen keinesfalls kleiner geworden waren, trotz ihres Bündnisses gegen die Sozialdemokratie. Das Bekenntnis beider Parteien, gemeinsam gegen die SPD vorzugehen, schuf nun aber eine Tatsache, die die gegenseitige Feindschaft zumindest unterschwellig noch verschärfen mußte. Denn diejenige Partei, die letztendlich die Stichwahl verfehlen sollte, war ja schließlich, nach eigenem Bekenntnis, gezwungen, in der engeren Wahl die andere gegen die SPD zu unterstützen. Das mußte sowohl den Freisinnigen als auch den Antisemiten besonders schwerfallen.

Wie reagierten die Sozialdemokraten auf das Zweckbündnis gegen ihre Partei? Den Kernpunkt des sozialdemokratischen Wahlkampfes bildete im Jahre 1907 der Kampf gegen die Kolonialpolitik der Regierung, gegen die primär zwei kritische Argumente vorgebracht wurden: zum einem die Grausamkeit und Unmenschlichkeit der Kolonialisierung und zum anderen die enormen Kosten dieses Unternehmens. So artikulierten die Sozialdemokraten ihr Verständnis für den Befreiungskampf der Hereros und unterzogen gleichzeitig das Verhalten der deutschen Besatzung – das sie als Herrengebaren und Barbarei entlarvten – einer scharfen Kritik, indem sie konstatierten: „Es sind nicht nur die eingeborenen Männer und Frauen in der

---

39   Ebd.
40   Ebd.

schuftigsten Weise zu Tode gepeitscht oder aufgehängt worden, sondern auch Kinder sollen, wie es der Abg. Bebel erst vor kurzer Zeit im Reichstag ausgeführt hat, ertränkt worden sein. Mit Bibeln und Schnaps, Galgen und Nilpferdpeitschen hat man den Eingeborenen deutsche Kultur beibringen wollen."[41] Richtete sich dieser Kritikpunkt an das moralische Empfinden der Wähler, so hielt diesen der zweite Einwand gegen das imperiale Streben des Deutschen Reiches die finanzielle Seite vor Augen, in dem der Zusammenhang zwischen Kolonialpolitik und Zöllen bzw. indirekten Steuern erläutert wurde. Der zur Schau getragene Patriotismus der gegnerischen Parteien, der Antisemiten und der Freisinnigen, wurde als hohles Bekenntnis auf Kosten anderer entlarvt. So stellten die Sozialdemokraten fest: „Sie selbst, ihre Brüder und Söhne, gehen ja nicht nach Afrika und sie selbst und ihre Klassen- und Gesinnungsgenossen bezahlen ja auch nicht die Kosten für die Hottentottenpolitik."[42] Analog zur Kritik an der Kolonialpolitik gestaltete sich das Eintreten der SPD gegen die „uferlose Flotten- und Weltpolitik."[43] Auch die grundsätzliche antikapitalistische Haltung der Partei wurde zum Ausdruck gebracht und wie üblich die „Befreiung der Mehrheit des Volkes vom Joche der herrschenden Klasse" propagiert[44].

Da die Gründung des Vaterländischen Wahlausschusses die Erfolgsaussichten der SPD zweifellos minderte, und die Partei sich, wie schon in der Vergangenheit, dem Vorwurf der angeblichen „Vaterlandsfeindlichkeit" ausgesetzt sah, sahen sich die Sozialdemokraten herausgefordert, gerade diese Anschuldigung ausdrücklich zu widerlegen. Wie schon 1904 wurde auf die Aussage Bebels verwiesen, der betont hatte, daß die Sozialdemokratie im Falle eines Angriffskrieges zweifelsohne ihren Beitrag zur Landesverteidigung leisten würde. Das „Volksblatt für Hessen und Waldeck" resümierte gar: „Niemand kann sein Vaterland mehr lieben als wir Sozialdemokraten."[45] Ob durch derartige Bekenntnisse der Zugang zu neuen Wählerschichten gewonnen werden konnte, war angesichts des gegenseitigen Mißtrauens und der Revolutionsangst großer Kreise der Bevölkerung mehr als zweifelhaft.

---

41 Sozialdemokratische „Wählerzeitung", in: Hessische Wahlen zum Deutschen Reichstag (1907).
42 Ebd.
43 Ebd.
44 Ebd.
45 Volksblatt für Hessen und Waldeck 21.1.1907, Nr.17.

Wie schon in der Vergangenheit wurde die Propagandaschlacht der Parteien durch die Abhaltung zahlreicher Wahlveranstaltungen begleitet. Die Zahl der Versammlungen war so hoch, daß das „Eschweger Tageblatt" resignierend bemerkte: „Es würde zu weit führen, wenn wir von allen Versammlungen Notiz nehmen wollten."[46] Für die Freisinnigen waren neben Kimpel gleich fünf Agitatoren im Einsatz[47] – u.a. der Marburger Universitätsprofessor Siveking[48] und der Kasseler Lehrer Brandau[49]. Der Sozialdemokrat Eckhart wurde durch Philipp Scheidemann und Georg Thöne, den „Gauleiter" des Bezirkes Kassel, unterstützt[50]. Für die Antisemiten führte Raab, dessen Wahlkampf übrigens von Kassel aus geleitet wurde, wo sich das deutschsoziale Wahlbüro befand[51], alle Versammlungen angeblich persönlich und ohne Stellvertreter durch[52]. Diese Vorgehensweise erklärt sich möglicherweise durch die Tatsache, daß der DSozP keine bedeutenden Agitatoren mehr zur Verfügung standen, zumal Liebermann v. Sonnenberg in seinem eigenem Wahlkreis Fritzlar-Homberg-Ziegenhain selbst zur Genüge beschäftigt[53] und Ludwig Graf v. Reventlow mittlerweise gestorben war[54].

Am 3. Januar stellte sich Kimpel in Eschwege vor, wo er in seiner Rede nicht nur die Sozialdemokraten, sondern auch die Antisemiten heftig angriff, die er u.a. für die Lebensmittelverteuerung verantwortlich machte[55]. Am 6.1. sprach Kimpel in Witzenhausen[56]; am 7.1. stellte er sich in Großalmerode vor[57], am 10.1. sprach er in Lichte-

---

46   Eschweger Tageblatt 24.1.1907, Nr.17.
47   Ebd.
48   Vgl. Werra-Bote 19.1.1907 (2.Blatt).
49   Vgl. Großalmeroder Zeitung 24.1.1907, Nr.8.
50   Eschweger Tageblatt 24.1.1907, Nr.17.
51   Großalmeroder Zeitung 9.1.1907, Nr.3.
52   Eschweger Tageblatt 24.1.1907, Nr.17.
53   Weidemann, Th., Politischer Antisemitismus im Deutschen Kaiserreich. Der Reichstagsabgeordnete Max Liebermann von Sonnenberg und der nordhessische Wahlkreis Fritzlar-Homberg-Ziegenhain, in: Bambey, H., Biskamp, A., Lindenthal, B. (Hrsg.), Heimatvertriebene Nachbarn. Beiträge zur Geschichte der Juden im Kreis Ziegenhain, Bd.I, Schwalmstadt-Treysa 1993, S.113-183, hier: S.168ff.
54   Riquarts, K.-G., Der Antisemitismus als politische Partei in Schleswig-Holstein und Hamburg 1871-1914., Diss. Kiel, 1975, S.437.
55   Eschweger Tageblatt 4.1.1907, Nr.3.
56   Eschweger Tageblatt 9.1.1907, Nr.7.
57   Fulda Werra Zeitung 8.1.1907, Nr.6.

nau⁵⁸, bevor er sich Mitte des Monats in den Kreis Schmalkalden begab, wo Kimpel am 17.1. in Brotterode⁵⁹, am 18.1. in Fambach⁶⁰, am 19.1. in Steinbach-Hallenberg⁶¹ und am 20.1. schließlich in Schmalkalden⁶² agitierte. In der Kreisstadt erneuerte Kimpel vor 700 Zuhörern seine Kampfansage an die Sozialdemokratie. Besonders setzte er sich aber für die Kolonialisierung in Afrika ein, wobei er auf den stetigen Bevölkerungszuwachs in Deutschland verwies. Ganz im Einklang mit der imperialen Politik der Regierung verkündete Kimpel selbstbewußt: „Wenn ein Volk stark ist, muß es kolonisieren."⁶³ Im Verlaufe der Versammlung kam es übrigens auch zu einer Auseinandersetzung mit einem Anhänger Raabs, der daraufhin des Saales verwiesen wurde. Gerade dieser Vorfall wurde später vor allem von antisemitischer Seite heftig kritisiert. In einem Leserbrief an das „Schmalkalder Tageblatt" hieß es: „Es ist eine Schmach für den Liberalismus und ein Zeichen geistigen Verfalls, wenn sachliche Redner auf solche Weise mundtot gemacht werden."⁶⁴ Um möglichen antisemitischen Gegenmaßnahmen vorzubeugen, forderten die freisinnigen Entscheidungsträger daraufhin ihre Anhänger auf, allen antisemitischen Versammlungen fernzubleiben⁶⁵. Kimpel beendete im übrigen die Reihe der linksliberalen Zusammenkünfte mit einer Veranstaltung in Eschwege⁶⁶.

Friedrich Raab begann seine Wahlreise durch die Region im Kreis Schmalkalden, wo er zunächst im Kaisersaal der Kreisstadt die Politik der Reichsregierung verteidigte und zugleich die politischen Vorstellungen sowohl der Nationalliberalen als auch der Freisinnigen einer scharfen Kritik unterzog⁶⁷. Noch am gleichen Tag sprach Raab in Seligenthal, wo sein Vortrag, angeblich von betrunkenen Sozialde-

---

58 Großalmeroder Zeitung 12.1.1907, Nr.4.
59 Thüringer Hausfreund 18.1.1907, Nr.15.
60 Thüringer Hausfreund 19.1.1907, Nr.16.
61 Thüringer Hausfreund 21.1.1907, Nr.17; Steinbach-Hallenberger Anzeiger, 22.1.1907, Nr.10.
62 Ebd.
63 Ebd.
64 Schmalkalder Tageblatt 23.1.1907, Nr.19.
65 Ebd.
66 Fulda Werra Zeitung 25.1.1907, Nr.21.
67 Schmalkalder Tageblatt 7.1.1907, Nr.5.

mokraten, unterbrochen wurde[68]. Am 9.1. folgte eine Versammlung in Steinbach-Hallenberg[69].

Mitte des Monats richtete Raab seine Aufmerksamkeit auf den Kreis Witzenhausen, wo er zunächst am 19.1. in Lichtenau, der traditionellen antisemitischen Hochburg, sprach[70]. Am 20. Januar fand schließlich in Allendorf eine Versammlung statt, die infolge eines schweren Zwischenfalles für mehrere Tage alle Gemüter erhitzen sollte. Als ein Anhänger der SPD, der Nähmaschinenreisende August Brill, den Redner mehrmals unterbrach, wurde er des Saales verwiesen. Als Brill sich daraufhin anschickte, den Versammlungsraum erneut zu betreten, wurde er von einem Gendarmen daran gehindert. In einem anschließendem Handgemenge wurde der Ordnungshüter von einem Arbeiter zu Boden gestoßen, ihm der Helm entrissen und ins Gesicht geschleudert. Darauf hin sah sich der Gendarm genötigt, seinen Angreifer mit einem Säbelhieb auf den Kopf außer Gefecht zu setzen[71]. Obwohl die Versammlung ansonsten ruhig verlief, nahmen die Antisemiten den Vorfall zum Anlaß, um die Anhänger der Sozialdemokratie von allen weiteren Veranstaltungen auszuschließen[72].

Die letzten Tage vor der Wahl nutzte Raab zu Agitationsveranstaltungen im Kreis Eschwege, wo er am 23.1. in Wanfried und am 24.1. in der Kreisstadt vorstellig wurde[73].

Zahlreich waren die sozialdemokratischen Veranstaltungen, obwohl die SPD wieder einmal unter Saalverweigerungen zu leiden hatte[74]. Am 6.1.1907 sprach in Schmalkalden der Sozialdemokrat Hauschild zu dem Thema „Durchleuchtung der Innen- und Außenpolitik des 'preußisch-deutschen Militärstaates'„[75]. Am gleichen Tag hielt sich der Reichstagskandidat Eckhardt in Witzenhausen auf, wo er im „Gasthof zur Krone" eine Rede hielt[76]. Auch in den Dörfern der Um-

---

68 Ebd.
69 Schmalkalder Tageblatt 10.1.1907, Nr.8.
70 Großalmeroder Zeitung 231.1907, Nr.7 (Beilage).
71 Eschweger Tageblatt 21.1.1907, Nr.17; Großalmeroder Zeitung 23.1907, Nr.7 (Beilage).
72 Vgl. Anzeige im Eschweger Tageblatt 22.1.1907, Nr.18.
73 Vgl. Anzeige im Eschweger Tageblatt 24.1.1907, Nr.20.
74 Vgl. Volksblatt für Hessen und Waldeck 10.1.1907, Nr.8 (Beilage).
75 Volksblatt für Hessen und Waldeck 7.1.1907, Nr.5.
76 Volksblatt für Hessen und Waldeck 9.1.1907, Nr.7 (Beilage).

gebung fanden in diesem Jahr sozialdemokratische Veranstaltungen statt, so in Gertenbach, Hundelshausen und Unterrieden[77]. Am 7.1. wurde eine Versammlung in Eschwege abgehalten, wobei etwa 800 Zuhörer den Ausführungen des Referenten lauschten[78]. Eine zweite Versammlung der SPD fand vor 1000 Zuhörern am 16.1. statt. Der Redner im „Holzapfelschen Saale" war kein geringerer als Philipp Scheidemann, der den Reichsverband gegen die Sozialdemokratie als „Reichslügenverband" kennzeichnete und dessen Aktivitäten scharf verurteilte. Als zwei anwesende Anhänger der Organisation Scheidemann entgegentraten, gelang es diesem jedoch laut „Volksblatt für Hessen und Waldeck", beide zum „großen Gaudium des Publikums" zu widerlegen[79]. Am 23.1 fand wahrscheinlich noch eine dritte sozialdemokratische Versammlung in Eschwege statt, die vermutlich Georg Thöne hielt[80]. Auch an anderen Orten fanden SPD-Wahlkampfveranstaltungen statt, so in Reichensachsen, Langenhain und Datterode[81]. Im letztgenannten Dorf, seit langem eine Hochburg der Antisemiten, fürchtete ein Beamter Ausschreitungen und verlangte, wenngleich ohne Erfolg, die Entfernung von Schirmen und Stöcken, die er als Waffen betrachtete.

In Wanfried stand der SPD auch diesmal kein Saal zur Verfügung[82], während in Lichtenau zum ersten Male seit vielen Jahren wieder eine sozialdemokratische Versammlung stattfinden konnte[83].

Alle Parteien agierten also auch im Jahre 1907 wieder ausgesprochen intensiv. Der 25. Januar mußte zeigen, inwieweit die Bemühungen von Erfolg gekrönt waren.

4. Die Wahl am 25. Januar 1907 und ihr Ausgang

a. Das Gesamtergebnis

Als am 25. Januar die letzten Stimmen ausgezählt worden waren, stand unwiderruflich fest: die FrVP war mit einem Stimmenanteil von

---

77 Volksblatt für Hessen und Waldeck 11.1.1907, Nr.9 (Beilage).
78 Volksblatt für Hessen und Waldeck 9.1.1907, Nr.7 (Beilage).
79 Volksblatt für Hessen und Waldeck 17.1.1907, Nr.14.
80 Vgl. Anzeige im Eschweger Tageblatt 22.1.1907, Nr.18.
81 Volksblatt für Hessen und Waldeck 24.1.1907, Nr.20.
82 Volksblatt für Hessen und Waldeck 19.1.1907, Nr.16.
83 Großalmeroder Zeitung 23.1907, Nr.7 (Beilage).

nur 25,1% klar gescheitert[84]. SPD und DSozP hatten dagegen die Stichwahl erreicht, wobei die Sozialdemokraten in etwa ihren Stimmenanteil von 1904 halten konnten. Die mit Abstand stärkste Kraft nach dem ersten Wahlgang waren nun, erstmalig in der Geschichte des Wahlkreises, die Antisemiten, für die 41,3% der Wähler gestimmt hatten. Bemerkenswert war auch die Wahlbeteiligung, die mit 83,7% so hoch wie noch nie ausgefallen war[85]. Hier hatten zweifellos die Aktivitäten des Vaterländischen Wahlausschusses ihre Früchte getragen. Hinzu kam, daß viele Wahlberechtigte, die im Sommer außerhalb gearbeitet hatten, nun in ihren Heimatorten weilten[86]. In den drei Kreisen gestaltete sich das Ergebnis folgendermaßen:

b. Kreis Eschwege

Im Kreis Eschwege waren die Antisemiten fast so stark wie die FrVP und die SPD zusammen. In der Kreisstadt blieben die Sozialdemokraten aber die stärkste Kraft. Mit einem Stimmenanteil von 40,4%[87] schnitt die SPD hier sogar besser ab als bei der Hauptwahl von 1904. Die Kreisstadt war in diesem Jahr in vier Wahlbezirke aufgeteilt worden, wobei der erste Bezirk die Neubaugebiete in der Nähe des Bahnhofes umfaßte, während die anderen drei auf den Altstadtbereich entfielen. Traditionell schnitt die SPD hier wieder am besten ab.

Auch in den Dörfern der Umgebung gab es für die Sozialdemokraten fast ausschließlich Gewinne. So waren die Ergebnisse in Frieda (62,4%), Schwebda (35,2%) und Oberdünzebach (69,3%) ebenso befriedigend wie in Grebendorf (41,7%), Oberhone (32,1%) und Niederhone (34,9%). Unterschiedlich gestaltete sich das Abschneiden der SPD dagegen in den Städten Wanfried und Waldkappel. In Wanfried blieben die Sozialdemokraten mit einem Anteil von 13,3% genauso unbedeutend wie 1904. Hier war es wieder nicht gelungen, neue Wähler zu mobilisieren, obwohl vermutlich etwa dreiviertel der Einwohner der Arbeiterschaft zugerechnet werden können[88]. In

---

84 Klein, Th., Die Hessen als Reichstagswähler. Tabellenwerk zur politischen Landesgeschichte 1867-1933, Bd.1: Provinz Hessen-Nassau und Waldeck/Pyrmont 1867-1918. Marburg 1989, S.257.
85 Ebd.
86 Eschweger Tageblatt 28.1.1907, Nr.23.
87 Klein, Die Hessen als Reichstagswähler, S.257.
88 Volksblatt für Hessen und Waldeck 19.1.1907, Nr.16.

Waldkappel durften dagegen Gewinne verzeichnet werden. Hier entfielen auf Eckhardt 44,5% der Stimmen. In den anderen Regionen des Kreises gab es keine großen Veränderungen. Im nördlichen Ringgau blieben die Ergebnisse für die SPD passabel, so in Grandenborn (55,5%) und Röhrda (48%). In den meisten anderen Ringgaudörfern blieb die Sozialdemokratie aber bedeutungslos; in Netra (5,8%), Lüderbach (2,6%), Rittmannshausen (2,6%), Herleshausen (3,5%), Holzhausen (2,7%) und Unhausen (0%) waren die Resultate so trostlos wie eh und je. Auch in der Schemmerngegend blieben die Sozialdemokraten erfolglos. Da die Zahl der Wahlberechtigten in dieser Gegend aber unterdurchschnittlich gering war, spielte diese Tatsache aber nur eine nachgeordnete Rolle. Auch im Meißner-Vorland blieb die SPD ohne größere Resonanz. In Abterode (41,3%) und Vockerode (25%) waren die Ergebnisse noch annehmbar, in den anderen Orten fielen sie meist erheblich bescheidener aus.

Die Antisemiten gewannen mit Hilfe ehemaliger konservativer Wähler nun auch in den Städten des Kreises enorm an Bedeutung. Sowohl in Eschwege als auch in Waldkappel konnte Raab jetzt fast ein Drittel der Wähler auf seine Person vereinen. Auch in den Altstadtbereich von Eschwege konnten die Antisemiten nun vermehrt eindringen, wobei sie im Norden (Eschwege 2) mit 44,8% besser abschnitten als die SPD. Während sie in der südlichen Altstadt weniger erfolgreich waren, erreichten sie auch in den „besseren Wohngegend" (Eschwege 1) einen Stimmenanteil von über 40%.

In Wanfried errang die DSozP sogar bei einer Resonanz von 66,5% die absolute Majorität. Auch in einigen Dörfern in der Umgebung der Kreisstadt fielen die Resultate für Raab teilweise deutlich besser aus als im ersten Wahlgang 1904, so in Niederhone (50,2%), Grebendorf (50%), Oberhone (45,9% und Schwebda (44,3%). Die Hochburgen der Antisemiten lagen aber weiterhin in den ländlichen Gebieten. Besser denn je gestalteten sich der Wahlausgang in Netra (74,8%), Lüderbach (84,6%), Rittmannshausen (82,1%), Herleshausen (57,8%), Holzhausen (91,9%), Unhausen (96,4%) und Nesselröden (57,6%). Auch in der Schemmerngegend wurde nun vorwiegend wieder antisemitisch gewählt. So waren die Resultate in Schemmern (76,8%), Gehau/Eltmannsee (70,6%), Thurnhosbach (76,7%), Stadthosbach (62,5%), Friemen (91,7%) und Rechtebach (65%) ebenso erfreulich für die DSozP wie im Meißner-Vorland, wo Raab besonders in Frankershausen (67,7%) und Frankenhain (93,1%) sehr gut abschnitt.

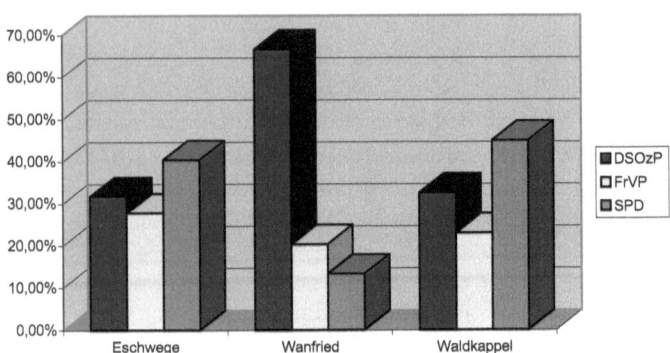

Die Reichstagswahl 1907 im Kreis Eschwege

Die FrVP spielte wie schon in den vorangegangenen Jahren nur noch eine untergeordnete Rolle, wobei sie traditionell noch in Städten ihre besten Resultate erzielte. Doch auch hier war die Resonanz im Vergleich zu den beiden anderen Parteien gering. In Eschwege bekam Kimpel 27%, in Waldkappel 23% und in Wanfried 20,3% der Stimmen. In den Dörfern des Kreises lag der Stimmenanteil für den Liberalismus teilweise deutlich unter der 20-Prozentgrenze.

c. Kreis Schmalkalden

Die Sozialdemokraten blieben die stärkste Kraft im Kreis Schmalkalden, obwohl sie Verluste hinnehmen mußten, während die Antisemiten nun fast 30% der Wähler für sich gewinnen konnten. In Schmalkalden behauptete die SPD bei leichten Zuwächsen mit einem Anteil von 44,2% ihre relative Mehrheit aus der Hauptwahl des Jahres 1904[89]. Während auch in Brotterode die Arbeiterpartei ihren Stimmenanteil verbessern konnte – 54,1% schenkten hier Eckardt ihr Stimme –, mußten in Barchfeld und Steinbach-Hallenberg Verluste hingenommen werde. In Barchfeld behielt die SPD (49,4%) weiterhin die relative Mehrheit, in Steinbach-Hallenberg (32,9%) ging diese aber an die Antisemiten verloren.

In den Dörfern waren die Resultate wieder recht unterschiedlich. Im Steinbacher Grund mußten schwere Verluste hingenommen werden. Besonders dramatisch gestaltete sich die Niederlage in Oberschönau, wo sich der Stimmenanteil (31,7%) im Vergleich zu 1904 hal-

---

89 Berechnet nach Klein, Die Hessen als Reichstagswähler, S.259.

bierte. In der direkten Umgebung der Kreisstadt blieben die Ergebnisse für die SPD aber in der Regel stabil; in Aue (50,9%) und Weidebrunn (49,1%) lagen sie klar über dem Durchschnitt. Auch im Norden des Kreises gestaltete sich der Ausgang der Wahl weitgehend erfolgreich, so in Trusen (53,2%), Auwallenburg (56,7%), Herges-Vogtei (47,7%) und Seligenthal (50,2%).

Die FrVP, deren Vorstandsmitglieder und Vertrauensleute des Kreises überwiegend aus dem Umfeld der Fabrikanten, Kaufleute und Selbständigen stammten[90], erhielt etwa ein Drittel der Wählerstimmen, wobei es in Barchfeld (21,7%) und Brotterode (36,7%) trotz erhöhter Stimmenzahl prozentuale Verluste zu verzeichnen gab, während in Schmalkalden (35,3%) leichte Gewinne registriert werden konnten. Auch in Steinbach-Hallenberg, wo etwa 30% der Wähler für Kimpel votierten, konnte das Wahlergebnis im Vergleich zur Hauptwahl 1904 verbessert werde. Auch in anderen Orten des Steinbacher Grundes, so in Oberschönau, Unterschönau und Herges-Hallenberg, konnten die Linksliberalen wesentlich besser abschneiden als noch drei Jahre zuvor.

Bemerkenswert war zweifellos das weitere Vordringen der Antisemiten, deren Erfolg aber zum großen Teil mit dem freikonservativen Wahlverzicht eine hinreichende Erklärung findet. In Steinbach-Hallenberg konnte Raab 37,2% der Wählerstimmen auf sich vereinen, womit er sein bestes städtisches Ergebnis erreichte. In Schmalkalden (20,5%) wählte nun schon jeder Fünfte Raab, während sich in Barchfeld sogar 28,8% der Wähler für ihn entschieden. Lediglich im von der Tabakindustrie geprägten Brotterode (9,2%) blieb die DSozP schwach. Die Erfolge der Antisemiten im sonstigen Kreis lassen sich nur schwer regional festlegen. Besonders stark waren sie in einigen Orten des Werratales im Nordwesten des Kreises, so in Wahles (53,2%), Fambach (36,9%) und auch in Herrenbreitungen (53,6%), obwohl hier seit Ende des 19. Jahrhunderts die Ansiedlung einer Metallwarenfabrik im benachbarten Frauenbreitungen die Auflockerung der ursprünglich agrarischen Strukturen förderte und damit nach gängigen Modellen dem politischen Antisemitismus teilweise den Boden hätte entziehen müssen.

---

90 Vgl. Mitgliederverzeichnis des Vorstandes und der Vertrauensleute der FrVP im Kreis Schmalkalden im Steinbach-Hallenberger Anzeiger 22.1.1907, Nr.10.

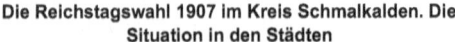

Die Reichstagswahl 1907 im Kreis Schmalkalden. Die
Situation in den Städten

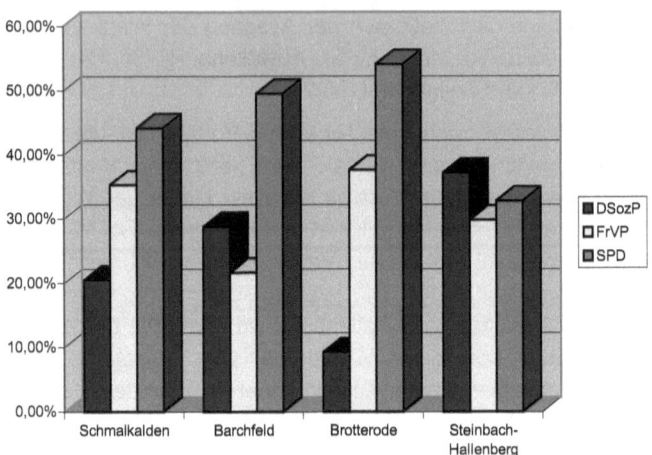

Ulrich Heß macht für den Erfolg der DSozP in diesen Orten die Propaganda des Bundes der Landwirte verantwortlich. Er konstatiert eine Judenfeindschaft, die angeblich erst durch die Propaganda des Bundes entstanden war[91]. Ob das tätsächlich der Fall war, oder ob die Bewohner dieser Orte primär auf die nationalen Phrasen der DSozP hereinfielen, läßt sich schwerlich klären. Auch in einigen Orten des Steinbacher Grundes, wo kleine Selbständige und Hausgewerbetreibende eine vornehmliche Rolle spielten, waren die Antisemiten stark. So bekam Raab in Altersbach 49,1% und in Springstille 63,2% der Stimmen. In den Nachbardörfern Rotterode (28,2%), Unterschönau (20%) und Oberschönau (14,8%) fand die DSozP dagegen deutlich weniger Anklang. In dieser Gegend sieht Hess das kleinbürgerliche Auftreten Raabs als Ursache an für die Entscheidung vieler Wähler zugunsten der Antisemiten[92].

d. Kreis Witzenhausen

Obwohl die SPD nicht im gleichen Maße von der erhöhten Wahlbeteiligung profitieren konnte wie die anderen Parteien, blieb sie mit ei-

---

91 Hess, U., Die politischen Verhältnisse in der Stadt und im Kreis Schmalkalden, in: Beiträge zur Geschichte Schmalkaldens, hrsg. von der Leitung des Museums Schloß Wilhelmsburg, Schmalkalden o.J., S.88-103, hier: S.100.

92 Ebd.

nem Stimmenanteil von 38,7%[93] in der Kreisstadt Witzenhausen noch die stärkste Kraft. In Großalmerode (33,3%) und Allendorf (29,6%) konnten sich die Sozialdemokraten im Vergleich zu 1904 leicht verbessern, während sie in Lichtenau (22,6%) leichte Verluste hinnehmen mußten. Die Dörfer in der direkten Umgebung Witzenhausens blieben traditionelle Hochburgen für die SPD, obwohl sich wieder Gewinne und Verluste die Waage hielten. Die Ergebnisse, die Eckhardt in Hundelshausen (65,1%), Bischhausen (48,8%), Blikkershausen (50%), Dohrenbach (71,1%), Ellingerode (47,3%), Ermschwerd (42,6%), Gertenbach (39,8%), Kleinalmerode (60,1%), Roßbach (42,6%), Unterrieden (49,5%) und Ziegenhagen (44,6%) erzielte, waren durchweg überdurchschnittlich. Dagegen schnitt die Arbeiterpartei in den meisten anderen Dörfern des Kreises wieder relativ schlecht ab.

Die FrVP blieb die schwächste Partei im Kreis, diesmal mit deutlichem Abstand. Auch war die erhoffte Unterstützung ehemaliger DRP-Wähler, die den Nationalliberalen nahestanden, ausgeblieben. Wie schon in der Vergangenheit erzielten die Freisinnigen ihre besten Resultate in den Städten, wo in Witzenhausen (25,3%), Großalmerode (38%), Lichtenau (24,2%) und Allendorf sogar leichte Gewinne zu verzeichnen waren. In den Dörfern fiel das Ergebnis aber wieder deutlich schlechter aus.

Die großen Wahlsieger waren die Antisemiten, die auch im Kreis Witzenhausen vom Kandidaturverzicht der Konservativen profitierten. In der Kreisstadt entfielen nun fünfmal (!) so viele Stimmen auf Raab wie 1904, wobei die DSozP – die mit 36,1% fast so stark war wie die SPD – auch noch von der erhöhten Wahlbeteiligung profitierte. Auch in den anderen Städten konnten teilweise kräftige Zugewinne verzeichnet werden, wobei in Lichtenau sogar die absolute Mehrheit erreicht wurde (53,2%). Stärkste Partei war die DSozP auch in Allendorf (39,2%), während das Ergebnis in Großalmerode (28,7%) dagegen etwas abfiel, obwohl hier im Vergleich zu 1904 fast 20% hinzugewonnen werden konnten.

---

93   Berechnet nach Klein, Die Hessen als Reichstagswähler, S.260.

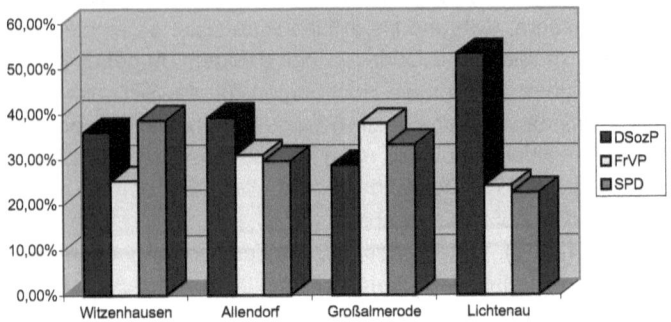

Die Reichstagswahl 1907 im Kreis Witzenhausen. Die Situation in den Städten

Auch in den Dörfern gab es Gewinne für die Antisemiten, auch hier meist mit Hilfe ehemaliger DRP-Wähler, was folgende Beispiele eindrucksvoll belegen. Hatte in Sooden bei Allendorf 1904 nicht einmal jeder zehnte Wähler für die DSozP gestimmt, so schnellte der Stimmenanteil für die Antisemiten nun auf 62,6%. In Ellershausen hatte Raab gerade noch 5,4% der Stimmen erhalten, während ihm nun 75% der Wähler das Vertrauen aussprachen. Diese Beispiele stehen stellvertretend für den Wahlausgang in vielen Dörfern, wobei auch zahlreiche Wähler gewonnen werden konnten, die sich 1904 der Wahl enthalten hatten. Lediglich in den meisten Witzenhäuser Nachbardörfern blieb die Resonanz für die DSozP unterdurchschnittlich, obwohl zumindest in Blickershausen (43,8%), Bischhausen (41,5%) und Gertenbach (40,2%) die Zustimmung für Raab bemerkenswert war.

e. Zusammenfassung

Im Vergleich zur Hauptwahl von 1904 wurden diesmal über 3700 Stimmen mehr abgegeben, wofür maßgeblich die massive Propaganda des Vaterländischen Wahlausschusses verantwortlich gemacht werden kann. Zwar konnten auch die Sozialdemokraten von der erhöhten Wahlbeteiligung profitieren, doch nicht annähernd im gleichen Ausmaß wie die DSozP, die sich darüber hinaus über den massenweisen Zulauf ehemaliger DRP-Wähler freuen konnte. Dieser neue „antisemitisch-konservative Block", der verschiedene Elemente in seinem Wahlprogramm vereinte und dadurch in der Lage war, die unterschiedlichsten Wählergruppen anzusprechen, verfügte über einen deutlichen Vorsprung von etwa 3500 vor der FrVP. Auch die SPD konnte mit etwa 1700 Stimmen klar auf Distanz gehalten werden. Die Hoffnung der Freisinnigen auf Unterstützung ehemalige DRP-Wähler hatte sich, trotz deutlicher Unterstützung durch die Nationalliberalen, nicht erfüllt. Diese Tatsache macht mit Nachdruck deutlich, daß die Basis des Nationalliberalismus im Laufe der Jahre mehr als schmal geworden war. Da auch die FrVP zweifellos einen Rechtsruck vollzogen hatte, war der Wahlausgang – zumindest von linker Seite her betrachtet – mehr als bedenklich.

5. Der Wahlkampf zur Stichwahl

Mit dem Wahlausgang vom 25. Januar war im Grunde genommen auch schon die Entscheidung für die Stichwahl gefallen, da die Antisemiten schon jetzt deutlich stärker waren als die Sozialdemokraten. Und daß sich die Mehrheit der freisinnigen Wähler in der Stichwahl für Eckhardt entscheiden würde, war mehr als unwahrscheinlich, zumal der freisinnige Kandidat Kimpel bereits vor der Hauptwahl als Mitglied des Vaterländischen Wahlausschusses eine Unterstützung der SPD ausdrücklich ausgeschlossen hatte.

Trotzdem sollte noch einmal bei den Sozialdemokraten ein wenig Hoffnung aufkommen, denn das Wahlbündnis zwischen DSozP und FrVP, das von Beginn an die gegenseitigen Animositäten nicht hatte übertünchen können, sollte sich plötzlich als brüchig erweisen. Besonders Kimpel selbst schien die Wahlniederlage der Freisinnigen nur schwer verkraften zu können. Da der Mitbegründer des Vaterländischen Wahlausschusses, Otto Schilbe, seinen Namen kurz vor der Wahl unter einen Aufruf für Raab gesetzt hatte, fühlte sich Kimpel hintergangen. Er warf Schilbe daraufhin vor, die Neutralität verletzt zu haben[94]. Deshalb formte er die ursprünglich geplante Parole zugunsten Raabs um, ohne jedoch inhaltlich davon abzurücken[95]. Die „Leipziger Neuesten Nachrichten" veröffentlichten daraufhin eine Zuschrift, in der Kimpel Verrat an der gemeinsamen Sache vorgeworfen wurde[96]. Ob der Einsender falsch informiert war oder ob er Kimpel bewußt ins Zwielicht rücken wollte, bleibt unklar. Denn die Parole für Raab blieb ja weiterhin bestehen. Für kurze Zeit aber entstand aber in der Öffentlichkeit der Eindruck, daß Kimpel nun doch von einer Unterstützung Raabs Abstand nehmen würde. Die Heftig-

---

94 Eschweger Tageblatt 2.2.1907, Nr.28.
95 Wie die ursprüngliche Parole aussah, läßt sich nicht ermitteln.
96 Vgl. Kimpels Rechtfertigung im Eschweger Tageblatt 2.2.1907, Nr.28.

keit, mit der die sozialdemokratische Presse auf Kimpels Klarstellung reagierte, beweist, daß auch die Sozialdemokraten die Hoffnung hegten, Kimpel werde auf eine Wahlparole verzichten. Als dieser jedoch unmißverständlich deutlich machte, daß er zur ursprünglichen Absprache stehen würde[97], veröffentlichte das „Volksblatt für Hessen und Waldeck" eine „Todesanzeige" für Kimpel, unter der zu lesen war: „Dabei übt Herr Kimpel natürlich seinen Lehrerberuf weiter aus. Er ist nämlich nur politisch tot."[98]

Otto Schilbe wies übrigens den Vorwurf Kimpels über eine angebliche Neutralitätsverletzung zurück. Tatsächlich war Kimpels Anschuldigung überzogen, denn der freisinnige Mitbegründer des Vaterländischen Wahlausschusses, Hauck, hatte oft genug für Kimpel agiert[99].

Mit dem Aufruf der Freisinnigen zugunsten Raabs[100] waren die Weichen für einen erneuten Sieg der DSozP natürlich gestellt worden. Das „Volksblatt für Hessen und Waldeck" erging sich trotzdem in Optimismus und richtete in Gedichtform an die sozialdemokratischen Anhänger folgende Aufforderung:

> „Die große Wahlschlacht rückt heran,
> Nun sage Kampf und Fehde an,
> Den rechten Zettel nimm zur Hand
> und laß es dröhnen durch das Land:
> Ich räche mich für edle Not
> und wähle richtig – wähle rot."[101]

6. Die Stichwahl und ihr Ausgang

a. Das Gesamtergebnis

Die Entscheidung am 5. Februar brachte keine Überraschung, sondern entsprach den – auch auf den Erfahrungen der Vergangenheit basierenden – allgemeinen Erwartungen. Die Sozialdemokraten mußten ihre bisher schwerste Niederlage in einer Stichwahl hinneh-

---

97 Ebd.
98 Volksblatt für Hessen und Waldeck 3.2.1907, Nr.29.
99 „Zur Aufklärung und Richtigstellung", im Eschweger Tageblatt 4.2.1907, Nr.29.
100 Vgl z.B. Eschweger Tageblatt 31.1.1907, Nr.26.
101 Letzte Strophe eines Gedichtes im Volksblatt für Hessen und Waldeck 24.1.1907, Nr.20.

men. Die Antisemiten, auf die 61,3% der Stimmen entfielen, gewannen mit einem Vorsprung von 4640 Stimmen. Während Raab im Vergleich zur Hauptwahl etwa 3700 Stimmen hinzugewann, mußte sich Eckardt mit gerade einmal 700 Neuwählern begnügen. Der freisinnige Anhang ging also wieder mehrheitlich in das antisemitische Lager über. So läßt sich das Ergebnis der Stichwahl kurz darstellen, denn fast ausnahmslos bot sich überall das gleiche Bild.

b. Kreis Eschwege

Im gesamten Kreis Eschwege bekam Raab etwa 66% der Wählerstimmen[102].

Hatte sich in der Vergangenheit der freisinnige Anhang der Kreisstadt bei einer Stichwahl zwischen den Sozialdemokraten und Antisemiten meist mehrheitlich der Stimme enthalten, so wählte diesmal der größte Teil der Linksliberalen Raab. Nur wenige Freisinnige blieben der Wahlurne fern, noch weniger ließen sich zu einer Unterstützung Eckhardts bewegen. Auf diese Weise konnten die Antisemiten die Sozialdemokraten erstmalig in einer Stichwahl übertreffen, wobei Raab 53,1% der Wähler auf seine Seite bringen konnte[103]. Auch in Waldkappel und Wanfried votierten die freisinnigen Wähler für Raab, ebenso wie in allen Dörfern. In einigen Orten verlor die SPD sogar Wähler, so z.B. in Aue und Grebendorf bei Eschwege, in Netra und Grandenborn im Ringgau-Gebiet und in Frankershausen im Meißner-Vorland. Ein so eindeutiges Votum gegen die SPD hatte es im Kreis Eschwege während einer Stichwahl bisher noch nicht gegeben.

c. Kreis Schmalkalden

Hinsichtlich des Wahlverhaltens der freisinnigen Anhängerschaft verhielt sich der Wahlausgang im Kreis Schmalkalden traditionell etwas anders. Wie schon in der Vergangenheit war das Votum der Linksliberalen nicht im gleichen Maße gegen die SPD gerichtet wie in den Kreisen Eschwege und Schmalkalden. Trotzdem lag letztendlich Raab auch hier mit einem Anteil von 50,7%[104] knapp vor Eckardt. In Schmalkalden gingen zwar die meisten Freisinnigen zu den Antise-

---

102 Berechnet nach den sicherlich nicht ganz genauen Ergebnissen des 12. Extrablattes des Eschweger Tageblattes vom 5.2.1907, Nr.30.

103 Berechnet nach Klein Th., Die Hessen als Reichstagswähler, S.257f.

104 Berechnet nach dem Ergebnis im 12. Extrablatt des Eschweger Tageblattes vom 5.2.1907, Nr.30.

miten über, ein bedeutender Teil von ihnen wählte aber auch die SPD, die hier mit einem Stimmenanteil von fast 60% deutlich vorne lag[105]. In Steinbach-Hallenberg mußte die SPD dagegen sogar Stimmenverluste hinnehmen; Raab konnte hier 65% der Wähler auf seine Seite bringen, darunter etwa 3/4 des linksliberalen Anhanges. In Brotterode konnte Raab seine Stimmenzahl mit freisinniger Hilfe sogar verdreifachen, obwohl die SPD mit 70,3% deutlich die stärkste Kraft blieb. Auch in Barchfeld profitierte die DSozP von linksliberalen Wählern, wobei aber auch in diesem Ort die SPD-Dominanz (56,3%) nicht gebrochen werden konnte. Von einigen Ausnahmen abgesehen – so in Fambach, Mittelschmalkalden, Kleinschmalkalden und Unterschönau –, entschieden sich der freisinnige Anhang auch in den meisten Dörfern mehrheitlich für die Antisemiten. Regionale Schwerpunkte für derartige Wahlentscheidungen lassen sich wieder nicht feststellen. Wie unterschiedlich Nachbargemeinden wählen konnten, zeigt das Beispiel der Dörfer Altersbach und Rotterode im Steinbacher Grund. Während in Altersbach die Stimmenzahl für die SPD im Vergleich zur Hauptwahl in etwa gleich blieb, verdoppelte sich mit freisinniger Hilfe in Rotterode die Zahl der sozialdemokratischen Stimmen.

d. Kreis Witzenhausen

Im Kreis Witzenhausen bekam Raab etwa 65%[106] der Stimmen, wobei die freisinnigen Wähler fast geschlossen die DSozP unterstützten.

Erstmalig konnten die Antisemiten in einer Stichwahl in der Kreisstadt über die SPD triumphieren und dabei 56,3%[107] der Wähler auf ihre Seite bringen. Auch in Allendorf (66,1%), Großalmerode (59,3%) und Lichtenau (73,8%) errang Raab mit linksliberaler Unterstützung deutliche Mehrheiten. Ebenso sah es in den Dörfern aus, wo sich der freisinnige Anhang nur vereinzelt zu einer Unterstützung der SPD bewegen ließ. Einen interessanten Sonderfall stellt das südlich von Großalmerode gelegene Laudenbach dar, wo im ersten Wahlgang 159 Stimmen abgegeben worden waren. Bei Stichwahl fanden noch 158 Wähler den Weg zur Urne. Schließt man den Fall aus, daß zu-

---

105 Klein, Die Hessen als Reichstagswähler, S.259.
106 Berechnet nach dem 12. Extrablatt des Eschweger Tageblatts vom 5.2.1907, Nr.30.
107 Berechnet nach Klein, Die Hessen als Reichstagswähler, S.260f.

sätzliche Wähler mobilisiert werden konnten und dafür andere der Wahl fernblieben, so läßt sich eine interessante Wählerwanderung feststellen. 130 Wähler hatten im ersten Wahlgang für Raab votiert, während Eckhardt 22, Kimpel sogar nur 7 Stimmen erhalten hatte. In der Stichwahl entfielen nun nur noch 100 Stimmen auf den Kandidaten der Antisemiten, während Eckhardt plötzlich 58 Wähler hinter sich wußte. Ein Viertel der antisemitischen Wähler war also in das sozialdemokratische Lager übergewechselt. In früheren Jahren war eine Fluktuation zwischen antisemitischen und sozialdemokratischen Wählern an manchen Orten schon vorgekommen; meist aber nur, wenn ein freisinniger oder konservativer Kandidat in der engeren Wahl gestanden hatte. Der Fall Laudenbach, der sich nicht erklären läßt, blieb allerdings eine Ausnahme.

e. Zusammenfassung

Noch nie fiel die Niederlage für die SPD im Wahlkreis Eschwege-Schmalkalden-Witzenhausen in einer Stichwahl so verheerend aus wie im Jahre 1907. Von den elf Städten des Wahlkreises konnten die Sozialdemokraten die Antisemiten nur in dreien übertreffen, und zwar ausschließlich im Kreis Schmalkalden. Ansonsten mußten die Sozialdemokraten den Antisemiten, die nun auch in dem am meisten industrialisierten Kreis zu einer festen Größe geworden waren, das Feld überlassen. Folgende Gründe waren primär ausschlaggebend für den Erfolg der DSozP. Mit Hilfe des Reichsverbandes gegen die Sozialdemokratie und dessen regionalen Ablegers, des Vaterländischen Wahlausschusses, konnten in einem bisher noch nicht gekannten Ausmaß neue Wähler gegen die SPD mobilisiert werden. Die allgemeine Rechtsorientierung des deutschen Bürgertums, die weitgehende Akzeptanz der imperialen Politik des Deutschen Reiches und des zunehmenden Militarismus sowie das „patriotische Gelärme"[108] fanden auch im Wahlkreis Kassel 4 ihren Niederschlag. Nicht nur die ehemaligen Wähler der DRP schlossen sich fast in ihrer Gesamtheit dem politischen Antisemitismus an, der in „gemäßigter" Form zweifellos für breite Teile der Bevölkerung eine integrierende Funktion hatte. Auch das freisinnige Votum fiel – wenn auch im Kreis Schmalkalden im geringeren Umfang – in einem bisher unbekannten Ausmaß zuungunsten der Sozialdemokratie aus. Das Desaster der SPD lag dabei ganz im Trend der gesamten Reichstags-

---

108 Stürmer, M., Das ruhelose Reich. Deutschland 1866-1918, Berlin 1983, S.336.

wahlen. Diese Tatsache mußte auch das „Volksblatt für Hessen und Waldeck" einräumen, das resignierend-sarkastisch bemerkte: „Die Hottentottenwahlen haben ihre Schuldigkeit getan. Das große Werk ist vollendet. Im frühlingsstürmenden Freiheitsrausch hat das deutsche Bürgertum den reaktionärsten Reichstag gewählt, der jemals dagewesen ist."[109]

„Reaktionär" fiel übrigens auch das Wählervotum bei der Landtagswahl des folgenden Jahres im Wahlkreis Kassel/Land-Witzenhausen aus, bei der der deutschkonservativ-antisemitische Bündniskandidat Stockhausen (deutschkonservativ) siegte. Im Wahlkreis Eschwege-Schmalkalden setzte sich dagegen der Nationalliberale Wendland gegen Hermann v. Christen durch[110].

---

[109] Volksblatt für Hessen und Waldeck 7.2.1907, Nr.32.
[110] Kühne, Th., Handbuch der Wahlen zum preußischen Abgeordnetenhaus 1867-1918, Wahlergebnisse, Wahlbündnisse und Wahlkandidaten, Düsseldorf 1994, S.646 u. 648.

XVI. Die Reichstagswahl 1912

1. Die allgemeine Wahlbewegung und die Lage im Reich

Die Reichstagswahlen des Jahres 1907 hatten eine Mehrheit aus Konservativen, Freisinnigen und Nationalliberalen geschaffen. Dieser „Bülow-Block" brach aber schon im Jahre 1909 wegen Streitigkeiten um die preußische Wahlrechtsfrage und die Reichsfinanzreform auseinander[1]. Als Folge dieses Vorganges trat der durch die „Daily Telegraph"-Affäre bereits ins Kreuzfeuer geratene Reichskanzler Bülow von seinem Amt zurück. Sein Nachfolger Bethmann-Hollweg stützte sich in der Folgezeit auf eine Mehrheit aus Konservativen und Zentrum. Die Freisinnige Volkspartei, die Freisinnige Vereinigung und die Deutsche Volkspartei legten daraufhin die Differenzen im linksliberalen Lager bei und schlossen sich am 6.3.1910 zur Fortschrittlichen Volkspartei (FoVP) zusammen[2].

Die Auseinandersetzung um die Reichsfinanzreform wurde im Deutschen Reich zum beherrschenden Thema im Wahlkampf von 1912.

2. Die Nominierung der Kandidaten

Die Nominierung der Kandidaten erfolgte in diesem Jahr ausgesprochen frühzeitig. Die FoVP stellte den aus München übergesiedelten und seit 1911 in Sooden wohnhaften Direktor Dr. Wilhelm Ohr als Kandidaten auf[3], der sich auch der nationalliberalen Unterstützung erfreuen durfte[4]. Mit dem Hansa-Bund, der sich als mittelstandsfreundliche „antifeudale Sammlungsbewegung" betrachtete, und dessen Gründung im Jahre 1909 im engen Zusammenhang mit der

---

1   Born, K.E., Von der Reichsgründung bis zum Ersten Weltkrieg, München [10]1985, S.243f.

2   Ebd., S.245; Wende, F. (Hrsg.), Lexikon zur Geschichte der Parteien in Europa, Stuttgart 1981, S.101.

3   Klein, Th., Die Hessen als Reichstagswähler. Tabellenwerk zur politischen Landesgeschichte 1867-1933, Bd.1: Provinz Hessen-Nassau und Waldeck/Pyrmont 1867-1918, Marburg 1989, S.261.

4   Vgl. z.B. Versammlung beider Parteien in Eschwege; Eschweger Tageblatt 27.11.1911, Nr.278.

Reichsfinanzreform stand[5], stellte sich in diesem Jahr auch ein mächtiger Interessenverband auf die linksliberale Seite[6]. Die Sozialdemokraten schickten diesmal den Kasseler Stadtverordneten und Parteisekretär für den Agitationsbezirk Kassel, Georg Thöne[7], der der Gewerkschaftsbewegung entstammte und dem rechten Parteiflügel zuzuordnen war[8], in den Wahlkampf. Schon seit 1910 war Thöne, der bereits im Vorfeld des eigentlichen Wahlkampfes zahlreiche Veranstaltungen in den Kreisen Eschwege, Schmalkalden und Witzenhausen abhielt, intensiv auf seine Kandidatenrolle vorbereitet worden[9].

Am 15. Januar 1911, also etwa ein Jahr vor der Wahl, nominierte eine Versammlung von Vertrauensmännern erneut den schon zweimal siegreichen Friedrich Raab zum Kandidaten der rechtsstehenden Parteien[10]. Raab trat wieder für die DSozP an, wobei er sich traditionell auf den Bund der Landwirte stützen konnte, der seinen Mitgliedern erneut die Wahl Raabs antrug[11]. Die Nominierung des zweimaligen Wahlsiegers barg allerdings ein nicht zu unterschätzendes Risiko. Denn Raab, der im Wahlkampf 1907 neben der tatkräftigen Unterstützung der Regierungsvorlagen seinen Anhängern vor allem ein Eintreten für mittelständische Interessen versprochen hatte, hatte sich bei einem großen Teil seiner Wähler durch seine Aktivitäten im

---

5   Ullmann, H.-P., Interessenverbände in Deutschland, Frankfurt a.M. 1988, S.103f.; Mielke, S., Der Hansa-Bund für Gewerbe, Handel und Industrie 1909-1914. Der gescheiterte Versuch einer antifeudalen Sammlungspolitik, Göttingen 1976, S.145f.

6   Vgl. Allgemeiner Anzeiger 12.12.1911, Nr.143; 16.12.1911, Nr.145 (2.Blatt).

7   Klein, Th., Leitende Beamte der allgemeinen Verwaltung in der preußischen Provinz Hessen-Nassau und in Waldeck 1867-1945, Darmstadt, Marburg 1988, S.222; Taschenbuch der Reichstagswahlen 1912, Berlin 1912, S.77.

8   Fricke, D., Handbuch zur Geschichte der deutschen Arbeiterbewegung. 1869 bis 1917, Berlin 1987, S.697.

9   Hess, Die politischen Verhältnisse in der Stadt und im Kreis Schmalkalden 1867-1914, in: Beiträge zur Geschichte Schmalkaldens, hrsg. von der Leitung des Schlosses Wilhelmsburg, Schmalkalden o.J., S.88-103, hier: S.101.

10 Vaterländische Wählerzeitung (antisemit. Wahlkampforgan) 9.12.1911, Nr.1./ Beilage zum Eschweger Tageblatt; den Anzeigen in den Deutsch-Sozialen Blättern zufolge (15.11.1911, Nr.91ff.) kandidierte Raab auch in drei Hamburger Wahlkreisen.

11 Eschweger Tageblatt 14.12.1911, Nr.29.

Reichstag unbeliebt gemacht[12]. Ständige Ermahnungen und Resolutionen seitens seiner Klientel hatten ihn zu wiederholten Aufenthalten in den Kreisen Eschwege, Schmalkalden und Witzenhausen gezwungen, wo er bemüht war, die Unzufriedenen zu beschwichtigen. Durch den Tod Max Liebermanns von Sonnenberg hatte die DSozP darüber hinaus im Jahre 1911 eine ihrer bedeutendsten Persönlichkeiten verloren[13].

3. Der Wahlkampf und die Wahlkampfveranstaltungen

1907 hatten Freisinnige und Antisemiten zumindest formal ihre gegenseitigen Aversionen einer gemeinsamen Bestrebung untergeordnet: dem Kampf gegen die Sozialdemokratie. Damals hatten beide politischen Richtungen auf Seiten der Regierung gestanden; gemeinsam hatten sie dem Aufruf der Regierung Bülow Folge geleistet, einen entschlossenen Kampf gegen die SPD zu führen. In diesem Jahr verzichtete der neue Reichskanzler Bethmann Hollweg aber auf eine besondere Parole gegen die Sozialdemokratie[14] und nahm damit den Linksliberalen und den Antisemiten eine der wenigen Gemeinsamkeiten. Dazu kam, daß die Linksliberalen in den vorangegangenen Jahren einen inneren Wandel vollzogen hatten. Seit dem Zusammenbruch des „Bülow-Blocks" hatte sich nämlich ihre Tendenz verstärkt, „in parlamentarischer Zusammenarbeit mit der Sozialdemokratie die Macht des Kaisers zu schwächen und ein dem Reichstag verantwortliches Reichsministerium zu schaffen."[15] Diese Tatsache schloß natürlich ein ähnlich kompromißloses Vorgehen gegen die SPD wie noch 1907 aus, zumal innerhalb der Arbeiterpartei die revisionistischen Tendenzen immer mehr an Gewicht gewonnen hatten. Führende Sozialdemokraten glaubten nämlich erkannt zu haben, daß ein allzu schroffer Oppositionkurs die Partei zunehmend

---

12 Vgl. Resolution vom 30.7.1909, in: Hamburger Zeitung Nr.358 v. 3.8.1909; L. Curtius, Der politische Antisemitismus, München 1911, S.110.

13 Vgl. Weidemann, Th., Politischer Antisemitismus im Deutschen Kaiserreich. Der Reichstagsabgeordnete Max Liebermann von Sonnenberg und der nordhessische Wahlkreis Fritzlar-Homberg-Ziegenhain, in: Bambey, H., Biskamp, A., Lindenthal, B. (Hrsg.), Heimatvertriebene Nachbarn. Beiträge zur Geschichte der Juden im Kreis Ziegenhain, Bd.I, Schwalmstadt-Treysa 1993, S.113-183, hier: S.175.

14 Liebert, B., Politische Wahlen in Wiesbaden im Kaiserreich (1867-1918), Wiesbaden 1988, S.255.

15 Born, Von der Reichsgründung bis zum Ersten Weltkrieg, S.246.

isolieren würde[16]. So richtete sich das Hauptaugenmerk der FoVP im Wahlkreis Kassel 4 auf die „alte Erzfeindin" des Linksliberalismus, nämlich die DSozP, die seit einigen Jahren mit den Christlich-Sozialen eine Fraktion im Reichstag bildete und als „Wirtschaftliche Vereinigung" meistens im Regierungslager stand. Allein hier bot sich schon ein wichtiger Angriffspunkt für die Linksliberalen, die unter der Losung „Nieder mit dem schwarzblauen Block"[17] gegen die DSozP agierten. Besonders die Reichsfinanzreform wurde zu einem beherrschenden Thema. Während die FoVP diese hartnäckig als mittelstandsfeindlich bekämpfte, verteidigte die DSozP sie als notwendig zur Sanierung der Staatsfinanzen. Anders als 1907 standen diesmal nicht außenpolitische Themen im Vordergrund, obwohl die außenpolitische Lage mehr denn je Anlaß zur Sorge geben mußte. Die DSozP sprach sich zwar für eine „kraftvolle Auslandspolitik" und eine „starke Waffenrüstung zu Lande und zu Wasser"[18] aus; zum Mittelpunkt der öffentlichen Auseinandersetzung wurden diese Themen aber nicht. Da die „Fortschrittlichen" nicht mehr im Regierungslager standen, bot sich – anders als 1907 – für die Antisemiten wieder einmal die Gelegenheit, die Linksliberalen als Reichsfeinde zu diskriminieren. In einem Flugblatt wurde die FoVP mit der SPD auf eine Stufe gestellt, indem es hieß: „Links lauert die Hyäne der Revolution, ohne Maske nennt man sie die Sozialdemokratie, mit Maske vorm Gesicht heißt sie Fortschrittliche Volkspartei."[19] Ein weiterer Punkt, der die Auseinandersetzungen zwischen Linksliberalen und Antisemiten immer mehr eskalieren ließ, war die Tatsache, daß die DSozP nach Jahren der offiziellen „Mäßigung" im Wahlkreis Kassel 4 die Angriffe auf die Juden wieder verstärkte, wobei pseudowissenschaftliche („jüdisches Blut") und offen rassistische Argumentationenweisen nun immer mehr in den Vordergrund traten[20]. Damit folgte die Partei sowohl auf Reichsebene als auch in der Region der Direktive des verstorbenen Liebermann, der auf dem Kasseler Parteitag

---

16 Vgl. Lehnert, D., Sozialdemokratie zwischen Protestbewegung und Regierungspartei. 1848-1983, Frankfurt a.M. 1983, S.107.

17 Vgl. Versammlung der vereinten Liberalen; Thüringer Hausfreund 11.12.1911, Nr.290.

18 Vaterländische Wählerzeitung 20.11.1911, Nr.2, Beilage zum Eschweger Tageblatt.

19 Antisemitisches Flugblatt „Das wahre Gesicht des Freisinns", zitiert nach Thüringer Hausfreund 19.12.1911, Nr.297; leider standen mir für das Jahr 1912 keine Flugblätter für den Wahlkreis Kassel 4 zur Verfügung.

20 Vgl. Deutsch-Soziale Blätter 6.1.1912, Nr.2; 7.2.1912, Nr.11.

von 1910 gefordert hatte, die „Judenfrage" wieder schärfer zu behandeln[21]. Die antijüdische Hetze im Wahlkreis Eschwege-Schmalkalden-Witzenhausen mußte um so leichter fallen, da auf eventuelle konservative Empfindlichkeiten keine Rücksicht mehr genommen werden mußten. Wie schon in den 90er Jahren des 19. Jahrhunderts wurden Linksliberalismus und Judentum wieder gleichgesetzt bzw. die FoVP als verlängerter Arm des Judentums attackiert, wobei auch antikapitalistische Parolen wieder zunehmend eine Rolle spielten. So hieß es in einer Anzeige der Antisemiten: „Wir wissen heute, daß Ohr Hansabündler ist, in dem die Juden eine große Rolle spielen."[22] „Mehrere Wähler" mokierten sich über die Unterschriftenlisten linksliberaler Flugblätter, indem sie an das „Eschweger Tageblatt" schrieben: „Bei den vielen Wahlaufrufen finden wir zu unserem Erstaunen nur 2 Wähler jüdischer Konfession. Warum? Es wäre doch ein Leichtes gewesen, Hunderte von Unterschriften zu erlangen, wenn man jüdische Wähler hätte unterschreiben lassen wollen. Warum treten diese Wähler nicht an die Öffentlichkeit, während sie hinter den Kulissen fieberhaft tätig sind ... ."[23] Während dieser Brief die FoVP als Handlangerin des Judentums diffamierte und die Juden in die Rolle von Dunkelmännern und geheimen Drahtziehern drängte, wußte der „Thüringer Hausfreund" sogar von Boykotten gegen jüdische Geschäfte zu berichten. Einem Bericht der Zeitung zufolge hieß es über die Juden in einem antisemitischem Pamphlet: „Besonders zum Weihnachtsfest, das sie doch garnichts angeht, füllen sie die Zeitungen mit frech aufdringlicher, schreiender Reklame, die jeder anständige Mensch mit Ekel empfindet."[24] Die Linksliberalen unterzogen diese Hetze, die bereits von unheilvolleren Zeiten kündete, zwar einer scharfen Kritik, zu einer bedingungslosen Solidarität mit den jüdischen Mitbürgern kam es aber nicht. Anstatt den Antisemitismus als grundsätzlich unsinnig zu verdammen, gingen die Entscheidungsträger der linksliberalen Partei geradezu ängstlich auf jede Anschuldigung ein und akzeptierten damit die vorherrschende Judenfeindlichkeit weiter Bevölkerungskreise. Als schon

---

21 Fricke, Deutschsoziale Partei (DSP). 1900-1914, in: Ders., Lexikon zur Parteiengeschichte. Die bürgerlichen und kleinbürgerlichen Parteien und Verbände in Deutschland (1789-1945), Bd.2 , Köln 1984, S.534-537, hier: S.536f.

22 Antisemitische Wahlanzeige „Handwerker und Landwirte aufgepaßt"; Eschweger Tageblatt 11.1.1912, Nr.9.

23 Eschweger Tageblatt 11.1.1912, Nr.9.

24 Thüringer Hausfreund 8.12.1911, Nr.288.

fast traditionell das Gerücht in Umlauf gesetzt wurde, der linksliberale Kandidat sei Jude, wurde dieses energisch dementiert. So schrieben Anhänger der FoVP an das „Eschweger Tageblatt: „Den Antisemiten sei gesagt, daß Herr Dr. Ohr ebenso evangelisch getauft worden ist, wie Herr Raab und daß seine Familie rein germanischen Ursprungs ist."[25] Derartige plumpe „Verteidigungsmaßnahmen" waren natürlich nicht dazu angetan, den Antisemitismus wirksam zu bekämpfen. Im Gegenteil, das antisemitische Gedankengut, das von der Ungleichheit menschlicher Rassen ausging, erhielt im Grunde genommen sogar – auch von linksliberaler Seite aus – seine Bestätigung.

Wenige Tage vor der Wahl ließen sich die Antisemiten zu weiteren offenen Abgriffen gegen Ohr hinreißen, indem hartnäckig behauptet wurde, Ohr sei Atheist. Weiter warf man ihm vor, ein Feind der Monarchie und ein Freund der Frauenbewegung zu sein[26]. Auch Ohrs angebliche „schauspielerische Fähigkeiten" wurden kritisiert. So bemerkte der Antisemit Neumann höhnisch: „Ich habe schmunzelnd festgestellt, daß Herr Dr. Ohr auf dem Lande in grauer Joppe und mit Gamaschen angetan in möglichst 'agrarischer Aufmachung' auftrete, während er in der Stadt im eleganten Rock, mit heller Weste den feinen Mann zur Schau trage. ... Anderswo soll Herr Dr. Ohr sogar ohne Halskragen, mit offenem Hemd seine Männerbrust ganz proletarisch gezeigt haben."[27] Die Linksliberalen dementierten auch diese gegen ihren Kandidaten gerichteten Vorwürfe, während sie im Gegenzug Friedrich Raab weitgehend schonend behandelten.

Die Atmosphäre zwischen Antisemiten und Linksliberalen war also ähnlich vergiftet wie 1893, als mit Hans Leuß erstmalig im Wahlkreis ein antisemitischer Kandidat aufgetreten war. Manchmal entluden sich die Spannungen in den Wahlkampfveranstaltungen, auf die noch eingegangen wird.

Ein Ereignis hatte übrigens Symbolcharakter für die gegenwärtige politische Konstellation. Am 15. Januar 1912 starb mit Otto Schilbe der Mann, der durch die Gründung des Vaterländischen Wahlausschusses im Jahre 1907 dafür gesorgt hatte, daß, zumindest für ei-

---

25 Eschweger Tageblatt 4.1.1912, Nr.3.
26 Antisemitische Anzeige „Aussprüche des Herrn Dr. Wilhelm Ohr"; Eschweger Tageblatt 10.1.1912, Nr.8.
27 Antisemitisches Flugblatt, zitiert im Volksblatt für Hessen und Waldeck 10.1.1912, Nr.8 (2. Beilage).

nen kurzen Zeitraum und bis zu einem gewissen Grade, Einigkeit zwischen Freisinnigen und Antisemiten geherrscht hatte. Noch im Jahre 1910 hatte Schilbe versucht, den regionalen Ableger des „Reichsverbandes gegen die Sozialdemokratie" durch die Gründung zahlreicher Ortsgruppen zu stärken[28].

Wie gestaltete sich der sozialdemokratische Wahlkampf? Hauptziel der SPD war es natürlich, die Niederlage von 1907, welche den schlimmsten Rückschlag in der Geschichte der Partei im Wahlkreis Kassel 4 bedeutet hatte, vergessen zu machen. Tatsächlich hatte sich die Situation für SPD deutlich verbessert. Zum einen existierte keine regionale Institution mehr, deren einziges Ziel es war, die Sozialdemokratie zu bekämpfen. Zum anderen führten die erbitterten Grabenkämpfe zwischen DSozP und FoVP dazu, daß die SPD in diesem Jahr weitgehend von Angriffen verschont blieb. Auch sonst hatte sich einiges verändert. Das allgemeine Klima war für die SPD günstiger geworden, wobei vor allem die Verteuerung der Lebensmittel in den vorangegangenen Jahren in der deutschen Bevölkerung eine zunehmende Verbitterung hervorgerufen hatte[29]. Diese Entwicklung hatte auch in der Region des Wahlkreises Kassel 4 nicht haltgemacht. Für Witzenhausen z.B. stellt Tappe fest, daß die Teuerungsrate in den Jahren 1903-1903 die Lohnerhöhungen um etwa 3-10% übertraf[30].

Persönliche Ängste und Nöte ließen sich nur noch bis zu einem gewissen Grade mit nationalen Phrasen überspielen. So verbreitete sich eine allgemeine Unzufriedenheit, auf der die SPD aufbauen konnte. Eine zunehmende soziale Verschärfung der allgemeinen Lage konnten nun auch konservative Kreise nicht mehr leugnen. War in der Vergangenheit die Situation stets als gut oder zufriedenstellend bezeichnet worden, mußten nun teilweise eklatante Mißstände eingeräumt werden. Während einer Versammlung des Vaterländischen Frauenvereins in Eschwege wurde z.B. auf die schlechte Wohnsituation zahlreicher Eschweger Fabrik- und Heimarbeiter aufmerksam gemacht; wobei besonders auf die schlechten Öfen, schlechten Fußböden und feuchten Kellerwohnungen hingewiesen wurde, die

---

28 Vgl. Schilbes Brief an den Schmalkalder Landrat vom 21.9.1910, StaM, Best.180 (Landratsamt Schmalkalden), Nr.3593.

29 Liebert, Politische Wahlen in Wiesbaden im Kaiserreich, S.257

30 Tappe, J., Die Geschichte der Arbeiterbewegung in Witzenhausen (hrsg. zum Anlaß des 100-jährigen Bestehens des SPD-Ortsvereins), Witzenhausen 1984, S.108f.

nicht selten einen Nährboden für die unterschiedlichsten Krankheitserreger boten[31].

Im Vorfeld der Wahlen kam es darüber hinaus zu einigen Unruhen, die von zunehmenden Spannungen zeugen. Mitte November 1911 streikten die Arbeiter in der Eschweger Lederindustrie. Die Arbeitgeber antworteten mit Aussperrungen und dem Beschluß, die Streikenden mindestens drei Jahre lang nicht mehr einzustellen. Trotzig verkündete darauf hin das „Volksblatt für Hessen und Waldeck", daß es den Arbeitgebern nicht gelingen werde, die Organisation der Eschweger Lederarbeiter zu zerschlagen[32]. Fast gleichzeitig drohte auch ein Arbeitskampf in der Tabakindustrie[33].

Eine weitere Tatsache, die die sozialdemokratischen Erfolgsaussichten steigern mußte, war der immer weiter fortschreitende industrielle Prozeß, der Hand in Hand mit einer zunehmenden Organisationsbereitschaft der Arbeiterschaft ging. So stieg die Zahl der SPD-Mitglieder im Agitationsbezirk Kassel von 3273 im Jahre 1907 auf 6094 im Jahre 1912[34]. Immanente Gründe waren ausschlaggebend, daß sozialdemokratische Organisationen in den letzten Jahren vor dem Ersten Weltkrieg auch in Regionen entstanden, die sich bisher weitgehend dagegen resistent erwiesen hatten, so z.B. im Steinbacher Grund, wo sich Selbständige und Hausgewerbetreibende der Sozialdemokratie bisher nur zögernd geöffnet hatten[35]. Der wohl spektakulärste Strukturwandel fand in Hessisch-Lichtenau statt, wo die Ansiedlung einer Filiale der Textilfirma Fröhlich u. Wolff (1907) die Sozialstruktur des Ortes, der jahrzehntelang weitgehend agrarisch geprägt war, innerhalb weniger Jahre völlig umkrempelte. Zahlreiche aus anderen Landstrichen zugezogene Arbeiter verstärkten die heimische Sozialdemokratie, die bisher weitgehend ein Schattendasein gefristet hatten. Im engen Zusammenhang mit der neuen Firma steht die Gründung eines SPD-Ortsvereines, die etwa 1907 erfolgte.

---

31   Eschweger Tageblatt 7.12.1911, Nr.287.
32   Volksblatt für Hessen und Waldeck 15.11.1911, Nr.268 (Beilage).
33   Volksblatt für Hessen und Waldeck 14.11.1911., Nr.267.
34   Fricke, D., Die Deutsche Arbeiterbewegung 1869-1914. Ein Handbuch über ihre Organisation und Tätigkeit im Klassenkampf, Berlin 1976, S.250.
35   Gerlach, H., Schmalkalden. Steinbach-Hallenberg. Breitungen, Berlin, Leipzig ³1985, S.51.

Das wichtigste Moment war aber der rapide Bevölkerungsanstieg im Kreis Schmalkalden, der in den Jahren vor 1914 noch einmal deutlich zugenommen hatte. Das Gewicht des Kreises, in dem die Sozialdemokratie am stärksten war, war im Jahr 1912 hinsichtlich des Gesamtwahlergebnisses so groß wie nie. Daß von dem Bevölkerungsanstieg vornehmlich der Sektor Bergbau und Industrie profitierte, erhöhte die Wahlaussichten der SPD zusätzlich[36].

Wofür trat die SPD im Wahlkampf 1912 nun im einzelnen ein? In der Außenpolitik sprachen sich ihre Vertreter für die Festigung des Friedens aus, wobei sie sich mehrheitlich energisch gegen neue Militär- und Flottenvorlagen wandten[37]. Wirtschaftspolitisch forderten sie bessere Handelsbeziehungen und eine gerechtere Verteilung der Einkommen. Die innenpolitischen Ziele umfaßten die Forderungen nach einer Ausdehnung des Wahlrechtes auf Frauen, bei gleichzeitiger Senkung des Wahlalters auf 20 Jahre. Weiterhin verlangten die Sozialdemokraten die Schaffung eines parlamentarischen Regierungssystems mit voller Verantwortung des Reichskanzlers und der Staatssekretäre. Außerdem forderten sie das Recht für die Volksvertretung, über Krieg und Frieden zu entscheiden[38]. Von einer Zerschlagung des Staates, von Umsturz und Revolution war dagegen nichts mehr zu hören. Hier äußerte sich keine Revolutions-, sondern vielmehr eine Reformpartei, wobei gerade die schwere Niederlage von 1907 den revisionistischen Kräften im gesamten Reich Auftrieb gegeben hatte[39].

Die Auseinandersetzungen zwischen den Parteien wurden auch im Jahre 1912 wieder in zahlreichen Wahlkampfveranstaltungen ausgefochten. Der technische Fortschritt ermöglichte eine Intensivierung des Propagandaaufwandes, wie sie in der Vergangenheit nicht möglich gewesen wäre. So wurden nun im verstärkten Maße, vor allem von den Linksliberalen, auch Automobile im Wahlkampf eingesetzt, die den Agitatoren eine bisher nicht gekannte Mobilität gestatteten.

---

36   Hess, U., Die politischen Verhältnisse in der Stadt und im Kreis Schmalkalden, S.92f.

37   Seit der Jahrhundertwende gewannen allerdings in der Partei zunehmend auch Kräfte an Gewicht, die einer forcierten Aufrüstung das Wort sprachen. So erklärte Gustav Noske im Jahre 1907, Deutschland müsse so gut wie möglich gerüstet sein; vgl. Wachenheim, H., Die deutsche Arbeiterbewegung 1844-1914, Köln, Opladen 1967, S.439.

38   Volksblatt für Hessen und Waldeck 7.12.1911, Nr.286.

39   Born, Von der Reichsgründung bis zum Ersten Weltkrieg, S.239.

Innerhalb kürzester Zeit konnten nun auch größere Entfernungen zurückgelegt werden. Auch eigneten sich die Autos vorzüglich als fahrende Werbeflächen[40].

Der Wahlkampf begann diesmal so früh wie noch nie zuvor. Schon seit Oktober 1911 fanden zahlreiche Wählerversammlungen statt. Klagen von sozialdemokratischer Seite über Saalverweigerungen gab es im Vergleich zu vorangegangenen Jahren kaum. Da, wo sie keinen Raum zur Verfügung gestellt bekamen, konnten sich die Sozialdemokraten meistens wieder dadurch behelfen, indem sie die Auseinandersetzung in die gegnerischen Versammlungen trugen. Als in Langenhain eine SPD-Versammlung durch Saalsperrung des Bürgermeisters verhindert wurde, versammelten sich die Genossen kurzerhand im Freien[41].

Der Wahlkreis wurde diesmal flächendeckend mit Veranstaltungen überzogen. Vor allem in den Dörfern des Kreises Eschwege waren zahlreiche Agitatoren der SPD frühzeitig tätig, die Thöne unermüdlich unterstützten[42]. Seit Anfang Dezember wurde auch in den Orten des Kreises Witzenhausen eifrig agiert[43], wo meistens Thöne und sein Parteigenosse Pappenheim im Einsatz waren. Im Kreis Schmalkalden war überwiegend der sozialdemokratische Agitator Kilian tätig. Besonders erfolgreich verliefen die Versammlungen der SPD im Steinbacher Grund. So sprach das „Volksblatt für Hessen und Waldeck" von 200 Besuchern in Steinbach-Hallenberg, von 180 in Oberschönau und von 125 in Unterschönau[44]. Interessant ist, daß die Berichterstattung über die sozialdemokratischen Versammlungen in den Kreisstädten weitgehend unterlassen wurde.

Über die Resonanz der sozialdemokratischen Veranstaltungen im gesamten Wahlkreis verkündete das „Volksblatt für Hessen und Waldeck" stolz: „Trotz Winterkälte und Straßenschmutz kann man mit Hutten ausrufen: Es ist eine Lust zu leben! Wenn sich zeigt, wie die Bewohner aller drei Kreise, in Stadt und Land, zur Sozialdemo-

---

40 Vgl. antisemitischen Aufruf „Aussprüche des Herrn Dr. Wilhelm Ohr" z.B. im Eschweger Tageblatt 10.1.1912, Nr.8; darin ist die Rede von vielen Automobilen, an denen Wahlaufrufe für Ohr befestigt waren.
41 Volksblatt für Hessen und Waldeck 3.11.1911, Nr.258 (Beilage).
42 Volksblatt für Hessen und Waldeck 19.12.1911, Nr.296 (Beilage)/3.1.1912, Nr.2 (1. Beilage).
43 Volksblatt für Hessen und Waldeck 12.12.1911, Nr.290 (Beilage).
44 Volksblatt für Hessen und Waldeck 19.12.1911, Nr.296 (Beilage).

kratie halten, wie unsere Versammlungen lebhaft und angeregt verlaufen, die der Gegner aber die Aussichtslosigkeit der bürgerlichen Kandidaturen Tag und Nacht beweisen, so erfüllt das den Agitator der Partei und auch die Wählermassen mit großer Freude."[45]

Friedrich Raab tauchte erst im November im Wahlkreis auf, wo er zunächst einige Versammlungen im Kreis Eschwege abhielt. Anschließend wandte er sein Augenmerk den Kreisen Schmalkalden und Witzenhausen zu. Die Resonanz auf seine Reden war aber zweifellos geringer als in den vorangegangenen Jahren. Als das „Casseler Volksblatt" behauptete, auf einer Versammlung in Lichtenau seien nur 15 Personen anwesend gewesen, dementierten die Antisemiten dieses heftig und sprachen von 48 Versammlungsteilnehmern[46]. Verglichen mit früheren Besucherzahlen war auch diese Zahl natürlich kläglich, war Lichtenau in der Vergangenheit doch stets eine antisemitische Hochburg gewesen. Mitte Dezember zog sich Raab erst einmal zurück und ging in die Weihnachtsferien. Die erste große Versammlung der DSozP in Eschwege am 20.12.1911.[47] führte Wilhelm Lattmann, der selbst im Wahlkreis Kassel-Melsungen kandidierte. Vor zahlreich erschienenem Publikum verteidigte Lattmann die Reichsfinanzreform und übte heftige Kritik an der Haltung der Liberalen. Weiterhin plädierte er für ein gut gerüstetes Deutschland, wobei er unterstellte, daß nur eine gute Bewaffnung den Frieden garantieren könne. Als es im Verlauf der Versammlung zu Diskussionen mit sozialdemokratischen und linksliberalen Rednern kam, bekräftigte Lattmann die antisemitische Position seiner Partei und sprach sich ganz im Sinne des Parteiprogrammes der DSozP gegen die Besetzung staatlicher Stellen durch Juden aus[48]. Nach Weihnachten griff auch Raab wieder in den Wahlkampf ein[49], wobei er u.a. Ende des Jahres in Wanfried und Allendorf sprach[50].

---

45 Volksblatt für Hessen und Waldeck 12.12.1911, Nr.290 (Beilage).
46 Vaterländische Wählerzeitung 9.11.1911, 1911, Nr.1, Beilage zum Eschweger Tageblatt.
47 Eschweger Tageblatt 21.12.1911, Nr.299.
48 Vgl. Leserbrief von Hochhut und Schlesinger im Eschweger Tageblatt 23.12.1911., Nr.301.
49 Eschweger Tageblatt 29.12.1911, Nr.304.
50 Eschweger Tageblatt 30.12.1911, Nr.305; Tageblatt für Kurhessen und das angrenzende Thüringen und Sachsen 31.12.1911, Nr.306.

Am 8. Januar 1912 trat Raab persönlich in Eschwege auf[51], wo er zum einen eine „Angriffsrede" gegen die Sozialdemokraten hielt, zum anderen aber auch heftig die FoVP attackierte, deren wirtschaftlichen Ziele er vornehmlich einer scharfen Kritik unterzog. Allerdings trafen seine Ausführungen nur auf wenig Wohlwollen; der Schluß seiner Rede ging unter den „Hochrufen" der politischen Gegner auf ihre eigenen Kandidaten unter. Nur zwei Tage später fand eine dritte antisemitische Versammlung in Eschwege statt, auf der der Hamburger Kaufmann Richard Döring unter dem Motto „Vor der Entscheidung" zugunsten der Kandidatur Raabs sprach[52]. Eine anschließende Diskussion fand nicht mehr statt; ein signifikantes Merkmal dafür, daß das Interesse an antisemitischen Veranstaltungen erlahmt war.

Auch im Kreis Schmalkalden versuchten die Antisemiten ihr Glück. Vor nur 300 Zuhörern – für Schmalkalden eine geringe Zahl – präsentierte Raab am 9.1. seine Ansichten zum Schutzzoll[53]. Ganze 100 Interessierte verfolgten die Ausführungen Dörings, der zwei Tage später in Schmalkalden weilte[54]. Am 21.12. stellte sich Lattmann in Steinbach-Hallenberg vor, wo die Reichsfinanzreform im Mittelpunkt seiner Ausführungen stand[55]. Raab präsentierte sich den Steinbach-Hallenberger Bürgern am 10. Januar[56].

Auch in Witzenhausen hielten die Antisemiten Versammlungen ab. Schon am 2.1.[57] und am 11.1.[58] trat Raab persönlich auf; am 10.1.[59] hielt Döring eine Wahlkampfrede.

In einem weitaus größerem Umfang als die DSozP agierte die FoVP, für die Ohr, laut eigener Aussage, die entlegensten Winkel des Wahlkreises visitierte[60]. Schon am 25. November 1911 fand die erste linksliberale Wählerversammlung in Eschwege statt[61]. Eine zweite

---

51 Eschweger Tageblatt 9.1.1912, Nr.7.
52 Eschweger Tageblatt 11.1.1912, Nr.9.
53 Schmalkalder Tageblatt 10.1.1912, Nr.8.
54 Schmalkalder Tageblatt 11.1.1912, Nr.9.
55 Steinbach-Hallenberger Anzeiger 23.12.1911, Nr.151.
56 Steinbach-Hallenberger Anzeiger 11.1.1912, Nr.5.
57 Witzenhäuser Kreisblatt 5.1.1912, Nr.3.
58 Witzenhäuser Kreisblatt 13.1.1912, Nr.10.
59 Witzenhäuser Kreisblatt 11.1.1912, Nr.8.
60 Eschweger Tageblatt 11.1.1912, Nr.9.
61 Eschweger Tageblatt 27.11.1911, Nr.278.

Versammlung wurde am 13.12.1911 abgehalten, auf der der Obermeister Kniest aus Kassel den Kandidaten Ohr unterstützte. Beide sprachen sich für eine Stärkung des Mittelstandes aus[62]. Am 28.12. fand eine weitere Versammlung statt, in der der Kaufmann Bockeroth für die liberale Sache warb[63]. Anders als in den vorangegangenen Veranstaltungen geschehen, nahm Bockeroth den politischen Gegner – vornehmlich konservativ-antisemitischer Gesinnung – ins Visier, wobei er die anstehende Wahl gar zur weltanschaulichen Auseinandersetzung zwischen Liberalismus und Konservatismus hochstilisierte.

Am 10. Januar 1912 trat Dr. Wilhelm Ohr in Eschwege erneut vor seine Wähler und widersprach energisch allen von antisemitischer Seite gegen seine Person gerichteten Vorwürfen[64].

In Schmalkalden sprach Dr. Ohr bereits am 8. Januar, wobei auch hier der Kampf gegen Antisemiten und Konservative im Mittelpunkt seiner Ausführungen stand. So ließ er u.a. verlauten: „Wer die Sozialdemokratie vom vaterländischen Boden aus bekämpfen will, der muß die Junkerpolitik bekämpfen."[65] Eine zweite Versammlung der FoVP, Referent war Dr. Stapf aus Weimar, folgte am 11.1.[66].

Auch in Witzenhausen fanden linksliberale Versammlungen statt. Am 16.11.1911 sprach sich Ohr für die Förderung des Mittelstandes aus[67], am 10.12. agierte Professor Bousset für die FoVP[68]. Einen Tag vor der Wahl, am 11. Januar 1912, hielt Dr. Ohr noch einmal eine große Schlußveranstaltung in der Kreisstadt ab[69].

Der Wahlkreis wurde also auch in diesem Jahr wieder mit Wahlkampfversammlungen aller Parteien überzogen, wobei die Differenzen zwischen Linksliberalen und Antisemiten eindeutig andere Themen in den Hintergrund drängten. Trotz erheblicher gegenseitiger Aversionen kam es jedoch nur selten zu Zwischenfällen, wobei der „Fall Blitz", der hier seine Erwähnung findet, eher eine Ausnahme

---

62 Eschweger Tageblatt 14.12.1911, Nr.293.
63 Eschweger Tageblatt 29.12.1911, Nr.304.
64 Eschweger Tageblatt 11.1.1912, Nr.9.
65 Thüringer Hausfreund 9.1.1912, Nr.7.
66 Thüringer Hausfreund 12.1.1912, Nr.10.
67 Witzenhäuser Kreisblatt 11.11.1911, Nr.226.
68 Witzenhäuser Kreisblatt 15.12.1911, Nr.294.
69 Witzenhäuser Kreisblatt 13.1.1912, Nr.10.

darstellt. Seit Oktober 1911 machte es sich der liberale Parteisekretär Blitz zur Gewohnheit, mit einer größeren Gefolgschaft die Versammlungen Friedrich Raabs im Kreis Schmalkalden zu visitieren, wobei er diesem stets energisch entgegentrat[70]. Am 7.12. verlor Raab schließlich die Nerven; gereizt durch das ständige Auftauchen seines Kontrahenten, ließ sich Raab im Eifer des Gefechtes während einer Versammlung in Struth dazu hinreißen, Blitz eine Ohrfeige anzubieten[71]. Dieser zeigte sich durch Raabs Drohungen allerdings wenig beeindruckt. Sehr zum Ärger Raabs tauchte Blitz auch auf der Veranstaltung in Unterschönau am 9.12. auf, wieder in Begleitung einer großen Gefolgschaft. Als Blitz das Wort ergreifen wollte und dieses von Raab unterbunden wurde, kam es zu Tumulten und heftigen Wortgefechten, in deren Verlauf schließlich der liberale Parteisekretär, begleitet von seinem Anhang, des Saales verwiesen wurde. Während Raab vor den verbliebenen Zuhörern seinen Vortrag fortsetzte, improvisierten die Linksliberalen eine Gegenveranstaltung, und zwar ein Stockwerk tiefer im gleichen Gebäude. Die Antisemiten zogen aus diesem, für sie wenig erfreulichen Vorfall ihre Konsequenzen und schlossen Blitz von allen künftigen Versammlungen der DSozP aus[72]. So konnten die Wähler in einer Anzeige bezüglich einer Wahlversammlung in Steinbach-Hallenberg lesen: „Sozialdemokraten und Herr Blitz haben keinen Zutritt."[73]

Von einem anderen – ebenfalls eher amüsanten Vorfall – berichtete am 2.1.1912 das „Volksblatt für Hessen und Waldeck". Am 29.12.1911 hatte Raab in Wanfried gesprochen, wo neben den Antisemiten auch zahlreiche Sozialdemokraten anwesend gewesen waren. Als auch ein eigens mit dem Auto aus Frankfurt angereister FoVP-Sympathisant das Wort hatte ergreifen wollen, hatte diesem angesichts des „Wanfrieder Milieus" schließlich der Mut versagt. Das „Volksblatt" kommentierte den Vorfall mit sichtlicher Freude und schrieb: „Benzin zum Ausreißen schien er noch genug bei sich zu

---

70 Vgl. polizeilichen Bericht über Raabs Rede in Oberschönau vom Okt. 1911, StaM, Best. 180 (Landratsamt Schmalkalden), Nr.3593.
71 Schmalkalder Tageblatt 11.12.1911, Nr.290.
72 Berichte und Stellungnahmen zu diesem Vorfall: Thüringer Hausfreund 11.12.1911, Nr.290; u. 13.12.1911, Nr.291; Schmalkalder Tageblatt 11.12.1911, Nr.290/ 16.12.1911, Nr.295 u. 19.12.1911, Nr.297.
73 Schmalkalder Tageblatt 21.12.1911, Nr.299.

haben, als er an den nach Eschwege wandernden Genossen vorbeiraste."[74]

4. Die Wahl am 12. Januar 1912 und ihr Ausgang

a. Das Gesamtergebnis

Als am 12. Januar die letzten Stimmen ausgezählt waren, stand fest, daß diesmal die Sozialdemokraten die großen Wahlsieger waren, die mit 11313 Stimmen und einem Anteil von 47,9% ohne Probleme die Stichwahl erreichten[75]. Die beiden anderen Parteien konnten mühelos auf Distanz gehalten werden, wobei auf die Antisemiten 27,6% auf die „Fortschrittler" gar nur 24,5% der Stimmen entfielen. Damit waren die Linksliberalen wie schon bei den beiden vorangegangenen Wahlen bereits vorzeitig gescheitert. In den einzelnen Kreisen gestaltete sich das Ergebnis folgendermaßen:

b. Kreis Eschwege

Die meisten Stimmen im Kreis Eschwege entfielen auf die SPD, für die sich 41,9% der Wähler entschieden[76]. 34,5% der Stimmen entfielen auf die Antisemiten, nur 23,6% auf die FoVP.

In Eschwege lag der Anteil der SPD-Wähler bei 45%. Damit schnitt Thöne deutlich besser ab als sein Vorgänger im Jahre 1907.

In den Nachbardörfern der Kreisstadt hatte die SPD schon immer gute Ergebnisse errungen; diesmal war die Resonanz für die Arbeiterpartei in Frieda (70,7%), Schwebda (45,9%), Oberdünzebach (72,8%) und Oberhone (45,3%) noch besser. Nur die Resultate in Grebendorf (35,5%) und Niederhone (33,2%) fielen etwas ab. Auch in Waldkappel gab es für die SPD Gewinne zu verzeichnen. Hier errang Thöne mit einem Anteil von 50,7% sogar die absolute Mehrheit. In Wanfried blieb die SPD zwar nur die dritte Kraft, im Vergleich zu 1907 konnte Thöne, dessen Vorgänger Eckardt nur 13,3% erhalten hatte, nun fast schon jeden dritten Wähler auf seine Seite ziehen.

Auch im Ringgau-Gebiet gab es erstaunliche Erfolge für die SPD. Im nördlichen Ringgau hatte die SPD schon in der Vergangenheit gute

---

74 Volksblatt für Hessen und Waldeck 2.1.1912, Nr.12.
75 Klein, Die Hessen als Reichstagswähler, S.261.
76 Berechnet nach ebd., S.262f.

Resultate erzielt. Nun war die Resonanz in Grandenborn (67,6%) und Röhrda (69,4%) besser denn je. Zwar hielt sich im südlichen Ringgau auch diesmal der Zuspruch für die Sozialdemokratie in Grenzen, doch im Vergleich zu 1907 gestalteten sich die Ergebnisse auch in Lüderbach, Rittmannshausen und Nesselröden zufriedenstellend. Lediglich in Netra, der ewigen antisemitischen Hochburg, bekam die SPD (5,5%) weiterhin kein Bein auf den Boden.

Auch in den überwiegend kleinen Dörfern der Schemmerngegend, in denen 1907 fast ausschließlich antisemitisch gewählt worden war, konnten beachtliche Resultate verzeichnet werden, so in Schemmern (32,4%), Gehau/Eltmannsee (43,8%), Thurnhosbach/Stadthosbach (39,1%), Friemen (54,8%) und Rechtebach (52%). Unterschiedlich sah es im Meißner-Vorland aus, wo die Sozialdemokraten vielerorts Zugewinne verzeichnen konnten, während sie in anderen Dörfern traditionell schwach blieben. In Frankershausen (36%) fiel z.B. das Ergebnis passabel aus, während es sich im Nachbardorf Frankenhain (8,2%) äußerst bescheiden gestaltete.

Die Gewinne der SPD gingen Hand in Hand mit schweren Verlusten der Antisemiten, die in der Kreisstadt nur noch jeden fünften Wähler hinter sich wußten. Um über 30 Prozentpunkte sank der Wähleranteil in Wanfried auf 31,5%, während sich die Verluste in Waldkappel, wo Raab 25,1% der Stimmen erhielt, begrenzter waren. Der Wählerschwund für die DSozP in den Städten fand seine Entsprechung auf dem Lande, wo die Antisemiten überall Einbußen hinnehmen mußten. Im Ringgau-Gebiet blieben sie zwar vielerorts die stärkste Kraft, doch im Vergleich zur Wahl von 1907 war der Wahlausgang eine Enttäuschung. Lediglich in Rittmannshausen (88,9%) und Netra (78,8%) konnten Zuwächse quittiert werden. Ähnlich sah es in der Schemmerngegend aus, wo die DSozP in Schemmern (60,6%), Gehau/Eltmannsee (46,8%), Thurnhosbach/Stadthosbach (54,3%) zwar immer noch eine dominierende Rolle spielte, im Vergleich zu vergangenen Jahren aber Verluste hinnehmen mußten. Besonders deutlich zeigte sich der Niedergang in Friemen, wo Raab noch im Jahre 1907 fast die Gesamtheit der Wähler auf seine Person hatte vereinen können, während ihm in diesem Jahr gerade einmal jeder fünfte das Vertrauen schenkte. Auch im Meißner-Vorland war der politische Antisemitismus zweifellos auf dem absteigenden Ast.

Auch für den Linksliberalismus blieb der Kreis Eschwege ein schlechter Boden, wobei traditionell in den Städten noch die besten Ergebnisse erzielt werden konnten. In Eschwege fand sich jeder dritte, in Waldkappel jeder vierte Wähler zu einer Unterstützung der FoVP bereit, während in Wanfried, wo der Linksliberalismus nie sonderlich stark gewesen war, Ohr sogar überraschend 37,3% der Wähler auf seine Seite bringen konnte. Diese Stimmengewinne lassen sich schwerlich erklären, widersprachen sie doch auch den Einschätzungen des „Volksblattes für Hessen und Waldeck", das sich noch vor der Wahl so belustigt über den linksliberalen Anhänger aus Frankfurt geäußert und das „Wanfrieder Milieu" als alles andere als dem Linksliberalismus aufgeschlossen geschildert hatte. Allgemein blieb Ohr aber im gesamten Kreis Eschwege erfolglos, wenngleich er auch an manch anderen Orten erstaunliche Resultate erzielen konnte. In Frankenhain (Meißner-Vorland) erhielt Ohr fast 50% der Stimmen, nachdem hier 1907 nur jeder zwanzigste Wähler den Linksliberalismus begünstigt hatte. Bemerkenswerterweise kamen die Neuwähler wahrscheinlich fast alle aus dem antisemitischen Lager. Allerdings konnten derartige Ausnahmeergebnisse nicht darüber hinweg täuschen, daß der Niedergang des Linksliberalismus insgesamt seine Fortsetzung fand.

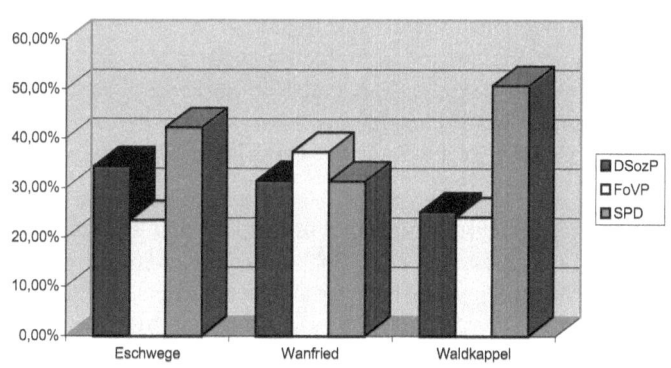

Die Reichstagswahl 1912 im Kreis Eschwege. Die Situation in den Städten

c. Kreis Herrschaft Schmalkalden

Wäre der Kreis Schmalkalden ein Wahlkreis für sich gewesen, dann hätte die SPD, für die sich 57,2%[77] der Wähler entschieden, bereits im ersten Wahlgang den Gesamtsieg errungen. Die FrVP konnte da-

---

77 Berechnet nach ebd., S.263f.

gegen nur noch jeden vierten Wähler für den Linksliberalismus mobilisieren, während die Zustimmung für die Antisemiten sogar unter die 20%-Grenze sank.

In der Kreisstadt gaben 53,7% der Wähler ihre Stimme der SPD, die damit deutlich besser abschnitt als 1907. Noch günstiger gestaltete sich der Wahlausgang in den anderen Städten, wo Thöne sensationelle Gewinne erzielen konnte. In Brotterode kam er hauptsächlich mit den Stimmen der Zigarrenarbeiter auf einen Anteil von 73%, in Barchfeld mit Hilfe von Pendlern auf 60,6% und in Steinbach-Hallenberg durch die Unterstützung von Arbeitern, Heimarbeitern und Kleingewerbetreibenden auf 56,4%. Auch in anderen Orten feierte die SPD Triumphe, so im Steinbacher Grund, wo sowohl in Unterschönau als auch in Oberschönau klar die absolute Mehrheit errungen werden konnte, nachdem noch 1907 der SPD-Anteil in beiden Dörfern nur etwa 30% betragen hatte. Ganz klare absolute Mehrheiten erhielt Thöne auch in den Bergarbeiter- und Metallarbeiterdörfern Trusen, Laudenbach und Elmenthal.

Die FoVP schnitt deutlich schlechter ab als ihre Vorgängerpartei, wobei sie in der Kreisstadt immerhin noch 28,7% der Wähler an sich binden konnte. Dafür sah es in den anderen Städten aber wesentlich ungünstiger aus. In Steinbach-Hallenberg, wo noch 1907 fast 30% der Wähler den Linksliberalismus präferiert hatten, sank der Zuspruch rapide. Wie auch in Brotterode entschied sich jetzt nur noch jeder fünfte Wähler für die „Fortschrittler", während in Barchfeld bei einem Anteil von 25,6% leichte Zuwächse verzeichnet werden durften. In den Dörfern spielte die FoVP weitgehend eine untergeordnete Rolle.

Hatte 1907 der freikonservative Wahlverzicht den Antisemiten ein weiteres Eindringen in den Kreis Schmalkalden ermöglicht, so mußte Friedrich Raab nun einen schweren Rückschlag hinnehmen. Fast überall verlor er deutlich an Boden, wobei der Rückgang in der Kreisstadt bei einem Anteil von 17,6% noch recht gering war. In Barchfeld sank der antisemitische Stimmenanteil aber von 28,8% auf 13,8%. In Brotterode, wo der Antisemitismus allerdings immer schwach gewesen war, gaben nur noch 4,2% ihr Votum für die DSozP. In Steinbach-Hallenberg stimmte zwar immerhin noch jeder vierte Wähler für Raab; verglichen mit dem Wahlausgang von 1907 mußte aber auch dieses Resultat unbefriedigend bleiben. Rückschläge gab es auch in den Dörfern des Steinbacher Grundes, so in Springstille und Altersbach. Weniger erdrutschartig, aber dennoch spürbar, waren die Verluste in den Dörfern des Werratales, wo die Landwirtschaft teilweise ihre Bedeutung behalten hatte. In Herrenbreitungen erhielt Raab 41,2% und in Fambach 29,6% der Stimmen.

d. Kreis Witzenhausen

Die SPD erhielt im Kreis Witzenhausen einen Stimmenanteil von 44,4%[78] und stellte damit deutlich die stärkste politische Kraft dar. Die Antisemiten, die nicht einmal ein Drittel der Wähler auf ihre Seite ziehen konnten, mußten dagegen schwere Einbußen hinnehmen. Die FoVP blieb mit 25,2% die schwächste Kraft im Kreis.

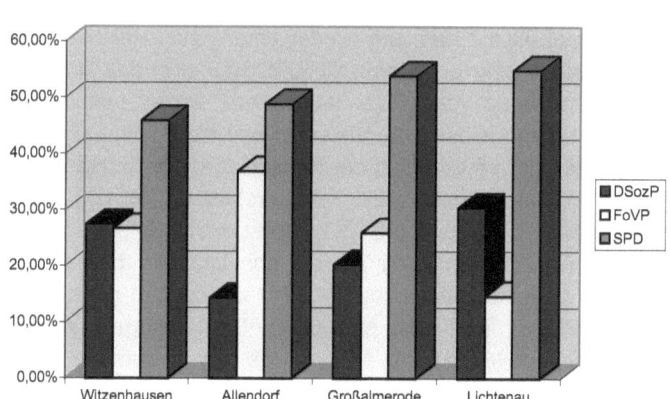

Die Reichstagswahl 1912 im Kreis Witzenhausen. Die Situation in den Städten

In Witzenhausen errang die SPD einen Stimmenanteil von 45,8%, womit Thöne ein besseres Ergebnis erzielen konnte als sein Vorgänger im Jahre 1907. Im Vergleich zu den anderen Städten gestaltete sich der Erfolg aber noch recht bescheiden, denn in Allendorf, Großalmerode und Lichtenau fanden geradezu sensationelle Wählerwanderungen zugunsten der SPD statt. In Großalmerode konnte Thöne einen Stimmenanteil von 53,8% für sich verbuchen, während ihm in Allendorf 48,8% der Wähler ihr Vertrauen schenkten. Damit war der sozialdemokratische Stimmenanteil in beiden Orten im Vergleich zur „Hottentottenwahl" um etwa 20% gestiegen. Den größten Erfolg gab es aber in Lichtenau zu feiern, wo der Stimmenanteil von

---

78 Berechnet nach ebd., S.265f.

22,6% auf 54,9% in die Höhe schoß. Ein jahrelanges tradiertes Wählerverhalten fand 1912 abrupt sein Ende. Aus einer Stadt der konservativ-antisemitischen Reaktion war innerhalb von fünf Jahren eine sozialdemokratische Hochburg geworden. Allerdings war dieser Vorgang weniger das Resultat eines inneren Strukturwandels, sondern vielmehr das Ergebnis der massiven Zuwanderung von neuen Arbeitern, die ihr Auskommen in der neu gegründeten Fabrik der Firma Fröhlich u. Wolff fanden. Obwohl der Aufschwung, den die Arbeiterbewegung in den vorangegangenen Jahren in Lichtenau genommen hatte – dokumentiert auch durch die Gründung eines sozialdemokratischen Ortsvereines –, bereits seit Jahren zur Kenntnis genommen wurde, zeigte sich der „Allgemeine Anzeiger" angesichts des Wahlausganges ausgesprochen überrascht, hatte doch zumindest der örtliche Kriegerverein, dessen Mitglieder weitgehend geschlossen – begleitet von nationalen Klängen –, zur Wahlurne marschiert waren, alles getan, um wieder eine „nationale" Mehrheit zu gewährleisten[79]. Sehr gut schnitt die SPD wieder in den Dörfern der näheren Umgebung von Witzenhausen am, wo es fast durchweg Zugewinne zu vermelden gab. Vielerorts war die Zustimmung für die Sozialdemokratie größer als in der Kreisstadt selbst. In Hundelshausen (73,5%), Bischhausen (52%), Blickershausen (55,1%), Dohrenbach (78,5%), Ellingerode (69,5%), Ermschwerd (54,2%) und Kleinalmerode (72,2%) erhielt Thöne die absolute Mehrheit der Stimmen. Völlig bedeutungslos blieb die SPD nur noch in ganz wenigen Orten, wie z.B. in den beiden südlich von Lichtenau gelegenen Dörfern Reichenbach (8,2%) und Wickersrode bzw. in dem bei Allendorf gelegenen Orferode (2%).

Die FoVP blieb ohne großen Zuspruch. Das galt auch für die Städte, wo Ohr in Witzenhausen und Großalmerode nur jeden vierten Wähler in das linksliberale Lager ziehen konnte, während in Lichtenau bei einem Verlust von etwa 10 Prozentpunkten nicht einmal jeder sechste Wähler (14,7%) den „Fortschrittlern" sein Vertrauen schenkte. Überdurchschnittlich stark schnitt Ohr in den „Fremdenverkehrsorten" Allendorf (36,9%), wo ein „Fortschrittlicher Volksverein" seinen Sitz hatte, und Sooden (51,3%) ab, während die Resultate in den Dörfern des Kreises ansonsten recht unterschiedlich gestalteten. Trotz intensiver Propaganda war es dem Linksliberalismus auch 1912 nicht gelungen, vermehrt in den Kreis einzudringen.

---

79 Allgemeiner Anzeiger 13.1.1912, Nr.5.

Der Niedergang der Antisemiten fand auch im Kreis Witzenhausen seinen Niederschlag, wo Raab flächendeckend einen rapiden Anhängerschwund konstatieren mußte. In der Kreisstadt sank der Zuspruch für die DSozP um fast 10 Prozentpunkte auf 27,4%. Auch in Großalmerode (20,2%) und besonders in Allendorf (14,2%) waren schwere Einbußen zu verzeichnen. Besonders schmerzhaft war auch das Abschneiden Raabs in Lichtenau, das seit über 20 Jahren eine antisemitische Hochburg gewesen war, nun aber mehrheitlich der SPD zuneigte. Die Akzeptanz für die Antisemiten sank innerhalb weniger Jahre infolge der Zuwanderung zahlreicher Arbeiterfamilien von 53,2% (1907) auf 30,4%.

Der Abwärtstrend fand auch in den meisten Dörfern seine Bestätigung, wo deutliche Mehrheiten, wie in Kammerbach (52,9%), Orferode (74,5%) und Wickersrode (94,1%) die Ausnahme blieben und bestenfalls noch an die Erfolge vergangener Zeiten erinnerten.

e. Zusammenfassung

Innerhalb von fünf Jahren hatte sich im Wahlkreis Kassel 4 ein tiefgreifender Wandel vollzogen, wobei die Zustimmung zur Sozialdemokratie in einem bisher nicht gekannten Maße erfolgte. Vornehmlich in den Städten der Kreise Eschwege und Witzenhausen bzw. den Dörfern der direkten Umgebung lagen die Zentren sozialdemokratischer Erfolge, während der Kreis Schmalkalden sogar in seiner Gesamtheit zu einer Hochburg der SPD geworden war. Die Ursachen für die wahlpolitische Entscheidung des Jahres 1912 sind vielfältig, wobei die schon angesprochene Unzufriedenheit zahlreicher Wähler mit Friedrichs Raabs Tätigkeit im Reichstag sicherlich ebenso von Bedeutung war wie die Selbstzerfleischung der beiden bürgerlichen Parteien im Wahlkampf. Die Auseinandersetzung um die Reichsfinanzreform, die im Deutschen Reich im Mittelpunkt stand, spielte wohl für die Wahlentscheidung eine geringe Rolle. Wichtiger war, daß der Prozeß der zunehmenden Industrialisierung in der Region die Grundlage für einen weiteren Aufstieg der Arbeiterbewegung gebildet hatte, die ihren Niederschlag auch in der Gründung von SPD-Ortsvereinen in Städten fand, die sich bisher der Sozialdemokratie verschlossen hatten. Man denke hier an Lichtenau oder an die Ortschaften im Steinbacher Grund, wo agrarisches bzw. handwerklich zünftiges Denken lange Zeit einer Hinwendung zur SPD im Wege gestanden hatte. Dabei kam der Arbeiterpartei auch die allgemeine wirtschaftliche Verschlechterung großer Teile der Bevölkerung zugute, die ihren Niederschlag bereits in einigen Arbeitskämpfen gefunden hatte. Weiterhin war von Bedeutung, daß die SPD ihren bedingungslosen klassenkämpferischen Ansatz im Laufe der vorangegangenen Jahre weitgehend zugunsten eines reformistischen Standpunktes aufgegeben hatte, dem gegenüber der von gegnerischer Seite beliebte Vorwurf der „Vaterlandfeindschaft" an Sprengkraft einbüßen mußte. Die Nominierung Thönes, der, im Gegensatz zu seinen Vorgängern eher dem rechten Parteiflügel zuzuordnen war, dokumentiert diesen inneren Wandel der SPD, der auch auf Reichsebene längst seinen Abschluß gefunden hatte.

Der Linksliberalismus stagnierte im Wahlkreis, wobei weder der intensiv geführte Wahlkampf, die Unterstützung der Nationalliberalen, noch die Hilfe des Hansa-Bundes Abhilfe schaffen konnten. Der Antisemitismus war augenscheinlich im Niedergang begriffen; obwohl die DSozP konkurrenzlos sowohl auf das antisemitische, das deutschkonservative als auch auf das freikonservative Wählerpotential zurückgreifen konnte, erwies sich diese potentielle Gefolgschaft, bedingt auch durch den sozialen und ökonomischen Wandel, als nicht länger mehrheitsfähig.

5. Der Wahlkampf zur Stichwahl

47,9% der Wähler hatten sich am Tag der Hauptwahl für die SPD entschieden und damit schon die Grundlage für einen Gesamterfolg der Sozialdemokratie gelegt. Denn nun mußte sich nur einer kleiner Teil der linksliberalen Anhängerschaft zu Thöne bekennen, um dessen Sieg zu sichern. So strahlten die Sozialdemokraten nicht zu Unrecht Zuversicht und Gelassenheit aus. Anders als noch im Jahre 1907 sparte das „Volksblatt für Hessen und Waldeck" auch nicht mit Lob für die Wahlhelfer und stellte am 15.1.1912 befriedigt fest: „Wenn man das vorliegende Wahlergebnis prüft, so muß man sagen, daß unsere Parteigenossen im gesamten Wahlkreise durch ihre aufopfernde Tätigkeit viel mit zu dem schönen Erfolg beigetragen haben ...."[80]

Wie würden sich nun die Linksliberalen und die mit ihnen im Bunde stehenden Nationalliberalen hinsichtlich der Stichwahlparole für ihre

---

80 Volksblatt für Hessen und Waldeck 15.1.1912, Nr.12 (1. Beilage).

Anhängerschaft verhalten, zumal die Antisemiten vehement eine Einigung aller bürgerlichen Wähler anmahnten[81]?

In dieser Hinsicht gestalteten sich die Voraussetzungen gänzlich anders als 1907. Damals hatten sich die Freisinnigen durch ihre Mitarbeit im Vaterländischen Wahlausschuß bereits vor der Hauptwahl verpflichtet, im Falle einer eigener Niederlage die DSozP zu unterstützen. In diesem Jahr waren die linksliberalen Entscheidungsträger zum einen einer derartiger Verpflichtung ledig. Zum anderen hatte sich mittlerweile auf Reichsebene die Tendenz bei den Linksliberalen verstärkt, „in Parlamentarischer Zusammenarbeit mit der Sozialdemokratie die Macht des Kaisers zu schwächen und ein dem Reichstag verantwortliches Reichsministerium zu schaffen."[82]

Am 14. Januar fand in Eschwege eine Vertrauensmännerversammlung der linksliberalen Delegierten aus den Kreisen Eschwege und Witzenhausen statt, in der sowohl das Wahlergebnis analysiert als auch über die Stichwahlparole beraten wurde. Als Ursache für den eigenen Mißerfolg wurde einheitlich die massive Hetze der Antisemiten ausgemacht[83]. Ein Eintreten für Friedrich Raab wurde aus diesem Grunde vehement ausgeschlossen, zugleich wurde allerdings auch auf eine Parole zugunsten der SPD verzichtet. In einer Abschlußempfehlung an den eigenen Anhang, für die die „Deutsch-Sozialen Blätter" die Linksliberalen später als „Staatsverräter" beschimpften[84], hieß es schließlich: „Für die Stichwahl überlassen wir es dem gesunden Sinn unserer Wähler so zu handeln, wie sie es mit ihrem Gewissen vereinbaren können."[85]

Im Gegensatz zur FoVP entschieden sich die mit den „Fortschrittlern" verbündeten Nationalliberalen für eine klare Stichwahlparole zugunsten der DSozP[86].

Entschieden weiter als die Linksliberalen des Wahlkreises ging der Wahlausschuß des Bezirksverbandes der FoVP für Kurhessen und Waldeck. Dieser rief offen dazu auf, den sozialdemokratischen Kan-

---

81 Antisemitischer Aufruf „Zur Stichwahl", Eschweger Tageblatt 15.1.1912, Nr.12.
82 Born, Von der Reichsgründung bis zum Ersten Weltkrieg, S.246.
83 Thüringer Hausfreund 17.1.1912, Nr.14.
84 Deutsch-Soziale Blätter 20.1.1912, Nr.6.
85 Stichwahlparole der FoVP in der Fulda-Werra-Zeitung 19.1.1912, Nr.16.
86 Schmalkalder Tageblatt 17.1.1912, Nr.14.

didaten Thöne zu unterstützen[87]. Damit folgte der Wahlausschuß der allgemeinem Linie der FoVP, die auf Reichsebene mit der SPD hinsichtlich der Stichwahlen eine Einigung gefunden hatte[88]. Die Erfolgsaussichten der DSozP sanken dadurch natürlich auf einen absoluten Tiefpunkt. Selbst eine eindeutige Stellungnahme der FoVP zugunsten Raabs hätte wohl kaum alle Anhänger des Linksliberalismus erreicht. Nun aber waren die Chancen der Antisemiten nur noch theoretischer Natur. Trotzdem stürzten diese sich noch einmal energisch in den Wahlkampf, wobei sie von vielen Vereinen und Verbänden Unterstützung fanden. So traten z.B. der Kreis-Krieger-Verband, die alten Kriegsveteranen des Kreises Eschwege[89], der Kurhessische Kriegerverband[90] und der Bund der Landwirte[91] für die DSozP ein.

Auch Versammlungen wurden noch abgehalten. So sprach z.B. Wilhelm Lattmann kurz vor der Stichwahl in Schmalkalden, wo er zum gemeinsamen Kampf gegen die Sozialdemokratie aufrief[92]. Am 18. Januar hielt Raab noch eine letzte Ansprache in Eschwege, in der er verzweifelt alle bürgerlichen Gruppierungen zur Einheit aufrief[93].

Auch die Sozialdemokraten agierten noch einmal eifrig. So fanden wahrscheinlich überall Versammlungen statt wie z.B. am 17.1. in Eschwege[94]. Ein besonderes Augenmerk richteten die Sozialdemokraten natürlich auf die Anhänger des Linksliberalismus, an deren Selbstachtung appelliert und die an die antisemitische Hetze erinnert wurden[95]. In einem wortspielreichen Gedicht gab das „Volksblatt für Hessen und Waldeck" schließlich ihren Wahlhoffnungen Ausdruck:

„Doch nun sollt ihr uns nicht nochmals verhönen,
Den Raben werden die Ohren bald tönen"[96]

---

87 Thüringer Hausfreund 17.1.1912, Nr.14.
88 Ullrich, V., Die nervöse Großmacht 1871-1918. Aufstieg und Untergang des deutschen Kaiserreiches 1871-1918, Frankfurt a.M 1997, S.243f.
89 Eschweger Tageblatt 17.1.1912, Nr.14.
90 Eschweger Tageblatt 19.1.1912, Nr.16.
91 Eschweger Tageblatt 16.1.1912, Nr.13.
92 Schmalkalder Tageblatt 17.1.1912, Nr.14.
93 Eschweger Tageblatt 19.1.1912, Nr.16.
94 Anzeige im Eschweger Tageblatt 16.1.1912, Nr.13.
95 Volksblatt für Hessen und Waldeck 16.1.1912, Nr.13 (Beilage).
96 Ebd.

6. Die Stichwahl und ihr Ausgang

Am 20. Januar fiel die Entscheidung. Die Wahlbeteiligung betrug 87,8% und war damit noch höher als in der Hauptwahl. Wie erwartet konnten die Sozialdemokraten den Wahlkreis erstmalig für sich gewinnen. Georg Thöne verbuchte 12874 Stimmen für sich und erreichte damit einen Anteil von 54,3%[97]. Der sozialdemokratische Zugewinn war im Vergleich zur DSozP recht gering. Thöne gewann etwa 1500 neue Wähler hinzu, während Raab etwa 4300 Stimmen zusätzlich für sich verbuchen konnte. Die Mehrheit der linksliberalen Anhänger ging also auch diesmal, trotz gegenteiliger Aufforderung ihres Bezirksverbandes, ins antisemitische Lager über.

Die Stichwahlergebnisse für die Kreise Eschwege und Witzenhausen sind leider nicht mehr verfügbar[98]. Deshalb lassen sich keine genauen Schlüsse über das Wahlverhalten der linksliberalen Wählerschaft ziehen.

In Schmalkalden erhielt Thöne nun 67,6% der Stimmen, wobei etwa 200 FoVP-Wähler für ihn, dagegen etwa 250 für Raab stimmten. In Barchfeld, wo 74,5% der Wähler für Thöne votierten, gestaltete sich das linksliberale Abstimmungsverhalten nahezu unentschieden, während die Brotteroder „Fortschrittler" überwiegend Raab wählten. Allerdings erreichte Thöne gerade hier mit 80,7% ein Traumergebnis. Traditionell traten die Linksliberalen in Steinbach-Hallenberg fast geschlossen für Raab ein. Hier erzielte Thöne mit 57,8% der Stimmen sein schlechtestes städtisches Ergebnis im Kreis Schmalkalden.

Unterschiedlich sah es in den Dörfern aus. Zumindest leichte Gewinne konnte Thöne aber fast überall verzeichnen.

Die bürgerliche Presse kommentierte den Ausgang der Wahlen weitgehend mit Nüchternheit. So konstatierte z.B. das „Schmalkalder Tageblatt": „Das rote Banner über dem Wahlkreis Eschwege-Schmalkalden-Witzenhausen entfaltet, das ist das Ergebnis des Stichwahltages vom vergangenen Sonnabend." Weiter vermerkte das Blatt: „Der Wahlgang selbst vermochte die Signatur des Straßenbildes in unserer Stadt nicht wesentlich zu beeinflussen, nur am Abend konzentrierte sich das Interesse auf die Bekanntgabe der Ziffern durch die hiesigen Zeitungen. Daß es bei Menschenansammlungen ohne Bemerkungen nicht abgeht, ist bekannt, zu Ruhe-

---

97 Klein, Die Hessen als Reichstagswähler, S.261.
98 Vgl. ebd., S.263 u. 266.

störungen ist es nirgends gekommen"[99]. Zorniger klang schon der Kommentar der überregionalen „Deutsch-Sozialen Blätter", die verbittert und mit getrübtem Blick auf die Ursachen der eigenen Niederlage, die sich nicht nur auf den Wahlkreis Eschwege-Schmalkalden-Witzenhausen beschränkte, beklagten: „Die jahrelange, mit überreichen jüdischen Geldmitteln betriebene skrupelose Agitation hat sogar die Treue unserer hessischen Wählerschaft ins Wanken gebracht."[100]

Der Erfolg der Sozialdemokraten im Wahlkreis Eschwege-Schmalkalden-Witzenhausen lag im Trend der gesamten Reichstagswahlen, aus der die SPD erheblich gestärkt hervorging[101]. Anders als im Wahlkreis Kassel 4 waren auch die Linksliberalen auf Reichsebene erfolgreich.

Dieser Sieg der „Linksparteien" hatte schwerwiegende Folgen für die weitere innenpolitische Entwicklung im Deutschen Reich. Er beschleunigte die Rechtstendenz der „traditionellen Partner der Sammelpolitik" und führte zu einer deutlichen Polarisierung der Kräfte im Reichstag[102]. Die Folge dieser Entwicklung war aber weniger ein offener Konflikt, sondern vielmehr eine gewisse Lähmung des Reichstages, „eingesponnen in eine Atmosphäre dumpfer Furcht und allgegenwärtigen Mißtrauens."[103] Hans-Ulrich Wehler sieht in dieser Situation eine Ursache für die außenpolitische Risikopolitik der Reichsleitung im Jahre 1914[104].

Tatsächlich sollte die Reichstagswahl des Jahres 1912 auch die letzte im Kaiserreich sein.

---

99   Schmalkalder Tageblatt 22.1.1912, Nr.18.
100 Deutsch-Soziale Blätter 24.1.1912, Nr.7.
101 Born, Von der Reichsgründung bis zum Ersten Weltkrieg, S.249.
102 Wehler, H.-U., Das Deutsche Kaiserreich 1871-1918, Göttingen ^{6}1988, S.104.
103 Ebd.
104 Ebd.

XVII. Wahlen und Parteien im Kaiserreich. Eine Zusammenfassung

1. Einleitende Betrachtung

45 Jahre trennen die erste Wahl zum Reichstag des Norddeutschen Bundes von der letzten Wahl im Deutschen Kaiserreich, wobei der Zeitraum zwischen 1867 und 1912 in etwa der Zeitspanne von der Gründung der Bundesrepublik Deutschland bis zur Gegenwart entspricht. Vergleicht man die Geschichte der Bundesrepublik hinsichtlich der Entwicklung der politischen Parteien und der Wahlen – soweit der gänzlich unterschiedliche Wahlmodus einen Vergleich überhaupt zuläßt – mit der des Kaiserreiches, so sind die Jahre 1867-1914, aus der Retrospektive betrachtet, eine Zeit des ungeheuren Wandels hinsichtlich der politischen Landschaft. Diese Feststellung trifft sowohl für das Kaiserreich in seiner Gesamtheit zu als auch – im besonderen – für die drei Kreise Eschwege, Schmalkalden und Witzenhausen. Im folgenden sollen die einzelnen Entwicklungslinien noch einmal zusammenfassend dargestellt und erläutert werden, wobei zunächst die Wahlen selbst – hinsichtlich ihrer Bedeutung für die Bevölkerung – betrachtet werden sollen. Dann wird auf die Geschichte der Parteien eingegangen werden, indem sowohl ihre organisatorische Entwicklung betrachtet und bewertet wird als auch ihre Akzeptanz in der Bevölkerung. Abschließend sollen die Ursachen aufgezeigt werden, die für die wahlpolitischen Entscheidungen ausschlaggebend waren. Dabei wird die Wahlgeschichte chronologisch anhand der Entwicklung einzelner Städte und Dörfer erläutert, zum einen unter ausdrücklicher Berücksichtigung der wirtschaftlichen und sozialen Strukturen, zum anderen unter Beachtung der Wahlthemen, die in unterschiedlicher Art und Weise die Wähler angesprochen haben.

2. Die Entwicklung der Reichstagswahlen hinsichtlich ihrer Bedeutung

Hinsichtlich ihrer Bedeutung lassen sich die Reichstagswahlen in mehrere Phasen einteilen:

a. Die erste Phase –
Die Zeit der geringen Akzeptanz (1867-1877)

Der zuverlässigste Gradmesser für die Bedeutung von wahlpolitischen Entscheidungen bzw. deren Akzeptanz in der Bevölkerung ist und war schon immer – zumindest in nichttotalitären Systemen – die Wahlbeteiligung. Unter diesem Gesichtspunkt läßt sich die wahlpolitische Geschichte der drei Kreise Eschwege, Schmalkalden und Witzenhausen mit all ihren Zäsuren klar und deutlich darstellen. Zwar liegt für die beiden Wahlen zum Reichstag des Norddeutschen Bundes im Jahre 1867 kein zuverlässiges und genaues Zahlenmaterial vor; ein vorsichtiger Vergleich mit der Reichstagswahl 1871 läßt aber eine annähernde Schätzung zu. So betrug die Wahlbeteiligung im Jahre 1867 (I) etwa 60%. Der hohe Anteil derjenigen, die den Gang zur Wahlurne nicht scheuten, sollte allerdings nicht wegweisend für die weitere Entwicklung der Region sein. Das Neue, die Möglichkeit, an der Zusammensetzung eines Parlamentes selbst mitzuwirken, verlor schnell an Reiz, wie die Wahlbeteiligung der zweiten Wahl im gleichen Jahr (1867 II), nachdrücklich dokumentiert. So sank der Anteil derjenigen, die von ihrem Recht auf Wahl Gebrauch machten, innerhalb eines halben Jahres auf etwa die Hälfte. Damit wurde ein Zustand eingeleitet, der ein volles Jahrzehnt Bestand haben sollte. Auch in den Jahren 1871, wobei hier berücksichtigt werden muß, daß zahlreiche Wahlberechtigte noch im Feld standen, 1874 und 1877 sollte sich nicht einmal jeder dritte Wähler am Wahlgang beteiligen. Versucht man die Jahre 1867-1877 also hinsichtlich der Akzeptanz wahlpolitischer Entscheidungen zu werten, so muß zweifellos ein ausgesprochen nüchternes Urteil gefällt werden. Ganz offensichtlich war das allgemeine Interesse ausgesprochen gering. Der Wahlmüdigkeit breiter Kreise entsprach sowohl eine völlige Interesselosigkeit der Kandidaten hinsichtlich eines ordentlichen Wahlkampfes, man denke nur an Richard Harniers Eingeständnis, noch nie eine Wahlrede gehalten zu haben, als auch der Behörden und Medien, die Wahlentscheidung vernünftig und solide zu dokumentieren. Angesichts dieser Tatsache muß konstatiert werden, daß die Reichstagswahlen in dem Dezennium zwischen 1867 und 1877 im Wahlkreis Kassel 4 nur von untergeordneter Bedeutung waren.

b. Die zweite Phase –
Die Mobilisierung der Wähler (1878-1887)

Die große Wende brachte das Jahr 1878, wobei sich vornehmlich eine Ursache dafür ausmachen läßt, daß die Wahlbeteiligung sich innerhalb von neunzehn Monaten verdoppelte. Die beiden Attentate auf Kaiser Wilhelm I. lösten sowohl im Reich als auch in der Region allgemein große Empörung aus, die von Bismarck nachhaltig geschürt wurde.

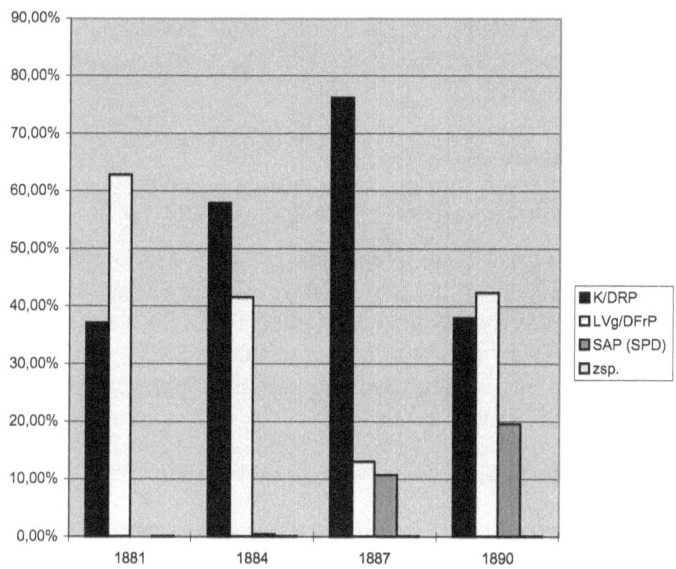

Reichstagswahlen im Wahlkreis Kassel 4 (1881-1890)

Da mit Eduard Wendelstadt, der sich für die Deutsche Reichspartei auf das Abgeordnetenamt bewarb, ein ernsthafter Gegenkandidat auftrat, sah sich Richard Harnier erstmalig gezwungen, einen wirklichen Wahlkampf zu führen. Eng verbunden damit war die Tatsache, daß nun auch die Medien die Wahlen zum Deutschen Reichstag in einem größeren Maßstab wahrnahmen. Ja, von nun an betrieben die Zeitungen selbst Wahlkampf, wobei sie sich, je nach ihrer Einstellung, zum Sprachrohr der unterschiedlichen Kandidaten machten. Der Wahlkampf ging von nun an in unterschiedlichen Phasen vonstatten, wobei der Nominierung der Kandidaten und der Vorstellung des Programmes stets die „heiße Wahlkampfphase" folgte. Nimmt man verschiedene Faktoren als Maßstab für die Bedeutung wahlpolitischer Entscheidungen – hohes Medieninteresse, intensiver Wahlkampf, harte politische Auseinandersetzungen, hohe Wahlbeteiligungen und eine genaue Dokumentation des Wahlausganges, so muß konstatiert werden, daß die Geschichte der Wahlen im Wahlkreis Kassel 4 im Grunde genommen erst im Jahre 1878 ihren Anfang nahm. In den Jahren 1878, 1881 und 1884 schwankte die Wahlbeteiligung zwischen 61,2% und 63,4%, bevor sie 1887 sogar auf 68% stieg. Die Kriegsgefahr dieses Jahres, die Auseinandersetzung zwischen „Reichsfreunden" und „Reichsfeinden" – in der Region der Kampf zwischen Freikonservativen und Nationalliberalen auf der einen Seite und Linksliberalen auf der anderen – sorgte für den Anstieg der Wahlbeteiligung. Von besonderer Bedeutung war auch, daß sich mit der Sozialdemokratie erstmalig eine dritte Kraft um die Wählergunst bewarb.

c. Die dritte Phase –
Die Differenzierung des Wählerwillens und der
weitere Anstieg der Wahlbeteiligung (1887-1912)

Im Jahre 1890 sollte die Wahlbeteiligung auf 77,5% steigen. Mit Ausnahme der Jahre 1893 und 1898, wo sie auf 67,4% bzw. 61,6% sank, lag die Wahlbeteiligung künftig über 70%. Bei den „Hottentottenwahlen" des Jahres 1907 gaben immerhin 83,3% der Wahlberechtigten ihre Stimme ab, bevor die Wahlbeteiligung im Jahre 1912 sogar auf 86,6% steigen sollte.

Reichstagswahlen im Wahlkreis Kassel 4 (1893-1912)

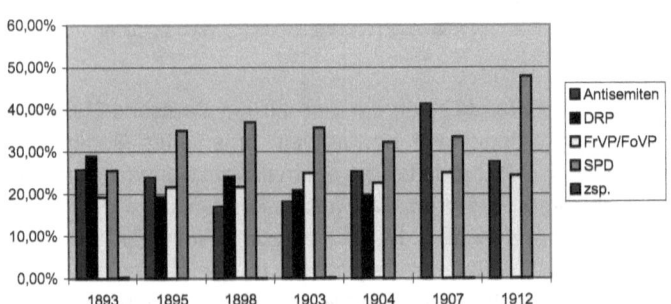

Mit dem Auftreten der Antisemiten im Jahre 1893 sollte sich das Parteienangebot weiter differenzieren, bis seit 1907 wieder nur drei Gruppierungen (Linksliberale, Sozialdemokraten, Vereinigte Konservative und Antisemiten) um die Wählergunst warben. Seit 1890 waren Stichwahlen notwendig, da die absolute Mehrheit im ersten Wahlgang von keinem Kandidaten mehr erzielt werden konnte. In der engeren Wahl 1912 nahmen 87,8% der wahlberechtigten Bürger ihr Recht auf Wahl wahr – in der Geschichte des Wahlkreises der absolute Rekord.

Entwicklung der Wahlbeteiligung im Wahlkreis Kassel 4 (1871-1912)

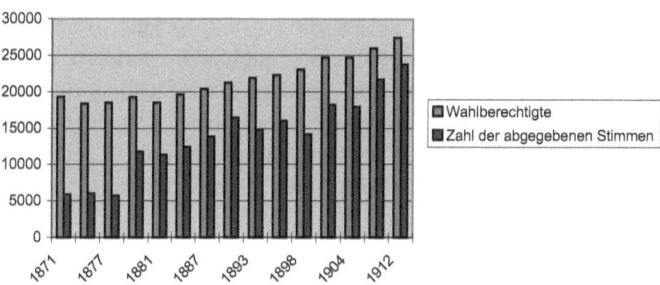

Hand in Hand mit der Differenzierung des Wählerwillens ging die weitere Intensivierung des Wahlkampfes, die Zunahme der Wahlkampfveranstaltungen und die Radikalisierung derselben bis hin zu Gewalttätigkeiten. Dazu kam, daß die Wahlkampfzeiten immer länger wurden und dadurch zwangsläufig im Leben eines jeden mehr Raum einnahmen. Das überlieferte Material aus diesem Zeitraum ist ungleich größer als das aus den beiden ersten Phasen.

Entwicklung der Wahlbeteiligung im Wahlkreis Kassel 4 (1890-1912). Das Verhältnis zwischen Hauptwahl und engerer Wahl

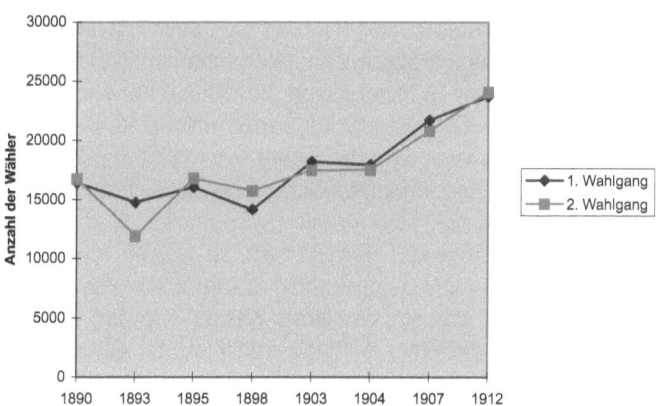

Hinsichtlich der öffentlichen Akzeptanz und der allgemeinen Beteiligung immer größerer Kreise sowohl an den Reichstagswahlen als auch an der „heißen Wahlkampfphase" läßt sich bemerken, daß die Wahlen in der Ära Wilhelms II. ungleich bedeutender waren als zu

Zeiten Bismarcks. Hinsichtlich der Wahlkampfthemen bzw. ihrer Aufbereitung durch die einzelnen Parteien und ihrer Rezeption durch die Wähler muß festgestellt werden, daß Sachthemen eindeutig in der „heißen Wahlkampfphase" in den Hintergrund rückten. Nicht nur die von den Parteien herausgegebenen Flugblätter, sondern auch die Kommentare der Zeitungen und die brieflichen Stellungnahmen der Leser verdeutlichen, daß Vorurteile, persönliche Aversionen, Mißverständnisse und Halbwissen im Wahlkampf sowohl eindeutig dominierten als auch – wahrscheinlich – die Wahlentscheidung maßgeblich mitbestimmten.

3. Die Entwicklung der politischen Parteien und ihrer Resonanz bei den Wählern

a. Die Nationalliberalen

Die Jahre, in denen nationalliberale Kandidaten die Reichstagswahlen meist deutlich gewannen, werden nicht selten unter der Bezeichnung „Nationalliberale Vorherrschaft" zusammenfaßt. Das gilt sowohl für das Kaiserreich als auch für die Region, in diesem Falle Nordhessen[1]. Tatsächlich war die Zeit von 1866/71 bis zur Wende des Jahres 1878 – Bismarcks Abkehr von den Liberalen – maßgeblich von liberalen Inhalten nachhaltig geprägt. Allerdings wäre es falsch, würde man daraus ableiten, daß sich auch die deutsche Gesellschaft im gleichem Maße mit liberalen Inhalten identifiziert hätte. Zwar waren vor allem in Nordhessen die Erfolge der Nationalliberalen überwältigend – das gilt auch für den Wahlkreis Kassel 4 –, doch ist es trotzdem notwendig, die Jahre bis 1878 hinsichtlich der Reichstagswahlen und ihrer Bedeutung auch kritisch zu betrachten. Beachtet man, daß politische Wahlen vornehmlich zwei Funktionen haben, nämlich zum einen Abgeordnete zu wählen, zum anderen „die aktuellen Stimmungen der Wahlbevölkerung zu testen"[2], so muß konstatiert werden, daß im Wahlkreis Kassel 4 in den Jahren des Kaiserreiches nur die erste Aufgabe erfüllt wurde. Ohne Unterbre-

---

1 Vgl. Klein, Th., Provinz Hessen-Nassau und Fürstentum Waldeck-Pyrmont 1866-1945, in: Heinemeyer, K. (Hrsg.), Das Werden Hessens, Marburg 1986, S. 565-695, hier: S.620ff.; Nuhn, H., Wahlen und Parteien im ehemaligen Landkreis Hersfeld. Eine historisch-analytische Längsschnittstudie, Darmstadt, Marburg 1990, S.51ff.

2 Klein, Th., Entwicklungslinien der politischen Kultur in Nordhessen bis 1918, in: Schiller, Th., v. Winter, Th. (Hrsg.), Politische Kultur im nördlichen Hessen, Marburg 1993, S.20-32, hier: S.23.

chung konnte Richard Harnier bis 1878 gleich sechsmal die Mehrheit der Wahlbevölkerung auf seine Seite bringen. Da wahlpolitische Entscheidungen aber auch als Reaktion auf ein bestehendes Parteienangebot zu begreifen sind[3], wird die Problematik der Jahre 1867-1878 schnell evident. Denn in den Wahlen 1867 (I), 1871, 1874, 1877 konnte Harnier ohne wirklich ernsthafte Konkurrenz auftreten; im Jahre 1867 (II) war er gar alleiniger Kandidat. Dazu kommt, daß die Jahre der „nationalliberalen Vorherrschaft" im Wahlkreis Eschwege-Schmalkalden-Witzenhausen" weitgehend identisch sind mit dem als erste Phase gekennzeichneten Zeitraum, in dem die Reichstagswahlen nur auf geringe Akzeptanz stießen. Wie schon an anderer Stelle dargestellt, fand in dieser Zeit überhaupt kein Wahlkampf statt, der zum einen das politische Bewußtsein der Wahlberechtigten hätte schärfen, zum anderen einen Kontakt zwischen Wählern und Kandidaten herstellen können. Die Entscheidung über die Nominierung Harniers lag stets in den Händen einiger weniger Honoratioren, deren Interessen wenig oder gar nichts mit den Bedürfnissen der Bevölkerungsmehrheit zu tun hatte. Als die Wahlbeteiligung in der Region ansteigen sollte, und seit 1878 die „zweite Phase" der Wahlgeschichte ihren Anfang nehmen sollte, war der Niedergang der Nationalliberalen nicht mehr aufzuhalten.

Zwar soll eine prinzipielle Zustimmung der Wähler zu den Inhalten der Nationalliberalen Partei nicht geleugnet werden, wobei diese sowohl als Vorkämpferin als auch als Garant des allgemein akzeptierten deutschen Nationalstaates angesehen wurde, doch war diese Zustimmung bei einer Wahlbeteiligung von nur etwa 30% äußerst begrenzt. Nüchtern betrachtet, beruhte die Zeit der „nationalen Vorherrschaft" nämlich vornehmlich auf einer weitgehenden Interessenlosigkeit der Bevölkerung hinsichtlich der Funktion politischer Wahlen.

Als die Partei ihre Organisation modernisierte bzw. erst aufbaute, war sie als selbständige Kraft bereits aus dem politischen Leben ausgeschieden. Der Abfall des linken Flügels, der als „Liberale Vereinigung" 1881 separat agierte, den Wahlkreis gewann und sich später dem Linksliberalismus zuwenden sollte, zwang die Rechtsliberalen zu einem Wahlbündnis mit den Konservativen, wobei der gemeinsame Kandidat stets – ein Versuch, das Bündnis mit der DRP unter nationalliberaler Führung fortzusetzen, scheiterte im Jahre

---

3 Nuhn, H., Wahlen und Parteien im ehemaligen Landkreis Hersfeld, S.5.

1893 – aus den Reihen der Freikonservativen kommen sollte. Dieser Akt, der sich zunächst in heftiger Auseinandersetzung mit den Kasseler Liberalen vollzog, stellte die Weichen für die nächsten zwei Jahrzehnte, bis der konservative Kandidaturverzicht zugunsten der Antisemiten die beiden liberalen Richtungen wieder zusammenführte. Allerdings sollten die Wahl von 1907 und 1912 zeigen, daß das nationalliberale Eintreten zugunsten der Linksliberalen ohne große Bedeutung blieb, da die rechtsliberale Anhängerschaft im Laufe der Jahre immer geringer geworden war. Vergleicht man das Wahlergebnis der Freisinnigen aus dem Jahre 1904, in dem sie ohne nationalliberale Unterstützung 22,7% erreichten, mit dem Wahlausgang 1907, der der FrVP – mit nationalliberaler Unterstützung – 25,1% der Stimmten brachte, so muß ganz nüchtern konstatiert werden, daß ein nationalliberaler Anhang im Wahlkreis Kassel 4 spätestens seit 1907 überhaupt nicht mehr existent war. Wirft man einen Blick über den Untersuchungszeitraum hinaus, so wird diese Feststellung auch nachdrücklich belegt durch die Wahl zur verfassunggebenden Nationalversammlung im Jahre 1919, in der die Deutsche Volkspartei als nationalliberale Nachfolgerorganisation weder in den Kreisen Eschwege[4] und Witzenhausen[5] noch in der Kreisherrschaft Schmalkalden[6] auf eine erwähnenswerte Resonanz stieß. Da die Nationalliberalen seit Beginn der 80er Jahre des 19. Jahrhunderts nie mehr als eigenständige Kraft auftraten, ist es nicht möglich, genau zu bestimmen, wann und in welchem Umfang der Schrumpfungsprozeß ihrer Anhängerschaft seinen Anfang nahm. Daß der Niedergang der Nationalliberalen Partei aber im engen Zusammenhang mit dem seit 1884 permanenten freiwilligem Kandidaturverzicht zugunsten der Deutschen Reichspartei steht, ist unzweifelhaft. Wurde in den 80er und vielleicht auch in den 90er Jahren Hermann v. Christen als Kandidat der Freikonservativen und (!) der Nationalliberalen im öffentlichen Bewußtsein wahrgenommen[7], so änderte sich das spätestens

---

4   Klein, Th., Die Hessen als Reichstagswähler. Tabellenwerk zur politischen Landesgeschichte 1867-1933, Bd.2: Provinz Hessen-Nassau und Waldeck-Pyrmont 1919-1933, unter Mitwirkung von Thomas Weidemann, bearbeitet und eingeleitet von Friedhelm Krause, 1. Teilband: Regierungsbezirk Kassel und Waldeck-Pyrmont, Marburg 1993, S.1.

5   Ebd., S.973.

6   Ebd., S.433.

7   Vgl. Klein, Th., Der preußisch-deutsche Konservatismus und die Entstehung des politischen Antisemitismus in Hessen-Kassel (1866-1893), Marburg 1995, S.267.

seit der Jahrhundertwende. Das Verschwinden der nationalliberalen Anhängerschaft vollzog sich quasi im Verborgenen und wurde anscheinend von den nationalliberalen Entscheidungsträgern, die sich im Glanze der großen Vergangenheit sonnten und die Krise übersahen, überhaupt nicht wahrgenommen oder nicht artikuliert. Da auf die Möglichkeit einer Überprüfung des vorhandenen Rückhaltes in der Wahlbevölkerung durch den permanenten Kandidaturverzicht freiwillig verzichtet wurde, ist das zweifellos nicht verwunderlich. Der Niedergang der Nationalliberalen im Wahlkreis Kassel 4 stellt somit ein eindrucksvolles Lehrstück für die Tatsache dar, daß eine Partei, die sich nicht mehr am wahlpolitischen Entscheidungsprozeß beteiligt, gerade zwangsläufig zum Scheitern verurteilt ist.

b. Die Linksliberalen

Die Vereinigung der „Sezessionisten" mit den „Fortschrittlern" zur Deutschfreisinnigen Partei leitete – betrachtet man den Wahlerfolg der „Liberalen Vereinigung" als Übergangszeit – endgültig die Geschichte des Linksliberalismus im Wahlkreis Kassel 4 ein, die sich höchst unterschiedlich gestalten sollte. Von vornehmlicher Bedeutung für die DFrP waren ihre vorzügliche Organisation und ihr aufwendig geführter Wahlkampf, die aber erst, nach zwei schweren Niederlagen, wobei das Jahr 1887 den Tiefpunkt darstellte, im Jahre 1890 Früchte tragen sollten. Als seit 1893 die Differenzierung des Wählerwillens so weit fortgeschritten war, daß nun gleich vier Parteien um das Mandat kämpften, verlor der Linksliberalismus, der sich nur noch weitgehend auf städtische Wähler stützen konnte, zunehmend an Bedeutung. Nur noch im Jahre 1903, als Folge der „bürgerlichen Sammlung" gegen die Sozialdemokratie, konnte das Reichstagsmandat gewonnen werden, das aber schon im Jahr darauf, infolge krimineller Machenschaften des freisinnigen Kandidaten, wieder verloren ging. 1893, 1895, 1898, 1904, 1907 und 1912, diesmal unter dem Namen „Fortschrittliche Volkspartei" (FoVP), scheiterte der Linksliberalismus bereits in der Hauptwahl. Politisch rückte die Partei in den letzten Jahren vor dem Ersten Weltkrieg zunehmend nach rechts, wobei vor allem in Fragen der Wehr- und Kolonialpolitik eine Kehrtwende vollzogen wurde. Das Herauskehren eines nationalen Profils konnte den Linksliberalismus der Region keinesfalls stärken; hatte doch die Vergangenheit gezeigt, daß „nationale Wahlen", man denke an 1887 und 1907, für die Freisinnigen stets mit einem Fiasko endeten.

Von besonderer Bedeutung war das Verhältnis der linksliberalen Parteien zu den Juden im Wahlkreis, die, zieht man die Unterzeichnerlisten der Wahlaufrufe heran, vornehmlich in der DFrP, der FrVP und der FoVP eine politische Heimat fanden. Das Engagement zahlreicher jüdischer Bürger war zugleich Stärke und Schwäche des Linksliberalismus. Denn zum einen kam der jüdische Einsatz dem Freisinn natürlich nicht ungelegen. Zum anderen aber sah sich der Linksliberalismus dafür in einem besonderen Maße den Angriffen der Antisemiten ausgesetzt, auf die die freisinnigen – nichtjüdischen – Entscheidungsträger recht unsicher reagierten. Denn eine entschiedene Absage an antisemitische Positionen und Denkmuster erfolgte höchst selten und meistens sehr inkonsequent. Hier offenbart sich ein merkwürdiges Verhältnis der linksliberalen Parteien zu ihren jüdischen Anhängern, denen nicht selten gerade in wichtigen Situationen die Solidarität verweigert wurde. Stets ängstlich darauf bedacht, das Image einer „Judenpartei" loszuwerden, wurden vermeintliche antisemitische „Wahrheiten", die sowohl eine Ungleichheit der „Rassen" propagierten als auch von einer „Fremdheit" der Juden ausgingen, im Grunde genommen bestätigt. Antisemitische Verleumdungen, die darauf zielten, freisinnige Kandidaten als Juden zu „outen", wurden geradezu panisch dementiert, wobei vehement auf die „christliche" Gesinnung und auf den „germanischen Ursprung" der freisinnigen Mandatsbewerber verwiesen wurde. Im Wahlkampf zur Stichwahl 1893, die zwischen Konservativen und Antisemiten ausgetragen werden mußte, wurde den jüdischen Anhängern freigestellt, v. Christen zu wählen, während von den „christlichen" Parteigänger Wahlenthaltung gefordert wurde, wobei ein großer Teil des linksliberalen Anhanges sogar in das antisemitische Lager überwechselte. Auch in den folgenden Jahren – das Eintreten Stengels gegen die Antisemiten vor der Stichwahl 1895, das im übrigen von einem Großteil seiner Anhänger ignoriert wurde, stellte eine Ausnahme dar – wurde der Kampf gegen die Antisemiten den Juden meist selbst überlassen, wobei judenfeindliche Tendenzen im eigenen Anhang stillschweigend akzeptiert wurden. Vor allem seit der Jahrhundertwende, als die Antisemiten zum einen zunehmend unter dem Deckmantel der Seriosität agierten, zum anderen stets als Hüter von Nation und Vaterland gegen die SPD in der engeren Wahl standen, fiel es zunehmend schwerer, vor der Stichwahl gegen die Feinde der Juden Partei zu ergreifen. 1904 wurde wenigstens noch auf eine Stichwahlparole verzichtet; 1907 wurde dagegen zur Unterstützung der Antisemiten aufgerufen. Auch die zunehmende Radikalisierung der DSozP, die im Jahre 1912 die „Judenfrage" wieder stärker in den Mittelpunkt stellte, und die unerhörte Hetze der „Deutschsozialen Blätter", die in vieler Hinsicht die nationalsozialistische Ideologie vorwegnahm, konnte die führenden Linksliberalen des Wahlkreises Kassel 4 nicht dazu bewegen – im Gegensatz übrigens zum Bezirksverband der FoVP für Kurhessen und Waldeck – eine Stichwahlparole gegen Friedrich Raab auszugeben.

Der Einsatz vieler Juden für den Linksliberalismus, der der Führung zwar genehm erschien, zugleich aber ganz offensichtlich auch ein wenig peinlich war, wurde schlecht belohnt.

c. Die Konservativen – Deutschkonservative und Reichspartei

Die konservativen Kandidaturen der Jahre 1867 bis 1877 stießen bei den Wählern auf ausgesprochen geringe Akzeptanz. Konnte der Freikonservative Edwin v. Bischoffshausen bei der Wahl zum Konstituierenden Reichstag des Norddeutschen Bundes immerhin noch etwa 30% der Wahlbevölkerung auf seine Seite ziehen, so entschied sich in den Jahren 1871, 1874 und 1877 nicht einmal jeder fünfte Wähler für den Alt- bzw. Deutschkonservativen Senfft v. Pilsach. Erst der Freikonservative Eduard Wendelstadt konnte im Jahre 1878 die nationalliberale Dominanz mit einem Stimmenanteil von 45,4% wenigstens in Frage stellen, wobei sowohl die Wirtschaftskrise – die vornehmlich im Kreis Eschwege ihren Niederschlag fand – als auch die emotionale Stimmung in der Bevölkerung als Folge der Attentate auf den Kaiser den nationalliberalen Wählerschwund begünstigten. Der konservative Aufschwung fand jedoch ein jähes Ende, als sich im Jahre 1881 nicht erneut ein Kandidat der DRP, sondern mit Karl v. Scharfenberg wieder ein Deutschkonservativer in den Wahlkampf stürzte. Die schwere Niederlage, die dieser, noch dazu gegen einen „Sezessionisten", hinnehmen mußte, leitete für die konservative Bewegung der Region endgültig die Wende ein. Denn nun hatte sich deutlich offenbahrt, daß die primär auf eine agrarische Wählerschaft zielenden Deutschkonservativen im Vergleich zu den auf Ausgleich zwischen Industrie und Landwirtschaft bedachten Freikonservativen im wirtschaftlich gemischten Wahlkreis Kassel 4 zweifellos die geringeren Chancen auf einen Erfolg besaßen, zumal wirtschaftliche Gesichtspunkte hinsichtlich der Wahlentscheidung seit Beginn der 80er Jahre zunehmend an Bedeutung gewannen. Von nun an bewarben sich nur noch freikonservative Kandidaten, siebenmal Hermann v. Christen, einmal Carl Peters, um das Reichstagsmandat, und das zunächst in den Jahren 1884 und 1887 mit großem Erfolg. Mit ausschlaggebend war zweifellos das Wahlbündnis mit den Nationalliberalen, das zwei Jahrzehnte lang halten sollte. Als jedoch die „Dritte Phase" der Wahlgeschichte anbrach und sich das Parteienangebot bei gleichzeitigem Anstieg der Wahlbeteiligung zunehmend differenzierte, war es mit der zeitweiligen freikonservativen Dominanz vorbei. Die völlig unzureichende Organisation der Partei, die sich kaum vom Honoratiorensystem der sechziger und siebziger Jahre unterschied, zeigte sich den Anforderungen nicht mehr gewachsen, zumal Linksliberale, Antisemiten und Sozialdemokraten sich hier einen bedeutenden Vorsprung verschafften. Nur noch im Jahre 1898 konnte das Reichstagsmandat in der Stichwahl gegen die SPD behauptet werden. Die zunehmende Schwächung der DRP war allerdings nicht allein die Folge der immer stärker werdenden Konkurrenz. Denn Hand in Hand mit dem Auftreten der Antisemiten im Jahre 1893 ging die Schwächung des Wahlbündnisses der sog. „Mittelparteien". Blieben die Nationalliberalen, trotz einiger Versuche, das Bündnis unter natonalliberale Führung zu stellen, ein treuer Bundespartner, so versuchten erstmalig seit 1893 die Deutschkonservativen, wieder einen eigenen Kandidaten in den Wahlkampf zu schicken. Zwar scheiterte der Versuch 1893 ebenso wie in der Folgezeit, doch der deutschkonservative Verzicht kam nicht der DRP, sondern vielmehr den Antisemiten zugute, die seit 1893 auch ständig vom Bund der Landwirte unterstützt wurden. Zwar fanden die Deutschkonservativen im Jahre 1895 zum Wahlbündnis der „Mittelparteien" zurück, doch die Nähe zu den Antisemiten und zum Bund der Landwirte blieb ständig bestehen. Da Freikonservative und Antisemiten in einen besonderen Maße, vornehmlich im ländlichen Bereich, auf das gleiche Wählerpotential angewiesen waren, gewann zunehmend der Gedanke einer antisemitisch-frei- und deutschkonservativen Sammlung an Bedeutung, wobei sich die DSozP im Jahre 1904 bemüht zeigte, das Image der Unseriösität durch den Verzicht auf das Wort „antisemitisch" im Parteinamen, zumindest im Wahlkreis Kassel 4, abzulegen. Vornehmlich die Deutschkonservativen, die sich politisch ständig zwischen freikonservativen und antisemitischen Positionen bewegen sollten, und der Bund der Landwirte, der seit 1893 fest im antisemitischen Lager stand, begünstigten eine derartige Lösung, die bald zur Ausführung kommen sollte. Konnte im Jahre 1904 eine „antisemitisch-konservative Sammlung" unter deutsch-sozialer Führung noch verhindert werden, so wurde die Vision Liebermanns von Sonnenberg im Jahre 1907 Wirklichkeit. Ohne nennenswerten Widerstand – zermürbt auch durch die politische Ausrichtung der Deutschkonservativen und deren offene Sympathien für antisemitische Positionen – verzichteten die freikonservativen Entscheidungsträger auf eine eigenständige Kandidatur.

d. Die Antisemiten

Verglichen mit anderen Wahlkreisen Nordhessens traten die Antisemiten im Wahlkreis Kassel 4 relativ spät auf. Schon 1887 gewann Otto Böckel den Wahlkreis 5 (Marburg-Frankenberg-Kirchhain)[8]; drei Jahre später waren Antisemiten in den Wahlkreisen 1 (Rinteln-Hofgeismar-Wolfhagen)[9] und 3 (Fritzlar-Homberg-Ziegenhain)[10] erfolgreich. Nachdem erste antisemitische Organisationsversuche in den Kreisen Eschwege und Witzenhausen wahrscheinlich von Seiten der Stöckerbewegung ausgingen, gewann schnell die deutsch-soziale Richtung unter Führung Liebermanns v. Sonnenberg die Oberhand, die, entgegen der in der Literatur und auch in den zeitgenössischen Quellen oft vertretenen Ansicht, durchweg dominierend blieb. Die radikalere Deutsche Reformpartei stellte im Wahlkreis Kassel 4 nie einen Kandidaten auf, wobei diesbezügliche halbherzige Versuche gleich im Ansatz unterbunden wurden. Auch in den Jahren 1895 und 1898, als „Deutschsoziale" und „Deutschreformer" in der Deutschsozialen Reformpartei vereinigt waren, war die deutschsoziale Richtung, vertreten durch den Pfarrer Iskraut, der persönlich von Liebermann zum Kandidaten bestimmt worden war, stets tonangebend. Die Wirkungsgeschichte der DSozP bzw. der DSozRefP fällt zeitlich in die „dritte Phase" der Wahlgeschichte des Wahlkreises Kassel 4, die sowohl durch die immer höher werdende Wahlbeteiligung als auch durch ein differenziertes Parteienangebot gekennzeichnet ist. Hinsichtlich der politischen Akzeptanz sowohl durch die Wähler als auch durch die „bürgerlichen" Parteien läßt sich ein interessanter Prozeß beobachten. Stand der erste Aufritt eines Antisemiten im Zeichen einer hemmungslosen und auf „rassischen" Vorurteilen fußenden Hetze gegen die Juden, die der offiziellen Parteilinie widersprach, so wurden – nach dem moralischen Bankrott des Hans Leuß – in der Folgezeit, wenn auch nicht auf antisemitische Propaganda verzichtet

---

8   Klein, Th., Entwicklungslinien der politischen Kultur in Nordhessen bis 1918, S.27.

9   Ders., Die Hessen als Reichstagswähler. Tabellenwerk zur politischen Landesgeschichte 1867-1933, Bd.1: Provinz Hessen-Nassau und Waldeck/ Pyrmont 1867-1918, Marburg 1989, S.55.

10 Ebd., S.184.

wurde, gemäßigtere Töne angeschlagen. So fanden bei Karl Iskraut, der der Stöckerbewegung entstammte, Argumentationen Raum, die ursächlich auf einem christlichen Weltbild fußten. Die große Wende erfolgte aber erst im Jahre 1904, als Friedrich Raab im Vorfeld der Reichstagswahl die antisemitische Komponente der Partei deutlich in den Hintergrund rückte, um den Makel der Unseriösität endlich abzulegen. Die Rechnung sollte schließlich im Jahre 1907 aufgehen, als die DSozP an der Spitze eines Wahlbündnisses aus Antisemiten, Frei- und Deutschkonservativen um das Reichstagsmandat kämpfte. Hand in Hand mit der (vermeintlichen) Neuorientierung in der „Judenfrage" ging das verstärkte Werben um mittelständische Wählergruppen. Waren es in den ersten Jahren primär ländliche Wähler, die den politischen Antisemitismus bevorzugten, der zweifellos primär eine „Krisenideologie"[11] darstellte, gelang es der DSozP zunehmend auch in den industriell-gewerblichen Kreis Schmalkalden einzudringen.

Nach dem Ausscheiden der Freikonservativen aus dem politischen Kräftespiel zeigte sich aber schnell, daß die „Wende" des Jahres 1904 ausschließlich taktisch bedingt war und auf keinen Fall auf eine wirkliche Veränderung der Parteiideologie hinwies. Schon im Jahre 1907 tauchte der Begriff „antisemitisch" im Zusammenhang mit der DSozP wieder auf. Im Jahre 1912 erreichte die antisemitische Hetze sogar ihren Höhepunkt, wobei vornehmlich die Berichterstattung der „Deutsch-Sozialen Blätter" manche Vorstellungen und Forderungen der Nationalsozialisten bereits vorwegnahmen. Die letzte Reichstagswahl endete aber für die Antisemiten, die seit 1893 gleich viermal siegreich waren, mit einer klaren Niederlage, während ihre Kandidaten in anderen nordhessischen Wahlkreisen auch 1912 weiter erfolgreich waren.

War der politische Antisemitismus im Wahlkreis Kassel 4 seit 1893 eine gewichtige und konstante Kraft, so gelang es den jeweiligen Kandidaten jedoch nie, das Reichstagsmandat schon im ersten Wahlgang zu erringen. Mehrheitsfähig wurden antisemitische Kandidaten immer erst im zweiten Wahlgang, überwiegend in der Auseinandersetzung mit der Sozialdemokratie. Damit unterschied sich der Wahlkreis Kassel 4 in dieser Hinsicht deutlich von anderen wahlpolitischen Einheiten des Regierungsbezirkes Kassel, in denen antise-

---

11 Leuschen-Seppel, R., Sozialdemokratie und Antisemitismus im Kaiserreich. Die Auseinandersetzungen der Partei mit konservativen und völkischen Strömungen. 1871-1914, Bonn 1978, S.187.

mitische Kandidaten häufig schon in der Hauptwahl das Mandat mit klarer Mehrheit erobern oder behaupten konnten. Zu denken ist hier an den Wahlkreis Kassel 1(Hofgeismar, Rinteln, Wolfhagen), wo in den Jahren 1895 (Ersatzwahl) und 1898 ein zweiter Wahlgang ebenso unnötig wurde wie den Jahren 1887 und 1890 im Wahlkreis Marburg-Frankenberg-Kirchhain, in dem der „Bauernkönig" Otto Boeckel seine Erfolge feierte. Auch im Wahlkreis Kassel 6 (Hersfeld, Hünfeld, Rotenburg) gelang es dem Antisemiten Werner bereits in der Hauptwahl, mehr als die Hälfte der Wähler auf seine Seite zu bringen.

e. Die Sozialdemokraten

Aus der Retrospektive betrachtet, gestaltet sich die Geschichte der Sozialdemokratie – trotz Krisen und schwerer Rückschläge – als ein unaufhaltsamer Aufstieg, der erst in der letzten Wahl des Kaiserreiches seine Vollendung fand. Ähnlich wie die Antisemiten formierte sich die SPD erst in der „dritten Phase" der Wahlgeschichte der drei Kreise Eschwege, Schmalkalden und Witzenhausen. Als im Jahre 1884 sich die SPD mit dem Thüringer Sozialistenführer Wilhelm Bock erstmalig um das Reichstagsmandat bewarb, entschieden sich gerade einmal 0,4% der Wähler für die Arbeiterpartei, wobei fast alle Stimmen in Schmalkalden abgegeben wurden. Nur drei Jahre später entfiel bereits jede zehnte Stimme auf die SPD, die ihren Anteil im Jahre 1890 dann schon auf etwa 20% steigern konnte. Im Jahre 1895 wurde die Partei erstmalig die stärkste Kraft; bis zum Ende des Kaiserreiches erreichten die Sozialdemokraten stets die Stichwahl, in der sie aber bis einschließlich 1907 stets einer „bürgerlichen Sammelbewegung" unterlagen. Höhepunkt und zugleich Abschluß ihrer „Wahlgeschichte" im Kaiserreich bildete für die SPD die Reichstagswahl 1912, in der sich im ersten Wahlgang 47,9% und in der engere Wahl 54,3% der Wähler für ihren Kandidaten aussprachen.

Bemerkenswert ist, daß hinsichtlich der sozialdemokratischen Organisation im Wahlkreis Kassel 4 die Entwicklung längst nicht so gradlinig verlief wie die der Erfolge der Partei bei den Reichstagswahlen. Die ersten Versuche, der aufkeimenden Arbeiterbewegung einen organisatorischen Rahmen zu geben, fallen in die Mitte der 80er Jahre, wobei die Anfänge in Eschwege und Witzenhausen lagen. Bis zum Jahre 1890 vollzog sich der Aufschwung, der seinen Niederschlag in der Gründung unterschiedlicher Tarnvereine fand. Die Aufhebung des Sozialistengesetzes beschleunigte die Entwicklung allerdings nicht. Im Gegenteil: die Jahre nach 1890 waren gekennzeichnet von verschärfter Repression, getragen durch Behörden, Medien und Unternehmer, die die Sozialdemokratie genauso stark bedrohten wie das Ausnahmegesetz. Zwar erlebte die Eschweger Sozialdemokratie 1890 mit dem ersten hessischen Parteitag gerade in ihrer Stadt eine erste Sternstunde. Doch die schwere Niederlage der Eschweger Tabakarbeiter im Streik von 1890 und die Entlassung zahlreicher Entscheidungsträger, unter ihnen Wilhelm Hugo, führte zu einer schweren Bedrohung der Bewegung. Auch in Witzenhausen schien ein vorzeitiges Ende in Sicht, als im Jahre 1892 die SPD fast aufhörte zu existieren. Auch in Schmalkalden stand die Organisation der SPD lange Zeit auf schwachen Füßen. So bestand der Ortsverein im Jahre 1901 nur aus 43 Mitgliedern, obwohl in Jahren 1898 und 1903 über 600 Wähler in der Hauptwahl und über 700 in der Stichwahl der SPD ihre Stimme gaben. Die große Diskrepanz zwischen dem öffentlichen Bekenntnis zur SPD, das für die Betroffenen schwere persönliche Nachteile haben konnte, und der, durch Wahlentscheid getroffenen „geheimen Zustimmung" macht verständlich, daß der Aufbau der sozialdemokratischen Organisation vielerorts zunächst überhaupt nicht stattfand, obwohl die SPD bei Wahlen doch große Zustimmung erfuhr. Erst nach der Jahrhundertwende bzw. erst in den Jahren vor dem Ersten Weltkrieg schlug sich das erfolgreiche Abschneiden der SPD auch organisatorisch in der Gründung einiger neuer Ortsvereine nieder, wie z.B. im Steinbacher Grund oder in den Berg- und Metallarbeiterdörfern Trusen, Herges, Auwallenburg und Elmenthal.

Läßt man die knapp drei Jahrzehnte der Parteigeschichte im Wahlkreis Kassel 4 Revue passieren, so bleiben zwei Faktoren bemerkenswert. Zum einen ist der äußere Wandel zu nennen, der in Form der fortschreitenden Industrialisierung eine grundlegende Neustrukturierung der wirtschaftlichen und sozialen Verhältnisse bewirkte und damit die Basis potentieller SPD-Wähler verbreiterte. Zum anderen läßt sich aber auch ein Wandel in der SPD selbst konstatieren, der die ausschließlich revolutionär ausgerichteten Ziele langsam zugunsten eines Reformprogrammes verdrängte. Nicht mehr primär der Umsturz, sondern die Teilnahme an der politischen Macht stand in der letzten Wahl vor dem Ersten Weltkrieg auf der Tagesordnung. Es ist bemerkenswert, daß mit Georg Thöne ein Mann die Wahl gewann, der dem rechten Flügel der SPD zuzuordnen war.

4. Die Entwicklung in den Orten anhand einiger Fallbeispiele / Der Zusammenhang zwischen Sozial- und Wirtschaftsstruktur und Wählerentscheidung

(Kreis Eschwege)

a. Eschwege

Die politische Einstellung der Eschweger in den Jahren 1867 bis 1877 kann angesichts der ungenügenden Quellenlage nur vermutet werden. Wahrscheinlich vertrat die große Mehrheit der Bewohner aber nationalliberale Grundsätze, bis das Jahr 1878 zunächst eine Zäsur bedeutete.

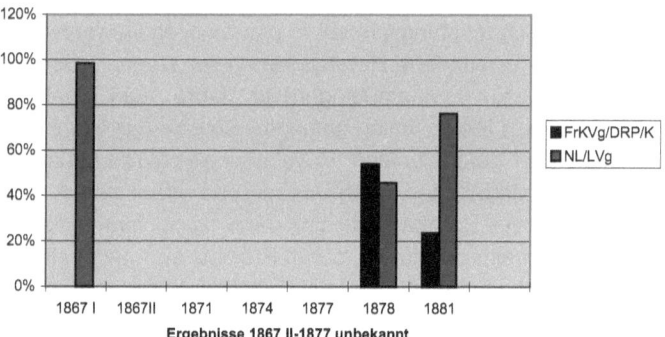

Sowohl die allgemeine Stimmung, geprägt durch die Anschläge auf Wilhelm I., als auch die wirtschaftspolitischen Vorstellungen vornehmlich wohl der Lederfabrikanten und Lohgerber bzw. deren Klientel, die sich durch eine von der DRP geforderte Schutzzollpolitik Vorteile erhofften, führten ebenso dazu wie das Stimmverhalten der Bauern, daß der Freikonservative Eduard Wendelstadt eine Stimmenmehrheit von 54,2% erhielt. Diese Wahlentscheidung sollte allerdings nur Episode bleiben, da zum einen anstelle eines auf Ausgleich zwischen Industrie und Landwirtschaft bedachten Freikonservativen im Jahre 1881 ein Deutschkonservativer kandidierte, zum anderen die Zahl der selbständigen Gerbermeister und Lederfabrikanten ständig sinken sollte. So entfiel in den Jahren 1881 und 1884 eine klare Mehrheit für den Rechtsanwalt Karl Frieß, der die linke Variante des Liberalismus vertrat und 1881 vehement gegen das Tabakmonopol agierte.

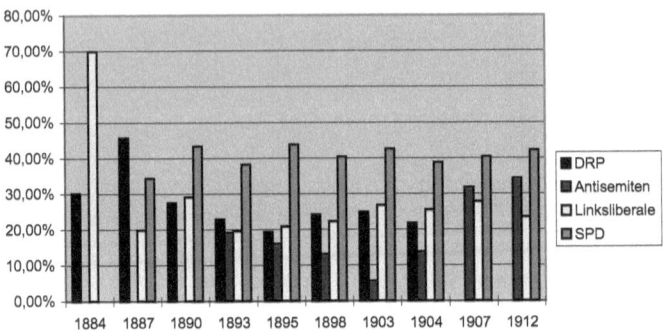

Hinsichtlich der Entscheidung der Wählermehrheit stellte das Jahr 1887 den bedeutendsten Wendepunkt für Eschwege dar. Hatte der zunehmende Schrumpfungsprozeß in den meisten Gewerbezweigen und das damit verbundene Herabsinken vieler ehemals Selbständiger zu abhängigen Lohnempfängern im Jahre 1884 wahlpolitisch überhaupt keinen Niederschlag gefunden, so kam das Wahlergebnis des Jahres 1887 geradezu einer Revolution gleich. Die Gründung eines sozialdemokratischen Wahlvereins und die eines Unterstützunggsvereins der Tabakarbeiter drei Jahre zuvor begünstigten den Aufstieg der Arbeiterbewegung, deren Präsenz sich nachhaltig durch die Tatsache dokumentierte, daß ein Drittel der Stimmen nun auf den Sozialdemokraten Pfannkuch entfiel. In der überwiegend von Arbeitern bewohnten Altstadt errang die Sozialdemokratie sogar die absolute Mehrheit. Seit 1890 stellte die SPD ständig – bis zum Untergang des Kaiserreiches – die stärkste Kraft dar, wobei sich die Wählergunst bis 1912 in etwa auf dem gleichen Niveau bewegte. Seit 1893 entfielen in Eschwege auch Stimmen auf einen antisemitischen Kandidaten. Allerdings war die Zustimmung in den Arbeitervierteln ständig weitaus geringer als in den „besseren" Wohngegenden. Insgesamt blieb die Zustimmung zur DSozP bzw. zur DSozRefP aber weitgehend gering. Erst der Rückzug der Freikonservativen aus dem politischen Geschehen war verantwortlich dafür, daß unter dem Reichstagskandidaten Raab in den Jahren 1907 und 1912 die DSozP zur zweitstärksten Kraft heranwuchs.

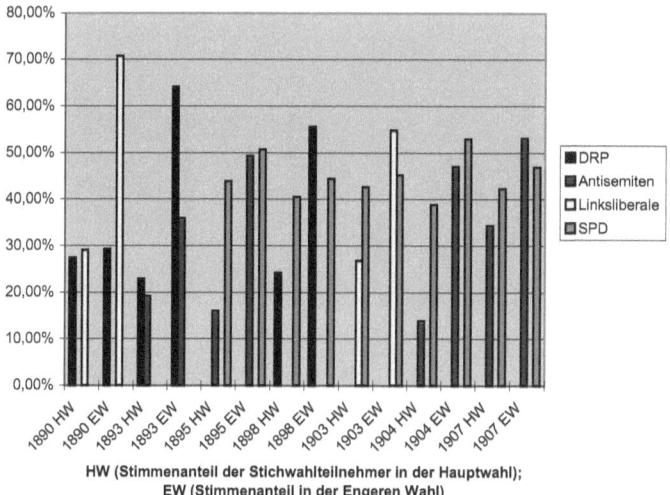

Entwicklung der Stichwahlen in Eschwege

HW (Stimmenanteil der Stichwahlteilnehmer in der Hauptwahl);
EW (Stimmenanteil in der Engeren Wahl)

b. Wanfried

Im Vergleich zur Kreisstadt war die an der Grenze zu Thüringen liegende Stadt Wanfried weitgehend unbedeutend, wozu auch der verspätete Anschluß an das Eisenbahnnetz beitrug. Erst nach der Jahrhundertwende erlebte der Ort, dessen Wirtschaftsstruktur weitgehend vom Handwerk und von der Landwirtschaft geprägt war, einen Aufschwung, der allerdings hinter den allgemeinen Erwartungen zurückblieb. Für die Jahre bis 1878 liegen zwar keine Wahlergebnisse vor, wahrscheinlich waren die ersten Jahre des Kaiserreiches aber von einer allgemeinen Akzeptanz nationalliberaler Positionen geprägt. Diese Annahme wird durch den Wahlausgang des Jahres 1878 nachdrücklich unterstrichen, wobei auf Richard Harnier fast 100% der Stimmen entfielen. Drei Jahre später nahm die liberale Ära allerdings ein jähes Ende, als zum einen nun ein Liberalismus linkerer Spielart zur Wahl anstand, zum anderen mit Karl v. Scharfenberg ein konservativer Kandidat zur Wahl antrat, der als Gutsbesitzer dem Ort in besonderer Weise verbunden war.

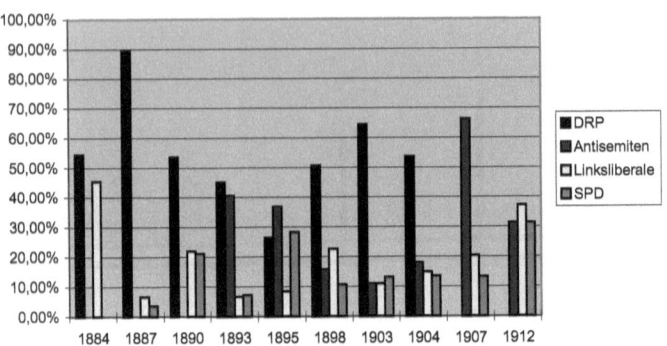

Reichstagswahlen in Wanfried (1884-1912)

Die primär auf Handwerk und Landwirtschaft basierende Wirtschaftsstruktur des Ortes wirkte der Entfaltung des überwiegend auf Freihandel und Bevorzugung der industriellen Produktion konzentrierten Linksliberalismus entschieden entgegen, wobei der Zuspruch für freisinnige Kandidaten folgerichtig stets bescheiden blieb. Erst der nach der Jahrhundertwende eingeleitete – bescheidene – Aufschwung leitete hier möglicherweise eine Wende ein, denn im Jahre 1912 präsentierte sich der – diesmal von den Nationalliberalen unterstützte – Linksliberalismus als stärkste politische Kraft. Die Begünstigung konservativer Positionen seit 1878 blieb über Jahre hinweg eine Konstante, wobei auch das Wahlbündnis der DRP mit den Nationalliberalen eine besondere Rolle spielte. Denn zu Beginn der 90er Jahre stand diesen mit dem Amtsrichter Hertwig eine einflußreiche örtliche Führungspersönlichkeit zur Verfügung, die den freikonservativen Kandidaten in den Wahlschlachten der Jahre 1890, 1893 und 1895 ihre unbedingte Unterstützung zukommen ließ. Die Vermutung, daß alte Bindungen an den Nationalliberalismus stets lebendig blieben, wird durch die Tatsache belegt, daß die Mehrheit der Wähler auch dann noch dem Wahlbündnis zwischen der DRP und den Nationalliberalen das Vertrauen schenkte, als andere Orte, in denen das Agrargewerbe von Bedeutung war, bereits den Freikonservativen zugunsten der Antisemiten den Rücken gekehrt hatten. Von 1895 abgesehen, als anstelle des bewährten Hermann v. Christen der mit den regionalen Gegebenheiten des Wahlkreises Kassel 4 wenig vertraute Carl Peters erfolglos gegen den Pfarrer Iskraut antrat, blieben die Freikonservativen stets stärker als die Antisemiten, wobei diese nach der Jahrhundertwende, die nach dem Anschluß des Ortes an das Eisenbahnnetz den bescheidenen wirtschaftlichen

Aufschwung einleitete, zunächst sogar in der Bedeutungslosigkeit versanken. Auch der geschickte Schachzug Friedrich Raabs aus dem Jahr 1904, den Antisemitismus formal aus dem Parteinamen der DSozP zu verbannen, hatte in Wanfried wenig Erfolg. Erst der Wahlverzicht der DRP verhalf den Antisemiten in der aufgeheizten Atmosphäre der „Hottentottenwahlen" zum großen Wahlerfolg, bevor im Jahre 1912 alte nationalliberale Traditionen wieder zum Vorschein kommen sollten, als die FoVP quasi als liberale Einheitspartei die stärkste Kraft wurde.

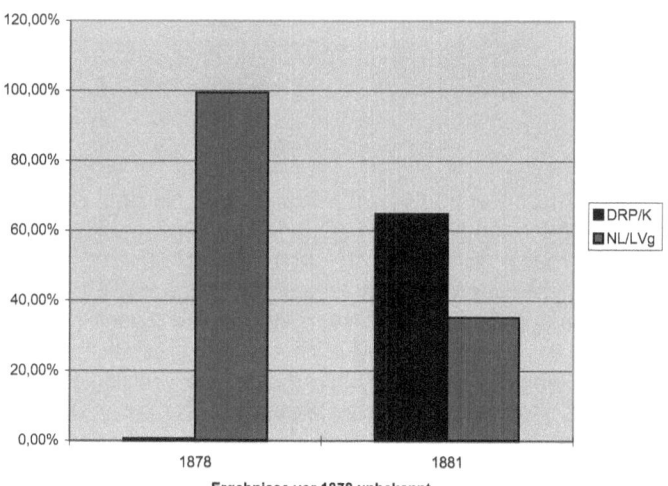

Reichstagswahlen in Wanfried bis 1881

Ergebnisse vor 1878 unbekannt

Ein ständiges Auf und Ab erlebte die SPD, die im Jahre 1895 fast 30% erhielt. 1898 gaben dagegen nur noch 10% der Arbeiterpartei ihre Stimme, die auch in den Jahren 1903, 1904 und 1907 auf wenig Zustimmung stieß, bevor sie im Jahre 1912 die 30%-Grenze wieder überschritt.

c. Waldkappel

Erheblich früher als Wanfried wurde die Stadt Waldkappel an das Eisenbahnnetz angeschlossen. Im gleichen Jahr – 1878 – erfolgte die Ansiedlung einer Zigarrenfabrik, die die von Landwirtschaft und Handwerk geprägte Wirtschaftsstruktur bereicherte. Ein Wirtschaftsboom blieb aber aus; seit 1880 stagnierte das Bevölkerungswachstum bzw. war gar rückläufig.

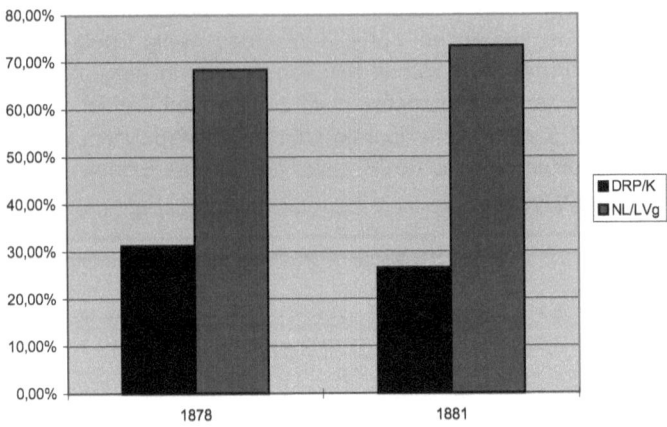

Reichstagswahlen in Waldkappel bis 1881

Ergebnisse vor 1878 unbekannt

1878 entschieden sich 2/3 der Wähler für den Nationalliberalismus, 1881 und 1884 fand sich eine Mehrheit für einen Liberalismus linkerer Spielart, bevor die liberale Ära durch die im Zeichen der „Boulanger-Krise" stehenden Wahl des Jahres 1887 zunächst ihr Ende fand. Die Zustimmung für die DFrP sank auf ein Rekordtief von gerade einmal 10,5%. Allerdings sollte sich der Linksliberalismus schnell wieder erholen; von 1890 bis 1895 errangen die Freisinnigen die absolute oder zumindest die relative Mehrheit, bevor sie im Jahre 1898 erstmalig von der SPD übertroffen wurden. In der Folgezeit wetteiferten die beiden Linksparteien um die Wählergunst, bis im Jahre 1912 die Sozialdemokraten die absolute Stimmenmehrheit errangen.

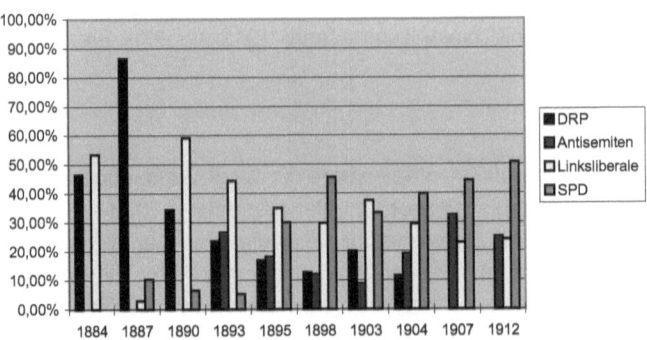

Reichstagswahlen in Waldkappel (1884-1912)

d. Frieda und Schwebda – Zwei Eschweger Nachbardörfer

Der Wandel der Kreisstadt im Zuge der Industrialisierung hatte auch Folgen für die direkte Umgebung, wobei sich hier die Veränderungen durchaus unterschiedlich gestalteten. Obwohl näher an der Kreisstadt gelegen, war, beeinflußt durch das benachbarte Gut der v. Keudell, Schwebda lange Zeit noch überwiegend agrarisch bestimmt, während dagegen in Frieda frühzeitig ein „Arbeitermilieu" vorherrschte, das seit dem letzten Jahrzehnt des 19. Jahrhunderts eine aktive Arbeiterbewegung hervorbrachte. Waren die ersten beiden Jahrzehnte durch einen Wechsel von nationalliberalen über freisinnige bis hin schließlich zu konservativen Positionen geprägt, so errang im Jahre 1890 die SPD einen Anteil von fast 60%. Bis 1912 kam gleich viermal eine absolute Mehrheit für die Sozialdemokratie zustande, wobei 1912 mit 61,7% das beste Resultat erzielt wurde. Das „Bauerndorf" Schwebda zeigte sich dagegen der Sozialdemokratie gegenüber deutlich reservierter, wenngleich aber auch hier seit 1890 ein Zuspruch 1890 zweifellos vorhanden war. Vergleicht man die Wahlergebnisse zwischen Frieda und Schwebda seit 1890, so wird deutlich, daß der Anteil der SPD-Wähler in Schwebda in der Regel zwischen 20 und 30 Prozentpunkte niedriger war als in der Nachbargemeinde. Lediglich im Jahre 1903 war diese Differenz mit etwa 5 Prozentpunkten ausgesprochen gering. Obwohl die Unterschiede im Wahlverhalten zwischen Frieda und Schwebda beträchtlich waren, sind sie – bedenkt man die gänzlich unterschiedliche Sozialstruktur – aber doch nicht gravierend, denn immerhin überschritt ein sozialdemokratischer Kandidat in Schwebda gleich dreimal die 40%-Grenze. Wenn Jürgen Herwig konstatiert, daß zwischen den Landarbeitern und Bauern Schwebdas und den Arbeitern und Handwerkern Friedas hinsichtlich ihrer Stellung im Wirtschaftsleben, der sich besonders in ihrer politischen Orientierung ausdrückte, ein bedeutender Unterschied bestand[12], so gilt das überwiegend für die Jahre vor 1895. Denn im Vergleich zu anderen „Bauerndörfern" war der Anteil der SPD-Wähler in Schwebda doch beträchtlich. Die unmittelbare Nähe zur Kreisstadt mag die Ursache dafür sein, daß auch Landarbeiter und Bauern der sozialdemokratischen Ideologie langsam zugänglich wurden, zumal die Kreisstadt in zunehmendem

---

12 Hertwig, J., Frieda, Lebensbedingungen und Politikverständnis 1890-1933, Schriftliche Hausarbeit zum Staatsexamen, vorgelegt an der Universität Hannover, Seminar für Wissenschaft von der Politik, 1981, (Standort: Stadtarchiv Eschwege), S. 39.

Maße Arbeit für Pendler bot, deren Auskommen in der Landwirtschaft nicht mehr alleine den Lebensunterhalt garantierte. Es ist also davon auszugehen, daß die Zahl der Arbeiter in Schwebda im Laufe der Jahre ständig zunahm bzw. die alte agrarische Struktur, und vor allem das alte „Untertanenverhältnis" zu den Gutsherren Keudell langsam aufgeweicht wurde. Daß 1912 in Schwebda ein sozialdemokratischer Ortsverein gegründet wurde, belegt diese Annahme. Die anfänglichen Gegensätze lösten sich im Zuge der fortschreitenden Industrialisierung und dem damit einhergehenden Wandel der Berufs- und Sozialstruktur in Schwebda langsam auf.

e. Die Ringgau-Dörfer

Während der gesamten Dauer des Kaiserreiches waren die Dörfer im Ringgau-Gebiet weitgehend agrarisch geprägt, wobei sich die natürliche Fruchtbarkeit des Bodens ausgesprochen ungünstig gestaltete. Mißernten, Viehseuchen und allgemeine Strukturkrisen trafen die Region folgerichtig härter als andere Gegenden. Der ständige Kampf um die Existenz prägte die Lebenswelt der Bewohner nachdrücklich. Den Zeitgenossen galten die Bauern der Orte Netra, Röhrda, Datterode und Rittmannshausen als ausgesprochen fortschrittsfeindlich und rückständig.

1881 war die politische Orientierung der Ringgau-Dörfer eindeutig konservativ ausgerichtet, wobei aber Netra mit einem Stimmenanteil von 72% für die Liberale Vereinigung eine gewichtige Ausnahme bildete. Auch 1884 blieb in Netra die Zustimmung für den Linksliberalismus noch bedeutend, wenngleich die DRP mit 56,5% nun zur stärksten Kraft wurde. In Rittmannshausen (100%), Röhrda (100%), Lüderbach (100%), Grandenborn (100%) und Datterode (74,2%) fiel der Zuspruch für die Freikonservativen beträchtlich höher aus. Die langsam hereinbrechende Agrarkrise, begleitet vom nationalen Getöse der Kartell-Parteien untermauerte die konservative Dominanz auch während der Reichstagswahl 1887, wobei Netra erneut eine Ausnahme bildete. Allerdings relativiert sich das gute Resultat für die Deutschfreisinnige Partei (über 90%) dadurch, daß nur jeder zehnte Wähler seine Stimme abgab. Ob die „linksliberale Periode" der Netraer Wahlgeschichte mit dem relativ hohen jüdischen Bevölkerungsanteil (ca. 10%) irgendwie in Beziehung steht, läßt sich nur vermuten. Bemerkenswert ist aber, daß auch in Neßelröden, wo sogar über 13% Juden lebten, der Zuspruch für den Linksliberalismus bedeutend war. Auch 1890 war der linksliberale Anteil der Reichstagswähler in Netra und Neßelröden beachtlich, wobei die freisinnige Propaganda allerdings im gesamten Ringgau-Gebiet Früchte trug. Das zeigt eindrucksvoll, daß die Wähler dieser Region den Freikonservativen, die für einen Ausgleich von Landwirtschaft und Industrie eintraten, nicht die alleinige Kompetenz zur Lösung der landwirtschaftlichen Probleme zutrauten. Eine tiefe Zäsur bedeutete allerdings das Jahr 1893, als erstmalig ein Antisemit zur Wahl antrat und die Ringgau-Dörfer im Sturm eroberte. Neben der wüsten Agitation eines Hans Leuß, der alles Übel auf die Juden schob, spielte eine Rolle, daß zum einen die allgemeine Agrarkrise 1893 einen Höhepunkt erreicht hatte, zum anderen die Region durch zahlreiche Mißernten heimgesucht wurde. Die Anfälligkeit der Region für den politischen Antisemitismus sollte sich auch in der Folgezeit zeigen. Während es der DRP in manchen Orten zeitweilig zumindest teilweise gelang, alte Positionen zurückerobern, blieben Netra, Neßelröden und Rittmannshausen antisemitische Hochburgen. Daß besonders in Netra vornehmlich antisemitische Vorurteile, gepaart mit antikapitalistischen Ressentiments für Wahlentscheidungen ausschlaggebend waren, belegt die Stichwahl des Jahres 1903, in der beide Linksparteien um das Reichstagsmandat stritten. Hatten nur 2,4% der Wähler im ersten Wahlgang für die SPD gestimmt, dagegen 55% für die Antisemiten, so entfiel nun – bei deutlich erhöhter Wahlbeteiligung (!) – die Mehrheit nicht auf die vermeintliche „Judenpartei" FrVP, sondern auf die SPD, die in Netra weder in der Vergangenheit auf großen Zuspruch gestoßen war, noch in Zukunft bedeutende Erfolge erringen sollte, und das, obwohl die Freisinnigen für Nation und Vaterland eintraten. Anders als in Netra, Renda, Rittmanshausen und Lüderbach, in denen die antisemitische Tradition bis zum Ende des Kaiserreiches stets lebendig blieb, wandten sich vornehmlich seit der Jahrhundertwende die Wähler des nördlichen Ringgaus, das im Zuge der fortschreitenden Industrialisierung zunehmend in den Sog der Kreisstadt geriet, vermehrt der Sozialdemokratie zu, die 1912 schließlich in Datterode, Röhrda, Langenhain und Weißenborn im ersten Wahlgang die absolute Mehrheit errang.

(Kreis Schmalkalden)

f. Schmalkalden

Die aus Verärgerung über eine vermeintliche Bevormundung durch Eschweger und Kasseler Komitees erfolgte Aufstellung eines eigenen Kandidaten führte dazu, daß die Wähler Schmalkaldens in ihrer überwiegenden Mehrzahl 1867 (I) einen freikonservativen Kandidaten begünstigten. Die folgenden Wahlergebnisse liegen nicht vor;

spätestens 1878 hatte sich das Klima aber eindeutig nationalliberalen Positionen zugeneigt.

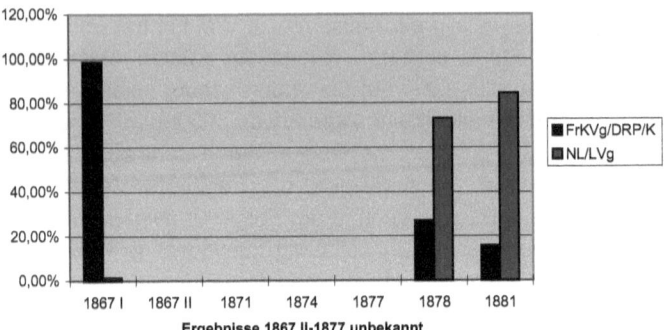

1884 und 1887 erhielt das freikonservativ-nationalliberale Wahlbündnis die Mehrheit, bevor sich 1890 die Freisinnigen, die sich primär auf Hausgewerbetreibende und Selbständige stützen konnten, zur stärksten Kraft entwickelten. Zwar blieb der Linksliberalismus auch in der Folgezeit stets von vornehmlicher Bedeutung, doch seit 1887 begann die SPD ihren unaufhaltsamen Siegeszug, der zum einen durch die Zunahme lohnabhängiger Arbeitsplätze im industriellen Sektor begünstigt wurde, zum anderen seinen Erfolg der immer besser werdenden Organisation der Partei verdankte. Der steigende Anklang, den die Antisemiten seit Beginn des 20. Jahrhunderts mit ihren nun auch auf den Mittelstand zielenden Parolen fanden, blieb Episode, während die Freikonservativen schon nach der Jahrhundertwende völlig in der Versenkung verschwanden.

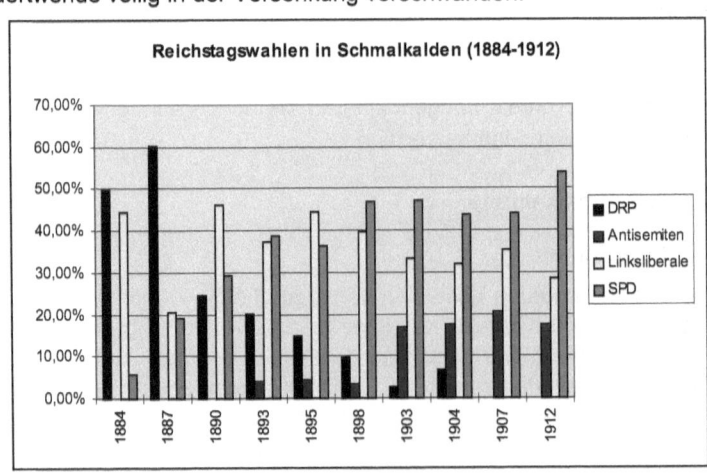

g. Brotterode

Der Zusammenhang des wirtschaftlichen und sozialen Wandels mit dem Wählerverhalten läßt sich besonders gut am Beispiel der Stadt Brotterode nachweisen. Stand die Kleineisenindustrie noch Mitte des Jahrhunderts in hoher Blüte, so bereitete der verspätete Bahnanschluß diesem Gewerbe den Niedergang. Bis 1893, als die Krise im Metallgewerbe ihren Höhepunkt zusteuerte und zahlreiche Gewerbetreibende in existentielle Nöte trieb, hatte eindeutig zuerst der nationale, dann der freisinnige Liberalismus triumphiert, der selbst während der „linksliberalen Katastrophe" von 1887 von Bedeutung blieb. Neben dem Niedergang des Metallgewerbes prägten innerhalb kurzer Zeit drei Ereignisse die Geschichte des Ortes, dessen ökonomische Struktur sich nun rapide wandeln sollte. Die Ansiedlung einer Zigarrenfabrik im Jahre 1892 war der Startschuß für die Entwicklung eines neuen Gewerbezweiges, der immer mehr an Bedeutung gewinnen sollte. Der Brand der Stadt 1895 und der notwendige Wiederaufbau in städtetechnisch moderner Weise begünstigten die Entwicklung der Stadt zu einem beliebten Höhenkurort. Der lang ersehnte Anschluß an das Bahnnetz im Jahre 1898 beschleunigte schließlich den wirtschaftlichen Aufwärtstrend.

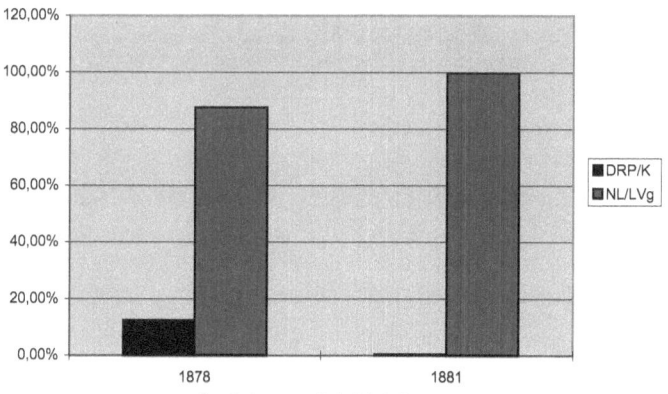

Reichstagswahlen in Brotterode bis 1881

Ergebnisse vor 1878 nicht bekannt

Seit 1893 war die SPD die stärkste politische Kraft, wobei die sozialdemokratischen Kandidaten in Stichwahlen nicht selten die Unterstützung des freisinnigen Anhanges erhielten. Brotterode wurde, aus der Retrospektive betrachtet, zur „linkesten" Stadt des ganzen Wahlkreises, von einer bemerkenswerten Ausnahme abgesehen. In der

Stichwahl des wirtschaftlichen Krisenjahres 1893 entfiel, nachdem Freisinnige und Sozialdemokraten bereits im ersten Wahlgang gescheitert waren, eine Mehrheit von 65% auf die Antisemiten, die in der Hauptwahl gerade einmal 0,8% (!) erhalten hatten. Das zeigt, daß existentielle Not auch da zu extremem Wahlverhalten führen konnte, wo ansonsten ganz andere Traditionen lebendig waren. Anders als im Ringgau-Gebiet im Kreis Eschwege – wo die landwirtschaftliche Krise aber auch von Dauer blieb – war die Stichwahlentscheidung von 1893 ein einmaliger „Sündenfall". Von dieser Ausnahme abgesehen, standen in der Folgezeit sowohl Antisemiten als auch Freikonservative stets auf verlorenem Posten.

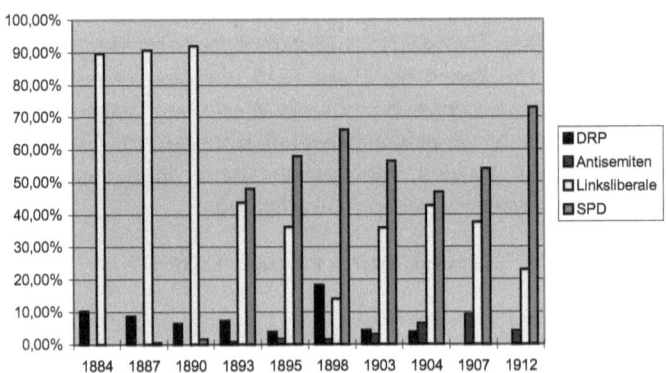

Reichstagswahlen in Brotterode (1884-1912)

h. Barchfeld

Der Ort Barchfeld war im Kaiserreich weitgehend agrarisch bestimmt. Auch die bescheidene Industrialisierung, die, getragen durch die Firma Reum, gegen Ende des 19. Jahrhunderts in der kleinsten Stadt des Kreises ihren Einzug hielt, änderte wenig daran.

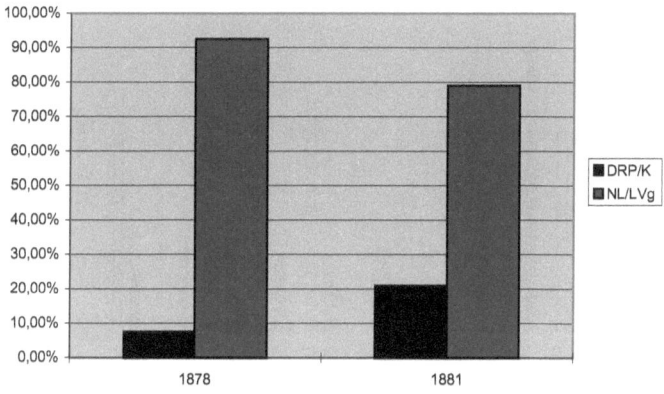

Reichstagswahlen in Barchfeld bis 1881

Ergebnisse vor 1878 nicht bekannt

Nachdem nacheinander nationalliberale, linksliberale und freikonservative Kandidaten in Barchfeld die Mehrheit gewannen, wurde 1893 erstmalig die SPD die stärkste Kraft, nachdem die Partei noch drei Jahre zuvor nur eine einzige Stimme (0,4%) bekommen hatte. Auch in anderer Hinsicht war das Jahr 1893 von Bedeutung, denn auch die Antisemiten errangen – im Kreis Schmalkalden zunächst ungewöhnlich – über 20% der Stimmen. In den Folgejahren schwankte der antisemitische Anteil, während die Sozialdemokratie dominierend blieb. Der große Erfolg der SPD, die meistens über 50% der Wählerstimmen erhielt, in einem weitgehend von der Landwirtschaft geprägten Ort, findet seine Erklärung durch die geographische Lage Barchfelds, in dessen Umgebung sich die thüringischen Gewerbestandorte Salzungen, Schweina und Bad Liebenstein befanden. Hier fanden diejenigen ihr Auskommen, für die in der Heimatstadt keine geeignete Arbeit vorhanden war; hier kamen die Pendler aber auch mit der Sozialdemokratie in Berührung, deren Ideen sie nach Barchfeld brachten. Der Linksliberalismus blieb zwar existent, trat aber in seiner Bedeutung doch gegenüber der SPD klar zurück. Die Freikonservativen spielten dagegen nach der Jahrhundertwende überhaupt keine Rolle mehr.

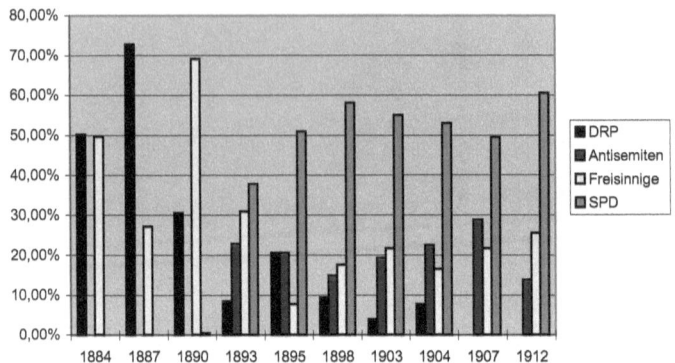

Reichstagswahlen in Barchfeld (1884-1912)

i. Steinbach-Hallenberg

Das von der Kleineisenindustrie bestimmte Wirtschaftsleben der Stadt Steinbach-Hallenberg war geprägt von einem ständigen Wandel, der viele Handwerker dazu zwang, sowohl ihre Qualifikation als auch ihre Produkte den sich ständig ändernden Gegebenheiten anzupassen. Besonders krisenanfällig waren die Nagelschmiede. Obwohl durch zunehmende Spezialisierung versucht wurde, dem Konkurrenzdruck größerer Gewerbebetriebe auszuweichen, gewannen diese doch schließlich zunehmend die Oberhand. Dagegen gelang es den in der Kurzwarenbranche tätigen Handwerkern, bis zum Ende des Kaiserreiches, zäh ihre Selbständigkeit zu verteidigen. Neben der immer größer werdenden Zahl von lohnabhängigen Arbeitern behauptete sich also ein bedeutender Anteil kleiner Selbständiger, die – wenn auch oft unter ungünstigen Bedingungen arbeitend – althergebrachtem zünftischem Denken verhaftet waren. Dieser Umstand stand einem ungebremsten Aufstieg der dortigen Arbeiterbewegung zwangsläufig im Wege und begünstigte vornehmlich seit dem letzten Jahrzehnt des 19. Jahrhundert ein Klima, in dem die politischen Extreme gedeihen konnten.

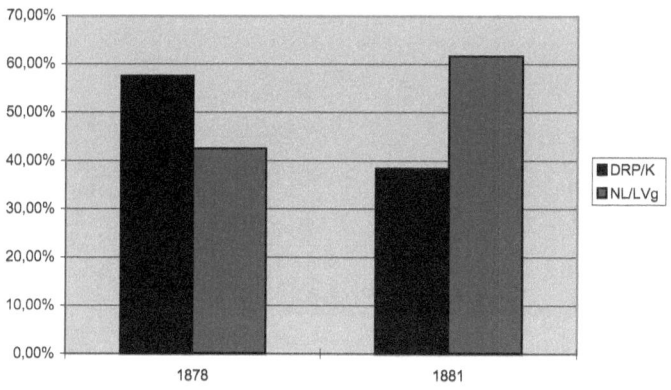

Reichstagswahlen in Steinbach-Hallenberg bis 1881

Ergebnisse vor 1878 unbekannt

1878 – als in den meisten Orten des Kreises Schmalkalden der Nationalliberale Richard Harnier die Mehrheit erhielt – stimmten die Wähler in Steinbach-Hallenberg mehrheitlich für den freikonservativen Gegenkandidaten. Von 1881 abgesehen, blieb die konservative Ausrichtung der Wähler bis 1890 bestehen, als schließlich, begünstigt durch die massive freisinnige Propaganda, in diesem Jahr der Linksliberalismus eine Mehrheit fand. Nur drei Jahre später sollten sich die politischen Verhältnisse aber grundlegend wandeln. Die Sozialdemokratie wurde 1893 die stärkste Kraft, wobei der Stimmenanteil für die SPD von 1,2% im Jahre 1890 auf nun 33,5% sprunghaft anstieg. Gleichzeitig entfielen aber auf die Antisemiten 27,8% der Stimmen, wobei die Stichwahl zeigte, daß deren Akzeptanz in der Bevölkerung noch weitaus größer war. In der Folgezeit sollte der Zuspruch für die SPD deutlich wachsen, obwohl der politische Antisemitismus seinen Platz meist behauptete. Die Taktik Friedrich Raabs, die Programmatik der DSozP noch mehr als bisher auf den Mittelstand auszurichten, bei gleichzeitiger (angeblicher) Entschärfung der „Judenfrage", trug seit 1904 allerdings seine Früchte, als der bisherige Rückstand zur SPD in der Wählergunst weitgehend wettgemacht werden konnte. 1907 wurde die DSozP erstmalig stärkste Kraft im Ort; ein Erfolg, der sich aber nicht mehr wiederholen sollte. Die ständige Zunahme der Großbetriebe und der damit verbundene Anstieg der Arbeiterzahl begünstigte zunehmend die SPD, auf deren Kandidaten Thöne 1912 56,4% der Stimmen entfielen.

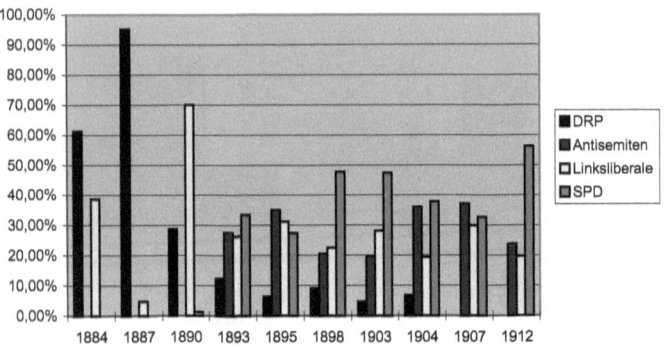

Reichstagswahlen in Steinbach-Hallenberg (1884-1912)

k. Dörfer im Steinbacher Grund

Die wirtschaftliche und auch die politische Entwicklung Steinbach-Hallenbergs fand ihre Entsprechung in einigen Dörfern der unmittelbaren Umgebung, allerdings mit einer deutlichen Verschiebung der Gewichte, da in den einzelnen Orte vermutlich unterschiedliche Mentalitäten vorherrschten. Bis zu Beginn der 90er Jahre des 19. Jahrhunderts wurden entweder nationalliberale, linksliberale oder konservative Kandidaten gewählt, dann brachte das Jahr 1893 die große Wende, als in Oberschönau der Stimmenanteil für die SPD von 0% (1890) auf 74% (!) stieg. Auch in Rotterode war der Anteil der SPD-Stimmen (33,3%) bedeutend. In Altersbach und Unterschönau blieb die Zustimmung für die Sozialdemokratie dagegen weitaus bescheidener. Anders als in Steinbach-Hallenberg fand der politische Antisemitismus übrigens sowohl in Oberschönau und Unterschönau als auch in Rotterode und Altersbach fast durchweg wenig Anklang. Auch 1895 wurde in Rotterode und Altersbach weitgehend „traditionell" gewählt, also entweder freisinnig oder konservativ, während die SPD nun auch in Unterschönau die stärkste Kraft wurde. 1898 blieb die SPD dagegen nur noch in Altersbach schwach, während in Unterschönau und Rotterode relative Mehrheiten erreicht wurden und in Oberschönau wieder die absolute Mehrheit gewonnen werden konnte. Im Laufe der Jahre sollte die SPD zwar auch in Altersbach stärker werden, doch die relative Mehrheit sollte bis zum Ende des Kaiserreiches nie erreicht werden. Hier blieb der Linksliberalismus dominierend, der 1907 auch in Unterschönau wieder an Bedeutung gewann. Insgesamt gesehen, machte aber die SPD in den Dörfern des Steinbacher Grundes eine erfolgreichere Entwicklung durch als in Steinbach-Hallenberg.

I. Das Walddorf Herrenbreitungen

Im gesamten Untersuchungszeitraum weitgehend agrarisch geprägt war das im Westkreis gelegene Herrenbreitungen. Allerdings wäre es unzutreffend, Herrenbreitungen als reines „Bauerndorf" zu bezeichnen, denn viele Bewohner fanden frühzeitig ihr Auskommen in den Gewerbebetrieben der thüringischen Nachbarorte Marienthal, Bad Liebenstein und Schweina. Von 1878 bis 1890 wurde durchweg mehrheitlich konservativ gewählt, wobei 1890 aber auch der Linksliberalismus viele Anhänger gewinnen konnte. 1893 dagegen, im Zuge der landwirtschaftlichen Krise, errangen zum einen die Antisemiten die absolute Mehrheit, zum anderen fand mit einem Stimmenanteil von 23,8%% erstmalig auch die SPD größere Zustimmung. Dieses Kräfteverhältnis war in etwa auch 1895 von Bestand, während das Jahr 1898 eine abermalige Verschiebung des politischen Kräfteverhältnisses bedeutete. Die SPD erreichte einen Stimmenanteil von 35,1%, während die Antisemiten zugunsten der DRP deutlich verloren. Seit 1897 existierte in dem – zum Herzogtum Sachsen-Meiningen gehörenden, aber kulturell eng mit Herrenbreitungen verbundenen – Dorf Frauenbreitungen eine Metallwarenfabrik, die zum einen für die Bewohner Herrenbreitungens eine zusätzliche Erwerbsquelle darstellte, zum anderen natürlich auch die Wirtschafts- und Sozialstruktur des Dorfes veränderte. Interessanterweise kam dieses aber nicht der SPD zugute. Vielmehr verliefen die Wahlen bis 1912 ausgesprochen wechselhaft, wobei 1903 die Freisinnigen die absolute Mehrheit errangen. Schon 1904 wurde die DSozP wieder die stärkste politische Kraft, ein Ergebnis das auch 1907 und 1912 Bestand haben sollte, zumal die Freikonservativen nicht mehr zur Wahl anstanden. Vergleicht man das Kräfteverhältnis zwischen Agrarparteien – Antisemiten und Konservativen – und „Industrieparteien" – Sozialdemokraten und Freisinnigen –, so bedeutet das Jahr 1897 und die Ansiedlung des Gewerbebetriebes in Frauenbreitungen aber doch einen großen Einschnitt. Hatten die Agrarparteien zuvor stets ein klares Übergewicht, so entstand 1898 – bei einer Mehrheit von einer Stimme für die „Agrarier" – in etwa eine Pattsituation. Der Wahlausgang von 1903 brachte eine klare Mehrheit für die Linksparteien, derjenige von 1904 wieder ein Patt. Zwar errang die DSozP bei den „Hottentottenwahlen" von 1907 infolge eines nationalisierten

Klimas noch einmal die absolute Mehrheit; 1912 entfielen aber auf FoVP und SPD zusammen fast 60% der Stimmen.

m. **Die Bergbau- und Metallarbeiterdörfer Trusen, Herges, Auwallenburg und Elmenthal.**

Seit der Jahrhundertwende entstanden in den Bergarbeiterdörfern, Trusen, Herges, Auwallenburg und Elmenthal Metallwarenfabriken, die die ursprünglich ausschließlich vom Bergbau geprägte Wirtschaftsstruktur der Orte langsam veränderte. Hinsichtlich der politischen Entwicklung blieben die Bergarbeiter aber stets eine bedeutende Kraft. Bis 1893 wurde entweder liberal, freisinnig oder konservativ gewählt, dann fand erstmalig die SPD größeren Anklang, deren Ursprung schon in der Gründung des „Lese- und Gesangvereins" im Jahre 1886 zu suchen ist. So entfielen in Trusen 35,3%, in Elmenthal 32,3% und in Herges 24,6% der Wählerstimmen auf Heinrich Huhn. In Auwallenburg errang die SPD sogar die absolute Mehrheit. Für den Erfolg der Arbeiterpartei, der vergleichsweise frühzeitig einsetzte, war primär wohl der Einfluß der Brotteroder und der Schmalkalder Arbeiterbewegung ausschlaggebend, weniger dagegen ein Wandel der Wirtschaftsstruktur. Während 1895 die sozialdemokratischen Erfolge in Trusen, Herges und Auwallenburg ihre Fortsetzung fanden, wurde in Elmenthal plötzlich mehrheitlich freikonservativ (!) gewählt, ein Vorgang, der wahrscheinlich seine Erklärung durch – nicht mehr nachvollziehbare – Faktoren findet, deren Ursachen in besonderen örtlichen Ereignissen liegen mögen (örtliche Führungspersönlichkeiten, Wahlbeeinflussung etc.) In der Folgezeit sollte die Sozialdemokratie aber auch in diesem Ort wieder an Boden gewinnen, wobei besonders das schwere Grubenunglück des Jahres 1897 der Bewegung eine zusätzliche Dynamik verlieh. Die Dominanz der SPD in den Orten dieser Gegend blieb bis zum Ende des Kaiserreiches bestehen; von wenigen Ausnahmen abgesehen, wurde immer überwiegend „rot" gewählt.

(Kreis Witzenhausen)

n. Witzenhausen

Der frühe Bahnanschluß von 1870 begünstigte die industrielle Entwicklung der Kreisstadt Witzenhausen, die vornehmlich im Tabakgewerbe zum Tragen kam. Die Grundlagen für eine günstige Entwicklung der Sozialdemokratie waren bereits frühzeitig gelegt; das eingeschränkte Parteienangebot der ersten zwei Jahrzehnte lenkte aber das Wählerinteresse zunächst mehrheitlich auf nationalliberale (bis 1878), linksliberale (1881 und 1884) und freikonservative Kandidaten (1887).

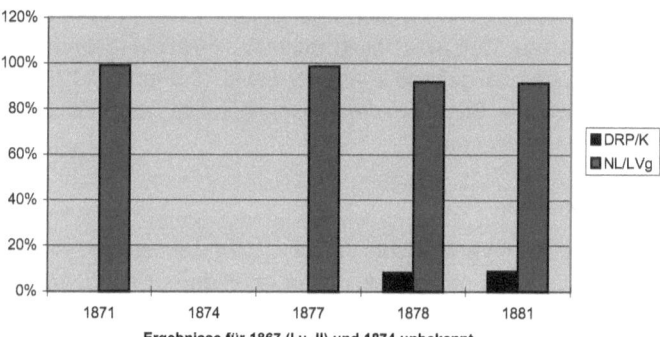

Reichstagswahlen in Witzenhausen (1867-1881)

Die seit 1884 nachweisbare und in der Folgezeit von Eschwege beeinflußte Arbeiterbewegung sollte jedoch schnell zur Entfaltung kommen. Von 1884 bis 1887 stieg der Stimmenanteil für die SPD von 0% auf 28,8%, bis er im Jahre 1890 sogar 38,9% erreichte. Damit war aber im wesentlichen schon frühzeitig der Gipfelpunkt der Entwicklung erreicht. Bis zur Jahrhundertwende wurde die 40%-Marke nicht mehr erreicht, erst 1898 kam es wieder zu einem Anstieg der Stimmenanteile.

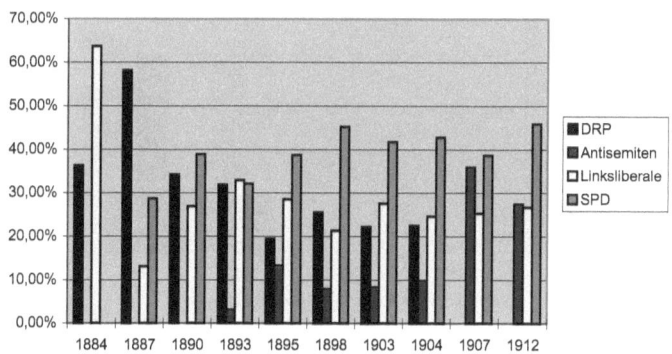

Reichstagswahlen in Witzenhausen (1884-1912)

Die Hottentottenwahlen von 1907 schwächten die SPD erneut und drückten die Anteile der Partei wieder unter 40%, bevor 1912 mit 45,8% der Rekordwert erreicht wurde. Die Differenz der Prozentzahlen zwischen 1890 und 1912 betrug gerade einmal 6,9%; verglichen mit anderen Orten bewegte sich die Resonanz für die SPD, ähnlich wie in Eschwege, im Unterschied aber zu Schmalkalden, in den letzten beiden Jahrzehnten des Kaiserreiches in etwa auf dem gleichen Niveau. Seit 1890 blieb auch das Kräfteverhältnis im bürgerlichen Lager weitgehend konstant, wobei 1907 und 1912 die Antisemiten auch die Stimmen der freikonservativen Stammwähler für sich verbuchen konnten.

o. Großalmerode

Obwohl der 1878 verwirklichte Anschluß Großalmerodes an das Eisenbahnnetz früher erfolgte als der vieler anderer Städte, kam er für den Ort doch um einige Jahre zu spät. 1880 mußte die chemische Fabrik, die teilweise bis zu 300 Arbeiter beschäftigt hatte, ihre Pforten schließen. Bis zu Beginn der 90er Jahre des 19. Jahrhunderts war die Bevölkerungsentwicklung rückläufig; erst dann stieg die Zahl der Bewohner wieder an. Wurde 1878 mehrheitlich mit Richard Harnier noch ein nationalliberaler Kandidat gewählt, so kam es 1881 zu einer „konservativen Revolution"; die nachdrücklich eine Protesthaltung der Großalmeroder Wähler gegen die „Segnungen" der neuen Zeit dokumentierte.

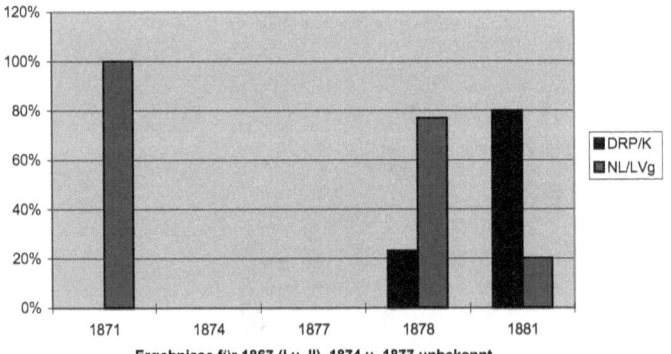

Reichstagswahlen in Großalmerode (1867-1881)

Ergebnisse für 1867 (I u. II), 1874 u. 1877 unbekannt

Nur drei Jahre später wandelte sich das Bild jedoch schon wieder, wobei Freikonservative und Freisinnige in etwa gleich abschnitten.

1887 siegte dann wieder die DRP, die 93,6% der Wähler auf ihre Seite bringen konnte. Bis 1903 sollte die DRP die stärkste Kraft bleiben, wenngleich ihre Anhängerschaft zweifellos im Schwinden begriffen war. 1904 wurden – entgegen dem allgemeinen Trend – die Freisinnigen zur stärksten Partei.

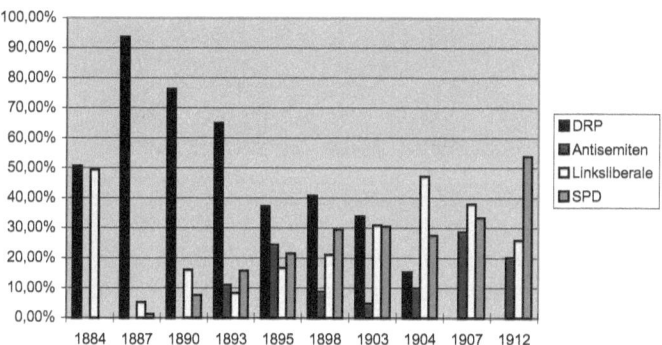

Reichstagswahlen in Großalmerode

Dieser Erfolg konnte 1907 wiederholt werden. Mit dem Wiederanstieg der Bevölkerung seit den 90er Jahren und dem wirtschaftlichen Aufschwung der Stadt, der durch die Gründung der „Vereinigten Großalmeroder Tonwerke" begünstigt wurde, gewann die Sozialdemokratie an Bedeutung, wobei erstmalig im Jahre 1895 die 20%-Grenze überschritten werden konnte. 1898 entschieden sich schon fast 30% der Wähler für die Sozialdemokratie, die ihre Anteile bis 1907 auf stabilem Niveau halten konnte. 1912 errang die SPD sogar die absolute Mehrheit.

p. Allendorf und Sooden

Die wirtschaftliche Entwicklung der beiden Orte Allendorf und Sooden verlief in den 60er, 70er und auch noch in den 80er Jahren ausgesprochen ungünstig, da infolge der Aufhebung des Salzmonopols die Salzgewinnung der Region endgültig ihren Niedergang erlebte.

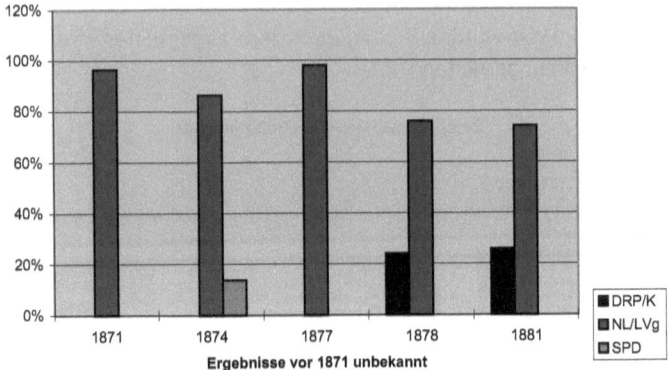

Wurden in den ersten Jahren des Kaiserreiches national- bzw. linksliberale Kandidaten bevorzugt, so siegten erstmalig 1884 und 1887 die Freikonservativen, deren Programm das Ende der liberal geprägten Gründerjahre dokumentierte. Mit dem planmäßigen Ausbau Soodens zum Kurort wurden Mitte der 70er bzw. Anfang der 80er Jahre die Weichen für einen wirtschaftlichen Neuanfang gestellt, der vornehmlich seit den 90er Jahren im wachsenden Maße zum Tragen kam. 1895 gewann in Allendorf sprungartig die Sozialdemokratie an Bedeutung, deren Stimmenanteile bis 1907 etwa zwischen 30% und 45% schwankten, um dann im Jahre 1912 auf fast 40% zu steigen. Bis zu ihrem Verschwinden im Jahre 1907 blieb auch die DRP von Bedeutung, während die Antisemiten bis dahin keine große Beachtung fanden, dann aber das freikonservative Wählerpotential auf ihre Seite ziehen konnten. Der Linksliberalismus, für den sich 1890 64,5% der Wähler entschieden, erlebte 1895 und 1903 zugunsten der SPD einen Einbruch. In der Folgezeit konnten etwa 30-35% der Wähler ins freisinnige Lager gezogen werden konnten. Eindeutig konservativ war das Wahlverhalten der Soodener Bevölkerung ausgerichtet, die bis 1904 stets mehrheitlich die Kandidaten der DRP wählten. Nach dem Rückzug der Freikonservativen erreichten 1907 die Antisemiten, 1912 die Linksliberalen die Mehrheit. Im Unterschied zu Allendorf blieb der Einfluß der Sozialdemokratie, die in der Wählergunst nicht selten an letzter Stelle lag, ausgesprochen gering.

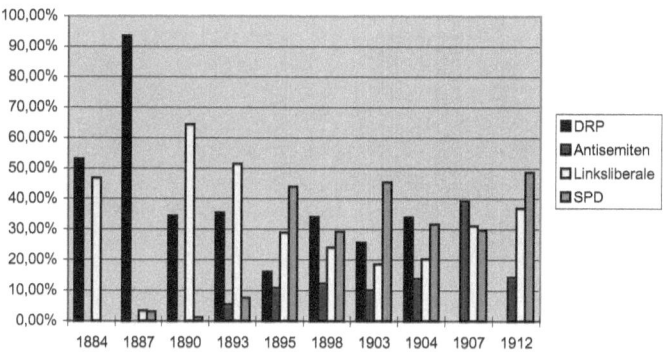

Reichstagswahlen in Allendorf (1884-1912)

q. Lichtenau

Trotz einiger bescheidener Ansätze, den gewerblichen Sektor des Ortes auszubauen, blieb Lichtenau über Jahre hinweg agrarisch geprägt. Der nationalliberalen Epoche bis 1884 folgte ein Jahrzehnt der freikonservativen Herrschaft, bis 1893 – auf dem Höhepunkt der Agrarkrise – dreiviertel der Bewohner für den politischen Antisemitismus votierten. Bis zum Jahre 1912 sollte Lichtenau, wo es überhaupt keine Juden gab, diejenige Stadt bleiben, in der die Antisemiten den größten Anklang fanden. Der Linksliberalismus blieb ohne größere Anhängerschaft. Auch die SPD blieb lange Zeit ohne Bedeutung, obwohl der Anteil ihrer Stimmen von 1895 bis 1904 ständig steigen sollte. Rückhalt erhielt die Sozialdemokratie vornehmlich wohl durch die Beschäftigten in der Zigarrenindustrie, die allerdings in Lichtenau längst nicht den Stellenwert hatte, den sie in Eschwege, Witzenhausen und Brotterode besaß.

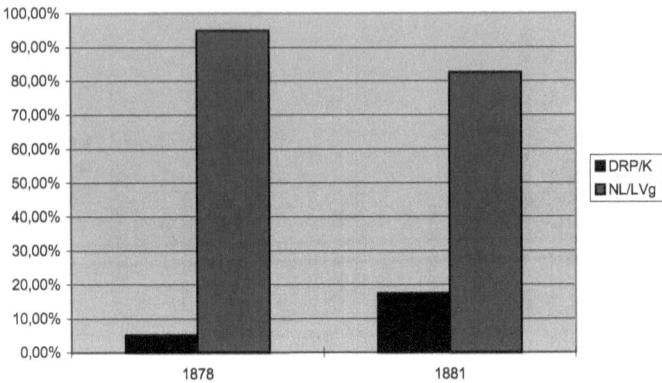

Reichstagswahlen in Lichtenau 1878-1881
Ergebnisse vor 1878 unbekannt

Die Gründung der Filiale der Kasseler Textilfirma Fröhlich und Wolff im Jahre 1907 stellte nicht nur die Wirtschafts- und Sozialstruktur der Stadt innerhalb kürzester Zeit völlig auf den Kopf, sondern leitete auch die spektakuläre Wende im Wählerverhalten ein. Der Bedarf an neuen Arbeitskräften wurde durch den Zuzug zahlreicher auswärtiger Arbeiter gedeckt, die 1912 maßgeblich dazu beitrugen, daß plötzlich die SPD die absolute Stimmenmehrheit erzielte.

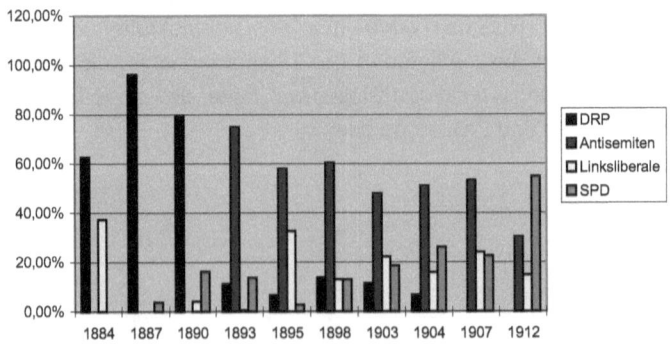

Reichstagswahlen in Lichtenau (1884-1912)

r. Die Dörfer im Umfeld der Kreisstadt

Zu denjenigen Orten, in denen die SPD am frühesten Anklang fand, gehörten die Witzenhäuser Nachbardörfer, die nicht nur im Einzugsgebiet der „Industriestadt" lagen, sondern teilweise selbst Industriestandorte waren. Gegen Ende des Jahrhunderts existierten z.B. in Kleinalmerode, Ellingerode, Gertenbach, Unterrieden und Roßbach, die man als „Arbeiterdörfer" bezeichnen kann, Zigarrenfabriken. In Ziegenhagen war eine Glashütte in Betrieb. Seit Beginn der 90er Jahre fand die Sozialdemokratie in diesen Orten besonders großen Anklang, wobei nicht selten der Anteil der SPD-Stimmen weitaus größer war als in Witzenhausen selbst. Die Umgebung Witzenhausens war eine Region, die in der „dritten Phase" der Wahlgeschichte von einer Kontinuität sozialdemokratischer Dominanz geprägt wurde wie kaum eine andere Region im Wahlkreis Kassel 4. Der Zusammenhang von Arbeiterschaft und Sozialdemokratie wird hier besonders deutlich.

s. Harmuthsachsen

Ein besonderes Merkmal des Dorfes Harmuthsachsen war der hohe Anteil der Bürger jüdischen Glaubens, der im Jahre 1895 17,5% betrug. Wirtschaftlich und sozial standen die Juden, die überwiegend Kaufleute und Händler waren, auf einer hohen Stufe. Alle Ladengeschäfte waren in ihrer Hand; fast alle Juden waren Hausbesitzer. Im Unterschied zu einigen Ringgaudörfern, in denen ebenfalls wohlhabende Juden lebten, spielte der politische Antisemitismus aber in Harmuthsachsen zunächst kaum eine Rolle. 1881 wählte die Mehrheit der Bewohner die Sezessionisten; von 1884 bis 1898 stand der Wahlausgang stets im Zeichen einer freikonservativen Dominanz. Als die Antisemiten im Jahre 1893 erstmalig auftraten und vielerorts große Erfolge feierten – z.B. in Netra, wo ebenfalls viele Juden lebten – blieb die Zustimmung zur DSozP mit 11,4% doch klar unter dem Gesamtdurchschnitt, der auf Wahlkreisebene 25,8% betrug. Auch im Jahr 1895 blieb der Zuspruch für den Antisemitismus (10,3%) begrenzt. Die weitere wahlgeschichtliche Entwicklung Harmuthsachsens läßt sich allerdings nur mit Vorbehalten darstellen, denn bis einschließlich 1904 war das Dorf mit dem Nachbarort Wollstein in einem Wahlbezirk vereint. In Wollstein lebten keine Juden. Anderseits war die Zahl der Wahlberechtigten hier aber deutlich geringer als in Harmuthsachsen und fiel dementsprechend weniger ins Gewicht. Der zunehmende Anstieg des antisemitischen Stimmenanteils, der seit 1898 zu beobachten ist, kann deshalb nicht ausschließlich in Wollstein gesucht werden. 1898 entfielen fast 20% auf die DSozP, 1903 schon 31,9% und 1904 gar 56%. 1907, nachdem Wollstein und Harmuthsachsen wieder je einen eigenen Wahlbezirk bildeten, stieg der Stimmenanteil für die DSozP in Harmuthsachsen sogar auf 58,1%, um erst 1912 wieder auf 36,8% zu sinken. Interessanterweise entspricht der Zunahme des antisemitischen Stimmenanteils eine Abnahme der jüdischen Bevölkerung in Harmuthsachsen, die vornehmlich seit der Jahrhundertwende in Folge überseeischer Auswanderung im Schwinden begriffen war. Dieses Phänomen läßt zwei Deutungen zu, von denen die erste zunächst naheliegender erscheint. So ist es nicht unwahrscheinlich, daß eine zunehmende Judenfeindschaft, die sich klar und deutlich in den Wahlergebnissen präsentierte, die Bereitschaft der Bürger jüdischen Glaubens zum Verlassen der Gemeinde nachhaltig förderte. In diesem Falle wäre die Auswanderung als direkte Folge der Zunahme antisemitischer Positionen im Ort zu sehen. Anderseits muß aber auch die Möglichkeit in Betracht gezogen werden, daß es sich hinsichtlich Ursache und Wirkung genau umgekehrt verhalten hat. In diesem Falle wäre die Erscheinung zu konstatieren, daß gerade die Abnahme des jüdischen Bevölkerungsanteils den Verzicht auf Toleranz und die Zunahme antisemitischer Ressentiments begünstigte, denen bisher möglicherweise persönliche Bindungen oder zumindest vielfältige soziale Kontakte im Wege gestanden haben mögen. Daß Sündenböcke „in der Ferne" äußerst bequem sein konnten, beweist ja auch das Beispiel Lichtenau, wo seit 1893 mehrheitlich antisemitisch gewählt wurde, obwohl in der Stadt überhaupt keine Juden lebten.

5. *Der Einfluß von Wirtschafts- und Sozialstruktur auf die parteipolitische Orientierung und die wahlpolitischen Entscheidungen der Wähler auf der Wahlkreisebene*

Die oben dargelegten Fallbeispiele zeigen eindrucksvoll, daß auf der städtischen bzw. dörflichen Ebene sozioökonomische Erklärungsmuster zwar vielerorts greifen, oft aber auch von sogenannten „weichen Variablen" überlagert werden. Nicht selten begünstigten kulturelle Sinnbezüge, die ausschließlich ihre spezielle Ausprägung in der Mikrostruktur erfahren haben, eine Wahlentscheidung gegen den Trend, die sich nicht durch wirtschaftliche und soziale Faktoren erklären lassen. In der Frühphase der Wahlen mögen örtliche Führungsträger parteipolitische Orientierungen und wahlpolitische Entscheidungen begünstigt haben, während später „örtliche Mentalitäten", den Ausschlag für das politische Bewußtsein der Wähler gegeben haben. Diese „weichen Variablen" bleiben aber – das mag ein enttäuschendes Ergebnis sein – weitgehend unbekannt. Sie sind in der Regel in den Tiefen der Geschichte verloren gegangen. Diese Tatsache ist um so verständlicher, da der kulturelle Sinnbezug in letzter Konsequenz weniger Allgemeingut einer Gesellschaft auf der Mikroebene ist, sondern vielmehr seine endgültige Ausprägung erst durch das Individuum erhält. Inwieweit ein Bauernsohn, der in Folge des wirtschaftlichen Wandels zum Industriearbeiter wird, seine agrarisch geprägte Mentalität behält, diese in Folge seiner neuen Tätigkeit transformiert oder gar gänzlich ablegt, hängt von den unterschiedlichsten Faktoren ab, deren Herkunft sich natürlich nicht mehr aufspüren läßt. Hier ist der Lokalforscher gefragt, dessen intime Ortskenntnis vielleicht dazu beitragen kann, manche Rätsel zu lösen.

Die Geheimnisse, die einzelne örtliche Strukturen bewahren, gelten auf der Kreis- bzw. Wahlkreisebene nur bedingt. Hier dominieren zweifellos Erklärungsmodelle, die auf deutlich sichereren Grundlagen stehen. Spätestens in der dritten Phase der Wahlgeschichte (1887-1912), die sich sowohl durch eine hohe Wahlbeteiligung als auch durch die Differenzierung eines den wirtschaftlich und sozialen Strukturen entsprechenden Parteienangebotes auszeichnet, läßt sich der Zusammenhang zwischen den sozialen und wirtschaftlichen Strukturen bzw. deren Wandel im Zuge der fortschreitenden Industrialisierung eindeutig erkennen. Zwar können keine exakten Ergebnisse hinsichtlich der Wählerwanderungen geliefert werden, da immer auch die Möglichkeit von „unterirdisch verlaufenden" Umschichtungen einkalkuliert werden muß. Aber es können Tendenzen aufgezeigt werden, die den Zusammenhang zwischen Wahlentscheidung und Parteipräferenz auf der einen und Sozial- und Wirtschaftsstruktur auf der anderen Seite im ganzen doch deutlich werden lassen. Im folgenden soll zunächst die parteipolitische Ausrichtung der Arbeiter (1.), der Bauern (2.) und der Bürger (3.) – natürlich nur in der Tendenz – bestimmt werden, wobei allerdings beachtet werden muß, daß eine genaue äußere Abgrenzung der unterschiedlichen „Klassen" und der mit ihnen verbundenen Sozialmilieus nicht möglich ist. Die Partei, die von dem wirtschaftlichen Wandel, der zunehmend auch traditionell agrarische Orte betraf, am meisten profitierte, war die SPD. Die zunehmende Industrialisierung der drei Kreise Eschwege, Schmalkalden und Witzenhausen und die damit einhergehende Umschichtung der einzelnen Wirtschaftszweige zugunsten des industriellen Sektors bei gleichzeitiger Abnahme des Agrarbereiches verschoben das politische Gewicht der Region eindeutig nach links. Da wo die industrielle Produktion zuerst aufgenommen wurde, lagen die frühen Keimzellen sozialdemokratischer Organisationen, hier konnte die SPD zuerst ihre Erfolge feiern. Je mehr ländliche Regionen in den Sog der Industriestädte gerieten, sei es durch die Ansiedlung von neuen Gewerbebetrieben oder durch die Zunahme der Pendlerbewegung, desto größer wurde auch hier der Anteil der Stimmen für die SPD. Das gilt frühzeitig für die Witzenhäuser Nachbardörfer, etwas später für das nördliche Ringgau-Gebiet. Das sowohl krasseste als auch eindrucksvollste Beispiel stellt Lichtenau dar, wo sich der Wandel der Wirtschafts- und Sozialstruktur geradezu revolutionär gestaltete, während er sich anderorts eher evolutionär vollzog. Auch die unterschiedlichen Wahlausgänge in den einzelnen Eschweger Wahlbezirken belegen den Zusammenhang zwischen Arbeiterschaft und Sozialdemokratie eindrucksvoll. So läßt sich (1.) allgemeingültig für den Wahlkreis Kassel 4 behaupten, daß die Arbeiter für die SPD die wichtigste und stärkste Wählergruppe darstellten.

Schwierig ist es, die freisinnige Anhängerschaft zu identifizieren. Der Linksliberalismus fand seine Anhängerschaft überwiegend in den Städten, weniger dagegen auf dem Lande. Die DFrP und die FrVp waren wohl weniger Milieu-Parteien, sondern profitierten mehr von äußeren politischen Wetterlagen und vornehmlich von ihrer perfekten Organisation und Wahlpropaganda, die allerdings besonders in Zeiten der nationalen Erregung erheblich an Wirkung einbüßten. Der Nationalliberalismus verlor dagegen schon seine Basis in dem Augenblick, als sozioökonomische Momente zunehmend an Bedeutung gewannen und eine erhöhte Wahlbeteiligung und ein differenziertes Parteienangebot den Charakter der Reichstagswahlen grundlegend veränderten. Das Ende ihrer „parteigeschichtlichen Ausnahmesituation in der nationalstaatlichen Formierungsphase"[13] des Kaiserreiches, der auf Reichsebene eine erhebliche Schwächung der Partei folgte, führte in den Kreisen des Wahlkreises Kassel 4 zwar nicht zu ihrem Verschwinden aus der Parteienlandschaft, wohl aber zu ihrem frühzeitigem Ausscheiden aus der (Reichstags-)Wahlgeschichte.

Die konservativen Bewegungen der frühen Jahre sind zweifellos als Folge von Honoratiorenstreitigkeiten und einigen Krisen zu bewerten, die die unterschiedlichsten Ursachen hatten. Die Opposition gegen eine Eschweger Bevormundung begünstigte konservative Kandidaten, während z.B. der Überraschungserfolg in Großalmerode 1881 als Protest gegen die Veränderungen der neuen Zeit angesehen

---

13 Langewiesche, D., Liberalismus in Deutschland, Frankfurt a.M. 1988, S.136.

werden muß, die für den Ort zunächst wenig Günstiges brachten. Als wirtschaftliche Beweggründe für wahlpolitische Entscheidungen der Wähler zunehmend an Bedeutung gewannen, verschob sich die konservative Wählerbasis – obwohl die DRP für einen Ausgleich von Landwirtschaft und Industrie eintrat – in die ländlichen Gebiete. So läßt sich feststellen, daß die DRP überwiegend ihren Anhang aus ländlichen Gebieten rekrutierte, während ihre Basis in den Städten immer schmaler wurde. Im ländlichen Milieu erhielt die Partei aber in dem Moment Konkurrenz, als die Antisemiten eigene Kandidaten aufstellten. Als Ergebnis bleibt festzuhalten, daß (2.) die bäuerliche Bevölkerung primär konservativ oder antisemitisch wählte, wobei sich das Gewicht der Parteipräferenz im Laufe der Jahre zunehmend zugunsten der DSozP verschob. Der offizielle Wandel der Antisemiten hin zu einer, nach außen hin, „seriösen Partei", bei gleichzeitigem Werben um den Mittelstand, erhöhte nach der Jahrhundertwende ihre Erfolgsaussichten in den Städten, zunächst vornehmlich wohl im Kleinbürgertum. So ist auffällig, daß z.B. in Steinbach-Hallenberg, wo zahlreiche Selbständige mehr schlecht als recht neben den Großbetrieben weiter bestanden, der Anteil der DSozP-Stimmen ungleich größer war als beispielsweise in Brotterode, wo die Zigarrenarbeiter dominierend waren. Nach dem freiwilligen Ausscheiden der DRP aus dem parteipolitischen Kräftespiel übernahm die DSozP auch das übriggebliebene Wählerpotential der Freikonservativen und fand damit seit 1907 auch Anklang im gehobenen Bürgertum. (3.) Das Bürgertum verteilte sich insgesamt gesehen also auf drei im ständigen Wandel begriffene parteipolitische Lager – konservativ, linksliberal, antisemitisch –, wobei zunächst die Zustimmung für die Antisemiten in den „unteren Schichten" wohl am größten war. Vornehmlich existentiell bedrohte Handwerker dürften für die antisemitischen Parolen am anfälligsten gewesen sein. Auch in den zunächst rein agrarischen Städten Barchfeld und Lichtenau, sofern man deren Bewohner als „bürgerlich" bezeichnet, war die Zustimmung für die DSozP bedeutend.

Ebenso wie die wirtschaftlichen und sozialen Gegebenheiten der Kleinstrukturen durch kulturelle Sinnbezüge überlagert wurden, also durch „weiche Variablen", so lassen sich aber auch auf Wahlkreisebene äußere Faktoren benennen, die die wahlpolitischen Entscheidungen der Bevölkerung maßgeblich beeinflußten.

Neben den nicht kontrollierbaren Faktoren, hervorgerufen durch wirtschaftliche Krisen, ist hier besonders an die Einflußnahme des Staates zu denken, die sich recht vielfältig gestaltet hat. Die Parteinahme der Reichsregierung bzw. einzelner staatlicher und kommunaler Behörden für nationalkonservative Kräfte offenbarte sich nicht nur im Schüren allgemeiner Ängste vor außenpolitischen Bedrohungen. Sie zeigte sich auch durch massive Eingriffe in den Wahlkampf, wobei den „Reichsfeinden" gegenüber nicht selten das Mittel der Saalverweigerung bzw. des Versammlungsverbotes eingesetzt wurde. Diese „offene" Parteinahme wurde begleitet durch eine verdeckte und schleichende Stärkung nationaler Interessen, die ihren prägnantesten Ausdruck in der zunehmenden Nationalisierung breiter Bevölkerungskreise fand. Es wäre sicherlich übertrieben, diesen zweifellos zu beobachtenden Prozeß grundsätzlich und ausschließlich einem zielgerichteten Handeln der Reichsregierung und der mit ihnen im Bunde stehenden gesellschaftlichen Kräfte zuzuschreiben. Trotzdem erfüllte das ständige Austreuen nationaler Sinnbezüge über Jahre hinweg seinen Zweck, wobei sich vornehmlich das rege Vereinsleben zum Auffangbecken der Nationalisierung entwickelte. Waren es seit der Reichsgründung die Kriegervereine, die als Stütze von Kaiser und Reich fungierten, so entstanden parallel zur außenpolitischen Orientierung des Deutschen Reiches vielerorts zunächst Kolonial-, dann schließlich Flottenvereine. Reichsangelegenheiten wurden quasi in die Region exportiert, um in den Wahlkämpfen nicht selten gegenüber Themen mit regionalem Bezug zu dominieren. Die ökonomischen Faktoren und ihre Bedeutung für wahlpolitische Entscheidungen wurden durch Wahlthemen, die sich auf Vorgänge bezogen, die die Region überhaupt nicht betrafen, zeitweilig blockiert. Besonders in Zeiten allgemeiner nationaler Erregung (1878, 1887, 1907) transformierten sich die einzelnen „Wählermilieus" kurzfristig in „politische Lager", die sich weniger an wirtschaftlichen und sozialen Gegebenheiten orientierten, sondern vielmehr an kurzfristig aufkommenden bzw. bewußt erzeugten emotionalen Themen. Der Aufstieg der SPD in den drei Kreisen Eschwege, Schmalkalden und Witzenhausen bzw. der Sieg der Partei in der Stichwahl konnte so jahrelang erfolgreich verhindert werden. Als die Sozialdemokratie schließlich erstmalig ihren Kandidaten in den Reichstag schicken durfte, war das zweifellos nicht ausschließlich ein Sieg über diejenigen Kräfte, die man jahrzehntelang bekämpft hatte. Vielmehr hatte auch die SPD ihr Gesicht gewandelt und zweifellos in mehrfacher Hinsicht einen Rechtsschwenk vollzogen. Allerdings war es gerade der innerparteiliche Wandel von einer ausschließlich revolutionären Partei hin zu einer Reformpartei, der die Dominanz der SPD in den folgenden Jahrzehnten begünstigen sollte.

6. Wählerwanderungen und das Verhältnis der verschiedenen Wählergruppen zueinander

Seit 1893 existierte im Wahlkreis Kassel 4 ein „Vierparteiensystem", wobei, von Ausnahmen abgesehen, die verschiedenen Parteien, wie dargestellt, auf einigermaßen homogene Wählergruppen zurückgreifen konnten. Hinsichtlich der Parteienstärke bei den Hauptwahlen spielten parteipolitische Umorientierungen der Wähler, sei es aufgrund wirtschaftlich und sozialer Veränderungen oder aufgrund „nationaler Ereignisse" zwar eine große Rolle. Doch hinsichtlich der endgültigen Entscheidung waren vor allem für die Sozialdemokraten selbst bedeutende Zugewinne lange Zeit faktisch ohne jede Bedeutung bzw. nur ein Gradmesser ihrer Akzeptanz in der Bevölkerung, da die SPD von 1895 bis einschließlich 1907 stets einer bürgerlichen Allianz unterlag, obwohl die Arbeiterpartei im ersten Wahlgang stets die stärkste Kraft darstellte. Das Reichstagsmandat errang in diesem Zeitraum stets der Kandidat derjenigen Partei, die neben der SPD die engere Wahl erreichte. Dieser Tatbestand beweist eindeutig, daß die Distanz zwischen konservativen, freisinnigen und antisemitischen Wählern zwischeneinander eindeutig geringer war als ihre Entfernung zur Sozialdemokratie. Das gilt zwar nicht im einzelnen – vornehmlich der städtische Anhang der Linksliberalen konnte in Stichwahlen auch in das sozialdemokratische Lager überwechseln – aber doch im allgemeinen.

Im folgenden soll, anhand der Stichwahlergebnisse und der Wählerbewegungen, die sich bei den engeren Wahlen vollzogen, das Verhältnis der verschiedenen Wählergruppen bzw. Wählermileus zueinander geklärt werden, wobei konstante, aber auch variable Verhaltensweisen beleuchtet werden sollen.

Von bemerkenswerter Standfestigkeit war das Stichwahlvotum der freikonservativen Wählerschaft, die stets zugunsten eines bürgerlichen Kandidaten eintrat. Die sowohl entschieden staatserhaltende als auch durchweg regierungstreue Ausrichtung der DRP schloß selbstredend jegliche Annäherung an sozialdemokratische Positionen aus. Angesichts der meist gültigen Konstellation in den engeren Wahlen bedeutete das aber zwangsläufig ein Eintreten zugunsten der Antisemiten, die seit 1895, mit Ausnahme von 1903, stets mit den Sozialdemokraten um das Mandat wetteiferten. Können die Wahlentscheidungen der freikonservativen Wählerschaft bis einschließlich 1904 als Eintreten für das „kleinere Übel" gewertet werden, so läßt sich eine derartige Annahme spätestens seit 1907 nicht mehr vertreten. Denn der freikonservative Wahlverzicht bewirkte keineswegs eine Neuorientierung der ehemaligen DRP-Wähler zugunsten beider verbliebenen bürgerlichen Parteien, sondern er hatte ein ausgesprochen einseitiges Verhalten des freikonservativen Anhanges zur Folge. Obwohl die DSozP schon 1907 wieder ganz offen antisemitische Parolen ausgab, gelang es ihr – schon im ersten Wahlgang –, das Gros der ehemaligen freikonservativen Wähler in ihr Lager zu ziehen, während die Linksliberalen ungleich geringer vom Ausscheiden der DRP aus dem politischen Kräftespiel profitierten, zumal die DRP ganz offen zugunsten Friedrich Raabs eintrat. Dieser Vorgang belegt die prinzipielle Nähe der DRP bzw. deren Anhanges zur DSozP. Die erbitterten Kämpfe zwischen den beiden „rechten" Parteien im Vorfeld der Hauptwahlen taten diesem Verhältnis ganz offensichtlich kaum einen Abbruch.

Da sich nur für die Jahre 1898 und 1904 eine Aussage über das Stichwahlverhalten antisemitischer Anhänger machen läßt, da nur in diesen Jahren der antisemitische Kandidat die engere Wahl verpaßte, ist eine Bewertung des antisemitischen Wahlverhaltens ungleich schwieriger. Beweist die Stichwahl 1898, daß der antisemitische Anhang fast geschlossen zugunsten Hermann v. Christens eintrat, so zeigt die engeren Wahl 1903, daß potentielle Anhänger der DSozP dagegen dem Linksliberalismus deutlich reservierter gegenüberstanden. Zwar votierte eine Mehrheit zugunsten der Freisinnigen; eine Minderheit antisemitischer Anhänger begünstigte aber ganz eindeutig die Sozialdemokratie.

Das Wahlverhalten der linksliberalen Parteigänger richtete sich ebenfalls nach der Stichwahlkonstellation. Sieht man einmal von 1893 ab, als auch zahlreiche freisinnige Wähler zum Wahlsieg des Hans Leuß beitrugen, so zeigten vornehmlich die städtischen Linksliberalen nur eine mäßige Neigung, zugunsten eines Antisemiten zu votieren. Allerdings stellten auch hier diejenigen, die sich statt dessen für die SPD entschieden, nur die Minderheit dar.

Da seit 1895 die SPD stets die Stichwahl erreichte, fiel der Wahlentscheid ihren Anhängern natürlich leicht. Zwar lassen manche Einzelergebnisse aus dem Jahre 1893 die Vermutung zu, daß eine Minderheit sozialdemokratischer Wähler sich in der Stichwahl nicht der Stimme enthielt, sondern zugunsten der Antisemiten votierte, doch stellen derartige Wählerwanderungen wohl doch eher die Ausnahme dar.

Insgesamt gesehen war das Wahlverhalten der einzelnen Wählergruppen also weitgehend statisch und damit auch berechenbar. Diese Beobachtung wird unterstützt durch die zeitgenössischen Wahlanalysen, die bereits nach den Hauptwahlen die endgültige Wahlentscheidung treffend vorhersagen konnten. Diese „Berechenbarkeit" der Wählergruppen galt allerdings nur für den vergleichsweise kurzen Zeitraum zwischen Haupt- und engerer Wahl. Zwar war das Stichwahlverhalten der „Wählermileus" bemerkenswert statisch, nicht aber waren es die Wählergruppen selbst. Denn zwischen den Hauptwahlen vollzog sich eine stetige Transformierung der politischen Kräfteverhältnisse, deren Endpunkt im Hinblick auf die Geschichte des Wahlkreises Kassel 4 in den Jahren des Kaiserreiches die Wahl 1912 nachdrücklich dokumentiert.

7. Region und Reich

Nach der Analyse der örtlichen und regionalen Gegebenheiten hinsichtlich der politischen Willensbekundung soll auch das Verhältnis von Region und Reich geklärt werden. Es geht also darum, darzustellen, inwieweit sich die wahlpolitischen Entscheidungen im Wahlkreis Kassel 4 in ihrem wirtschaftlichen, sozialen und kulturellen Kontext von den Ergebnissen auf Reichsebene unterschieden bzw. mit diesen konform waren.

Dabei muß natürlich zuerst einmal festgestellt werden, daß sich der Wahlkreis Kassel 4 in einem bedeutenden Punkt grundsätzlich vom „Reichsdurchschnitt" unterschied und deshalb in dieser Hinsicht zweifellos untypisch war. Der Anteil der Katholiken in den drei Kreisen Eschwege, Schmalkalden und Witzenhausen war nämlich so gering, daß der politische Katholizismus in Form des Zentrums zu Zeiten des Mehrheitswahlrechtes keinen Fuß fassen konnte. Daß es aber wohl auch im Kaiserreich im Wahlkreis Kassel 4 potentielle Anhänger des Zentrums gab, verdeutlicht ein Blick auf die Wahl zur verfassunggebenden Nationalversammlung 1919. Der Ort mit dem größten Katholikenanteil im Wahlkreis war die Stadt Wanfried, in der sich im Jahre 1871 jeder zehnte Bürger zum katholischen Glauben bekannte. Bei der ersten Wahl der Weimarer Republik – die nach dem Verhältniswahlrecht erfolgte – entschieden sich immerhin 7,3%[14] der Wähler für das Zentrum. Das legt, bei aller methodischen Vorsicht, nahe, daß katholisches und politisches Bekenntnis in einem engen Zusammenhang standen, wobei das Mehrheitswahlrecht eine

---

14 Klein, Die Hessen als Reichstagswähler, Bd.2, S.1.

politische Ausformung eines derartigen Wählerwillens schon im Vorfeld der Wahlen verhinderte.

Was die anderen großen politischen Richtungen angeht, waren dagegen die wirtschaftlichen, sozialen und konfessionellen Faktoren in der wirtschaftlich gemischten Region in einem derartigen Maße vorhanden, daß eine Ausformung des entsprechenden politischen Willens zweifellos auch beim Mehrheitswahlrecht signifikant wurde.

Beim Vergleich von Wahlkreis und Reich läßt sich vornehmlich für die ersten Jahre des Untersuchungszeitraumes eine deutliche Übereinstimmung feststellen. Denn in den Jahren 1867 bis 1878 standen sowohl das Deutsche Kaiserreich als auch der Wahlkreis Kassel 4 ganz im Zeichen der nationalliberalen Vorherrschaft, wobei dafür in beiden Einheiten die gleichen Ursachen aufgezeigt werden können. Eine niedrige Wahlbeteiligung bei gleichzeitiger Dominanz eines Honoratiorensystems spielte ebenso eine Rolle wie die allgemeine Gleichsetzung von Nationalliberalismus auf der einen Seite und Reichsgründung und nationaler Bewegung auf der anderen. Der großen Wende des Jahres 1878, die als Folge permanenter liberaler Stimmenverluste eine Abkehr Bismarcks von den Nationalliberalen einleitete, entsprach die Spaltung der Nationalliberalen Partei im Wahlkreis Kassel 4, wobei diese erst im Jahre 1881 erfolgte. Da es schwer ist, die Liberale Vereinigung, der Frieß ja erst nach seinem Wahlsieg beitrat, unbedingt den Linksliberalen zuzuordnen, kann das Ende der nationalliberalen Ära vielleicht auch für das Jahr 1884 angesetzt werden; dann allerdings war das Verschwinden der Nationalliberalen Partei als eigenständige Kraft aus dem wahlpolitischen Kräftespiel der Region endgültig. Die Wahl Frieß', dessen politischer Standort wohl nicht von allen Wählern richtig eingeschätzt wurde, bedeutete aber insofern eine Zäsur, als daß ein Abgeordneter in den Reichstag gesandt wurde, der Bismarck gegenüber oppositionell eingestellt war. Nur drei Jahre später wurde dieser Sachverhalt von den Wählern wieder korrigiert, wobei die Erfolge der mit den Nationalliberalen verbündeten Freikonservativen in den Jahren 1884 und 1887 im Reichstrend lagen. Die „konservative Wende" des Wahljahres 1884, die mit Hermann v. Christens Wahlsieg seinen überzeugenden Anfang nahm, bedeutete hinsichtlich der Parteipräferenz zwar einen Bruch, hinsichtlich der Zustimmung zu Bismarcks Politik aber ein Akt der Kontinuität. Der Kartellerfolg des Jahres 1887 fiel im Wahlkreis sogar weitaus überzeugender aus als im Reichsdurchschnitt. Die schwere Niederlage der Kartellparteien im Jahre 1890 fand ebenfalls seine Entsprechung im Wahlkreis, wobei die Entwicklung der SPD in der Region dem Aufstieg der Partei auf Reichsebene trotz deutlicher Zugewinne noch nicht ganz entsprach. Der Aufstieg der Antisemiten unter ihrem Kandidaten Leuß im Jahre 1893 stellte ebenfalls keine sensationelle Entwicklung dar, zumal die Antisemiten auf Reichsebene ihre Stimmenzahl im Vergleich zu 1890 verfünffachen konnten[15]. Dem Trend entgegen lief dagegen die Reichstagswahl des Jahres 1898, in der die Freikonservativen auf Kosten der Antisemiten Gewinne verbuchen konnten, während sich im Reich ein „verstärkter Zug zu den Rändern"[16] des parteipolitischen Spektrums abspielte. Auch der freisinnige Stimmenzuwachs, den Seyboth für die Freisinnige Volkspartei einfahren durfte, entsprach nicht den allgemeinen Wahlergebnissen, da im Reich die Freisinnige Volkspartei schwere Einbußen hinnehmen mußte. Dagegen lagen aber die Wahlergebnisse der „Hottentottenwahlen" 1907 und der des Jahres 1912 wieder weitgehend im Trend, wobei dem antisemitischen-konservativen Wahlerfolg, der sowohl im Reich als auch im Wahlkreis durch eine „propagandistische Kraftanstrengung" zustande gekommen war, in der letzten Wahl des Kaiserreiches ein deutlicher Linksrutsch folgte. Was den Erfolg der Sozialdemokraten 1912 anging, ist aber doch der rapide Anstieg der Stimmenanteile für die SPD bemerkenswert, der im Wahlkreis immerhin 14,4 Prozentpunkte ausmachte, während er im Reich nur etwa 6 Prozentpunkte betrug. Zwar war sowohl die ökonomische Struktur als auch die konfessionelle nicht ungünstig für einen Wahlerfolg der SPD – Schmädeke hat für das gesamte Reichsgebiet nachgewiesen, daß im statistischen Durchschnitt zum einen ein hoher Anteil von Industrie, Handel und Gewerbe, zum anderen die evangelische Konfession für die Sozialdemokratie eine günstige Voraussetzung darstellte[17] –, doch der Anstieg von über 14 Prozentpunkten innerhalb von fünf Jahren ist überraschend, zumal seit 1895 etwa nur jeder dritte Wähler mobilisiert werden konnte. Da dieser starke Anstieg der Stimmenanteile mit dem zunehmenden ökonomischen Wandel allein zweifellos nicht erklärt werden kann, ist eine andere Erklärung mit heranzuziehen. Wahrscheinlich spielten nämlich auch der zu beobachtende Ausbau der sozialdemokratischen Organisation in den

---

15 Schmädeke, J., Wählerbewegung im Wilhelminischen Deutschland, Bd.I: Die Reichstagswahlen von 1890 bis 1912: Eine historisch-statistische Untersuchung, Berlin 1995, S.66.
16 Ebd., S.69.
17 Ebd., S.101; S.183.

Jahren unmittelbar vor dem Ersten Weltkrieg im Wahlkreis und die damit einhergehenden steigenden Möglichkeiten für eine effektive Propaganda eine wichtige Rolle. Anders als durchschnittlich im gesamten Kaiserreich, wo die SPD hinsichtlich ihres Aufstieges an ihre Grenzen geraten schien, waren die Möglichkeiten für einen andauernden Siegeszug zweifellos noch nicht ausgeschöpft. Das zeigt auch ein Blick über den Untersuchungszeitraum hinaus, nämlich auf die Wahl des Jahres 1919, bei der die SPD im Kreis Eschwege 61,5%[18], im Kreis Schmalkalden 71,3% (zusammen mit der USPD)[19] und im Kreis Witzenhausen 64,9%[20] erhielt, während die Partei im Reichsdurchschnitt zusammen mit der USPD nur auf einen Anteil von 45,5% kommen sollte.

Zieht man für die Jahre 1867 bis 1912 ein Resümee, so bleibt festzustellen, daß die Entwicklung der Reichstagswahlen im Wahlkreis hinsichtlich der wirtschaftlichen und sozialen Strukturen im Vergleich zur Entwicklung im Reich trotz vielfältiger Nuancen mehr Gemeinsamkeiten als offensichtliche Brüche aufweist. Zwar stellt das Auftreten der Antisemiten eher einen Sonderfall dar, da diese auf Reichsebene im Durchschnitt ohne Bedeutung blieben. Allerdings ist zu beachten, daß seit der Jahrhundertwende, spätestens seit 1904, zumindestens offiziell der Parteicharakter hin zu konservativen Positionen geöffnet wurde.

8. Ausblick

Ist der politische Antisemitismus in vielfacher Hinsicht als Krisenideologie zu verstehen, so gilt das auch im besonderen Maße für den Nationalsozialismus. Erlebte die Sozialdemokratie in der Wahl zur verfassunggebenden Nationalversammlung 1919 zunächst einen weiteren Aufstieg, so begann im Zuge der Weltwirtschaftskrise in allen drei Kreisen der Siegeszug des Nationalsozialismus. Erschienen die antisemitischen Erfolge in den Jahren des Kaiserreiches im Jahre 1918 als nicht mehr wiederkehrende Gespenster der Vergangenheit, so waren sie aus der Retrospektive betrachtet doch unheilvolle Boten einer düsteren Zukunft. So entfielen schließlich bei der Reichstagswahl 1932 (I.) in allen drei Kreisen etwa die Hälfte der

---

18 Klein, Die Hessen als Reichstagswähler, Bd.2, S.1.
19 Ebd., S.433.
20 Ebd., S.973.

Stimmen auf die NSDAP[21]. Alte sozialdemokratische Zentren wie Schmalkalden, Eschwege, Witzenhausen und Brotterode waren dabei ebenso betroffen wie die traditionellen antisemitische Hochburgen. Bedenkt man, daß auch im Kaiserreich wirtschaftliche Krisen rechtsextreme Bewegungen begünstigten, so ist diese Entwicklung keinesfalls unverständlich.

Der gradlinige Erfolgsweg der Sozialdemokraten in der Kaiserzeit fand in der Weimarer Republik keine Fortsetzung. Zwar erzielte die SPD bei der Wahl von 1919 in den Kreis Eschwege (61,5%)[22] und Witzenhausen (64,9%)[23] Rekordergebnisse, die in den Jahren bis 1933 aber nicht mehr wiederholt werden konnten.

Im Kreis Schmalkalden dokumentierte der Wahlausgang von 1919 bereits nachdrücklich die Spaltung innerhalb der Arbeiterbewegung, die sich im Verlaufe des Ersten Weltkrieges vollzogen hatte. Während die Mehrheitssozialdemokraten sich mit 38,2% der Wählerstimmen begnügen mußten, entfielen auf die erst im April 1917 gegründete USPD 33,2%.[24]

Die Wahl von 1920 bescherte der SPD im Kreis Schmalkalden sogar eine katastrophale Niederlage, wobei nur noch 16% der Wähler die Mehrheitssozialisten begünstigten, während als Folge der Ereignisse, die sich im Zusammenhang mit dem Kapp-Putsch vollzogen, 44,6% der Urnengänger für die USPD votierten.[25]

Auch in den Kreisen Eschwege und Witzenhausen verloren die Mehrheitssozialisten 1920 Wähler an ihre linke Konkurrenz, deren Erbe, nach dem Niedergang der USPD, in der Folgezeit, wenngleich auf deutlich schwächerer Wählerbasis, die Kommunisten antreten sollten, die bei der Wahl von 1924 (I) in beiden Kreisen etwa 10% der Stimmen errangen.[26]

Eine weitaus bedeutendere Rolle spielte die KPD im Kreis Schmalkalden, wo sie 1924 (I) schon 15,1% der Wähler für sich gewinnen konnten. Bei der letzten freien Wahl der Weimarer Republik im Jahre

---

21 Ebd., S.39; 463; 1005.
22 Ebd., S.1.
23 Ebd., S.973.
24 Ebd., S.433.
25 Ebd., S.436.
26 Ebd., S.6 u. 977.

1932 konnten die Kommunisten bei einem Stimmenanteil von 22,6% die Sozialdemokraten (21,8%) sogar übertrumpfen.

Nach 1945 gingen die drei Kreise des ehemaligen Wahlkreises unterschiedliche Wege. Bis zur Wiedervereinigung der beiden deutschen Staaten fanden im ehemaligen Kreis Schmalkalden keine freien Wahlen mehr statt. In den ehemaligen Kreisen Eschwege und Witzenhausen, die heute zum Werra-Meißner Kreis zusammengeschlossen sind, sind dagegen nach 1945 wieder diejenigen sozialdemokratischen Traditionen lebendig geworden[27], die im Kaiserreich in drei Jahrzehnten gewachsen sind. Bei der Bundestagswahl am 16. Oktober 1994 gelang es der SPD im Werra-Meißner Kreis, 50,6% der abgegebenen Zweitstimmen zu gewinnen.[28] Vier Jahre später schenkten hier sogar 58,2% der Wähler den Sozialdemokraten ihr Vertrauen.[29]

---

27 Vgl. Behr, A. u.a., Wahlatlas Hessen, Braunschweig 1986, S.102f.

28 Statistisches Handbuch Hessen 1995/96, hrsg. vom Hessischen Statistischen Landesamt, Wiesbaden 1996, S.145.

29 Statistisches Jahrbuch Hessen 1999/200, hrsg. Vom Hessischen Statistischen Landesamt, Wiesbaden 2000, S.179.

XVIII. Quellen und Darstellungen

I. Archivmaterialien

HESSISCHES STAATSARCHIV MARBURG (StAM)

Bestand 165: Preußische Regierung Kassel, Abt.I (Abteilung des Inneren, Präsidialabteilung).

Nr.14: Wahl zum Reichstag des Norddeutschen Bundes, Bd.1 1866-1867.

Nr.72: Wahlen zum Reichstag,   Bd.1: 1867.
                                                  Bd.2: 1871.
                                                  Bd.3: 1873-1875.
                                                  Bd.4: 1876-1878.

Nr.6894: Wahlen zum Reichstag, Bd.7: 1884-1886.

Nr.3041: Generalberichte der Landräte, Bd.1- 14: 1867-1880.

Nr.6810: Generalberichte der Landräte, Bd.15-16: 1881-1882.

Nr.6827: Generalberichte der Landräte, Bd.17: 1883.

Nr.6810: Generalberichte der Landräte, Bd.18-20: 1884-1886.

Nr.6827: Generalberichte der Landräte, Bd.21-22: 1887-1888.

Nr.6810: Generalberichte der Landräte, Bd.23: 1889.

Nr.6867: Generalberichte der Landräte, Bd.24: 1890.

Nr.692: Generalberichte der Landräte, Bd.25-41: 1891-1913.

Nr.1241: Sozialdemokratie,   Bd.1: 1867-1890.
                                             Bd.2: 1896-1911.

Nr.6835: Sozialdemokratie,   Bd.1: 1878-1881.

Nr.706: Sozialdemokratie,   Bd.2: 1882-1896.
                                        Bd.3: 1897-1899.
                                        Bd.4: 1899-1910.
                                        Bd.5: 1911.

Nr.707: Sozialdemokratie, insbesondere Veröffentlichung volkstümlich gehaltener Artikel zur Aufklärung der Bevölkerung: 1878-1903.

Nr.709: Sozialdemokratische Agitation durch die Presse,
                                        Bd.1: 1895.
                                        Bd.2: 1896.
                                        Bd.3: 1897.

Nr.3142: Maßregeln gegen die Sozialdemokratie,
Bd.6: 1884-1887.
Bd.7: 1887-1890.
Bd.8: 1891-1896.

Nr.1248: Überwachung der sozialdemokratischen und anarchistischen Presse 1895-1902.

Nr.1245: Reichsverband gegen die Sozialdemokratie 1908-1914.

Nr.1239: Überwachung der Tagespresse 1868-1924.

Best. 180: Landratsämter

Landratsamt Eschwege:

Nr.1498: Reichstagswahl am 12.1.1912, 1911-1913 (1920).

Nr.1572: Geheime Angelegenheiten betr. Unruhen politischer Art.

Nr.1583: Abhaltung sozialdemokratischer Versammlungen 1910-1916.

Nr.1624: Polizeiberichte an das Landratsamt über Versammlungen im Kreise 1901-1911.

Nr.1767: Geheimsachen (vor allem politische Polizei); Bd.1: 1899-1920.

Nr.2277: Überwachung der Sozialdemokratie 1912-1915.

Landratsamt Schmalkalden:

Nr.3722: Überwachung der sozialdemokratischen Umtriebe und Anarchie, Bd.1: 1880-1908.

Nr.3593: Überwachung der sozialdemokratischen Umtriebe und Anarchie, Bd.2: 1908-1925.

Nr.3707: Vereine und Gesellschaften im Kreise 1852-1905.

Bestand 330: Stadtarchive

Stadtarchiv Wanfried:

B 161 Alphabetisches Verzeichnis der bestraften Personen

B 152 Personenstandsaufnahme

B 158/159 Straflisten

B 59 Armenrechnung 1874-1892

Wahlsachen 1885-1901

Wählerlisten 1867-1893

HISTORISCHES STAATSARCHIV GOTHA

Best.: Landratsamt Schmalkalden

Nr.9 Die Wahlen zum Reichs- und Landtages, Volksbegehren, Volksentscheid 1909-1936.

Nr.197 Die Überwachung der Tagespresse Bd.1 1867-1926.

Nr.200 Die Überwachung der sozialdemokratischen und anarchistischen Bewegung.

Nr.649 Das Innungswesen im Kreis Schmalkalden

Nr.652 Die Nagelschmiede-Innung in Unterschönau

Nr.653 Die Gründung einer Genossenschaft der Nagelschmiede zu Steinbach-Hallenberg, Unterschönau, Altersbach, Rotterode 1892.

Nr.654 Die Gründung einer Nagelschmiedegenossenschaft in Unterschönau 1895-1906.

Nr.655 Die Lage der Nagelschmiede im Amtsbezirk Steinbach-Hallenberg sowie der übrigen Gewerbetreibenden im Kreise, auch Beschäftigung der Hufnagelschmiede durch die Firma Möller und Schreiber in Berlin 1897-1913.

Nr.703 Die Einführung der Zigarrenfabrikation in Brotterode, Tabakfabrikationsbetriebe im hiesigen Kreise, Bd.1 1892-1913.

STADTARCHIV ESCHWEGE

Bericht über die Verwaltung und den Stand der Gemeinde-Angelegenheiten der Stadt Eschwege für das Jahr 1881/82.

Zweiter Bericht über den Stand der Gemeinde-Angelegenheiten der Stadt Eschwege bis zum Schlusse des Geschäftsjahres 1897/98.

Bericht des Magistrats der Stadt Eschwege über die Verwaltung den Stand der Gemeinde-Angelegenheiten der Stadt Eschwege im Rechnungsjahr 1998/99.

Bericht des Magistrats der Stadt Eschwege über die Verwaltung und den Stand der Gemeinde-Angelegenheiten der Stadt Eschwege im Etatsjahr 1900.

Bericht des Magistrats der Stadt Eschwege über die Verwaltung und den Stand der Gemeinde-Angelegenheiten der Stadt Eschwege im Etatsjahr 1902.

Bericht des Magistrats der Stadt Eschwege über die Verwaltung und den Stand der Gemeinde-Angelegenheiten der Stadt Eschwege im Etatsjahr 1903.

Bericht des Magistrats der Stadt Eschwege über die Verwaltung und den Stand der Gemeinde-Angelegenheiten der Stadt Eschwege im Etatsjahr 1905.

Bericht des Magistrats der Stadt Eschwege über die Verwaltung und den Stand der Gemeinde-Angelegenheiten der Stadt Eschwege im Etatsjahr 1909.

Bericht des Magistrats der Stadt Eschwege über die Verwaltung und den Stand der Gemeinde-Angelegenheiten der Stadt Eschwege im Etatsjahr 1910.

Bericht des Magistrats der Stadt Eschwege über die Verwaltung und den Stand der Gemeinde-Angelegenheiten der Stadt Eschwege im Etatsjahr 1912.

Akten der Stadt Eschwege betreffend die Reichstagswahlen 1890, 1893, 1895, 1898, 1903, 1904, 1907 und 1912 (Korrespondenzen, Zeitungsausschnitte, Wahlzettel und Wählerlisten).

STADT- UND KREISARCHIV SCHMALKALDEN

C I/21 Vereinswesen:

Nr.15 Politische Parteien. Sozialdemokraten.

C II/2 Polizei und Sicherheitsdienst:

Nr.61 Überwachungen öffentlicher Versammlungen durch die Ortspolizeibehörde 1887.

Nr.62 Überwachungen öffentlicher Versammlungen durch die Ortspolizeibehörde 1890.

Nr.63 Überwachungen öffentlicher Versammlungen durch die Ortspolizeibehörde 1900-1904.

Nr.64 Angebliche Äußerung eines hiesigen Polizeibeamten gelegentlich einer sozialdemokratischen Versammlung 1891.

C II/3 Sicherheitspolizei

Nr.53 Von der Israeliten-Gemeinde angerufener Schutz gegen die in hiesiger Stadt zu befürchtende Judenhetze 1881.

STADTARCHIV WITZENHAUSEN

Abtl. IV. Polizeiverwaltung/Unterabtl. B.f. Ordnungs- und Sicherheitspolizei:

Nr.427 Öffentliche Versammlungen.

Nr.439 Arbeiter-Fortbildungsverein.

Nr.611 Reichsverband gegen die Sozialdemokratie.

Abtl. XI. Reichs- und Staatsangelegenheiten/Unterabtl. E. Volksbegehren, Volksentscheide, Wahlen:

Nr.1735 Volksbegehren und Volksentscheide 1926.

Nr.1736 Reichspräsidentenwahlen 1925.

Nr.1737 Reichstagswahlen 1928.

Abtl. XIII Wahlsachen/Unterabtl. A Reichstagswahlen:

Nr.1212 Reichstagswahl 1890.

Nr.1214 Reichstagswahl 1893.

Nr.1215 Reichstagswahl 1895.

Nr.1213 Reichstagswahl 1898.

Nr.1216 Reichstagswahl 1903/04.

Nr.1217 Reichstagswahl 1907.

Nr.1218 Reichstagswahl 1912.

UNIVERSITÄTSBIBLIOTHEK MARBURG

Hessische Wahlen zum deutschen Reichstag (Flugblattsammlung) 1890, 1893, 1898, 1903, 1904, 1907.

BIBLIOTHEK DES MUSEUMS SCHLOß WILHELMSBURG IN SCHMALKALDEN

Lohse, H., Geschichte der Stadt Schmalkalden, Manuskript o.J.

II. Gedruckte Quellen

1. Zeitungen (Standort: Universitätsbibliothek Marburg).

Allgemeiner Anzeiger 1897-1912.

Antisemitisches Volksblatt 1893-1912.

Casseler Journal (Kasseler Journal) 1881-1896.

Deutsch-Soziale Blätter 1911-1912.

Eschweger Tageblatt und Kreisblatt (ab 1903 Eschweger Tageblatt) 1889-1912.

Fulda-Werra-Zeitung. Eschweger Zeitung und Allgemeiner Anzeiger 1889-1912.

Großalmeroder Zeitung 1898-1910.

Hamburger Zeitung 1909

Hessische Morgenzeitung 1867-1911.

Hessischer Volksbote 1896-1899.

Hessisches Wochenblatt 1877-1879.

Mittheilungen aus dem Verein zur Abwehr des Antisemitismus 1893-1895

Oberhessische Zeitung 1897-1912.

Parlamentarische Korrespondenz 1881-1884.

Der Reichs-Herold 1887-1898.

Schmalkalder Tageblatt 1889-1912.

Schmalkalder Kreisblatt 1876-1912.

Der Sozialdemokrat 1886-1887

Tageblatt für Kurhessen und das angrenzende Thüringen und Sachsen 1911-1912.

Thüringer Hausfreund 1889-1912.

Volksblatt für Hessen und Waldeck 1898-1912.

Werra-Bote 1878-1912.

Witzenhäuser Kreisblatt 1889-1912.

Wochenblatt für den Landrats-Bezirk Eschwege 1867-1871.

Wochenblatt für den Regierungsbezirk Cassel 1866-1868.

Wochenblatt für den Regierungs-Commissions-Bezirk Schmalkalden 1867.

Wochenblatt für die Herrschaft Schmalkalden 1867.

2. Adreßbücher, Statistiken

Adreßbücher der Stadt Eschwege aus den Jahren 1894, 1899, 1904, 1907 und 1910.

Adreßbuch der Stadt Schmalkalden und des Schmalkalder Industriebezirkes. Auf Grund amtlichen Materials bearbeitet und herausgegeben von Feodor Wilisch, Schmalkalden 1897.

Gemeindelexikon für das Königreich Preußen. Auf Grund der Materialien der Volkszählung vom 1.Dezember 1885 und anderer amtlicher Quellen bearbeitet vom Königlichen statistischen Bureau, XI. Provinz Hessen-Nassau, Berlin 1887.

Gemeindelexikon für das Königreich Preußen. Auf Grund der Materialien der Volkszählung vom 2.Dezember 1895 und anderer amtlicher Quellen bearbeitet vom Königlichen statistischen Bureau, XI Provinz Hessen-Nassau, Berlin 1897.

Die Gemeinden und Gutsbezirke der Provinz Hessen-Nassau und ihre Bevölkerung. Nach Urmaterialien der allgemeinen Volkszählung vom 1.Dezember 1871 bearbeitet und zusammengestellt vom Königlichen statistischen Bureau, Berlin 1873.

Statistik des Deutschen Reiches, Neue Folge, Bd.109: Berufsstatistik der kleineren Verwaltungsbezirke, Berlin 1897.

Statistik des Deutschen Reiches, Bd.250: Die Reichstagswahlen von 1912, Berlin 1913.

Statistisches Jahrbuch für den preußischen Staat1. Jg. 1903, Berlin 1904.

III. Darstellungen

Abel, W., Geschichte der deutschen Landwirtschaft bis zum 19. Jahrhundert, Stuttgart 1963.

Abendroth, W., Aufgaben und Methoden einer deutschen historischen Wahlsoziologie, in: Vierteljahrshefte für Zeitgeschichte 3/1957, S.300-306; auch in: Büsch, O., Wölk, M., Wölk, W. (Hrsg.), Wählerbewegung in der deutschen Geschichte. Analysen und Berichte zu den Reichstagswahlen 1871-1933, Berlin 1978, S.111-118.

Allmeroth, H., Die wirtschaftliche Entwicklung des Kreises Eschwege seit dem vorigen Jahrhundert, Diss. Frankfurt a.M. 1925.

Arnsberg, P., Die jüdischen Gemeinden in Hessen. Anfang, Untergang, Neubeginn, 2. Bde. (Hrsg. vom Landesverband jüdischer Gemeinden in Hessen), Frankfurt a.M. 1971.

Bartel, H., Schröder, W., Seeber, G., Wolter, H., Der Sozialdemokrat 1879-1890. Ein Beitrag zur Rolle des Zentralorgans im Kampf der revolutionären Arbeiterbewegung gegen das Sozialistengesetz, Berlin 1975.

Baumbach, A.v., Die bäuerlichen Verhältnisse im Regierungsbezirk Kassel, in: Schriften des Vereins für Socialpolitik 22 (1883), S.111-143.

Baumgart, W., Deutschland im Zeitalter des Imperialismus (1890-1914). Grundkräfte, Thesen und Strukturen, Frankfurt a.M./ Berlin/Wien 1972.

Baumgart, W., Chlodwig zu Hohenlohe-Schillingsfürst, in: Sternburg, W. v. (Hrsg.), Die deutschen Kanzler. Von Bismarck bis Schmidt, Frankfurt a.M. 1987, S.87-114.

Beck, H., Das Werra-Meißner-Gebiet im 19.Jahrhundert, in: Hildebrand, E. (Bearb.), Land an Werra und Meißner. Ein Heimatbuch, Eschwege 1983, S.51-62.

Beck, H., Das Werra-Meißner-Gebiet im 20.Jahrhundert, in: Hildebrand, E. (Bearb.), Land an Werra und Meißner. Ein Heimatbuch, Eschwege 1983, S.63-69.

Behr, A. u.a., Wahlatlas Hessen, Braunschweig 1986.

Beier, G., Arbeiterbewegung in Hessen. Zur Geschichte der hessischen Arbeiterbewegung durch einhundertfünfzig Jahre (1834-1984), Frankfurt a.M. 1984.

Berding, H., Moderner Antisemitismus in Deutschland, Frankfurt a.M. 1988.

Bergner, K., Die Kleineisenindustrie im Kreise Schmalkalden, Diss. Frankfurt a.M. 1932.

Bergsträßer, L., Geschichte der politischen Parteien in Deutschland, München [11]1965.

Bertelmann, H., Hessische Höhenluft. Wanderbilder, Marburg 1918.

Bertram, J., Die Wahlen zum Deutschen Reichstag vom Jahre 1912. Parteien und Verbände in der Innenpolitik des Wilhelminischen Reiches, Düsseldorf 1964.

Bickel, W., Chronik und Urkundenbuch von Brotterode (Kreis-Herrschaft Schmalkalden), Brotterode 1925.

Bickel, W., 900 Jahre Brotterode in Thüringen (1039-1939), 1939.

Bierwirth, Geschichte der Stadt Eschwege, Magdeburg 1932.

Bintzer, K.-H., Die Mühle „uffm Roste". Ein Stück Eschweger Stadtgeschichte, Eschwege 1989.

Bintzer, K.-H., Die Eschweger Lohgerber. Leder aus Eschwege. Aus der Geschichte eines untergegangenen Handwerks, Eschwege 1992.

Blank, R., Die soziale Zusammensetzung der sozialdemokratischen Wählerschaft Deutschlands, in: Archiv für Sozialwissenschaft und Sozialplitik 20 (1905), S.507-550.

Bock, A., Berufsgliederung der Reichstagswahlkreise, Memmingen 1911.

Boehlich, W. (Hrsg.), Der Berliner Antisemitismusstreit, Frankfurt a.M. [2]1965.

Böhme, H. (Hrsg.), Probleme der Reichsgründerzeit 1848-1879, Köln/Berlin 1968.

Bog, I., Die Industrialisierung Hessens, in: Schultz, U. (Hrsg.), Die Geschichte Hessens, Stuttgart 1983, S.190-203.

Booms, H., Die deutschkonservative Partei. Preußischer Charakter, Reichsauffassung, Nationalbegriff, Düsseldorf 1954.

Borchard, K., Die industrielle Revolution in Deutschland, München 1972.

Borchard, K., Grundriß der deutschen Wirtschaftsgeschichte, Göttingen 1978.

Born, K.E., Deutschland als Kaiserreich (1871-1918), in: Schieder, Th. (Hrsg.), Handbuch der europäischen Geschichte, Bd.6, Stuttgart 1968, S.198-230.

Born, K.E., Von der Reichsgründung bis zum Ersten Weltkrieg (Gebhardt Handbuch der deutschen Geschichte 16), Stuttgart [10]1985.

Born, K.E., Wirtschafts- und Sozialgeschichte des Deutschen Kaiserreichs (1867/71-1914), Stuttgart 1985.

Bramann, W., Die Reichstagswahlen im Wahlkreis Solingen 1867-1890, Köln 1973.

Brandenburg, E., 50 Jahre Nationalliberale Partei. 1867-1917, Berlin 1917.

Brandt, P., Groh, D., Vaterlandslose Gesellen. Sozialdemokraten und Nation 1860-1990, München 1992.

Braun, A., Die Parteien des Deutschen Reichstages. Ihre Programme, Entwicklung und Stärke, Stuttgart 1893.

Braun, A., Die Reichstagswahlen von 1898 und 1903, in: Archiv für soziale Gesetzgebung und Statistik 18 (1903), S.539-563.

Breitunger Heimatbuch, Alten-, Frauen- und Herrenbreitungen in Wort und Bild. 933-1933, Breitungen/Werra 1933.

vom Brocke, B., Marburg im Kaiserreich 1866-1918. Geschichte und Gesellschaft, Parteien und Wahlen einer Universitätsstadt im wirtschaftlichen und sozialen Wandel der industriellen Revolution, in: Marburger Geschichte. Ein Rückblick in Einzelbeiträgen. Im Auftrag des Magistrates der Univeritätsstadt Marburg, hrsg. von E. Dettmering und R. Grenz, Marburg 1982 (Unveränderter Nachdruck der Ausgabe von 1980 mit ergänzendem Anhang, S.367-540.

Broszat, M., Die antisemitische Bewegung im wilheminischen Deutschland, Diss. Köln 1952.

Buchheim, K., Das Deutsche Kaiserreich 1871-1918. Vorgeschichte, Aufstieg, Niedergang, München 1969.

Büsch, O., Parteien und Wahlen in Deutschland bis zum Ersten Weltkrieg: Gedanken und Thesen zu einem Leitthema für Forschung und Unterricht über die „Industiegesellschaft" im 19. und frühen 20. Jahrhundert, in: Abhandlungen aus der pädagogischen Hochschule Berlin, Bd.1: Aus Erziehungs-, Sozial- und Geisteswissenschaften, Berlin 1974, S.178-264.

Büsch, O., Wölk, M., Wölk, W. (Hrsg.), Wählerbewegung in der deutschen Geschichte. Analysen und Berichte zu den Reichstagswahlen 1871-1933, Berlin 1978.

Bußmann, W., Zur Geschichte des deutschen Liberalismus im 19. Jahrhundert, in: Böhme, H. (Hrsg.), Probleme der Reichsgründerzeit 1848-1879, Köln/Berlin 1968, S.85-103.

Butterwegge, Chr., Hofschen, H.-G., Sozialdemokratie, Krieg und Frieden. Die Stellung der SPD zur Friedensfrage von den Anfängen bis zur Gegenwart. Eine kommentierte Dokumentation, Heilbronn 1984.

Christopher, A., Der hessische Braunkohlebergbau und seine Bahnen, Biebertal 1993.

Conze, W., Der Beginn der deutschen Arbeiterbewegung, in: Ritter, G.A. (Hrsg.), Die deutschen Parteien vor 1914, Köln 1973, S.331-341.

Conze, W., Politische Willensbildung im Deutschen Kaiserreich als Forschungsaufgabe historischer Wahlsoziologie, in: Berding, H. u.a., Vom Staat des Ancien Regime zum modernen Parteienstaat. Festschrift für Th. Schieder, München Wien 1978, S,331-347.

Conze, W., Wahlsoziologie und Parteiengeschichte, in: Büsch, O., Wölk, M., Wölk, W. (Hrsg.), Wählerbewegung in der deutschen Geschichte, S.119-123.

Crothers, G.D., The German Elections of 1907, New York 1941.

Curtius, L., Der politische Antisemitismus, München 1911.

Demandt, K.E., Geschichte des Landes Hessen, Kassel ²1980.

Ditt, K., Die politische Arbeiterbewegung in Ostwestfalen zwischen der Reichsgründung und dem Beginn der Weimarer Republik, in: Düwell, K., Köllmann (Hrsg.), Rheinland-Westfalen im Industriezeitalter, Bd.2: Von der Reichsgründung zur Weimarer Republik, Wuppertal 1994, S.234-256.

Dix, A., Die Deutschen Reichstagswahlen 1871-1930 und die Wandlungen der Volksgliederung (Recht und Staat in Geschichte und Gegenwart 77), Tübingen 1930.

Döhn, L., Die Pressentwicklung im nordhessischen Raum als Spiegel der politischen Kultur, in: Schiller, Winter, Th. v. (Hrsg.), Politische Kultur im nördlichen Hessen, Marburg 1993, S.54-83.

Döll, C., Die wirtschaftliche Entwicklung der Kleieisenindustrie im Kreise Schmalkalden, Diss. Tübingen 1923).

Döring, B.F., Zur inneren Entwicklung des Fuldaer Landes im Kaiserreich unter besonderer Berücksichtigung der Berichterstattung der Landräte, Mschr. Magisterarbeit, Marburg 1991.

Dressel, H., Die politische Wahlen in der Stadt Trier und in den Eifel- und Moselkreisen des Regierungsbezirkes Trier 1888-1913, Diss. Bonn 1961.

Droege, G., Deutsche Wirtschafts- und Sozialgeschichte, Frankfurt a.M/Berlin/Wien 1972.

Dülffer, J., Deutschland als Kaiserreich, in: Deutsche Geschichte, begründet von P. Rassow, hrsg. von M. Vogt, Stuttgart 1987, S.469-567.

Eiler, K. (Hrsg.), Hessen im Zeitalter der industriellen Revolution. Text- und Bilddokumente aus hessischen Archiven beschreiben Hessens Weg in die Industriegesellschaft während des 19. Jahrhunderts, Frankfurt a.M. 1984.

Eisfeld, G., Die Entstehung der liberalen Parteien in Deutschland 1858-1870, Studien zu den Organisationen und Programmen der Liberalen und Demokraten, Hannover 1969.

Engelhard, Chr., Die Wahlen und die Entwicklung der politischen Parteien im Kreise Waldeck seit der Bundestagswahl 1953, Examensarbeit 1961 (Standort: Bibliothek des Fachbereiches Politikwissenschaft der Philipps-Universität Marburg).

Erdmannsdörfer, H.G., Dem Abgrunde zu. Die deutsch-soziale Reformpartei in kritischer Beleuchtung, Hann. Münden 1898.

Evans, R.J. (Hrsg.), Kneipengespräche im Kaiserreich. Stimmungsberichte der Hamburger Politischen Partei 1892-1914, Reinbek bei Hamburg 1989.

Fairbairn, B., The German Elections of 1898 and 1903, Diss. Oxford 1987.

Falter, J.W., Hitlers Wähler, München 1991, S.55.

Felden, K., Die Übernahme des antismitischen Steriotyps als soziale Norm durch die bürgerliche Gesellschaft 1875-1900, Diss. Heidelberg 1963.

Fenske, H., Wahlrecht und Parteiensystem. Ein Beitrag zur deutschen Parteiengeschichte, Frankfurt a.M. 1972.

Fenske, H., Strukturprobleme der deutschen Parteiengeschichte. Wahlrecht und Parteiensystem vom Vormärz bis heute, Frankfurt a.M. 1974.

Fenske, H., Deutsche Verfassungsgeschichte. Vom Norddeutschen Bund bis heute, Berlin ²1984.

Fenske, H., Deutsche Parteiengeschichte, Paderborn 1994.

Fenske, H., Rezension zu J. Sperber, The Kaiser' s voters. Electors and Elections in Imperial Germany, Cambridge 1997, in: FAZ 7.8.1998, Nr.181, S.6.

Fischer, F., Theobald von Bethmann Hollweg, in. Sternburg, W. v. (Hrsg.), Die deutschen Kanzler. Von Bismarck bis Schmidt, Frankfurt 1987, S.87-114.

Fischer, W., Vom Agrarstaat zur Industriegesellschaft, in: Langewiesche, D. (Hrsg.), PLOETZ. Das deutsche Kaiserreich. 1867/71 bis 1918. Bilanz einer Epoche, Würzburg 1984, S.64-72.

Flemming, J., Landwirtschaftliche Interessen und Demokratie. Ländliche Gesellschaft, Agrarverbände und Staat 1890-1925, Bonn 1978.

Förster, A., Zur Geschichte der deutchen Gewerkschaftsbewegung 1871-1890, Berlin 1962.

Frank, J., Das braune Gold. Bergbau im Lichtenauer Raum, in: 700 Jahre Hessisch Lichtenau. 1289-1989. Beiträge zur Heimatkunde, hrsg. von der Stadt Hessisch Lichtenau, Hessisch Lichtenau 1989, S.111-116.

Frankenstein, K., Bevölkerung und Hausindustrie im Kreise Schmalkalden seit Anfang diesen Jahrhunderts. Ein Beitrag zur Socialstatistik und zur Wirthschaftsgeschichte Thüringens, Tübingen 1987.

Franz, G., Die politischen Wahlen in Niedersachsen 1867-1949, Bremen-Horn ³1957.

Freyberg, J. v., Fülberth, G., Harrer, J. u.a., Geschichte der deutschen Sozialdemokratie 1863-1975, Köln 1975.

Frenz, W./Schmidt, H., Wir schreiten Seit an Seit. Geschichte der Sozialdemokratie in Nordhessen, Marburg 1989.

Fricke, D., Der deutsche Imperialismus und die Reichstagswahlen von 1907, in: Zeitung für Geschichtswissenschaft 9 (1961, S.538-576.

Fricke, D., Die deutsche Arbeiterbewegung 1869-1914. Ein Handbuch über ihre Organisation nd Tätigkeit im Klassenkampf, Berlin 1976.

Fricke, D. (Hrsg.), Lexikon zur Parteiengeschichte. Die bürgerlichen und kleinbürgerlichen Parteien und Verbände in Deutschland (1789-1945), 4 Bde., Köln 1983.

Friedeburg, R.v., Klassen-, Geschlechter- oder Nationalidentität. Handwerker und Tagelöhner in den Kriegervereinen der neupreußischen Provinz Hessen-Nassau, in: Frevet, U., Militär und Gesellschaft im 19. und 20. Jahrhundert, Stuttgart 1997, S.229-244.

Fritsche, H., Die Entwicklung der politischen Parteien und Wahlen in Stadt und Kreis Eschwege von 1945 bis 1956, o.J. (Standort: Bibliothek des Fachbereiches Politikwissenschaft der Philipps-Universität Marburg)

Fritsche, H., 100 Jahre SPD in Eschwege. Historische Beobachtungen zur Entwicklung der örtlichen Sozialdemokratie, Eschwege 1985.

Fritsche, H., Eschwege – Eine niederhessische Landstadt in ihrer tausendjährigen Entwicklung, in: Hildebrand, E. (Bearb.), Land an Werra und Meißner. Ein Heimatbuch, Eschwege 1983, S.251-256.

Fritsche, H., Eschwege im 19. Jahrhundert bis zur Reichsgründung 1871, in: Kollmann, K. (Red.), Geschichte der Stadt Eschwege, Eschwege 1993, S.76-111.

Fritsche, H., „Zweimal Versailles". Eschwege im Kaiserreich 1871-1914, in: Kollmann, K. (Red.), Geschichte der Stadt Eschwege, Eschwege 1993, S.112-120.

Fritsche, H., „...keine vornehmliche Landstraße durch die Stadt". Der Eschweger Handel und seine Verkehrswege, in: Kollmann, K. (Red.), Geschichte der Stadt Eschwege, Eschwege 1993, S.244-263.

Fritsche, H., „In meinem Verein fühl' ich mich wohl". Vereine in Eschwege, in: Kollmann, K. (Red.), Geschichte der Stadt Eschwege, Eschwege 1993, S.412-431.

Fritsche, H., Nickel, R., Vom Bauerndorf zur Industriestadt, in: Kollmann, K. (Red.), Geschichte der Stadt Eschwege, Eschwege 1993, S. 194-209.

Fröhlich, M., Imperialismus. Deutsche Kolonial- und Weltpolitik 1880-1914, München 1994.

Fülberth, G., Die Wandlung der deutschen Sozialdemkratie vom Erfurter Parteitag 1891 bis zum Ersten Weltkrieg, Köln 1974.

Fülberth, G., Harrer, J., Die deutsche Sozialdemokratie 1890-1933, Darmstadt, Neuwied 1974.

Gabler, H., Die Entwicklung der deutschen Parteien auf landschaftlicher Grundlage 1871-1912, Diss. Berlin 1934.

Gall, L., Bismark. Der weiße Revolutionär, Frankfurt a.m, Berlin, Wien 1980.

Gerlach, H., Schmalkalden, Steinbach-Hallenberg, Breitungen Berlin, Leipzig ^{3}1985.

Gerlach, H., Brotterode, Pappenheim, Trusetal, Steinbach bei Bad Liebenstein, Berlin, Leipzig ^{3}1987.

Gerlach, H. Chr., Agitation und parlamentarische Wirksamkeit der deutschen Antisemitenparteien 1873-1885, Diss. Kiel 1956.

Gerstgarbe, G., Die Wahlen zum Deutschen Reichstag im Wahlkreis 4 Kassel (Eschwege-Schmalkalden-Witzenhausen) in der Regierungszeit Wilhelms II. , Mschr. Magisterarbeit, Marburg 1990.

Gidal, N.T., Die Juden in Deutschland von der Römerzeit bis zur Weimarer Republik, Köln 1997.

Gier, K., Herleshausen – Grenzgau und Brücke nach Thüringen, in: Hildebrand, E. (Berb.), Land an Werra und Meißner. Ein Heimatbuch, Eschwege 1983, S.285-289.

Glaser, H., Bildungsbürgertum und Nationalismus. Politik und Kultur im Wilhelminischen Deutschland, München 1993.

Görtemaker, M., Deutschland im 19.Jahrhundert. Entwicklungslinien, Bonn ^{4}1994.

Grab, W., Der deutsche Weg der Judenemanzipation 1789-1938, München 1991.

Graudenz, K., Schindler, H.-M., Die deutschen Kolonien. 100 Jahre Geschichte in Wort, Bild und Karte, Augsburg ^{4}1989.

Grebing, H., Geschichte der politischen Parteien, Wiesbaden 1962.

Grebing, H., Geschichte der deutschen Arbeiterbewegung, München 1966.

Grebing, H., Arbeiterbewegung. Sozialer Protest und kollektive Interessenvertretung bis 1914, München ^{2}1987.

Greive, H., Geschichte des modernen Antisemitismus in Deutschland, Darmstadt ⁴1992.

Gromes, I., Sontra – Die alte Berg- und Hänselstadt, in: Hildebrand, Land an Werra und Meißner. Ein Heimatbuch, Eschwege 1983, S.311-316.

Hahn, H.-W., Der hessische Wirtschaftsraum im 19. Jahrhundert, in: Heinemeyer, W. (Hrsg.), Das Werden Hessens, Marburg 1986, S.389-429.

Handy, P., Zur Entwicklung der Arbeiterbewegung im Kreis Schmalkalden von ihren Anfängen bis 1914, in: „... und erkenne Deine Macht!". Aufsätze zur Geschichte der Arbeiterbewegung in Südthüringen (Hrsg. von den staatlichen Museen Meiningen), Meiningen 1977, S.8-25.

Hardach, G., Deutschland in der Weltwirtschaft 1870-1970. Eine Einführung in die Sozial- und Wirtschaftsgeschichte, Frankfurt a.M., New York 1977.

Hardach, K., Wirtschaftsgeschichte Deutschlands im 20. Jahrhundert, Göttingen 1976.

Harms, P., Die Nationalliberale Partei. Ein Gedenkblatt zur ihrer geschichtlichen Entwicklung, Berlin 1907.

Haupt, H.-G. (Hrsg.), Die radikale Mitte. Lebensweise und Politik von Handwerkern und Kleinhändlern in Deutschland seit 1848, München 1985.

Heinzmann, G., Kirche im Dorf. Geschichte der evangelischen Kirchengemeinde, in: 1200 Jahre Bischhausen. Ein hessisches Dorf und seine Geschichte. 786-1986, Ringgau-Datterode 1986, S.178-189.

Heller, C.F. (Hrsg.), Hessisch Lichtenau und seine Umgebung, Hessisch Lichtenau 1983.

Henning, F.-W., Landwirtschaft und ländliche Gesellschaft in Deutschland, Bd.2: 1750-1976, Paderborn 1978.

Hepp, C., Avantgarde. Moderne Kunst, Kulturkritik und Reformbewegungen nach der Jahrhundertwende, München ²1992.

Herrmann, J., Zur Tausendjahrfeier Barchfeld (Werra). Ein vollständiger Überblick der Geschichte der israelitischen Gemeinde, 1933.

Herwig, J., 80 Jahre SPD-Ortsverein Frieda, hrsg. vom Vorstand des
SPD-Ortsvereins Meinhard-Frieda, o.j.

Herwig, J., Frieda, Lebensbedingungen und Politikverständnis 1890-1933
(Schriftl. Hausarbeit zum Staatsexamen, vorgelegt an der Universität Hannover, Seminar für Wissenschaft von der Politik), 1981.

Herwig, J., Zeitgeist und Sozialdemokratie in Eschwege während der
Kaiserzeit, in: Kollmann, K. (Red.), Geschichte der Stadt Eschwege, Eschwege 1993, S.121-127.

Herzfeld, H., Die Weimarer Republik, Frankfurt a.M./Berlin ²1969.

Herzig, A., Jüdische Geschichte in Deutschland. Von den Anfängen bis
zur Gegenwart, München 1997.

Hess, U., Die politischen Verhältnisse in der Stadt und im Kreis Schmalkalden, in: Beiträge zur Geschichte Schmalkaldens, hrsg. von der
Leitung des Museums Schloß Wilhelmsburg, 1974, S.88-103.

Hess, U., Geschichte Thüringens 1866-1914. Aus dem Nachlaß hrsg. von
V. Wahl, Weimar 1991.

Heyner, G., Hessisch Lichtenau – Die Stadt zur lichten Aue, in: Hildebrand, E. (Bearb.), Land an Werra und Meißner. Ein Heimatbuch,
Eschwege 1983, S.290-294.

Heyner, G., Die Kassel-Waldkappeler Eisenbahn, in: 700 Jahre Hessisch
Lichtenau. 1289-1989. Beiträge zur Heimatkunde, hrsg. von der
Stadt Hessisch Lichtenau, Hessischisch Lichtenau 1989, S.107-110.

Heyner, G., Hessisch Lichtenau. Von 1890-1918, in: 700 Jahre Hessisch
Lichtenau. 1289-1989. Beiträge zur Heimatkunde, hrsg. von der
Stadt Hesschisch Lichtenau, Hessisch Lichtenau 1989, S.117-134.

Heyner, G., Von der Novemberrevolution bis 1933, in: 700 Jahre Hessisch
Lichtenau. 1289-1989. Beiträge zur Heimatkunde, hrsg. von der
Stadt Hessisch Lichtenau, Hessisch Lichtenau 1989, S.139-151.

Hildebrand, E. (Bearb.), Land an Werra und Meißner. Ein Heimatbuch,
Eschwege 1983.

Hildebrand, K., Deutsche Außenpolitik 1871-1918 (Enzyklopädie
deutscher Geschichte 2), München 1994.

Hirth, G. (Hrsg.), Deutscher Parlaments-Almanach 1881, Leipzig, München 1881.

Hirth, G. (Hrsg.), Deutscher Parlamentsalmanach 1884, München, Leipzig 1884.

Hirth, G., Seydel, M. (Hrsg.), Annalen des Deutschen Reiches für Gesetzgebung, Verwaltung und Statistik. Staatswissenschaftliche Zeitschrift und Materialiensammlung, 1892.

Hirsch, H., August Bebel, Reinbek bei Hamburg 1988.

Hochhut, L., Eschwege in seiner Entwicklung zur Stadt und als Stadt, Eschwege 1928.

Hochhuth, C.W.H., Statistik der evangelischen Kirche im Regierungsbezirk Cassel. Provinz Hessen-Nassau. Königreich Preußen, Kassel 1872.

Hofmann, R., Geschichte der deutschen Parteien. Von der Kaiserzeit bis zur Gegenwart, München 1993.

Hohorst, G., Kocka, J., Ritter, G.A., Sozialgeschichtliches Arbeitsbuch, Bd.II: Materialien zur Statistik des Kaiserreiches 1870-1914, München ²1978.

Holborn, H., Deutsche Geschichte in der Neuzeit, Bd.3: Das Zeitalter des Imperialismus (1871-1945), München 1971.

Hollstein, Geschichte der Stadt Wanfried 1608-1908, o.O. 1908.

Holzapfel, E., Kollmann, K., Wanfried – Stadt an der Grenze, in: Hildebrand, E. (Bearb.), Land an Werra und Meißner, Eschwege 1983, S.323-328.

Homeister, K., Die Arbeiterbewegung in Eschwege (1885-1920). Ein Beitrag zur Stadt und Kreisgeschichte, Kassel 1987.

Hotzler, F., Berkatal – Frohe Regsamkeit im Meißnervorland, in: Hildebrand, E. (Bearb.), Land an Werra und Meißner. Ein Heimatbuch, Eschwege 1983, S.275-276.

Hotzler, F., Die Gemeinde Meißner. Naturschönheit und geschichtliche Bedeutung, in: Hildebrand, E. (Bearb.), Land an Werra und Meißner. Ein Heimatbuch, Eschwege 1983, S.299-302.

Hubatsch, W., Deutschland im Weltkrieg. 1914-1918, Frankfurt a.M./Berlin 1966.

Huber, E.R., Deutsche Verfassungsgeschichte seit 1789, Bd.4: Struktur und Krise des Kaiserreichs, Stuttgart 1969.

Huck, Th.S., Eschwege im Zeitalter der Industrialisierung, in: Kollmann, K. (Red.), Geschichte der Stadt Eschwege, Eschwege 1993, S.210-233.

Huck, Th.S., Zur wirtschaftlichen Entwicklung der Stadt Eschwege und ihres Umfeldes im reichsweiten Vergleich während der Zeit der Industriellen Revolution in Deutschland. Ein regionalgeschichtlicher Beitrag zur Untersuchung der Entstehung von Passivräumen, in: Zeitschrift des Vereins für Hessische Geschichte 98 (1993), S.125-159.

Hull, I.V., Bernhard von Bülow, in: Sternburg, W. v. (Hrsg.), Die deutschen Kanzler. Von Bismarck bis Schmidt, Frankfurt a.M. 1987, S.69-85.

Jessel, J., Die Entwicklung der politischen Parteien und der Wahlen im Kreis Alsfeld seit 1945, Examensarbeit 1961(Standort: Bibliothek des Fachbereiches Politikwissenschaft der Philipps-Universität Marburg).

Jochmann, W., Gesellschaftskrise und Judenfeindlichkeit in Deutschland 1870-1945, Hamburg 1988.

Jonscher, R., Kleine thüringische Geschichte. Vom Thüringer Reich bis 1945, Jena 1993.

Kahlenberg, F.P., Preußen und die Annektion des Jahres 1866. Nationalstaat und Selbstverwaltung während des Übergangsjahres in Kurhessen, in: Hessisches Jahrbuch für Landesgeschichte 16 (1966), S.165-214.

Kampmann, W., Deutsche und Juden. Die Geschichte der Juden in Deutschland vom Mittelalter bis zum Beginn des Ersten Weltkrieges, Frankfurt a.M. 1994.

Keyser, E. (Hrsg), Hessisches Städtebuch, Stuttgart 1957.

Kiesewetter, H., Industrielle Revolution in Deutschland 1815-1914, Frankfurt a.M. 1989.

Kirchner, H. (Bearb.), Durch die Jahrhunderte der Stadt und des Kreises Herrschaft Schmalkalden. Geschichte und Geschichten, Schmalkalden 1992.

Klein, R., Die landwirtschaftlichen Betriebsverhältnisse im Kreis Witzenhausen unter besonderer Berücksichtigung der natürlichen Grundlagen, Diss. Halle 1911.

Klein, Th., Reichstagswahlen und -abgeordnete der Provinz Sachsen und Anhalts 1867-1918. Ein Überblick, in: Schlesinger, W. (Hrsg.), Festschrift für Friedrich von Zahn, Bd.I.: Zur Geschichte und Volkskunde Mitteldeutschlands, Köln/Graz 1968, S.65-141.

Klein, Th., Grundriß zur deutschen Verwaltungsgeschichte 1815-1945, Reihe A Preußen, hrsg. von Walter Hubatsch, Bd.11: Hessen-Nassau, Marburg 1979.

Klein, Th., Hessen, Nassau, Frankfurt unter dem preußischen Adler, in: Schulz, U. (Hrsg.), Geschichte Hessens, Stuttgart 1983, S.204-216.

Klein, Th., Hessen-Nassau: Vom Oberpräsidendialbezirk zur Provinz, in: Hessisches Jahrbuch für Landesgeschichte 35 (1985), S.203-228.

Klein, Th., Provinz Hessen-Nassau und Fürstentum/Freistaat Pyrmont 1866-1945, in: Heinemeyer, W. (Hrsg.), Das Werden Hessens (Veröffentlichungen der Historischen Kommission für Hessen 50), Marburg 1986, S.565-695.

Klein, Th., Leitende Beamte der allgemeinen Verwaltung in der preußischen Provinz Hessen-Nassau und in Waldeck 1867-1945, Darmstadt/Marburg 1988.

Klein, Th., Die Hessen als Reichstagswähler. Tabellenwerk zur politischen Landesgeschichte 1867-1933, Bd.1: Provinz Hessen-Nassau und Waldeck-Pyrmont 1867-1918 (Veröffentlichungen der historischen Kommission für Hessen 51), Marburg 1989.

Klein, Th., Die Hessen als Reichstagswähler. Tabellenwerk zur politischen Landesgeschichte 1867-1933, Bd.2: Provinz Hessen-Nassau und Waldeck-Pyrmont 1919-1933/ unter Mitwirkung von Th. Weidemann. Bearb. und eingel. von F. Krause. Erster Teilband: Regierungsbezirk Kassel und Waldeck-Pyrmont (Veröffentlichungen der Historischen Kommission für Hessen 51), Marburg 1992.

Klein, Th. (Hrsg.), Die Zeitungsberichte des Regierungspräsidenten in Kassel an Seine Majestät 1867-1918 (Quellen und Forschungen zur hessischen Geschichte 95) erster Teil: 1867-1890, Darmstadt, Marburg 1993.

Klein, Th., Entwicklungslinien der politischen Kultur in Nordhessen, in: Schiller, Th./Winter, Th. v.(Hrsg.), Politische Kultur im nördlichen Hessen, Marburg 1993, S.20-33.

Klein, Th., Wahlen und Parteien in der preußischen Provinz Hessen-Nassau 1867-1933, in: Berg-Schlosser, D./Noetzel, Th. (Hrsg.), Parteien und Wahlen in Hessen. 1946-1994, Marburg 1994, S.12-33.

Klein, Th., Der preußisch-deutsche Konservatismus und die Entstehung des politischen Antisemitismus in Hessen-Kassel (1866-1893). Ein Beitrag zur hessischen Parteiengeschichte, Marburg 1995.

Klein, Th., Zur Statistik der Reichstagswahlen 1867 bis 1918 im Gebiet des heutigen Bundeslandes Hessen, in: Hessisches Jahrbuch für Landesgeschichte 46 (1996), S.261-266.

Klein, Th., Hessen im Spiegel der Wahlprüfungsverfahren des Deutschen Reichstags 1867-1918 (Teil I.), in: Hessisches Jahrbuch für Landesgeschichte, 47 (1997), S.205-251.

Klein, Th., Preußische Provinz Hessen-Nassau 1866-1944/45, in: Handbuch der hessischen Geschichte, 4. Band: Hessen im Deutschen Bund und im neuen Deutschen Reich (1806) 1815 bis 1945. Zweiter Teilband: Die hessischen Staaten bis 1945. 1. Lieferung, S.213-419 (mit Anlagen),

Klönne, A., Die deutsche Arbeiterbewegung. Geschichte-Ziele-Wirkung (unter Mitarbeit von B. Klaus und K.Th. Stiller), Düsseldorf/Köln 1981.

Knauß, E., Der politische Antisemitismus im Kaiserreich unter besonderer Berücksichtigung des mittelhessischen Raumes, in: Mitteilungen des oberhessischen Geschichtsvereins, NF Bd.53/54, 1969, S.43-68.

Koch, G., Frank, J., Die Stadtteile von Hessisch Lichtenau, in: 700 Jahre Hessisch Lichtenau. 1289-1989. Beiträge zur Heimatkunde, hrsg. von der Stadt Hessisch Lichtenau, Hessisch Lichtenau 1989, S.236-255.

Kollmann, K., Von 1845 bis 1945, in: 1200 Jahre Bischhausen. Ein hessisches Dorf und seine Geschichte. 786-1986, Ringgau-Datterode 1986, S.100-126.

Kollmann, K. (Red.), Röhrda. Chronik eines Dorfes, hrsg. zur 900-Jahr-Feier durch den Festausschuß Röhrda, Eschwege 1989.

Kollmann, K., Die Bürgermeister und die Gemeindevertretung von Röhrda, in Ders. (Red.), Röhrda. Chronik eines Dorfes, hrsg. zur 900-Jahr-Feier durch den Festausschuß Röhrda, Eschwege 1989, S.159-163.

Kollmann, K. (Red.), 725 Jahre Dudenrode 1267-1992, Bad Sooden-Allendorf-Dudenrode 1992.

Kollmann, K. (Red.), Geschichte des Dorfes Hilgershausen, Bad Sooden-Allendorf-Hilgershausen 1993.

Kollmann, K., Das Dorf im 19. Jahrhundert, in: Ders. (Red.), Geschichte des Dorfes Hilgershausen, Bad Sooden-Allendorf-Hilgershausen 1993, S.53-62.

Kollmann, K., Von 1900 bis 1950, in Ders. (Red.), Geschichte des Dorfes Hilgershausen, Bad Sooden-Allendorf-Hilgershausen 1993, S.63-82.

Kollmann, K. (Red.), Geschichte der Stadt Eschwege, Eschwege 1993.

Kollmann, K., Die Eschweger Stadtteile, in: Ders. (Red.), Geschichte der Stadt Eschwege, Eschwege 1993, S.489-508.

Kollmann, K., Huck, A., Wehretal – Altes Bauerntum und technische Neuzeit, in: Hildebrand, E. (Bearb.), Land an Werra und Meißner. Ein Heimatbuch, Eschwege 1983, S.329-334.

Kollmann, K., Huth, H., Waldkappel – „Die Stadt am Walde" und ihre Umgebung, in: Hildebrand, E. (Bearb.), Land an Werra und Meißner. Ein Heimatbuch, Eschwege 1983, S.317-322.

Kollmann, K., Naujuk, G., Vollprecht, D., Eschwege in den Jahren der Weimarer Republik, in: Kollmann, K. (Red.), Geschichte der Stadt Eschwege, Eschwege 1993, S.135-150.

Kollmann, K., Forbert, St., Wiegand, Th., Zeitungen in Eschwege, in: Kollmann, K., (Red.), Geschichte der Stadt Eschwege, Eschwege 1993, S.432-436.

Kollmann, K., Wiegand, Th., Kultur in Eschwege, in: Kollmann, K. (Red), Geschichte der Stadt Eschwege, Eschwege 1993,

Konservatives Handbuch, hrsg. unter Mitwirkung der politischen Vertretung der konservativen Parteien, Berlin 1892.

Kreis Herrschaft Schmalkalden, o.Verf., o.J., gedruckt in Schmalkalden bei Feodor Wilisch.

Krück, K., Großalmerode – Vom Zunftort der Waldgläsner zur Stadt des Tons und der Kohle, in: Hildebrand, E. (Bearb.), Land an Werra und Meißner. Ein Heimatbuch, Eschwege 1983, S.277-284.

Krück, K., Großalmerode. Bergstadt zwischen Meißner, Hirschberg und Kaufunger Wald, Horb am Neckar 1988.

Krumm, E., Die Stellung der Sozialdemokratie zum Antisemitismus (Examensarbeit am Fachbereich Politikwissenschaft der Philipps-Universität Marburg), Marburg O.J.

Kühne, Th., Handbuch der Wahlen zum preußischen Abgeordnetenhaus 1867-1918. Wahlergebnisse, Wahlbündnisse und Wahlkandidaten, Düsseldorf 1994.

Künzel, A. (Hrsg.), Witzenhausen und Umgebung. Beiträge zur Geschichte und Naturkunde. Festschrift zum 100jährigen Bestehen des Werratalvereins Witzenhausen 1893-1983 (Schriften des Werratalvereins Witzenhausen, Heft7, 1983).

Küther, W. (Bearb.), Historisches Ortslexikon des Kreises Witzenhausen, Marburg 1973.

Lamprecht, H., Ringgau – Die Gemeinde im Gebiet zwischen Boyneburg – Brandenfels – Graburg, in: Hildebrand, E. (Bearb.), Land an Werra und Meißner. Ein Heimatbuch, Eschwege 1983, S.305-310.

Langewiesche, D., Liberalismus in Deutschland, Frankfurt a.M. 1988.

Langkau, J., Matthöfer, H., Schneider, M. (Hrsg.), SPD und Gewerkschaften, Bd.1: Zur Geschichte eines Bündnisses, Bonn 1994.

Lautier, P., Die Kleineisenindustrie des Kreises Herrschaft Schmalkalden unter besonderer Berücksichtigung der wirtschaftlichen Entwicklung, Diss. (Mschr.) Frankfurt a.M. 1923.

Lehnert, D., Sozialdemokratie zwischen Protestbewegung und Regierungspartei. 1848-1983, Frankfurt a.M. 1983.

Lepsius, M.R., Parteiensystem und Sozialstruktur: zum Problem der Demokratisierung der deutschen Gesellschaft, in: Ritter, G.A., Die deutschen Parteien vor 1918, Köln 1973, S.56-80.

Leuschen-Seppel, R., Sozialdemokratie und Antisemitismus im Kaiserreich. Die Auseinandersetzungen der Partei mit konservativen und völkischen Strömungen 1871-1914, Bonn 1978.

Leuß, H., Aus dem Zuchthause. Verbrecher und Strafrechtspflege, Berlin 1904 (3. Auflage)

Liebert, B., Politische Wahlen in Wiesbaden im Kaiserreich (1867-1918), Wiesbaden 1988.

Locke, O., Aus Brotterodes Vergangenheit, Brotterode 1912.

Loth, W., Das Kaiserreich. Obrigkeitsstaat und politische Mobilisierung, München 1996.

Löffler, S., Die Presse des Regierungsbezirks Kassel von 1866-1918, Diss. (Mschr.) München 1954.

Löffler, S., Die Presse im preußischen Regierungsbezirk Kassel und ihr Verhältnis zum Staat, in: Zeitschrift des Vereins für hessische Geschichte und Landeskunde 67 (1956), S.181-198.

Lösche, P., Kleine Geschichte der deutschen Parteien, Berlin/Köln ²1994.

Lückert, M., Bad Sooden-Allendorf wie es früher einmal war. Eine illustrierte Chronik unserer Heimatstadt 1844-1914, Eschwege 1979.

Mack, R., Otto Böckel und die antisemitische Bauernbewegung in Hessen 1887-1894, in: 900 Jahre Geschichte der Juden in Hessen. Beiträge zum politischen, wirtschaftlichen und kulturellen Leben (Schriften der Kommission für die Geschichte der Juden in Hessen VI), 1983, S.377-410.

Mai, G., Sozialgeschichtliche Bedingungen von Judentum und Antisemitismus im Kaiserreich, in: Klein, Th./Losemann, V./Mai, G. (Hrsg.), Judentum und Antisemitismus von der Antike bis zur Gegenwart, Düsseldorf 1984, S.113-136.

Mai, G., Das Ende des Kaiserreiches. Politik und Kriegsführung im Ersten Weltkrieg, München 1987.

Mendel, E., Aus der Chronik von Lehrer Hollstein, in: Kollmann, K. (Red.), 725 Jahre Dudenrode 1267-1992, Bad Sooden-Allendorf-Dudenrode 1992, S.38-53.

Mendel, E., 1900-1932, in: Kollmann, (Red.), 725 Jahre Dudenrode 1267-1992, Bad Sooden-Allendorf-Dudenrode 1992, S.57-59.

Mendel, E., Rehbein, H., Dudenrode vor 100 Jahren, in: Kollmann (Red.), 725 Jahre Dudenrode 1267-1992, Bad Sooden-Allendorf-Dudenrode 1992, S.54-56.

Menz, E., Die Industrie Steinbach-Hallenbergs und ihre Geschichte, in: Kreis Herrschaft Schmalkalden, Schmalkalden o.J., S.16-17.

Merz, P., Entstehung und Entwicklung der Firma Metallwarenfabrik Scharfenberg u. Teubert G.m.b.H. Breitungen Werra, in: Breitunger Heimatbuch, Alten-, Frauen und Herrenbreitungen in Wort und Bild. 933-1933, Breitungen/Werra 1933, S.166-171.

Messerschmidt. J., 110 Jahre Sozialdemokratie in Trusetal. 1886-1996, bisher unveröffentlichtes Manuskript (Mschr.).

Metze, K.-R., Leo von Caprivi, in: Sternburg, W. v. (Hrsg.), Die deutschen Kanzler. Von Bismarck bis Schmidt, Frankfurt a. M. 1987, S.39-54.

Mielke, S., Der Handa-Bund für Gewerbe, Handel und Industrie 1909-1914. Der gescheiterte Versuch einer antifeudalen Sammlungspolitik, Göttingen 1976.

Milatz, A., Wahlrecht, Wahlergebnisse und Parteien des Reichstags, in: Deuerlein, E. (Hrsg.): Der Reichstag. Aufsätze, Protokolle und Darstellungen zur Geschichte der parlamentarischen Vertretung des deutschen Volkes 1871-1933, S.33-51.

Milatz, A., Reichstagswahlen und Mandatsverteilung 1871 bis 1918, in: Ritter, G.A., Gesellschaft, Parlament und Regierung, Düsseldorf 1974, S.207-223.

Miller, S., Potthoff, H., Kleine Geschichte der SPD. Darstellung und Dokumentation 1848-1983, Bonn 1983.

Möker, U, Nordhessen im Zeitalter der industriellen Revolution, Bonn 1977.

Möker, U., Nordhessen im Zeitalter der Industrialisierung, Köln/Wien 1977.

Mohrmann, W., Antisemitismus. Ideologie und Geschichte im Kaiserreich und der Weimarer Republik, Berlin 1972.

Mommsen, W. (Hrsg.), Deutsche Parteiprogramme, München ³1960.

Mommsen, W.J., Der autoritäre Nationalstaat. Verfassung, Gesellschaft und Kultur im deutschen Kaiserreich, Frankfurt a.M. 1990.

Mommsen, W.J., Das Ringen um den nationalen Staat. Die Gründung und der innere Ausbau des deutschen Reiches unter Otto von Bismarck 1850 bis 1890, Berlin 1993.

Mommsen, W.J., Bürgerstolz und Weltmachtsstreben. Deutschland unter Wilhelm II. 1890 bis 1918, Berlin 1995.

Mooser, J., Arbeiterleben in Deutschland 1900-1970. Klassenlagen, Kultur und Politik, Frankfurt a.M. 1984.

Morgenthal, G., Weißenborn und Rambach – Schmucke Orte in idyllischer Umgebung, in: Hildebrand, E. (Bearb.), Land an Werra und Meißner. Ein Heimatbuch, Eschwege 1983, S.335-339.

Mosse, G.L., Die Nationalisierung der Massen. Von den Befreiungskriegen bis zum Dritten Reich, Frankfurt a.M., Berlin, Wien 1975.

Nebel, A., Die ländlichen Arbeiterverhältnisse in Kurhessen auf Grund einer Enquete vom 8. Februar 1908, Fulda 1919.

Nipperdey, Th., Die Organisation der bürgerlichen Parteien in Deutschland vor 1918, in: HZ 185 (1958), S.550-602.

Nipperdey, Th., Die Organisation der deutschen Parteien vor 1918, Düsseldorf 1961.

Nipperdey, Th., Grundprobleme der deutschen Parteigeschichte im 19. Jahrhundert, in: Ritter, G.A. (Hrsg.), Die deutschen Parteien vor 1918, Köln 1973, S.32-55.

Nipperdery, Th., Die Organisation der bürgerlichen Parteien in Deutschland, in: Ritter, G.A. (Hrsg.), Die deutschen Parteien vor 1918, Köln 1973, S.100-119.

Nipperdey, Th., Deutsche Geschichte 1866-1918, Bd.I: Arbeitswelt und Bürgergeist, München ^{3}1990.

Nipperdey, Th., Deutsche Geschichte 1866-1918. Bd.II: Machtstaat vor der Demokratie, München 1983.

Nipperdey, Th., Rürup, R., Antisemitismus, in: Geschichtliche Grundbegriffe I., hrsg. von Brunner, O., Conze, W., Koselleck, R., Stuttgart 1972, S.129-153.

Nöcker, H., Die preußischen Reichstagswähler in Kaiserreich und Republik 1912 und 1924. Analyse-Interpretation-Dokumentation. Ein historisch-statistischer Beitrag zum Kontinuitätsproblem eines epocheübergreifenden Wählerverhaltens, Berlin 1987.

Nuhn, H., Die politischen Kräfte und das Wählerverhalten im Kreis Hersfeld ab 1945, Examensarbeit 1962 (Standort: Bibliothek des Fachbereiches Politikwissenschaft der Philipps-Universität Marburg).

Nuhn, H., Wahlen und Parteien im ehemaligen Landkreis Hersfeld. Eine historisch-analytische Längsschnittstudie (Quellen und Forschungen zur hessischen Geschichte 74), Darmstadt/Marburg 1990.

Peal, D., Anti-Semitism and Rural Transformation in Kurhessen: the Rise and Fall of the Böckel Movement. Diss. Columbia University 1985.

Petri, V., Rezension zu Frenz,W., Schmidt, H., Wir schreiten Seit an Seit. Geschichte der Sozialdemokratie in Nordhessen, Marburg 1989, in: Zeitschrift des Vereins für hessische Geschichte und Landeskunde Bd.95, 1990, S.322-323.

Philipps, A., (Hrsg.), Die Reichstagswahlen von 1867 bis 1883. Statistik der Wahlen zum konstituierenden und Norddeutschen Reichstag, zum Zollparlament, sowie zu den ersten Legislaturprioden des Deutschen Reichstages, Berlin 1883.

Pierenkemper, T., Umstrittene Revolutionen. Die Industrialisierung im 19. Jahrhundert, Frankfurt a.M. 1996.

Prengel, Th., Wahlproteste und Wahlbeschwerden in den ersten sieben Legislaturperioden des deutschen Reichstages, 1871-1890, in: Hirth, G., Seydel, M. (Hrsg.), Annalen des Deutschen Reichs für Gesetzgebung, Verwaltung und Statistik. Staatswissenschaftliche Zeitschrift und Materialiensammlung, 1892, S.1-90.

Puhle, H.-J., Radikalisierung und Wandel des deutschen Konservatismus vor dem Ersten Weltkrieg, in: Ritter, G.A. (Hrsg.), Die deutschen Parteien vor 1918, Köln 1973, S.165-186.

Puhle, H.-J., Agrarische Interessenpolitik und preußischer Konservatismus im wilhelminischen Reich (1893-1914). Ein Beitrag zur Analyse des Nationalismus in Deutschland am Beispiel des Bundes der Landwirte und der Deutsch-Konservativen Partei, Bonn, Bad Godesberg ²1975.

Pulzer, P., Die Entstehung des politischen Antisemitismus in Deutschland und Österreich, 1867-1914, Gütersloh 1964.

Pulzer, P., Die Wiederkehr des alten Hasses, in: Deutsch-Jüdische Geschichte in der Neuzeit, hrsg. im Auftrag des Leo Baeck Institutes von M.A. Meyer unter Mitwirkung von M. Brenner, Bd. III: Umstrittene Integration 1871-1918, München 1997, S.193-248.

Pulzer, P., Die Reaktion auf den Antisemitismus, in: Deutsch-Jüdische Geschichte in der Neuzeit, hrsg. im Auftrag des Leo Baeck Institutes von M.A. Meyer unter Mitwirkung von M. Brenner, Bd. III: Umstrittene Integration 1871-1918, München 1997, S.249-277.

Reccius, A., Geschichte der Stadt Allendorf in den Sooden, Bad Sooden Allendorf 1930.

Reimer, H. (Bearb.), Historisches Ortslexikon für Kurhessen, Marburg 1974.

Richter, E., (Hrsg.), Neues ABC-Buch für freisinnige Wähler. Ein Lexikon parlam,entarischer Zeit und Streitfragen, Berlin ^{3}1884.

Riquarts, K.-G., Der Antisemitismus als politische Partei in Schleswig-Holstein und Hamburg 1871-1914, Phil. Diss, Kiel 1975.

Ritter, G.A. (Hrsg.), Die deutschen Parteien vor 1918, Köln 1973.

Ritter, G.A. unter Mitarbeit von M. Niehuss, Wahlgeschichtliches Arbeitsbuch. Materialien zur Statistik des Kaiserreiches 1871-1918, München 1980.

Ritter, G.A., Staat, Arbeiterschaft und Arbeiterbewegung in Deutschland. Vom Vormärz bis zum Ende der Weimarer Republik, Berlin, Bonn 1982.

Ritter, G. A., Die deutschen Parteien 1830-1914. Parteien und Gesellschaft im konstitutionellen Regierungssystem, Göttingen 1985.

Ritter, G.A., Die Sozialdemokratie im deutschen Kaiserreich, In: HZ 249/2, 1989, S.369-397.

Ritter, G.A., Der Aufstieg der deutschen Arbeiterbewegung. Sozialdemokratie und freie Gewerkschaften im Parteiensystem und Sozialmilieu des Kaiserreichs, München 1990.

Ritter, G.A., Tenfelde, K., Arbeiter im Deutschen Kaiserrreich 1871-1914, Bonn 1992.

Rölleke, H., Die Stadt Wanfried und Richard Wagner, in: Hildebrand, E. (Bearb.), Land an Werra und Meißner. Ein Heimatbuch, Eschwege 1983, S.169-170.

Rößler, H., Massenexodus: die neue Welt des 19. Jahrhunderts, in: Bade, K.J. (Hrsg), Deutsche im Ausland-Fremde in Deutschland. Migration in Geschichte und Gegenwart, München 1992, S.148-157.

Rohe, K., Wahlanalyse im historischen Kontext. Zur Kontinuität und Wandel von Wahlverhalten, in: HZ 234 (1982), S.337-357.

Rohe, K., Wahlen und Wählertraditionen in Deutschland. Kulturelle Grundlagen deutscher Parteien und Parteiensysteme im 19. und 20. Jahrhundert, Frankfurt a.M. 1992.

Rohkrämer, T., Der Militarismus der „kleinen Leute". Die Kriegervereine im Deutschen Kaiserreich 1871-1914, München 1990.

Ronninger, R., Die Lebensbedingungen der Schmalkalder Kleineisenindustrie, 1933.

Rovan, J., Geschichte der deutschen Sozialdemokratie, Frankfurt a.M. 1918.

Sakai, E., Der kurhessische Bauer im 19. Jahrhundert und die Grundlastenablösung, Melsungen 1967.

Saldern, A.v., Wer ging in die SPD? Zur Analyse der Parteimitgliedschaft in wilhelminischer Zeit, in: Ritter, G.A. (Hrsg.), Der Aufstieg der deutschen Arbeiterbewegung. Sozialdemokratie und Freie Gewerkschaften im Parteiensystem und Sozialmilieu des Kaiserreichs, München 1990, S.161-183.

Scheiderbauer, T., Die soziale Zusammensetzung der Wahlberechtigten und der Wahlbeteiligten in den Kreisen Fritzlar und Homberg bei den Reichstagswahlen 1890 und 1893, 1963 (Standort: Bibliothek des Fachbereiches Politikwissenschaft der Philipps-Universität Marburg)

Schildt, A., Konservatismus in Deutschland. Von den Anfängen im 18. Jahrhundert bis zur Gegenwart, München 1989.

Schild, G., Die Arbeiterschaft im 19. und 20. Jahrhundert, München 1996.

Schluckmann, G. v., Die politische Willensbildung in der Großstadt Köln seit der Reichsgründung 1871. Eine Längsschnittstudie politischer Gemeindesoziologie, Köln 1965.

Schmädecke, J., Wählerbewegung im Wilhelminischen Deutschland. Bd.1: Die Reichstagswahlen von 1890 bis 1912: Eine historisch-statistische Untersuchung, Berlin 1995.

Schmelz, U.E., Die jüdische Bevölkerung Hessens. Von der Mitte des 19. Jahrhunderts bis 1933, Tübingen 1996.

Schmidt, G., Die Nationalliberalen – eine regierungsfähige Partei? Zur Problematik der inneren Reichsgründung 1870-1878, in: Ritter, G.A. (Hrsg.), Die deutschen Parteien vor 1918, Köln 1973, S.208-223.

Schmidt, G., Entwicklung der Arbeiterbewegung in Brotterode, in: Freies Wort. Ausgabe Schmalkalden, 6.6.1989, Nr.131.

Schoeps, H.-J., Der Weg ins deutsche Kaiserreich, Frankfurt a.M. 1980.

Schröder, W. (Bearb.), Handbuch der sozialdemokratischen Parteitage von 1863 bis 1909, München 1910.

Schröder, W. H., Sozialdemokratische Parlamentarier in den deutschen Reichs- und Landtagen 1867-1933 (Handbücher zur Geschichte des Parlamentarismus und der politischen Parteien 7), Düsseldorf 1995.

Schütt, H. (Red.), Aus der Geschichte der Stadt Bad Sooden-Allendorf 1218-1968, Bad Sooden-Allendorf 1968.

Schütt, H., Bad Sooden-Allendorf. Vom Ort des Salzsiedens zum Soleheilbad, in: Hildebrand, E. (Bearb.), Land an Werra und Meißner. Ein Heimatbuch, Eschwege 1983, S.268-274.

Schulte, W., Struktur und Entwicklung des Parteiensystems im Königreich Württemberg. Versuche zu einer quantitativen Analyse der Wahlergebnisse der Wahlergebnisse, Diss. Mannheim 1970.

Schultz, U. (Hrsg.), Die Geschichte Hessens, Stuttgart 1983.

Schulze, H., Der Weg zum Nationalstaat. Die deutsche Nationalbewegung vom 18. Jahrhundert bis zur Reichsgründung, München ^{3}1992.

Schutzbar, W. v., Die Agrarverhältnisse im Kreise Eschwege unter besonderer Berücksichtigung der Betriebsgrößen, Diss. Rostock 1925.

Schwarz, M., MdR. Biographisches Handbuch der Reichstage, Hannover 1965.

Schwerdtfeger, E. (unter Mitwirkung von Schmidt, H.), Die jüdischen Gemeinden in Herleshausen und Nesselröden. Beiträge zu ihrer Geschichte im 19. und 20. Jahrhundert, Herleshausen 1988.

Seier, H., Der unbewältigte Konflikt. Kurhessen und sein Ende 1803-1866, in: Schulz, U. (Hrsg.), Die Geschichte Hessens, Stuttgart 1983, S.160-170.

Seier, H., Modernisierung und Integration in Kurhessen 1803-1866, in: Heinemeyer, W., Das Werden Hessens, Marburg 1986, S.431-479.

700 Jahre Hessisch Lichtenau. 1289-1989. Beiträge zur Heimatkunde, hrsg. von der Stadt Hessisch Lichtenau, Hessisch Lichtenau 1989.

Simon, W., Meinhard – Die Gemeinde am südlichen Eichsfeldrand, in: Hildebrand, E. (Bearb.), Land an Werra und Meißner. Ein Heimatbuch, Eschwege 1983, S.295-298.

Simon, W., Kollmann, K., Aus der Geschichte der Eschweger Ortsteile, in: Hildebrand, E. (Bearb.), Land an Werra und Meißner. Ein Heimatbuch, Eschwege 1983, S.257-261.

Sozialdemokratie in Deutschland 1863-1996. Bilddokumentation zur Geschichte der SPD, Hrsg. vom Vorstand der SPD, Bonn 1996.

Sperber, J., The Kaiser's voters. Electors and Elections in Imperial Germany, Cambridge 1997.

Stampfer, F., August Bebel, in: Die großen Deutschen, Bd.3, hrsg. von H. Heimpel, Th. Heuss, B. Reifenberg, Frankfurt 1983, S.552-562.

Statistisches Handbuch Hessen 1995/96, hrsg. vom Hessischen Statistischen Landesamt, Wiesbaden 1996.

Statistisches Jahrbuch Hessen 1999/200, hrsg vom Hessischen Statistischen Landesamt, Wiesbaden 2000.

Stegmann, D., Die Erben Bismarcks. Parteien und Verbände in der Spätphase des Wilhelminischen Deutschland. Sammlungspolitik 1897-1918, Köln, Berlin 1970.

Steinbach, P., Stand und Methode der historischen Wahlforschung. Bemerkungen zur interdisziplinären Kooperation von moderner Wahlgeschichte und den politisch-historischen Sozialwissenschaften am Beispiel der Reichstagswahlen im deutschen Kaiserreich, in: Kaelble, H. u.a. (Hrsg.), Probleme der Modernisierung in Deutschland, Opladen 1978, S.171-234.

Steinbach, P., Wahlen im deutschen Kaiserreich, Studien zur Mobilisierung und Politisierung der Wählerschaft im 19. Jahrhundert, Habil. Berlin 1978.

Steinbach, P., Die Zähmung des politischen Massenmarktes. Wahlen und Wahlkämpfe im Bismarckreich im Spiegel der Hauptstadt- und Gesinnungspresse, Passau 1990.

Steinbach, P., Vorwort zu Schmädecke, J., Wählerbewegung im Wilhelminischen Deutschland. Bd.1: Die Reichstagsahlen von 1890 bis 1912: Eine historisch-statistische Untersuchung, Berlin 1995, S.XV-XXXIII.

Steinbach, P., Rezension zu Th. Klein, Die Hessen als Reichstagswähler. Tabellenwerk zur politischen Landesgeschichte 1867-1933. 1. Band: Provinz Hessen-Nassau und Waldeck Pyrmont 1867-1918, 1989; 2. Band: Provinz Hessen-Nassau und Waldeck-Pyrmont 1919-1933. Unter Mitwirkung von Thomas Weidemann bearb. Und eingeleitet von Friedhelm Krause. 1. Teilband: Regierungsbezirk Kassel und Waldeck-Pyrmont, XLV, 1992; 2. Teilband: Regierungsbezirk Wiesbaden, 1993; 3. Band: Großherzogtum/Volksstaat Hessen 1867-1933, 1995; in: Hessisches Jahrbuch für Landesgeschichte Bd. 48, 1998, S. 346-349.

Steindorfer, H., Franz Freiherr Schenk v. Stauffenberg (1834-1901) als ein bayrischer und deutscher Politiker, Phil. Diss., München 1959.

Sternburg, W. v. (Hrsg.), Die deutschen Kanzler. Von Bismarck bis Schmidt, Frankfurt a.M. 1987.

Stöhr, Chr., Die Landwirtschaft in Röhrda, in: Kollmann, K. (Red.), Röhrda. Chronik eines Dorfes, hrsg zur 900-Jahr-Feier durch den Festausschuß Röhrda, Eschwege 1989, S.138-157.

Stöhr, Chr., Die Landwirtschaft in Eschwege, in: Kollmann, K. (Red.), Geschichte der Stadt Eschwege, Eschwege 1993, S.234-243.

Strauß, R., Chronik der Stadt Wanfried, Wanfried 1908.

Stribrny, W., Bismarck und die deutsche Politik nach seiner Entlassung (1890-1898), Paderborn 1977.

Stürmer, M., Die Reichsgründung. Deutscher Nationalstaat und europäisches Gleichgewicht im Zeitalter Bismarcks, München ^{3}1990.

Suchy, B., Zwischen Geborgenheit und Gefährdung. Jüdisches Leben in hessischen Kleinstädten und Dörfern, in: Schultz, U. (Hrsg.), Die Geschichte Hessens, Stuttgart 1983, S.115-159.

Tappe, J., Die Geschichte der Arbeiterbewegung in Witzenhausen (hrsg. zum Anlaß des 100-jährigen Bestehens des SPD-Ortsvereins), Witzenhausen 1984.

Taschenbuch für Nationalliberale Wähler, Berlin 1911.

1200 Jahre Bischhausen. Ein hessisches Dorf und seine Geschichte, Ringgau-Datterode 1986.

Tilly, R.H., Vom Zollverein zum Industriestaat. Die wirtschaftlich-soziale Entwicklung Deutschlands 1834 bis 1914, München 1990.

Tormin, W., Geschichte der deutschen Parteien seit 1948, Stuttgart 1966.

Treue, W., Die deutschen Parteien. Vom 19. Jahrhundert bis zur Gegenwart, Frankfurt a.M./Berlin/Wien 1975.

Ullmann, H.-P., Interessenverbände in Deutschland, Frankfurt a.M. 1988.

Ullmann, H.-P., Das Deutsche Kaiserreich 1871-1918, Frankfurt a.M. 1995.

Ullrich, V., Die nervöse Großmacht 1871-1918. Aufstieg und Untergang des deutschen Kaiserreiches, Frankfurt a.M. 1997.

Vogel, B., Nohlen, D., Schultze, R.-O., Wahlen in Deutschland. Theorie-Geschichte-Dokumente 1848-1970, Berlin/New York 1971.

Volkmar, K., Tausend Jahre Barchfeld (Werra), Barchfeld 1933.

Wahl, V., Geschichte von Steinbach-Hallenberg. Ein Gang durch die Geschichte von Steinbach-Hallenberg und Umgebung, Steinbach-Hallenberg 1990.

Weber, K.E., Die politischen Parteien und die Wahlen zum Reichstag im Kreis Ziegenhain von 1890 bis 1912, o.J. (Standort: Bibliothek des Fachbereiches Politikwissenschaft der Philipps-Universität Marburg)

Weber, S., „Trotz unserer Minderheit hoffen wir zu siegen". Sozialdemokratie in Marburg-Biedenkopf von 1869-1914, Marburg 1994.

Wehler, H.-U., Das Deutsche Kaiserreich 1871-1918 (Deutsche Geschichte 9, hrsg. von J. Leuschner), Göttingen [6]1988.

Wehler, H.-U., Deutsche Gesellschaftsgeschichte, Bd.3: Von der „Deutschen Doppelgründung" bis zum Beginn des Ersten Weltkrieg. 1849-1914, München 1995.

Weichlein, S., Sozialmilieus und politische Kultur in der Weimarer Republik. Lebenswelt, Vereinskultur, Politik in Hessen, Göttingen 1996.

Weidemann, Th., Politischer Antisemitismus im Deutschen Kaiserreich. Der Reichstagsabgeordnete Liebermann von Sonnenberg und der nordhessische Wahlkreis Fritzlar-Homberg-Ziegenhain, in: Bambey, H., Biskamp, A., Lindenthal, B. (Hrsg.), Heimatvertriebene Nachbarn. Beiträge zur Geschichte der Juden im Kreis Ziegenhain, Bd.1, Schwalmstadt-Treysa 1993, S.113-183.

Weidner, D., Die Entwicklung des Bades Sooden-Allendorf, in: Schütt, H.:, Aus der Geschichte der Stadt Sooden-Allendorf 1218-1968, Bad Sooden-Allendorf 1968, S.18-22.

Wende, F. (Hrsg.), Lexikon zur Geschichte der Parteien in Europa, Stuttgart 1981.

Wilisch, F. (Hrsg.), Schmalkalden und seine Umgebung, Schmalkalden o.J.

Willms, J., Nationalismus ohne Nation. Deutsche Geschchte 1789-1914, Frankfurt a.M. 1985.

Wippermann, K., Deutscher Geschichtskalender für 1893. Sachlich geordnete Zusammenstellung der politisch wichtigsten Vorgänge im In- und Ausland, I. Band, Leipzig 1893.

Wolff, P., Witzenhausen – 85 Jahre im Dienste der Agrarentwicklung in den Tropen und Subtropen (Der Tropenlandwirt. Zeitschrift für die Landwirtschaft in den Tropen und Subtropen, Beiheft 18), Witzenhausen 1983.

Woyke, W., Stichwort: Wahlen, Bonn [8]1994.

Wroz, W., Neu-Eichenberg – Grenzgemeinde im Dreiländereck, in: Hildebrand, E. (Bearb.), Land an Werra und Meißner. Ein Heimatbuch, Eschwege 1983, S.303-304.

Wroz, W., Witzenhausen – Kirschenstadt an der Werra, in: Hildebrand, E. (Bearb.), Land an Werra und Meißner. Ein Heimatbuch, Eschwege 1983, S.262-267.

Wucher im Regierungsbezirk Kassel (anonym), in: Der Wucher auf dem Lande, Berichte und Gutachten veröffentlicht vom Verein für Socialpolitik (Schriften des Vereins für Socialpolitik 35), 1887, S.219-225.

Zechlin, E., Die deutsche Einheitsbewegung, Frankfurt a.M./Berlin/Wien 1977.

Zechlin, E., Die Reichsgründung, Frankfurt a.M./Berlin/Wien [3]1978.

Zimmer, A.M., Juden in Eschwege, Eschwege 1993.

Zimmer, A.M., Zur Geschichte der jüdischen Gemeinde in Eschwege, in: Kollmann, K. (Red.), Geschichte der Stadt Eschwege, Eschwege 1993, S.341-357.

XIX. Anhang

1. Dokumente

Die Unterzeichneten empfehlen als Candidaten für die nächste **Reichstagswahl** Herrn

Carl v. Scharfenberg zu Kalkhof bei Wanfried.

Derselbe vertritt die von nationalliberaler, wie freikonservativer Seite durch ganz Deutschland angestrebte Mittelpartei, welche sich vorzugsweise die Hebung des Nationalwohles durch praktische Wirthschaftspolitik zur Aufgabe stellt. Herr von Scharfenberg wird daher auch die Interessen unseres Kreises, insbesondere die uns so wichtigen Interessen der Tabaksindustrie und des Tabaksbaues nach Kräften vertreten. Seine Unabhängigkeit, sein ächt patriotischer Sinn, sein gediegener Charakter und seine umfassenden Kenntnisse geben uns sicherste Gewähr, in ihm einen tüchtigen Vertreter zu finden. Herr v. Scharfenberg wird sich den Wählern in den einzelnen Kreisen noch öffentlich vorstellen und seine Stellung darlegen.

Eschwege, am 15. September 1881.

Das vereinigte Comité von Stadt und Land.

J. B. Döhle, Georg Chr. Döhle, Fr. Wilh. Gemeling, Fr. Aug. Heinemann, G. B. Werner, Carl Döhle, Dr. B. Brill, C. Herfurth, G. Endemann, J. F. Hüther, C. Hartmann, Ch. H. Hempfing, R. Krug, Julius Kohlus, Bichmann, C. Hempfing, August Hupfeld, D. M. Cahn, Johannes Humpf, Christoph Saame, G. C. Becker, C. Meinung — Eschwege. v. Landwüst, Kohl — Aue. Reiß, Bischhausen. Böttiger, Grandenborn. Klingenbiel, Grebendorf. C. Fr. Wendemuth, Sachs — Netra. Albrecht, Niederdünzebach. Weißhaar, Renda. Methe, Aichler, G. Rexerodt — Röhrda. Köhler, Schwebda. Fr. Wahlbusch, Bischhausen. Bepler, Mühlhausen, Th. Bierschenk — Waldkappel. Chr. Gebhard, Peter Israel, Gerlach — Wannfried. Dietzel, Weißenborn. Th. Bierschenk, A. v. Boyneburgk, Meister — Wichmannshausen.

Eschweger Kreisblatt, 20.8.1881, Nr. 111

ANZEIGEN

Reichstagswahl.

Zur vorläufigen Mittheilung, daß der an Stelle des Herrn von Waitz zu Cassel, welcher aus persönlichen Gründen abgelehnt hat, von den liberalen Wählern der Kreise Schmalkalden, Witzenhausen, Eschwege zur Wahl für den Reichstag aufgestellte Candidat

Herr Rechtsanwalt Carl Friess in Cassel

sich bereit erklärt hat, die Candidatur anzunehmen, und nächsten Sonntag Nachmittag sich hier vorstellen und einen Vortrag halten wird.

Wir werden in nächster Nummer dieses Blattes über Zeit und Lokal nähere Angaben machen.

Eschwege, 5. October 1881. **Das Wahlcomitee.**

Eschweger Kreisblatt, 6.10.1881, Nr. 118

Zur bevorstehenden Reichstagswahl.

Den geehrten Wählern des Kreises Eschwege bringen wir hierdurch zur Kenntniß, daß der für die Kreise **Eschwege, Witzenhausen** und **Schmalkalden** seitens der **nationalliberalen und freiconservativen Partei** in Aussicht genommene **Reichstags-Kandidat**

Herr Baron v. Christen zu Werleshausen,

nächsten Freitag den 3. Oktober, Nachmittags 3 Uhr, im Saale des Gasthofs „zur Goldenen Krone" in Eschwege, zur Klarlegung seines politischen Bekenntnisses sprechen wird, und ersuchen wir alle Anhänger und Freunde dieser Partheien, sich zur Anhörung dieses Vortrags in genanntem Local recht zahlreich und präcis einfinden zu wollen.

Eschwege, den 30. September 1884.

Das Comitee.

Eschweger Kreisblatt, 1.10.1884, Nr. 117

Zur Reichstagswahl.

In dem „Eschweger Tageblatt und Kreisblatt" vom 30. Januar wird gesagt, daß die freisinnige Partei den Versuch mache, innerhalb des hiesigen Wahlkreises nationalliberale Stimmen für die Wahl des Herrn Buchdruckereibesitzer Feodor Wilisch zu werben und der Beweis gebracht, daß Herr Wilisch der freisinnigen Partei angehöre.

Es ist von Herrn Wilisch nicht geleugnet, daß er der freisinnigen Partei angehört, ist doch der schon oft in hiesigen Blättern gebrachte Aufruf für Herrn Wilisch vom deutschfreisinnigen Wahlkomitee unterzeichnet, außerdem empfehlen hier im Kreise Flugblätter den freisinnigen Kandidaten Herrn Wilisch.

Deshalb also Beweise erbringen für Thatsachen, die offen zu Tage liegen. Wenn die liberalen Anspruch auf die Stimmen nationalliberaler erheben, welche kartellmüde sind, und es ist dies der größte Theil, so haben sie ein Recht dazu, denn die freisinnige Partei ist aus der nationalliberalen und Fortschritts-Partei hervorgegangen.

Der Beweis dafür, daß die Nationalliberalen in unserem Wahlkreise ebensowohl wie überall im deutschen Reiche nach wie vor fest zum Kartell stehen, wird erbracht werden und ist ja der 20. Februar der Termin, an welchem die Wähler entscheiden werden.

Die Wirksamkeit des Herrn von Christen vom liberalen Standpunkt aus betrachtet macht denselben für wirklich liberale Wähler unmöglich.

Für das liberale Wahlkomitee:
G. Hauck. N. Katzenstein. G. F. Zeuch.

Club Ulk.

Sonntag, den 9. Februar er.

Theatralische
Abendunterhaltung

im Saale des Herrn C. Holzapfel.
Zum Schluß: TANZ.
Der Vorstand.
NB. Karten sind zu haben bei den Herren E. Baum, Neustadt 24, C. Gerlach, Stob 21, O. Löwentron, Mittelgasse, und in der Carl Holzapfel'schen Restauration.

Beste Bezugsquelle.
Das große
Bettfedern-Haus
von
B. BENJAMIN
in Altona a. d. Elbe
versendet zollfrei unter Nachnahme (nicht unter 10 Pfd.) gute neue Bettfedern für nur 60 ₰ pr. Pfd.; vorzügl. gute Sorte 1.25 ℳ, pr. Halbdaunen 1,60 u. 2 „
pr. Ganzdaunen nur 2,50 „
Bei Abnahme von 50 Pfd. 5 % Rabatt. — Verpackung wird billigst

Wahl-Aufruf
an die Wähler des Wahlkreises Eschwege-Schmalkalden-Witzenhausen.

Nachdem der Wahltermin zur Reichstagswahl auf den 20. Febr. festgesetzt ist und wir am 24. Novbr. 1889 in einer von ca. 700 Personen besuchten Volksversammlung einstimmig wieder

Herrn Wilhelm Pfannkuch

aus Cassel

als Candidat der Arbeiterpartei aufgestellt haben, bitten wir unsere Wähler auch diesmal denselben ihre Stimme zu geben und mit allen gesetzlich zu Gebote stehenden Mitteln für unseren Candidaten zu agitiren; ferner alle persönlichen Angriffe bei der Agitation sowohl wie in Versammlungen gegen Personen anderer Parteien gänzlich zu unterlassen.

Eschwege.
Das Wahl-Comitee der Arbeiterpartei.

NB. Alle Anfragen sind an Herrn Wilhelm Hugo, Eschwege, Mauerstraße Nr. 1, zu richten.

Für Wiederverkäufer!!!
Gelegenheitskauf.
Taschenmesser,
12 Stück verschiedener Sorten mit 2, 3, 4 Klingen u. Corkzieher, sämmtlich kräftige harte Messer, jedes Stück unter Garantie, per Dutzend 5 Mark, ½ Dutzend 2,50 Mark.

Preis- und Musterbuch sämmtlicher Messerwaaren, Scheeren, Rasirer, Zeichen, Jagdgeweh re, Patronen versende franco.

Ernst Lange, Gräfrath bei Solingen.

Der Gesangs-Komiker.
Auserwählte Couplets, Duette, Soloscenen ꝛc. mit Pianoforte-Begleitung.
32 Bände (Band 20—23 hors à 1 ℳ. 1 Mk. Inhaltsverz. gratis u. fr.
Vademecum für Dilettanten.
Eine theoretisch-praktische Anleitung zum öffentlichen Auftreten
Von Max Trausil. Geb. Preis 1 Mk. 20 Pfg.

Theater in Eschwege

(Im Locale des Hrn. Ernst Holzapfel.)

Sonntag den 2. Februar:
Mutterségen u. Vaterfluch
oder:
Die Perle von Savoyen.
Schauspiel mit Gesang in 5 Akten
v. Friebrich. Musik v. Schäffer.

Montag den 3. Februar:
Gretchens Polterabend.
Lustspiel in 3 Aufzügen
von Rudolf Kneisel.

In Vorbereitung:
Das Eulenhaus.
Schauspiel in 5 Acten von Hilpert.
Alles Nähere die Tageszettel.
Die Direction.

Ein aus freundliches, neuerbautes
Lagerhaus (Hinterhaus)
mit Comptoir,
zu jedem Fabrikzwecke geeignet, steht preiswerth zu vermiethen. Reflektanten wollen sich gefl. melden bei den Justizanwalt Jacob Döhle, Eschwege.

Jungen schwindsucht,
Asthma, sowie alle Krankheiten des Halses und der Kulturen sind durch bie von mir der Pflanzenwelt entdeckten Mittel nachweislich noch im hohen Alter heilbar.
Suersen, Lehrer zu St. Georg bleibt. 2 - Hamburg.

Einen ordentlichen Jungen als
Lehrling
sucht
Max Fröhler,
Maler u. Weißbindermeister.

Brustleiden,
jeder Art können trotz aller Vorurtheile durch meine am eigenen Körper erprobte Kur radikal geheilt werden.

Zur Reichstagswahl!

Ein Fall von Wahlmache aus unserem Wahlkreise wird hiermit zur öffentlichen Kenntniß gebracht.

Einige Herren des liberalen Wahlkomitee's von hier, begaben sich dieser Tage nach Frankershausen, um den bereits schriftlich zugesagten Saal, in welchem der Kandidat der Liberalen, Herr **Feodor Wilisch**, sprechen wollte, zu besichtigen. Zu ihrem Erstaunen wurde ihnen von dem betreffenden Wirth die Mittheilung, daß aus Gründen, welche seinem Sohn insofern von Nachtheil sein könnten, als ihm bei Uebernahme des Geschäfts die Konzession als Wirth nicht ertheilt werden könne, der Saal verweigert.

In Folge dessen begaben sich die betreffenden Herren nach Frankenhain, wo ihnen ein Saal eines dortigen Wirthes zur Verfügung gestellt wurde.

Heute läuft von diesem Wirthe in Frankenhain folgender Brief hier ein, worin derselbe sagt:

„In Betreff Ihres heutigen Hierseins, wegen Vermiethung „meines Tanzsaales auf nächste Woche zur gemeinschaftlichen Rede, „wegen der Reichstagswahl, muß ich leider Ihnen Mittheilung machen, „daß ich denselben nicht dazu hergeben darf, weil der Herr Bürger„meister hierüber mich vorgelaben hat, wo er es mir für mein „ferneres Wohl verboten hat. Wäre es mir lieber, wenn die Beredung „wohl in Frankershausen abgehalten werden könnte. Muß also und „will hiermit mein Wort retour nehmen."

Das Original des Briefes befindet sich in Händen des liberalen Wahlkomitee's.

Wir haben hierzu nur zu bemerken, daß, wer zu solchen Mitteln seine Zuflucht nimmt, dessen Sache muß wohl auf schwachen Füßen stehen.

Selbstverständlich wird diese Angelegenheit als Wahlbeeinflußung weiter verfolgt.

Für das liberale Wahlkomitee:
G. Hauck. N. Katzenstein. G. F. Zeuch.

Fulda Werra Zeitung, 4.2.1890, Nr. 14

Mit der Loosung:
**Nieder mit dem volksfeindlichen Kartell!
Fort mit den Verewigern des Sozialistengesetzes!**
fordern wir unsere Parteigenossen im Wahlkreise Eschwege-Witzenhausen-Schmalkalden auf, bei der bevorstehenden Stichwahl für den Candidaten der Freisinnigen,

Herrn Feodor Wilisch
in Schmalkalden,

welcher gegen jedes, wie immer geartete Ausnahmegesetz, gegen jede Verschärfung der Strafgesetze, gegen jede Verkümmerung des allgemeinen, gleichen, directen Wahlrechts stimmen wird, einzutreten, Mann für Mann an der Wahlurne zu erscheinen und ihre Stimme für denselben abzugeben.

Das Wahl-Comité der Arbeiterpartei.
J. A.: W. Hugo.

Fulda Werra Zeitung, 24.2.1890, Nr. 23

Zwei große öffentliche
Wählerversammlungen
☞ für Eschwege und Umgegend ☜
Montag, den 12. Juni, Abends $6^1/_2$ und $8^1/_2$ Uhr
im Lokale der Genossenschafts-Fabrik.

Referent: Herr Reichstags-Candidat W. Pfannkuch aus Cassel.

Tages-Ordnung:
Die Militärvorlage u. die bevorstehenden Reichstagswahlen.

Der Einberufer.

Fulda Werra Zeitung, 12.6.1893, Nr. 135

Enthüllungen!

Staunet über die Unverfrorenheit eines Menschen, der es wagt, uns im Reichstage vertreten zu wollen!
Staunet über dessen Vergangenheit!

Ein Mann, der sich um das höchste Ehrenamt, das das deutsche Volk zu vergeben hat, um ein Reichstagsmandat bewirbt, muß eine makellose Vergangenheit haben.

Wie steht es in dieser Beziehung mit dem Candidaten der Antisemiten

Hans Leuss aus Hannover?

Hans Leuß war früher Nähmaschinen-Agent in Aurich; eines Tages aber verließ er diese Stadt **ohne die schuldige Miethe zu bezahlen!!!** Die Wahrheit dieser Angabe ist in der Privatklage Leuß gegen Lippmann von dem Hauswirth Fangmann in Aurich vor Gericht beschworen worden! Nun ging Leuß nach Stadthagen im Bückeburgischen und fing da ein Geschäft an. Aber bald fallirte er seine Zahlungen ein, wurde

bankrott und seine Gläubiger bekamen nichts.

Da nichts vorhanden war,

☞ **leistete Leuss den Offenbarungseid!** ☜

Ehemals fand Leuß in Berlin in der antisemitischen Zeitung „Das Volk" Beschäftigung, wurde aber bald gezwungen, aus Berlin zu verschwinden! Ueber den Abgang des Herrn Leuß in Berlin waren die verschiedenartigsten Gerüchte verbreitet. Thatsache ist, daß Herr Redakteur Carl Voigt, Berlin W., Dennewitzstraße 34 I, jetzt Reichstags-Candidat für Meiningen, Herrn Leuß in einer Volksversammlung vor 2000 Personen ein

Unterschlagung von zwanzigtausend Mark

vorgeworfen hat, worauf Herr Leuß erklärte, er wolle gegen Voigt eine Beleidigungsklage anstrengen. Bis heute hat Herr Leuß noch keine Klage eingereicht!!!

Nun ging Leuß nach Hannover! Wer wissen will, wie er es da getrieben, der lese unter anderem die „Elzer Nachrichten" vom 7. Februar und die „Welfische Landeszeitung" vom 14. Mai über sein „ekelerregendes Auftreten".

Den Ahlwardt nahm Leuß in Schutz und hielt noch vor Kurzem im Odeon in Hannover eine Lobrede auf ihn. In Oeynhausen sagte Leuß, es sei einem Juden einen Raubmord mehr oder weniger nicht an und voriger Woche sagte er sogar in Wanfried:

„Ein Raubmörder sei ihm lieber, als der beste Jude, ein Raubmörder habe doch den Muth, jemand todt zu schlagen, ein Jude sei zu feig dazu."

Wie jetzt Leuß ist, bewies er im Café Sander in Hannover, woselbst er wegen seines unverschämten Benehmens von Herrn Rabby (Christ) durchgeprügelt wurde und, weil er sich verfolgt glaubte, ohne Hut und in Hemdsärmeln durch das Austrittsfenster flüchtete.

Bedenkt Wähler! Dieser Mann will unser Reichstagsabgeordneter werden. Dieser **Hans Leuß**, welcher

In Aurich durchgeht, ohne seine Miethe zu bezahlen!
In Stadthagen seine Gläubiger schädigte, daß sie nicht einen Pfennig bekamen!
Den Offenbarungseid geleistet hat!
Ahlwardt in Schutz nimmt!
In öffentlichen Versammlungen Radau machen will!
Den Raubmord verherrlicht!
In Hannover durchgeprügelt wurde und durch's Abtrittsfenster flüchtet!
Sich vom Vorwurf einer Unterschlagung nicht reinigt!

Kann man einen solchen Mann wählen?

Nein!! Darum wählet einen Ehrenmann!

Gebt Eure Stimme am 15. Juni unserm bisherigen bewährten

Abgeordneten

Feod. Wilisch

Fulda Werra Zeitung, 13.6.1893, Nr. 136

Alle Reichstagswähler,

welche am 15. Juni ihre Stimme dem sozialdemokratischen Kandidaten H. Huhn aus Cassel gegeben haben, werden hierdurch aufgefordert, bei der bevorstehenden Stichwahl zwischen Herrn von Christen und Leuß sich der Stimme zu enthalten. Beide sind für die Militärvorlage, wodurch dem Volke (besonders dem arbeitenden) neue schwere Lasten auferlegt werden. Deshalb könnt und dürft Ihr sie nicht wählen.

Das sozialdemokratische Wahlkomitee in Eschwege.

Erklärung!!

Den Beschluß des Arbeiter-Wahlkomitees in Schmalkalden für Herrn von Christen zu stimmen, erklären wir für einen Verrath an der Arbeitersache und fordern dementgegen nochmals auf, daß jeder Wähler, der am 15. Juni unserem Candidaten Herrn Huhn aus Cassel die Stimme gegeben, sich morgen der Abstimmung enthält.

Das sozialdemokratische Wahlkomitee Eschwege.
J. A.: W. Hugo.

Alle Wähler in Stadt und Land, denen irgend welche Vorkommnisse aus der Zeit der Reichstagswahl in unserem Kreise bekannt sind, die als Wahlbeeinflussung angesehen werden können, wie nur sie in unserem letzten Flugblatt, die als solche gelten, des Näheren bezeichnet haben, werden hier mit aufgefordert, sofort den genaueren Thatbestand, sowie Namen und Wohnort der Zeugen an Louis Schöpflin Schreiner in Eschwege Bremerstr. 6 einzusenden. Porto wird vergütet.

Das sozialdemokratische Wahlkomitee.

Fulda Werra Zeitung, 23.6.1893, Nr. 45

Wähler-Versammlung.

Mittwoch den 20. Februar, Nachmittags 4 Uhr, findet in

☛ Nesselröden ☚

eine öffentliche Wählerversammlung statt, in welcher Herr Reichskommissar

Dr. Carl Peters

sein Programm entwickeln wird.

Die Wähler sind hierzu freundlichst eingeladen.

Das Wahlcomité der vereinigten Mittelpartheien.

Wähler-Versammlung.

Mittwoch den 20. Februar, Abends 7½ Uhr, findet in

☛ Herleshausen ☚

eine öffentliche Wählerversammlung statt, in welcher Herr Reichskommissar

Dr. Carl Peters

sein Programm entwickeln wird.

Die Wähler sind hierzu freundlichst eingeladen.

Das Wahlcomité der vereinigten Mittelpartheien.

Eschweger Tageblatt und Kreisblatt, 10.2.1895, Nr. 42

Man hat in letzter Zeit öfters die traurige Beobachtung gemacht, daß seitens hiesiger jüdischer Einwohner besonders gegen kleine Geschäftsleute Drohungen laut geworden sind, daß kein Jude von den Christen wieder kaufen werde, falls Letztere ihre Stimme für den antisemitischen Candidaten abgeben.

Der Israelit verlangt also, daß der Christ seine Stimme dem Candidaten gebe, der den inneren Frieden des Vaterlandes gefährdet, der Thron und Altar stürzen und die heiligsten Güter zerstören will. Das ist doch eine sonderbare Anmaßung, die ebenso verdammungswürdig ist, als wenn mehrere hiesige Israeliten die Umsturzparthei mit nicht unerheblichen Geldmitteln unterstützen. Wer ist denn nun hier der Abhängige? Ist es der Christ oder der jüdische Geschäftsmann? — Nun wir glauben, daß 9/10 der hiesigen jüdischen Geschäftswelt, mögen sie Namen haben, wie sie wollen, von christlicher Kundschaft abhängig sind. Ihr christlichen Mitbürger rafft Euch doch gegen solche Anmaßung einmal auf. Laßt Kleinmuth und Schwächlichkeit fahren, schließt Euch eng an einander und gebt Euch das Wort, nur bei Christen zu kaufen, damit solche Anmaßung ihren verdienten Lohn empfange.

Drum, Ihr Kaufleute, Gewerbetreibende, Handwerker, Landleute, macht Euch als ächte Deutsche frei von israelitischer Arroganz, bethätigt Eure Liebe zu Kaiser und Reich, indem Ihr am Montag nicht zu Hause bleibt, sondern als ächte deutsche Männer an die Wahlurne herantretet und Eure Stimme abgebt für den Candidaten der Ordnungspartheien, das deutsch: Vaterland ruft es, Eure Ehre verlangt es.

Auf für Pfarrer Iskraut!
Christlich-sozialer Verein zu Eschwege.

Eschweger Tageblatt und Kreisblatt, 16.3.1895, Nr. 64

Schmalkalder Tageblatt.

Amtlicher Anzeiger für den Kreis Schmalkalden.

№ 125.   Schmalkalden, Mittwoch, den 1. Juni 1898.   11. Jahrgang.

An die Wähler des Kreises Schmalkalden.

Die Reichstagswahl steht bevor. Ihr Ausfall ist für die weitere Entwicklung des Vaterlandes von großer Bedeutung. Es gilt am 16. Juni Männer zu wählen, die ernstlich gewillt sind, an der Gesetzgebung zum Wohle aller Klassen in entschieden gebeihlicher Weise mitzuwirken. Männer von unabhängiger Gesinnung, von tadellosem Charakter, die mit den Interessen ihres Kreises aufs Genaueste vertraut sind. Als solcher Mann hat sich erwiesen unser langjähriger Landtags- und früherer Reichstags-Abgeordneter, der Gutsbesitzer

Hermann von Christen in Werleshausen,

der von den vereinigten conservativen und nationalliberalen Parteien, sowie von Mitgliedern des Bundes der Landwirthe einstimmig zum Candidaten für unsern Wahlkreis aufgestellt wurde.

Seine bisherige politische Wirksamkeit, seine einzige und erfolgreiche Thätigkeit für das Wohlfahrt unseres Kreises lassen es überflüssig erscheinen, ausführlich auf seine Persönlichkeit einzugehen. Die Bedürfnisse der Landwirthschaft, des Mittelstandes in Handel und Gewerbe finden bei ihm volles Verständniß. Er ist frei von einseitiger Interessenpolitik und wird, fest auf dem Boden des Schutzes aller Zweige der nationalen Arbeit stehend, bei den künftigen Abschlüssen neuer Handelsverträge gleichmäßig eintreten für Landwirthschaft, Industrie und Handel.

Was uns aber seine Persönlichkeit besonders werth macht, ist sein thatkräftiges, erfolgsichres Eintreten für die engeren Interessen unseres Kreises und vor Allem sein unermüdliches Streben für unser schwer heimgesuchtes Brotgewerbe. Darum können wir den Wählern unseres Kreises keinen geeigneteren Vertreter empfehlen als den Gutsbesitzer

Hermann von Christen
in Werleshausen.

Schmalkalden, im Mai 1898.

Der Nationalliberale Wahlverein des Kreises Schmalkalden.

Wähler! Parteigenossen!
Der Kampf hat begonnen.

Wir kämpfen für das allgemeine Wahlrecht.
Wir kämpfen für das Koalitionsrecht.
Wir kämpfen für den Arbeiterschutz.
Wir kämpfen für Preßfreiheit aber nicht für Preßfrechheit.
Wir kämpfen für Vereins- und Versammlungsfreiheit, aber nicht für Vereins- und Versammlungs-Roheit.
Wir kämpfen für die Freizügigkeit, soweit sie nicht die Ausbeutung des Arbeiters bedeutet.

Wir kämpfen gegen Rechtlosigkeit, Ungerechtigkeit und Unterbeamtung.
Wir kämpfen gegen die unnöthige Vermehrung des Heeres und der Marine.
Wir kämpfen gegen die Ausbeutung des arbeitenden Volkes.
Wir kämpfen gegen alle ungerechten indirekten Steuern.
Wir kämpfen gegen den Uebermuth der Sozialdemokratie, des Judenthums und der Brotwucherer.

Unsere Losung ist: Tod der Noth und dem Müßiggang.

Handwerker, Kleinbauern, Kleingewerbetreibende aller Art, untere Beamte, Arbeiter, alle, die ihr bei harter Arbeit und schwerer Sorge für kargen Lohn den Kampf ums Dasein führt, ihr, auf deren Arbeit unser Staats- und Gesellschaftsbau ruht, Eure Sache ist es, Schulter an Schulter mit uns zu kämpfen. Euer eigenes Interesse gebietet es. **Darum heran ihr Wähler! Stellt euch in Reih und Glied, vor allem ihr Männer der Arbeit.** Thut eure Pflicht gegen euch selbst, gegen das Vaterland, gegen die christliche Religion und wählt am 16. Juni, dem Tage der Reichstagswahl, einstimmig **nicht** den Kandidaten der Sozialdemokratie, sondern unseren bisherigen Abgeordneten, den

Pfarrer Iskraut

den Vertreter aller redlichen Arbeit. Vorwärts! Vorwärts zum Kampf und Sieg!

Das Wahlcomitee der deutsch-socialen Reformpartei.

Schmalkalder Tageblatt, 2.6.1898, Nr. 126

Das Geschäftslokal des Vaterländischen Wahlausschusses

befindet sich in der **Restauration „Zur Stadt Eschwege" (Lambert 1 Treppe hoch**.

Wochentäglich von 10 Uhr vorm. bis 10 Uhr abends geöffnet, außer Donnerstags.

Wie die Sozialdemokratie die Interessen ihrer Wähler vertritt!

Zur Kennzeichnung der Sozialdemokratie als angeblicher Arbeiterpartei ist es von Wert, festzustellen, wie sich die sozialdemokratische Fraktion unserer sozial- und wirtschaftspolitischen Gesetzgebung gegenüber verhalten hat. Sie hat gestimmt:

1883	gegen	die Krankenversicherung,
1884	„	die Unfallversicherung,
1889	„	die Invaliditäts- und Altersversicherung,
1890	„	das Gesetz betr. Einführung von Gewerbegerichten
1890	„	das erste Gesetz zur Bekämpfung des Wuchers,
1891	„	das Arbeiterschutzgesetz, welches den Schutz der Jugendlichen, Arbeiterinnen, die Sonntagsruhe, Sicherung des Arbeitsvertrages, Einschränkung der Arbeitszeit brachte,
1893	„	die zweite Börsensteuervorlage, ebenso gegen die erste,
1894	„	das verschärfte Gesetz zur Bekämpfung des Wuchers,
1895	„	das Börsengesetz,
1895	„	das Gesetz betr. den unlauteren Wettbewerb,
1896	„	das Bürgerliche Gesetzbuch,
1900	„	die Erweiterung der Börsensteuer,
1900	„	die Erhöhung des Zolles auf ausländ. Champagner,
1902	„	die Steuer auf Champagner,
1903	„	die Novelle zum Krankengesetz,
1905	„	die Errichtung von Kaufmannsgerichten.

Und das nennt sich „Arbeiterpartei". Wie sähe es heute um den Arbeiter- und den Mittelstand aus, wenn die Bürgerlichen Parteien ein Gleiches getan hätten!!

Nun werden freilich die Sozialdemokraten sagen: „Wir haben diese Gesetze abgelehnt, weil sie uns nicht weit genug gingen." Ja, hat denn schon Jemand eine Lohn- oder Gehaltserhöhung von 10 Mk. zurückgewiesen, — weil er nicht die erhofften 20 Mk. erhalten hat?!

Vaterländischer Wahlausschuß.

Eschweger Tageblatt, 10.1.1907, Nr. 8

Vaterländischer Wahlausschuß.

Diejenigen jüngeren Herren, die gewillt sind, uns bei der Wahlarbeit für die

Vaterländischen Kandidaturen
(die Herren Kimpel und Raab)

zu unterstützen, werden gebeten, ihre Namen in eine in unserem Geschäftszimmer (Gasthof **Lambert**, Marktstraße, eine Treppe) ausliegende Liste einzutragen und sich zu einer Besprechung mit den Vertrauensmännern am

Sonntag den 13. Januar 1907,
abends 7 Uhr,

im Saale der Lambert'schen Gastwirtschaft einzufinden.

Der geschäftsführende Ausschuß:

Gärtnereibesitzer **Adams**, Fabrikant **Ernst Bartholomäus**, Fabrikant **Bode**, Kreisarzt Dr. **Börner**, Schneidermeister **Dietzel**-Niederdünzebach, Lehrer **Fischer**-Bischmannshausen, Oberpostassistent **Fuss**, Kirchenkastenprovisor **Gottschalk**, Schornsteinfegermeister **Harmony**, Schreinermeister **Hupfeld**, Inspektor **Isenberg**-Röhrda, Lehrer **Jung**-Weidenhausen, Kreistierarzt **Kalteyer**, Prof. Dr. **Krull**, Steuersekretär **Liebau**, Oberpostassistent **Luckhardt**, Lehrer **Mangold**, Schmiedemeister **Peter**-Grebendorf, Schreinermeister **Pfusch**, Oberlehrer Dr. **Römheld**, Gutsbesitzer **Raabe**-Wichmannshausen, Postverwalter **Reich**-Hohenriche, Bauinspektor **Schmelder**, Fabrikant **Schlibe**-Grebendorf, Obersteuerkontroleur **Schmidt**, Maurermeister **Stiel**-Schwebda, Redakteur **Sümmerer**, Stadtverordneten-Vorsteher Fabrikant **Thorey**, Landwirt **Wolf**-Rechlebach, Fabrikant **G. Zeuch**, Fabrikant **G. Nauck**.

Eschweger Tageblatt, 8.1.1907, Nr. 6

Eschweger Tageblatt, 24.1.1907, Nr. 20

Freikonservative Partei.

Entgegen der vom Wahlausschusse der vereinigten liberalen Parteien aufgestellten Behauptung fordern wir unsere Anhänger auf,

in der am 25. Januar stattfindenden Reichstagswahl einmütig für Herrn **Raab-Hamburg** einzutreten.

Die Parteileitung.

Kann ich einen Lehrer wählen?

Unter den Wählern trifft man immer solcher einzelne Gruppen, die diese Frage aufwerfen, weil sie an liebsten einen Standes- und Berufsgenossen in den Reichstag entsenden möchten. Solange aber der Reichstag keine Standesvertretungen kennt, so lange muß auch jeder politisch reife Mann sich sagen, daß nicht der zufällige Stand oder Beruf, sondern die Parteizugehörigkeit und die politische Gesinnung des Kandidaten das entscheidende ist. Wer wollte behaupten, daß irgend ein Beruf zum Abgeordneten besonders befähige, oder im entgegengesetzten Sinne hierzu untauglich mache. Wir sehen so auch in der Zusammensetzung des Reichstages jeden Stand vertreten. Und wer da glaubt, Herr Kimpel werde besonders für die Lehrer Hessens eintreten, der vergißt, daß solche Fragen so gar nicht zur Kompetenz des Reichstages, sondern in der des Abgeordnetenhauses gehören.

Aber einen nicht hoch genug zu beanstandenden Vorzug genießt der liberale Kandidat vor seinen Mitbewerbern um das Reichstagsmandat. Er ist ein Landsmann, ein Sohn unseres geliebten Hessenlandes. Wer sich über die Persönlichkeit des Herrn Kimpel vergewissern will, der gehe nach Cassel und frage bei Hoch und Niedrig, wer Herr Kimpel ist; da wird er eine Antwort bekommen, die ihm den letzten Zweifel nimmt und die ihm sagen wird:

Ich wähle Herrn **Kimpel** und keinen anderen. Herr **Kimpel** wird nicht als Lehrer im Reichstage sitzen, sondern als Mitglied der liberalen Partei.

Möge bei allen denen, die unser Hessenland lieben, die darauf Wert legen, weder antinational zu wählen, noch einen Vertreter des klassen- und rassenhaften Vorspanndienstes zu leisten, dieses ernste Mahnwort nicht ungehört verhallen. Hat doch unser Reichskanzler erst vor wenigen Tagen einen warmen Appell in gleichem Sinne an alle patriotischen Wähler gerichtet.

Das Wahlkomitee der vereinigten Liberalen.

Alle ruhig denkenden und vaterlandsliebenden Wähler des Kreises Eschwege-Witzenhausen-Schmalkalden werden gebeten, für die **Wiederwahl** unseres bisherigen Abgeordneten

Friedrich Raab

mit voller Kraft einzutreten. Raab hat sich im Reichstage durchaus bewährt und unsere Interessen in dankenswerter Weise vertreten.

Darum treten für seine Wiederwahl ein die „Deutschsoziale Partei", die „Christlichsoziale Partei", die „Konservative Partei" die Fraktion des „Wirtschaftlichen Vereinigung", die „Deutsche Mittelstandsvereinigung", der „Bund für die Persönlichkeit", der „Deutschnationale Arbeiterbund."

Wenn die bürgerlichen Parteien geschlossen für Raab eintreten, wird der Sieg über die Sozialdemokratie bereits am 25. Januar erfochten und eine Stichwahl braucht nicht stattzufinden!

Raab in Wanfried!

Mittwoch abend 8 Uhr im Stadtpark!

Kein deutschdenkender Wähler versäume diese Versammlung!

Herrn **Kimpel** soll Antwort werden!

Vaterländisch. Wahlausschuß.

Wahlbureau: **Restauration Lambert**,
I Treppe. — Telefon Nr. 82.

Eine Besprechung über Wahlsachen findet morgen, Dienstag, abends 8 Uhr, statt, wozu wir Freunde einladen.

Der geschäftsführende Ausschuß.

Versammlung
am Abend vor der Wahl!

Herr Friedrich Raab

wird am Donnerstag den 24. Januar, abends 8 Uhr in der Goldenen Krone zu Eschwege sprechen.

Kein nationaldenkender Mann versäume diese letzte Versammlung zu besuchen.

Evangelischer Verein für innere Mission.
Dienstag, den 22. Januar cr., abends 8 Uhr, im Gasthaus „Zur Krone"
ordentliche Mitglieder-Versammlung.

Tages-Ordnung:
1. Geschäftsbericht.
2. Entlastung des Schatzmeisters für 1906.
3. Genehmigung zum Erwerb eines Grundstücks.
4. Voranschlag für 1907.

Der Vorstand.

Stadttheater in Eschwege.
Dienstag den 22. Jan. 1907.
Auf vielseitiges Verlangen nochmals:
Der Pfarrer von Kirchfeld.
Hierauf folgend als Nachspiel:
Sauerkraut

Eschweger Tageblatt, 21.1.1907, Nr. 17

Von den Antisemiten werden Flugblätter verbreitet,
die Lügen über die Person unseres Reichstagskandidaten Herrn

Dr. Wilhelm Ohr

enthalten.

Wähler, glaubt diesem Schwindel der letzten Stunde nicht, der in jenen Flugblättern enthalten ist!

In jenen Flugblättern heißt es:
Die Stimmzettel für Herrn Dr. Ohr seien ungültig,
Herr Dr. Ohr sei konfessionslos,
Herr Dr. Ohr gebe sich in der Stadt anders als auf dem Lande, und anderes mehr.

Warum verbreitet man diese Lügenbehauptungen?
Weil man durch unwahre Verunglimpfungen unseres Reichstagskandidaten den Blick der Wähler ablenken will von den Steuersünden, die man begangen hat.

Wer für eine anständige Kampfesweise ist, der **wähle am 12. Januar** Herrn

Dr. Wilhelm Ohr-Sooden a. W.

Das liberale Wahlbüro zu Eschwege.
Jul. Schmitt.

Die Stimmzettel für Dr. Wilhelm Ohr-Sooden a. Werra sind gültig. Gegenteilige Behauptungen sind eine einfache Wahllüge.

Allgemeiner Anzeiger, 11.1.1912, Nr. 4

2. Karten

Kreis Herrschaft Schmalkalden

Willisch, F. (Hrsg.), Schmalkalden und seine Umgebung, Schmalkalden o.J.

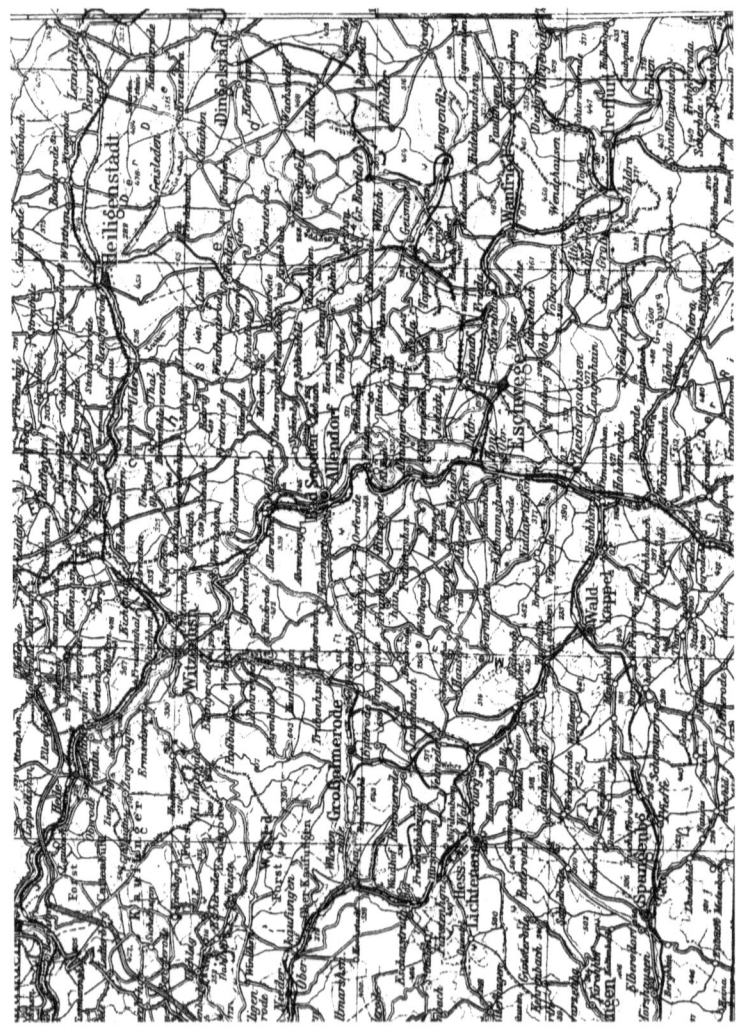

www.ingramcontent.com/pod-product-compliance
Lightning Source LLC
Chambersburg PA
CBHW031948290426
44108CB00011B/726